Handelsgesetzbuch

dtv

Schnellübersicht

Handelsgesetzbuch 1
EinführungsG 2
PublizitätsG 8
ScheckG 6
EinführungsG 7
WechselG 4
EinführungsG 5
WertpapierhandelsG 3

Handelsgesetzbuch

ohne Seehandelsrecht
mit Publizitätsgesetz
Wertpapierhandelsgesetz
Wechselgesetz und
Scheckgesetz

Textausgabe mit ausführlichem Sachregister
und einer Einführung
von Universitätsprofessor Dr. Holger Fleischer, LL.M.

43., überarbeitete Auflage
Stand: 1. September 2005

Deutscher Taschenbuch Verlag

Im Internet:

dtv.de

beck.de

Sonderausgabe
Deutscher Taschenbuch Verlag GmbH & Co. KG,
Friedrichstraße 1 a, 80801 München
© 2005. Redaktionelle Verantwortung: Verlag C. H. Beck
Gesamtherstellung: Druckerei C. H. Beck, Nördlingen
(Adresse der Druckerei: Wilhelmstraße 9, 80801 München)
Umschlagtypographie auf der Grundlage
der Gestaltung von Celestino Piatti
ISBN 3 423 05002 0 (dtv)
ISBN 3 406 54014 7 (C. H. Beck)

Inhaltsverzeichnis

Abkürzungsverzeichnis	VII
Einführung von Universitätsprofessor Dr. Holger Fleischer, LL. M. ..	IX
1. Handelsgesetzbuch (ohne Seehandel) vom 10. Mai 1897	1
2. Einführungsgesetz zum Handelsgesetzbuche vom 10. Mai 1897	183
3. Gesetz über den Wertpapierhandel **(Wertpapierhandelsgesetz – WpHG)** in der Fassung der Bekanntmachung vom 9. September 1998	203
4. Wechselgesetz vom 21. Juni 1933	248
5. Einführungsgesetz zum Wechselgesetz vom 21. Juni 1933	272
6. Scheckgesetz vom 14. August 1933	273
7. Einführungsgesetz zum Scheckgesetz vom 14. August 1933	287
8. Gesetz über die Rechnungslegung von bestimmten Unternehmen und Konzernen **(Publizitätsgesetz – PublG)** vom 15. August 1969	288
Sachverzeichnis	301

Abkürzungsverzeichnis

Abs.	Absatz
angef.	angefügt
Anm.	Anmerkung
Art.	Artikel
aufgeh.	aufgehoben
Bek.	Bekanntmachung
ber.	berichtigt
BGBl. I bzw. II	Bundesgesetzblatt Teil I bzw. II (ab 1951)
BGBl. III	Bereinigte Sammlung des Bundesrechts, abgeschlossen am 31. 12. 1968 (in Nachweisform fortgeführt durch FNA)
BGH	Bundesgerichtshof
BVerfG	Bundesverfassungsgericht
EGHGB	Einführungsgesetz zum Handelsgesetzbuch
EGScheckG	Einführungsgesetz zum Scheckgesetz
EGWG	Einführungsgesetz zum Wechselgesetz
eingef.	eingefügt
EVertr.	Einigungsvertrag
FNA	Bundesgesetzblatt Teil I, Fundstellennachweis A (Bundesrecht ohne völkerrechtliche Vereinbarungen)
G	Gesetz
geänd.	geändert
HGB	Handelsgesetzbuch
idF	in der Fassung
mWv	mit Wirkung vom
neugef.	neu gefasst
Nr.	Nummer
PublG	Publizitätsgesetz
RGBl.	Reichsgesetzblatt (ab 1922 Teil I)
S.	Seite
ScheckG	Scheckgesetz
v.	von, vom
VerbrKrG	Verbraucherkreditgesetz
VO	Verordnung
WG	Wechselgesetz
WpHG	Wertpapierhandelsgesetz

Einführung

von Universitätsprofessor Dr. Holger Fleischer, LL.M.

I. Handelsgesetzbuch

1. Gegenstand und Geschichte

a) Eingeschliffener Begrifflichkeit zufolge versteht man unter Handelsrecht das Sonderprivatrecht der Kaufleute. Seine wichtigste Rechtsquelle ist das Handelsgesetzbuch (HGB), das am 1. Januar 1900 zeitgleich mit dem Bürgerlichen Gesetzbuch (BGB) in Kraft getreten ist. Es beruht auf dem sog. subjektiven System, macht die Geltung seiner Vorschriften also von der Kaufmannseigenschaft der Beteiligten abhängig. Das veranschaulicht die Überschrift des Ersten Buches, die vom „Handelsstand" spricht und das Handelsrecht somit als Standesrecht ausweist. Allerdings wird dieser Ausgangspunkt in § 345 HGB etwas abgeschwächt: Danach genügt es für die Anwendung des Rechts der Handelsgeschäfte, daß *einer* der Beteiligten Kaufmann ist.

b) Historisch greift das HGB in weiten Teilen (wenn auch nicht hinsichtlich des subjektiven Systems) auf den Normenbestand des Allgemeinen Deutschen Handelsgesetzbuches (ADHGB) von 1861 zurück, das von der Frankfurter Nationalversammlung angenommen und von den einzelnen deutschen Staaten im Wege der Parallelgesetzgebung in Kraft gesetzt wurde. Einen wesentlichen Beitrag zu seiner einheitlichen Handhabung leistete das 1869 eingerichtete Bundesoberhandelsgericht (ab 1871: Reichsoberhandelsgericht), dessen oft grundlegende Entscheidungen bis heute zitiert werden. Ausländisches Vorbild für die deutsche Handelsrechtskodifikation und etwa vierzig weitere Handelsgesetzbücher war der französische *Code de commerce* von 1807, der als Teil des napoleonischen Gesetzgebungswerkes erlassen wurde und etwa im Rheinland bis zur Mitte des 19. Jahrhunderts galt. Seiner ständefeindlichen Tradition gemäß geht er allerdings bis heute vom objektiven System aus und baut auf dem Schlüsselbegriff des „acte de commerce" auf.

2. Verhältnis zum Bürgerlichen Recht

a) In Deutschland ist das Handelsrecht in einer eigenen Kodifikation geregelt. Ein ähnliches Bild bietet sich, wie eben erwähnt, in Frankreich und den Vereinigten Staaten (*Uniform Commercial Code* von 1954). Dagegen hat die Schweiz auf eine derartige Verselbständigung verzichtet (Obligationenrecht von 1881), und Italien hat wie die Niederlande (*Nieuw Burgerlijk Wetboek* von 1976) die ursprüngliche Ausgliederung später wieder rückgängig gemacht (*Codice civile* von 1942). Hierzulande rührte das Emanzipationsstreben des Handelsrechts vor allem daher, daß das gemeine Recht den Bedürfnissen der frühkapitalistischen Wirtschaftsordnung nicht mehr gerecht wurde. Deren *laissez faire, laissez aller* stellte das Handelsrecht ein *laissez contracter* an die Seite: Mit Einführung der Gewerbefreiheit, Aufwertung der Vertragsfreiheit und

Einführung

Anerkennung der Stellvertretung machte es sich zum Schrittmacher der modernen Rechtsentwicklung. Der einflußreiche Rechtslehrer *Levin Goldschmidt* (1829–1897) nannte es einen „Jungbrunnen des Zivilrechts".

b) Auch heute gibt es noch gute Gründe für ein Sonderrecht der selbständigen Gewerbetreibenden, auch wenn die genuin handelsrechtlichen Materien national wie international zusammenschrumpfen. Einheitsstiftend wirken vor allem die häufig wiederkehrenden Merkmale handelsrechtlicher Normen. Zu ihnen zählt die gesteigerte Selbstverantwortlichkeit, die sich etwa bei der erweiterten Inhalts- und Formfreiheit im Rahmen der §§ 348 bis 350 HGB zeigt. Hierher gehören weiter die Einfachheit und Schnelligkeit, von denen z.B. die Rügepflicht des § 377 HGB und die Sonderregeln zum kaufmännischen Bestätigungsschreiben zeugen. Als stilprägend anzusehen ist auch der umfassend ausgebildete Verkehrs- und Vertrauensschutz, wie ihn die Handelsregisterpublizität gemäß § 15 HGB vermittelt. Endlich wird man die Praxisnähe und Internationalität des Handelsrechts hervorheben können, die sich in der großen Bedeutung von Handelsbräuchen und der Verbreitung internationaler Klauselwerke widerspiegeln. Unabhängig davon bietet das Handelsrecht einen gemeinsamen Bezugsrahmen für eine Reihe organisatorischer Regeln, die sich im kaufmännischen Verkehr als unverzichtbar und evolutorisch stabil erwiesen haben. Erwähnung verdienen hier vor allem das Registerrecht, das Firmenrecht und das Bilanzrecht.

c) Ungeachtet seiner fachlichen Verselbständigung knüpft das HGB vielfach an bürgerlich-rechtliche Rechtsinstitute an und formt sie – den Bedürfnissen des kaufmännischen Verkehrs entsprechend – weiter aus. Beispiele bilden die Sonderregeln der handelsrechtlichen Stellvertretung (§§ 48ff. HGB) und des Handelskaufs (§§ 373ff. HGB). Insoweit läßt sich das Handelsrecht auch als Variation bürgerlich-rechtlicher Themen begreifen und verstehen.

3. Gesetzesaufbau und Gesetzesinhalt

a) Ein teleskopischer Gesetzesüberblick hat mit dem Ersten Buch des HGB zu beginnen. Verteilt auf sieben Abschnitte, finden sich hier handelsrechtliche Hauptbegriffe, die in Hörsaal und Lehre häufig im Mittelpunkt stehen. An die Spitze rückt der Gesetzgeber den Kaufmannsbegriff (§§ 1 bis 7 HGB), der nach wie vor den archimedischen Punkt des Gesamtsystems bildet: Die Vorschriften des HGB richten sich nicht an alle Unternehmensträger, sondern nur an Kaufleute. Es folgen wichtige Bestimmungen über das Handelsregister (§§ 8 bis 16 HGB) und die Handelsfirma (§§ 17 bis 37a HGB), bevor der Gesetzgeber sich der handelsrechtlichen Stellvertretung annimmt (§§ 48 bis 58 HGB). Der sodann eingeschobene Abschnitt über die Handlungsgehilfen und Handlungslehrlinge (§§ 59 bis 83 HGB) gehört systematisch zum Arbeitsrecht. Abgerundet wird das Erste Buch durch Vorschriften über die Handelsvertreter (§§ 84 bis 92a HGB) und die Handelsmakler (§§ 93 bis 104 HGB), mit denen die Absatzmittlungsverhältnisse freilich nur höchst unvollkommen erfaßt werden. Keine gesetzliche Regelung erfahren haben etwa der Vertragshändlervertrag und das Franchising.

b) Das Zweite Buch des HGB handelt unter der Überschrift „Handelsgesellschaften und Stille Gesellschaft" nacheinander von der Offenen Handelsgesellschaft (§§ 105 bis 160 HGB), der Kommanditgesellschaft (§§ 161 bis 177a HGB) und der Stillen Gesellschaft (§§ 230 bis 236 HGB). Die ursprünglich hier ebenfalls geregelten Aktiengesellschaften und Kommanditge-

Einführung

sellschaften auf Aktien wurden durch das AktG 1937 aus dem HGB herausgenommen und ganz neu konzipiert. Systematisch gehören die Vorschriften des Zweiten Buches heute nicht mehr zum Handelsrecht, sondern zum Gesellschaftsrecht. Sie bilden zusammen mit den §§ 705 bis 740 BGB den Kernbestand des Rechts der Personengesellschaften.

c) Im Dritten Buch des HGB, das die Überschrift „Handelsbücher" trägt, hat das Handelsbilanzrecht seine gesetzliche Heimstatt gefunden. Die dort geregelten Vorschriften beruhen auf dem Bilanzrichtlinengesetz vom 12. Dezember 1985, das die zuvor in verschiedenen Einzelgesetzen verstreuten Bilanzrechtsnormen zusammengeführt, geordnet und durch die Aufnahme in die handelsrechtliche Kodifikation weithin vereinheitlicht hat. Den Anstoß zu dieser vollständigen Überarbeitung und Neugestaltung des Handelsbilanzrechts gab das Gemeinschaftsrecht, das gleich drei Richtlinien zur Harmonisierung des Rechnungslegungsrechts hervorgebracht hat: die Bilanz-, Konzernrechnungslegungs- und Abschlußprüferrichtlinie. In der Gesetzesarchitektur folgt das Dritte Buch, gelegentlich auch als „Grundgesetz des Bilanzrechts" bezeichnet, drei Aufbauprinzipien: (1) *Vom Einfachen zum Komplizierten*: Den Vorschriften über den Kaufmann (§§ 238 bis 263 HGB) folgen solche über unabhängige Kapitalgesellschaften (§§ 264 bis 289 HGB) und den Konzern (§§ 290 bis 315 HGB); (2) *Vom Allgemeinen zum Besonderen*: Den für alle Kaufleute geltenden Vorschriften (§§ 238 bis 263 HGB) folgen speziellere für Kapitalgesellschaften (§§ 264 bis 289 HGB), Genossenschaften (§§ 336 bis 339 HGB), Kredit- und Finanzdienstleistungsinstitute (§§ 340 bis 340o HGB) sowie Versicherungsunternehmen (§§ 341 bis 341o HGB); (3) *Vom Anfang zum Ende*: Den Vorschriften über die Buchführung (§§ 238 bis 241 HGB) folgen im zeitlichen Ablauf solche über Bilanz- und Jahresabschluß (§§ 242 bis 315 HGB), Prüfung (§§ 316 bis 324 HGB) und Offenlegung (§§ 325 bis 329 HGB). In naher Zukunft wird das deutsche Bilanzrecht vor großen Umwälzungen stehen: Einer gemeinschaftsrechtlichen Verordnung zufolge sollen kapitalmarktorientierte Unternehmen ab dem Jahre 2005 im Konzernabschluß die *International Accounting Standards* (IAS) verwenden. Damit könnten die IAS fortan das Rückgrat eines modernisierten europäischen Bilanzrechts bilden.

d) Das Vierte Buch des HGB regelt unter der Überschrift „Handelsgeschäfte" die einzelnen, von einem Kaufmann vorgenommenen (Rechts-)Geschäfte. Der Gesetzgeber folgt hier der schon aus dem BGB vertrauten Regelungstechnik, eine Reihe von Vorschriften, die für alle Handelsgeschäfte gelten, gleichsam vor die Klammer zu ziehen (§§ 343 bis 372 HGB). Daran schließen sich fünf Abschnitte über einzelne Handelsgeschäfte an (§§ 373 bis 475h HGB). Im systematischen Zugriff lassen sich in dem „Allgemeinen Teil" der Handelsgeschäfte fünf Kernthemen ausmachen, die abermals die enge Verzahnung von Handelsrecht und Bürgerlichem Recht verdeutlichen: Begriff und Arten der Handelsgeschäfte (§§ 343 bis 345 HGB), Handelsgeschäfte und Vertragsschluß (§ 362 HGB und die Lehre vom kaufmännischen Bestätigungsschreiben), Handelsgeschäfte und Vertragsfreiheit (§§ 348 bis 350 HGB), Handelsgeschäfte und Allgemeines Schuldrecht (§§ 347, 352 bis 354a, 358 bis 361 HGB) sowie Handelsgeschäfte und Sachenrecht (§ 366 HGB). Die in der Folge entfalteten besonderen Handelsgeschäfte reichen vom Handelskauf über das Kommissions- und Frachtgeschäft bis hin zum Speditions- und Lagergeschäft. Sie gehören dogmatisch in den Besonderen Teil des Schuldrechts.

Einführung

4. Europäisierung und Internationalisierung

a) Zu den wichtigsten Gestaltungskräften der Handelsrechtsgegenwart gehört der ständig wachsende Einfluß des Gemeinschaftsrechts. Zahlreiche handelsrechtliche Vorschriften gehen auf gemeinschaftsrechtliche Rechtsakte zurück oder werden von ihnen vorgeformt. Dazu rechnen das Handelsregisterrecht (§§ 8 bis 16 HGB), auf das die Publizitäts- und die Zweigniederlassungsrichtlinie einwirken, das Handelsvertreterrecht (§§ 84 bis 92c HGB), das nahezu vollständig durch die Handelsvertreterrichtlinie überlagert ist, und das Recht der Handelsbücher (§§ 238 bis 342a HGB), bei dessen konkreter Ausgestaltung gleich mehrere EG-Richtlinien Pate standen. Beim inzwischen erreichten Stand der Rechtsangleichung in der EG kann man daher bündig von einem europäischen Handelsrecht sprechen. Von Belang ist das einmal für den Grundsatz richtlinienkonformer Auslegung der entsprechenden HGB-Vorschriften; zum anderen besteht nach Maßgabe des Art. 234 EG eine Vorlagepflicht an den EuGH.

b) Nicht minder bedeutsam für die Fortentwicklung des Handelsrechts sind die internationalen Klauselwerke des Handelsverkehrs, die eine Art Weltsprache des Warenhandels bilden. Hervorhebung verdienen die *Trade Terms*, die zuletzt 1953 von der Internationalen Handelskammer herausgegeben wurden und nationale Handelsbräuche zusammenstellen, sowie die *International Commercial Terms*, welche die verbreitetsten Handelsklauseln in einer Fassung aus dem Jahre 2000 erläutern. Noch wenig konturiert ist demgegenüber der Begriff der *lex mercatoria*, hinter dem sich die Vorstellung eines Welthandelsrechts verbirgt, das aus den Usancen der beteiligten Verkehrskreise erwächst und auf dem Konsens der Rechtsgemeinschaft beruht. Erste Positivierungsansätze enthalten die im Jahre 1994 vom UNIDROIT-Institut in Rom herausgegebenen *Principles of International Commercial Contracts*.

II. Wertpapierhandelsgesetz

1. Gegenstand und Entstehungsgeschichte

Das Wertpapierhandelsgesetz (WpHG) bildet zusammen mit dem Börsengesetz (BörsG) und dem Verkaufsprospektgesetz (VerkProspG) die wichtigste Rechtsquelle des Kapitalmarktrechts. Es ist als Herzstück des Zweiten Finanzmarktförderungsgesetzes am 1. August 1994 in Kraft getreten. Wesentliche Impulse zu seiner tatbestandlichen Ausformung gingen vom Gemeinschaftsrecht aus, das in Entfaltung der Kapitalverkehrsfreiheit ein ganzes Bündel von Richtlinien hervorgebracht hat, unter ihnen die Transparenzrichtlinie von 1988, die Insiderrichtlinie von 1989 sowie die Wertpapierdienstleistungsrichtlinie von 1993. Neben ihrer Umsetzung in nationales Recht hat der deutsche Gesetzgeber mit dem WpHG aber auch eigene Akzente gesetzt und die Verhaltenspflichten der Kapitalmarktteilnehmer an internationale Standards herangeführt. Dabei ließ er sich von der Einsicht leiten, daß anlegerschützende Vorschriften eine wesentliche Voraussetzung für entwickelte und liquide Kapitalmärkte darstellen – eine Beobachtung, die jüngst von der empirischen Kapitalmarktforschung eindrucksvoll bestätigt wurde.

Einführung

2. Gesetzesaufbau und Gesetzesüberblick

Das WpHG enthält vornehmlich Markttransaktionsrecht und hebt sich damit thematisch vom BörsG ab, das in erster Linie vom Marktorganisationsrecht handelt. Im Mittelpunkt stehen Verhaltensvorgaben für börsennotierte Gesellschaften, Primär- und Sekundärinsider, Anteilseigner und Wertpapierdienstleistungsunternehmen, die allesamt auf die kapitalmarktrechtlichen Leitziele des Vertrauensindividual- und Vertrauenskollektivschutzes hingeordnet sind. Diese formalen Leitziele werden durch zahlreiche Einzelvorschriften weiter konkretisiert. Zu den klassischen Regelungsgegenständen des WpHG gehören: Die Errichtung einer eigenen Aufsichtsbehörde, der vormaligen Bundesanstalt für den Wertpapierhandel (BaWe), die seit April 2002 in der Bundesanstalt für Finanzdienstleistungsaufsicht (BAFin) aufgegangen ist (§§ 4 bis 9 WpHG); Vorschriften über die Insiderüberwachung, die ein strenges Verbot von Insidergeschäften und eine Ad-hoc-Mitteilungspflicht einschließen (§§ 12 bis 20 WpHG); Mitteilungs- und Veröffentlichungspflichten bei Veränderungen von Stimmrechtsanteilen an börsennotierten Gesellschaften (§§ 21 bis 30 WpHG) sowie Verhaltensregeln und Organisationspflichten für Wertpapierdienstleistungsunternehmen (§§ 31 bis 37a WpHG). Dogmatisch hochverdichtet lassen sich aus alledem vier sachliche Leitprinzipien gewinnen, die das äußere und innere System des WpHG tragen: Informierte Transaktionsentscheidung, Markttransparenz, Anlegergleichbehandlung und Marktintegrität.

3. Fortentwicklung durch das Vierte Finanzmarktförderungsgesetz

Das Kapitalmarktrecht folgt seit jeher einem dialektischen Entwicklungsmuster: Seine Reformanstöße entspringen in aller Regel sinnfällig gewordenen Mißständen. Es nimmt daher nicht wunder, daß der Gesetzgeber auf das zuletzt geschwundene Anlegervertrauen – vor allem am Neuen Markt – mit schärferen Vorschriften reagiert hat. Zu den wesentlichen Änderungen des WpHG, die durch das Vierte Finanzmarktförderungsgesetz eingeführt wurden, gehören: Eine Überarbeitung der Vorschriften über die Ad-hoc-Publizität, die mißbräuchlichen Mitteilungen entgegenwirken soll (§ 15 WpHG); eine Verpflichtung der Verwaltungsmitglieder, den Erwerb und die Veräußerung von Aktien „ihrer" Gesellschaft unverzüglich mitzuteilen (§ 15a WpHG); die Verschärfung der vormals im BörsG geregelten Vorschriften über die Kurs- und Marktpreismanipulation (§§ 20a, b WpHG); die Einführung einer Schadensersatzpflicht des Emittenten bei falschen oder pflichtwidrig unterlassenen Ad-hoc-Mitteilungen (§§ 37b, c WpHG) sowie die Neuregelung des Rechts der Finanztermingeschäfte (§§ 37d bis g WpHG). Alle Neuerungen sind am 1. Juli 2002 in Kraft getreten.

III. Wechselgesetz

1. Gegenstand und Geschichte

a) Das Wechselgesetz (WG) regelt die wertpapier- und schuldrechtlichen Beziehungen jener Personen, die durch einen in Verkehr gebrachten Wechsel

Einführung

miteinander verbunden sind. Es ist am 1. April 1934 in Kraft getreten und enthält in seinen ersten beiden Teilen (Art. 1 bis 78 WG) die wortgetreue Übersetzung des Genfer Abkommens von 1930 über ein einheitliches Wechselgesetz. Vorbereitet durch zwei Weltwechselrechtskonferenzen von 1910 und 1912 in Den Haag, ist dieses Abkommen auf dem europäischen Kontinent sowie in Südamerika von den meisten Staaten unterzeichnet und ratifiziert worden. Der Rechtsvereinheitlichung ferngeblieben ist allerdings der angelsächsische Rechtskreis, so daß international bis heute zwei beträchtlich voneinander abweichende Wechselrechtssysteme bestehen.

b) Historisch hat sich der Wechsel in Mitteleuropa seit dem 12. Jahrhundert entwickelt. Die Ausarbeitung eines geschriebenen Wechselrechts setzte in Deutschland allerdings erst zu Beginn des 17. Jahrhunderts ein und führte hier rasch zu einer starken Rechtszersplitterung: Zahlreiche Städte und Territorien schufen ihr eigenes Wechselrecht, so daß zur Mitte des 19. Jahrhunderts nicht weniger als 56 unterschiedliche Wechselrechtsordnungen nebeneinander galten. Erste Schritte zu einer innerdeutschen Rechtsvereinheitlichung erfolgten im Jahre 1848 durch die Allgemeine Deutsche Wechselordnung, die von der Frankfurter Nationalversammlung verabschiedet und sodann von den Einzelstaaten im Wege der Parallelgesetzgebung in Kraft gesetzt wurde. Diese Wechselordnung wurde 1869 Gesetz des Norddeutschen Bundes und 1871 Reichsgesetz. Sie galt bis zur Ablösung durch das Wechselgesetz von 1934.

2. Wirtschaftliche Bedeutung

Im wirtschaftlichen Verkehr dient der Wechsel als Kredit-, Zahlungs- und Sicherungsmittel. Ganz im Vordergrund steht heute seine Verwendung als kurzfristiges Kreditpapier: Ein Käufer, der nicht über genügend Barmittel verfügt, gibt seinem Lieferanten häufig ein Dreimonatsakzept in Zahlung. Wirtschaftlich handelt es sich um eine Kreditgewährung: Der Lieferant stundet dem Käufer die Kaufpreisforderung für die Laufzeit des Wechsels. Neben die gestundete Warenschuld tritt die Wechselschuld. Der Lieferant kann den Wechsel (1) behalten und im Wechselprozeß rasch eintreiben oder (2) durch Weiterindossierung zum Ausgleich eigener Schulden in Zahlung geben oder (3) durch Diskontierung bei einer Bank sofort zu Geld machen.

3. Rechtliche Einordnung

a) Rechtlich ist der Wechsel ein Wertpapier: Wer die Urkunde nicht in Händen hält, kann das verbriefte Recht nicht geltend machen. In der Wechselurkunde verpflichtet sich der Aussteller zur Zahlung einer bestimmten Geldsumme. Systematisch pflegt man zwei Grundformen des Wechsels zu unterscheiden: (1) Den *eigenen Wechsel* (Solawechsel), in dem der Aussteller selbst die Zahlung einer bestimmten Geldsumme an einem bestimmten Tag verspricht; seine Grundform ist das abstrakte Schuldversprechen (§ 780 BGB); (2) den *gezogenen Wechsel* (Tratte), in dem der Aussteller einen anderen anweist, an den urkundlich als berechtigt Ausgewiesenen eine bestimmte Geldsumme an einem bestimmten Tag zu zahlen, für Annahme und Einlösung aber selbst haftet; seine Grundform ist die bürgerlich-rechtliche Anweisung (§ 783 BGB). Im Wirtschaftsverkehr dominiert der gezogene Wechsel, der eigene Wechsel kommt dagegen nur selten vor.

Einführung

b) Kennzeichnend für das Wechselrecht ist darüber hinaus die Loslösung der wechselrechtlichen Beziehungen vom Grundverhältnis. Die solchermaßen begründete Abstraktheit des Wechsels gibt nach wechselmäßigen Verkehrsgeschäften Anlaß zu einer dogmatisch durchgebildeten Einwendungslehre, die häufig im Mittelpunkt wertpapierrechtlicher Klausuren steht.

IV. Scheckgesetz

1. Gegenstand und Geschichte

a) Das Scheckgesetz (ScheckG) regelt die wertpapierrechtlichen Beziehungen jener Personen, die durch einen in Verkehr gebrachten Scheck miteinander verbunden sind. Es ist am 1. April 1934 zeitgleich mit dem Wechselgesetz in Kraft getreten und beruht – wie dieses – auf internationaler Rechtsvereinheitlichung: Die Art. 1 bis 57 ScheckG entsprechen dem Genfer Abkommen über das einheitliche Scheckgesetz.

b) Historisch hat die Entwicklung des Schecks ihren Ausgang im Italien des 13. und 14. Jahrhunderts genommen, von wo sich der Scheckverkehr nach Holland und England ausbreitete. In Deutschland entwickelte sich ein reger Scheckverkehr nicht vor der zweiten Hälfte des 19. Jahrhunderts, der allerdings erst im Jahre 1908 zum Erlaß eines Scheckgesetzes führte.

2. Wirtschaftliche Bedeutung

Wirtschaftlich dient der Scheck nicht dem Kredit-, sondern vornehmlich dem Zahlungsverkehr: Diesen charakteristischen Unterschied zum Wechsel pflegt man in folgender Formel zusammenzufassen: „Wer einen Wechsel gibt, *braucht* Geld; wer einen Scheck gibt, *hat* Geld."

3. Rechtliche Einordnung

Rechtlich ist der Scheck ein Wertpapier. Er enthält eine dem Wechsel verwandte, jedoch allein für Zwecke des Zahlungsverkehrs bestimmte Zahlungsanweisung eines Kunden an seine Bank. Wegen der sachlichen und systematischen Nähe beider Wertpapiere ist das Scheckgesetz dem Wechselgesetz in hohem Maße nachgebildet. Es sind allerdings auch einige Unterschiede zu verzeichnen: (1) Der Scheck darf nur auf eine Bank gezogen werden; (2) er ist nicht annahmefähig; (3) ein Indossament des Bezogenen ist nichtig; (4) der Scheck ist zwingend bei Sicht zahlbar; (5) für ihn gilt eine kurze Vorlegungsfrist.

1. Handelsgesetzbuch

Vom 10. Mai 1897 (RGBl. S. 219)

BGBl. III/FNA 4100-1

zuletzt geändert durch Art. 1 Gesetz zur Einführung internationaler Rechnungslegungsstandards und zur Sicherung der Qualität der Abschlussprüfung (Bilanzrechtsreformgesetz – BilReG)[1] vom 4. 12. 2004 (BGBl. I S. 3166), Art. 9 Gesetz zur Anpassung von Verjährungsvorschriften an das Gesetz zur Modernisierung des Schuldrechts vom 9. 12. 2004 (BGBl. I S. 3214), Art. 1 Gesetz zur Kontrolle von Unternehmensabschlüssen (Bilanzkontrollgesetz – BilKoG) vom 15. 12. 2004 (BGBl. I S. 3408) und Art. 1 Gesetz über die Offenlegung der Vorstandsvergütungen (Vorstandsvergütungs-Offenlegungsgesetz – VorstOG) vom 3. 8. 2005 (BGBl. I S. 2267)

Inhaltsübersicht

Erstes Buch. Handelsstand (§§ 1–104) §§

Erster Abschnitt. Kaufleute	1–7
Zweiter Abschnitt. Handelsregister	8–16
Dritter Abschnitt. Handelsfirma	17–37a
Vierter Abschnitt. *(aufgehoben)*	
Fünfter Abschnitt. Prokura und Handlungsvollmacht	48–58
Sechster Abschnitt. Handlungsgehilfen und Handlungslehrlinge	59–83
Siebenter Abschnitt. Handelsvertreter	84–92c
Achter Abschnitt. Handelsmakler	93–104

---

[1] **Amtl. Anm.:** Dieses Gesetz dient
- in Artikel 1 Nr. 3 und 12 (§ 267 Abs. 1 und 2, § 293 Abs. 1 des Handelsgesetzbuchs) der Umsetzung der Richtlinie 2003/38/EG des Rates vom 13. Mai 2003 zur Änderung der Richtlinie 78/660/EWG über den Jahresabschluss von Gesellschaften bestimmter Rechtsformen hinsichtlich der in Euro ausgedrückten Beträge (ABl. EU Nr. L 120 S. 22) und
- in Artikel 1 Nr. 9 Buchstaben a und c, Nr. 10 Buchstabe b, Nr. 14, 19 Buchstabe a, Nr. 27, 29 Buchstabe c, Nr. 31 Buchstabe b Doppelbuchstabe bb, Nr. 39 und 41 (§ 289 Abs. 1, 3, § 291 Abs. 3, §§ 295, 315 Abs. 1, §§ 322, 325 Abs. 3a, § 328 Abs. 2 Satz 3, § 340a Abs. 1 und § 340j des Handelsgesetzbuchs) der Umsetzung von Artikel 1 Nr. 14, 16 bis 18, Artikel 2 Nr. 4, 6, 10 und 11 sowie Artikel 3 Nr. 1 und 5 der Richtlinie 2003/51/EG des Europäischen Parlaments und des Rates vom 18. Juni 2003 zur Änderung der Richtlinien 78/660/EWG, 83/349/EWG, 86/635/EWG und 91/674/EWG über den Jahresabschluss und den konsolidierten Abschluss von Gesellschaften bestimmter Rechtsformen, von Banken und anderen Finanzinstituten sowie von Versicherungsunternehmen (ABl. EU Nr. L 178 S. 16) sowie außerdem
- in Artikel 1 Nr. 5 bis 8, 9 Buchstabe b, Nr. 18, 19 Buchstabe b, Nr. 20 und 29 (§ 285 Satz 1 Nr. 18, 19, Satz 2 bis 5, §§ 286, 287, 288 Satz 1, § 289 Abs. 2 Nr. 2, § 314 Abs. 1 Nr. 10, 11, § 315 Abs. 2 Nr. 2, § 315a Abs. 3 und § 325 Abs. 2a Satz 3 des Handelsgesetzbuchs) der Umsetzung von Artikel 1 Nr. 1 (teilweise), Nr. 2 Buchstabe b, Nr. 3, 4, von Artikel 2 Nr. 2 Buchstabe b (Artikel 34 Nr. 14, 15), Nr. 3 und Artikel 3 (teilweise) der Umsetzung der Richtlinie 2001/65/EG des Europäischen Parlaments und des Rates vom 27. September 2001 zur Änderung der Richtlinien 78/660/EWG, 83/349/EWG und 86/635/EWG des Rates im Hinblick auf die im Jahresabschluss bzw. im konsolidierten Abschluss von Gesellschaften bestimmter Rechtsformen und von Banken und anderen Finanzinstituten zulässigen Wertansätze (ABl. EG Nr. L 283 S. 28).

Zweites Buch. Handelsgesellschaften und stille Gesellschaft
(§§ 105–236)

	§§
Erster Abschnitt. Offene Handelsgesellschaft	105–160
Erster Titel. Errichtung der Gesellschaft	105–108
Zweiter Titel. Rechtsverhältnis der Gesellschafter untereinander	109–122
Dritter Titel. Rechtsverhältnis der Gesellschafter zu Dritten	123–130b
Vierter Titel. Auflösung der Gesellschaft und Ausscheiden von Gesellschaftern	131–144
Fünfter Titel. Liquidation der Gesellschaft	145–158
Sechster Titel. Verjährung. Zeitliche Begrenzung der Haftung	159, 160
Zweiter Abschnitt. Kommanditgesellschaft	161–177a
Dritter Abschnitt. Stille Gesellschaft	230–236

Drittes Buch. Handelsbücher
(§§ 238–342a)

Erster Abschnitt. Vorschriften für alle Kaufleute	238–263
Erster Unterabschnitt. Buchführung. Inventar	238–241
Zweiter Unterabschnitt. Eröffnungsbilanz. Jahresabschluß	242–256
Erster Titel. Allgemeine Vorschriften	242–245
Zweiter Titel. Ansatzvorschriften	246–251
Dritter Titel. Bewertungsvorschriften	252–256
Dritter Unterabschnitt. Aufbewahrung und Vorlage	257–261
Vierter Unterabschnitt. Landesrecht	263
Zweiter Abschnitt. Ergänzende Vorschriften für Kapitalgesellschaften (Aktiengesellschaften, Kommanditgesellschaften auf Aktien und Gesellschaften mit beschränkter Haftung) sowie bestimmte Personenhandelsgesellschaften	264–335
Erster Unterabschnitt. Jahresabschluß der Kapitalgesellschaft und Lagebericht	264–289
Erster Titel. Allgemeine Vorschriften	264–265
Zweiter Titel. Bilanz	266–274a
Dritter Titel. Gewinn- und Verlustrechnung	275–278
Vierter Titel. Bewertungsvorschriften	279–283
Fünfter Titel. Anhang	284–288
Sechster Titel. Lagebericht	289
Zweiter Unterabschnitt. Konzernabschluß und Konzernlagebericht	290–315
Erster Titel. Anwendungsbereich	290–293
Zweiter Titel. Konsolidierungskreis	294–296
Dritter Titel. Inhalt und Form des Konzernabschlusses	297–299
Vierter Titel. Vollkonsolidierung	300–307
Fünfter Titel. Bewertungsvorschriften	308, 309
Sechster Titel. Anteilmäßige Konsolidierung	310
Siebenter Titel. Assoziierte Unternehmen	311, 312
Achter Titel. Konzernanhang	313, 314
Neunter Titel. Konzernlagebericht	315
Dritter Unterabschnitt. Prüfung	316–324

Inhaltsübersicht **HGB 1**

§§

Vierter Unterabschnitt. Offenlegung (Einreichung zu einem Register, Bekanntmachung im Bundesanzeiger), Veröffentlichung und Vervielfältigung. Prüfung durch das Registergericht 325–329
Fünfter Unterabschnitt. Verordnungsermächtigung für Formblätter und andere Vorschriften 330
Sechster Unterabschnitt. Straf- und Bußgeldvorschriften. Zwangsgelder .... 331–335 b
Dritter Abschnitt. Ergänzende Vorschriften für eingetragene Genossenschaften 336–339
Vierter Abschnitt. Ergänzende Vorschriften für Unternehmen bestimmter Geschäftszweige .... 340–341 o
Erster Unterabschnitt. Ergänzende Vorschriften für Kreditinstitute und Finanzdienstleistungsinstitute .... 340–340 o
Erster Titel. Anwendungsbereich 340
Zweiter Titel. Jahresabschluß, Lagebericht, Zwischenabschluß .... 340 a–340 d
Dritter Titel. Bewertungsvorschriften .... 340 e–340 g
Vierter Titel. Währungsumrechnung .... 340 h
Fünfter Titel. Konzernabschluß, Konzernlagebericht, Konzernzwischenabschluß .... 340 i, 340 j
Sechster Titel. Prüfung .... 340 k
Siebenter Titel. Offenlegung .... 340 l
Achter Titel. Straf- und Bußgeldvorschriften, Zwangsgelder 340 m–340 o
Zweiter Unterabschnitt. Ergänzende Vorschriften für Versicherungsunternehmen .... 341–341 o
Erster Titel. Anwendungsbereich 341
Zweiter Titel. Jahresabschluß, Lagebericht .... 341 a
Dritter Titel. Bewertungsvorschriften .... 341 b–341 d
Vierter Titel. Versicherungstechnische Rückstellungen .... 341 e–341 h
Fünfter Titel. Konzernabschluß, Konzernlagebericht .... 341 i, 341 j
Sechster Titel. Prüfung .... 341 k
Siebenter Titel. Offenlegung .... 341 l
Achter Titel. Straf- und Bußgeldvorschriften, Zwangsgelder .... 341 m–341 o
Fünfter Abschnitt. Privates Rechnungslegungsgremium; Rechnungslegungsbeirat .... 342, 342 a
Sechster Abschnitt. Prüfstelle für Rechnungslegung .... 342 b–342 e

Viertes Buch. Handelsgeschäfte (§§ 343–475 h)

Erster Abschnitt. Allgemeine Vorschriften 343–372
Zweiter Abschnitt. Handelskauf 373–382
Dritter Abschnitt. Kommissionsgeschäft 383–406
Vierter Abschnitt. Frachtgeschäft .... 407–452 d
Erster Unterabschnitt. Allgemeine Vorschriften 407–450
Zweiter Unterabschnitt. Beförderung von Umzugsgut .... 451–451 h
Dritter Unterabschnitt. Beförderung mit verschiedenartigen Beförderungsmitteln .... 452–452 d

	§§
Fünfter Abschnitt. Speditionsgeschäft	453–466
Sechster Abschnitt. Lagergeschäft	467–475h

Fünftes Buch. Seehandel (§§ 476–905; *vom Abdruck wurde abgesehen*)

Erstes Buch. Handelsstand

Erster Abschnitt. Kaufleute

§ 1 [Istkaufmann] (1) Kaufmann im Sinne dieses Gesetzbuchs ist, wer ein Handelsgewerbe betreibt.

(2) Handelsgewerbe ist jeder Gewerbebetrieb, es sei denn, daß das Unternehmen nach Art oder Umfang einen in kaufmännischer Weise eingerichteten Geschäftsbetrieb nicht erfordert.

§ 2 [Kannkaufmann] [1] Ein gewerbliches Unternehmen, dessen Gewerbebetrieb nicht schon nach § 1 Abs. 2 Handelsgewerbe ist, gilt als Handelsgewerbe im Sinne dieses Gesetzbuchs, wenn die Firma des Unternehmens in das Handelsregister eingetragen ist. [2] Der Unternehmer ist berechtigt, aber nicht verpflichtet, die Eintragung nach den für die Eintragung kaufmännischer Firmen geltenden Vorschriften herbeizuführen. [3] Ist die Eintragung erfolgt, so findet eine Löschung der Firma auch auf Antrag des Unternehmers statt, sofern nicht die Voraussetzung des § 1 Abs. 2 eingetreten ist.

§ 3 [Land- und Forstwirtschaft; Kannkaufmann] (1) Auf den Betrieb der Land- und Forstwirtschaft finden die Vorschriften des § 1 keine Anwendung.

(2) [1] Für ein land- oder forstwirtschaftliches Unternehmen, das nach Art und Umfang einen in kaufmännischer Weise eingerichteten Geschäftsbetrieb erfordert, gilt § 2 mit der Maßgabe, daß nach Eintragung in das Handelsregister eine Löschung der Firma nur nach den allgemeinen Vorschriften stattfindet, welche für die Löschung kaufmännischer Firmen gelten.

(3) Ist mit dem Betrieb der Land- oder Forstwirtschaft ein Unternehmen verbunden, das nur ein Nebengewerbe des land- oder forstwirtschaftlichen Unternehmens darstellt, so finden auf das im Nebengewerbe betriebene Unternehmen die Vorschriften der Absätze 1 und 2 entsprechende Anwendung.

§ 4. *(aufgehoben)*

§ 5 [Kaufmann kraft Eintragung] Ist eine Firma im Handelsregister eingetragen, so kann gegenüber demjenigen, welcher sich auf die Eintragung beruft, nicht geltend gemacht werden, daß das unter der Firma betriebene Gewerbe kein Handelsgewerbe sei.

§ 6 [Handelsgesellschaften; Formkaufmann] (1) Die in betreff der Kaufleute gegebenen Vorschriften finden auch auf die Handelsgesellschaften Anwendung.

(2) Die Rechte und Pflichten eines Vereins, dem das Gesetz ohne Rücksicht auf den Gegenstand des Unternehmens die Eigenschaft eines Kaufmanns

2. Abschnitt. Handelsregister　　　　　　　　　　　　§§ 7–8a　HGB 1

beilegt, bleiben unberührt, auch wenn die Voraussetzungen des § 1 Abs. 2 nicht vorliegen.

§ 7 [Kaufmannseigenschaft und öffentliches Recht] Durch die Vorschriften des öffentlichen Rechtes, nach welchen die Befugnis zum Gewerbebetrieb ausgeschlossen oder von gewissen Voraussetzungen abhängig gemacht ist, wird die Anwendung der die Kaufleute betreffenden Vorschriften dieses Gesetzbuchs nicht berührt.

Zweiter Abschnitt. Handelsregister

§ 8 [Führung des Registers] Das Handelsregister wird von den Gerichten geführt.

§ 8a [Ermächtigung der Landesregierungen; automatisierte Dateien] (1) [1] Die Landesregierungen können durch Rechtsverordnung bestimmen, daß und in welchem Umfang das Handelsregister einschließlich der zu seiner Führung erforderlichen Verzeichnisse in maschineller Form als automatisierte Datei geführt wird. [2] Hierbei muß gewährleistet sein, daß

1. die Grundsätze einer ordnungsgemäßen Datenverarbeitung eingehalten, insbesondere Vorkehrungen gegen einen Datenverlust getroffen sowie die erforderlichen Kopien der Datenbestände mindestens tagesaktuell gehalten und die originären Datenbestände sowie deren Kopien sicher aufbewahrt werden,
2. die vorzunehmenden Eintragungen alsbald in einen Datenspeicher aufgenommen und auf Dauer inhaltlich unverändert in lesbarer Form wiedergegeben werden können,
3. die nach der Anlage zu § 126 Abs. 1 Satz 2 Nr. 3 der Grundbuchordnung erforderlichen Maßnahmen getroffen werden.

[3] Die Landesregierungen können ferner durch Rechtsverordnung bestimmen, dass die Einreichung von Jahres- und Konzernabschlüssen, von Lageberichten sowie sonstiger einzureichender Schriftstücke in einer maschinell lesbaren und zugleich für die maschinelle Bearbeitung durch das Registergericht geeigneten Form zu erfolgen hat; die Bestimmung kann auch für einzelne Handelsregister getroffen werden. [4] Die Landesregierungen können durch Rechtsverordnung die Ermächtigung nach den Sätzen 1 oder 3 auf die Landesjustizverwaltungen übertragen.

(2) Eine Eintragung wird wirksam, sobald sie in den für die Handelsregistereintragungen bestimmten Datenspeicher aufgenommen ist und auf Dauer inhaltlich unverändert in lesbarer Form wiedergegeben werden kann.

(3) [1] Die zum Handelsregister eingereichten Schriftstücke können zur Ersetzung der Urschrift auch als Wiedergabe auf einem Bildträger oder auf anderen Datenträgern aufbewahrt werden, wenn sichergestellt ist, daß die Wiedergaben oder die Daten innerhalb angemessener Zeit lesbar gemacht werden können. [2] Bei der Herstellung der Bild- oder Datenträger ist ein schriftlicher Nachweis über ihre inhaltliche Übereinstimmung mit der Urschrift anzufertigen.

(4) Das Gericht kann gestatten, daß die zum Handelsregister einzureichenden Jahresabschlüsse und Konzernabschlüsse und die dazugehörigen Unterlagen

sowie sonstige einzureichende Schriftstücke in der in Absatz 3 Satz 1 bezeichneten Form eingereicht werden.

(5) Die näheren Anordnungen über die maschinelle Führung des Handelsregisters, die Aufbewahrung von Schriftstücken nach Absatz 3 und die Einreichung von Abschlüssen und Schriftstücken nach Absatz 1 Satz 3 und Absatz 4 sowie deren Aufbewahrung trifft die Landesjustizverwaltung, soweit nicht durch Rechtsverordnung nach § 125 Abs. 3 des Gesetzes über die Angelegenheiten der freiwilligen Gerichtsbarkeit Vorschriften erlassen werden.

§ 9 [Einsicht des Handelsregisters; Abschriften; Bescheinigungen]

(1) Die Einsicht des Handelsregisters sowie der zum Handelsregister eingereichten Schriftstücke ist jedem zu Informationszwecken gestattet.

(2) [1] Von den Eintragungen und den zum Handelsregister eingereichten Schriftstücken kann eine Abschrift gefordert werden. [2] Werden die Schriftstücke nach § 8a Abs. 3 aufbewahrt, so kann eine Abschrift nur von der Wiedergabe gefordert werden. [3] Die Abschrift ist von der Geschäftsstelle zu beglaubigen, sofern nicht auf die Beglaubigung verzichtet wird. [4] Wird das Handelsregister in maschineller Form als automatisierte Datei geführt, so tritt an die Stelle der Abschrift der Ausdruck und an die Stelle der beglaubigten Abschrift der amtliche Ausdruck.

(3) [1] Der Nachweis, wer der Inhaber einer in das Handelsregister eingetragenen Firma eines Einzelkaufmanns ist, kann Behörden gegenüber durch ein Zeugnis des Gerichts über die Eintragung geführt werden. [2] Das gleiche gilt von dem Nachweis der Befugnis zur Vertretung eines Einzelkaufmanns oder einer Handelsgesellschaft.

(4) Das Gericht hat auf Verlangen eine Bescheinigung darüber zu erteilen, daß bezüglich des Gegenstandes einer Eintragung weitere Eintragungen nicht vorhanden sind oder daß eine bestimmte Eintragung nicht erfolgt ist.

§ 9a [Zulässigkeit des automatisierten Verfahrens; Genehmigung; Datenschutz; Gebühren]

(1) Die Einrichtung eines automatisierten Verfahrens, das die Übermittlung der Daten aus dem maschinell geführten Handelsregister durch Abruf ermöglicht, ist zulässig, soweit die Einsicht des Handelsregisters sowie der zum Handelsregister eingereichten Schriftstücke nach § 9 Abs. 1 gestattet ist.

(2) [1] Der Nutzer ist darauf hinzuweisen, dass er die übermittelten Daten nur zu Informationszwecken verwenden darf. [2] Die zuständige Stelle hat (z. B. durch Stichproben) zu prüfen, ob sich Anhaltspunkte dafür ergeben, dass die nach Satz 1 zulässige Einsicht überschritten oder übermittelte Daten missbraucht werden.

(3) Die zuständige Stelle kann einen Nutzer, der die Funktionsfähigkeit der Abrufeinrichtung gefährdet, die nach Absatz 2 Satz 1 zulässige Einsicht überschreitet oder übermittelte Daten missbraucht, von der Teilnahme am automatisierten Abrufverfahren ausschließen; dasselbe gilt bei drohender Überschreitung oder drohendem Missbrauch.

(4) [1] Zuständige Stelle ist die Landesjustizverwaltung. [2] Örtlich zuständig ist die Behörde, in deren Bezirk das betreffende Gericht liegt. [3] Die Zuständigkeit kann durch Rechtsverordnung der Landesregierung abweichend geregelt werden. [4] Sie kann diese Ermächtigung durch Rechtsverordnung auf die Landesjustizverwaltung übertragen.

2. Abschnitt. Handelsregister §§ 10–13 HGB 1

§ 10 [Bekanntmachung der Eintragungen] (1) [1] Das Gericht hat die Eintragungen in das Handelsregister durch den Bundesanzeiger und durch mindestens ein anderes Blatt bekanntzumachen. [2] Soweit nicht das Gesetz ein anderes vorschreibt, werden die Eintragungen ihrem ganzen Inhalte nach veröffentlicht.

(2) Mit dem Ablaufe des Tages, an welchem das letzte der die Bekanntmachung enthaltenden Blätter erschienen ist, gilt die Bekanntmachung als erfolgt.

§ 11 [Bezeichnung der Amtsblätter] (1) Das Gericht hat jährlich im Dezember die Blätter zu bezeichnen, in denen während des nächsten Jahres die in § 10 vorgesehenen Veröffentlichungen erfolgen sollen.

(2) Wird das Handelsregister bei einem Gerichte von mehreren Richtern geführt und einigen sich diese über die Bezeichnung der Blätter nicht, so wird die Bestimmung von dem im Rechtszug vorgeordneten Landgerichte getroffen; ist bei diesem Landgericht eine Kammer für Handelssachen gebildet, so tritt diese an die Stelle der Zivilkammer.

§ 12 [Anmeldungen; Zeichnung von Unterschriften; Nachweis der Rechtsnachfolge] (1) Die Anmeldungen zur Eintragung in das Handelsregister sowie die zur Aufbewahrung bei dem Gerichte bestimmten Zeichnungen von Unterschriften sind in öffentlich beglaubigter Form einzureichen.

(2) [1] Die gleiche Form ist für eine Vollmacht zur Anmeldung erforderlich. [2] Rechtsnachfolger eines Beteiligten haben die Rechtsnachfolge soweit tunlich durch öffentliche Urkunden nachzuweisen.

§ 13 Zweigniederlassungen von Unternehmen mit Sitz im Inland.
(1) [1] Die Errichtung einer Zweigniederlassung ist von einem Einzelkaufmann oder einer juristischen Person beim Gericht der Hauptniederlassung, von einer Handelsgesellschaft beim Gericht des Sitzes der Gesellschaft zur Eintragung in das Handelsregister des Gerichts der Zweigniederlassung anzumelden. [2] Das Gericht der Hauptniederlassung oder des Sitzes hat die Anmeldung unverzüglich mit einer beglaubigten Abschrift seiner Eintragungen, soweit sie nicht ausschließlich die Verhältnisse anderer Niederlassungen betreffen, an das Gericht der Zweigniederlassung weiterzugeben.

(2) Die gesetzlich vorgeschriebenen Unterschriften sind zur Aufbewahrung beim Gericht der Zweigniederlassung zu zeichnen; für die Unterschriften der Prokuristen gilt dies nur, soweit die Prokura nicht ausschließlich auf den Betrieb einer anderen Niederlassung beschränkt ist.

(3) [1] Das Gericht der Zweigniederlassung hat zu prüfen, ob die Zweigniederlassung errichtet und § 30 beachtet ist. [2] Ist dies der Fall, so hat es die Zweigniederlassung einzutragen und dabei die ihm mitgeteilten Tatsachen nicht zu prüfen, soweit sie im Handelsregister der Hauptniederlassung oder des Sitzes eingetragen sind. [3] Die Eintragung hat auch den Ort der Zweigniederlassung zu enthalten; ist der Firma für die Zweigniederlassung ein Zusatz beigefügt, so ist auch dieser einzutragen.

(4) [1] Die Eintragung der Zweigniederlassung ist von Amts wegen dem Gericht der Hauptniederlassung oder des Sitzes mitzuteilen und in dessen Register zu vermerken; ist der Firma für die Zweigniederlassung ein Zusatz beigefügt, so ist auch dieser zu vermerken. [2] Der Vermerk wird nicht veröffentlicht.

(5) Die Vorschriften über die Errichtung einer Zweigniederlassung gelten sinngemäß für ihre Aufhebung.

(6) Die Bekanntmachung von Eintragungen im Handelsregister des Gerichts der Zweigniederlassung beschränkt sich auf

1. die Errichtung und Aufhebung der Zweigniederlassung,
2. die Firma,
3. den Zusatz, wenn der Firma für die Zweigniederlassung ein Zusatz beigefügt ist,
4. den Ort der Zweigniederlassung,
5. den Ort der Hauptniederlassung oder den Sitz und
6. die Tatsachen, die nur die Verhältnisse der Zweigniederlassung betreffen.

§ 13a Zweigniederlassungen von Aktiengesellschaften mit Sitz im Inland. (1) Für Zweigniederlassungen von Aktiengesellschaften gelten ergänzend die folgenden Vorschriften.

(2) ¹Die Errichtung einer Zweigniederlassung ist durch den Vorstand anzumelden. ²Der Anmeldung ist eine öffentlich beglaubigte Abschrift der Satzung beizufügen.

(3) Die Eintragung hat auch die Angaben nach § 39 des Aktiengesetzes[1]) zu enthalten.

(4) Die Vorschriften über die Zweigniederlassungen von Aktiengesellschaften gelten sinngemäß für die Zweigniederlassungen von Kommanditgesellschaften auf Aktien, soweit sich aus den Vorschriften der §§ 278 bis 290 des Aktiengesetzes[1]) oder aus dem Fehlen eines Vorstands nichts anderes ergibt.

§ 13b Zweigniederlassungen von Gesellschaften mit beschränkter Haftung mit Sitz im Inland. (1) Für Zweigniederlassungen von Gesellschaften mit beschränkter Haftung gelten ergänzend die folgenden Vorschriften.

(2) ¹Die Errichtung einer Zweigniederlassung ist durch die Geschäftsführer anzumelden. ²Der Anmeldung ist eine öffentlich beglaubigte Abschrift des Gesellschaftsvertrages und der Liste der Gesellschafter beizufügen.

(3) Die Eintragung hat auch die in § 10 Abs. 1 und 2 des Gesetzes betreffend die Gesellschaften mit beschränkter Haftung[1]) bezeichneten Angaben zu enthalten.

§ 13c Bestehende Zweigniederlassungen von Unternehmen mit Sitz im Inland. (1) Ist eine Zweigniederlassung in das Handelsregister eingetragen, so sind alle Anmeldungen, die die Hauptniederlassung oder die Niederlassung am Sitz der Gesellschaft oder die eingetragenen Zweigniederlassungen betreffen, beim Gericht der Hauptniederlassung oder des Sitzes zu bewirken; es sind so viel Stücke einzureichen, wie Niederlassungen bestehen.

(2) ¹Das Gericht der Hauptniederlassung oder des Sitzes hat seine Eintragung unverzüglich mit einem Stück der Anmeldung von Amts wegen den

---

[1]) Abgedruckt in **dtv 5010 „AktG · GmbHG"**.

2. Abschnitt. Handelsregister §§ 13d, 13e HGB 1

Gerichten der Zweigniederlassungen mitzuteilen. ²Die Gerichte der Zweigniederlassungen haben die Eintragungen ohne Nachprüfung in ihr Handelsregister zu übernehmen. ³Eintragungen im Register der Zweigniederlassungen werden von den Gerichten der Zweigniederlassungen nur bekannt gemacht, soweit sie die in § 13 Abs. 6 angeführten Tatsachen betreffen. ⁴Im Bundesanzeiger wird die Eintragung im Handelsregister der Zweigniederlassung nicht bekanntgemacht. ⁵Sind für mehrere Zweigniederlassungen von demselben Gericht übereinstimmende Eintragungen bekanntzumachen, ist in der Bekanntmachung die Eintragung nur einmal wiederzugeben und anzugeben, für welche einzelnen Zweigniederlassungen sie vorgenommen worden ist.

(3) ¹Betrifft die Anmeldung ausschließlich die Verhältnisse einzelner Zweigniederlassungen, so sind außer dem für das Gericht der Hauptniederlassung oder des Sitzes bestimmten Stück nur so viel Stücke einzureichen, wie Zweigniederlassungen betroffen sind. ²Das Gericht der Hauptniederlassung oder des Sitzes teilt seine Eintragung nur den Gerichten der Zweigniederlassungen mit, deren Verhältnisse sie betrifft. ³Die Eintragung im Register der Hauptniederlassung oder des Sitzes wird in diesem Fall nur im Bundesanzeiger bekanntgemacht.

(4) Absätze 1 bis 3 gelten sinngemäß für die Einreichung von Schriftstücken und die Zeichnung von Unterschriften.

§ 13 d Sitz oder Hauptniederlassung im Ausland. (1) Befindet sich die Hauptniederlassung eines Einzelkaufmanns oder einer juristischen Person oder der Sitz einer Handelsgesellschaft im Ausland, so haben alle eine inländische Zweigniederlassung betreffenden Anmeldungen, Zeichnungen, Einreichungen und Eintragungen bei dem Gericht zu erfolgen, in dessen Bezirk die Zweigniederlassung besteht.

(2) Die Eintragung der Errichtung der Zweigniederlassung hat auch den Ort der Zweigniederlassung zu enthalten; ist der Firma der Zweigniederlassung ein Zusatz beigefügt, so ist auch dieser einzutragen.

(3) Im übrigen gelten für die Anmeldungen, Zeichnungen, Einreichungen, Eintragungen und Bekanntmachungen, die die Zweigniederlassung eines Einzelkaufmanns, einer Handelsgesellschaft oder einer juristischen Person mit Ausnahme von Aktiengesellschaften, Kommanditgesellschaften auf Aktien und Gesellschaften mit beschränkter Haftung betreffen, die Vorschriften für Hauptniederlassungen oder Niederlassungen am Sitz der Gesellschaft sinngemäß, soweit nicht das ausländische Recht Abweichungen nötig macht.

§ 13 e Zweigniederlassungen von Kapitalgesellschaften mit Sitz im Ausland. (1) Für Zweigniederlassungen von Aktiengesellschaften und Gesellschaften mit beschränkter Haftung mit Sitz im Ausland gelten ergänzend zu § 13 d die folgenden Vorschriften.

(2) ¹Die Errichtung einer Zweigniederlassung einer Aktiengesellschaft ist durch den Vorstand, die Errichtung einer Zweigniederlassung einer Gesellschaft mit beschränkter Haftung ist durch die Geschäftsführer zur Eintragung in das Handelsregister anzumelden. ²Bei der Anmeldung ist das Bestehen der Gesellschaft als solcher und, wenn der Gegenstand des Unternehmens oder die Zulassung zum Gewerbebetrieb im Inland der staatlichen Genehmigung

bedarf, auch diese nachzuweisen. ³Die Anmeldung hat auch die Anschrift und den Gegenstand der Zweigniederlassung zu enthalten. ⁴In der Anmeldung sind ferner anzugeben

1. das Register, bei dem die Gesellschaft geführt wird, und die Nummer des Registereintrags, sofern das Recht des Staates, in dem die Gesellschaft ihren Sitz hat, eine Registereintragung vorsieht;
2. die Rechtsform der Gesellschaft;
3. die Personen, die befugt sind, als ständige Vertreter für die Tätigkeit der Zweigniederlassung die Gesellschaft gerichtlich und außergerichtlich zu vertreten, unter Angabe ihrer Befugnisse;
4. wenn die Gesellschaft nicht dem Recht eines Mitgliedstaates der Europäischen Gemeinschaften oder eines anderen Vertragsstaates des Abkommens über den Europäischen Wirtschaftsraum unterliegt, das Recht des Staates, dem die Gesellschaft unterliegt.

(3) Die in Absatz 2 Satz 4 Nr. 3 genannten Personen haben jede Änderung dieser Personen oder der Vertretungsbefugnis einer dieser Personen zur Eintragung in das Handelsregister anzumelden.

(4) Die in Absatz 2 Satz 4 Nr. 3 genannten Personen oder, wenn solche nicht angemeldet sind, die gesetzlichen Vertreter der Gesellschaft haben die Eröffnung oder die Ablehnung der Eröffnung eines Insolvenzverfahrens oder ähnlichen Verfahrens über das Vermögen der Gesellschaft zur Eintragung in das Handelsregister anzumelden.

(5) ¹Errichtet eine Gesellschaft mehrere Zweigniederlassungen im Inland, so brauchen die Satzung oder der Gesellschaftsvertrag sowie deren Änderungen nach Wahl der Gesellschaft nur zum Handelsregister einer dieser Zweigniederlassungen eingereicht zu werden. ²In diesem Fall haben die nach Absatz 2 Satz 1 Anmeldepflichtigen zur Eintragung in den Handelsregistern der übrigen Zweigniederlassungen anzumelden, welches Register die Gesellschaft gewählt hat und unter welcher Nummer die Zweigniederlassung eingetragen ist.

§ 13f Zweigniederlassungen von Aktiengesellschaften mit Sitz im Ausland.

(1) Für Zweigniederlassungen von Aktiengesellschaften mit Sitz im Ausland gelten ergänzend die folgenden Vorschriften.

(2) ¹Der Anmeldung ist die Satzung in öffentlich beglaubigter Abschrift und, sofern die Satzung nicht in deutscher Sprache erstellt ist, eine beglaubigte Übersetzung in deutscher Sprache beizufügen. ²Die Vorschriften des § 37 Abs. 3, 5 und 6 des Aktiengesetzes[1]) finden Anwendung. ³Soweit nicht das ausländische Recht eine Abweichung nötig macht, sind in die Anmeldung die in § 23 Abs. 3 und 4, §§ 24, 25 Satz 2 des Aktiengesetzes vorgesehenen Bestimmungen, Bestimmungen der Satzung über die Zusammensetzung des Vorstandes und, wenn die Anmeldung in den ersten zwei Jahren nach der Eintragung der Gesellschaft in das Handelsregister ihres Sitzes erfolgt, auch die Angaben nach § 40 Abs. 1 Nr. 1, 2 und 3 des Aktiengesetzes aufzunehmen. ⁴Der Anmeldung ist die für den Sitz der Gesellschaft ergangene gerichtliche Bekanntmachung beizufügen.

---

[1]) Abgedruckt in **dtv 5010 „AktG · GmbHG"**.

2. Abschnitt. Handelsregister **§ 13g HGB 1**

(3) Die Eintragung der Errichtung der Zweigniederlassung hat auch die Angaben nach § 39 des Aktiengesetzes sowie die in § 13e Abs. 2 Satz 4 vorgeschriebenen Angaben zu enthalten.

(4) In die Bekanntmachung der Eintragung sind außer deren Inhalt auch die Angaben nach § 40 Abs. 1 Nr. 1, 2 und 3 des Aktiengesetzes aufzunehmen, soweit sie nach den vorstehenden Vorschriften in die Anmeldung aufzunehmen sind.

(5) ¹Änderungen der Satzung der ausländischen Gesellschaft sind durch den Vorstand zur Eintragung in das Handelsregister anzumelden. ²Für die Anmeldung gelten die Vorschriften des § 181 Abs. 1 und 2 des Aktiengesetzes sinngemäß, soweit nicht das ausländische Recht Abweichungen nötig macht.

(6) Im übrigen gelten die Vorschriften der § 81 Abs. 1, 2 und 4, § 263 Satz 1, § 266 Abs. 1, 2 und 5, § 273 Abs. 1 Satz 1 des Aktiengesetzes sinngemäß, soweit nicht das ausländische Recht Abweichungen nötig macht.

(7) Für die Aufhebung einer Zweigniederlassung gelten die Vorschriften über ihre Errichtung sinngemäß.

(8) Die Vorschriften über Zweigniederlassungen von Aktiengesellschaften mit Sitz im Ausland gelten sinngemäß für Zweigniederlassungen von Kommanditgesellschaften auf Aktien mit Sitz im Ausland, soweit sich aus den Vorschriften der §§ 278 bis 290 des Aktiengesetzes oder aus dem Fehlen eines Vorstands nichts anderes ergibt.

§ 13g Zweigniederlassungen von Gesellschaften mit beschränkter Haftung mit Sitz im Ausland. (1) Für Zweigniederlassungen von Gesellschaften mit beschränkter Haftung mit Sitz im Ausland gelten ergänzend die folgenden Vorschriften.

(2) ¹Der Anmeldung ist der Gesellschaftsvertrag in öffentlich beglaubigter Abschrift und, sofern der Gesellschaftsvertrag nicht in deutscher Sprache erstellt ist, eine beglaubigte Übersetzung in deutscher Sprache beizufügen. ²Die Vorschriften des § 8 Abs. 1 Nr. 2, Abs. 4 und 5 des Gesetzes betreffend die Gesellschaften mit beschränkter Haftung[1]) sind anzuwenden. ³Wird die Errichtung der Zweigniederlassung in den ersten zwei Jahren nach der Eintragung der Gesellschaft in das Handelsregister ihres Sitzes angemeldet, so sind in die Anmeldung auch die nach § 5 Abs. 4 des Gesetzes betreffend die Gesellschaften mit beschränkter Haftung getroffenen Festsetzungen aufzunehmen, soweit nicht das ausländische Recht Abweichungen nötig macht.

(3) Die Eintragung der Errichtung der Zweigniederlassung hat auch die Angaben nach § 10 Abs. 1 und 2 des Gesetzes betreffend die Gesellschaften mit beschränkter Haftung sowie die in § 13e Abs. 2 Satz 4 vorgeschriebenen Angaben zu enthalten.

(4) In die Bekanntmachung der Eintragung sind außer deren Inhalt auch die in § 10 Abs. 3 des Gesetzes betreffend die Gesellschaften mit beschränkter Haftung bezeichneten Bestimmungen aufzunehmen, die dort nach § 5 Abs. 4 Satz 1 getroffenen Festsetzungen jedoch nur dann, wenn die Eintragung innerhalb der ersten zwei Jahre nach der Eintragung in das Handelsregister des Sitzes der Gesellschaft erfolgt.

---

[1]) Abgedruckt in **dtv 5010 „AktG · GmbHG"**.

(5) ¹Änderungen des Gesellschaftsvertrages der ausländischen Gesellschaft sind durch die Geschäftsführer zur Eintragung in das Handelsregister anzumelden. ²Für die Anmeldung gelten die Vorschriften des § 54 Abs. 1 und 2 des Gesetzes betreffend die Gesellschaften mit beschränkter Haftung sinngemäß, soweit nicht das ausländische Recht Abweichungen nötig macht.

(6) Im übrigen gelten die Vorschriften der § 39 Abs. 1, 2 und 4, § 65 Abs. 1 Satz 1, § 67 Abs. 1, 2 und 5, § 74 Abs. 1 Satz 1 des Gesetzes betreffend die Gesellschaften mit beschränkter Haftung sinngemäß, soweit nicht das ausländische Recht Abweichungen nötig macht.

(7) Für die Aufhebung einer Zweigniederlassung gelten die Vorschriften über ihre Errichtung sinngemäß.

§ 13h Verlegung des Sitzes einer Hauptniederlassung im Inland.

(1) Wird die Hauptniederlassung eines Einzelkaufmanns oder einer juristischen Person oder der Sitz einer Handelsgesellschaft im Inland verlegt, so ist die Verlegung beim Gericht der bisherigen Hauptniederlassung oder des bisherigen Sitzes anzumelden.

(2) ¹Wird die Hauptniederlassung oder der Sitz aus dem Bezirk des Gerichts der bisherigen Hauptniederlassung oder des bisherigen Sitzes verlegt, so hat dieses unverzüglich von Amts wegen die Verlegung dem Gericht der neuen Hauptniederlassung oder des neuen Sitzes mitzuteilen. ²Der Mitteilung sind die Eintragungen für die bisherige Hauptniederlassung oder den bisherigen Sitz sowie die bei dem bisher zuständigen Gericht aufbewahrten Urkunden beizufügen. ³Das Gericht der neuen Hauptniederlassung oder des neuen Sitzes hat zu prüfen, ob die Hauptniederlassung oder der Sitz ordnungsgemäß verlegt und § 30 beachtet ist. ⁴Ist dies der Fall, so hat es die Verlegung einzutragen und dabei die ihm mitgeteilten Eintragungen ohne weitere Nachprüfung in sein Handelsregister zu übernehmen. ⁵Die Eintragung ist dem Gericht der bisherigen Hauptniederlassung oder des bisherigen Sitzes mitzuteilen. ⁶Dieses hat die erforderlichen Eintragungen von Amts wegen vorzunehmen.

(3) ¹Wird die Hauptniederlassung oder der Sitz an einen anderen Ort innerhalb des Bezirks des Gerichts der bisherigen Hauptniederlassung oder des bisherigen Sitzes verlegt, so hat das Gericht zu prüfen, ob die Hauptniederlassung oder der Sitz ordnungsgemäß verlegt und § 30 beachtet ist. ²Ist dies der Fall, so hat es die Verlegung einzutragen.

§ 14 [Festsetzung von Zwangsgeld]
¹Wer seiner Pflicht zur Anmeldung, zur Zeichnung der Unterschrift oder zur Einreichung von Schriftstücken zum Handelsregister nicht nachkommt, ist hierzu von dem Registergericht durch Festsetzung von Zwangsgeld anzuhalten. ²Das einzelne Zwangsgeld darf den Betrag von fünftausend Euro nicht übersteigen.

§ 15 [Publizität des Handelsregisters]
(1) Solange eine in das Handelsregister einzutragende Tatsache nicht eingetragen und bekanntgemacht ist, kann sie von demjenigen, in dessen Angelegenheiten sie einzutragen war, einem Dritten nicht entgegengesetzt werden, es sei denn, daß sie diesem bekannt war.

(2) ¹Ist die Tatsache eingetragen und bekanntgemacht worden, so muß ein Dritter sie gegen sich gelten lassen. ²Dies gilt nicht bei Rechtshandlungen, die

innerhalb von fünfzehn Tagen nach der Bekanntmachung vorgenommen werden, sofern der Dritte beweist, daß er die Tatsache weder kannte noch kennen mußte.

(3) Ist eine einzutragende Tatsache unrichtig bekanntgemacht, so kann sich ein Dritter demjenigen gegenüber, in dessen Angelegenheiten die Tatsache einzutragen war, auf die bekanntgemachte Tatsache berufen, es sei denn, daß er die Unrichtigkeit kannte.

(4) [1] Für den Geschäftsverkehr mit einer in das Handelsregister eingetragenen Zweigniederlassung ist im Sinne dieser Vorschriften die Eintragung und Bekanntmachung durch das Gericht der Zweigniederlassung entscheidend. [2] Für Zweigniederlassungen von Unternehmen mit Sitz im Inland gilt dies nur für die in § 13 Abs. 6 angeführten Tatsachen.

§ 16 [Entscheidung des Prozeßgerichts] (1) [1] Ist durch eine rechtskräftige oder vollstreckbare Entscheidung des Prozeßgerichts die Verpflichtung zur Mitwirkung bei einer Anmeldung zum Handelsregister oder ein Rechtsverhältnis, bezüglich dessen eine Eintragung zu erfolgen hat, gegen einen von mehreren bei der Vornahme der Anmeldung Beteiligten festgestellt, so genügt zur Eintragung die Anmeldung der übrigen Beteiligten. [2] Wird die Entscheidung, auf Grund deren die Eintragung erfolgt ist, aufgehoben, so ist dies auf Antrag eines der Beteiligten in das Handelsregister einzutragen.

(2) Ist durch eine rechtskräftige oder vollstreckbare Entscheidung des Prozeßgerichts die Vornahme einer Eintragung für unzulässig erklärt, so darf die Eintragung nicht gegen den Widerspruch desjenigen erfolgen, welcher die Entscheidung erwirkt hat.

Dritter Abschnitt. Handelsfirma

§ 17 [Begriff] (1) Die Firma eines Kaufmanns ist der Name, unter dem er seine Geschäfte betreibt und die Unterschrift abgibt.

(2) Ein Kaufmann kann unter seiner Firma klagen und verklagt werden.

§ 18 [Firma des Kaufmanns] (1) Die Firma muß zur Kennzeichnung des Kaufmanns geeignet sein und Unterscheidungskraft besitzen.

(2) [1] Die Firma darf keine Angaben enthalten, die geeignet sind, über geschäftliche Verhältnisse, die für die angesprochenen Verkehrskreise wesentlich sind, irrezuführen. [2] Im Verfahren vor dem Registergericht wird die Eignung zur Irreführung nur berücksichtigt, wenn sie ersichtlich ist.

§ 19 [Bezeichnung der Firma bei Einzelkaufleuten, einer OHG oder KG] (1) Die Firma muß, auch wenn sie nach den §§ 21, 22, 24 oder nach anderen gesetzlichen Vorschriften fortgeführt wird, enthalten:
1. bei Einzelkaufleuten die Bezeichnung „eingetragener Kaufmann", „eingetragene Kauffrau" oder eine allgemein verständliche Abkürzung dieser Bezeichnung, insbesondere „e. K.", „e. Kfm." oder „e. Kfr.";
2. bei einer offenen Handelsgesellschaft die Bezeichnung „offene Handelsgesellschaft" oder eine allgemein verständliche Abkürzung dieser Bezeichnung;

3. bei einer Kommanditgesellschaft die Bezeichnung „Kommanditgesellschaft" oder eine allgemein verständliche Abkürzung dieser Bezeichnung.

(2) Wenn in einer offenen Handelsgesellschaft oder Kommanditgesellschaft keine natürliche Person persönlich haftet, muß die Firma, auch wenn sie nach den §§ 21, 22, 24 oder nach anderen gesetzlichen Vorschriften fortgeführt wird, eine Bezeichnung enthalten, welche die Haftungsbeschränkung kennzeichnet.

§ 20. *(aufgehoben)*

§ 21 [Fortführung bei Namensänderung]
Wird ohne eine Änderung der Person der in der Firma enthaltene Name des Geschäftsinhabers oder eines Gesellschafters geändert, so kann die bisherige Firma fortgeführt werden.

§ 22 [Fortführung bei Erwerb des Handelsgeschäfts]
(1) Wer ein bestehendes Handelsgeschäft unter Lebenden oder von Todes wegen erwirbt, darf für das Geschäft die bisherige Firma, auch wenn sie den Namen des bisherigen Geschäftsinhabers enthält, mit oder ohne Beifügung eines das Nachfolgeverhältnis andeutenden Zusatzes fortführen, wenn der bisherige Geschäftsinhaber oder dessen Erben in die Fortführung der Firma ausdrücklich willigen.

(2) Wird ein Handelsgeschäft auf Grund eines Nießbrauchs, eines Pachtvertrags oder eines ähnlichen Verhältnisses übernommen, so finden diese Vorschriften entsprechende Anwendung.

§ 23 [Veräußerungsverbot]
Die Firma kann nicht ohne das Handelsgeschäft, für welches sie geführt wird, veräußert werden.

§ 24 [Fortführung bei Änderungen im Gesellschafterbestand]
(1) Wird jemand in ein bestehendes Handelsgeschäft als Gesellschafter aufgenommen oder tritt ein neuer Gesellschafter in eine Handelsgesellschaft ein oder scheidet aus einer solchen ein Gesellschafter aus, so kann ungeachtet dieser Veränderung die bisherige Firma fortgeführt werden auch wenn sie den Namen des bisherigen Geschäftsinhabers oder Namen von Gesellschaftern enthält.

(2) Bei dem Ausscheiden eines Gesellschafters, dessen Name in der Firma enthalten ist, bedarf es zur Fortführung der Firma der ausdrücklichen Einwilligung des Gesellschafters oder seiner Erben.

§ 25 [Haftung des Erwerbers bei Firmenfortführung]
(1) [1]Wer ein unter Lebenden erworbenes Handelsgeschäft unter der bisherigen Firma mit oder ohne Beifügung eines das Nachfolgeverhältnis andeutenden Zusatzes fortführt, haftet für alle im Betriebe des Geschäfts begründeten Verbindlichkeiten des früheren Inhabers. [2]Die in dem Betriebe begründeten Forderungen gelten den Schuldnern gegenüber als auf den Erwerber übergegangen, falls der bisherige Inhaber oder seine Erben in die Fortführung der Firma gewilligt haben.

(2) Eine abweichende Vereinbarung ist einem Dritten gegenüber nur wirksam, wenn sie in das Handelsregister eingetragen und bekanntgemacht oder von dem Erwerber oder dem Veräußerer dem Dritten mitgeteilt worden ist.

3. Abschnitt. Handelsfirma   §§ 26–28   HGB 1

(3) Wird die Firma nicht fortgeführt, so haftet der Erwerber eines Handelsgeschäfts für die früheren Geschäftsverbindlichkeiten nur, wenn ein besonderer Verpflichtungsgrund vorliegt, insbesondere wenn die Übernahme der Verbindlichkeiten in handelsüblicher Weise von dem Erwerber bekanntgemacht worden ist.

§ 26 [Verjährung gegen den früheren Inhaber; Fristen] (1) [1] Ist der Erwerber des Handelsgeschäfts auf Grund der Fortführung der Firma oder auf Grund der in § 25 Abs. 3 bezeichneten Kundmachung für die früheren Geschäftsverbindlichkeiten haftbar, so haftet der frühere Geschäftsinhaber für diese Verbindlichkeiten nur, wenn sie vor Ablauf von fünf Jahren fällig und daraus Ansprüche gegen ihn in einer in § 197 Abs. 1 Nr. 3 bis 5 des Bürgerlichen Gesetzbuchs bezeichneten Art festgestellt sind oder eine gerichtliche oder behördliche Vollstreckungshandlung vorgenommen oder beantragt wird; bei öffentlich-rechtlichen Verbindlichkeiten genügt der Erlass eines Verwaltungsakts. [2] Die Frist beginnt im Falle des § 25 Abs. 1 mit dem Ende des Tages, an dem der neue Inhaber der Firma in das Handelsregister des Gerichts der Hauptniederlassung eingetragen wird, im Falle des § 25 Abs. 3 mit dem Ende des Tages, an dem die Übernahme kundgemacht wird. [3] Die für die Verjährung geltenden §§ 204, 206, 210, 211 und 212 Abs. 2 und 3 des Bürgerlichen Gesetzbuches[1]) sind entsprechend anzuwenden.

(2) Einer Feststellung in einer in § 197 Abs. 1 Nr. 3 bis 5 des Bürgerlichen Gesetzbuchs bezeichneten Art bedarf es nicht, soweit der frühere Geschäftsinhaber den Anspruch schriftlich anerkannt hat.

§ 27 [Haftung des Erben bei Geschäftsfortführung] (1) Wird ein zu einem Nachlasse gehörendes Handelsgeschäft von dem Erben fortgeführt, so finden auf die Haftung des Erben für die früheren Geschäftsverbindlichkeiten die Vorschriften des § 25 entsprechende Anwendung.

(2) [1] Die unbeschränkte Haftung nach § 25 Abs. 1 tritt nicht ein, wenn die Fortführung des Geschäfts vor dem Ablaufe von drei Monaten nach dem Zeitpunkt, in welchem der Erbe von dem Anfalle der Erbschaft Kenntnis erlangt hat, eingestellt wird. [2] Auf den Lauf der Frist finden die für die Verjährung geltenden Vorschriften des § 210[2]) des Bürgerlichen Gesetzbuchs entsprechende Anwendung. [3] Ist bei dem Ablaufe der drei Monate das Recht zur Ausschlagung der Erbschaft noch nicht verloren, so endigt die Frist nicht vor dem Ablaufe der Ausschlagungsfrist.

§ 28 [Eintritt in das Geschäft eines Einzelkaufmanns] (1) [1] Tritt jemand als persönlich haftender Gesellschafter oder als Kommanditist in das Geschäft eines Einzelkaufmanns ein, so haftet die Gesellschaft, auch wenn sie

---

[1]) Abgedruckt in **dtv 5001 „BGB"**.
[2]) § 210 BGB lautet:
„(1) [1] Ist eine geschäftsunfähige oder in der Geschäftsfähigkeit beschränkte Person ohne gesetzlichen Vertreter, so tritt eine für oder gegen sie laufende Verjährung nicht vor dem Ablauf von sechs Monaten nach dem Zeitpunkt ein, in dem die Person unbeschränkt geschäftsfähig oder der Mangel der Vertretung behoben wird. [2] Ist die Verjährungsfrist kürzer als sechs Monate, so tritt der für die Verjährung bestimmte Zeitraum an die Stelle der sechs Monate.

(2) Absatz 1 findet keine Anwendung, soweit eine in der Geschäftsfähigkeit beschränkte Person prozessfähig ist."

die frühere Firma nicht fortführt, für alle im Betriebe des Geschäfts entstandenen Verbindlichkeiten des früheren Geschäftsinhabers. ²Die in dem Betriebe begründeten Forderungen gelten den Schuldnern gegenüber als auf die Gesellschaft übergegangen.

(2) Eine abweichende Vereinbarung ist einem Dritten gegenüber nur wirksam, wenn sie in das Handelsregister eingetragen und bekanntgemacht oder von einem Gesellschafter dem Dritten mitgeteilt worden ist.

(3) ¹Wird der frühere Geschäftsinhaber Kommanditist und haftet die Gesellschaft für die im Betrieb seines Geschäfts entstandenen Verbindlichkeiten, so ist für die Begrenzung seiner Haftung § 26 entsprechend mit der Maßgabe anzuwenden, daß die in § 26 Abs. 1 bestimmte Frist mit dem Ende des Tages beginnt, an dem die Gesellschaft in das Handelsregister eingetragen wird. ²Dies gilt auch, wenn er in der Gesellschaft oder einem ihr als Gesellschafter angehörenden Unternehmen geschäftsführend tätig wird. ³Seine Haftung als Kommanditist bleibt unberührt.

§ 29 [Anmeldung der Firma] Jeder Kaufmann ist verpflichtet, seine Firma und den Ort seiner Handelsniederlassung bei dem Gericht, in dessen Bezirke sich die Niederlassung befindet, zur Eintragung in das Handelsregister anzumelden; er hat seine Namensunterschrift unter Angabe der Firma zur Aufbewahrung bei dem Gericht zu zeichnen.

§ 30 [Unterscheidbarkeit] (1) Jede neue Firma muß sich von allen an demselben Ort oder in derselben Gemeinde bereits bestehenden und in das Handelsregister oder in das Genossenschaftsregister eingetragenen Firmen deutlich unterscheiden.

(2) Hat ein Kaufmann mit einem bereits eingetragenen Kaufmanne die gleichen Vornamen und den gleichen Familiennamen und will auch er sich dieser Namen als seiner Firma bedienen, so muß er der Firma einen Zusatz beifügen, durch den sie sich von der bereits eingetragenen Firma deutlich unterscheidet.

(3) Besteht an dem Orte oder in der Gemeinde, wo eine Zweigniederlassung errichtet wird, bereits eine gleiche eingetragene Firma, so muß der Firma für die Zweigniederlassung ein der Vorschrift des Absatzes 2 entsprechender Zusatz beigefügt werden.

(4) Durch die Landesregierungen kann bestimmt werden, daß benachbarte Orte oder Gemeinden als ein Ort oder als eine Gemeinde im Sinne dieser Vorschriften anzusehen sind.

§ 31 [Änderung der Firma; Erlöschen] (1) Eine Änderung der Firma oder ihrer Inhaber sowie die Verlegung der Niederlassung an einen anderen Ort ist nach den Vorschriften des § 29 zur Eintragung in das Handelsregister anzumelden.

(2) ¹Das gleiche gilt, wenn die Firma erlischt. ²Kann die Anmeldung des Erlöschens einer eingetragenen Firma durch die hierzu Verpflichteten nicht auf dem in § 14 bezeichneten Wege herbeigeführt werden, so hat das Gericht das Erlöschen von Amts wegen einzutragen.

3. Abschnitt. Handelsfirma §§ 32–34 HGB 1

§ 32 [Insolvenzverfahren] (1) ¹Wird über das Vermögen eines Kaufmanns das Insolvenzverfahren eröffnet, so ist dies von Amts wegen in das Handelsregister einzutragen. ²Das gleiche gilt für
1. die Aufhebung des Eröffnungsbeschlusses,
2. die Bestellung eines vorläufigen Insolvenzverwalters, wenn zusätzlich dem Schuldner ein allgemeines Verfügungsverbot auferlegt oder angeordnet wird, daß Verfügungen des Schuldners nur mit Zustimmung des vorläufigen Insolvenzverwalters wirksam sind, um die Aufhebung einer derartigen Sicherungsmaßnahme,
3. die Anordnung der Eigenverwaltung durch den Schuldner und deren Aufhebung sowie die Anordnung der Zustimmungsbedürftigkeit bestimmter Rechtsgeschäfte des Schuldners,
4. die Einstellung und die Aufhebung des Verfahrens und
5. die Überwachung der Erfüllung eines Insolvenzplans und die Aufhebung der Überwachung.

(2) ¹Die Eintragungen werden nicht bekanntgemacht. ²Die Vorschriften des § 15 sind nicht anzuwenden.

§ 33[1] **[Juristische Person]** (1) Eine juristische Person, deren Eintragung in das Handelsregister mit Rücksicht auf den Gegenstand oder auf die Art und den Umfang ihres Gewerbebetriebes zu erfolgen hat, ist von sämtlichen Mitgliedern des Vorstandes zur Eintragung anzumelden.

(2) ¹Der Anmeldung sind die Satzung der juristischen Person und die Urkunden über die Bestellung des Vorstandes in Urschrift oder in öffentlich beglaubigter Abschrift beizufügen; ferner ist anzugeben, welche Vertretungsmacht die Vorstandsmitglieder haben. ²Bei der Eintragung sind die Firma und der Sitz der juristischen Person, der Gegenstand des Unternehmens, die Mitglieder des Vorstandes und ihre Vertretungsmacht anzugeben. ³Besondere Bestimmungen der Satzung über die Zeitdauer des Unternehmens sind gleichfalls einzutragen.

(3) Die Errichtung einer Zweigniederlassung ist durch den Vorstand unter Beifügung einer öffentlich beglaubigten Abschrift der Satzung anzumelden.

(4) Für juristische Personen im Sinne von Absatz 1 gilt die Bestimmung des § 37a entsprechend.

§ 34 [Anmeldung und Eintragung von Änderungen] (1) Jede Änderung der nach § 33 Abs. 2 Satz 2 und 3 einzutragenden Tatsachen oder der Satzung, die Auflösung der juristischen Person, falls sie nicht die Folge der Eröffnung des Insolvenzverfahrens ist, sowie die Personen der Liquidatoren, ihre Vertretungsmacht, jeder Wechsel der Liquidatoren und jede Änderung ihrer Vertretungsmacht sind zur Eintragung in das Handelsregister anzumelden.

(2) Bei der Eintragung einer Änderung der Satzung genügt, soweit nicht die Änderung die in § 33 Abs. 2 Satz 2 und 3 bezeichneten Angaben betrifft, die Bezugnahme auf die bei dem Gericht eingereichten Urkunden über die Änderung.

---

[1] Beachte hierzu die Übergangsvorschrift in Art. 52 EGHGB; Nr. **2**.

(3) Die Anmeldung hat durch den Vorstand oder, sofern die Eintragung erst nach der Anmeldung der ersten Liquidatoren geschehen soll, durch die Liquidatoren zu erfolgen.

(4) Die Eintragung gerichtlich bestellter Vorstandsmitglieder oder Liquidatoren geschieht von Amts wegen.

(5) Im Falle des Insolvenzverfahrens finden die Vorschriften des § 32 Anwendung.

§ 35 [Unterschriftszeichnung] Die Mitglieder des Vorstandes und die Liquidatoren einer juristischen Person haben ihre Unterschrift zur Aufbewahrung bei dem Gerichte zu zeichnen.

§ 36. *(aufgehoben)*

§ 37 [Unzulässiger Firmengebrauch] (1) Wer eine nach den Vorschriften dieses Abschnitts ihm nicht zustehende Firma gebraucht, ist von dem Registergerichte zur Unterlassung des Gebrauchs der Firma durch Festsetzung von Ordnungsgeld anzuhalten.

(2) [1] Wer in seinen Rechten dadurch verletzt wird, daß ein anderer eine Firma unbefugt gebraucht, kann von diesem die Unterlassung des Gebrauchs der Firma verlangen. [2] Ein nach sonstigen Vorschriften begründeter Anspruch auf Schadensersatz bleibt unberührt.

§ 37 a [Angaben auf Geschäftsbriefen] (1) Auf allen Geschäftsbriefen des Kaufmanns, die an einen bestimmten Empfänger gerichtet werden, müssen seine Firma, die Bezeichnung nach § 19 Abs. 1 Nr. 1, der Ort seiner Handelsniederlassung, das Registergericht und die Nummer, unter der die Firma in das Handelsregister eingetragen ist, angegeben werden.

(2) Der Angaben nach Absatz 1 bedarf es nicht bei Mitteilungen oder Berichten, die im Rahmen einer bestehenden Geschäftsverbindung ergehen und für die üblicherweise Vordrucke verwendet werden, in denen lediglich die im Einzelfall erforderlichen besonderen Angaben eingefügt zu werden brauchen.

(3) [1] Bestellscheine gelten als Geschäftsbriefe im Sinne des Absatzes 1. [2] Absatz 2 ist auf sie nicht anzuwenden.

(4) [1] Wer seiner Pflicht nach Absatz 1 nicht nachkommt, ist hierzu von dem Registergericht durch Festsetzung von Zwangsgeld anzuhalten. [2] § 14 Satz 2 gilt entsprechend.

Vierter Abschnitt. Handelsbücher

§§ 38–47 b. *(aufgehoben)*

Fünfter Abschnitt. Prokura und Handlungsvollmacht

§ 48 [Erteilung der Prokura; Gesamtprokura] (1) Die Prokura kann nur von dem Inhaber des Handelsgeschäfts oder seinem gesetzlichen Vertreter und nur mittels ausdrücklicher Erklärung erteilt werden.

(2) Die Erteilung kann an mehrere Personen gemeinschaftlich erfolgen (Gesamtprokura).

5. Abschnitt. Prokura und Handlungsvollmacht §§ 49–54 HGB 1

§ 49 [Umfang der Prokura] (1) Die Prokura ermächtigt zu allen Arten von gerichtlichen und außergerichtlichen Geschäften und Rechtshandlungen, die der Betrieb eines Handelsgewerbes mit sich bringt.

(2) Zur Veräußerung und Belastung von Grundstücken ist der Prokurist nur ermächtigt, wenn ihm diese Befugnis besonders erteilt ist.

§ 50 [Beschränkung des Umfanges] (1) Eine Beschränkung des Umfanges der Prokura ist Dritten gegenüber unwirksam.

(2) Dies gilt insbesondere von der Beschränkung, daß die Prokura nur für gewisse Geschäfte oder gewisse Arten von Geschäften oder nur unter gewissen Umständen oder für eine gewisse Zeit oder an einzelnen Orten ausgeübt werden soll.

(3) ¹Eine Beschränkung der Prokura auf den Betrieb einer von mehreren Niederlassungen des Geschäftsinhabers ist Dritten gegenüber nur wirksam, wenn die Niederlassungen unter verschiedenen Firmen betrieben werden. ²Eine Verschiedenheit der Firmen im Sinne dieser Vorschrift wird auch dadurch begründet, daß für eine Zweigniederlassung der Firma ein Zusatz beigefügt wird, der sie als Firma der Zweigniederlassung bezeichnet.

§ 51 [Zeichnung des Prokuristen] Der Prokurist hat in der Weise zu zeichnen, daß er der Firma seinen Namen mit einem die Prokura andeutenden Zusatze beifügt.

§ 52 [Widerruflichkeit; Unübertragbarkeit; Tod des Inhabers]
(1) Die Prokura ist ohne Rücksicht auf das der Erteilung zugrunde liegende Rechtsverhältnis jederzeit widerruflich, unbeschadet des Anspruchs auf die vertragsmäßige Vergütung.

(2) Die Prokura ist nicht übertragbar.

(3) Die Prokura erlischt nicht durch den Tod des Inhabers des Handelsgeschäfts.

§ 53 [Anmeldung der Erteilung und des Erlöschens; Zeichnung des Prokuristen] (1) ¹Die Erteilung der Prokura ist von dem Inhaber des Handelsgeschäfts zur Eintragung in das Handelsregister anzumelden. ²Ist die Prokura als Gesamtprokura erteilt, so muß auch dies zur Eintragung angemeldet werden.

(2) Der Prokurist hat seine Namensunterschrift unter Angabe der Firma und eines die Prokura andeutenden Zusatzes zur Aufbewahrung bei dem Gerichte zu zeichnen.

(3) Das Erlöschen der Prokura ist in gleicher Weise wie die Erteilung zur Eintragung anzumelden.

§ 54 [Handlungsvollmacht] (1) Ist jemand ohne Erteilung der Prokura zum Betrieb eines Handelsgewerbes oder zur Vornahme einer bestimmten zu einem Handelsgewerbe gehörigen Art von Geschäften oder zur Vornahme einzelner zu einem Handelsgewerbe gehöriger Geschäfte ermächtigt, so erstreckt sich die Vollmacht (Handlungsvollmacht) auf alle Geschäfte und Rechtshandlungen, die der Betrieb eines derartigen Handelsgewerbes oder die Vornahme derartiger Geschäfte gewöhnlich mit sich bringt.

1 HGB §§ 55–59   Erstes Buch. Handelsstand

(2) Zur Veräußerung oder Belastung von Grundstücken, zur Eingehung von Wechselverbindlichkeiten, zur Aufnahme von Darlehen und zur Prozeßführung ist der Handlungsbevollmächtigte nur ermächtigt, wenn ihm eine solche Befugnis besonders erteilt ist.

(3) Sonstige Beschränkungen der Handlungsvollmacht braucht ein Dritter nur dann gegen sich gelten zu lassen, wenn er sie kannte oder kennen mußte.

§ 55 [Abschlußvertreter] (1) Die Vorschriften des § 54 finden auch Anwendung auf Handlungsbevollmächtigte, die Handelsvertreter sind oder die als Handlungsgehilfen damit betraut sind, außerhalb des Betriebes des Prinzipals Geschäfte in dessen Namen abzuschließen.

(2) Die ihnen erteilte Vollmacht zum Abschluß von Geschäften bevollmächtigt sie nicht, abgeschlossene Verträge zu ändern, insbesondere Zahlungsfristen zu gewähren.

(3) Zur Annahme von Zahlungen sind sie nur berechtigt, wenn sie dazu bevollmächtigt sind.

(4) Sie gelten als ermächtigt, die Anzeige von Mängeln einer Ware, die Erklärung, daß eine Ware zur Verfügung gestellt werde, sowie ähnliche Erklärungen, durch die ein Dritter seine Rechte aus mangelhafter Leistung geltend macht oder sie vorbehält, entgegenzunehmen; sie können die dem Unternehmer (Prinzipal) zustehenden Rechte auf Sicherung des Beweises geltend machen.

§ 56 [Angestellte in Laden oder Warenlager] Wer in einem Laden oder in einem offenen Warenlager angestellt ist, gilt als ermächtigt zu Verkäufen und Empfangnahmen, die in einem derartigen Laden oder Warenlager gewöhnlich geschehen.

§ 57 [Zeichnung des Handlungsbevollmächtigten] Der Handlungsbevollmächtigte hat sich bei der Zeichnung jedes eine Prokura andeutenden Zusatzes zu enthalten; er hat mit einem das Vollmachtsverhältnis ausdrückenden Zusatze zu zeichnen.

§ 58 [Unübertragbarkeit der Handlungsvollmacht] Der Handlungsbevollmächtigte kann ohne Zustimmung des Inhabers des Handelsgeschäfts seine Handlungsvollmacht auf einen anderen nicht übertragen.

Sechster Abschnitt. Handlungsgehilfen und Handlungslehrlinge

§ 59 [Handlungsgehilfe] [1] Wer in einem Handelsgewerbe zur Leistung kaufmännischer Dienste gegen Entgelt angestellt ist (Handlungsgehilfe), hat, soweit nicht besondere Vereinbarungen über die Art und den Umfang seiner Dienstleistungen oder über die ihm zukommende Vergütung getroffen sind, die dem Ortsgebrauch entsprechenden Dienste zu leisten sowie die dem Ortsgebrauch entsprechende Vergütung zu beanspruchen. [2] In Ermangelung eines Ortsgebrauchs gelten die den Umständen nach angemessenen Leistungen als vereinbart.

6. Abschnitt. Handlungsgehilfen und -lehrlinge §§ 60–63 HGB 1

§ 60 [Gesetzliches Wettbewerbsverbot] (1) Der Handlungsgehilfe darf ohne Einwilligung des Prinzipals weder ein Handelsgewerbe betreiben noch in dem Handelszweige des Prinzipals für eigene oder fremde Rechnung Geschäfte machen.

(2) Die Einwilligung zum Betrieb eines Handelsgewerbes gilt als erteilt, wenn dem Prinzipal bei der Anstellung des Gehilfen bekannt ist, daß er das Gewerbe betreibt, und der Prinzipal die Aufgabe des Betriebs nicht ausdrücklich vereinbart.

§ 61 [Verletzung des Wettbewerbsverbots] (1) Verletzt der Handlungsgehilfe die ihm nach § 60 obliegende Verpflichtung, so kann der Prinzipal Schadensersatz fordern; er kann statt dessen verlangen, daß der Handlungsgehilfe die für eigene Rechnung gemachten Geschäfte als für Rechnung des Prinzipals eingegangen gelten lasse und die aus Geschäften für fremde Rechnung bezogene Vergütung herausgebe oder seinen Anspruch auf die Vergütung abtrete.

(2) Die Ansprüche verjähren in drei Monaten von dem Zeitpunkt an, in welchem der Prinzipal Kenntnis von dem Abschluss des Geschäfts erlangt oder ohne grobe Fahrlässigkeit erlangen müsste; sie verjähren ohne Rücksicht auf diese Kenntnis oder grob fahrlässige Unkenntnis in fünf Jahren von dem Abschluss des Geschäfts an.

§ 62[1)] **[Fürsorgepflicht des Arbeitgebers]** (1) Der Prinzipal ist verpflichtet, die Geschäftsräume und die für den Geschäftsbetrieb bestimmten Vorrichtungen und Gerätschaften so einzurichten und zu unterhalten, auch den Geschäftsbetrieb und die Arbeitszeit so zu regeln, daß der Handlungsgehilfe gegen eine Gefährdung seiner Gesundheit, soweit die Natur des Betriebs es gestattet, geschützt und die Aufrechterhaltung der guten Sitten und des Anstandes gesichert ist.

(2) Ist der Handlungsgehilfe in die häusliche Gemeinschaft aufgenommen, so hat der Prinzipal in Ansehung des Wohn- und Schlafraums, der Verpflegung sowie der Arbeits- und Erholungszeit diejenigen Einrichtungen und Anordnungen zu treffen, welche mit Rücksicht auf die Gesundheit, die Sittlichkeit und die Religion des Handlungsgehilfen erforderlich sind.

(3) Erfüllt der Prinzipal die ihm in Ansehung des Lebens und der Gesundheit des Handlungsgehilfen obliegenden Verpflichtungen nicht, so finden auf seine Verpflichtung zum Schadensersatze die für unerlaubte Handlungen geltenden Vorschriften der §§ 842 bis 846 des Bürgerlichen Gesetzbuchs[2)] entsprechende Anwendung.

(4) Die dem Prinzipal hiernach obliegenden Verpflichtungen können nicht im voraus durch Vertrag aufgehoben oder beschränkt werden.

§ 63. *(aufgehoben)*

[1)] Für das Gebiet der ehem. DDR ist § 62 Abs. 2 bis 4 aufgrund des Einigungsvertrages vom 31. 8. 1990 (BGBl. II S. 889, 959, 1020) nicht anzuwenden.
[2)] Abgedruckt in **dtv 5001 „BGB"**.

§ 64[1] **[Gehaltszahlung]** ¹Die Zahlung des dem Handlungsgehilfen zukommenden Gehalts hat am Schlusse jedes Monats zu erfolgen. ²Eine Vereinbarung, nach der die Zahlung des Gehalts später erfolgen soll, ist nichtig.

§ 65 [Provision] Ist bedungen, daß der Handlungsgehilfe für Geschäfte, die von ihm geschlossen oder vermittelt werden, Provision erhalten solle, so sind die für die Handelsvertreter geltenden Vorschriften des § 87 Abs. 1 und 3 sowie der §§ 87a bis 87c anzuwenden.

§§ 66–73. *(aufgehoben)*

§ 74 [Vertragliches Wettbewerbsverbot; bezahlte Karenz] (1) Eine Vereinbarung zwischen dem Prinzipal und dem Handlungsgehilfen, die den Gehilfen für die Zeit nach Beendigung des Dienstverhältnisses in seiner gewerblichen Tätigkeit beschränkt (Wettbewerbverbot), bedarf der Schriftform und der Aushändigung einer vom Prinzipal unterzeichneten, die vereinbarten Bestimmungen enthaltenden Urkunde an den Gehilfen.

(2) Das Wettbewerbverbot ist nur verbindlich, wenn sich der Prinzipal verpflichtet, für die Dauer des Verbots eine Entschädigung zu zahlen, die für jedes Jahr des Verbots mindestens die Hälfte der von dem Handlungsgehilfen zuletzt bezogenen vertragsmäßigen Leistungen erreicht.

§ 74a [Unverbindliches oder nichtiges Verbot] (1) ¹Das Wettbewerbverbot ist insoweit unverbindlich, als es nicht zum Schutze eines berechtigten geschäftlichen Interesses des Prinzipals dient. ²Es ist ferner unverbindlich, soweit es unter Berücksichtigung der gewährten Entschädigung nach Ort, Zeit oder Gegenstand eine unbillige Erschwerung des Fortkommens des Gehilfen enthält. ³Das Verbot kann nicht auf einen Zeitraum von mehr als zwei Jahren von der Beendigung des Dienstverhältnisses an erstreckt werden.

(2) ¹Das Verbot ist nichtig, wenn der Gehilfe zur Zeit des Abschlusses minderjährig ist oder wenn sich der Prinzipal die Erfüllung auf Ehrenwort oder unter ähnlichen Versicherungen versprechen läßt. ²Nichtig ist auch die Vereinbarung, durch die ein Dritter an Stelle des Gehilfen die Verpflichtung übernimmt, daß sich der Gehilfe nach der Beendigung des Dienstverhältnisses in seiner gewerblichen Tätigkeit beschränken werde.

(3) Unberührt bleiben die Vorschriften des § 138 des Bürgerlichen Gesetzbuchs über die Nichtigkeit von Rechtsgeschäften, die gegen die guten Sitten verstoßen.

§ 74b [Zahlung und Berechnung der Entschädigung] (1) Die nach § 74 Abs. 2 dem Handlungsgehilfen zu gewährende Entschädigung ist am Schlusse jedes Monats zu zahlen.

(2) ¹Soweit die dem Gehilfen zustehenden vertragsmäßigen Leistungen in einer Provision oder in anderen wechselnden Bezügen bestehen, sind sie bei der Berechnung der Entschädigung nach dem Durchschnitt der letzten drei Jahre in Ansatz zu bringen. ²Hat die für die Bezüge bei der Beendigung des Dienstverhältnisses maßgebende Vertragsbestimmung noch nicht drei Jahre

---

[1] Für das Gebiet der ehem. DDR ist § 64 aufgrund des Einigungsvertrages vom 31. 8. 1990 (BGBl. II S. 889, 959, 1020) nicht anzuwenden.

bestanden, so erfolgt der Ansatz nach dem Durchschnitt des Zeitraums, für den die Bestimmung in Kraft war.

(3) Soweit Bezüge zum Ersatze besonderer Auslagen dienen sollen, die infolge der Dienstleistung entstehen, bleiben sie außer Ansatz.

§ 74c [Anrechnung anderweitigen Erwerbs] (1) [1]Der Handlungsgehilfe muß sich auf die fällige Entschädigung anrechnen lassen, was er während des Zeitraums, für den die Entschädigung gezahlt wird, durch anderweite Verwertung seiner Arbeitskraft erwirbt oder zu erwerben böswillig unterläßt, soweit die Entschädigung unter Hinzurechnung dieses Betrags den Betrag der zuletzt von ihm bezogenen vertragsmäßigen Leistungen um mehr als ein Zehntel übersteigen würde. [2]Ist der Gehilfe durch das Wettbewerbverbot gezwungen worden, seinen Wohnsitz zu verlegen, so tritt an die Stelle des Betrags von einem Zehntel der Betrag von einem Viertel. [3]Für die Dauer der Verbüßung einer Freiheitsstrafe kann der Gehilfe eine Entschädigung nicht verlangen.

(2) Der Gehilfe ist verpflichtet, dem Prinzipal auf Erfordern über die Höhe seines Erwerbes Auskunft zu erteilen.

§ 75[1]) **[Unwirksamwerden des Wettbewerbsverbots]** (1) Löst der Gehilfe das Dienstverhältnis gemäß den Vorschriften der §§ 70 und 71[2]) wegen vertragswidrigen Verhaltens des Prinzipals auf, so wird das Wettbewerbverbot unwirksam, wenn der Gehilfe vor Ablauf eines Monats nach der Kündigung schriftlich erklärt, daß er sich an die Vereinbarung nicht gebunden erachte.

(2) [1]In gleicher Weise wird das Wettbewerbverbot unwirksam, wenn der Prinzipal das Dienstverhältnis kündigt, es sei denn, daß für die Kündigung ein erheblicher Anlaß in der Person des Gehilfen vorliegt oder daß sich der Prinzipal bei der Kündigung bereit erklärt, während der Dauer der Beschränkung dem Gehilfen die vollen zuletzt von ihm bezogenen vertragsmäßigen Leistungen zu gewähren. [2]Im letzteren Falle finden die Vorschriften des § 74b entsprechende Anwendung.

(3)[3]) *Löst der Prinzipal das Dienstverhältnis gemäß den Vorschriften der §§ 70 und 72 wegen vertragswidrigen Verhaltens des Gehilfen auf, so hat der Gehilfe keinen Anspruch auf die Entschädigung.*

§ 75a [Verzicht des Prinzipals auf Wettbewerbverbot] Der Prinzipal kann vor der Beendigung des Dienstverhältnisses durch schriftliche Erklärung auf das Wettbewerbverbot mit der Wirkung verzichten, daß er mit dem Ablauf eines Jahres seit der Erklärung von der Verpflichtung zur Zahlung der Entschädigung frei wird.

§ 75b. *(aufgehoben)*

---

[1]) Für das Gebiet der ehem. DDR ist § 75 Abs. 3 aufgrund des Einigungsvertrages vom 31. 8. 1990 (BGBl. II S. 889, 959, 1020) nicht anzuwenden.
[2]) §§ 70 und 71 HGB aufgehoben durch Erstes Arbeitsrechtsbereinigungsgesetz vom 14. 8. 1969 (BGBl. I S. 1106); vgl. jetzt § 626 BGB.
[3]) Nach dem Urteil des Bundesarbeitsgerichts vom 23. 2. 1977 – 3 AZR 620/75 – (AP Nr. 6 zu § 75 HGB = NJW 1977, 1357) verstößt § 75 Abs. 3 HGB gegen Art. 3 GG und ist daher nichtig.

§ 75 c [Vertragsstrafe] (1) ¹Hat der Handlungsgehilfe für den Fall, daß er die in der Vereinbarung übernommene Verpflichtung nicht erfüllt, eine Strafe versprochen, so kann der Prinzipal Ansprüche nur nach Maßgabe der Vorschriften des § 340 des Bürgerlichen Gesetzbuchs[1)] geltend machen. ²Die Vorschriften des Bürgerlichen Gesetzbuchs über die Herabsetzung einer unverhältnismäßig hohen Vertragsstrafe bleiben unberührt.

(2) Ist die Verbindlichkeit der Vereinbarung nicht davon abhängig, daß sich der Prinzipal zur Zahlung einer Entschädigung an den Gehilfen verpflichtet, so kann der Prinzipal, wenn sich der Gehilfe einer Vertragsstrafe der in Absatz 1 bezeichneten Art unterworfen hat, nur die verwirkte Strafe verlangen; der Anspruch auf Erfüllung oder auf Ersatz eines weiteren Schadens ist ausgeschlossen.

§ 75 d [Abweichende Vereinbarungen] ¹Auf eine Vereinbarung, durch die von den Vorschriften der §§ 74 bis 75 c zum Nachteil des Handlungsgehilfen abgewichen wird, kann sich der Prinzipal nicht berufen. ²Das gilt auch von Vereinbarungen, die bezwecken, die gesetzlichen Vorschriften über das Mindestmaß der Entschädigung durch Verrechnungen oder auf sonstige Weise zu umgehen.

§ 75 e. *(aufgehoben)*

§ 75 f [Sperrabrede unter Arbeitgebern] ¹Im Falle einer Vereinbarung, durch die sich ein Prinzipal einem anderen Prinzipal gegenüber verpflichtet, einen Handlungsgehilfen, der bei diesem im Dienst ist oder gewesen ist, nicht oder nur unter bestimmten Voraussetzungen anzustellen, steht beiden Teilen der Rücktritt frei. ²Aus der Vereinbarung findet weder Klage noch Einrede statt.

§ 75 g [Vermittlungsgehilfe] ¹§ 55 Abs. 4 gilt auch für einen Handlungsgehilfen, der damit betraut ist, außerhalb des Betriebes des Prinzipals für diesen Geschäfte zu vermitteln. ²Eine Beschränkung dieser Rechte braucht ein Dritter gegen sich nur gelten zu lassen, wenn er sie kannte oder kennen mußte.

§ 75 h [Unkenntnis des Mangels der Vertretungsmacht] (1) Hat ein Handlungsgehilfe, der nur mit der Vermittlung von Geschäften außerhalb des Betriebes des Prinzipals betraut ist, ein Geschäft im Namen des Prinzipals abgeschlossen, und war dem Dritten der Mangel der Vertretungsmacht nicht bekannt, so gilt das Geschäft als von dem Prinzipal genehmigt, wenn dieser dem Dritten gegenüber nicht unverzüglich das Geschäft ablehnt, nachdem er von dem Handlungsgehilfen oder dem Dritten über Abschluß und wesentlichen Inhalt benachrichtigt worden ist.

[1)] § 340 BGB bestimmt:

„(1) ¹Hat der Schuldner die Strafe für den Fall versprochen, dass er seine Verbindlichkeit nicht erfüllt, so kann der Gläubiger die verwirkte Strafe statt der Erfüllung verlangen. ²Erklärt der Gläubiger dem Schuldner, dass er die Strafe verlange, so ist der Anspruch auf Erfüllung ausgeschlossen.

(2) ¹Steht dem Gläubiger ein Anspruch auf Schadensersatz wegen Nichterfüllung zu, so kann er die verwirkte Strafe als Mindestbetrag des Schadens verlangen. ²Die Geltendmachung eines weiteren Schadens ist nicht ausgeschlossen."

7. Abschnitt. Handelsvertreter §§ 76–86 HGB 1

(2) Das gleiche gilt, wenn ein Handlungsgehilfe, der mit dem Abschluß von Geschäften betraut ist, ein Geschäft im Namen des Prinzipals abgeschlossen hat, zu dessen Abschluß er nicht bevollmächtigt ist.

§§ 76–82. *(aufgehoben)*

§ 82 a[1)·2)] **[Wettbewerbsverbot des Volontärs]** *Auf Wettbewerbsverbote gegenüber Personen, die, ohne als Lehrlinge angenommen zu sein, zum Zwecke ihrer Ausbildung unentgeltlich mit kaufmännischen Diensten beschäftigt werden (Volontäre), finden die für Handlungsgehilfen geltenden Vorschriften insoweit Anwendung, als sie nicht auf das dem Gehilfen zustehende Entgelt Bezug nehmen.*

§ 83[2)] **[Andere Arbeitnehmer]** Hinsichtlich der Personen, welche in dem Betrieb eines Handelsgewerbes andere als kaufmännische Dienste leisten, bewendet es bei den für das Arbeitsverhältnis dieser Personen geltenden Vorschriften.

Siebenter Abschnitt. Handelsvertreter

§ 84 [Begriff des Handelsvertreters] (1) [1]Handelsvertreter ist, wer als selbständiger Gewerbetreibender ständig damit betraut ist, für einen anderen Unternehmer (Unternehmer) Geschäfte zu vermitteln oder in dessen Namen abzuschließen. [2]Selbständig ist, wer im wesentlichen frei seine Tätigkeit gestalten und seine Arbeitszeit bestimmen kann.

(2) Wer, ohne selbständig im Sinne des Absatzes 1 zu sein, ständig damit betraut ist, für einen Unternehmer Geschäfte zu vermitteln oder in dessen Namen abzuschließen, gilt als Angestellter.

(3) Der Unternehmer kann auch ein Handelsvertreter sein.

(4) Die Vorschriften dieses Abschnittes finden auch Anwendung, wenn das Unternehmen des Handelsvertreters nach Art oder Umfang einen in kaufmännischer Weise eingerichteten Geschäftsbetrieb nicht erfordert.

§ 85 [Vertragsurkunde] [1]Jeder Teil kann verlangen, daß der Inhalt des Vertrages sowie spätere Vereinbarungen zu dem Vertrag in eine vom anderen Teil unterzeichnete Urkunde aufgenommen werden. [2]Dieser Anspruch kann nicht ausgeschlossen werden.

§ 86 [Pflichten des Handelsvertreters] (1) Der Handelsvertreter hat sich um die Vermittlung oder den Abschluß von Geschäften zu bemühen; er hat hierbei das Interesse des Unternehmers wahrzunehmen.

(2) Er hat dem Unternehmer die erforderlichen Nachrichten zu geben, namentlich ihm von jeder Geschäftsvermittlung und von jedem Geschäftsabschluß unverzüglich Mitteilung zu machen.

(3) Er hat seine Pflichten mit der Sorgfalt eines ordentlichen Kaufmanns wahrzunehmen.

[1)] § 82 a gegenstandslos durch § 19 in Verbindung mit § 5 Abs. 1 Satz 1 Berufsbildungsgesetz vom 14. 8. 1969 (BGBl. I S. 1112).
[2)] Für das Gebiet der ehem. DDR sind die §§ 82 a und 83 aufgrund des Einigungsvertrages vom 31. 8. 1990 (BGBl. II S. 889, 959, 1020) nicht anzuwenden.

(4) Von den Absätzen 1 und 2 abweichende Vereinbarungen sind unwirksam.

§ 86a [Pflichten des Unternehmers] (1) Der Unternehmer hat dem Handelsvertreter die zur Ausübung seiner Tätigkeit erforderlichen Unterlagen, wie Muster, Zeichnungen, Preislisten, Werbedrucksachen, Geschäftsbedingungen, zur Verfügung zu stellen.

(2) [1]Der Unternehmer hat dem Handelsvertreter die erforderlichen Nachrichten zu geben. [2]Er hat ihm unverzüglich die Annahme oder Ablehnung eines vom Handelsvertreter vermittelten oder ohne Vertretungsmacht abgeschlossenen Geschäfts und die Nichtausführung eines von ihm vermittelten oder abgeschlossenen Geschäfts mitzuteilen. [3]Er hat ihn unverzüglich zu unterrichten, wenn er Geschäfte voraussichtlich nur in erheblich geringerem Umfange abschließen kann oder will, als der Handelsvertreter unter gewöhnlichen Umständen erwarten konnte.

(3) Von den Absätzen 1 und 2 abweichende Vereinbarungen sind unwirksam.

§ 86b [Delkredereprovision] (1) [1]Verpflichtet sich ein Handelsvertreter, für die Erfüllung der Verbindlichkeit aus einem Geschäft einzustehen, so kann er eine besondere Vergütung (Delkredereprovision) beanspruchen; der Anspruch kann im voraus nicht ausgeschlossen werden. [2]Die Verpflichtung kann nur für ein bestimmtes Geschäft oder für solche Geschäfte mit bestimmten Dritten übernommen werden, die der Handelsvertreter vermittelt oder abschließt. [3]Die Übernahme bedarf der Schriftform.

(2) Der Anspruch auf die Delkredereprovision entsteht mit dem Abschluß des Geschäfts.

(3) [1]Absatz 1 gilt nicht, wenn der Unternehmer oder der Dritte seine Niederlassung oder beim Fehlen einer solchen seinen Wohnsitz im Ausland hat. [2]Er gilt ferner nicht für Geschäfte, zu deren Abschluß und Ausführung der Handelsvertreter unbeschränkt bevollmächtigt ist.

§ 87 [Provisionspflichtige Geschäfte] (1) [1]Der Handelsvertreter hat Anspruch auf Provision für alle während des Vertragsverhältnisses abgeschlossenen Geschäfte, die auf seine Tätigkeit zurückzuführen sind oder mit Dritten abgeschlossen werden, die er als Kunden für Geschäfte der gleichen Art geworben hat. [2]Ein Anspruch auf Provision besteht für ihn nicht, wenn und soweit die Provision nach Absatz 3 dem ausgeschiedenen Handelsvertreter zusteht.

(2) [1]Ist dem Handelsvertreter ein bestimmter Bezirk oder ein bestimmter Kundenkreis zugewiesen, so hat er Anspruch auf Provision auch für die Geschäfte, die ohne seine Mitwirkung mit Personen seines Bezirkes oder seines Kundenkreises während des Vertragsverhältnisses abgeschlossen sind. [2]Dies gilt nicht, wenn und soweit die Provision nach Absatz 3 dem ausgeschiedenen Handelsvertreter zusteht.

(3) [1]Für ein Geschäft, das erst nach Beendigung des Vertragsverhältnisses abgeschlossen ist, hat der Handelsvertreter Anspruch auf Provision nur, wenn
1. er das Geschäft vermittelt hat oder es eingeleitet und so vorbereitet hat, daß der Abschluß überwiegend auf seine Tätigkeit zurückzuführen ist, und das

7. Abschnitt. Handelsvertreter **§§ 87a, 87b   HGB 1**

Geschäft innerhalb einer angemessenen Frist nach Beendigung des Vertragsverhältnisses abgeschlossen worden ist oder

2. vor Beendigung des Vertragsverhältnisses das Angebot des Dritten zum Abschluß eines Geschäfts, für das der Handelsvertreter nach Absatz 1 Satz 1 oder Absatz 2 Satz 1 Anspruch auf Provision hat, dem Handelsvertreter oder dem Unternehmer zugegangen ist.

²Der Anspruch auf Provision nach Satz 1 steht dem nachfolgenden Handelsvertreter anteilig zu, wenn wegen besonderer Umstände eine Teilung der Provision der Billigkeit entspricht.

(4) Neben dem Anspruch auf Provision für abgeschlossene Geschäfte hat der Handelsvertreter Anspruch auf Inkassoprovision für die von ihm auftragsgemäß eingezogenen Beträge.

§ 87 a [Fälligkeit der Provision] (1) ¹Der Handelsvertreter hat Anspruch auf Provision, sobald und soweit der Unternehmer das Geschäft ausgeführt hat. ²Eine abweichende Vereinbarung kann getroffen werden, jedoch hat der Handelsvertreter mit der Ausführung des Geschäfts durch den Unternehmer Anspruch auf einen angemessenen Vorschuß, der spätestens am letzten Tag des folgenden Monats fällig ist. ³Unabhängig von einer Vereinbarung hat jedoch der Handelsvertreter Anspruch auf Provision, sobald und soweit der Dritte das Geschäft ausgeführt hat.

(2) Steht fest, daß der Dritte nicht leistet, so entfällt der Anspruch auf Provision; bereits empfangene Beträge sind zurückzugewähren.

(3) ¹Der Handelsvertreter hat auch dann einen Anspruch auf Provision, wenn feststeht, daß der Unternehmer das Geschäft ganz oder teilweise nicht oder nicht so ausführt, wie es abgeschlossen worden ist. ²Der Anspruch entfällt im Falle der Nichtausführung, wenn und soweit diese auf Umständen beruht, die vom Unternehmer nicht zu vertreten sind.

(4) Der Anspruch auf Provision wird am letzten Tag des Monats fällig, in dem nach § 87c Abs. 1 über den Anspruch abzurechnen ist.

(5) Von Absatz 2 erster Halbsatz, Absätze 3 und 4 abweichende, für den Handelsvertreter nachteilige Vereinbarungen sind unwirksam.

§ 87 b [Höhe der Provision] (1) Ist die Höhe der Provision nicht bestimmt, so ist der übliche Satz als vereinbart anzusehen.

(2) ¹Die Provision ist von dem Entgelt zu berechnen, das der Dritte oder der Unternehmer zu leisten hat. ²Nachlässe bei Barzahlung sind nicht abzuziehen; dasselbe gilt für Nebenkosten, namentlich für Fracht, Verpackung, Zoll, Steuern, es sei denn, daß die Nebenkosten dem Dritten besonders in Rechnung gestellt sind. ³Die Umsatzsteuer, die lediglich auf Grund der steuerrechtlichen Vorschriften in der Rechnung gesondert ausgewiesen ist, gilt nicht als besonders in Rechnung gestellt.

(3) ¹Bei Gebrauchsüberlassungs- und Nutzungsverträgen von bestimmter Dauer ist die Provision vom Entgelt für die Vertragsdauer zu berechnen. ²Bei unbestimmter Dauer ist die Provision vom Entgelt bis zu dem Zeitpunkt zu berechnen, zu dem erstmals von dem Dritten gekündigt werden kann; der Handelsvertreter hat Anspruch auf weitere entsprechend berechnete Provisionen, wenn der Vertrag fortbesteht.

§ 87 c [Abrechnung über die Provision] (1) ¹Der Unternehmer hat über die Provision, auf die der Handelsvertreter Anspruch hat, monatlich abzurechnen; der Abrechnungszeitraum kann auf höchstens drei Monate erstreckt werden. ²Die Abrechnung hat unverzüglich, spätestens bis zum Ende des nächsten Monats, zu erfolgen.

(2) Der Handelsvertreter kann bei der Abrechnung einen Buchauszug über alle Geschäfte verlangen, für die ihm nach § 87 Provision gebührt.

(3) Der Handelsvertreter kann außerdem Mitteilung über alle Umstände verlangen, die für den Provisionsanspruch, seine Fälligkeit und seine Berechnung wesentlich sind.

(4) Wird der Buchauszug verweigert oder bestehen begründete Zweifel an der Richtigkeit oder Vollständigkeit der Abrechnung oder des Buchauszuges, so kann der Handelsvertreter verlangen, daß nach Wahl des Unternehmers entweder ihm oder einem von ihm zu bestimmenden Wirtschaftsprüfer oder vereidigten Buchsachverständigen Einsicht in die Geschäftsbücher oder die sonstigen Urkunden so weit gewährt wird, wie dies zur Feststellung der Richtigkeit oder Vollständigkeit der Abrechnung oder des Buchauszuges erforderlich ist.

(5) Diese Rechte des Handelsvertreters können nicht ausgeschlossen oder beschränkt werden.

§ 87 d [Ersatz von Aufwendungen] Der Handelsvertreter kann den Ersatz seiner im regelmäßigen Geschäftsbetrieb entstandenen Aufwendungen nur verlangen, wenn dies handelsüblich ist.

§ 88. *(aufgehoben)*

§ 88 a [Zurückbehaltungsrecht] (1) Der Handelsvertreter kann nicht im voraus auf gesetzliche Zurückbehaltungsrechte verzichten.

(2) Nach Beendigung des Vertragsverhältnisses hat der Handelsvertreter ein nach allgemeinen Vorschriften bestehendes Zurückbehaltungsrecht an ihm zur Verfügung gestellten Unterlagen (§ 86 a Abs. 1) nur wegen seiner fälligen Ansprüche auf Provision und Ersatz von Aufwendungen.

§ 89 [Kündigung des Vertrages] (1) ¹Ist das Vertragsverhältnis auf unbestimmte Zeit eingegangen, so kann es im ersten Jahr der Vertragsdauer mit einer Frist von einem Monat, im zweiten Jahr mit einer Frist von zwei Monaten und im dritten bis fünften Jahr mit einer Frist von drei Monaten gekündigt werden. ²Nach einer Vertragsdauer von fünf Jahren kann das Vertragsverhältnis mit einer Frist von sechs Monaten gekündigt werden. ³Die Kündigung ist nur für den Schluß eines Kalendermonats zulässig, sofern keine abweichende Vereinbarung getroffen ist.

(2) ¹Die Kündigungsfristen nach Absatz 1 Satz 1 und 2 können durch Vereinbarung verlängert werden; die Frist darf für den Unternehmer nicht kürzer sein als für den Handelsvertreter. ²Bei Vereinbarung einer kürzeren Frist für den Unternehmer gilt die für den Handelsvertreter vereinbarte Frist.

(3) ¹Ein für eine bestimmte Zeit eingegangenes Vertragsverhältnis, das nach Ablauf der vereinbarten Laufzeit von beiden Teilen fortgesetzt wird, gilt als auf unbestimmte Zeit verlängert. ²Für die Bestimmung der Kündigungsfristen

nach Absatz 1 Satz 1 und 2 ist die Gesamtdauer des Vertragsverhältnisses maßgeblich.

§ 89 a [Fristlose Kündigung] (1) [1] Das Vertragsverhältnis kann von jedem Teil aus wichtigem Grunde ohne Einhaltung einer Kündigungsfrist gekündigt werden. [2] Dieses Recht kann nicht ausgeschlossen oder beschränkt werden.

(2) Wird die Kündigung durch ein Verhalten veranlaßt, das der andere Teil zu vertreten hat, so ist dieser zum Ersatz des durch die Aufhebung des Vertragsverhältnisses entstehenden Schadens verpflichtet.

§ 89 b [Ausgleichsanspruch] (1) [1] Der Handelsvertreter kann von dem Unternehmer nach Beendigung des Vertragsverhältnisses einen angemessenen Ausgleich verlangen, wenn und soweit
1. der Unternehmer aus der Geschäftsverbindung mit neuen Kunden, die der Handelsvertreter geworben hat, auch nach Beendigung des Vertragsverhältnisses erhebliche Vorteile hat,
2. der Handelsvertreter infolge der Beendigung des Vertragsverhältnisses Ansprüche auf Provision verliert, die er bei Fortsetzung desselben aus bereits abgeschlossenen oder künftig zustande kommenden Geschäften mit den von ihm geworbenen Kunden hätte, und
3. die Zahlung eines Ausgleichs unter Berücksichtigung aller Umstände der Billigkeit entspricht.

[2] Der Werbung eines neuen Kunden steht es gleich, wenn der Handelsvertreter die Geschäftsverbindung mit einem Kunden so wesentlich erweitert hat, daß dies wirtschaftlich der Werbung eines neuen Kunden entspricht.

(2) Der Ausgleich beträgt höchstens eine nach dem Durchschnitt der letzten fünf Jahre der Tätigkeit des Handelsvertreters berechnete Jahresprovision oder sonstige Jahresvergütung; bei kürzerer Dauer des Vertragsverhältnisses ist der Durchschnitt während der Dauer der Tätigkeit maßgebend.

(3) Der Anspruch besteht nicht, wenn
1. der Handelsvertreter das Vertragsverhältnis gekündigt hat, es sei denn, daß ein Verhalten des Unternehmers hierzu begründeten Anlaß gegeben hat oder dem Handelsvertreter eine Fortsetzung seiner Tätigkeit wegen seines Alters oder wegen Krankheit nicht zugemutet werden kann, oder
2. der Unternehmer das Vertragsverhältnis gekündigt hat und für die Kündigung ein wichtiger Grund wegen schuldhaften Verhaltens des Handelsvertreters vorlag oder
3. auf Grund einer Vereinbarung zwischen dem Unternehmer und dem Handelsvertreter ein Dritter anstelle des Handelsvertreters in das Vertragsverhältnis eintritt; die Vereinbarung kann nicht vor Beendigung des Vertragsverhältnisses getroffen werden.

(4) [1] Der Anspruch kann im voraus nicht ausgeschlossen werden. [2] Er ist innerhalb eines Jahres nach Beendigung des Vertragsverhältnisses geltend zu machen.

(5) [1] Die Absätze 1, 3 und 4 gelten für Versicherungsvertreter mit der Maßgabe, daß an die Stelle der Geschäftsverbindung mit neuen Kunden, die der Handelsvertreter geworben hat, die Vermittlung neuer Versicherungsverträge

durch den Versicherungsvertreter tritt und der Vermittlung eines Versicherungsvertrages es gleichsteht, wenn der Versicherungsvertreter einen bestehenden Versicherungsvertrag so wesentlich erweitert hat, daß dies wirtschaftlich der Vermittlung eines neuen Versicherungsvertrages entspricht. ²Der Ausgleich des Versicherungsvertreters beträgt abweichend von Absatz 2 höchstens drei Jahresprovisionen oder Jahresvergütungen. ³Die Vorschriften der Sätze 1 und 2 gelten sinngemäß für Bausparkassenvertreter.

§ 90 [Geschäfts- und Betriebsgeheimnisse] Der Handelsvertreter darf Geschäfts- und Betriebsgeheimnisse, die ihm anvertraut oder als solche durch seine Tätigkeit für den Unternehmer bekanntgeworden sind, auch nach Beendigung des Vertragsverhältnisses nicht verwerten oder anderen mitteilen, soweit dies nach den gesamten Umständen der Berufsauffassung eines ordentlichen Kaufmannes widersprechen würde.

§ 90 a [Wettbewerbsabrede] (1) ¹Eine Vereinbarung, die den Handelsvertreter nach Beendigung des Vertragsverhältnisses in seiner gewerblichen Tätigkeit beschränkt (Wettbewerbsabrede), bedarf der Schriftform und der Aushändigung einer vom Unternehmer unterzeichneten, die vereinbarten Bestimmungen enthaltenden Urkunde an den Handelsvertreter. ²Die Abrede kann nur für längstens zwei Jahre von der Beendigung des Vertragsverhältnisses an getroffen werden; sie darf sich nur auf den dem Handelsvertreter zugewiesenen Bezirk oder Kundenkreis und nur auf die Gegenstände erstrecken, hinsichtlich deren sich der Handelsvertreter um die Vermittlung oder den Abschluß von Geschäften für den Unternehmer zu bemühen hat. ³Der Unternehmer ist verpflichtet, dem Handelsvertreter für die Dauer der Wettbewerbsbeschränkung eine angemessene Entschädigung zu zahlen.

(2) Der Unternehmer kann bis zum Ende des Vertragsverhältnisses schriftlich auf die Wettbewerbsbeschränkung mit der Wirkung verzichten, daß er mit dem Ablauf von sechs Monaten seit der Erklärung von der Verpflichtung zur Zahlung der Entschädigung frei wird.

(3) Kündigt ein Teil das Vertragsverhältnis aus wichtigem Grund wegen schuldhaften Verhaltens des anderen Teils, kann er sich durch schriftliche Erklärung binnen einem Monat nach der Kündigung von der Wettbewerbsabrede lossagen.

(4) Abweichende für den Handelsvertreter nachteilige Vereinbarungen können nicht getroffen werden.

§ 91 [Vollmachten des Handelsvertreters] (1) § 55 gilt auch für einen Handelsvertreter, der zum Abschluß von Geschäften von einem Unternehmer bevollmächtigt ist, der nicht Kaufmann ist.

(2) ¹Ein Handelsvertreter gilt, auch wenn ihm keine Vollmacht zum Abschluß von Geschäften erteilt ist, als ermächtigt, die Anzeige von Mängeln einer Ware, die Erklärung, daß eine Ware zur Verfügung gestellt werde, sowie ähnliche Erklärungen, durch die ein Dritter seine Rechte aus mangelhafter Leistung geltend macht oder sich vorbehält, entgegenzunehmen; er kann die dem Unternehmer zustehenden Rechte auf Sicherung des Beweises geltend machen. ²Eine Beschränkung dieser Rechte braucht ein Dritter gegen sich nur gelten zu lassen, wenn er sie kannte oder kennen mußte.

7. Abschnitt. Handelsvertreter §§ 91a–92a HGB 1

§ 91 a [Mangel der Vertretungsmacht] (1) Hat ein Handelsvertreter, der nur mit der Vermittlung von Geschäften betraut ist, ein Geschäft im Namen des Unternehmers abgeschlossen, und war dem Dritten der Mangel an Vertretungsmacht nicht bekannt, so gilt das Geschäft als von dem Unternehmer genehmigt, wenn dieser nicht unverzüglich, nachdem er von dem Handelsvertreter oder dem Dritten über Abschluß und wesentlichen Inhalt benachrichtigt worden ist, dem Dritten gegenüber das Geschäft ablehnt.

(2) Das gleiche gilt, wenn ein Handelsvertreter, der mit dem Abschluß von Geschäften betraut ist, ein Geschäft im Namen des Unternehmers abgeschlossen hat, zu dessen Abschluß er nicht bevollmächtigt ist.

§ 92 [Versicherungs- und Bausparkassenvertreter] (1) Versicherungsvertreter ist, wer als Handelsvertreter damit betraut ist, Versicherungsverträge zu vermitteln oder abzuschließen.

(2) Für das Vertragsverhältnis zwischen dem Versicherungsvertreter und dem Versicherer gelten die Vorschriften für das Vertragsverhältnis zwischen dem Handelsvertreter und dem Unternehmer vorbehaltlich der Absätze 3 und 4.

(3) [1] In Abweichung von § 87 Abs. 1 Satz 1 hat ein Versicherungsvertreter Anspruch auf Provision nur für Geschäfte, die auf seine Tätigkeit zurückzuführen sind. [2] § 87 Abs. 2 gilt nicht für Versicherungsvertreter.

(4) Der Versicherungsvertreter hat Anspruch auf Provision (§ 87a Abs. 1), sobald der Versicherungsnehmer die Prämie gezahlt hat, aus der sich die Provision nach dem Vertragsverhältnis berechnet.

(5) Die Vorschriften der Absätze 1 bis 4 gelten sinngemäß für Bausparkassenvertreter.

§ 92 a [Mindestarbeitsbedingungen] (1) [1] Für das Vertragsverhältnis eines Handelsvertreters, der vertraglich nicht für weitere Unternehmer tätig werden darf oder dem dies nach Art und Umfang der von ihm verlangten Tätigkeit nicht möglich ist, kann das Bundesministerium der Justiz im Einvernehmen mit dem Bundesministerium für Wirtschaft und Arbeit nach Anhörung von Verbänden der Handelsvertreter und der Unternehmer durch Rechtsverordnung, die nicht der Zustimmung des Bundesrates bedarf, die untere Grenze der vertraglichen Leistungen des Unternehmers festsetzen, um die notwendigen sozialen und wirtschaftlichen Bedürfnisse dieser Handelsvertreter oder einer bestimmten Gruppe von ihnen sicherzustellen. [2] Die festgesetzten Leistungen können vertraglich nicht ausgeschlossen oder beschränkt werden.

(2) [1] Absatz 1 gilt auch für das Vertragsverhältnis eines Versicherungsvertreters, der auf Grund eines Vertrages oder mehrerer Verträge damit betraut ist, Geschäfte für mehrere Versicherer zu vermitteln oder abzuschließen, die zu einem Versicherungskonzern oder zu einer zwischen ihnen bestehenden Organisationsgemeinschaft gehören, sofern die Beendigung des Vertragsverhältnisses mit einem dieser Versicherer im Zweifel auch die Beendigung des Vertragsverhältnisses mit den anderen Versicherern zur Folge haben würde. [2] In diesem Falle kann durch Rechtsverordnung, die nicht der Zustimmung des Bundesrates bedarf, außerdem bestimmt werden, ob die festgesetzten Leistungen von allen Versicherern als Gesamtschuldnern oder anteilig oder

nur von einem der Versicherer geschuldet werden und wie der Ausgleich unter ihnen zu erfolgen hat.

§ 92 b [Handelsvertreter im Nebenberuf] (1) ¹Auf einen Handelsvertreter im Nebenberuf sind §§ 89 und 89b nicht anzuwenden. ²Ist das Vertragsverhältnis auf unbestimmte Zeit eingegangen, so kann es mit einer Frist von einem Monat für den Schluß eines Kalendermonats gekündigt werden; wird eine andere Kündigungsfrist vereinbart, so muß sie für beide Teile gleich sein. ³Der Anspruch auf einen angemessenen Vorschuß nach § 87a Abs. 1 Satz 2 kann ausgeschlossen werden.

(2) Auf Absatz 1 kann sich nur der Unternehmer berufen, der den Handelsvertreter ausdrücklich als Handelsvertreter im Nebenberuf mit der Vermittlung oder dem Abschluß von Geschäften betraut hat.

(3) Ob ein Handelsvertreter nur als Handelsvertreter im Nebenberuf tätig ist, bestimmt sich nach der Verkehrsauffassung.

(4) Die Vorschriften der Absätze 1 bis 3 gelten sinngemäß für Versicherungsvertreter und für Bausparkassenvertreter.

§ 92 c [Handelsvertreter außerhalb der EG; Schiffahrtsvertreter]
(1) Hat der Handelsvertreter seine Tätigkeit für den Unternehmer nach dem Vertrag nicht innerhalb des Gebietes der Europäischen Gemeinschaft oder der anderen Vertragsstaaten des Abkommens über den Europäischen Wirtschaftsraum auszuüben, so kann hinsichtlich aller Vorschriften dieses Abschnittes etwas anderes vereinbart werden.

(2) Das gleiche gilt, wenn der Handelsvertreter mit der Vermittlung oder dem Abschluß von Geschäften betraut wird, die die Befrachtung, Abfertigung oder Ausrüstung von Schiffen oder die Buchung von Passagen auf Schiffen zum Gegenstand haben.

Achter Abschnitt. Handelsmakler[1)]

§ 93 [Begriff] (1) Wer gewerbsmäßig für andere Personen, ohne von ihnen auf Grund eines Vertragsverhältnisses ständig damit betraut zu sein, die Vermittlung von Verträgen über Anschaffung oder Veräußerung von Waren oder Wertpapieren, über Versicherungen, Güterbeförderungen, Schiffsmiete oder sonstige Gegenstände des Handelsverkehrs übernimmt, hat die Rechte und Pflichten eines Handelsmaklers.

(2) Auf die Vermittlung anderer als der bezeichneten Geschäfte, insbesondere auf die Vermittlung von Geschäften über unbewegliche Sachen, finden, auch wenn die Vermittlung durch einen Handelsmakler erfolgt, die Vorschriften dieses Abschnitts keine Anwendung.

(3) Die Vorschriften dieses Abschnittes finden auch Anwendung, wenn das Unternehmen des Handelsmaklers nach Art oder Umfang einen in kaufmännischer Weise eingerichteten Geschäftsbetrieb nicht erfordert.

§ 94 [Schlußnote] (1) Der Handelsmakler hat, sofern nicht die Parteien ihm dies erlassen oder der Ortsgebrauch mit Rücksicht auf die Gattung der

---

[1)] Vgl. die §§ 29 ff. BörsenG idF der Bek. v. 9. 9. 1998 (BGBl. I S. 2682); abgedruckt in **dtv 5021 „Bankrecht".**

8. Abschnitt. Handelsmakler **§§ 95–100 HGB 1**

Ware davon entbindet, unverzüglich nach dem Abschlusse des Geschäfts jeder Partei eine von ihm unterzeichnete Schlußnote zuzustellen, welche die Parteien, den Gegenstand und die Bedingungen des Geschäfts, insbesondere bei Verkäufen von Waren oder Wertpapieren deren Gattung und Menge sowie den Preis und die Zeit der Lieferung, enthält.

(2) Bei Geschäften, die nicht sofort erfüllt werden sollen, ist die Schlußnote den Parteien zu ihrer Unterschrift zuzustellen und jeder Partei die von der anderen unterschriebene Schlußnote zu übersenden.

(3) Verweigert eine Partei die Annahme oder Unterschrift der Schlußnote, so hat der Handelsmakler davon der anderen Partei unverzüglich Anzeige zu machen.

§ 95 [Vorbehaltene Aufgabe] (1) Nimmt eine Partei eine Schlußnote an, in der sich der Handelsmakler die Bezeichnung der anderen Partei vorbehalten hat, so ist sie an das Geschäft mit der Partei, welche ihr nachträglich bezeichnet wird, gebunden, es sei denn, daß gegen diese begründete Einwendungen zu erheben sind.

(2) Die Bezeichnung der anderen Partei hat innerhalb der ortsüblichen Frist, in Ermangelung einer solchen innerhalb einer den Umständen nach angemessenen Frist zu erfolgen.

(3) [1] Unterbleibt die Bezeichnung oder sind gegen die bezeichnete Person oder Firma begründete Einwendungen zu erheben, so ist die Partei befugt, den Handelsmakler auf die Erfüllung des Geschäfts in Anspruch zu nehmen. [2] Der Anspruch ist ausgeschlossen, wenn sich die Partei auf die Aufforderung des Handelsmaklers nicht unverzüglich darüber erklärt, ob sie Erfüllung verlange.

§ 96 [Aufbewahrung von Proben] [1] Der Handelsmakler hat, sofern nicht die Parteien ihm dies erlassen oder der Ortsgebrauch mit Rücksicht auf die Gattung der Ware davon entbindet, von jeder durch seine Vermittlung nach Probe verkauften Ware die Probe, falls sie ihm übergeben ist, so lange aufzubewahren, bis die Ware ohne Einwendung gegen ihre Beschaffenheit angenommen oder das Geschäft in anderer Weise erledigt wird. [2] Er hat die Probe durch ein Zeichen kenntlich zu machen.

§ 97 [Keine Inkassovollmacht] Der Handelsmakler gilt nicht als ermächtigt, eine Zahlung oder eine andere im Vertrage bedungene Leistung in Empfang zu nehmen.

§ 98 [Haftung gegenüber beiden Parteien] Der Handelsmakler haftet jeder der beiden Parteien für den durch sein Verschulden entstehenden Schaden.

§ 99 [Lohnanspruch gegen beide Parteien] Ist unter den Parteien nichts darüber vereinbart, wer den Maklerlohn bezahlen soll, so ist er in Ermangelung eines abweichenden Ortsgebrauchs von jeder Partei zur Hälfte zu entrichten.

§ 100 [Tagebuch] (1) [1] Der Handelsmakler ist verpflichtet, ein Tagebuch zu führen und in dieses alle abgeschlossenen Geschäfte täglich einzutragen.

1 HGB §§ 101–104

²Die Eintragungen sind nach der Zeitfolge zu bewirken; sie haben die in § 94 Abs. 1 bezeichneten Angaben zu enthalten. ³Das Eingetragene ist von dem Handelsmakler täglich zu unterzeichnen oder gemäß § 126a Abs. 1 des Bürgerlichen Gesetzbuchs[1] elektronisch zu signieren.

(2) Die Vorschriften der §§ 239 und 257 über die Einrichtung und Aufbewahrung der Handelsbücher finden auf das Tagebuch des Handelsmaklers Anwendung.

§ 101 [Auszüge aus dem Tagebuch] Der Handelsmakler ist verpflichtet, den Parteien jederzeit auf Verlangen Auszüge aus dem Tagebuche zu geben, die von ihm unterzeichnet sind und alles enthalten, was von ihm in Ansehung des vermittelten Geschäfts eingetragen ist.

§ 102 [Vorlegung im Rechtsstreit] Im Laufe eines Rechtsstreits kann das Gericht auch ohne Antrag einer Partei die Vorlegung des Tagebuchs anordnen, um es mit der Schlußnote, den Auszügen oder anderen Beweismitteln zu vergleichen

§ 103 [Ordnungswidrigkeiten] (1) Ordnungswidrig handelt, wer als Handelsmakler

1. vorsätzlich oder fahrlässig ein Tagebuch über die abgeschlossenen Geschäfte zu führen unterläßt oder das Tagebuch in einer Weise führt, die dem § 100 Abs. 1 widerspricht oder
2. ein solches Tagebuch vor Ablauf der gesetzlichen Aufbewahrungsfrist vernichtet.

(2) Die Ordnungswidrigkeit kann mit einer Geldbuße bis zu fünftausend Euro geahndet werden.

§ 104 [Krämermakler] ¹Auf Personen, welche die Vermittlung von Warengeschäften im Kleinverkehre besorgen, finden die Vorschriften über Schlußnoten und Tagebücher keine Anwendung. ²Auf Personen, welche die Vermittlung von Versicherungs- oder Bausparverträgen übernehmen, sind die Vorschriften über Tagebücher nicht anzuwenden.

---

[1] Abgedruckt in **dtv 5001 „BGB"**.

Zweites Buch. Handelsgesellschaften und stille Gesellschaft

Erster Abschnitt. Offene Handelsgesellschaft

Erster Titel. Errichtung der Gesellschaft

§ 105 [Begriff der OHG; Anwendbarkeit des BGB] (1) Eine Gesellschaft, deren Zweck auf den Betrieb eines Handelsgewerbes unter gemeinschaftlicher Firma gerichtet ist, ist eine offene Handelsgesellschaft, wenn bei keinem der Gesellschafter die Haftung gegenüber den Gesellschaftsgläubigern beschränkt ist.

(2) ¹Eine Gesellschaft, deren Gewerbebetrieb nicht schon nach § 1 Abs. 2 Handelsgewerbe ist oder die nur eigenes Vermögen verwaltet, ist offene Handelsgesellschaft, wenn die Firma des Unternehmens in das Handelsregister eingetragen ist. ²§ 2 Satz 2 und 3 gilt entsprechend.

(3) Auf die offene Handelsgesellschaft finden, soweit nicht in diesem Abschnitt ein anderes vorgeschrieben ist, die Vorschriften des Bürgerlichen Gesetzbuchs über die Gesellschaft Anwendung.

§ 106 [Anmeldung zum Handelsregister] (1) Die Gesellschaft ist bei dem Gericht, in dessen Bezirke sie ihren Sitz hat, zur Eintragung in das Handelsregister anzumelden.

(2) Die Anmeldung hat zu enthalten:
1. den Namen, Vornamen, Geburtsdatum und Wohnort jedes Gesellschafters;
2. die Firma der Gesellschaft und den Ort, wo sie ihren Sitz hat;
3. *(aufgehoben)*
4. die Vertretungsmacht der Gesellschafter.

§ 107 [Anzumeldende Änderungen] Wird die Firma einer Gesellschaft geändert oder der Sitz der Gesellschaft an einen anderen Ort verlegt, tritt ein neuer Gesellschafter in die Gesellschaft ein oder ändert sich die Vertretungsmacht eines Gesellschafters, so ist dies ebenfalls zur Eintragung in das Handelsregister anzumelden.

§ 108 [Anmeldung durch alle Gesellschafter; Aufbewahrung der Unterschriften] (1) Die Anmeldungen sind von sämtlichen Gesellschaftern zu bewirken.

(2) Die Gesellschafter, welche die Gesellschaft vertreten sollen, haben ihre Namensunterschrift unter Angabe der Firma zur Aufbewahrung bei dem Gericht zu zeichnen.

Zweiter Titel. Rechtsverhältnis der Gesellschafter untereinander

§ 109 [Gesellschaftsvertrag] Das Rechtsverhältnis der Gesellschafter untereinander richtet sich zunächst nach dem Gesellschaftsvertrage; die Vorschriften der §§ 110 bis 122 finden nur insoweit Anwendung, als nicht durch den Gesellschaftsvertrag ein anderes bestimmt ist.

1 HGB §§ 110–114 Zweites Buch. Handelsgesellschaften

§ 110 [**Ersatz für Aufwendungen und Verluste**] (1) Macht der Gesellschafter in den Gesellschaftsangelegenheiten Aufwendungen, die er den Umständen nach für erforderlich halten darf, oder erleidet er unmittelbar durch seine Geschäftsführung oder aus Gefahren, die mit ihr untrennbar verbunden sind, Verluste, so ist ihm die Gesellschaft zum Ersatze verpflichtet.

(2) Aufgewendetes Geld hat die Gesellschaft von der Zeit der Aufwendung an zu verzinsen.

§ 111 [**Verzinsungspflicht**] (1) Ein Gesellschafter, der seine Geldeinlage nicht zur rechten Zeit einzahlt oder eingenommenes Gesellschaftsgeld nicht zur rechten Zeit an die Gesellschaftskasse abliefert oder unbefugt Geld aus der Gesellschaftskasse für sich entnimmt, hat Zinsen von dem Tage an zu entrichten, an welchem die Zahlung oder die Ablieferung hätte geschehen sollen oder die Herausnahme des Geldes erfolgt ist.

(2) Die Geltendmachung eines weiteren Schadens ist nicht ausgeschlossen.

§ 112 [**Wettbewerbsverbot**] (1) Ein Gesellschafter darf ohne Einwilligung der anderen Gesellschafter weder in dem Handelszweig der Gesellschaft Geschäfte machen noch an einer anderen gleichartigen Handelsgesellschaft als persönlich haftender Gesellschafter teilnehmen.

(2) Die Einwilligung zur Teilnahme an einer anderen Gesellschaft gilt als erteilt, wenn den übrigen Gesellschaftern bei Eingehung der Gesellschaft bekannt ist, daß der Gesellschafter an einer anderen Gesellschaft als persönlich haftender Gesellschafter teilnimmt, und gleichwohl die Aufgabe dieser Beteiligung nicht ausdrücklich bedungen wird.

§ 113 [**Verletzung des Wettbewerbsverbots**] (1) Verletzt ein Gesellschafter die ihm nach § 112 obliegende Verpflichtung, so kann die Gesellschaft Schadensersatz fordern; sie kann statt dessen von dem Gesellschafter verlangen, daß er die für eigene Rechnung gemachten Geschäfte als für Rechnung der Gesellschaft eingegangen gelten lasse und die aus Geschäften für fremde Rechnung bezogene Vergütung herausgebe oder seinen Anspruch auf die Vergütung abtrete.

(2) Über die Geltendmachung dieser Ansprüche beschließen die übrigen Gesellschafter.

(3) Die Ansprüche verjähren in drei Monaten von dem Zeitpunkt an, in welchem die übrigen Gesellschafter von dem Abschluss des Geschäfts oder von der Teilnahme des Gesellschafters an der anderen Gesellschaft Kenntnis erlangen oder ohne grobe Fahrlässigkeit erlangen müssten; sie verjähren ohne Rücksicht auf diese Kenntnis oder grob fahrlässige Unkenntnis in fünf Jahren von ihrer Entstehung an.

(4) Das Recht der Gesellschafter, die Auflösung der Gesellschaft zu verlangen, wird durch diese Vorschriften nicht berührt.

§ 114 [**Geschäftsführung**] (1) Zur Führung der Geschäfte der Gesellschaft sind alle Gesellschafter berechtigt und verpflichtet.

(2) Ist im Gesellschaftsvertrage die Geschäftsführung einem Gesellschafter oder mehreren Gesellschaftern übertragen, so sind die übrigen Gesellschafter von der Geschäftsführung ausgeschlossen.

1. Abschnitt. Offene Handelsgesellschaft §§ 115–120 HGB 1

§ 115 [Geschäftsführung durch mehrere Gesellschafter] (1) Steht die Geschäftsführung allen oder mehreren Gesellschaftern zu, so ist jeder von ihnen allein zu handeln berechtigt; widerspricht jedoch ein anderer geschäftsführender Gesellschafter der Vornahme einer Handlung, so muß diese unterbleiben.

(2) Ist im Gesellschaftsvertrage bestimmt, daß die Gesellschafter, denen die Geschäftsführung zusteht, nur zusammen handeln können, so bedarf es für jedes Geschäft der Zustimmung aller geschäftsführenden Gesellschafter, es sei denn, daß Gefahr im Verzug ist.

§ 116 [Umfang der Geschäftsführungsbefugnis] (1) Die Befugnis zur Geschäftsführung erstreckt sich auf alle Handlungen, die der gewöhnliche Betrieb des Handelsgewerbes der Gesellschaft mit sich bringt.

(2) Zur Vornahme von Handlungen, die darüber hinausgehen, ist ein Beschluß sämtlicher Gesellschafter erforderlich.

(3) [1] Zur Bestellung eines Prokuristen bedarf es der Zustimmung aller geschäftsführenden Gesellschafter, es sei denn, daß Gefahr im Verzug ist. [2] Der Widerruf der Prokura kann von jedem der zur Erteilung oder zur Mitwirkung bei der Erteilung befugten Gesellschafter erfolgen.

§ 117 [Entziehung der Geschäftsführungsbefugnis] Die Befugnis zur Geschäftsführung kann einem Gesellschafter auf Antrag der übrigen Gesellschafter durch gerichtliche Entscheidung entzogen werden, wenn ein wichtiger Grund vorliegt; ein solcher Grund ist insbesondere grobe Pflichtverletzung oder Unfähigkeit zur ordnungsmäßigen Geschäftsführung.

§ 118 [Kontrollrecht der Gesellschafter] (1) Ein Gesellschafter kann, auch wenn er von der Geschäftsführung ausgeschlossen ist, sich von den Angelegenheiten der Gesellschaft persönlich unterrichten, die Handelsbücher und die Papiere der Gesellschaft einsehen und sich aus ihnen eine Bilanz und einen Jahresabschluß anfertigen.

(2) Eine dieses Recht ausschließende oder beschränkende Vereinbarung steht der Geltendmachung des Rechtes nicht entgegen, wenn Grund zu der Annahme unredlicher Geschäftsführung besteht.

§ 119 [Beschlußfassung] (1) Für die von den Gesellschaftern zu fassenden Beschlüsse bedarf es der Zustimmung aller zur Mitwirkung bei der Beschlußfassung berufenen Gesellschafter.

(2) Hat nach dem Gesellschaftsvertrage die Mehrheit der Stimmen zu entscheiden, so ist die Mehrheit im Zweifel nach der Zahl der Gesellschafter zu berechnen.

§ 120 [Gewinn und Verlust] (1) Am Schlusse jedes Geschäftsjahrs wird auf Grund der Bilanz der Gewinn oder der Verlust des Jahres ermittelt und für jeden Gesellschafter sein Anteil daran berechnet.

(2) Der einem Gesellschafter zukommende Gewinn wird dem Kapitalanteile des Gesellschafters zugeschrieben; der auf einen Gesellschafter entfallende Verlust sowie das während des Geschäftsjahrs auf den Kapitalanteil entnommene Geld wird davon abgeschrieben.

1 HGB §§ 121–125 Zweites Buch. Handelsgesellschaften

§ 121 [**Verteilung von Gewinn und Verlust**] (1) ¹Von dem Jahresgewinne gebührt jedem Gesellschafter zunächst ein Anteil in Höhe von vier vom Hundert seines Kapitalanteils. ²Reicht der Jahresgewinn hierzu nicht aus, so bestimmen sich die Anteile nach einem entsprechend niedrigeren Satze.

(2) ¹Bei der Berechnung des nach Absatz 1 einem Gesellschafter zukommenden Gewinnanteils werden Leistungen, die der Gesellschafter im Laufe des Geschäftsjahrs als Einlage gemacht hat, nach dem Verhältnisse der seit der Leistung abgelaufenen Zeit berücksichtigt. ²Hat der Gesellschafter im Laufe des Geschäftsjahrs Geld aus seinen Kapitalanteil entnommen, so werden die entnommenen Beträge nach dem Verhältnisse der bis zur Entnahme abgelaufenen Zeit berücksichtigt.

(3) Derjenige Teil des Jahresgewinns, welcher die nach den Absätzen 1 und 2 zu berechnenden Gewinnanteile übersteigt, sowie der Verlust eines Geschäftsjahrs wird unter die Gesellschafter nach Köpfen verteilt.

§ 122 [**Entnahmen**] (1) Jeder Gesellschafter ist berechtigt, aus der Gesellschaftskasse Geld bis zum Betrage von vier vom Hundert seines für das letzte Geschäftsjahr festgestellten Kapitalanteils zu seinen Lasten zu erheben und, soweit es nicht zum offenbaren Schaden der Gesellschaft gereicht, auch die Auszahlung seines den bezeichneten Betrag übersteigenden Anteils am Gewinne des letzten Jahres zu verlangen.

(2) Im übrigen ist ein Gesellschafter nicht befugt, ohne Einwilligung der anderen Gesellschafter seinen Kapitalanteil zu vermindern.

Dritter Titel. Rechtsverhältnis der Gesellschafter zu Dritten

§ 123 [**Wirksamkeit im Verhältnis zu Dritten**] (1) Die Wirksamkeit der offenen Handelsgesellschaft tritt im Verhältnisse zu Dritten mit dem Zeitpunkt ein, in welchem die Gesellschaft in das Handelsregister eingetragen wird.

(2) Beginnt die Gesellschaft ihre Geschäfte schon vor der Eintragung, so tritt die Wirksamkeit mit dem Zeitpunkte des Geschäftsbeginns ein, soweit nicht aus § 2 oder § 105 Abs. 2 sich ein anderes ergibt.

(3) Eine Vereinbarung, daß die Gesellschaft erst mit einem späteren Zeitpunkt ihren Anfang nehmen soll, ist Dritten gegenüber unwirksam.

§ 124 [**Rechtliche Selbständigkeit; Zwangsvollstreckung in Gesellschaftsvermögen**] (1) Die offene Handelsgesellschaft kann unter ihrer Firma Rechte erwerben und Verbindlichkeiten eingehen, Eigentum und andere dingliche Rechte an Grundstücken erwerben, vor Gericht klagen und verklagt werden.

(2) Zur Zwangsvollstreckung in das Gesellschaftsvermögen ist ein gegen die Gesellschaft gerichteter vollstreckbarer Schuldtitel erforderlich.

§ 125 [**Vertretung der Gesellschaft**] (1) Zur Vertretung der Gesellschaft ist jeder Gesellschafter ermächtigt, wenn er nicht durch den Gesellschaftsvertrag von der Vertretung ausgeschlossen ist.

(2) ¹Im Gesellschaftsvertrage kann bestimmt werden, daß alle oder mehrere Gesellschafter nur in Gemeinschaft zur Vertretung der Gesellschaft ermächtigt

1. Abschnitt. Offene Handelsgesellschaft **§§ 125a–128 HGB 1**

sein sollen (Gesamtvertretung). ²Die zur Gesamtvertretung berechtigten Gesellschafter können einzelne von ihnen zur Vornahme bestimmter Geschäfte oder bestimmter Arten von Geschäften ermächtigen. ³Ist der Gesellschaft gegenüber eine Willenserklärung abzugeben, so genügt die Abgabe gegenüber einem der zur Mitwirkung bei der Vertretung befugten Gesellschafter.

(3) ¹Im Gesellschaftsvertrage kann bestimmt werden, daß die Gesellschafter, wenn nicht mehrere zusammen handeln, nur in Gemeinschaft mit einem Prokuristen zur Vertretung der Gesellschaft ermächtigt sein sollen. ²Die Vorschriften des Absatzes 2 Satz 2 und 3 finden in diesem Falle entsprechende Anwendung.

§ 125a [Angaben auf Geschäftsbriefen] (1) ¹Auf allen Geschäftsbriefen der Gesellschaft, die an einen bestimmten Empfänger gerichtet werden, müssen die Rechtsform und der Sitz der Gesellschaft, das Registergericht und die Nummer, unter der die Gesellschaft in das Handelsregister eingetragen ist, angegeben werden. ²Bei einer Gesellschaft, bei der kein Gesellschafter eine natürliche Person ist, sind auf den Geschäftsbriefen der Gesellschaft ferner die Firmen der Gesellschafter anzugeben sowie für die Gesellschafter die nach § 35a des Gesetzes betreffend die Gesellschaften mit beschränkter Haftung oder § 80 des Aktiengesetzes für Geschäftsbriefe vorgeschriebenen Angaben zu machen. ³Die Angaben nach Satz 2 sind nicht erforderlich, wenn zu den Gesellschaftern der Gesellschaft eine offene Handelsgesellschaft oder Kommanditgesellschaft gehört, bei der ein persönlich haftender Gesellschafter eine natürliche Person ist.

(2) Für Vordrucke und Bestellscheine ist § 37a Abs. 2 und 3, für Zwangsgelder gegen die zur Vertretung der Gesellschaft ermächtigten Gesellschafter oder deren organschaftliche Vertreter und die Liquidatoren ist § 37a Abs. 4 entsprechend anzuwenden.

§ 126 [Umfang der Vertretungsmacht] (1) Die Vertretungsmacht der Gesellschafter erstreckt sich auf alle gerichtlichen und außergerichtlichen Geschäfte und Rechtshandlungen einschließlich der Veräußerung und Belastung von Grundstücken sowie der Erteilung und des Widerrufs einer Prokura.

(2) Eine Beschränkung des Umfanges der Vertretungsmacht ist Dritten gegenüber unwirksam; dies gilt insbesondere von der Beschränkung, daß sich die Vertretung nur auf gewisse Geschäfte oder Arten von Geschäften erstrecken oder daß sie nur unter gewissen Umständen oder für eine gewisse Zeit oder an einzelnen Orten stattfinden soll.

(3) In betreff der Beschränkung auf den Betrieb einer von mehreren Niederlassungen der Gesellschaft finden die Vorschriften des § 50 Abs. 3 entsprechende Anwendung.

§ 127 [Entziehung der Vertretungsmacht] Die Vertretungsmacht kann einem Gesellschafter auf Antrag der übrigen Gesellschafter durch gerichtliche Entscheidung entzogen werden, wenn ein wichtiger Grund vorliegt; ein solcher Grund ist insbesondere grobe Pflichtverletzung oder Unfähigkeit zur ordnungsgemäßen Vertretung der Gesellschaft.

§ 128 [Persönliche Haftung der Gesellschafter] ¹Die Gesellschafter haften für die Verbindlichkeiten der Gesellschaft den Gläubigern als Gesamtschuldner persönlich. ²Eine entgegenstehende Vereinbarung ist Dritten gegenüber unwirksam.

§ 129 [Einwendungen des Gesellschafters] (1) Wird ein Gesellschafter wegen einer Verbindlichkeit der Gesellschaft in Anspruch genommen, so kann er Einwendungen, die nicht in seiner Person begründet sind, nur insoweit geltend machen, als sie von der Gesellschaft erhoben werden können.

(2) Der Gesellschafter kann die Befriedigung des Gläubigers verweigern, solange der Gesellschaft das Recht zusteht, das ihrer Verbindlichkeit zugrunde liegende Rechtsgeschäft anzufechten.

(3) Die gleiche Befugnis hat der Gesellschafter, solange sich der Gläubiger durch Aufrechnung gegen eine fällige Forderung der Gesellschaft befriedigen kann.

(4) Aus einem gegen die Gesellschaft gerichteten vollstreckbaren Schuldtitel findet die Zwangsvollstreckung gegen die Gesellschafter nicht statt.

§ 129 a [Rückgewähr von Darlehen] ¹Bei einer offenen Handelsgesellschaft, bei der kein Gesellschafter eine natürliche Person ist, gelten die §§ 32 a und 32 b des Gesetzes betreffend die Gesellschaften mit beschränkter Haftung sinngemäß mit der Maßgabe, daß an die Stelle der Gesellschafter der Gesellschaft mit beschränkter Haftung die Gesellschafter oder Mitglieder der Gesellschafter der offenen Handelsgesellschaft treten. ²Dies gilt nicht, wenn zu den Gesellschaftern der offenen Handelsgesellschaft eine andere offene Handelsgesellschaft oder Kommanditgesellschaft gehört, bei der ein persönlich haftender Gesellschafter eine natürliche Person ist.

§ 130 [Haftung des eintretenden Gesellschafters] (1) Wer in eine bestehende Gesellschaft eintritt, haftet gleich den anderen Gesellschaftern nach Maßgabe der §§ 128 und 129 für die vor seinem Eintritte begründeten Verbindlichkeiten der Gesellschaft, ohne Unterschied, ob die Firma eine Änderung erleidet oder nicht.

(2) Eine entgegenstehende Vereinbarung ist Dritten gegenüber unwirksam.

§ 130 a [Antragspflicht bei Zahlungsunfähigkeit oder Überschuldung] (1) ¹Wird eine Gesellschaft, bei der kein Gesellschafter eine natürliche Person ist, zahlungsunfähig oder ergibt sich die Überschuldung der Gesellschaft, so ist die Eröffnung des Insolvenzverfahrens zu beantragen; dies gilt nicht, wenn zu den Gesellschaftern der offenen Handelsgesellschaft eine andere offene Handelsgesellschaft oder Kommanditgesellschaft gehört, bei der ein persönlich haftender Gesellschafter eine natürliche Person ist. ²Antragspflichtig sind die organschaftlichen Vertreter der zur Vertretung der Gesellschaft ermächtigten Gesellschafter und die Liquidatoren. ³Der Antrag ist ohne schuldhaftes Zögern, spätestens aber drei Wochen nach Eintritt der Zahlungsunfähigkeit oder der Überschuldung der Gesellschaft zu stellen.

(2) ¹Nachdem die Zahlungsunfähigkeit der Gesellschaft eingetreten ist oder sich ihre Überschuldung ergeben hat, dürfen die organschaftlichen Vertreter der zur Vertretung der Gesellschaft ermächtigten Gesellschafter und die Liquidatoren für die Gesellschaft keine Zahlungen leisten. ²Dies gilt nicht von Zahlungen, die auch nach diesem Zeitpunkt mit der Sorgfalt eines ordentlichen und gewissenhaften Geschäftsleiters vereinbar sind.

1. Abschnitt. Offene Handelsgesellschaft §§ 130b, 131 HGB 1

(3) ¹Wird entgegen Absatz 1 die Eröffnung des Insolvenzverfahrens nicht oder nicht rechtzeitig beantragt oder werden entgegen Absatz 2 Zahlungen geleistet, nachdem die Zahlungsunfähigkeit der Gesellschaft eingetreten ist oder sich ihre Überschuldung ergeben hat, so sind die organschaftlichen Vertreter der zur Vertretung der Gesellschaft ermächtigten Gesellschafter und die Liquidatoren der Gesellschaft gegenüber zum Ersatz des daraus entstehenden Schadens als Gesamtschuldner verpflichtet. ²Ist dabei streitig, ob sie die Sorgfalt eines ordentlichen und gewissenhaften Geschäftsleiters angewandt haben, so trifft sie die Beweislast. ³Die Ersatzpflicht kann durch Vereinbarung mit den Gesellschaftern weder eingeschränkt noch ausgeschlossen werden. ⁴Soweit der Ersatz zur Befriedigung der Gläubiger der Gesellschaft erforderlich ist, wird die Ersatzpflicht weder durch einen Verzicht oder Vergleich der Gesellschaft noch dadurch aufgehoben, daß die Handlung auf einem Beschluß der Gesellschafter beruht. ⁵Satz 4 gilt nicht, wenn der Ersatzpflichtige zahlungsunfähig ist und sich zur Abwendung des Insolvenzverfahrens mit seinen Gläubigern vergleicht oder wenn die Ersatzpflicht in einem Insolvenzplan geregelt wird. ⁶Die Ansprüche aus diesen Vorschriften verjähren in fünf Jahren.

(4) Diese Vorschriften gelten sinngemäß, wenn die in den Absätzen 1 bis 3 genannten organschaftlichen Vertreter ihrerseits Gesellschaften sind, bei denen kein Gesellschafter eine natürliche Person ist, oder sich die Verbindung von Gesellschaften in dieser Art fortsetzt.

§ 130b [Strafvorschriften] (1) Mit Freiheitsstrafe bis zu drei Jahren oder mit Geldstrafe wird bestraft, wer es entgegen § 130a Abs. 1 oder 4 unterläßt, als organschaftlicher Vertreter oder Liquidator bei Zahlungsunfähigkeit oder Überschuldung der Gesellschaft die Eröffnung des Insolvenzverfahrens zu beantragen.

(2) Handelt der Täter fahrlässig, so ist die Strafe Freiheitsstrafe bis zu einem Jahr oder Geldstrafe.

Vierter Titel. Auflösung der Gesellschaft und Ausscheiden von Gesellschaftern

§ 131 [Auflösungsgründe] (1) Die offene Handelsgesellschaft wird aufgelöst:
1. durch den Ablauf der Zeit, für welche sie eingegangen ist;
2. durch Beschluß der Gesellschafter;
3. durch die Eröffnung des Insolvenzverfahrens über das Vermögen der Gesellschaft;
4. durch gerichtliche Entscheidung.

(2) ¹Eine offene Handelsgesellschaft, bei der kein persönlich haftender Gesellschafter eine natürliche Person ist, wird ferner aufgelöst:
1. mit der Rechtskraft des Beschlusses, durch den die Eröffnung des Insolvenzverfahrens mangels Masse abgelehnt worden ist;
2. durch die Löschung wegen Vermögenslosigkeit nach § 141a des Gesetzes über die Angelegenheiten der freiwilligen Gerichtsbarkeit.

1 HGB §§ 132–138 Zweites Buch. Handelsgesellschaften

²Dies gilt nicht, wenn zu den persönlich haftenden Gesellschaftern eine andere offene Handelsgesellschaft oder Kommanditgesellschaft gehört, bei der ein persönlich haftender Gesellschafter eine natürliche Person ist.

(3) ¹Folgende Gründe führen mangels abweichender vertraglicher Bestimmung zum Ausscheiden eines Gesellschafters:

1. Tod des Gesellschafters,
2. Eröffnung des Insolvenzverfahrens über das Vermögen des Gesellschafters,
3. Kündigung des Gesellschafters,
4. Kündigung durch den Privatgläubiger des Gesellschafters,
5. Eintritt von weiteren im Gesellschaftsvertrag vorgesehenen Fällen,
6. Beschluß der Gesellschafter.

²Der Gesellschafter scheidet mit dem Eintritt des ihn betreffenden Ereignisses aus, im Falle der Kündigung aber nicht vor Ablauf der Kündigungsfrist.

§ 132 [Kündigung eines Gesellschafters] Die Kündigung eines Gesellschafters kann, wenn die Gesellschaft für unbestimmte Zeit eingegangen ist, nur für den Schluß eines Geschäftsjahrs erfolgen; sie muß mindestens sechs Monate vor diesem Zeitpunkte stattfinden.

§ 133 [Auflösung durch gerichtliche Entscheidung] (1) Auf Antrag eines Gesellschafters kann die Auflösung der Gesellschaft vor dem Ablaufe der für ihre Dauer bestimmten Zeit oder bei einer für unbestimmte Zeit eingegangenen Gesellschaft ohne Kündigung durch gerichtliche Entscheidung ausgesprochen werden, wenn ein wichtiger Grund vorliegt.

(2) Ein solcher Grund ist insbesondere vorhanden, wenn ein anderer Gesellschafter eine ihm nach dem Gesellschaftsvertrag obliegende wesentliche Verpflichtung vorsätzlich oder aus grober Fahrlässigkeit verletzt oder wenn die Erfüllung einer solchen Verpflichtung unmöglich wird.

(3) Eine Vereinbarung, durch welche das Recht des Gesellschafters, die Auflösung der Gesellschaft zu verlangen, ausgeschlossen oder diesen Vorschriften zuwider beschränkt wird, ist nichtig.

§ 134 [Gesellschaft auf Lebenszeit; fortgesetzte Gesellschaft] Eine Gesellschaft, die für die Lebenszeit eines Gesellschafters eingegangen ist oder nach dem Ablaufe der für ihre Dauer bestimmten Zeit stillschweigend fortgesetzt wird, steht im Sinne der Vorschriften der §§ 132 und 133 einer für unbestimmte Zeit eingegangenen Gesellschaft gleich.

§ 135 [Kündigung durch den Privatgläubiger] Hat ein Privatgläubiger eines Gesellschafters, nachdem innerhalb der letzten sechs Monate eine Zwangsvollstreckung in das bewegliche Vermögen des Gesellschafters ohne Erfolg versucht ist, auf Grund eines nicht bloß vorläufig vollstreckbaren Schuldtitels die Pfändung und Überweisung des Anspruchs auf dasjenige erwirkt, was dem Gesellschafter bei der Auseinandersetzung zukommt, so kann er die Gesellschaft ohne Rücksicht darauf, ob sie für bestimmte oder unbestimmte Zeit eingegangen ist, sechs Monate vor dem Ende des Geschäftsjahrs für diesen Zeitpunkt kündigen.

§§ 136–138. *(aufgehoben)*

1. Abschnitt. Offene Handelsgesellschaft §§ 139–142 HGB 1

§ 139 [**Fortsetzung mit den Erben**] (1) Ist im Gesellschaftsvertrage bestimmt, daß im Falle des Todes eines Gesellschafters die Gesellschaft mit dessen Erben fortgesetzt werden soll, so kann jeder Erbe sein Verbleiben in der Gesellschaft davon abhängig machen, daß ihm unter Belassung des bisherigen Gewinnanteils die Stellung eines Kommanditisten eingeräumt und der auf ihn fallende Teil der Einlage des Erblassers als seine Kommanditeinlage anerkannt wird.

(2) Nehmen die übrigen Gesellschafter einen dahingehenden Antrag des Erben nicht an, so ist dieser befugt, ohne Einhaltung einer Kündigungsfrist sein Ausscheiden aus der Gesellschaft zu erklären.

(3) [1] Die bezeichneten Rechte können von dem Erben nur innerhalb einer Frist von drei Monaten nach dem Zeitpunkt, in welchem er von dem Anfalle der Erbschaft Kenntnis erlangt hat, geltend gemacht werden. [2] Auf den Lauf der Frist finden die für die Verjährung geltenden Vorschriften des § 210 des Bürgerlichen Gesetzbuchs[1)] entsprechende Anwendung. [3] Ist bei dem Ablaufe der drei Monate das Recht zur Ausschlagung der Erbschaft noch nicht verloren, so endigt die Frist nicht vor dem Ablaufe der Ausschlagungsfrist.

(4) Scheidet innerhalb der Frist des Absatzes 3 der Erbe aus der Gesellschaft aus oder wird innerhalb der Frist die Gesellschaft aufgelöst oder dem Erben die Stellung eines Kommanditisten eingeräumt, so haftet er für die bis dahin entstandenen Gesellschaftsschulden nur nach Maßgabe der die Haftung des Erben für die Nachlaßverbindlichkeiten betreffenden Vorschriften des bürgerlichen Rechtes.

(5) Der Gesellschaftsvertrag kann die Anwendung der Vorschriften der Absätze 1 bis 4 nicht ausschließen; es kann jedoch für den Fall, daß der Erbe sein Verbleiben in der Gesellschaft von der Einräumung der Stellung eines Kommanditisten abhängig macht, sein Gewinnanteil anders als der des Erblassers bestimmt werden.

§ 140 [**Ausschließung eines Gesellschafters**] (1) [1] Tritt in der Person eines Gesellschafters ein Umstand ein, der nach § 133 für die übrigen Gesellschafter das Recht begründet, die Auflösung der Gesellschaft zu verlangen, so kann vom Gericht anstatt der Auflösung die Ausschließung dieses Gesellschafters aus der Gesellschaft ausgesprochen werden, sofern die übrigen Gesellschafter dies beantragen. [2] Der Ausschließungsklage steht nicht entgegen, daß nach der Ausschließung nur ein Gesellschafter verbleibt.

(2) Für die Auseinandersetzung zwischen der Gesellschaft und dem ausgeschlossenen Gesellschafter ist die Vermögenslage der Gesellschaft in dem Zeitpunkte maßgebend, in welchem die Klage auf Ausschließung erhoben ist.

§§ 141, 142. *(aufgehoben)*

[1)] § 210 BGB lautet:

„(1) [1] Ist eine geschäftsunfähige oder in der Geschäftsfähigkeit beschränkte Person ohne gesetzlichen Vertreter, so tritt eine für oder gegen sie laufende Verjährung nicht vor dem Ablauf von sechs Monaten nach dem Zeitpunkt ein, in dem die Person unbeschränkt geschäftsfähig oder der Mangel der Vertretung behoben wird. [2] Ist die Verjährungsfrist kürzer als sechs Monate, so tritt der für die Verjährung bestimmte Zeitraum an die Stelle der sechs Monate.

(2) Absatz 1 findet keine Anwendung, soweit eine in der Geschäftsfähigkeit beschränkte Person prozeßfähig ist."

§ 143 [Anmeldung von Auflösung und Ausscheiden] (1) ¹Die Auflösung der Gesellschaft ist von sämtlichen Gesellschaftern zur Eintragung in das Handelsregister anzumelden. ²Dies gilt nicht in den Fällen der Eröffnung oder der Ablehnung der Eröffnung des Insolvenzverfahrens über das Vermögen der Gesellschaft (§ 131 Abs. 1 Nr. 3 und Abs. 2 Nr. 1). ³In diesen Fällen hat das Gericht die Auflösung und ihren Grund von Amts wegen einzutragen. ⁴Im Falle der Löschung der Gesellschaft (§ 131 Abs. 2 Nr. 2) entfällt die Eintragung der Auflösung.

(2) Absatz 1 Satz 1 gilt entsprechend für das Ausscheiden eines Gesellschafters aus der Gesellschaft.

(3) Ist anzunehmen, daß der Tod eines Gesellschafters die Auflösung oder das Ausscheiden zur Folge gehabt hat, so kann, auch ohne daß die Erben bei der Anmeldung mitwirken, die Eintragung erfolgen, soweit einer solchen Mitwirkung besondere Hindernisse entgegenstehen.

§ 144 [Fortsetzung nach Insolvenz der Gesellschaft] (1) Ist die Gesellschaft durch die Eröffnung des Insolvenzverfahrens über ihr Vermögen aufgelöst, das Verfahren aber auf Antrag des Schuldners eingestellt oder nach der Bestätigung eines Insolvenzplans, der den Fortbestand der Gesellschaft vorsieht, aufgehoben, so können die Gesellschafter die Fortsetzung der Gesellschaft beschließen.

(2) Die Fortsetzung ist von sämtlichen Gesellschaftern zur Eintragung in das Handelsregister anzumelden.

Fünfter Titel. Liquidation der Gesellschaft

§ 145 [Notwendigkeit der Liquidation] (1) Nach der Auflösung der Gesellschaft findet die Liquidation statt, sofern nicht eine andere Art der Auseinandersetzung von den Gesellschaftern vereinbart oder über das Vermögen der Gesellschaft das Insolvenzverfahren eröffnet ist.

(2) Ist die Gesellschaft durch Kündigung des Gläubigers eines Gesellschafters oder durch die Eröffnung des Insolvenzverfahrens über das Vermögen eines Gesellschafters aufgelöst, so kann die Liquidation nur mit Zustimmung des Gläubigers oder des Insolvenzverwalters unterbleiben; ist im Insolvenzverfahren Eigenverwaltung angeordnet, so tritt an die Stelle der Zustimmung des Insolvenzverwalters die Zustimmung des Schuldners.

(3) Ist die Gesellschaft durch Löschung wegen Vermögenslosigkeit aufgelöst, so findet eine Liquidation nur statt, wenn sich nach der Löschung herausstellt, daß Vermögen vorhanden ist, das der Verteilung unterliegt.

§ 146 [Bestellung der Liquidatoren] (1) ¹Die Liquidation erfolgt, sofern sie nicht durch Beschluß der Gesellschafter oder durch den Gesellschaftsvertrag einzelnen Gesellschaftern oder anderen Personen übertragen ist, durch sämtliche Gesellschafter als Liquidatoren. ²Mehrere Erben eines Gesellschafters haben einen gemeinsamen Vertreter zu bestellen.

(2) ¹Auf Antrag eines Beteiligten kann aus wichtigen Gründen die Ernennung von Liquidatoren durch das Gericht erfolgen, in dessen Bezirke die Gesellschaft ihren Sitz hat; das Gericht kann in einem solchen Falle Personen zu Liquidatoren ernennen, die nicht zu den Gesellschaftern gehören. ²Als Beteiligter gilt außer den Gesellschaftern im Falle des § 135 auch der Gläubiger,

durch den die Kündigung erfolgt ist. ³Im Falle des § 145 Abs. 3 sind die Liquidatoren auf Antrag eines Beteiligten durch das Gericht zu ernennen.

(3) Ist über das Vermögen eines Gesellschafters das Insolvenzverfahren eröffnet und ist ein Insolvenzverwalter bestellt, so tritt dieser an die Stelle des Gesellschafters.

§ 147 [Abberufung von Liquidatoren] Die Abberufung von Liquidatoren geschieht durch einstimmigen Beschluß der nach § 146 Abs. 2 und 3 Beteiligten; sie kann auf Antrag eines Beteiligten aus wichtigen Gründen auch durch das Gericht erfolgen.

§ 148 [Anmeldung der Liquidatoren] (1) ¹Die Liquidatoren und ihre Vertretungsmacht sind von sämtlichen Gesellschaftern zur Eintragung in das Handelsregister anzumelden. ²Das gleiche gilt von jeder Änderung in den Personen der Liquidatoren oder in ihrer Vertretungsmacht. ³Im Falle des Todes eines Gesellschafters kann, wenn anzunehmen ist, daß die Anmeldung den Tatsachen entspricht, die Eintragung erfolgen, auch ohne daß die Erben bei der Anmeldung mitwirken, soweit einer solchen Mitwirkung besondere Hindernisse entgegenstehen.

(2) Die Eintragung gerichtlich bestellter Liquidatoren sowie die Eintragung der gerichtlichen Abberufung von Liquidatoren geschieht von Amts wegen.

(3) Die Liquidatoren haben ihre Namensunterschriften unter Angabe der Firma zur Aufbewahrung bei dem Gericht zu zeichnen.

§ 149 [Rechte und Pflichten der Liquidatoren] ¹Die Liquidatoren haben die laufenden Geschäfte zu beendigen, die Forderungen einzuziehen, das übrige Vermögen in Geld umzusetzen und die Gläubiger zu befriedigen; zur Beendigung schwebender Geschäfte können sie auch neue Geschäfte eingehen. ²Die Liquidatoren vertreten innerhalb ihres Geschäftskreises die Gesellschaft gerichtlich und außergerichtlich.

§ 150 [Mehrere Liquidatoren] (1) Sind mehrere Liquidatoren vorhanden, so können sie die zur Liquidation gehörenden Handlungen nur in Gemeinschaft vornehmen, sofern nicht bestimmt ist, daß sie einzeln handeln können.

(2) ¹Durch die Vorschrift des Absatzes 1 wird nicht ausgeschlossen, daß die Liquidatoren einzelne von ihnen zur Vornahme bestimmter Geschäfte oder bestimmter Arten von Geschäften ermächtigen. ²Ist der Gesellschaft gegenüber eine Willenserklärung abzugeben, so findet die Vorschrift des § 125 Abs. 2 Satz 3 entsprechende Anwendung.

§ 151 [Unbeschränkbarkeit der Befugnisse] Eine Beschränkung des Umfanges der Befugnisse der Liquidatoren ist Dritten gegenüber unwirksam.

§ 152 [Bindung an Weisungen] Gegenüber den nach § 146 Abs. 2 und 3 Beteiligten haben die Liquidatoren, auch wenn sie vom Gerichte bestellt sind, den Anordnungen Folge zu leisten, welche die Beteiligten in betreff der Geschäftsführung einstimmig beschließen.

§ 153 [Unterschrift] Die Liquidatoren haben ihre Unterschrift in der Weise abzugeben, daß sie der bisherigen, als Liquidationsfirma zu bezeichnenden Firma ihren Namen beifügen.

§ 154 [Bilanzen] Die Liquidatoren haben bei dem Beginne sowie bei der Beendigung der Liquidation eine Bilanz aufzustellen.

§ 155 [Verteilung des Gesellschaftsvermögens] (1) Das nach Berichtigung der Schulden verbleibende Vermögen der Gesellschaft ist von den Liquidatoren nach dem Verhältnisse der Kapitalanteile, wie sie sich auf Grund der Schlußbilanz ergeben, unter die Gesellschafter zu verteilen.

(2) ¹Das während der Liquidation entbehrliche Geld wird vorläufig verteilt. ²Zur Deckung noch nicht fälliger oder streitiger Verbindlichkeiten sowie zur Sicherung der den Gesellschaftern bei der Schlußverteilung zukommenden Beträge ist das Erforderliche zurückzubehalten. ³Die Vorschriften des § 122 Abs. 1 finden während der Liquidation keine Anwendung.

(3) Entsteht über die Verteilung des Gesellschaftsvermögens Streit unter den Gesellschaftern, so haben die Liquidatoren die Verteilung bis zur Entscheidung des Streites auszusetzen.

§ 156 [Rechtsverhältnisse der Gesellschafter] Bis zur Beendigung der Liquidation kommen in bezug auf das Rechtsverhältnis der bisherigen Gesellschafter untereinander sowie der Gesellschaft zu Dritten die Vorschriften des zweiten und dritten Titels zur Anwendung, soweit sich nicht aus dem gegenwärtigen Titel oder aus dem Zwecke der Liquidation ein anderes ergibt.

§ 157 [Anmeldung des Erlöschens; Geschäftsbücher] (1) Nach der Beendigung der Liquidation ist das Erlöschen der Firma von den Liquidatoren zur Eintragung in das Handelsregister anzumelden.

(2) ¹Die Bücher und Papiere der aufgelösten Gesellschaft werden einem der Gesellschafter oder einem Dritten in Verwahrung gegeben. ²Der Gesellschafter oder der Dritte wird in Ermangelung einer Verständigung durch das Gericht bestimmt, in dessen Bezirke die Gesellschaft ihren Sitz hat.

(3) Die Gesellschafter und deren Erben behalten das Recht auf Einsicht und Benutzung der Bücher und Papiere.

§ 158 [Andere Art der Auseinandersetzung] Vereinbaren die Gesellschafter statt der Liquidation eine andere Art der Auseinandersetzung, so finden, solange noch ungeteiltes Gesellschaftsvermögen vorhanden ist, im Verhältnisse zu Dritten die für die Liquidation geltenden Vorschriften entsprechende Anwendung.

Sechster Titel. Verjährung. Zeitliche Begrenzung der Haftung

§ 159 [Ansprüche gegen einen Gesellschafter] (1) Die Ansprüche gegen einen Gesellschafter aus Verbindlichkeiten der Gesellschaft verjähren in fünf Jahren nach der Auflösung der Gesellschaft, sofern nicht der Anspruch gegen die Gesellschaft einer kürzeren Verjährung unterliegt.

(2) Die Verjährung beginnt mit dem Ende des Tages, an welchem die Auflösung der Gesellschaft in das Handelsregister des für den Sitz der Gesellschaft zuständigen Gerichts eingetragen wird.

2. Abschnitt. Kommanditgesellschaft §§ 160–162 HGB 1

(3) Wird der Anspruch des Gläubigers gegen die Gesellschaft erst nach der Eintragung fällig, so beginnt die Verjährung mit dem Zeitpunkte der Fälligkeit.

(4) Der Neubeginn der Verjährung und ihre Hemmung nach § 204 des Bürgerlichen Gesetzbuchs[1] gegenüber der aufgelösten Gesellschaft wirken auch gegenüber den Gesellschaftern, die der Gesellschaft zur Zeit der Auflösung angehört haben.

§ 160 [Haftung des ausscheidenden Gesellschafters; Fristen; Haftung als Kommanditist] (1) [1] Scheidet ein Gesellschafter aus der Gesellschaft aus, so haftet er für ihre bis dahin begründeten Verbindlichkeiten, wenn sie vor Ablauf von fünf Jahren nach dem Ausscheiden fällig und daraus Ansprüche gegen ihn in einer in § 197 Abs. 1 Nr. 3 bis 5 des Bürgerlichen Gesetzbuchs[1] bezeichneten Art festgestellt sind oder eine gerichtliche oder behördliche Vollstreckungshandlung vorgenommen oder beantragt wird; bei öffentlich-rechtlichen Verbindlichkeiten genügt der Erlass eines Verwaltungsakts. [2] Die Frist beginnt mit dem Ende des Tages, an dem das Ausscheiden in das Handelsregister des für den Sitz der Gesellschaft zuständigen Gerichts eingetragen wird. [3] Die für die Verjährung geltenden §§ 204, 206, 210, 211 und 212 Abs. 2 und 3 des Bürgerlichen Gesetzbuches[1] sind entsprechend anzuwenden.

(2) Einer Feststellung in einer in § 197 Abs. 1 Nr. 3 bis 5 des Bürgerlichen Gesetzbuchs bezeichneten Art bedarf es nicht, soweit der Gesellschafter den Anspruch schriftlich anerkannt hat.

(3) [1] Wird ein Gesellschafter Kommanditist, so sind für die Begrenzung seiner Haftung für die im Zeitpunkt der Eintragung der Änderung in das Handelsregister begründeten Verbindlichkeiten die Absätze 1 und 2 entsprechend anzuwenden. [2] Dies gilt auch, wenn er in der Gesellschaft oder einem ihr als Gesellschafter angehörenden Unternehmen geschäftsführend tätig wird. [3] Seine Haftung als Kommanditist bleibt unberührt.

Zweiter Abschnitt. Kommanditgesellschaft

§ 161 [Begriff der KG; Anwendbarkeit der OHG-Vorschriften]
(1) Eine Gesellschaft, deren Zweck auf den Betrieb eines Handelsgewerbes unter gemeinschaftlicher Firma gerichtet ist, ist eine Kommanditgesellschaft, wenn bei einem oder bei einigen von den Gesellschaftern die Haftung gegenüber den Gesellschaftsgläubigern auf den Betrag einer bestimmten Vermögenseinlage beschränkt ist (Kommanditisten), während bei dem anderen Teile der Gesellschafter eine Beschränkung der Haftung nicht stattfindet (persönlich haftende Gesellschafter).

(2) Soweit nicht in diesem Abschnitt ein anderes vorgeschrieben ist, finden auf die Kommanditgesellschaft die für die offene Handelsgesellschaft geltenden Vorschriften Anwendung.

§ 162 [Anmeldung zum Handelsregister] (1) [1] Die Anmeldung der Gesellschaft hat außer den in § 106 Abs. 2 vorgesehenen Angaben die Bezeich-

---
[1] Abgedruckt in **dtv 5001 „BGB"**.

nung der Kommanditisten und den Betrag der Einlage eines jeden von ihnen zu enthalten. ²Ist eine Gesellschaft bürgerlichen Rechts Kommanditist, so sind auch deren Gesellschafter entsprechend § 106 Abs. 2 und spätere Änderungen in der Zusammensetzung der Gesellschafter zur Eintragung anzumelden.

(2) Bei der Bekanntmachung der Eintragung der Gesellschaft sind keine Angaben zu den Kommanditisten zu machen; die Vorschriften des § 15 sind insoweit nicht anzuwenden.

(3) Diese Vorschriften finden im Falle des Eintritts eines Kommanditisten in eine bestehende Handelsgesellschaft und im Falle des Ausscheidens eines Kommanditisten aus einer Kommanditgesellschaft entsprechende Anwendung.

§ 163 [Rechtsverhältnis der Gesellschafter untereinander] Für das Verhältnis der Gesellschafter untereinander gelten in Ermangelung abweichender Bestimmungen des Gesellschaftsvertrags die besonderen Vorschriften der §§ 164 bis 169.

§ 164 [Geschäftsführung] ¹Die Kommanditisten sind von der Führung der Geschäfte der Gesellschaft ausgeschlossen; sie können einer Handlung der persönlich haftenden Gesellschafter nicht widersprechen, es sei denn, daß die Handlung über den gewöhnlichen Betrieb des Handelsgewerbes der Gesellschaft hinausgeht. ²Die Vorschriften des § 116 Abs. 3 bleiben unberührt.

§ 165 [Wettbewerbsverbot] Die §§ 112 und 113 finden auf die Kommanditisten keine Anwendung.

§ 166 [Kontrollrecht] (1) Der Kommanditist ist berechtigt, die abschriftliche Mitteilung des Jahresabschlusses zu verlangen und dessen Richtigkeit unter Einsicht der Bücher und Papiere zu prüfen.

(2) Die in § 118 dem von der Geschäftsführung ausgeschlossenen Gesellschafter eingeräumten weiteren Rechte stehen dem Kommanditisten nicht zu.

(3) Auf Antrag eines Kommanditisten kann das Gericht, wenn wichtige Gründe vorliegen, die Mitteilung einer Bilanz und eines Jahresabschlusses oder sonstiger Aufklärungen sowie die Vorlegung der Bücher und Papiere jederzeit anordnen.

§ 167 [Gewinn und Verlust] (1) Die Vorschriften des § 120 über die Berechnung des Gewinns oder Verlustes gelten auch für den Kommanditisten.

(2) Jedoch wird der einem Kommanditisten zukommende Gewinn seinem Kapitalanteil nur so lange zugeschrieben, als dieser den Betrag der bedungenen Einlage nicht erreicht.

(3) An dem Verluste nimmt der Kommanditist nur bis zum Betrage seines Kapitalanteils und seiner noch rückständigen Einlage teil.

§ 168 [Verteilung von Gewinn und Verlust] (1) Die Anteile der Gesellschafter am Gewinne bestimmen sich, soweit der Gewinn den Betrag von vier vom Hundert der Kapitalanteile nicht übersteigt, nach den Vorschriften des § 121 Abs. 1 und 2.

2. Abschnitt. Kommanditgesellschaft   §§ 169–172   HGB 1

(2) In Ansehung des Gewinns, welcher diesen Betrag übersteigt, sowie in Ansehung des Verlustes gilt, soweit nicht ein anderes vereinbart ist, ein den Umständen nach angemessenes Verhältnis der Anteile als bedungen.

§ 169 [Gewinnauszahlung] (1) [1]§ 122 findet auf den Kommanditisten keine Anwendung. [2]Dieser hat nur Anspruch auf Auszahlung des ihm zukommenden Gewinns; er kann auch die Auszahlung des Gewinns nicht fordern, solange sein Kapitalanteil durch Verlust unter den auf die bedungene Einlage geleisteten Betrag herabgemindert ist oder durch die Auszahlung unter diesen Betrag herabgemindert werden würde.

(2) Der Kommanditist ist nicht verpflichtet, den bezogenen Gewinn wegen späterer Verluste zurückzuzahlen.

§ 170 [Vertretung der KG] Der Kommanditist ist zur Vertretung der Gesellschaft nicht ermächtigt.

§ 171 [Haftung des Kommanditisten] (1) Der Kommanditist haftet den Gläubigern der Gesellschaft bis zur Höhe seiner Einlage unmittelbar; die Haftung ist ausgeschlossen, soweit die Einlage geleistet ist.

(2) Ist über das Vermögen der Gesellschaft das Insolvenzverfahren eröffnet, so wird während der Dauer des Verfahrens das den Gesellschaftsgläubigern nach Absatz 1 zustehende Recht durch den Insolvenzverwalter oder den Sachwalter ausgeübt.

§ 172 [Umfang der Haftung] (1) Im Verhältnisse zu den Gläubigern der Gesellschaft wird nach der Eintragung in das Handelsregister die Einlage eines Kommanditisten durch den in der Eintragung angegebenen Betrag bestimmt.

(2) Auf eine nicht eingetragene Erhöhung der aus dem Handelsregister ersichtlichen Einlage können sich die Gläubiger nur berufen, wenn die Erhöhung in handelsüblicher Weise kundgemacht oder ihnen in anderer Weise von der Gesellschaft mitgeteilt worden ist.

(3) Eine Vereinbarung der Gesellschafter, durch die einem Kommanditisten die Einlage erlassen oder gestundet wird, ist den Gläubigern gegenüber unwirksam.

(4) [1]Soweit die Einlage eines Kommanditisten zurückbezahlt wird, gilt sie den Gläubigern gegenüber als nicht geleistet. [2]Das gleiche gilt, soweit ein Kommanditist Gewinnanteile entnimmt, während sein Kapitalanteil durch Verlust unter den Betrag der geleisteten Einlage herabgemindert ist, oder soweit durch die Entnahme der Kapitalanteil unter den bezeichneten Betrag herabgemindert wird.

(5) Was ein Kommanditist auf Grund einer in gutem Glauben errichteten Bilanz in gutem Glauben als Gewinn bezieht, ist er in keinem Falle zurückzuzahlen verpflichtet.

(6) [1]Gegenüber den Gläubigern einer Gesellschaft, bei der kein persönlich haftender Gesellschafter eine natürliche Person ist, gilt die Einlage eines Kommanditisten als nicht geleistet, soweit sie in Anteilen an den persönlich haftenden Gesellschaftern bewirkt ist. [2]Dies gilt nicht, wenn zu den persön-

lich haftenden Gesellschaftern eine offene Handelsgesellschaft oder Kommanditgesellschaft gehört, bei der ein persönlich haftender Gesellschafter eine natürliche Person ist.

§ 172a [Rückgewähr von Darlehen] ¹Bei einer Kommanditgesellschaft, bei der kein persönlich haftender Gesellschafter eine natürliche Person ist, gelten die §§ 32a, 32b des Gesetzes betreffend die Gesellschaften mit beschränkter Haftung sinngemäß mit der Maßgabe, daß an die Stelle der Gesellschafter der Gesellschaft mit beschränkter Haftung die Gesellschafter oder Mitglieder der persönlich haftenden Gesellschafter der Kommanditgesellschaft sowie die Kommanditisten treten. ²Dies gilt nicht, wenn zu den persönlich haftenden Gesellschaftern eine offene Handelsgesellschaft oder Kommanditgesellschaft gehört, bei der ein persönlich haftender Gesellschafter eine natürliche Person ist.

§ 173 [Haftung bei Eintritt als Kommanditist] (1) Wer in eine bestehende Handelsgesellschaft als Kommanditist eintritt, haftet nach Maßgabe der §§ 171 und 172 für die vor seinem Eintritte begründeten Verbindlichkeiten der Gesellschaft, ohne Unterschied, ob die Firma eine Änderung erleidet oder nicht.

(2) Eine entgegenstehende Vereinbarung ist Dritten gegenüber unwirksam.

§ 174 [Herabsetzung der Einlage] Eine Herabsetzung der Einlage eines Kommanditisten ist, solange sie nicht in das Handelsregister des Gerichts, in dessen Bezirke die Gesellschaft ihren Sitz hat, eingetragen ist, den Gläubigern gegenüber unwirksam; Gläubiger, deren Forderungen zur Zeit der Eintragung begründet waren, brauchen die Herabsetzung nicht gegen sich gelten zu lassen.

§ 175 [Anmeldung der Änderung einer Einlage] ¹Die Erhöhung sowie die Herabsetzung einer Einlage ist durch die sämtlichen Gesellschafter zur Eintragung in das Handelsregister anzumelden. ² § 162 Abs. 2 gilt entsprechend. ³Auf die Eintragung in das Handelsregister des Sitzes der Gesellschaft finden die Vorschriften des § 14 keine Anwendung.

§ 176 [Haftung vor Eintragung] (1) ¹Hat die Gesellschaft ihre Geschäfte begonnen, bevor sie in das Handelsregister des Gerichts, in dessen Bezirke sie ihren Sitz hat, eingetragen ist, so haftet jeder Kommanditist, der dem Geschäftsbeginne zugestimmt hat, für die bis zur Eintragung begründeten Verbindlichkeiten der Gesellschaft gleich einem persönlich haftenden Gesellschafter, es sei denn, daß seine Beteiligung als Kommanditist dem Gläubiger bekannt war. ²Diese Vorschrift kommt nicht zur Anwendung, soweit sich aus § 2 oder § 105 Abs. 2 ein anderes ergibt.

(2) Tritt ein Kommanditist in eine bestehende Handelsgesellschaft ein, so findet die Vorschrift des Absatzes 1 Satz 1 für die in der Zeit zwischen seinem Eintritt und dessen Eintragung in das Handelsregister begründeten Verbindlichkeiten der Gesellschaft entsprechende Anwendung.

3. Abschnitt. Stille Gesellschaft

§ 177 [Tod des Kommanditisten] Beim Tod eines Kommanditisten wird die Gesellschaft mangels abweichender vertraglicher Bestimmung mit den Erben fortgesetzt.

§ 177 a [Angaben auf Geschäftsbriefen; Antragspflicht bei Zahlungsunfähigkeit oder Überschuldung] ¹Die §§ 125a, 130a und 130b gelten auch für die Gesellschaft, bei der ein Kommanditist eine natürliche Person ist, § 130a jedoch mit der Maßgabe, daß anstelle des Absatzes 1 Satz 1 zweiter Halbsatz der § 172 Abs. 6 Satz 2 anzuwenden ist. ²Der in § 125a Abs. 1 Satz 2 für die Gesellschafter vorgeschriebenen Angaben bedarf es nur für die persönlich haftenden Gesellschafter der Gesellschaft.

§§ 178–229. *(aufgehoben)*

Dritter Abschnitt. Stille Gesellschaft

§ 230 [Begriff und Wesen der stillen Gesellschaft] (1) Wer sich als stiller Gesellschafter an dem Handelsgewerbe, das ein anderer betreibt, mit einer Vermögenseinlage beteiligt, hat die Einlage so zu leisten, daß sie in das Vermögen des Inhabers des Handelsgeschäfts übergeht.

(2) Der Inhaber wird aus den in dem Betriebe geschlossenen Geschäften allein berechtigt und verpflichtet.

§ 231 [Gewinn und Verlust] (1) Ist der Anteil des stillen Gesellschafters am Gewinn und Verluste nicht bestimmt, so gilt ein den Umständen nach angemessener Anteil als bedungen.

(2) Im Gesellschaftsvertrage kann bestimmt werden, daß der stille Gesellschafter nicht am Verluste beteiligt sein soll; seine Beteiligung am Gewinne kann nicht ausgeschlossen werden.

§ 232 [Gewinn- und Verlustrechnung] (1) Am Schlusse jedes Geschäftsjahrs wird der Gewinn und Verlust berechnet und der auf den stillen Gesellschafter fallende Gewinn ihm ausbezahlt.

(2) ¹Der stille Gesellschafter nimmt an dem Verluste nur bis zum Betrage seiner eingezahlten oder rückständigen Einlage teil. ²Er ist nicht verpflichtet, den bezogenen Gewinn wegen späterer Verluste zurückzuzahlen; jedoch wird, solange seine Einlage durch Verlust vermindert ist, der jährliche Gewinn zur Deckung des Verlustes verwendet.

(3) Der Gewinn, welcher von dem stillen Gesellschafter nicht erhoben wird, vermehrt dessen Einlage nicht, sofern nicht ein anderes vereinbart ist.

§ 233 [Kontrollrecht des stillen Gesellschafters] (1) Der stille Gesellschafter ist berechtigt, die abschriftliche Mitteilung des Jahresabschlusses zu verlangen und dessen Richtigkeit unter Einsicht der Bücher und Papiere zu prüfen.

(2) Die in § 716 des Bürgerlichen Gesetzbuchs[1]) dem von der Geschäftsführung ausgeschlossenen Gesellschafter eingeräumten weiteren Rechte stehen dem stillen Gesellschafter nicht zu.

---

[1]) Abgedruckt in **dtv 5001 „BGB"**.

(3) Auf Antrag des stillen Gesellschafters kann das Gericht, wenn wichtige Gründe vorliegen, die Mitteilung einer Bilanz und eines Jahresabschlusses oder sonstiger Aufklärungen sowie die Vorlegung der Bücher und Papiere jederzeit anordnen.

§ 234 [Kündigung der Gesellschaft; Tod des stillen Gesellschafters]

(1) [1] Auf die Kündigung der Gesellschaft durch einen der Gesellschafter oder durch einen Gläubiger des stillen Gesellschafters finden die Vorschriften der §§ 132, 134 und 135 entsprechende Anwendung. [2] Die Vorschriften des § 723 des Bürgerlichen Gesetzbuchs über das Recht, die Gesellschaft aus wichtigen Gründen ohne Einhaltung einer Frist zu kündigen, bleiben unberührt.

(2) Durch den Tod des stillen Gesellschafters wird die Gesellschaft nicht aufgelöst.

§ 235 [Auseinandersetzung]

(1) Nach der Auflösung der Gesellschaft hat sich der Inhaber des Handelsgeschäfts mit dem stillen Gesellschafter auseinanderzusetzen und dessen Guthaben in Geld zu berichtigen.

(2) [1] Die zur Zeit der Auflösung schwebenden Geschäfte werden von dem Inhaber des Handelsgeschäfts abgewickelt. [2] Der stille Gesellschafter nimmt teil an dem Gewinn und Verluste, der sich aus diesen Geschäften ergibt.

(3) Er kann am Schlusse jedes Geschäftsjahrs Rechenschaft über die inzwischen beendigten Geschäfte, Auszahlung des ihm gebührenden Betrags und Auskunft über den Stand der noch schwebenden Geschäfte verlangen.

§ 236 [Insolvenz des Inhabers]

(1) Wird über das Vermögen des Inhabers des Handelsgeschäfts das Insolvenzverfahren eröffnet, so kann der stille Gesellschafter wegen der Einlage, soweit sie den Betrag des auf ihn fallenden Anteils am Verlust übersteigt, seine Forderung als Insolvenzgläubiger geltend machen.

(2) Ist die Einlage rückständig, so hat sie der stille Gesellschafter bis zu dem Betrage, welcher zur Deckung seines Anteils am Verlust erforderlich ist, zur Insolvenzmasse einzuzahlen.

§ 237. *(aufgehoben)*

Drittes Buch. Handelsbücher

Erster Abschnitt. Vorschriften für alle Kaufleute

Erster Unterabschnitt. Buchführung. Inventar

§ 238 Buchführungspflicht. (1) [1] Jeder Kaufmann ist verpflichtet, Bücher zu führen und in diesen seine Handelsgeschäfte und die Lage seines Vermögens nach den Grundsätzen ordnungsmäßiger Buchführung ersichtlich zu machen. [2] Die Buchführung muß so beschaffen sein, daß sie einem sachverständigen Dritten innerhalb angemessener Zeit einen Überblick über die Geschäftsvorfälle und über die Lage des Unternehmens vermitteln kann. [3] Die Geschäftsvorfälle müssen sich in ihrer Entstehung und Abwicklung verfolgen lassen.

(2) Der Kaufmann ist verpflichtet, eine mit der Urschrift übereinstimmende Wiedergabe der abgesandten Handelsbriefe (Kopie, Abdruck, Abschrift oder sonstige Wiedergabe des Wortlauts auf einem Schrift-, Bild- oder anderen Datenträger) zurückzubehalten.

§ 239 Führung der Handelsbücher. (1) [1] Bei der Führung der Handelsbücher und bei den sonst erforderlichen Aufzeichnungen hat sich der Kaufmann einer lebenden Sprache zu bedienen. [2] Werden Abkürzungen, Ziffern, Buchstaben oder Symbole verwendet, muß im Einzelfall deren Bedeutung eindeutig festliegen.

(2) Die Eintragungen in Büchern und die sonst erforderlichen Aufzeichnungen müssen vollständig, richtig, zeitgerecht und geordnet vorgenommen werden.

(3) [1] Eine Eintragung oder eine Aufzeichnung darf nicht in einer Weise verändert werden, daß der ursprüngliche Inhalt nicht mehr feststellbar ist. [2] Auch solche Veränderungen dürfen nicht vorgenommen werden, deren Beschaffenheit es ungewiß läßt, ob sie ursprünglich oder erst später gemacht worden sind.

(4) [1] Die Handelsbücher und die sonst erforderlichen Aufzeichnungen können auch in der geordneten Ablage von Belegen bestehen oder auf Datenträgern geführt werden, soweit diese Formen der Buchführung einschließlich des dabei angewandten Verfahrens den Grundsätzen ordnungsmäßiger Buchführung entsprechen. [2] Bei der Führung der Handelsbücher und der sonst erforderlichen Aufzeichnungen auf Datenträgern muß insbesondere sichergestellt sein, daß die Daten während der Dauer der Aufbewahrungsfrist verfügbar sind und jederzeit innerhalb angemessener Frist lesbar gemacht werden können. [3] Absätze 1 bis 3 gelten sinngemäß.

§ 240 Inventar. (1) Jeder Kaufmann hat zu Beginn seines Handelsgewerbes seine Grundstücke, seine Forderungen und Schulden, den Betrag seines baren Geldes sowie seine sonstigen Vermögensgegenstände genau zu verzeichnen und dabei den Wert der einzelnen Vermögensgegenstände und Schulden anzugeben.

(2) [1] Er hat demnächst für den Schluß eines jeden Geschäftsjahrs ein solches Inventar aufzustellen. [2] Die Dauer des Geschäftsjahres darf zwölf Monate nicht

überschreiten. ³Die Aufstellung des Inventars ist innerhalb der einem ordnungsmäßigen Geschäftsgang entsprechenden Zeit zu bewirken.

(3) ¹Vermögensgegenstände des Sachanlagevermögens sowie Roh-, Hilfs- und Betriebsstoffe können, wenn sie regelmäßig ersetzt werden und ihr Gesamtwert für das Unternehmen von nachrangiger Bedeutung ist, mit einer gleichbleibenden Menge und einem gleichbleibenden Wert angesetzt werden, sofern ihr Bestand in seiner Größe, seinem Wert und seiner Zusammensetzung nur geringen Veränderungen unterliegt. ²Jedoch ist in der Regel alle drei Jahre eine körperliche Bestandsaufnahme durchzuführen.

(4) Gleichartige Vermögensgegenstände des Vorratsvermögens sowie andere gleichartige oder annähernd gleichwertige bewegliche Vermögensgegenstände und Schulden können jeweils zu einer Gruppe zusammengefaßt und mit dem gewogenen Durchschnittswert angesetzt werden.

§ 241 Inventurvereinfachungsverfahren. (1) ¹Bei der Aufstellung des Inventars darf der Bestand der Vermögensgegenstände nach Art, Menge und Wert auch mit Hilfe anerkannter mathematisch-statistischer Methoden auf Grund von Stichproben ermittelt werden. ²Das Verfahren muß den Grundsätzen ordnungsmäßiger Buchführung entsprechen. ³Der Aussagewert des auf diese Weise aufgestellten Inventars muß dem Aussagewert eines auf Grund einer körperlichen Bestandsaufnahme aufgestellten Inventars gleichkommen.

(2) Bei der Aufstellung des Inventars für den Schluß eines Geschäftsjahrs bedarf es einer körperlichen Bestandsaufnahme der Vermögensgegenstände für diesen Zeitpunkt nicht, soweit durch Anwendung eines den Grundsätzen ordnungsmäßiger Buchführung entsprechenden anderen Verfahrens gesichert ist, daß der Bestand der Vermögensgegenstände nach Art, Menge und Wert auch ohne die körperliche Bestandsaufnahme für diesen Zeitpunkt festgestellt werden kann.

(3) In dem Inventar für den Schluß eines Geschäftsjahrs brauchen Vermögensgegenstände nicht verzeichnet zu werden, wenn

1. der Kaufmann ihren Bestand auf Grund einer körperlichen Bestandsaufnahme oder auf Grund eines nach Absatz 2 zulässigen anderen Verfahrens nach Art, Menge und Wert in einem besonderen Inventar verzeichnet hat, das für einen Tag innerhalb der letzten drei Monate vor oder der ersten beiden Monate nach dem Schluß des Geschäftsjahrs aufgestellt ist, und

2. auf Grund des besonderen Inventars durch Anwendung eines den Grundsätzen ordnungsmäßiger Buchführung entsprechenden Fortschreibungs- oder Rückrechnungsverfahrens gesichert ist, daß der am Schluß des Geschäftsjahrs vorhandene Bestand der Vermögensgegenstände für diesen Zeitpunkt ordnungsgemäß bewertet werden kann.

Zweiter Unterabschnitt. Eröffnungsbilanz. Jahresabschluß

Erster Titel. Allgemeine Vorschriften

§ 242 Pflicht zur Aufstellung. (1) ¹Der Kaufmann hat zu Beginn seines Handelsgewerbes und für den Schluß eines jeden Geschäftsjahrs einen das Verhältnis seines Vermögens und seiner Schulden darstellenden Abschluß (Eröffnungsbilanz, Bilanz) aufzustellen. ²Auf die Eröffnungsbilanz sind die für

1. Abschnitt. Vorschriften für alle Kaufleute §§ 243–247 HGB 1

den Jahresabschluß geltenden Vorschriften entsprechend anzuwenden, soweit sie sich auf die Bilanz beziehen.

(2) Er hat für den Schluß eines jeden Geschäftsjahrs eine Gegenüberstellung der Aufwendungen und Erträge des Geschäftsjahrs (Gewinn- und Verlustrechnung) aufzustellen.

(3) Die Bilanz und die Gewinn- und Verlustrechnung bilden den Jahresabschluß.

§ 243 Aufstellungsgrundsatz. (1) Der Jahresabschluß ist nach den Grundsätzen ordnungsmäßiger Buchführung aufzustellen.

(2) Er muß klar und übersichtlich sein.

(3) Der Jahresabschluß ist innerhalb der einem ordnungsmäßigen Geschäftsgang entsprechenden Zeit aufzustellen.

§ 244 Sprache. Währungseinheit. Der Jahresabschluß ist in deutscher Sprache und in Euro[1)] aufzustellen.

§ 245 Unterzeichnung. [1]Der Jahresabschluß ist vom Kaufmann unter Angabe des Datums zu unterzeichnen. [2]Sind mehrere persönlich haftende Gesellschafter vorhanden, so haben sie alle zu unterzeichnen.

Zweiter Titel. Ansatzvorschriften

§ 246 Vollständigkeit. Verrechnungsverbot. (1) [1]Der Jahresabschluß hat sämtliche Vermögensgegenstände, Schulden, Rechnungsabgrenzungsposten, Aufwendungen und Erträge zu enthalten, soweit gesetzlich nichts anderes bestimmt ist. [2]Vermögensgegenstände, die unter Eigentumsvorbehalt erworben oder an Dritte für eigene oder fremde Verbindlichkeiten verpfändet oder in anderer Weise als Sicherheit übertragen worden sind, sind in die Bilanz des Sicherungsgebers aufzunehmen. [3]In die Bilanz des Sicherungsnehmers sind sie nur aufzunehmen, wenn es sich um Bareinlagen handelt.

(2) Posten der Aktivseite dürfen nicht mit Posten der Passivseite, Aufwendungen nicht mit Erträgen, Grundstücksrechte nicht mit Grundstückslasten verrechnet werden.

§ 247 Inhalt der Bilanz. (1) In der Bilanz sind das Anlage- und das Umlaufvermögen, das Eigenkapital, die Schulden sowie die Rechnungsabgrenzungsposten gesondert auszuweisen und hinreichend aufzugliedern.

(2) Beim Anlagevermögen sind nur die Gegenstände auszuweisen, die bestimmt sind, dauernd dem Geschäftsbetrieb zu dienen.

(3) [1]Passivposten, die für Zwecke der Steuern vom Einkommen und vom Ertrag zulässig sind, dürfen in der Bilanz gebildet werden. [2]Sie sind als Sonderposten mit Rücklageanteil auszuweisen und nach Maßgabe des Steuerrechts aufzulösen. [3]Einer Rückstellung bedarf es insoweit nicht.

[1)] Vgl. hierzu die Übergangsvorschriften zur Einführung des Euro in Art. 42 EGHGB; Nr. 2.

§ 248 Bilanzierungsverbote. (1) Aufwendungen für die Gründung des Unternehmens und für die Beschaffung des Eigenkapitals dürfen in die Bilanz nicht als Aktivposten aufgenommen werden.

(2) Für immaterielle Vermögensgegenstände des Anlagevermögens, die nicht entgeltlich erworben wurden, darf ein Aktivposten nicht angesetzt werden.

(3) Aufwendungen für den Abschluß von Versicherungsverträgen dürfen nicht aktiviert werden.

§ 249 Rückstellungen. (1) ¹Rückstellungen sind für ungewisse Verbindlichkeiten und für drohende Verluste aus schwebenden Geschäften zu bilden. ²Ferner sind Rückstellungen zu bilden für

1. im Geschäftsjahr unterlassene Aufwendungen für Instandhaltung, die im folgenden Geschäftsjahr innerhalb von drei Monaten, oder für Abraumbeseitigung, die im folgenden Geschäftsjahr nachgeholt werden,
2. Gewährleistungen, die ohne rechtliche Verpflichtung erbracht werden.

³Rückstellungen dürfen für unterlassene Aufwendungen für Instandhaltung auch gebildet werden, wenn die Instandhaltung nach Ablauf der Frist nach Satz 2 Nr. 1 innerhalb des Geschäftsjahrs nachgeholt wird.

(2) Rückstellungen dürfen außerdem für ihrer Eigenart nach genau umschriebene, dem Geschäftsjahr oder einem früheren Geschäftsjahr zuzuordnende Aufwendungen gebildet werden, die am Abschlußstichtag wahrscheinlich oder sicher, aber hinsichtlich ihrer Höhe oder des Zeitpunkts ihres Eintritts unbestimmt sind.

(3) ¹Für andere als die in den Absätzen 1 und 2 bezeichneten Zwecke dürfen Rückstellungen nicht gebildet werden. ²Rückstellungen dürfen nur aufgelöst werden, soweit der Grund hierfür entfallen ist.

§ 250 Rechnungsabgrenzungsposten. (1) ¹Als Rechnungsabgrenzungsposten sind auf der Aktivseite Ausgaben vor dem Abschlußstichtag auszuweisen, soweit sie Aufwand für eine bestimmte Zeit nach diesem Tag darstellen. ²Ferner dürfen ausgewiesen werden

1. als Aufwand berücksichtigte Zölle und Verbrauchsteuern, soweit sie auf am Abschlußstichtag auszuweisende Vermögensgegenstände des Vorratsvermögens entfallen,
2. als Aufwand berücksichtigte Umsatzsteuer auf am Abschlußstichtag auszuweisende oder von den Vorräten offen abgesetzte Anzahlungen.

(2) Auf der Passivseite sind als Rechnungsabgrenzungsposten Einnahmen vor dem Abschlußstichtag auszuweisen, soweit sie Ertrag für eine bestimmte Zeit nach diesem Tag darstellen.

(3) ¹Ist der Rückzahlungsbetrag einer Verbindlichkeit höher als der Ausgabebetrag, so darf der Unterschiedsbetrag in den Rechnungsabgrenzungsposten auf der Aktivseite aufgenommen werden. ²Der Unterschiedsbetrag ist durch planmäßige jährliche Abschreibungen zu tilgen, die auf die gesamte Laufzeit der Verbindlichkeit verteilt werden können.

§ 251 Haftungsverhältnisse. ¹Unter der Bilanz sind, sofern sie nicht auf der Passivseite auszuweisen sind, Verbindlichkeiten aus der Begebung und

1. Abschnitt. Vorschriften für alle Kaufleute §§ 252, 253 HGB 1

Übertragung von Wechseln, aus Bürgschaften, Wechsel- und Scheckbürgschaften und aus Gewährleistungsverträgen sowie Haftungsverhältnisse aus der Bestellung von Sicherheiten für fremde Verbindlichkeiten zu vermerken; sie dürfen in einem Betrag angegeben werden. ²Haftungsverhältnisse sind auch anzugeben, wenn ihnen gleichwertige Rückgriffsforderungen gegenüberstehen.

Dritter Titel. Bewertungsvorschriften[1])

§ 252 Allgemeine Bewertungsgrundsätze. (1) Bei der Bewertung der im Jahresabschluß ausgewiesenen Vermögensgegenstände und Schulden gilt insbesondere folgendes:
1. Die Wertansätze in der Eröffnungsbilanz des Geschäftsjahrs müssen mit denen der Schlußbilanz des vorhergehenden Geschäftsjahrs übereinstimmen.
2. Bei der Bewertung ist von der Fortführung der Unternehmenstätigkeit auszugehen, sofern dem nicht tatsächliche oder rechtliche Gegebenheiten entgegenstehen.
3. Die Vermögensgegenstände und Schulden sind zum Abschlußstichtag einzeln zu bewerten.
4. Es ist vorsichtig zu bewerten, namentlich sind alle vorhersehbaren Risiken und Verluste, die bis zum Abschlußstichtag entstanden sind, zu berücksichtigen, selbst wenn diese erst zwischen dem Abschlußstichtag und dem Tag der Aufstellung des Jahresabschlusses bekanntgeworden sind; Gewinne sind nur zu berücksichtigen, wenn sie am Abschlußstichtag realisiert sind.
5. Aufwendungen und Erträge des Geschäftsjahrs sind unabhängig von den Zeitpunkten der entsprechenden Zahlungen im Jahresabschluß zu berücksichtigen.
6. Die auf den vorhergehenden Jahresabschluß angewandten Bewertungsmethoden sollen beibehalten werden.

(2) Von den Grundsätzen des Absatzes 1 darf nur in begründeten Ausnahmefällen abgewichen werden.

§ 253 Wertansätze der Vermögensgegenstände und Schulden.
(1) ¹Vermögensgegenstände sind höchstens mit den Anschaffungs- oder Herstellungskosten, vermindert um Abschreibungen nach den Absätzen 2 und 3 anzusetzen. ²Verbindlichkeiten sind zu ihrem Rückzahlungsbetrag, Rentenverpflichtungen, für die eine Gegenleistung nicht mehr zu erwarten ist, zu ihrem Barwert und Rückstellungen nur in Höhe des Betrags anzusetzen, der nach vernünftiger kaufmännischer Beurteilung notwendig ist; Rückstellungen dürfen nur abgezinst werden, soweit die ihnen zugrundeliegenden Verbindlichkeiten einen Zinsanteil enthalten.

(2) ¹Bei Vermögensgegenständen des Anlagevermögens, deren Nutzung zeitlich begrenzt ist, sind die Anschaffungs- oder Herstellungskosten um planmäßige Abschreibungen zu vermindern. ²Der Plan muß die Anschaffungs- oder Herstellungskosten auf die Geschäftsjahre verteilen, in denen der Vermögensgegenstand voraussichtlich genutzt werden kann. ³Ohne Rücksicht darauf, ob ihre Nutzung zeitlich begrenzt ist, können bei Vermögensgegen-

---

[1]) Beachte hierzu auch die Übergangsvorschriften in Art. 24 Abs. 1 und 2 EGHGB; Nr. **2**.

ständen des Anlagevermögens außerplanmäßige Abschreibungen vorgenommen werden, um die Vermögensgegenstände mit dem niedrigeren Wert anzusetzen, der ihnen am Abschlußstichtag beizulegen ist; sie sind vorzunehmen bei einer voraussichtlich dauernden Wertminderung.

(3) [1] Bei Vermögensgegenständen des Umlaufvermögens sind Abschreibungen vorzunehmen, um diese mit einem niedrigeren Wert anzusetzen, der sich aus einem Börsen- oder Marktpreis am Abschlußstichtag ergibt. [2] Ist ein Börsen- oder Marktpreis nicht festzustellen und übersteigen die Anschaffungs- oder Herstellungskosten den Wert, der den Vermögensgegenständen am Abschlußstichtag beizulegen ist, so ist auf diesen Wert abzuschreiben. [3] Außerdem dürfen Abschreibungen vorgenommen werden, soweit diese nach vernünftiger kaufmännischer Beurteilung notwendig sind, um zu verhindern, daß in der nächsten Zukunft der Wertansatz dieser Vermögensgegenstände auf Grund von Wertschwankungen geändert werden muß.

(4) Abschreibungen sind außerdem im Rahmen vernünftiger kaufmännischer Beurteilung zulässig.

(5) Ein niedrigerer Wertansatz nach Absatz 2 Satz 3, Absatz 3 oder 4 darf beibehalten werden, auch wenn die Gründe dafür nicht mehr bestehen.

§ 254 Steuerrechtliche Abschreibungen.
[1] Abschreibungen können auch vorgenommen werden, um Vermögensgegenstände des Anlage- oder Umlaufvermögens mit dem niedrigeren Wert anzusetzen, der auf einer nur steuerrechtlich zulässigen Abschreibung beruht. [2] § 253 Abs. 5 ist entsprechend anzuwenden.

§ 255 Anschaffungs- und Herstellungskosten.
(1) [1] Anschaffungskosten sind die Aufwendungen, die geleistet werden, um einen Vermögensgegenstand zu erwerben und ihn in einen betriebsbereiten Zustand zu versetzen, soweit sie dem Vermögensgegenstand einzeln zugeordnet werden können. [2] Zu den Anschaffungskosten gehören auch die Nebenkosten sowie die nachträglichen Anschaffungskosten. [3] Anschaffungspreisminderungen sind abzusetzen.

(2) [1] Herstellungskosten sind die Aufwendungen, die durch den Verbrauch von Gütern und die Inanspruchnahme von Diensten für die Herstellung eines Vermögensgegenstands, seine Erweiterung oder für eine über seinen ursprünglichen Zustand hinausgehende wesentliche Verbesserung entstehen. [2] Dazu gehören die Materialkosten, die Fertigungskosten und die Sonderkosten der Fertigung. [3] Bei der Berechnung der Herstellungskosten dürfen auch angemessene Teile der notwendigen Materialgemeinkosten, der notwendigen Fertigungsgemeinkosten und des Wertverzehrs des Anlagevermögens, soweit er durch die Fertigung veranlaßt ist, eingerechnet werden. [4] Kosten der allgemeinen Verwaltung sowie Aufwendungen für soziale Einrichtungen des Betriebs, für freiwillige soziale Leistungen und für betriebliche Altersversorgung brauchen nicht eingerechnet zu werden. [5] Aufwendungen im Sinne der Sätze 3 und 4 dürfen nur insoweit berücksichtigt werden, als sie auf den Zeitraum der Herstellung entfallen. [6] Vertriebskosten dürfen nicht in die Herstellungskosten einbezogen werden.

(3) [1] Zinsen für Fremdkapital gehören nicht zu den Herstellungskosten. [2] Zinsen für Fremdkapital, das zur Finanzierung der Herstellung eines Vermö-

1. Abschnitt. Vorschriften für alle Kaufleute §§ 256, 257 HGB 1

gensgegenstands verwendet wird, dürfen angesetzt werden, soweit sie auf den Zeitraum der Herstellung entfallen; in diesem Falle gelten sie als Herstellungskosten des Vermögensgegenstands.

(4) [1]Als Geschäfts- oder Firmenwert darf der Unterschiedsbetrag angesetzt werden, um den die für die Übernahme eines Unternehmens bewirkte Gegenleistung den Wert der einzelnen Vermögensgegenstände des Unternehmens abzüglich der Schulden im Zeitpunkt der Übernahme übersteigt. [2]Der Betrag ist in jedem folgenden Geschäftsjahr zu mindestens einem Viertel durch Abschreibungen zu tilgen. [3]Die Abschreibung des Geschäfts- oder Firmenwerts kann aber auch planmäßig auf die Geschäftsjahre verteilt werden, in denen er voraussichtlich genutzt wird.

§ 256 Bewertungsvereinfachungsverfahren. [1]Soweit es den Grundsätzen ordnungsmäßiger Buchführung entspricht, kann für den Wertansatz gleichartiger Vermögensgegenstände des Vorratsvermögens unterstellt werden, daß die zuerst oder daß die zuletzt angeschafften oder hergestellten Vermögensgegenstände zuerst oder in einer sonstigen bestimmten Folge verbraucht oder veräußert worden sind. [2]§ 240 Abs. 3 und 4 ist auch auf den Jahresabschluß anwendbar.

Dritter Unterabschnitt. Aufbewahrung und Vorlage

§ 257[1)] Aufbewahrung von Unterlagen. Aufbewahrungsfristen.

(1) Jeder Kaufmann ist verpflichtet, die folgenden Unterlagen geordnet aufzubewahren:

1. Handelsbücher, Inventare, Eröffnungsbilanzen, Jahresabschlüsse, Einzelabschlüsse nach § 325 Abs. 2a, Lageberichte, Konzernabschlüsse, Konzernlageberichte sowie die zu ihrem Verständnis erforderlichen Arbeitsanweisungen und sonstigen Organisationsunterlagen,
2. die empfangenen Handelsbriefe,
3. Wiedergaben der abgesandten Handelsbriefe,
4. Belege für Buchungen in den von ihm nach § 238 Abs. 1 zu führenden Büchern (Buchungsbelege).

(2) Handelsbriefe sind nur Schriftstücke, die ein Handelsgeschäft betreffen.

(3) [1]Mit Ausnahme der Eröffnungsbilanzen und Abschlüsse können die in Absatz 1 aufgeführten Unterlagen auch als Wiedergabe auf einem Bildträger oder auf anderen Datenträgern aufbewahrt werden, wenn dies den Grundsätzen ordnungsmäßiger Buchführung entspricht und sichergestellt ist, daß die Wiedergabe oder die Daten

1. mit den empfangenen Handelsbriefen und den Buchungsbelegen bildlich und mit den anderen Unterlagen inhaltlich übereinstimmen, wenn sie lesbar gemacht werden,
2. während der Dauer der Aufbewahrungsfrist verfügbar sind und jederzeit innerhalb angemessener Frist lesbar gemacht werden können.

[2]Sind Unterlagen auf Grund des § 239 Abs. 4 Satz 1 auf Datenträgern hergestellt worden, können statt des Datenträgers die Daten auch ausgedruckt auf-

---

[1)] Beachte hierzu Übergangsvorschrift in Art. 58 Abs. 3 EGHGB; Nr. **2**.

bewahrt werden; die ausgedruckten Unterlagen können auch nach Satz 1 aufbewahrt werden.

(4)[1] Die in Absatz 1 Nr. 1 und 4 aufgeführten Unterlagen sind zehn Jahre, die sonstigen in Absatz 1 aufgeführten Unterlagen sechs Jahre aufzubewahren.

(5) Die Aufbewahrungsfrist beginnt mit dem Schluß des Kalenderjahrs, in dem die letzte Eintragung in das Handelsbuch gemacht, das Inventar aufgestellt, die Eröffnungsbilanz oder der Jahresabschluß festgestellt, der Einzelabschluss nach § 325 Abs. 2a oder der Konzernabschluß aufgestellt, der Handelsbrief empfangen oder abgesandt worden oder der Buchungsbeleg entstanden ist.

§ 258 Vorlegung im Rechtsstreit. (1) Im Laufe eines Rechtsstreits kann das Gericht auf Antrag oder von Amts wegen die Vorlegung der Handelsbücher einer Partei anordnen.

(2) Die Vorschriften der Zivilprozeßordnung über die Verpflichtung des Prozeßgegners zur Vorlegung von Urkunden bleiben unberührt.

§ 259 Auszug bei Vorlegung im Rechtsstreit. [1] Werden in einem Rechtsstreit Handelsbücher vorgelegt, so ist von ihrem Inhalt, soweit er den Streitpunkt betrifft, unter Zuziehung der Parteien Einsicht zu nehmen und geeignetenfalls ein Auszug zu fertigen. [2] Der übrige Inhalt der Bücher ist dem Gericht insoweit offenzulegen, als es zur Prüfung ihrer ordnungsmäßigen Führung notwendig ist.

§ 260 Vorlegung bei Auseinandersetzungen. Bei Vermögensauseinandersetzungen, insbesondere in Erbschafts-, Gütergemeinschafts- und Gesellschaftsteilungssachen, kann das Gericht die Vorlegung der Handelsbücher zur Kenntnisnahme von ihrem ganzen Inhalt anordnen.

§ 261 Vorlegung von Unterlagen auf Bild- oder Datenträgern. Wer aufzubewahrende Unterlagen nur in der Form einer Wiedergabe auf einem Bildträger oder auf anderen Datenträgern vorlegen kann, ist verpflichtet, auf seine Kosten diejenigen Hilfsmittel zur Verfügung zu stellen, die erforderlich sind, um die Unterlagen lesbar zu machen; soweit erforderlich, hat er die Unterlagen auf seine Kosten auszudrucken oder ohne Hilfsmittel lesbare Reproduktionen beizubringen.

Vierter Unterabschnitt. Landesrecht

§ 262. *(aufgehoben)*

§ 263 Vorbehalt landesrechtlicher Vorschriften. Unberührt bleiben bei Unternehmen ohne eigene Rechtspersönlichkeit einer Gemeinde, eines Gemeindeverbands oder eines Zweckverbands landesrechtliche Vorschriften, die von den Vorschriften dieses Abschnitts abweichen.

---

[1] Beachte dazu Übergangsvorschriften in Art. 47 EGHGB; Nr. 2.

Zweiter Abschnitt.[1] Ergänzende Vorschriften für Kapitalgesellschaften (Aktiengesellschaften, Kommanditgesellschaften auf Aktien und Gesellschaften mit beschränkter Haftung) sowie bestimmte Personenhandelsgesellschaften

Erster Unterabschnitt. Jahresabschluß der Kapitalgesellschaft und Lagebericht

Erster Titel. Allgemeine Vorschriften

§ 264 Pflicht zur Aufstellung. (1) ¹Die gesetzlichen Vertreter einer Kapitalgesellschaft haben den Jahresabschluß (§ 242) um einen Anhang zu erweitern, der mit der Bilanz und der Gewinn- und Verlustrechnung eine Einheit bildet, sowie einen Lagebericht aufzustellen. ²Der Jahresabschluß und der Lagebericht sind von den gesetzlichen Vertretern in den ersten drei Monaten des Geschäftsjahrs für das vergangene Geschäftsjahr aufzustellen. ³Kleine Kapitalgesellschaften (§ 267 Abs. 1) brauchen den Lagebericht nicht aufzustellen; sie dürfen den Jahresabschluß auch später aufstellen, wenn dies einem ordnungsgemäßen Geschäftsgang entspricht, jedoch innerhalb der ersten sechs Monate des Geschäftsjahres.

(2) ¹Der Jahresabschluß der Kapitalgesellschaft hat unter Beachtung der Grundsätze ordnungsmäßiger Buchführung ein den tatsächlichen Verhältnissen entsprechendes Bild der Vermögens-, Finanz- und Ertragslage der Kapitalgesellschaft zu vermitteln. ²Führen besondere Umstände dazu, daß der Jahresabschluß ein den tatsächlichen Verhältnissen entsprechendes Bild im Sinne des Satzes 1 nicht vermittelt, so sind im Anhang zusätzliche Angaben zu machen.

(3) Eine Kapitalgesellschaft, die Tochterunternehmen eines nach § 290 zur Aufstellung eines Konzernabschlusses verpflichteten Mutterunternehmens ist, braucht die Vorschriften dieses Unterabschnitts und des Dritten und Vierten Unterabschnitts dieses Abschnitts nicht anzuwenden, wenn

1. alle Gesellschafter des Tochterunternehmens der Befreiung für das jeweilige Geschäftsjahr zugestimmt haben und der Beschluß nach § 325 offengelegt worden ist,
2. das Mutterunternehmen zur Verlustübernahme nach § 302 des Aktiengesetzes verpflichtet ist oder eine solche Verpflichtung freiwillig übernommen hat und diese Erklärung nach § 325 offengelegt worden ist,
3. das Tochterunternehmen in den Konzernabschluß nach den Vorschriften dieses Abschnitts einbezogen worden ist,
4. die Befreiung des Tochterunternehmens im Anhang des von dem Mutterunternehmen aufgestellten Konzernabschlusses angegeben wird und
5. die von dem Mutterunternehmen nach den Vorschriften über die Konzernrechnungslegung gemäß § 325 offenzulegenden Unterlagen auch zum Handelsregister des Sitzes der die Befreiung im Anspruch nehmenden Kapitalgesellschaft eingereicht worden sind.

---

[1] Beachte zu den §§ 264 bis 335 die nach Art. 48 EGHGB geltenden Übergangsvorschriften; Nr. **2**.

(4) Absatz 3 ist auf Kapitalgesellschaften, die Tochterunternehmen eines nach § 11 des Publizitätsgesetzes zur Aufstellung eines Konzernabschlusses verpflichteten Mutterunternehmens sind, entsprechend anzuwenden, soweit in diesem Konzernabschluss von dem Wahlrecht des § 13 Abs. 3 Satz 1 des Publizitätsgesetzes nicht Gebrauch gemacht worden ist.

§ 264 a Anwendung auf bestimmte offene Handelsgesellschaften und Kommanditgesellschaften. (1) Die Vorschriften des Ersten bis Fünften Unterabschnitts des Zweiten Abschnitts sind auch anzuwenden auf offene Handelsgesellschaften und Kommanditgesellschaften, bei denen nicht wenigstens ein persönlich haftender Gesellschafter

1. eine natürliche Person oder
2. eine offene Handelsgesellschaft, Kommanditgesellschaft oder andere Personengesellschaft mit einer natürlichen Person als persönlich haftendem Gesellschafter

ist oder sich die Verbindung von Gesellschaften in dieser Art fortsetzt.

(2) In den Vorschriften dieses Abschnitts gelten als gesetzliche Vertreter einer offenen Handelsgesellschaft und Kommanditgesellschaft nach Absatz 1 die Mitglieder des vertretungsberechtigten Organs der vertretungsberechtigten Gesellschaften.

§ 264 b Befreiung von der Pflicht zur Aufstellung eines Jahresabschlusses nach den für Kapitalgesellschaften geltenden Vorschriften. Eine Personenhandelsgesellschaft im Sinne des § 264 a Abs. 1 ist von der Verpflichtung befreit, einen Jahresabschluss und einen Lagebericht nach den Vorschriften dieses Abschnitts aufzustellen, prüfen zu lassen und offen zu legen, wenn

1. sie in den Konzernabschluss eines Mutterunternehmens mit Sitz in einem Mitgliedstaat der Europäischen Union oder einem anderen Vertragsstaat des Abkommens über den Europäischen Wirtschaftsraum oder in den Konzernabschluss eines anderen Unternehmens, das persönlich haftender Gesellschafter dieser Personenhandelsgesellschaft ist, einbezogen ist;
2. der Konzernabschluss sowie der Konzernlagebericht im Einklang mit der Richtlinie 83/349/EWG des Rates vom 13. Juni 1983 auf Grund von Artikel 54 Abs. 3 Buchstabe g des Vertrages über den konsolidierten Abschluss (ABl. EG Nr. L 193 S. 1) und der Richtlinie 84/253/EWG des Rates vom 10. April 1984 über die Zulassung der mit der Pflichtprüfung der Rechnungslegungsunterlagen beauftragten Personen (ABl. EG Nr. L 126 S. 20) in ihren jeweils geltenden Fassungen nach dem für das den Konzernabschluss aufstellende Unternehmen maßgeblichen Recht aufgestellt, von einem zugelassenen Abschlussprüfer geprüft und offengelegt worden ist;
3. das den Konzernabschluss aufstellende Unternehmen die offenzulegenden Unterlagen in deutscher Sprache auch zum Handelsregister des Sitzes der Personenhandelsgesellschaft eingereicht hat und
4. die Befreiung der Personenhandelsgesellschaft im Anhang des Konzernabschlusses angegeben ist.

2. Abschnitt. Vorschriften für Kapitalgesellschaften § 264c HGB 1

§ 264c Besondere Bestimmungen für offene Handelsgesellschaften und Kommanditgesellschaften im Sinne des § 264a. (1) [1]Ausleihungen, Forderungen und Verbindlichkeiten gegenüber Gesellschaftern sind in der Regel als solche jeweils gesondert auszuweisen oder im Anhang anzugeben. [2]Werden sie unter anderen Posten ausgewiesen, so muß diese Eigenschaft vermerkt werden.

(2) [1]§ 266 Abs. 3 Buchstabe A ist mit der Maßgabe anzuwenden, dass als Eigenkapital die folgenden Posten gesondert auszuweisen sind:
 I. Kapitalanteile
 II. Rücklagen
 III. Gewinnvortrag/Verlustvortrag
 IV. Jahresüberschuss/Jahresfehlbetrag.

[2]Anstelle des Postens „Gezeichnetes Kapital" sind die Kapitalanteile der persönlich haftenden Gesellschafter auszuweisen; sie dürfen auch zusammengefasst ausgewiesen werden. [3]Der auf den Kapitalanteil eines persönlich haftenden Gesellschafters für das Geschäftsjahr entfallende Verlust ist von dem Kapitalanteil abzuschreiben. [4]Soweit der Verlust den Kapitalanteil übersteigt, ist er auf der Aktivseite unter der Bezeichnung „Einzahlungsverpflichtungen persönlich haftender Gesellschafter" unter den Forderungen gesondert auszuweisen, soweit eine Zahlungsverpflichtung besteht. [5]Besteht keine Zahlungsverpflichtung, so ist der Betrag als „Nicht durch Vermögenseinlagen gedeckter Verlustanteil persönlich haftender Gesellschafter" zu bezeichnen und gemäß § 268 Abs. 3 auszuweisen. [6]Die Sätze 2 bis 5 sind auf die Einlagen von Kommanditisten entsprechend anzuwenden, wobei diese insgesamt gesondert gegenüber den Kapitalanteilen der persönlich haftenden Gesellschafter auszuweisen sind. [7]Eine Forderung darf jedoch nur ausgewiesen werden, soweit eine Einzahlungsverpflichtung besteht; dasselbe gilt, wenn ein Kommanditist Gewinnanteile entnimmt, während sein Kapitalanteil durch Verlust unter den Betrag der geleisteten Einlage herabgemindert ist, oder soweit durch die Entnahme der Kapitalanteil unter den bezeichneten Betrag herabgemindert wird. [8]Als Rücklagen sind nur solche Beträge auszuweisen, die auf Grund einer gesellschaftsrechtlichen Vereinbarung gebildet worden sind. [9]Im Anhang ist der Betrag der im Handelsregister gemäß § 172 Abs. 1 eingetragenen Einlagen anzugeben, soweit diese nicht geleistet sind.

(3) [1]Das sonstige Vermögen der Gesellschafter (Privatvermögen) darf nicht in die Bilanz und die auf das Privatvermögen entfallenden Aufwendungen und Erträge dürfen nicht in die Gewinn- und Verlustrechnung aufgenommen werden. [2]In der Gewinn- und Verlustrechnung darf jedoch nach dem Posten „Jahresüberschuss/Jahresfehlbetrag" ein dem Steuersatz der Komplementärgesellschaft entsprechender Steueraufwand der Gesellschafter offen abgesetzt oder hinzugerechnet werden.

(4) [1]Anteile an Komplementärgesellschaften sind in der Bilanz auf der Aktivseite unter den Posten A.III.1 oder A.III.3 auszuweisen. [2]§ 272 Abs. 4 ist mit der Maßgabe anzuwenden, dass für diese Anteile in Höhe des aktivierten Betrags nach dem Posten „Eigenkapital" ein Sonderposten unter der Bezeichnung „Ausgleichsposten für aktivierte eigene Anteile" zu bilden ist. [3]§§ 269, 274 Abs. 2 sind mit der Maßgabe anzuwenden, dass nach dem Posten „Eigenkapital" ein Sonderposten in Höhe der aktivierten Bilanzierungshilfen anzusetzen ist.

§ 265 Allgemeine Grundsätze für die Gliederung. (1) ¹Die Form der Darstellung, insbesondere die Gliederung der aufeinanderfolgenden Bilanzen und Gewinn- und Verlustrechnungen, ist beizubehalten, soweit nicht in Ausnahmefällen wegen besonderer Umstände Abweichungen erforderlich sind. ²Die Abweichungen sind im Anhang anzugeben und zu begründen.

(2) ¹In der Bilanz sowie in der Gewinn- und Verlustrechnung ist zu jedem Posten der entsprechende Betrag des vorhergehenden Geschäftsjahrs anzugeben. ²Sind die Beträge nicht vergleichbar, so ist dies im Anhang anzugeben und zu erläutern. ³Wird der Vorjahresbetrag angepaßt, so ist auch dies im Anhang anzugeben und zu erläutern.

(3) ¹Fällt ein Vermögensgegenstand oder eine Schuld unter mehrere Posten der Bilanz, so ist die Mitzugehörigkeit zu anderen Posten bei dem Posten, unter dem der Ausweis erfolgt ist, zu vermerken oder im Anhang anzugeben, wenn dies zur Aufstellung eines klaren und übersichtlichen Jahresabschlusses erforderlich ist. ²Eigene Anteile dürfen unabhängig von ihrer Zweckbestimmung nur unter dem dafür vorgesehenen Posten im Umlaufvermögen ausgewiesen werden.

(4) ¹Sind mehrere Geschäftszweige vorhanden und bedingt dies die Gliederung des Jahresabschlusses nach verschiedenen Gliederungsvorschriften, so ist der Jahresabschluß nach der für einen Geschäftszweig vorgeschriebenen Gliederung aufzustellen und nach der für die anderen Geschäftszweige vorgeschriebenen Gliederung zu ergänzen. ²Die Ergänzung ist im Anhang anzugeben und zu begründen.

(5) ¹Eine weitere Untergliederung der Posten ist zulässig; dabei ist jedoch die vorgeschriebene Gliederung zu beachten. ²Neue Posten dürfen hinzugefügt werden, wenn ihr Inhalt nicht von einem vorgeschriebenen Posten gedeckt wird.

(6) Gliederung und Bezeichnung der mit arabischen Zahlen versehenen Posten der Bilanz und der Gewinn- und Verlustrechnung sind zu ändern, wenn dies wegen Besonderheiten der Kapitalgesellschaft zur Aufstellung eines klaren und übersichtlichen Jahresabschlusses erforderlich ist.

(7) Die mit arabischen Zahlen versehenen Posten der Bilanz und der Gewinn- und Verlustrechnung können, wenn nicht besondere Formblätter vorgeschrieben sind, zusammengefaßt ausgewiesen werden, wenn

1. sie einen Betrag enthalten, der für die Vermittlung eines den tatsächlichen Verhältnissen entsprechenden Bildes im Sinne des § 264 Abs. 2 nicht erheblich ist,

    oder

2. dadurch die Klarheit der Darstellung vergrößert wird; in diesem Falle müssen die zusammengefaßten Posten jedoch im Anhang gesondert ausgewiesen werden.

(8) Ein Posten der Bilanz oder der Gewinn- und Verlustrechnung, der keinen Betrag ausweist, braucht nicht aufgeführt zu werden, es sei denn, daß im vorhergehenden Geschäftsjahr unter diesem Posten ein Betrag ausgewiesen wurde.

2. Abschnitt. Vorschriften für Kapitalgesellschaften § 266 HGB 1

Zweiter Titel. Bilanz

§ 266 Gliederung der Bilanz. (1) ¹Die Bilanz ist in Kontoform aufzustellen. ²Dabei haben große und mittelgroße Kapitalgesellschaften (§ 267 Abs. 3, 2) auf der Aktivseite die in Absatz 2 und auf der Passivseite die in Absatz 3 bezeichneten Posten gesondert und in der vorgeschriebenen Reihenfolge auszuweisen. ³Kleine Kapitalgesellschaften (§ 267 Abs. 1) brauchen nur eine verkürzte Bilanz aufzustellen, in die nur die in den Absätzen 2 und 3 mit Buchstaben und römischen Zahlen bezeichneten Posten gesondert und in der vorgeschriebenen Reihenfolge aufgenommen werden.

(2) Aktivseite

A. Anlagevermögen:
    I. Immaterielle Vermögensgegenstände:
        1. Konzessionen, gewerbliche Schutzrechte und ähnliche Rechte und Werte sowie Lizenzen an solchen Rechten und Werten;
        2. Geschäfts- oder Firmenwert;
        3. geleistete Anzahlungen;
    II. Sachanlagen:
        1. Grundstücke, grundstücksgleiche Rechte und Bauten einschließlich der Bauten auf fremden Grundstücken;
        2. technische Anlagen und Maschinen;
        3. andere Anlagen, Betriebs- und Geschäftsausstattung;
        4. geleistete Anzahlungen und Anlagen im Bau;
    III. Finanzanlagen:
        1. Anteile an verbundenen Unternehmen;
        2. Ausleihungen an verbundene Unternehmen;
        3. Beteiligungen;
        4. Ausleihungen an Unternehmen, mit denen ein Beteiligungsverhältnis besteht;
        5. Wertpapiere des Anlagevermögens;
        6. sonstige Ausleihungen.

B. Umlaufvermögen:
    I. Vorräte:
        1. Roh-, Hilfs- und Betriebsstoffe;
        2. unfertige Erzeugnisse, unfertige Leistungen;
        3. fertige Erzeugnisse und Waren;
        4. geleistete Anzahlungen;
    II. Forderungen und sonstige Vermögensgegenstände:
        1. Forderungen aus Lieferungen und Leistungen;
        2. Forderungen gegen verbundene Unternehmen;
        3. Forderungen gegen Unternehmen, mit denen ein Beteiligungsverhältnis besteht;
        4. sonstige Vermögensgegenstände;

1 HGB § 267 Drittes Buch. Handelsbücher

  III. Wertpapiere:
    1. Anteile an verbundenen Unternehmen;
    2. eigene Anteile;
    3. sonstige Wertpapiere;
  IV. Kassenbestand, Bundesbankguthaben, Guthaben bei Kreditinstituten und Schecks.
C. Rechnungsabgrenzungsposten.
 (3) Passivseite
A. Eigenkapital:
  I. Gezeichnetes Kapital;
  II. Kapitalrücklage;
  III. Gewinnrücklagen:
    1. gesetzliche Rücklage;
    2. Rücklage für eigene Anteile;
    3. satzungsmäßige Rücklagen;
    4. andere Gewinnrücklagen;
  IV. Gewinnvortrag/Verlustvortrag;
  V. Jahresüberschuß/Jahresfehlbetrag.
B. Rückstellungen:
  1. Rückstellungen für Pensionen und ähnliche Verpflichtungen;
  2. Steuerrückstellungen;
  3. sonstige Rückstellungen.
C. Verbindlichkeiten:
  1. Anleihen, davon konvertibel;
  2. Verbindlichkeiten gegenüber Kreditinstituten;
  3. erhaltene Anzahlungen auf Bestellungen;
  4. Verbindlichkeiten aus Lieferungen und Leistungen;
  5. Verbindlichkeiten aus der Annahme gezogener Wechsel und der Ausstellung eigener Wechsel;
  6. Verbindlichkeiten gegenüber verbundenen Unternehmen;
  7. Verbindlichkeiten gegenüber Unternehmen, mit denen ein Beteiligungsverhältnis besteht;
  8. sonstige Verbindlichkeiten,
    davon aus Steuern,
    davon im Rahmen der sozialen Sicherheit.
D. Rechnungsabgrenzungsposten.

§ 267[1]) **Umschreibung der Größenklassen.** (1) Kleine Kapitalgesellschaften sind solche, die mindestens zwei der drei nachstehenden Merkmale nicht überschreiten:

---

[1]) Beachte hierzu Übergangsvorschrift in Art. 58 Abs. 1 EGHGB; Nr. **2**.

2. Abschnitt. Vorschriften für Kapitalgesellschaften § 268 HGB 1

1. 4 015 000 Euro Bilanzsumme nach Abzug eines auf der Aktivseite ausgewiesenen Fehlbetrags (§ 268 Abs. 3).
2. 8 030 000 Euro Umsatzerlöse in den zwölf Monaten vor dem Abschlußstichtag.
3. Im Jahresdurchschnitt fünfzig Arbeitnehmer.

(2) Mittelgroße Kapitalgesellschaften sind solche, die mindestens zwei der drei in Absatz 1 bezeichneten Merkmale überschreiten und jeweils mindestens zwei der drei nachstehenden Merkmale nicht überschreiten:
1. 16 060 000 Euro Bilanzsumme nach Abzug eines auf der Aktivseite ausgewiesenen Fehlbetrags (§ 268 Abs. 3).
2. 32 120 000 Euro Umsatzerlöse in den zwölf Monaten vor dem Abschlußstichtag.
3. Im Jahresdurchschnitt zweihundertfünfzig Arbeitnehmer.

(3) [1] Große Kapitalgesellschaften sind solche, die mindestens zwei der drei in Absatz 2 bezeichneten Merkmale überschreiten. [2] Eine Kapitalgesellschaft gilt stets als große, wenn sie einen organisierten Markt im Sinne des § 2 Abs. 5 des Wertpapierhandelsgesetzes[1]) durch von ihr ausgegebene Wertpapiere im Sinne des § 2 Abs. 1 Satz 1 des Wertpapierhandelsgesetzes in Anspruch nimmt oder die Zulassung zum Handel an einem organisierten Markt beantragt worden ist.

(4) [1] Die Rechtsfolgen der Merkmale nach den Absätzen 1 bis 3 Satz 1 treten nur ein, wenn sie an den Abschlußstichtagen von zwei aufeinanderfolgenden Geschäftsjahren über- oder unterschritten werden. [2] Im Falle der Umwandlung oder Neugründung treten die Rechtsfolgen schon ein, wenn die Voraussetzungen des Absatzes 1, 2 oder 3 am ersten Abschlußstichtag nach der Umwandlung oder Neugründung vorliegen.

(5) Als durchschnittliche Zahl der Arbeitnehmer gilt der vierte Teil der Summe aus den Zahlen der jeweils am 31. März, 30. Juni, 30. September und 31. Dezember beschäftigten Arbeitnehmer einschließlich der im Ausland beschäftigten Arbeitnehmer, jedoch ohne die zu ihrer Berufsausbildung Beschäftigten.

(6) Informations- und Auskunftsrechte der Arbeitnehmervertretungen nach anderen Gesetzen bleiben unberührt.

§ 268 Vorschriften zu einzelnen Posten der Bilanz. Bilanzvermerke.

(1) [1] Die Bilanz darf auch unter Berücksichtigung der vollständigen oder teilweisen Verwendung des Jahresergebnisses aufgestellt werden. [2] Wird die Bilanz unter Berücksichtigung der teilweisen Verwendung des Jahresergebnisses aufgestellt, so tritt an die Stelle der Posten „Jahresüberschuß/Jahresfehlbetrag" und „Gewinnvortrag/Verlustvortrag" der Posten „Bilanzgewinn/Bilanzverlust"; ein vorhandener Gewinn- oder Verlustvortrag ist in den Posten „Bilanzgewinn/Bilanzverlust" einzubeziehen und in der Bilanz oder im Anhang gesondert anzugeben.

(2) [1] In der Bilanz oder im Anhang ist die Entwicklung der einzelnen Posten des Anlagevermögens und des Postens „Aufwendungen für die Ingangsetzung und Erweiterung des Geschäftsbetriebs" darzustellen. [2] Dabei sind, ausgehend

---

[1]) Nr. 3.

von den gesamten Anschaffungs- und Herstellungskosten, die Zugänge, Abgänge, Umbuchungen und Zuschreibungen des Geschäftsjahrs sowie die Abschreibungen in ihrer gesamten Höhe gesondert aufzuführen. ³Die Abschreibungen des Geschäftsjahrs sind entweder in der Bilanz bei dem betreffenden Posten zu vermerken oder im Anhang in einer der Gliederung des Anlagevermögens entsprechenden Aufgliederung anzugeben.

(3) Ist das Eigenkapital durch Verluste aufgebraucht und ergibt sich ein Überschuß der Passivposten über die Aktivposten, so ist dieser Betrag am Schluß der Bilanz auf der Aktivseite gesondert unter der Bezeichnung „Nicht durch Eigenkapital gedeckter Fehlbetrag" auszuweisen.

(4)¹ Der Betrag der Forderungen mit einer Restlaufzeit von mehr als einem Jahr ist bei jedem gesondert ausgewiesenen Posten zu vermerken.² Werden unter dem Posten „sonstige Vermögensgegenstände" Beträge für Vermögensgegenstände ausgewiesen, die erst nach dem Abschlußstichtag rechtlich entstehen, so müssen Beträge, die einen größeren Umfang haben, im Anhang erläutert werden.

(5) ¹Der Betrag der Verbindlichkeiten mit einer Restlaufzeit bis zu einem Jahr ist bei jedem gesondert ausgewiesenen Posten zu vermerken. ²Erhaltene Anzahlungen auf Bestellungen sind, soweit Anzahlungen auf Vorräte nicht von dem Posten „Vorräte" offen abgesetzt werden, unter den Verbindlichkeiten gesondert auszuweisen. ³Sind unter dem Posten „Verbindlichkeiten" Beträge für Verbindlichkeiten ausgewiesen, die erst nach dem Abschlußstichtag rechtlich entstehen, so müssen Beträge, die einen größeren Umfang haben, im Anhang erläutert werden.

(6) Ein nach § 250 Abs. 3 in den Rechnungsabgrenzungsposten auf der Aktivseite aufgenommener Unterschiedsbetrag ist in der Bilanz gesondert auszuweisen oder im Anhang anzugeben.

(7) Die in § 251 bezeichneten Haftungsverhältnisse sind jeweils gesondert unter der Bilanz oder im Anhang unter Angabe der gewährten Pfandrechte und sonstigen Sicherheiten anzugeben; bestehen solche Verpflichtungen gegenüber verbundenen Unternehmen, so sind sie gesondert anzugeben.

§ 269 Aufwendungen für die Ingangsetzung und Erweiterung des Geschäftsbetriebs.
¹Die Aufwendungen für die Ingangsetzung des Geschäftsbetriebs und dessen Erweiterung dürfen, soweit sie nicht bilanzierungsfähig sind, als Bilanzierungshilfe aktiviert werden; der Posten ist in der Bilanz unter der Bezeichnung „Aufwendungen für die Ingangsetzung und Erweiterung des Geschäftsbetriebs" vor dem Anlagevermögen auszuweisen und im Anhang zu erläutern. ²Werden solche Aufwendungen in der Bilanz ausgewiesen, so dürfen Gewinne nur ausgeschüttet werden, wenn die nach der Ausschüttung verbleibenden jederzeit auflösbaren Gewinnrücklagen zuzüglich eines Gewinnvortrags und abzüglich eines Verlustvortrags dem angesetzten Betrag mindestens entsprechen.

§ 270 Bildung bestimmter Posten.
(1) ¹Einstellungen in die Kapitalrücklage und deren Auflösung sind bereits bei der Aufstellung der Bilanz vorzunehmen. ²Satz 1 ist auf Einstellungen in den Sonderposten mit Rücklageanteil und dessen Auflösung anzuwenden.

(2) Wird die Bilanz unter Berücksichtigung der vollständigen oder teilweisen Verwendung des Jahresergebnisses aufgestellt, so sind Entnahmen aus Gewinnrücklagen sowie Einstellungen in Gewinnrücklagen, die nach Gesetz, Gesellschaftsvertrag oder Satzung vorzunehmen sind oder auf Grund solcher Vorschriften beschlossen worden sind, bereits bei der Aufstellung der Bilanz zu berücksichtigen.

§ 271 Beteiligungen. Verbundene Unternehmen. (1) ¹Beteiligungen sind Anteile an anderen Unternehmen, die bestimmt sind, dem eigenen Geschäftsbetrieb durch Herstellung einer dauernden Verbindung zu jenen Unternehmen zu dienen. ²Dabei ist es unerheblich, ob die Anteile in Wertpapieren verbrieft sind oder nicht. ³Als Beteiligung gelten im Zweifel Anteile an einer Kapitalgesellschaft, die insgesamt den fünften Teil des Nennkapitals dieser Gesellschaft überschreiten. ⁴Auf die Berechnung ist § 16 Abs. 2 und 4 des Aktiengesetzes entsprechend anzuwenden. ⁵Die Mitgliedschaft in einer eingetragenen Genossenschaft gilt nicht als Beteiligung im Sinne dieses Buches.

(2) Verbundene Unternehmen im Sinne dieses Buches sind solche Unternehmen, die als Mutter- oder Tochterunternehmen (§ 290) in den Konzernabschluß eines Mutterunternehmens nach den Vorschriften über die Vollkonsolidierung einzubeziehen sind, das als oberstes Mutterunternehmen den am weitestgehenden Konzernabschluß nach dem Zweiten Unterabschnitt aufzustellen hat, auch wenn die Aufstellung unterbleibt, oder das einen befreienden Konzernabschluß nach § 291 oder nach einer nach § 292 erlassenen Rechtsverordnung aufstellt oder aufstellen könnte; Tochterunternehmen, die nach § 296 nicht einbezogen werden, sind ebenfalls verbundene Unternehmen.

§ 272 Eigenkapital. (1) ¹Gezeichnetes Kapital ist das Kapital, auf das die Haftung der Gesellschafter für die Verbindlichkeiten der Kapitalgesellschaft gegenüber den Gläubigern beschränkt ist. ²Die ausstehenden Einlagen auf das gezeichnete Kapital sind auf der Aktivseite vor dem Anlagevermögen gesondert auszuweisen und entsprechend zu bezeichnen; die davon eingeforderten Einlagen sind zu vermerken. ³Die nicht eingeforderten ausstehenden Einlagen dürfen auch von dem Posten „Gezeichnetes Kapital" offen abgesetzt werden; in diesem Falle ist der verbleibende Betrag als Posten „Eingefordertes Kapital" in der Hauptspalte der Passivseite auszuweisen und ist außerdem der eingeforderte, aber noch nicht eingezahlte Betrag unter den Forderungen gesondert auszuweisen und entsprechend zu bezeichnen. ⁴Der Nennbetrag oder, falls ein solcher nicht vorhanden ist, der rechnerische Wert von nach § 71 Abs. 1 Nr. 6 oder 8 des Aktiengesetzes zur Einziehung erworbenen Aktien ist in der Vorspalte offen von dem Posten „Gezeichnetes Kapital" als Kapitalrückzahlung abzusetzen. ⁵Ist der Erwerb der Aktien nicht zur Einziehung erfolgt, ist Satz 4 auch anzuwenden, soweit in dem Beschluß über den Rückkauf die spätere Veräußerung von einem Beschluß der Hauptversammlung in entsprechender Anwendung des § 182 Abs. 1 Satz 1 des Aktiengesetzes abhängig gemacht worden ist. ⁶Wird der Nennbetrag oder der rechnerische Wert von Aktien nach Satz 4 abgesetzt, ist der Unterschiedsbetrag dieser Aktien zwischen ihrem Nennbetrag oder dem rechnerischen Wert und ihrem Kaufpreis mit den anderen Gewinnrücklagen (§ 266 Abs. 3 A.III.4.) zu verrechnen; weitergehende Anschaffungskosten sind als Aufwand des Geschäftsjahres zu berücksichtigen.

(2) Als Kapitalrücklage sind auszuweisen
1. der Betrag, der bei der Ausgabe von Anteilen einschließlich von Bezugsanteilen über den Nennbetrag oder, falls ein Nennbetrag nicht vorhanden ist, über den rechnerischen Wert hinaus erzielt wird;
2. der Betrag, der bei der Ausgabe von Schuldverschreibungen für Wandlungsrechte und Optionsrechte zum Erwerb von Anteilen erzielt wird;
3. der Betrag von Zuzahlungen, die Gesellschafter gegen Gewährung eines Vorzugs für ihre Anteile leisten;
4. der Betrag von anderen Zuzahlungen, die Gesellschafter in das Eigenkapital leisten.

(3) ¹Als Gewinnrücklagen dürfen nur Beträge ausgewiesen werden, die im Geschäftsjahr oder in einem früheren Geschäftsjahr aus dem Ergebnis gebildet worden sind. ²Dazu gehören aus dem Ergebnis zu bildende gesetzliche oder auf Gesellschaftsvertrag oder Satzung beruhende Rücklagen und andere Gewinnrücklagen.

(4) ¹In einer Rücklage für eigene Anteile ist ein Betrag einzustellen, der dem auf der Aktivseite der Bilanz für die eigenen Anteile anzusetzenden Betrag entspricht. ²Die Rücklage darf nur aufgelöst werden, soweit die eigenen Anteile ausgegeben, veräußert oder eingezogen werden oder soweit nach § 253 Abs. 3 auf der Aktivseite ein niedrigerer Betrag angesetzt wird. ³Die Rücklage, die bereits bei der Aufstellung der Bilanz vorzunehmen ist, darf aus vorhandenen Gewinnrücklagen gebildet werden, soweit diese frei verfügbar sind. ⁴Die Rücklage nach Satz 1 ist auch für Anteile eines herrschenden oder eines mit Mehrheit beteiligten Unternehmens zu bilden.

§ 273 Sonderposten mit Rücklageanteil. ¹Der Sonderposten mit Rücklageanteil (§ 247 Abs. 3) darf nur insoweit gebildet werden, als das Steuerrecht die Anerkennung des Wertansatzes bei der steuerrechtlichen Gewinnermittlung davon abhängig macht, daß der Sonderposten in der Bilanz gebildet wird. ²Er ist auf der Passivseite vor den Rückstellungen auszuweisen; die Vorschriften, nach denen er gebildet worden ist, sind in der Bilanz oder im Anhang anzugeben.

§ 274 Steuerabgrenzung. (1) ¹Ist der dem Geschäftsjahr und früheren Geschäftsjahren zuzurechnende Steueraufwand zu niedrig, weil der nach den steuerrechtlichen Vorschriften zu versteuernde Gewinn niedriger als das handelsrechtliche Ergebnis ist, und gleicht sich der zu niedrige Steueraufwand des Geschäftsjahrs und früherer Geschäftsjahre in späteren Geschäftsjahren voraussichtlich aus, so ist in Höhe der voraussichtlichen Steuerbelastung nachfolgender Geschäftsjahre eine Rückstellung nach § 249 Abs. 1 Satz 1 zu bilden und in der Bilanz oder im Anhang gesondert anzugeben. ²Die Rückstellung ist aufzulösen, sobald die höhere Steuerbelastung eintritt oder mit ihr voraussichtlich nicht mehr zu rechnen ist.

(2) ¹Ist der dem Geschäftsjahr und früheren Geschäftsjahren zuzurechnende Steueraufwand zu hoch, weil der nach den steuerrechtlichen Vorschriften zu versteuernde Gewinn höher als das handelsrechtliche Ergebnis ist, und gleicht sich der zu hohe Steueraufwand des Geschäftsjahrs und früherer Geschäftsjahre in späteren Geschäftsjahren voraussichtlich aus, so darf in Höhe der voraussichtlichen Steuerentlastung nachfolgender Geschäftsjahre ein Abgren-

zungsposten als Bilanzierungshilfe auf der Aktivseite der Bilanz gebildet werden. ²Dieser Posten ist unter entsprechender Bezeichnung gesondert auszuweisen und im Anhang zu erläutern. ³Wird ein solcher Posten ausgewiesen, so dürfen Gewinne nur ausgeschüttet werden, wenn die nach der Ausschüttung verbleibenden jederzeit auflösbaren Gewinnrücklagen zuzüglich eines Gewinnvortrags und abzüglich eines Verlustvortrags dem angesetzten Betrag mindestens entsprechen. ⁴Der Betrag ist aufzulösen, sobald die Steuerentlastung eintritt oder mit ihr voraussichtlich nicht mehr zu rechnen ist.

§ 274a Größenabhängige Erleichterungen. Kleine Kapitalgesellschaften sind von der Anwendung der folgenden Vorschriften befreit:
1. § 268 Abs. 2 über die Aufstellung eines Anlagengitters,
2. § 268 Abs. 4 Satz 2 über die Pflicht zur Erläuterung bestimmter Forderungen im Anhang,
3. § 268 Abs. 5 Satz 3 über die Erläuterung bestimmter Verbindlichkeiten im Anhang,
4. § 268 Abs. 6 über den Rechnungsabgrenzungsposten nach § 250 Abs. 3,
5. § 269 Satz 1 insoweit, als die Aufwendungen für die Ingangsetzung und Erweiterung des Geschäftsbetriebs im Anhang erläutert werden müssen.

Dritter Titel. Gewinn- und Verlustrechnung

§ 275 Gliederung. (1) ¹Die Gewinn- und Verlustrechnung ist in Staffelform nach dem Gesamtkostenverfahren oder dem Umsatzkostenverfahren aufzustellen. ²Dabei sind die in Absatz 2 oder 3 bezeichneten Posten in der angegebenen Reihenfolge gesondert auszuweisen.

(2) Bei Anwendung des Gesamtkostenverfahrens sind auszuweisen:
1. Umsatzerlöse
2. Erhöhung oder Verminderung des Bestands an fertigen und unfertigen Erzeugnissen
3. andere aktivierte Eigenleistungen
4. sonstige betriebliche Erträge
5. Materialaufwand:
   a) Aufwendungen für Roh-, Hilfs- und Betriebsstoffe und für bezogene Waren
   b) Aufwendungen für bezogene Leistungen
6. Personalaufwand:
   a) Löhne und Gehälter
   b) soziale Abgaben und Aufwendungen für Altersversorgung und für Unterstützung,
   davon für Altersversorgung
7. Abschreibungen:
   a) auf immaterielle Vermögensgegenstände des Anlagevermögens und Sachanlagen sowie auf aktivierte Aufwendungen für die Ingangsetzung und Erweiterung des Geschäftsbetriebs
   b) auf Vermögensgegenstände des Umlaufvermögens, soweit diese die in der Kapitalgesellschaft üblichen Abschreibungen überschreiten
8. sonstige betriebliche Aufwendungen

9. Erträge aus Beteiligungen,
   davon aus verbundenen Unternehmen
10. Erträge aus anderen Wertpapieren und Ausleihungen des Finanzanlagevermögens,
    davon aus verbundenen Unternehmen
11. sonstige Zinsen und ähnliche Erträge,
    davon aus verbundenen Unternehmen
12. Abschreibungen auf Finanzanlagen und auf Wertpapiere des Umlaufvermögens
13. Zinsen und ähnliche Aufwendungen,
    davon an verbundene Unternehmen
14. Ergebnis der gewöhnlichen Geschäftstätigkeit
15. außerordentliche Erträge
16. außerordentliche Aufwendungen
17. außerordentliches Ergebnis
18. Steuern vom Einkommen und vom Ertrag
19. sonstige Steuern
20. Jahresüberschuß/Jahresfehlbetrag.

(3) Bei Anwendung des Umsatzkostenverfahrens sind auszuweisen:
1. Umsatzerlöse
2. Herstellungskosten der zur Erzielung der Umsatzerlöse erbrachten Leistungen
3. Bruttoergebnis vom Umsatz
4. Vertriebskosten
5. allgemeine Verwaltungskosten
6. sonstige betriebliche Erträge
7. sonstige betriebliche Aufwendungen
8. Erträge aus Beteiligungen,
   davon aus verbundenen Unternehmen
9. Erträge aus anderen Wertpapieren und Ausleihungen des Finanzanlagevermögens,
   davon aus verbundenen Unternehmen
10. sonstige Zinsen und ähnliche Erträge,
    davon aus verbundenen Unternehmen
11. Abschreibungen auf Finanzanlagen und auf Wertpapiere des Umlaufvermögens
12. Zinsen und ähnliche Aufwendungen,
    davon an verbundene Unternehmen
13. Ergebnis der gewöhnlichen Geschäftstätigkeit
14. außerordentliche Erträge
15. außerordentliche Aufwendungen
16. außerordentliches Ergebnis
17. Steuern vom Einkommen und vom Ertrag

18. sonstige Steuern
19. Jahresüberschuß/Jahresfehlbetrag.

(4) Veränderungen der Kapital- und Gewinnrücklagen dürfen in der Gewinn- und Verlustrechnung erst nach dem Posten „Jahresüberschuß/Jahresfehlbetrag" ausgewiesen werden.

§ 276 Größenabhängige Erleichterungen. [1] Kleine und mittelgroße Kapitalgesellschaften (§ 267 Abs. 1, 2) dürfen die Posten § 275 Abs. 2 Nr. 1 bis 5 oder Abs. 3 Nr. 1 bis 3 und 6 zu einem Posten unter der Bezeichnung „Rohergebnis" zusammenfassen. [2] Kleine Kapitalgesellschaften brauchen außerdem die in § 277 Abs. 4 Satz 2 und 3 verlangten Erläuterungen zu den Posten „außerordentliche Erträge" und „außerordentliche Aufwendungen" nicht zu machen.

§ 277 Vorschriften zu einzelnen Posten der Gewinn- und Verlustrechnung. (1) Als Umsatzerlöse sind die Erlöse aus dem Verkauf und der Vermietung oder Verpachtung von für die gewöhnliche Geschäftstätigkeit der Kapitalgesellschaft typischen Erzeugnissen und Waren sowie aus von für die gewöhnliche Geschäftstätigkeit der Kapitalgesellschaft typischen Dienstleistungen nach Abzug von Erlösschmälerungen und der Umsatzsteuer auszuweisen.

(2) Als Bestandsveränderungen sind sowohl Änderungen der Menge als auch solche des Wertes zu berücksichtigen; Abschreibungen jedoch nur, soweit diese die in der Kapitalgesellschaft sonst üblichen Abschreibungen nicht überschreiten.

(3) [1] Außerplanmäßige Abschreibungen nach § 253 Abs. 2 Satz 3 sowie Abschreibungen nach § 253 Abs. 3 Satz 3 sind jeweils gesondert auszuweisen oder im Anhang anzugeben. [2] Erträge und Aufwendungen aus Verlustübernahme und auf Grund einer Gewinngemeinschaft, eines Gewinnabführungs- oder eines Teilgewinnabführungsvertrags erhaltene oder abgeführte Gewinne sind jeweils gesondert unter entsprechender Bezeichnung auszuweisen.

(4) [1] Unter den Posten „außerordentliche Erträge" und „außerordentliche Aufwendungen" sind Erträge und Aufwendungen auszuweisen, die außerhalb der gewöhnlichen Geschäftstätigkeit der Kapitalgesellschaft anfallen. [2] Die Posten sind hinsichtlich ihres Betrags und ihrer Art im Anhang zu erläutern, soweit die ausgewiesenen Beträge für die Beurteilung der Ertragslage nicht von untergeordneter Bedeutung sind. [3] Satz 2 gilt auch für Erträge und Aufwendungen, die einem anderen Geschäftsjahr zuzurechnen sind.

§ 278 Steuern. [1] Die Steuern vom Einkommen und vom Ertrag sind auf der Grundlage des Beschlusses über die Verwendung des Ergebnisses zu berechnen; liegt ein solcher Beschluß im Zeitpunkt der Feststellung des Jahresabschlusses nicht vor, so ist vom Vorschlag über die Verwendung des Ergebnisses auszugehen. [2] Weicht der Beschluß über die Verwendung des Ergebnisses vom Vorschlag ab, so braucht der Jahresabschluß nicht geändert zu werden.

Vierter Titel. Bewertungsvorschriften

§ 279 Nichtanwendung von Vorschriften. Abschreibungen. (1) [1] § 253 Abs. 4 ist nicht anzuwenden. [2] § 253 Abs. 2 Satz 3 darf, wenn es sich nicht um eine voraussichtlich dauernde Wertminderung handelt, nur auf Vermögensgegenstände, die Finanzanlagen sind, angewendet werden.

(2) Abschreibungen nach § 254 dürfen nur insoweit vorgenommen werden, als das Steuerrecht ihre Anerkennung bei der steuerrechtlichen Gewinnermittlung davon abhängig macht, daß sie sich aus der Bilanz ergeben.

§ 280 Wertaufholungsgebot. (1) [1]Wird bei einem Vermögensgegenstand eine Abschreibung nach § 253 Abs. 2 Satz 3 oder Abs. 3 oder § 254 Satz 1 vorgenommen und stellt sich in einem späteren Geschäftsjahr heraus, daß die Gründe dafür nicht mehr bestehen, so ist der Betrag dieser Abschreibung im Umfang der Werterhöhung unter Berücksichtigung der Abschreibungen, die inzwischen vorzunehmen gewesen wären, zuzuschreiben. [2]§ 253 Abs. 5, § 254 Satz 2 sind insoweit nicht anzuwenden.

(2) Von der Zuschreibung nach Absatz 1 kann abgesehen werden, wenn der niedrigere Wertansatz bei der steuerrechtlichen Gewinnermittlung beibehalten werden kann und wenn Voraussetzung für die Beibehaltung ist, daß der niedrigere Wertansatz auch in der Bilanz beibehalten wird.

(3) Im Anhang ist der Betrag der im Geschäftsjahr aus steuerrechtlichen Gründen unterlassenen Zuschreibungen anzugeben und hinreichend zu begründen.

§ 281 Berücksichtigung steuerrechtlicher Vorschriften. (1) [1]Die nach § 254 zulässigen Abschreibungen dürfen auch in der Weise vorgenommen werden, daß der Unterschiedsbetrag zwischen der nach § 253 in Verbindung mit § 279 und der nach § 254 zulässigen Bewertung in den Sonderposten mit Rücklageanteil eingestellt wird. [2]In der Bilanz oder im Anhang sind die Vorschriften anzugeben, nach denen die Wertberichtigung gebildet worden ist. [3]Unbeschadet steuerrechtlicher Vorschriften über die Auflösung ist die Wertberichtigung insoweit aufzulösen, als die Vermögensgegenstände, für die sie gebildet worden ist, aus dem Vermögen ausscheiden oder die steuerrechtliche Wertberichtigung durch handelsrechtliche Abschreibungen ersetzt wird.

(2) [1]Im Anhang ist der Betrag der im Geschäftsjahr allein nach steuerrechtlichen Vorschriften vorgenommenen Abschreibungen, getrennt nach Anlage- und Umlaufvermögen, anzugeben, soweit er sich nicht aus der Bilanz oder der Gewinn- und Verlustrechnung ergibt, und hinreichend zu begründen. [2]Erträge aus der Auflösung des Sonderpostens mit Rücklageanteil sind in dem Posten „sonstige betriebliche Erträge", Einstellungen in den Sonderposten mit Rücklageanteil sind in dem Posten „sonstige betriebliche Aufwendungen" der Gewinn- und Verlustrechnung gesondert auszuweisen oder im Anhang anzugeben.

§ 282 Abschreibung der Aufwendungen für die Ingangsetzung und Erweiterung des Geschäftsbetriebs. Für die Ingangsetzung und Erweiterung des Geschäftsbetriebs ausgewiesene Beträge sind in jedem folgenden Geschäftsjahr zu mindestens einem Viertel durch Abschreibungen zu tilgen.

§ 283 Wertansatz des Eigenkapitals. Das gezeichnete Kapital ist zum Nennbetrag anzusetzen.

2. Abschnitt. Vorschriften für Kapitalgesellschaften §§ 284, 285 HGB 1

Fünfter Titel. Anhang

§ 284 Erläuterung der Bilanz und der Gewinn- und Verlustrechnung. (1) In den Anhang sind diejenigen Angaben aufzunehmen, die zu den einzelnen Posten der Bilanz oder der Gewinn- und Verlustrechnung vorgeschrieben oder die im Anhang zu machen sind, weil sie in Ausübung eines Wahlrechts nicht in die Bilanz oder in die Gewinn- und Verlustrechnung aufgenommen wurden.

(2) Im Anhang müssen

1. die auf die Posten der Bilanz und der Gewinn- und Verlustrechnung angewandten Bilanzierungs- und Bewertungsmethoden angegeben werden;
2. die Grundlagen für die Umrechnung in Euro angegeben werden, soweit der Jahresabschluß Posten enthält, denen Beträge zugrunde liegen, die auf fremde Währung lauten oder ursprünglich auf fremde Währung lauteten;
3. Abweichungen von Bilanzierungs- und Bewertungsmethoden angegeben und begründet werden; deren Einfluß auf die Vermögens-, Finanz- und Ertragslage ist gesondert darzustellen;
4. bei Anwendung einer Bewertungsmethode nach § 240 Abs. 4, § 256 Satz 1 die Unterschiedsbeträge pauschal für die jeweilige Gruppe ausgewiesen werden, wenn die Bewertung im Vergleich zu einer Bewertung auf der Grundlage des letzten vor dem Abschlußstichtag bekannten Börsenkurses oder Marktpreises einen erheblichen Unterschied aufweist;
5. Angaben über die Einbeziehung von Zinsen für Fremdkapital in die Herstellungskosten gemacht werden.

§ 285[1]) **Sonstige Pflichtangaben.** [1] Ferner sind im Anhang anzugeben:

1. zu den in der Bilanz ausgewiesenen Verbindlichkeiten
   a) der Gesamtbetrag der Verbindlichkeiten mit einer Restlaufzeit von mehr als fünf Jahren,
   b) der Gesamtbetrag der Verbindlichkeiten, die durch Pfandrechte oder ähnliche Rechte gesichert sind, unter Angabe von Art und Form der Sicherheiten;
2. die Aufgliederung der in Nummer 1 verlangten Angaben für jeden Posten der Verbindlichkeiten nach dem vorgeschriebenen Gliederungsschema, sofern sich diese Angaben nicht aus der Bilanz ergeben;
3. der Gesamtbetrag der sonstigen finanziellen Verpflichtungen, die nicht in der Bilanz erscheinen und auch nicht nach § 251 anzugeben sind, sofern diese Angabe für die Beurteilung der Finanzlage von Bedeutung ist; davon sind Verpflichtungen gegenüber verbundenen Unternehmen gesondert anzugeben;
4. die Aufgliederung der Umsatzerlöse nach Tätigkeitsbereichen sowie nach geographisch bestimmten Märkten, soweit sich, unter Berücksichtigung der Organisation des Verkaufs von für die gewöhnliche Geschäftstätigkeit der Kapitalgesellschaft typischen Erzeugnissen und der für die gewöhnliche Geschäftstätigkeit der Kapitalgesellschaft typischen Dienstleistungen,

---

[1]) Beachte hierzu die Übergangsvorschriften in Art. 54 EGHGB; Nr. 2.

die Tätigkeitsbereiche und geographisch bestimmten Märkte untereinander erheblich unterscheiden;

5. das Ausmaß, in dem das Jahresergebnis dadurch beeinflußt wurde, daß bei Vermögensgegenständen im Geschäftsjahr oder in früheren Geschäftsjahren Abschreibungen nach §§ 254, 280 Abs. 2 auf Grund steuerrechtlicher Vorschriften vorgenommen oder beibehalten wurden oder ein Sonderposten nach § 273 gebildet wurde; ferner das Ausmaß erheblicher künftiger Belastungen, die sich aus einer solchen Bewertung ergeben;

6. in welchem Umfang die Steuern vom Einkommen und vom Ertrag das Ergebnis der gewöhnlichen Geschäftstätigkeit und das außerordentliche Ergebnis belasten;

7. die durchschnittliche Zahl der während des Geschäftsjahrs beschäftigten Arbeitnehmer getrennt nach Gruppen;

8. bei Anwendung des Umsatzkostenverfahrens (§ 275 Abs. 3)
   a) der Materialaufwand des Geschäftsjahrs, gegliedert nach § 275 Abs. 2 Nr. 5,
   b) der Personalaufwand des Geschäftsjahrs, gegliedert nach § 275 Abs. 2 Nr. 6;

9. für die Mitglieder des Geschäftsführungsorgans, eines Aufsichtsrats, eines Beirats oder einer ähnlichen Einrichtung jeweils für jede Personengruppe
   a)[1]) die für die Tätigkeit im Geschäftsjahr gewährten Gesamtbezüge (Gehälter, Gewinnbeteiligungen, Bezugsrechte und sonstige aktienbasierte Vergütungen, Aufwandsentschädigungen, Versicherungsentgelte, Provisionen und Nebenleistungen jeder Art). In die Gesamtbezüge sind auch Bezüge einzurechnen, die nicht ausgezahlt, sondern in Ansprüche anderer Art umgewandelt oder zur Erhöhung anderer Ansprüche verwendet werden. Außer den Bezügen für das Geschäftsjahr sind die weiteren Bezüge anzugeben, die im Geschäftsjahr gewährt, bisher aber in keinem Jahresabschluss angegeben worden sind. Bezugsrechte und sonstige aktienbasierte Vergütungen sind mit ihrer Anzahl und dem beizulegenden Zeitwert zum Zeitpunkt ihrer Gewährung anzugeben; spätere Wertveränderungen, die auf einer Änderung der Ausübungsbedingungen beruhen, sind zu berücksichtigen. Bei einer börsennotierten Aktiengesellschaft sind zusätzlich unter Namensnennung die Bezüge jedes einzelnen Vorstandsmitglieds, aufgeteilt nach erfolgsunabhängigen und erfolgsbezogenen Komponenten sowie Komponenten mit langfristiger Anreizwirkung, gesondert anzugeben. Dies gilt auch für Leistungen, die dem Vorstandsmitglied für den Fall der Beendigung seiner Tätigkeit zugesagt worden sind. Hierbei ist der wesentliche Inhalt der Zusagen darzustellen, wenn sie in ihrer rechtlichen Ausgestaltung von den den Arbeitnehmern erteilten Zusagen nicht unerheblich abweichen. Leistungen, die dem einzelnen Vorstandsmitglied von einem Dritten im Hinblick auf seine Tätigkeit als Vorstandsmitglied zugesagt oder im Geschäftsjahr gewährt worden sind, sind ebenfalls anzugeben. Enthält der Jahresabschluss weitergehende Angaben zu bestimmten Bezügen, sind auch diese zusätzlich einzeln anzugeben;

---

[1]) Beachte hierzu Art. 59 EGHGB; Nr. 2.

b) die Gesamtbezüge (Abfindungen, Ruhegehälter, Hinterbliebenenbezüge und Leistungen verwandter Art) der früheren Mitglieder der bezeichneten Organe und ihrer Hinterbliebenen. Buchstabe a Satz 2 und 3 ist entsprechend anzuwenden. Ferner ist der Betrag der für diese Personengruppe gebildeten Rückstellungen für laufende Pensionen und Anwartschaften auf Pensionen und der Betrag der für diese Verpflichtungen nicht gebildeten Rückstellungen anzugeben;

c) die gewährten Vorschüsse und Kredite unter Angabe der Zinssätze, der wesentlichen Bedingungen und der gegebenenfalls im Geschäftsjahr zurückgezahlten Beträge sowie die zugunsten dieser Personen eingegangenen Haftungsverhältnisse.

10. alle Mitglieder des Geschäftsführungsorgans und eines Aufsichtsrats, auch wenn sie im Geschäftsjahr oder später ausgeschieden sind, mit dem Familiennamen und mindestens einem ausgeschriebenen Vornamen, einschließlich des ausgeübten Berufs und bei börsennotierten Gesellschaften auch der Mitgliedschaft in Aufsichtsräten und anderen Kontrollgremien im Sinne des § 125 Abs. 1 Satz 3 des Aktiengesetzes. Der Vorsitzende eines Aufsichtsrats, seine Stellvertreter und ein etwaiger Vorsitzender des Geschäftsführungsorgans sind als solche zu bezeichnen;

11. Name und Sitz anderer Unternehmen, von denen die Kapitalgesellschaft oder eine für Rechnung der Kapitalgesellschaft handelnde Person mindestens den fünften Teil der Anteile besitzt; außerdem sind die Höhe des Anteils am Kapital, das Eigenkapital und das Ergebnis des letzten Geschäftsjahrs dieser Unternehmen anzugeben, für das ein Jahresabschluß vorliegt; auf die Berechnung der Anteile ist § 16 Abs. 2 und 4 des Aktiengesetzes entsprechend anzuwenden; ferner sind von börsennotierten Kapitalgesellschaften zusätzlich alle Beteiligungen an großen Kapitalgesellschaften anzugeben, die fünf vom Hundert der Stimmrechte überschreiten;

11a. Name, Sitz und Rechtsform der Unternehmen, deren unbeschränkt haftender Gesellschafter die Kapitalgesellschaft ist;

12. Rückstellungen, die in der Bilanz unter dem Posten „sonstige Rückstellungen" nicht gesondert ausgewiesen werden, sind zu erläutern, wenn sie einen nicht unerheblichen Umfang haben;

13. bei Anwendung des § 255 Abs. 4 Satz 3 die Gründe für die planmäßige Abschreibung des Geschäfts- oder Firmenwerts;

14. Name und Sitz des Mutterunternehmens der Kapitalgesellschaft, das den Konzernabschluß für den größten Kreis von Unternehmen aufstellt, und ihres Mutterunternehmens, das den Konzernabschluß für den kleinsten Kreis von Unternehmen aufstellt, sowie im Falle der Offenlegung der von diesen Mutterunternehmen aufgestellten Konzernabschlüsse der Ort, wo diese erhältlich sind;

15. soweit es sich um den Anhang des Jahresabschlusses einer Personenhandelsgesellschaft im Sinne des § 264a Abs. 1 handelt, Name und Sitz der Gesellschaften, die persönlich haftende Gesellschafter sind, sowie deren gezeichnetes Kapital;

16. dass die nach § 161 des Aktiengesetzes[1] vorgeschriebene Erklärung abgegeben und den Aktionären zugänglich gemacht worden ist;

---

[1] Abgedruckt in **dtv 5010 „AktG · GmbHG"**.

17.[1] soweit es sich um ein Unternehmen handelt, das einen organisierten Markt im Sinne des § 2 Abs. 5 des Wertpapierhandelsgesetzes in Anspruch nimmt, für den Abschlussprüfer im Sinne des § 319 Abs. 1 Satz 1, 2 das im Geschäftsjahr als Aufwand erfasste Honorar für
   a) die Abschlussprüfung,
   b) sonstige Bestätigungs- oder Bewertungsleistungen,
   c) Steuerberatungsleistungen,
   d) sonstige Leistungen;
18.[2] für jede Kategorie derivativer Finanzinstrumente
   a) Art und Umfang der Finanzinstrumente,
   b) der beizulegende Zeitwert der betreffenden Finanzinstrumente, soweit sich dieser gemäß den Sätzen 3 bis 5 verlässlich ermitteln lässt, unter Angabe der angewandten Bewertungsmethode sowie eines gegebenenfalls vorhandenen Buchwerts und des Bilanzpostens, in welchem der Buchwert erfasst ist;
19. für zu den Finanzanlagen (§ 266 Abs. 2 A. III.) gehörende Finanzinstrumente, die über ihrem beizulegenden Zeitwert ausgewiesen werden, da insoweit eine außerplanmäßige Abschreibung gemäß § 253 Abs. 2 Satz 3 unterblieben ist:
   a) der Buchwert und der beizulegende Zeitwert der einzelnen Vermögensgegenstände oder angemessener Gruppierungen sowie
   b) die Gründe für das Unterlassen einer Abschreibung gemäß § 253 Abs. 2 Satz 3 einschließlich der Anhaltspunkte, die darauf hindeuten, dass die Wertminderung voraussichtlich nicht von Dauer ist.

²Als derivative Finanzinstrumente im Sinne des Satzes 1 Nr. 18 gelten auch Verträge über den Erwerb oder die Veräußerung von Waren, bei denen jede der Vertragsparteien zur Abgeltung in bar oder durch ein anderes Finanzinstrument berechtigt ist, es sei denn, der Vertrag wurde geschlossen, um einen für den Erwerb, die Veräußerung oder den eigenen Gebrauch erwarteten Bedarf abzusichern, sofern diese Zweckwidmung von Anfang an bestand und nach wie vor besteht und der Vertrag mit der Lieferung der Ware als erfüllt gilt. ²Der beizulegende Zeitwert im Sinne des Satzes 1 Nr. 18 Buchstabe b, Nr. 19 entspricht dem Marktwert, sofern ein solcher oder weiteres verlässlich feststellbar ist. ⁴Ist dies nicht der Fall, so ist der beizulegende Zeitwert, sofern dies möglich ist, aus den Marktwerten der einzelnen Bestandteile des Finanzinstruments oder aus dem Marktwert eines gleichwertigen Finanzinstruments abzuleiten, anderenfalls mit Hilfe allgemein anerkannter Bewertungsmodelle und -methoden zu bestimmen, sofern diese eine angemessene Annäherung an den Marktwert gewährleisten. ⁵Bei der Anwendung allgemein anerkannter Bewertungsmodelle und -methoden sind die tragenden Annahmen anzugeben, die jeweils der Bestimmung des beizulegenden Zeitwerts zugrunde gelegt wurden. ⁶Kann der beizulegende Zeitwert nicht bestimmt werden, sind die Gründe dafür anzugeben.

§ 286[3] Unterlassen von Angaben. (1) Die Berichterstattung hat insoweit zu unterbleiben, als es für das Wohl der Bundesrepublik Deutschland oder eines ihrer Länder erforderlich ist.

---

[1] Beachte hierzu Übergangsvorschrift in Art. 58 Abs. 3 EGHGB; Nr. **2**.
[2] Beachte hierzu Übergangsvorschrift in Art. 58 Abs. 2 EGHGB; Nr. **2**.
[3] Beachte hierzu Übergangsvorschrift in Art. 54 und Art. 58 Abs. 2 EGHGB; Nr. **2**.

(2) Die Aufgliederung der Umsatzerlöse nach § 285 Satz 1 Nr. 4 kann unterbleiben, soweit die Aufgliederung nach vernünftiger kaufmännischer Beurteilung geeignet ist, der Kapitalgesellschaft oder einem Unternehmen, von dem die Kapitalgesellschaft mindestens den fünften Teil der Anteile besitzt, einen erheblichen Nachteil zuzufügen.

(3) ¹Die Angaben nach § 285 Satz 1 Nr. 11 und 11a können unterbleiben, soweit sie
1. für die Darstellung der Vermögens-, Finanz- und Ertragslage der Kapitalgesellschaft nach § 264 Abs. 2 von untergeordneter Bedeutung sind oder
2. nach vernünftiger kaufmännischer Beurteilung geeignet sind, der Kapitalgesellschaft oder dem anderen Unternehmen einen erheblichen Nachteil zuzufügen.

²Die Angabe des Eigenkapitals und des Jahresergebnisses kann unterbleiben, wenn das Unternehmen, über das zu berichten ist, seinen Jahresabschluß nicht offenzulegen hat und die berichtende Kapitalgesellschaft weniger als die Hälfte der Anteile besitzt. ³Satz 1 Nr. 2 findet keine Anwendung, wenn eine Kapitalgesellschaft einen organisierten Markt im Sinne des § 2 Abs. 5 des Wertpapierhandelsgesetzes durch von ihr oder einem ihrer Tochterunternehmen (§ 290 Abs. 1, 2) ausgegebene Wertpapiere im Sinne des § 2 Abs. 1 Satz 1 des Wertpapierhandelsgesetzes in Anspruch nimmt oder wenn die Zulassung solcher Wertpapiere zum Handel an einem organisierten Markt beantragt worden ist. ⁴Im Übrigen ist die Anwendung der Ausnahmeregelung nach Satz 1 Nr. 2 im Anhang anzugeben.

(4)¹⁾ Bei Gesellschaften, die keine börsennotierten Aktiengesellschaften sind, können die in § 285 Satz 1 Nr. 9 Buchstabe a und b verlangten Angaben über die Gesamtbezüge der dort bezeichneten Personen unterbleiben, wenn sich anhand dieser Angaben die Bezüge eines Mitglieds dieser Organe feststellen lassen.

(5)¹⁾ ¹Die in § 285 Satz 1 Nr. 9 Buchstabe a Satz 5 bis 9 verlangten Angaben unterbleiben, wenn die Hauptversammlung dies beschlossen hat. ²Ein Beschluss, der höchstens für fünf Jahre gefasst werden kann, bedarf einer Mehrheit, die mindestens drei Viertel des bei der Beschlussfassung vertretenen Grundkapitals umfasst. ³§ 136 Abs.1 des Aktiengesetzes gilt für einen Aktionär, dessen Bezüge als Vorstandsmitglied von der Beschlussfassung betroffen sind, entsprechend.

§ 287²⁾ **Aufstellung des Anteilsbesitzes.** ¹Die in § 285 Satz 1 Nr. 11 und 11a verlangten Angaben dürfen statt im Anhang auch in einer Aufstellung des Anteilsbesitzes gesondert gemacht werden. ²Die Aufstellung ist Bestandteil des Anhangs. ³Auf die besondere Aufstellung nach Satz 1 und den Ort ihrer Hinterlegung ist im Anhang hinzuweisen.

§ 288²⁾ **Größenabhängige Erleichterungen.** ¹Kleine Kapitalgesellschaften im Sinne des § 267 Abs. 1 brauchen die Angaben nach § 284 Abs. 2 Nr. 4, § 285 Satz 1 Nr. 2 bis 8 Buchstabe a, Nr. 9 Buchstabe a und b sowie Nr. 12, 17 und 18 nicht zu machen. ²Mittelgroße Kapitalgesellschaften im

---

¹⁾ Beachte hierzu Art. 59 EGHGB; Nr. **2**.
²⁾ Beachte hierzu die Übergangsvorschriften zum Transparenz- und Publizitätsgesetz in Art. 54 EGHGB und zum Bilanzrechtsreformgesetz in Art. 58 Abs. 2 EGHGB; Nr. **2**.

Sinne des § 267 Abs. 2 brauchen die Angaben nach § 285 Satz 1 Nr. 4 nicht zu machen.

Sechster Titel. Lagebericht

§ 289. (1)[1] ¹Im Lagebericht sind der Geschäftsverlauf einschließlich des Geschäftsergebnisses und die Lage der Kapitalgesellschaft so darzustellen, dass ein den tatsächlichen Verhältnissen entsprechendes Bild vermittelt wird. ²Er hat eine ausgewogene und umfassende, dem Umfang und der Komplexität der Geschäftstätigkeit entsprechende Analyse des Geschäftsverlaufs und der Lage der Gesellschaft zu enthalten. ³In die Analyse sind die für die Geschäftstätigkeit bedeutsamsten finanziellen Leistungsindikatoren einzubeziehen und unter Bezugnahme auf die im Jahresabschluss ausgewiesenen Beträge und Angaben zu erläutern. ⁴Ferner ist im Lagebericht die voraussichtliche Entwicklung mit ihren wesentlichen Chancen und Risiken zu beurteilen und zu erläutern; zugrunde liegende Annahmen sind anzugeben.

(2) Der Lagebericht soll auch eingehen auf:
1. Vorgänge von besonderer Bedeutung, die nach dem Schluß des Geschäftsjahrs eingetreten sind;
2.[2] a) die Risikomanagementziele und -methoden der Gesellschaft einschließlich ihrer Methoden zur Absicherung aller wichtigen Arten von Transaktionen, die im Rahmen der Bilanzierung von Sicherungsgeschäften erfasst werden, sowie
    b) die Preisänderungs-, Ausfall- und Liquiditätsrisiken sowie die Risiken aus Zahlungsstromschwankungen, denen die Gesellschaft ausgesetzt ist,

    jeweils in Bezug auf die Verwendung von Finanzinstrumenten durch die Gesellschaft und sofern dies für die Beurteilung der Lage oder der voraussichtlichen Entwicklung von Belang ist;
3. den Bereich Forschung und Entwicklung;
4. bestehende Zweigniederlassungen der Gesellschaft;
5.[3] die Grundzüge des Vergütungssystems der Gesellschaft für die in § 285 Satz 1 Nr. 9 genannten Gesamtbezüge, soweit es sich um eine börsennotierte Aktiengesellschaft handelt. Werden dabei auch Angaben entsprechend § 285 Satz 1 Nr. 9 Buchstabe a Satz 5 bis 9 gemacht, können diese im Anhang unterbleiben.

(3)[1] Bei einer großen Kapitalgesellschaft (§ 267 Abs. 3) gilt Absatz 1 Satz 3 entsprechend für nichtfinanzielle Leistungsindikatoren, wie Informationen über Umwelt- und Arbeitnehmerbelange, soweit sie für das Verständnis des Geschäftsverlaufs oder der Lage von Bedeutung sind.

---

[1] Beachte hierzu Übergangsvorschrift in Art. 58 Abs. 3 EGHGB; Nr. **2**.
[2] Beachte hierzu Übergangsvorschrift in Art. 58 Abs. 2 EGHGB; Nr. **2**.
[3] Beachte hierzu Art. 59 EGHGB; Nr. **2**.

2. Abschnitt. Vorschriften für Kapitalgesellschaften § 290 HGB 1

Zweiter Unterabschnitt. Konzernabschluß und Konzernlagebericht

Erster Titel. Anwendungsbereich

§ 290 Pflicht zur Aufstellung. (1) Stehen in einem Konzern die Unternehmen unter der einheitlichen Leitung einer Kapitalgesellschaft (Mutterunternehmen) mit Sitz im Inland und gehört dem Mutterunternehmen eine Beteiligung nach § 271 Abs. 1 an dem oder den anderen unter der einheitlichen Leitung stehenden Unternehmen (Tochterunternehmen), so haben die gesetzlichen Vertreter des Mutterunternehmens in den ersten fünf Monaten des Konzerngeschäftsjahrs für das vergangene Konzerngeschäftsjahr einen Konzernabschluß und einen Konzernlagebericht aufzustellen.

(2) Eine Kapitalgesellschaft mit Sitz im Inland ist stets zur Aufstellung eines Konzernabschlusses und eines Konzernlageberichts verpflichtet (Mutterunternehmen), wenn ihr bei einem Unternehmen (Tochterunternehmen)

1. die Mehrheit der Stimmrechte der Gesellschafter zusteht,
2. das Recht zusteht, die Mehrheit der Mitglieder des Verwaltungs-, Leitungs- oder Aufsichtsorgans zu bestellen oder abzuberufen, und sie gleichzeitig Gesellschafter ist oder
3. das Recht zusteht, einen beherrschenden Einfluß auf Grund eines mit diesem Unternehmen geschlossenen Beherrschungsvertrags oder auf Grund einer Satzungsbestimmung dieses Unternehmens auszuüben.

(3) [1] Als Rechte, die einem Mutterunternehmen nach Absatz 2 zustehen, gelten auch die einem Tochterunternehmen zustehenden Rechte und die den für Rechnung des Mutterunternehmens oder von Tochterunternehmen handelnden Personen zustehenden Rechte. [2] Den einem Mutterunternehmen an einem anderen Unternehmen zustehenden Rechten werden die Rechte hinzugerechnet, über die es oder ein Tochterunternehmen auf Grund einer Vereinbarung mit anderen Gesellschaftern dieses Unternehmens verfügen kann. [3] Abzuziehen sind Rechte, die

1. mit Anteilen verbunden sind, die von dem Mutterunternehmen oder von Tochterunternehmen für Rechnung einer anderen Person gehalten werden, oder
2. mit Anteilen verbunden sind, die als Sicherheit gehalten werden, sofern diese Rechte nach Weisung des Sicherungsgebers oder, wenn ein Kreditinstitut die Anteile als Sicherheit für ein Darlehen hält, im Interesse des Sicherungsgebers ausgeübt werden.

(4) [1] Welcher Teil der Stimmrechte einem Unternehmen zusteht, bestimmt sich für die Berechnung der Mehrheit nach Absatz 2 Nr. 1 nach dem Verhältnis der Zahl der Stimmrechte, die es aus den ihm gehörenden Anteilen ausüben kann, zur Gesamtzahl aller Stimmrechte. [2] Von der Gesamtzahl aller Stimmrechte sind die Stimmrechte aus eigenen Anteilen abzuziehen, die dem Tochterunternehmen selbst, einem seiner Tochterunternehmen oder einer anderen Person für Rechnung dieser Unternehmen gehören.

§ 291[1] Befreiende Wirkung von EU/EWR-Konzernabschlüssen.

(1) [1]Ein Mutterunternehmen, das zugleich Tochterunternehmen eines Mutterunternehmens mit Sitz in einem Mitgliedstaat der Europäischen Union oder in einem anderen Vertragsstaat des Abkommens über den Europäischen Wirtschaftsraum ist, braucht einen Konzernabschluß und einen Konzernlagebericht nicht aufzustellen, wenn ein den Anforderungen des Absatzes 2 entsprechender Konzernabschluß und Konzernlagebericht seines Mutterunternehmens einschließlich des Bestätigungsvermerks oder des Vermerks über dessen Versagung nach den für den entfallenden Konzernabschluß und Konzernlagebericht maßgeblichen Vorschriften in deutscher Sprache offengelegt wird. [2]Ein befreiender Konzernabschluß und ein befreiender Konzernlagebericht können von jedem Unternehmen unabhängig von seiner Rechtsform und Größe aufgestellt werden, wenn das Unternehmen als Kapitalgesellschaft mit Sitz in einem Mitgliedstaat der Europäischen Union oder in einem anderen Vertragsstaat des Abkommens über den Europäischen Wirtschaftsraum zur Aufstellung eines Konzernabschlusses unter Einbeziehung des zu befreienden Mutterunternehmens und seiner Tochterunternehmen verpflichtet wäre.

(2) [1]Der Konzernabschluß und Konzernlagebericht eines Mutterunternehmens mit Sitz in einem Mitgliedstaat der Europäischen Union oder in einem anderen Vertragsstaat des Abkommens über den Europäischen Wirtschaftsraum haben befreiende Wirkung, wenn

1. das zu befreiende Mutterunternehmen und seine Tochterunternehmen in den befreienden Konzernabschluß unbeschadet des § 296 einbezogen worden sind,
2. der befreiende Konzernabschluß und der befreiende Konzernlagebericht im Einklang mit der Richtlinie 83/349/EWG des Rates vom 13. Juni 1983 über den konsolidierten Abschluß (ABl. EG Nr. L 193 S. 1) und der Richtlinie 84/253/EWG des Rates vom 10. April 1984 über die Zulassung der mit der Pflichtprüfung der Rechnungslegungsunterlagen beauftragten Personen (ABl. EG Nr. L 126 S. 20) in ihren jeweils geltenden Fassungen nach dem für das aufstellende Mutterunternehmen maßgeblichen Recht aufgestellt und von einem zugelassenen Abschlußprüfer geprüft worden sind,
3. der Anhang des Jahresabschlusses des zu befreienden Unternehmens folgende Angaben enthält:
   a) Name und Sitz des Mutterunternehmens, das den befreienden Konzernabschluß und Konzernlagebericht aufstellt,
   b) einen Hinweis auf die Befreiung von der Verpflichtung, einen Konzernabschluß und einen Konzernlagebericht aufzustellen, und
   c) eine Erläuterung der im befreienden Konzernabschluß vom deutschen Recht abweichend angewandten Bilanzierungs-, Bewertungs- und Konsolidierungsmethoden.

[2]Satz 1 gilt für Kreditinstitute und Versicherungsunternehmen entsprechend; unbeschadet der übrigen Voraussetzungen in Satz 1 hat die Aufstellung des befreienden Konzernabschlusses und des befreienden Konzernlageberichts bei Kreditinstituten im Einklang mit der Richtlinie 86/635/EWG des Rates vom 8. Dezember 1986 über den Jahresabschluß und den konsolidierten Abschluß von Banken und anderen Finanzinstituten (ABl. EG Nr. L 372 S. 1) und bei

---

[1] Beachte hierzu die Übergangsvorschriften in Art. 54 EGHGB; Nr. 2.

2. Abschnitt. Vorschriften für Kapitalgesellschaften § 292 HGB 1

Versicherungsunternehmen im Einklang mit der Richtlinie 91/674/EWG des Rates vom 19. Dezember 1991 über den Jahresabschluß und den konsolidierten Jahresabschluß von Versicherungsunternehmen (ABl. EG Nr. L 374 S. 7) in ihren jeweils geltenden Fassungen zu erfolgen.

(3)[1] Die Befreiung nach Absatz 1 kann trotz Vorliegens der Voraussetzungen nach Absatz 2 von einem Mutterunternehmen nicht in Anspruch genommen werden, wenn

1. von dem zu befreienden Mutterunternehmen ausgegebene Wertpapiere am Abschlussstichtag in einem Mitgliedstaat der Europäischen Union oder in einem anderen Vertragsstaat des Abkommens über den Europäischen Wirtschaftsraum zum Handel an einem geregelten Markt im Sinne des Artikels 1 Nr. 13 der Richtlinie 93/22/EWG des Rates vom 10. Mai 1993 über Wertpapierdienstleistungen (ABl. EG Nr. L 141 S. 27), die zuletzt durch die Richtlinie 2002/87/EG des Europäischen Parlaments und des Rates vom 16. Dezember 2002 (ABl. EU 2003 Nr. L 35 S. 1) geändert worden ist, in ihrer jeweiligen Fassung zugelassen sind, oder

2. Gesellschafter, denen bei Aktiengesellschaften und Kommanditgesellschaften auf Aktien mindestens zehn vom Hundert und bei Gesellschaften mit beschränkter Haftung mindestens zwanzig vom Hundert der Anteile an dem zu befreienden Mutterunternehmen gehören, spätestens sechs Monate vor dem Ablauf des Konzerngeschäftsjahrs die Aufstellung eines Konzernabschlusses und eines Konzernlageberichts beantragt haben. Gehören dem Mutterunternehmen mindestens neunzig vom Hundert der Anteile an dem zu befreienden Mutterunternehmen, so kann Absatz 1 nur angewendet werden, wenn die anderen Gesellschafter der Befreiung zugestimmt haben.

§ 292 Rechtsverordnungsermächtigung für befreiende Konzernabschlüsse und Konzernlageberichte. (1) ¹Das Bundesministerium der Justiz wird ermächtigt, im Einvernehmen mit dem Bundesministerium der Finanzen und dem Bundesministerium für Wirtschaft und Arbeit durch Rechtsverordnung, die nicht der Zustimmung des Bundesrates bedarf, zu bestimmen, daß § 291 auf Konzernabschlüsse und Konzernlageberichte von Mutterunternehmen mit Sitz in einem Staat, der nicht Mitglied der Europäischen Union und auch nicht Vertragsstaat des Abkommens über den Europäischen Wirtschaftsraum ist, mit der Maßgabe angewendet werden darf, daß der befreiende Konzernabschluß und der befreiende Konzernlagebericht nach dem mit den Anforderungen der Richtlinie 83/349/EWG übereinstimmenden Recht eines Mitgliedstaates der Europäischen Union oder eines anderen Vertragsstaates des Abkommens über den Europäischen Wirtschaftsraum aufgestellt worden oder einem nach diesem Recht eines Mitgliedstaates der Europäischen Union oder eines anderen Vertragsstaates des Abkommens über den Europäischen Wirtschaftsraum aufgestellten Konzernabschluß und Konzernlagebericht gleichwertig sein müssen. ²Das Recht eines anderen Mitgliedstaates der Europäischen Union oder Vertragsstaates des Abkommens über den Europäischen Wirtschaftsraum kann einem befreienden Konzernabschluß und einem befreienden Konzernlagebericht jedoch nur zugrunde gelegt oder für die Herstellung der Gleichwertigkeit herangezogen werden, wenn diese Unterlagen in dem anderen Mitgliedstaat oder Vertragsstaat anstelle eines sonst nach dem

---

[1] Beachte hierzu Übergangsvorschrift in Art. 58 Abs. 3 EGHGB; Nr. **2**.

Recht dieses Mitgliedstaates oder Vertragsstaates vorgeschriebenen Konzernabschlusses und Konzernlageberichts offengelegt werden. ³Die Anwendung dieser Vorschrift kann in der Rechtsverordnung nach Satz 1 davon abhängig gemacht werden, daß die nach diesem Unterabschnitt aufgestellten Konzernabschlüsse und Konzernlageberichte in dem Staat, in dem das Mutterunternehmen seinen Sitz hat, als gleichwertig mit den dort für Unternehmen mit entsprechender Rechtsform und entsprechendem Geschäftszweig vorgeschriebenen Konzernabschlüssen und Konzernlageberichten angesehen werden.

(2) Ist ein nach Absatz 1 zugelassener Konzernabschluß nicht von einem in Übereinstimmung mit den Vorschriften der Richtlinie 84/253/EWG zugelassenen Abschlußprüfer geprüft worden, so kommt ihm befreiende Wirkung nur zu, wenn der Abschlußprüfer eine den Anforderungen dieser Richtlinie gleichwertige Befähigung hat und der Konzernabschluß in einer den Anforderungen des Dritten Unterabschnitts entsprechenden Weise geprüft worden ist.

(3) ¹In einer Rechtsverordnung nach Absatz 1 kann außerdem bestimmt werden, welche Voraussetzungen Konzernabschlüsse und Konzernlageberichte von Mutterunternehmen mit Sitz in einem Staat, der nicht Mitglied der Europäischen Union und auch nicht Vertragsstaat des Abkommens über den Europäischen Wirtschaftsraum ist, im einzelnen erfüllen müssen, um nach Absatz 1 gleichwertig zu sein, und wie die Befähigung von Abschlußprüfern beschaffen sein muß, um nach Absatz 2 gleichwertig zu sein. ²In der Rechtsverordnung können zusätzliche Angaben und Erläuterungen zum Konzernabschluß vorgeschrieben werden, soweit diese erforderlich sind, um die Gleichwertigkeit dieser Konzernabschlüsse und Konzernlageberichte mit solchen nach diesem Unterabschnitt oder dem Recht eines anderen Mitgliedstaates der Europäischen Union oder Vertragsstaates des Abkommens über den Europäischen Wirtschaftsraum herzustellen.

(4) ¹Die Rechtsverordnung ist vor Verkündung dem Bundestag zuzuleiten. ²Sie kann durch Beschluß des Bundestages geändert oder abgelehnt werden. ³Der Beschluß des Bundestages wird dem Bundesministerium der Justiz zugeleitet. ⁴Das Bundesministerium der Justiz ist bei der Verkündung der Rechtsverordnung an den Beschluß gebunden. ⁵Hat sich der Bundestag nach Ablauf von drei Sitzungswochen seit Eingang einer Rechtsverordnung nicht mit ihr befaßt, so wird die unveränderte Rechtsverordnung dem Bundesministerium der Justiz zur Verkündung zugeleitet. ⁶Der Bundestag befaßt sich mit der Rechtsverordnung auf Antrag von so vielen Mitgliedern des Bundestages, wie zur Bildung einer Fraktion erforderlich sind.

§ 292 a.[1] *(aufgehoben)*

§ 293[2] **Größenabhängige Befreiungen.** (1) ¹Ein Mutterunternehmen ist von der Pflicht, einen Konzernabschluß und einen Konzernlagebericht aufzustellen, befreit, wenn

1. am Abschlußstichtag seines Jahresabschlusses und am vorhergehenden Abschlußstichtag mindestens zwei der drei nachstehenden Merkmale zutreffen:

---

[1] Beachte hierzu Art. 58 Abs. 3 Satz 5 und Abs. 5 Satz 2 EGHGB; Nr. **2**.
[2] Beachte hierzu Übergangsvorschrift in Art. 58 Abs. 1 EGHGB; Nr. **2**.

2. Abschnitt. Vorschriften für Kapitalgesellschaften § 294 HGB 1

   a) Die Bilanzsummen in den Bilanzen des Mutterunternehmens und der Tochterunternehmen, die in den Konzernabschluß einzubeziehen wären, übersteigen insgesamt nach Abzug von in den Bilanzen auf der Aktivseite ausgewiesenen Fehlbeträgen nicht 19 272 000 Euro.
   b) Die Umsatzerlöse des Mutterunternehmens und der Tochterunternehmen, die in den Konzernabschluß einzubeziehen wären, übersteigen in den zwölf Monaten vor dem Abschlußstichtag insgesamt nicht 38 544 000 Euro.
   c) Das Mutterunternehmen und die Tochterunternehmen, die in den Konzernabschluß einzubeziehen wären, haben in den zwölf Monaten vor dem Abschlußstichtag im Jahresdurchschnitt nicht mehr als 250 Arbeitnehmer beschäftigt;
   oder
2. am Abschlußstichtag eines von ihm aufzustellenden Konzernabschlusses und am vorhergehenden Abschlußstichtag mindestens zwei der drei nachstehenden Merkmale zutreffen:
   a) Die Bilanzsumme übersteigt nach Abzug eines auf der Aktivseite ausgewiesenen Fehlbetrags nicht 16 060 000 Euro.
   b) Die Umsatzerlöse in den zwölf Monaten vor dem Abschlußstichtag übersteigen nicht 32 120 000 Euro.
   c) Das Mutterunternehmen und die in den Konzernabschluß einbezogenen Tochterunternehmen haben in den zwölf Monaten vor dem Abschlußstichtag im Jahresdurchschnitt nicht mehr als 250 Arbeitnehmer beschäftigt.

[2] Auf die Ermittlung der durchschnittlichen Zahl der Arbeitnehmer ist § 267 Abs. 5 anzuwenden.

(2), (3) *(aufgehoben)*

(4) Außer in den Fällen des Absatzes 1 ist ein Mutterunternehmen von der Pflicht zur Aufstellung des Konzernabschlusses und des Konzernlageberichts befreit, wenn die Voraussetzungen des Absatzes 1 nur am Abschlußstichtag oder nur am vorhergehenden Abschlußstichtag erfüllt sind und das Mutterunternehmen am vorhergehenden Abschlußstichtag von der Pflicht zur Aufstellung des Konzernabschlusses und des Konzernlageberichts befreit war.

(5) Die Absätze 1 und 4 sind nicht anzuwenden, wenn das Mutterunternehmen oder ein in den Konzernabschluß des Mutterunternehmens einbezogenes Tochterunternehmen an einem Abschlussstichtag einen organisierten Markt im Sinne des § 2 Abs. 5 des Wertpapierhandelsgesetzes[1]) durch von ihm ausgegebene Wertpapiere im Sinne des § 2 Abs. 1 Satz 1 des Wertpapierhandelsgesetzes in Anspruch nimmt oder die Zulassung zum Handel an einem organisierten Markt beantragt worden ist.

Zweiter Titel. Konsolidierungskreis

§ 294 Einzubeziehende Unternehmen. Vorlage- und Auskunftspflichten. (1) In den Konzernabschluß sind das Mutterunternehmen und alle Tochterunternehmen ohne Rücksicht auf den Sitz der Tochterunternehmen einzubeziehen, sofern die Einbeziehung nicht nach § 296 unterbleibt.

---

[1]) Nr. 3.

(2) ¹Hat sich die Zusammensetzung der in den Konzernabschluß einbezogenen Unternehmen im Laufe des Geschäftsjahrs wesentlich geändert, so sind in den Konzernabschluß Angaben aufzunehmen, die es ermöglichen, die aufeinanderfolgenden Konzernabschlüsse sinnvoll zu vergleichen. ²Dieser Verpflichtung kann auch dadurch entsprochen werden, daß die entsprechenden Beträge des vorhergehenden Konzernabschlusses an die Änderung angepaßt werden.

(3)[1] ¹Die Tochterunternehmen haben dem Mutterunternehmen ihre Jahresabschlüsse, Einzelabschlüsse nach § 325 Abs. 2a, Lageberichte, Konzernabschlüsse, Konzernlageberichte sowie, wenn eine Abschlussprüfung stattgefunden hat, die Prüfungsberichte sowie, wenn ein Zwischenabschluß aufzustellen ist, einen auf den Stichtag des Konzernabschlusses aufgestellten Abschluß unverzüglich einzureichen. ²Das Mutterunternehmen kann von jedem Tochterunternehmen alle Aufklärungen und Nachweise verlangen, welche die Aufstellung des Konzernabschlusses und des Konzernlageberichts erfordert.

§ 295. *(aufgehoben)*

§ 296 Verzicht auf die Einbeziehung.

(1) Ein Tochterunternehmen braucht in den Konzernabschluß nicht einbezogen zu werden, wenn

1. erhebliche und andauernde Beschränkungen die Ausübung der Rechte des Mutterunternehmens in bezug auf das Vermögen oder die Geschäftsführung dieses Unternehmens nachhaltig beeinträchtigen,
2. die für die Aufstellung des Konzernabschlusses erforderlichen Angaben nicht ohne unverhältnismäßig hohe Kosten oder Verzögerungen zu erhalten sind oder
3. die Anteile des Tochterunternehmens ausschließlich zum Zwecke ihrer Weiterveräußerung gehalten werden.

(2) ¹Ein Tochterunternehmen braucht in den Konzernabschluß nicht einbezogen zu werden, wenn es für die Verpflichtung, ein den tatsächlichen Verhältnissen entsprechendes Bild der Vermögens-, Finanz- und Ertragslage des Konzerns zu vermitteln, von untergeordneter Bedeutung ist. ²Entsprechen mehrere Tochterunternehmen der Voraussetzung des Satzes 1, so sind diese Unternehmen in den Konzernabschluß einzubeziehen, wenn sie zusammen nicht von untergeordneter Bedeutung sind.

(3) Die Anwendung der Absätze 1 und 2 ist im Konzernanhang zu begründen.

Dritter Titel. Inhalt und Form des Konzernabschlusses

§ 297[2] Inhalt.

(1)[3] ¹Der Konzernabschluss besteht aus der Konzernbilanz, der Konzern-Gewinn- und Verlustrechnung, dem Konzernanhang, der Kapitalflussrechnung und dem Eigenkapitalspiegel. ²Er kann um eine Segmentberichterstattung erweitert werden.

(2) ¹Der Konzernabschluß ist klar und übersichtlich aufzustellen. ²Er hat unter Beachtung der Grundsätze ordnungsmäßiger Buchführung ein den tatsächlichen Verhältnissen entsprechendes Bild der Vermögens-, Finanz- und Ertragslage des Konzerns zu vermitteln. ³Führen besondere Umstände dazu,

---

[1] Beachte hierzu Übergangsvorschrift in Art. 58 Abs. 3 EGHGB; Nr. 2.
[2] Beachte hierzu die Übergangsvorschriften in Art. 54 EGHGB; Nr. 2.
[3] Beachte hierzu Übergangsvorschrift in Art. 58 Abs. 3 und 5 EGHGB; Nr. 2.

2. Abschnitt. Vorschriften für Kapitalgesellschaften §§ 298, 299 HGB 1

daß der Konzernabschluß ein den tatsächlichen Verhältnissen entsprechendes Bild im Sinne des Satzes 2 nicht vermittelt, so sind im Konzernanhang zusätzliche Angaben zu machen.

(3) [1] Im Konzernabschluß ist die Vermögens-, Finanz- und Ertragslage der einbezogenen Unternehmen so darzustellen, als ob diese Unternehmen insgesamt ein einziges Unternehmen wären. [2] Die auf den vorhergehenden Konzernabschluß angewandten Konsolidierungsmethoden sollen beibehalten werden. [3] Abweichungen von Satz 2 sind in Ausnahmefällen zulässig. [4] Sie sind im Konzernanhang anzugeben und zu begründen. [5] Ihr Einfluß auf die Vermögens-, Finanz- und Ertragslage des Konzerns ist anzugeben.

§ 298[1] Anzuwendende Vorschriften. Erleichterungen.

(1) Auf den Konzernabschluß sind, soweit seine Eigenart keine Abweichung bedingt oder in den folgenden Vorschriften nichts anderes bestimmt ist, die §§ 244 bis 247 Abs. 1 und 2, §§ 248 bis 253, §§ 255, 256, 265, 266, 268 bis 272, 274, 275, 277 bis 279 Abs. 1, § 280 Abs. 1, §§ 282 und 283 über den Jahresabschluß und die für die Rechtsform und den Geschäftszweig der in den Konzernabschluß einbezogenen Unternehmen mit Sitz im Geltungsbereich dieses Gesetzes geltenden Vorschriften, soweit sie für große Kapitalgesellschaften gelten, entsprechend anzuwenden.

(2) In der Gliederung der Konzernbilanz dürfen die Vorräte in einem Posten zusammengefaßt werden, wenn deren Aufgliederung wegen besonderer Umstände mit einem unverhältnismäßigen Aufwand verbunden wäre.

(3)[2] [1] Der Konzernanhang und der Anhang des Jahresabschlusses des Mutterunternehmens dürfen zusammengefaßt werden. [2] In diesem Falle müssen der Konzernabschluß und der Jahresabschluß des Mutterunternehmens gemeinsam offengelegt werden. [3] Aus dem zusammengefassten Anhang muss hervorgehen, welche Angaben sich auf den Konzern und welche Angaben sich nur auf das Mutterunternehmen beziehen.

§ 299[1] Stichtag für die Aufstellung.

(1) Der Konzernabschluss ist auf den Stichtag des Jahresabschlusses des Mutterunternehmens aufzustellen.

(2) [1] Die Jahresabschlüsse der in den Konzernabschluß einbezogenen Unternehmen sollen auf den Stichtag des Konzernabschlusses aufgestellt werden. [2] Liegt der Abschlußstichtag eines Unternehmens um mehr als drei Monate vor dem Stichtag des Konzernabschlusses, so ist dieses Unternehmen auf Grund eines auf den Stichtag und den Zeitraum des Konzernabschlusses aufgestellten Zwischenabschlusses in den Konzernabschluß einzubeziehen.

(3) Wird bei abweichenden Abschlußstichtagen ein Unternehmen nicht auf der Grundlage eines auf den Stichtag und den Zeitraum des Konzernabschlusses aufgestellten Zwischenabschlusses in den Konzernabschluß einbezogen, so sind Vorgänge von besonderer Bedeutung für die Vermögens-, Finanz- und Ertragslage eines in den Konzernabschluß einbezogenen Unternehmens, die zwischen dem Abschlußstichtag dieses Unternehmens und dem Abschlußstichtag des Konzernabschlusses eingetreten sind, in der Konzernbilanz und der Konzern-Gewinn- und Verlustrechnung zu berücksichtigen oder im Konzernanhang anzugeben.

---

[1] Beachte hierzu die Übergangsvorschriften in Art. 54 EGHGB; Nr. 2.

Vierter Titel. Vollkonsolidierung

§ 300 Konsolidierungsgrundsätze. Vollständigkeitsgebot. (1) ¹In dem Konzernabschluß ist der Jahresabschluß des Mutterunternehmens mit den Jahresabschlüssen der Tochterunternehmen zusammenzufassen. ²An die Stelle der dem Mutterunternehmen gehörenden Anteile an den einbezogenen Tochterunternehmen treten die Vermögensgegenstände, Schulden, Rechnungsabgrenzungsposten, Bilanzierungshilfen und Sonderposten der Tochterunternehmen, soweit sie nach dem Recht des Mutterunternehmens bilanzierungsfähig sind und die Eigenart des Konzernabschlusses keine Abweichungen bedingt oder in den folgenden Vorschriften nichts anderes bestimmt ist.

(2)¹Die Vermögensgegenstände, Schulden und Rechnungsabgrenzungsposten sowie die Erträge und Aufwendungen der in den Konzernabschluß einbezogenen Unternehmen sind unabhängig von ihrer Berücksichtigung in den Jahresabschlüssen dieser Unternehmen vollständig aufzunehmen, soweit nach dem Recht des Mutterunternehmens nicht ein Bilanzierungsverbot oder ein Bilanzierungswahlrecht besteht. ²Nach dem Recht des Mutterunternehmens zulässige Bilanzierungswahlrechte dürfen im Konzernabschluß unabhängig von ihrer Ausübung in den Jahresabschlüssen der in den Konzernabschluß einbezogenen Unternehmen ausgeübt werden. ³Ansätze, die auf der Anwendung von für Kreditinstitute oder Versicherungsunternehmen wegen der Besonderheiten des Geschäftszweigs geltenden Vorschriften beruhen, dürfen beibehalten werden; auf die Anwendung dieser Ausnahme ist im Konzernanhang hinzuweisen.

§ 301[1]) **Kapitalkonsolidierung.** (1) ¹Der Wertansatz der dem Mutterunternehmen gehörenden Anteile an einem in den Konzernabschluß einbezogenen Tochterunternehmen wird mit dem auf diese Anteile entfallenden Betrag des Eigenkapitals des Tochterunternehmens verrechnet. ²Das Eigenkapital ist anzusetzen

1. entweder mit dem Betrag, der dem Buchwert der in den Konzernabschluß aufzunehmenden Vermögensgegenstände, Schulden, Rechnungsabgrenzungsposten, Bilanzierungshilfen und Sonderposten, gegebenenfalls nach Anpassung der Wertansätze nach § 308 Abs. 2, entspricht, oder
2. mit dem Betrag, der dem Wert der in den Konzernabschluß aufzunehmenden Vermögensgegenstände, Schulden, Rechnungsabgrenzungsposten, Bilanzierungshilfen und Sonderposten entspricht, der diesen an dem für die Verrechnung nach Absatz 2 gewählten Zeitpunkt beizulegen ist.

³Bei Ansatz mit dem Buchwert nach Satz 2 Nr. 1 ist ein sich ergebender Unterschiedsbetrag den Wertansätzen von in der Konzernbilanz anzusetzenden Vermögensgegenständen und Schulden des jeweiligen Tochterunternehmens insoweit zuzuschreiben oder mit diesen zu verrechnen, als deren Wert höher oder niedriger ist als der bisherige Wertansatz. ⁴Die angewandte Methode ist im Konzernanhang anzugeben.

(2) ¹Die Verrechnung nach Absatz 1 wird auf der Grundlage der Wertansätze zum Zeitpunkt des Erwerbs der Anteile oder der erstmaligen Einbeziehung des Tochterunternehmens in den Konzernabschluß oder, beim Erwerb

---

[1]) Beachte hierzu die Übergangsvorschriften in Art. 54 EGHGB; Nr. 2.

der Anteile zu verschiedenen Zeitpunkten, zu dem Zeitpunkt, zu dem das Unternehmen Tochterunternehmen geworden ist, durchgeführt. ²Der gewählte Zeitpunkt ist im Konzernanhang anzugeben.

(3) ¹Ein bei der Verrechnung nach Absatz 1 Satz 2 Nr. 2 entstehender oder ein nach Zuschreibung oder Verrechnung nach Absatz 1 Satz 3 verbleibender Unterschiedsbetrag ist in der Konzernbilanz, wenn er auf der Aktivseite entsteht, als Geschäfts- oder Firmenwert und, wenn er auf der Passivseite entsteht, als Unterschiedsbetrag aus der Kapitalkonsolidierung auszuweisen. ²Der Posten und wesentliche Änderungen gegenüber dem Vorjahr sind im Anhang zu erläutern. ³Werden Unterschiedsbeträge der Aktivseite mit solchen der Passivseite verrechnet, so sind die verrechneten Beträge im Anhang anzugeben.

(4) ¹Absatz 1 ist nicht auf Anteile an dem Mutterunternehmen anzuwenden, die dem Mutterunternehmen oder einem in den Konzernabschluß einbezogenen Tochterunternehmen gehören. ²Solche Anteile sind in der Konzernbilanz als eigene Anteile im Umlaufvermögen gesondert auszuweisen.

§ 302 Kapitalkonsolidierung bei Interessenzusammenführung.

(1) Ein Mutterunternehmen darf die in § 301 Abs. 1 vorgeschriebene Verrechnung der Anteile unter den folgenden Voraussetzungen auf das gezeichnete Kapital des Tochterunternehmens beschränken:

1. die zu verrechnenden Anteile betragen mindestens neunzig vom Hundert des Nennbetrags oder, falls ein Nennbetrag nicht vorhanden ist, des rechnerischen Wertes der Anteile des Tochterunternehmens, die nicht eigene Anteile sind,
2. die Anteile sind auf Grund einer Vereinbarung erworben worden, die die Ausgabe von Anteilen eines in den Konzernabschluß einbezogenen Unternehmens vorsieht, und
3. eine in der Vereinbarung vorgesehene Barzahlung übersteigt nicht zehn vom Hundert des Nennbetrags oder, falls ein Nennbetrag nicht vorhanden ist, des rechnerischen Wertes der ausgegebenen Anteile.

(2) Ein sich nach Absatz 1 ergebender Unterschiedsbetrag ist, wenn er auf der Aktivseite entsteht, mit den Rücklagen zu verrechnen oder, wenn er auf der Passivseite entsteht, den Rücklagen hinzuzurechnen.

(3) Die Anwendung der Methode nach Absatz 1 und die sich daraus ergebenden Veränderungen der Rücklagen sowie Name und Sitz des Unternehmens sind im Konzernanhang anzugeben.

§ 303 Schuldenkonsolidierung.

(1) Ausleihungen und andere Forderungen, Rückstellungen und Verbindlichkeiten zwischen den in den Konzernabschluß einbezogenen Unternehmen sowie entsprechende Rechnungsabgrenzungsposten wegzulassen.

(2) Absatz 1 braucht nicht angewendet zu werden, wenn die wegzulassenden Beträge für die Vermittlung eines den tatsächlichen Verhältnissen entsprechenden Bildes der Vermögens-, Finanz- und Ertragslage des Konzerns nur von untergeordneter Bedeutung sind.

§ 304[1] **Behandlung der Zwischenergebnisse.** (1) In den Konzernabschluß zu übernehmende Vermögensgegenstände, die ganz oder teilweise auf Lieferungen oder Leistungen zwischen in den Konzernabschluß einbezogenen Unternehmen beruhen, sind in der Konzernbilanz mit einem Betrag anzusetzen, zu dem sie in der auf den Stichtag des Konzernabschlusses aufgestellten Jahresbilanz dieses Unternehmens angesetzt werden könnten, wenn die in den Konzernabschluß einbezogenen Unternehmen auch rechtlich ein einziges Unternehmen bilden würden.

(2) Absatz 1 braucht nicht angewendet zu werden, wenn die Behandlung der Zwischenergebnisse nach Absatz 1 für die Vermittlung eines den tatsächlichen Verhältnissen entsprechenden Bildes der Vermögens-, Finanz- und Ertragslage des Konzerns nur von untergeordneter Bedeutung ist.

§ 305 Aufwands- und Ertragskonsolidierung. (1) In der Konzern-Gewinn- und Verlustrechnung sind
1. bei den Umsatzerlösen die Erlöse aus Lieferungen und Leistungen zwischen den in den Konzernabschluß einbezogenen Unternehmen mit den auf sie entfallenden Aufwendungen zu verrechnen, soweit sie nicht als Erhöhung des Bestands an fertigen und unfertigen Erzeugnissen oder als andere aktivierte Eigenleistungen auszuweisen sind,
2. andere Erträge aus Lieferungen und Leistungen zwischen den in den Konzernabschluß einbezogenen Unternehmen mit den auf sie entfallenden Aufwendungen zu verrechnen, soweit sie nicht als andere aktivierte Eigenleistungen auszuweisen sind.

(2) Aufwendungen und Erträge brauchen nach Absatz 1 nicht weggelassen zu werden, wenn die wegzulassenden Beträge für die Vermittlung eines den tatsächlichen Verhältnissen entsprechenden Bildes der Vermögens-, Finanz- und Ertragslage des Konzerns nur von untergeordneter Bedeutung sind.

§ 306 Steuerabgrenzung. [1] Ist das im Konzernabschluß ausgewiesene Jahresergebnis auf Grund von Maßnahmen, die nach den Vorschriften dieses Titels durchgeführt worden sind, niedriger oder höher als die Summe der Einzelergebnisse der in den Konzernabschluß einbezogenen Unternehmen, so ist der sich für das Geschäftsjahr und frühere Geschäftsjahre ergebende Steueraufwand, wenn er im Verhältnis zum Jahresergebnis zu hoch ist, durch Bildung eines Abgrenzungspostens auf der Aktivseite oder, wenn er im Verhältnis zum Jahresergebnis zu niedrig ist, durch Bildung einer Rückstellung nach § 249 Abs. 1 Satz 1 anzupassen, soweit sich der zu hohe oder der zu niedrige Steueraufwand in späteren Geschäftsjahren voraussichtlich ausgleicht. [2] Der Posten ist in der Konzernbilanz oder im Konzernanhang gesondert anzugeben. [3] Er darf mit den Posten nach § 274 zusammengefaßt werden.

§ 307 Anteile anderer Gesellschafter. (1) [1] In der Konzernbilanz ist für nicht dem Mutterunternehmen gehörende Anteile an in den Konzernabschluß einbezogenen Tochterunternehmen ein Ausgleichsposten für die Anteile der anderen Gesellschafter in Höhe ihres Anteils am Eigenkapital unter

---

[1] Beachte hierzu die Übergangsvorschriften in Art. 54 EGHGB; Nr. 2.

2. Abschnitt. Vorschriften für Kapitalgesellschaften §§ 308, 309 HGB 1

entsprechender Bezeichnung innerhalb des Eigenkapitals gesondert auszuweisen. ²In den Ausgleichsposten sind auch die Beträge einzubeziehen, die bei Anwendung der Kapitalkonsolidierungsmethode nach § 301 Abs. 1 Satz 2 Nr. 2 dem Anteil der anderen Gesellschafter am Eigenkapital entsprechen.

(2) In der Konzern-Gewinn- und Verlustrechnung ist der im Jahresergebnis enthaltene, anderen Gesellschaftern zustehende Gewinn und der auf sie entfallende Verlust nach dem Posten „Jahresüberschuß/Jahresfehlbetrag" unter entsprechender Bezeichnung gesondert auszuweisen.

Fünfter Titel. Bewertungsvorschriften

§ 308[1]**) Einheitliche Bewertung.** (1) ¹Die in den Konzernabschluß nach § 300 Abs. 2 übernommenen Vermögensgegenstände und Schulden der in den Konzernabschluß einbezogenen Unternehmen sind nach den auf den Jahresabschluß des Mutterunternehmens anwendbaren Bewertungsmethoden einheitlich zu bewerten. ²Nach dem Recht des Mutterunternehmens zulässige Bewertungswahlrechte können im Konzernabschluß unabhängig von ihrer Ausübung in den Jahresabschlüssen der in den Konzernabschluß einbezogenen Unternehmen ausgeübt werden. ³Abweichungen von den auf den Jahresabschluß des Mutterunternehmens angewandten Bewertungsmethoden sind im Konzernanhang anzugeben und zu begründen.

(2) ¹Sind in den Konzernabschluß aufzunehmende Vermögensgegenstände oder Schulden des Mutterunternehmens oder der Tochterunternehmen in den Jahresabschlüssen dieser Unternehmen nach Methoden bewertet worden, die sich von denen unterscheiden, die auf den Konzernabschluß anzuwenden sind oder die von den gesetzlichen Vertretern des Mutterunternehmens in Ausübung von Bewertungswahlrechten auf den Konzernabschluß angewendet werden, so sind die abweichend bewerteten Vermögensgegenstände oder Schulden nach den auf den Konzernabschluß angewandten Bewertungsmethoden neu zu bewerten und mit den neuen Wertansätzen in den Konzernabschluß zu übernehmen. ²Wertansätze, die auf der Anwendung von für Kreditinstitute oder Versicherungsunternehmen wegen der Besonderheiten des Geschäftszweigs geltenden Vorschriften beruhen, dürfen beibehalten werden; auf die Anwendung dieser Ausnahme ist im Konzernanhang hinzuweisen. ³Eine einheitliche Bewertung nach Satz 1 braucht nicht vorgenommen zu werden, wenn ihre Auswirkungen für die Vermittlung eines den tatsächlichen Verhältnissen entsprechenden Bildes der Vermögens-, Finanz- und Ertragslage des Konzerns nur von untergeordneter Bedeutung sind. ⁴Darüber hinaus sind Abweichungen in Ausnahmefällen zulässig; sie sind im Konzernanhang anzugeben und zu begründen.

§ 309 Behandlung des Unterschiedsbetrags. (1) ¹Ein nach § 301 Abs. 3 auszuweisender Geschäfts- oder Firmenwert ist in jedem folgenden Geschäftsjahr zu mindestens einem Viertel durch Abschreibungen zu tilgen. ²Die Abschreibung des Geschäfts- oder Firmenwerts kann aber auch planmäßig auf die Geschäftsjahre verteilt werden, in denen er voraussichtlich genutzt werden kann. ³Der Geschäfts- oder Firmenwert darf auch offen mit den Rücklagen verrechnet werden.

---

[1]) Beachte hierzu die Übergangsvorschriften in Art. 54 EGHGB; Nr. **2.**

(2) Ein nach § 301 Abs. 3 auf der Passivseite auszuweisender Unterschiedsbetrag darf ergebniswirksam nur aufgelöst werden, soweit

1. eine zum Zeitpunkt des Erwerbs der Anteile oder der erstmaligen Konsolidierung erwartete ungünstige Entwicklung der künftigen Ertragslage des Unternehmens eingetreten ist oder zu diesem Zeitpunkt erwartete Aufwendungen zu berücksichtigen sind oder
2. am Abschlußstichtag feststeht, daß er einem realisierten Gewinn entspricht.

Sechster Titel. Anteilmäßige Konsolidierung

§ 310. (1) Führt ein in einen Konzernabschluß einbezogenes Mutter- oder Tochterunternehmen ein anderes Unternehmen gemeinsam mit einem oder mehreren nicht in den Konzernabschluß einbezogenen Unternehmen, so darf das andere Unternehmen in den Konzernabschluß entsprechend den Anteilen am Kapital einbezogen werden, die dem Mutterunternehmen gehören.

(2) Auf die anteilmäßige Konsolidierung sind die §§ 297 bis 301, §§ 303 bis 306, 308, 309 entsprechend anzuwenden.

Siebenter Titel. Assoziierte Unternehmen

§ 311 Definition. Befreiung. (1) ¹Wird von einem in den Konzernabschluß einbezogenen Unternehmen ein maßgeblicher Einfluß auf die Geschäfts- und Finanzpolitik eines nicht einbezogenen Unternehmens, an dem das Unternehmen nach § 271 Abs. 1 beteiligt ist, ausgeübt (assoziiertes Unternehmen), so ist diese Beteiligung in der Konzernbilanz unter einem besonderen Posten mit entsprechender Bezeichnung auszuweisen. ²Ein maßgeblicher Einfluß wird vermutet, wenn ein Unternehmen bei einem anderen Unternehmen mindestens den fünften Teil der Stimmrechte der Gesellschafter innehat.

(2) Auf eine Beteiligung an einem assoziierten Unternehmen brauchen Absatz 1 und § 312 nicht angewendet zu werden, wenn die Beteiligung für die Vermittlung eines den tatsächlichen Verhältnissen entsprechenden Bildes der Vermögens-, Finanz- und Ertragslage des Konzerns von untergeordneter Bedeutung ist.

§ 312 Wertansatz der Beteiligung und Behandlung des Unterschiedsbetrags. (1) ¹Eine Beteiligung an einem assoziierten Unternehmen ist in der Konzernbilanz

1. entweder mit dem Buchwert oder
2. mit dem Betrag, der dem anteiligen Eigenkapital des assoziierten Unternehmens entspricht,

anzusetzen. ²Bei Ansatz mit dem Buchwert nach Satz 1 Nr. 1 ist der Unterschiedsbetrag zwischen diesem Wert und dem anteiligen Eigenkapital des assoziierten Unternehmens bei erstmaliger Anwendung in der Konzernbilanz zu vermerken oder im Konzernanhang anzugeben. ³Bei Ansatz mit dem anteiligen Eigenkapital nach Satz 1 Nr. 2 ist das Eigenkapital mit dem Betrag anzusetzen, der sich ergibt, wenn die Vermögensgegenstände, Schulden, Rechnungsabgrenzungsposten, Bilanzierungshilfen und Sonderposten des assoziierten Unternehmens mit dem Wert angesetzt werden, der ihnen an dem nach Absatz 3 gewählten Zeitpunkt beizulegen ist, jedoch darf dieser Betrag die

2. Abschnitt. Vorschriften für Kapitalgesellschaften § 313 HGB 1

Anschaffungskosten für die Anteile an dem assoziierten Unternehmen nicht überschreiten; der Unterschiedsbetrag zwischen diesem Wertansatz und dem Buchwert der Beteiligung ist bei erstmaliger Anwendung in der Konzernbilanz gesondert auszuweisen oder im Konzernanhang anzugeben. ⁴Die angewandte Methode ist im Konzernanhang anzugeben.

(2) ¹Der Unterschiedsbetrag nach Absatz 1 Satz 2 ist den Wertansätzen von Vermögensgegenständen und Schulden des assoziierten Unternehmens insoweit zuzuordnen, als deren Wert höher oder niedriger ist als der bisherige Wertansatz. ²Der nach Satz 1 zugeordnete oder der sich nach Absatz 1 Satz 1 Nr. 2 ergebende Betrag ist entsprechend der Behandlung der Wertansätze dieser Vermögensgegenstände und Schulden im Jahresabschluß des assoziierten Unternehmens im Konzernabschluß fortzuführen, abzuschreiben oder aufzulösen. ³Auf einen nach Zuordnung nach Satz 1 verbleibenden Unterschiedsbetrag und einen Unterschiedsbetrag nach Absatz 1 Satz 3 zweiter Halbsatz ist § 309 entsprechend anzuwenden.

(3) ¹Der Wertansatz der Beteiligung und die Unterschiedsbeträge werden auf der Grundlage der Wertansätze zum Zeitpunkt des Erwerbs der Anteile oder der erstmaligen Einbeziehung des assoziierten Unternehmens in den Konzernabschluß oder beim Erwerb der Anteile zu verschiedenen Zeitpunkten zu dem Zeitpunkt, zu dem das Unternehmen assoziiertes Unternehmen geworden ist, ermittelt. ²Der gewählte Zeitpunkt ist im Konzernanhang anzugeben.

(4) ¹Der nach Absatz 1 ermittelte Wertansatz einer Beteiligung ist in den Folgejahren um den Betrag der Eigenkapitalveränderungen, die den dem Mutterunternehmen gehörenden Anteilen am Kapital des assoziierten Unternehmens entsprechen, zu erhöhen oder zu vermindern; auf die Beteiligung entfallende Gewinnausschüttungen sind abzusetzen. ²In der Konzern-Gewinn- und Verlustrechnung ist das auf assoziierte Beteiligungen entfallende Ergebnis unter einem gesonderten Posten auszuweisen.

(5) ¹Wendet das assoziierte Unternehmen in seinem Jahresabschluß vom Konzernabschluß abweichende Bewertungsmethoden an, so können abweichend bewertete Vermögensgegenstände oder Schulden für die Zwecke der Absätze 1 bis 4 nach den auf den Konzernabschluß angewandten Bewertungsmethoden bewertet werden. ²Wird die Bewertung nicht angepaßt, so ist dies im Konzernanhang anzugeben. ³§ 304 über die Behandlung der Zwischenergebnisse ist entsprechend anzuwenden, soweit die für die Beurteilung maßgeblichen Sachverhalte bekannt oder zugänglich sind. ⁴Die Zwischenergebnisse dürfen auch anteilig entsprechend den dem Mutterunternehmen gehörenden Anteilen am Kapital des assoziierten Unternehmens weggelassen werden.

(6) ¹Es ist jeweils der letzte Jahresabschluß des assoziierten Unternehmens zugrunde zu legen. ²Stellt das assoziierte Unternehmen einen Konzernabschluß auf, so ist von diesem und nicht vom Jahresabschluß des assoziierten Unternehmens auszugehen.

Achter Titel. Konzernanhang

§ 313[1]) **Erläuterung der Konzernbilanz und der Konzern-Gewinn- und Verlustrechnung. Angaben zum Beteiligungsbesitz.** (1) ¹In den Konzernanhang sind diejenigen Angaben aufzunehmen, die zu einzelnen

---
[1]) Beachte hierzu die Übergangsvorschriften in Art. 54 EGHGB; Nr. 2.

1 HGB § 313   Drittes Buch. Handelsbücher

Posten der Konzernbilanz oder der Konzern-Gewinn- und Verlustrechnung vorgeschrieben oder die im Konzernanhang zu machen sind, weil sie in Ausübung eines Wahlrechts nicht in die Konzernbilanz oder in die Konzern-Gewinn- und Verlustrechnung aufgenommen wurden. ²Im Konzernanhang müssen

1. die auf die Posten der Konzernbilanz und der Konzern-Gewinn- und Verlustrechnung angewandten Bilanzierungs- und Bewertungsmethoden angegeben werden;
2. die Grundlagen für die Umrechnung in Euro angegeben werden, sofern der Konzernabschluß Posten enthält, denen Beträge zugrunde liegen, die auf fremde Währung lauten oder ursprünglich auf fremde Währung lauteten;
3. Abweichungen von Bilanzierungs-, Bewertungs- und Konsolidierungsmethoden angegeben und begründet werden; deren Einfluß auf die Vermögens-, Finanz- und Ertragslage des Konzerns ist gesondert darzustellen.

(2) Im Konzernanhang sind außerdem anzugeben:

1.[1]) ¹Name und Sitz der in den Konzernabschluß einbezogenen Unternehmen, der Anteil am Kapital der Tochterunternehmen, der dem Mutterunternehmen und den in den Konzernabschluß einbezogenen Tochterunternehmen gehört oder von einer für Rechnung dieser Unternehmen handelnden Person gehalten wird, sowie der zur Einbeziehung in den Konzernabschluß verpflichtende Sachverhalt, sofern die Einbeziehung nicht auf einer der Kapitalbeteiligung entsprechenden Mehrheit der Stimmrechte beruht. ²Diese Angaben sind auch für Tochterunternehmen zu machen, die nach § 296 nicht einbezogen worden sind;
2. ¹Name und Sitz der assoziierten Unternehmen, der Anteil am Kapital der assoziierten Unternehmen, der dem Mutterunternehmen und den in den Konzernabschluß einbezogenen Tochterunternehmen gehört oder von einer für Rechnung dieser Unternehmen handelnden Person gehalten wird. ²Die Anwendung des § 311 Abs. 2 ist jeweils anzugeben und zu begründen.
3. Name und Sitz der Unternehmen, die nach § 310 nur anteilmäßig in den Konzernabschluß einbezogen worden sind, der Tatbestand, aus dem sich die Anwendung dieser Vorschrift ergibt, sowie der Anteil am Kapital dieser Unternehmen, der dem Mutterunternehmen und den in den Konzernabschluß einbezogenen Tochterunternehmen gehört oder von einer für Rechnung dieser Unternehmen handelnden Person gehalten wird;
4. ¹Name und Sitz anderer als der unter den Nummern 1 bis 3 bezeichneten Unternehmen, bei denen das Mutterunternehmen, ein Tochterunternehmen oder eine für Rechnung eines dieser Unternehmen handelnde Person mindestens den fünften Teil der Anteile besitzt, unter Angabe des Anteils am Kapital sowie der Höhe des Eigenkapitals und des Ergebnisses des letzten Geschäftsjahrs, für das ein Abschluß aufgestellt worden ist. ²Ferner sind anzugeben alle Beteiligungen an großen Kapitalgesellschaften, die andere als die in Nummer 1 bis 3 bezeichneten Unternehmen sind, wenn sie von

---

[1]) Beachte hierzu Übergangsvorschrift in Art. 58 Abs. 3 EGHGB; Nr. **2**.

2. Abschnitt. Vorschriften für Kapitalgesellschaften § 314 HGB 1

einem börsennotierten Mutterunternehmen, einem börsennotierten Tochterunternehmen oder einer für Rechnung eines dieser Unternehmen handelnden Person gehalten werden und fünf vom Hundert der Stimmrechte überschreiten. ³Diese Angaben brauchen nicht gemacht zu werden, wenn sie für die Vermittlung eines den tatsächlichen Verhältnissen entsprechenden Bildes der Vermögens-, Finanz- und Ertragslage des Konzerns von untergeordneter Bedeutung sind. ⁴Das Eigenkapital und das Ergebnis brauchen nicht angegeben zu werden, wenn das in Anteilsbesitz stehende Unternehmen seinen Jahresabschluß nicht offenzulegen hat und das Mutterunternehmen, das Tochterunternehmen oder die Person weniger als die Hälfte der Anteile an diesem Unternehmen besitzt.

(3) ¹Die in Absatz 2 verlangten Angaben brauchen insoweit nicht gemacht zu werden, als nach vernünftiger kaufmännischer Beurteilung damit gerechnet werden muß, daß durch die Angaben dem Mutterunternehmen, einem Tochterunternehmen oder einem anderen in Absatz 2 bezeichneten Unternehmen erhebliche Nachteile entstehen können. ²Die Anwendung der Ausnahmeregelung ist im Konzernanhang anzugeben. ³Satz 1 gilt nicht, wenn ein Mutterunternehmen einen organisierten Markt im Sinne des § 2 Abs. 5 des Wertpapierhandelsgesetzes durch von ihm oder einem seiner Tochterunternehmen ausgegebene Wertpapiere im Sinne des § 2 Abs. 1 Satz 1 des Wertpapierhandelsgesetzes in Anspruch nimmt oder wenn die Zulassung solcher Wertpapiere zum Handel an einem organisierten Markt beantragt worden ist.

(4) ¹Die in Absatz 2 verlangten Angaben dürfen statt im Anhang auch in einer Aufstellung des Anteilsbesitzes gesondert gemacht werden. ²Die Aufstellung ist Bestandteil des Anhangs. ³Auf die besondere Aufstellung des Anteilsbesitzes und den Ort ihrer Hinterlegung ist im Anhang hinzuweisen.

§ 314[1]) Sonstige Pflichtangaben. (1) Im Konzernanhang sind ferner anzugeben:

1. der Gesamtbetrag der in der Konzernbilanz ausgewiesenen Verbindlichkeiten mit einer Restlaufzeit von mehr als fünf Jahren sowie der Gesamtbetrag der in der Konzernbilanz ausgewiesenen Verbindlichkeiten, die von in den Konzernabschluß einbezogenen Unternehmen durch Pfandrechte oder ähnliche Rechte gesichert sind, unter Angabe von Art und Form der Sicherheiten;
2. der Gesamtbetrag der sonstigen finanziellen Verpflichtungen, die nicht in der Konzernbilanz erscheinen oder nicht nach § 298 Abs. 1 in Verbindung mit § 251 anzugeben sind, sofern diese Angabe für die Beurteilung der Finanzlage des Konzerns von Bedeutung ist; davon und von den Haftungsverhältnissen nach § 251 sind Verpflichtungen gegenüber Tochterunternehmen, die nicht in den Konzernabschluß einbezogen werden, jeweils gesondert anzugeben;
3. die Aufgliederung der Umsatzerlöse nach Tätigkeitsbereichen sowie nach geographisch bestimmten Märkten, soweit sich, unter Berücksichtigung der Organisation des Verkaufs von für die gewöhnliche Geschäftstätigkeit des Konzerns typischen Erzeugnissen und der für die gewöhnliche Geschäftstätigkeit des Konzerns typischen Dienstleistungen, die Tätigkeits-

---

[1]) Beachte hierzu die Übergangsvorschriften in Art. 54 EGHGB; Nr. 2.

bereiche und geographisch bestimmten Märkte untereinander erheblich unterscheiden;
4. die durchschnittliche Zahl der Arbeitnehmer der in den Konzernabschluß einbezogenen Unternehmen während des Geschäftsjahrs, getrennt nach Gruppen, sowie der in dem Geschäftsjahr verursachte Personalaufwand, sofern er nicht gesondert in der Konzern-Gewinn- und Verlustrechnung ausgewiesen ist; die durchschnittliche Zahl der Arbeitnehmer von nach § 310 nur anteilmäßig einbezogenen Unternehmen ist gesondert anzugeben;
5. *(aufgehoben)*
6. für die Mitglieder des Geschäftsführungsorgans, eines Aufsichtsrats, eines Beirats oder einer ähnlichen Einrichtung des Mutterunternehmens, jeweils für jede Personengruppe:
   a)[1] die für die Wahrnehmung ihrer Aufgaben im Mutterunternehmen und den Tochterunternehmen im Geschäftsjahr gewährten Gesamtbezüge (Gehälter, Gewinnbeteiligungen, Bezugsrechte und sonstige aktienbasierte Vergütungen, Aufwandsentschädigungen, Versicherungsentgelte, Provisionen und Nebenleistungen jeder Art). In die Gesamtbezüge sind auch Bezüge einzurechnen, die nicht ausgezahlt, sondern in Ansprüche anderer Art umgewandelt oder zur Erhöhung anderer Ansprüche verwendet werden. Außer den Bezügen für das Geschäftsjahr sind die weiteren Bezüge anzugeben, die im Geschäftsjahr gewährt, bisher aber in keinem Konzernabschluss angegeben worden sind. Bezugsrechte und sonstige aktienbasierte Vergütungen sind mit ihrer Anzahl und dem beizulegenden Zeitwert zum Zeitpunkt ihrer Gewährung anzugeben; spätere Wertveränderungen, die auf einer Änderung der Ausübungsbedingungen beruhen, sind zu berücksichtigen. Ist das Mutterunternehmen eine börsennotierte Aktiengesellschaft, sind zusätzlich unter Namensnennung die Bezüge jedes einzelnen Vorstandsmitglieds, aufgeteilt nach erfolgsunabhängigen und erfolgsbezogenen Komponenten sowie Komponenten mit langfristiger Anreizwirkung, gesondert anzugeben. Dies gilt auch für Leistungen, die dem Vorstandsmitglied für den Fall der Beendigung seiner Tätigkeit zugesagt worden sind. Hierbei ist der wesentliche Inhalt der Zusagen darzustellen, wenn sie in ihrer rechtlichen Ausgestaltung von den den Arbeitnehmern erteilten Zusagen nicht unerheblich abweichen. Leistungen, die dem einzelnen Vorstandsmitglied von einem Dritten im Hinblick auf seine Tätigkeit als Vorstandsmitglied zugesagt oder im Geschäftsjahr gewährt worden sind, sind ebenfalls anzugeben. Enthält der Konzernabschluss weitergehende Angaben zu bestimmten Bezügen, sind auch diese zusätzlich einzeln anzugeben;
   b) die für die Wahrnehmung ihrer Aufgaben im Mutterunternehmen und den Tochterunternehmen gewährten Gesamtbezüge (Abfindungen, Ruhegehälter, Hinterbliebenenbezüge und Leistungen verwandter Art) der früheren Mitglieder der bezeichneten Organe und ihrer Hinterbliebenen; Buchstabe a Satz 2 und 3 ist entsprechend anzuwenden. Ferner ist der Betrag der für diese Personengruppe gebildeten Rückstellungen für laufende Pensionen und Anwartschaften auf Pensionen

---

[1] Beachte hierzu Art. 59 EGHGB, Nr. 2.

und der Betrag der für diese Verpflichtungen nicht gebildeten Rückstellungen anzugeben;
c) die vom Mutterunternehmen und den Tochterunternehmen gewährten Vorschüsse und Kredite unter Angabe der Zinssätze, der wesentlichen Bedingungen und der gegebenenfalls im Geschäftsjahr zurückgezahlten Beträge sowie die zugunsten dieser Personengruppen eingegangenen Haftungsverhältnisse;
7. der Bestand an Anteilen an dem Mutterunternehmen, die das Mutterunternehmen oder ein Tochterunternehmen oder ein anderer für Rechnung eines in den Konzernabschluß einbezogenen Unternehmens erworben oder als Pfand genommen hat; dabei sind die Zahl und der Nennbetrag oder rechnerische Wert dieser Anteile sowie deren Anteil am Kapital anzugeben;
8. für jedes in den Konzernabschluss einbezogene börsennotierte Unternehmen, dass die nach § 161 des Aktiengesetzes vorgeschriebene Erklärung abgegeben und den Aktionären zugänglich gemacht worden ist;
9.[1] soweit es sich um ein Mutterunternehmen handelt, das einen organisierten Markt im Sinne des § 2 Abs. 5 des Wertpapierhandelsgesetzes in Anspruch nimmt, für den Abschlussprüfer des Konzernabschlusses im Sinne des § 319 Abs. 1 Satz 1, 2 das im Geschäftsjahr als Aufwand erfasste Honorar für
a) die Abschlussprüfungen,
b) sonstige Bestätigungs- oder Bewertungsleistungen,
c) Steuerberatungsleistungen,
d) sonstige Leistungen, die für das Mutterunternehmen oder Tochterunternehmen erbracht worden sind;
10.[2] für jede Kategorie derivativer Finanzinstrumente, wobei § 285 Satz 2 anzuwenden ist:
a) Art und Umfang der Finanzinstrumente,
b) der beizulegende Zeitwert der betreffenden Finanzinstrumente, soweit sich dieser gemäß § 285 Satz 3 bis 6 verlässlich ermitteln lässt, unter Angabe der angewandten Bewertungsmethode sowie eines gegebenenfalls vorhandenen Buchwerts und des Bilanzpostens, in welchem der Buchwert erfasst ist;
11.[2] für zu den Finanzanlagen (§ 266 Abs. 2 A. III.) gehörende Finanzinstrumente, die gemäß § 285 Satz 1 Nr. 19 über ihrem beizulegenden Zeitwert ausgewiesen werden, da insoweit eine außerplanmäßige Abschreibung gemäß § 253 Abs. 2 Satz 3 unterblieben ist, wobei § 285 Satz 2 bis 6 entsprechend anzuwenden ist:
a) der Buchwert und der beizulegende Zeitwert der einzelnen Vermögensgegenstände oder angemessener Gruppierungen sowie
b) die Gründe für das Unterlassen einer Abschreibung gemäß § 253 Abs. 2 Satz 3 einschließlich der Anhaltspunkte, die darauf hindeuten, dass die Wertminderung voraussichtlich nicht von Dauer ist.

(2) ¹Mutterunternehmen, die den Konzernabschluss um eine Segmentberichterstattung erweitern (§ 297 Abs. 1 Satz 2), sind von der Angabepflicht

---

[1] Beachte hierzu Übergangsvorschrift in Art. 58 Abs. 3 EGHGB; Nr. **3**.
[2] Beachte hierzu Übergangsvorschrift in Art. 58 Abs. 2 EGHGB; Nr. **2**.

gemäß Absatz 1 Nr. 3 befreit. ²Für die Angabepflicht gemäß Absatz 1 Nr. 6 Buchstabe a Satz 5 bis 9 gilt § 286 Abs. 5 entsprechend.[1)]

Neunter Titel. Konzernlagebericht

§ 315. (1)[2)] ¹Im Konzernlagebericht sind der Geschäftsverlauf einschließlich des Geschäftsergebnisses und die Lage des Konzerns so darzustellen, dass ein den tatsächlichen Verhältnissen entsprechendes Bild vermittelt wird. ²Er hat eine ausgewogene und umfassende, dem Umfang und der Komplexität der Geschäftstätigkeit entsprechende Analyse des Geschäftsverlaufs und der Lage des Konzerns zu enthalten. ³In die Analyse sind die für die Geschäftstätigkeit bedeutsamsten finanziellen Leistungsindikatoren einzubeziehen und unter Bezugnahme auf die im Konzernabschluss ausgewiesenen Beträge und Angaben zu erläutern. ⁴Satz 3 gilt entsprechend für nichtfinanzielle Leistungsindikatoren, wie Informationen über Umwelt- und Arbeitnehmerbelange, soweit sie für das Verständnis des Geschäftsverlaufs oder der Lage von Bedeutung sind. ⁵Ferner ist im Konzernlagebericht die voraussichtliche Entwicklung mit ihren wesentlichen Chancen und Risiken zu beurteilen und zu erläutern; zugrunde liegende Annahmen sind anzugeben.

(2) Der Konzernlagebericht soll auch eingehen auf:

1. Vorgänge von besonderer Bedeutung, die nach dem Schluß des Konzerngeschäftsjahrs eingetreten sind;

2.[2)] a) die Risikomanagementziele und -methoden des Konzerns einschließlich seiner Methoden zur Absicherung aller wichtigen Arten von Transaktionen, die im Rahmen der Bilanzierung von Sicherungsgeschäften erfasst werden, sowie

b) die Preisänderungs-, Ausfall- und Liquiditätsrisiken sowie die Risiken aus Zahlungsstromschwankungen, denen der Konzern ausgesetzt ist,

jeweils in Bezug auf die Verwendung von Finanzinstrumenten durch den Konzern und sofern dies für die Beurteilung der Lage oder der voraussichtlichen Entwicklung von Belang ist;

3. den Bereich Forschung und Entwicklung des Konzerns;

4.[1)] die Grundzüge des Vergütungssystems für die in § 314 Abs. 1 Nr. 6 genannten Gesamtbezüge, soweit das Mutterunternehmen eine börsennotierte Aktiengesellschaft ist. Werden dabei auch Angaben entsprechend § 314 Abs. 1 Nr. 6 Buchstabe a Satz 5 bis 9 gemacht, können diese im Konzernanhang unterbleiben.

(3) § 298 Abs. 3 über die Zusammenfassung von Konzernanhang und Anhang ist entsprechend anzuwenden.

Zehnter Titel. Konzernabschluss nach internationalen Rechnungslegungsstandards

§ 315a[2)]. (1) Ist ein Mutterunternehmen, das nach den Vorschriften des Ersten Titels einen Konzernabschluss aufzustellen hat, nach Artikel 4 der Verordnung (EG) Nr. 1606/2002 des Europäischen Parlaments und des Rates

---

[1)] Beachte hierzu Art. 59 EGHGB; Nr. **2**.
[2)] Beachte hierzu Übergangsvorschrift in Art. 58 Abs. 3 EGHGB; Nr. **2**.

2. Abschnitt. Vorschriften für Kapitalgesellschaften §§ 316, 317 HGB 1

vom 19. Juli 2002 betreffend die Anwendung internationaler Rechnungslegungsstandards (ABl. EG Nr. L 243 S. 1) in der jeweils geltenden Fassung verpflichtet, die nach den Artikeln 2, 3 und 6 der genannten Verordnung übernommenen internationalen Rechnungslegungsstandards anzuwenden, so sind von den Vorschriften des Zweiten bis Achten Titels nur § 294 Abs. 3, § 298 Abs. 1, dieser jedoch nur in Verbindung mit den §§ 244 und 245, ferner § 313 Abs. 2 bis 4, § 314 Abs. 1 Nr. 4, 6, 8 und 9 sowie die Bestimmungen des Neunten Titels und die Vorschriften außerhalb dieses Unterabschnitts, die den Konzernabschluss oder den Konzernlagebericht betreffen, anzuwenden.

(2) Mutterunternehmen, die nicht unter Absatz 1 fallen, haben ihren Konzernabschluss nach den dort genannten internationalen Rechnungslegungsstandards und Vorschriften aufzustellen, wenn für sie bis zum jeweiligen Bilanzstichtag die Zulassung eines Wertpapiers im Sinne des § 2 Abs. 1 Satz 1 des Wertpapierhandelsgesetzes zum Handel an einem organisierten Markt im Sinne des § 2 Abs. 5 des Wertpapierhandelsgesetzes im Inland beantragt worden ist.

(3) [1] Mutterunternehmen, die nicht unter Absatz 1 oder 2 fallen, dürfen ihren Konzernabschluss nach den in Absatz 1 genannten internationalen Rechnungslegungsstandards und Vorschriften aufstellen. [2] Ein Unternehmen, das von diesem Wahlrecht Gebrauch macht, hat die in Absatz 1 genannten Standards und Vorschriften vollständig zu befolgen.

Dritter Unterabschnitt. Prüfung

§ 316[1]) **Pflicht zur Prüfung.** (1) [1] Der Jahresabschluß und der Lagebericht von Kapitalgesellschaften, die nicht kleine im Sinne des § 267 Abs. 1 sind, sind durch einen Abschlußprüfer zu prüfen. [2] Hat keine Prüfung stattgefunden, so kann der Jahresabschluß nicht festgestellt werden.

(2) [1] Der Konzernabschluß und der Konzernlagebericht von Kapitalgesellschaften sind durch einen Abschlußprüfer zu prüfen. [2] Hat keine Prüfung stattgefunden, so kann der Konzernabschluss nicht gebilligt werden.

(3) [1] Werden der Jahresabschluß, der Konzernabschluß, der Lagebericht oder der Konzernlagebericht nach Vorlage des Prüfungsberichts geändert, so hat der Abschlußprüfer diese Unterlagen erneut zu prüfen, soweit es die Änderung erfordert. [2] Über das Ergebnis der Prüfung ist zu berichten; der Bestätigungsvermerk ist entsprechend zu ergänzen.

§ 317[1]) **Gegenstand und Umfang der Prüfung.** (1) [1] In die Prüfung des Jahresabschlusses ist die Buchführung einzubeziehen. [2] Die Prüfung des Jahresabschlusses und des Konzernabschlusses hat sich darauf zu erstrecken, ob die gesetzlichen Vorschriften und sie ergänzende Bestimmungen des Gesellschaftsvertrags oder der Satzung beachtet worden sind. [3] Die Prüfung ist so anzulegen, daß Unrichtigkeiten und Verstöße gegen die in Satz 2 aufgeführten Bestimmungen, die sich auf die Darstellung des sich nach § 264 Abs. 2 ergebenden Bildes der Vermögens-, Finanz- und Ertragslage des Unternehmens wesentlich auswirken, bei gewissenhafter Berufsausübung erkannt werden.

---

[1]) Beachte hierzu die Übergangsvorschriften in Art. 54 EGHGB; Nr. 2.

(2)[1] ¹Der Lagebericht und der Konzernlagebericht sind darauf zu prüfen, ob der Lagebericht mit dem Jahresabschluß, gegebenenfalls auch mit dem Einzelabschluss nach § 325 Abs. 2a, und der Konzernlagebericht mit dem Konzernabschluß sowie mit den bei der Prüfung gewonnenen Erkenntnissen des Abschlußprüfers in Einklang stehen und ob der Lagebericht insgesamt eine zutreffende Vorstellung von der Lage des Unternehmens und der Konzernlagebericht insgesamt eine zutreffende Vorstellung von der Lage des Konzerns vermittelt. ²Dabei ist auch zu prüfen, ob die Chancen und Risiken der künftigen Entwicklung zutreffend dargestellt sind.

(3) ¹Der Abschlußprüfer des Konzernabschlusses hat auch die im Konzernabschluß zusammengefaßten Jahresabschlüsse, insbesondere die konsolidierungsbedingten Anpassungen, in entsprechender Anwendung des Absatzes 1 zu prüfen. ²Dies gilt nicht für Jahresabschlüsse, die auf Grund gesetzlicher Vorschriften nach diesem Unterabschnitt oder die ohne gesetzliche Verpflichtungen nach den Grundsätzen dieses Unterabschnitts geprüft worden sind. ³Satz 2 ist entsprechend auf die Jahresabschlüsse von in den Konzernabschluß einbezogenen Tochterunternehmen mit Sitz im Ausland anzuwenden; sind diese Jahresabschlüsse nicht von einem in Übereinstimmung mit den Vorschriften der Richtlinie 84/253/EWG zugelassenen Abschlußprüfer geprüft worden, so gilt dies jedoch nur, wenn der Abschlußprüfer eine den Anforderungen dieser Richtlinie gleichwertige Befähigung hat und der Jahresabschluß in einer den Anforderungen dieses Unterabschnitts entsprechenden Weise geprüft worden ist.

(4) Bei einer börsennotierten Aktiengesellschaft ist außerdem im Rahmen der Prüfung zu beurteilen, ob der Vorstand die ihm nach § 91 Abs. 2 des Aktiengesetzes[2] obliegenden Maßnahmen in einer geeigneten Form getroffen hat und ob das danach einzurichtende Überwachungssystem seine Aufgaben erfüllen kann.

§ 318 Bestellung und Abberufung des Abschlußprüfers. (1) ¹Der Abschlußprüfer des Jahresabschlusses wird von den Gesellschaftern gewählt; den Abschlußprüfer des Konzernabschlusses wählen die Gesellschafter des Mutterunternehmens. ²Bei Gesellschaften mit beschränkter Haftung und bei offenen Handelsgesellschaften und Kommanditgesellschaften im Sinne des § 264a Abs. 1 kann der Gesellschaftsvertrag etwas anderes bestimmen. ³Der Abschlußprüfer soll jeweils vor Ablauf des Geschäftsjahrs gewählt werden, auf das sich seine Prüfungstätigkeit erstreckt. ⁴Die gesetzlichen Vertreter, bei Zuständigkeit des Aufsichtsrats dieser, haben unverzüglich nach der Wahl den Prüfungsauftrag zu erteilen. ⁵Der Prüfungsauftrag kann nur widerrufen werden, wenn nach Absatz 3 ein anderer Prüfer bestellt worden ist.

(2) ¹Als Abschlußprüfer des Konzernabschlusses gilt, wenn kein anderer Prüfer bestellt wird, der Prüfer als bestellt, der für die Prüfung des in den Konzernabschluß einbezogenen Jahresabschlusses des Mutterunternehmens bestellt worden ist. ²Erfolgt die Einbeziehung auf Grund eines Zwischenabschlusses, so gilt, wenn kein anderer Prüfer bestellt wird, der Prüfer als bestellt, der für die Prüfung des letzten vor dem Konzernabschlußstichtag aufgestellten Jahresabschlusses des Mutterunternehmens bestellt worden ist.

---

[1] Beachte hierzu Übergangsvorschrift in Art. 58 Abs. 3 EGHGB; Nr. 2.
[2] Abgedruckt in **dtv 5010 „AktG · GmbHG"**.

(3)[1] [1] Auf Antrag der gesetzlichen Vertreter, des Aufsichtsrats oder von Gesellschaftern, bei Aktiengesellschaften und Kommanditgesellschaften auf Aktien jedoch nur, wenn die Anteile dieser Gesellschafter bei Antragstellung zusammen den zwanzigsten Teil des Grundkapitals oder einen Börsenwert von 500 000 Euro erreichen, hat das Gericht nach Anhörung der Beteiligten und des gewählten Prüfers einen anderen Abschlussprüfer zu bestellen, wenn dies aus einem in der Person des gewählten Prüfers liegenden Grund geboten erscheint, insbesondere wenn ein Ausschlussgrund nach § 319 Abs. 2 bis 5, § 319a besteht. [2] Der Antrag ist binnen zwei Wochen nach dem Tag der Wahl des Abschlussprüfers zu stellen; Aktionäre können den Antrag nur stellen, wenn sie gegen die Wahl des Abschlussprüfers bei der Beschlussfassung Widerspruch erklärt haben. [3] Wird ein Befangenheitsgrund erst nach der Wahl bekannt oder tritt ein Befangenheitsgrund erst nach der Wahl ein, ist der Antrag binnen zwei Wochen nach dem Tag zu stellen, an dem der Antragsberechtigte Kenntnis von den befangenheitsbegründenden Umständen erlangt hat oder ohne grobe Fahrlässigkeit hätte erlangen müssen. [4] Stellen Aktionäre den Antrag, so haben sie glaubhaft zu machen, dass sie seit mindestens drei Monaten vor dem Tag der Wahl des Abschlussprüfers Inhaber der Aktien sind. [5] Zur Glaubhaftmachung genügt die eidesstattliche Versicherung vor einem Notar. [6] Unterliegt die Gesellschaft einer staatlichen Aufsicht, so kann auch die Aufsichtsbehörde den Antrag stellen. [7] Der Antrag kann nach Erteilung des Bestätigungsvermerks, im Fall einer Nachtragsprüfung nach § 316 Abs. 3 nach Ergänzung des Bestätigungsvermerks nicht mehr gestellt werden. [8] Gegen die Entscheidung ist die sofortige Beschwerde zulässig.

(4) [1] Ist der Abschlußprüfer bis zum Ablauf des Geschäftsjahrs nicht gewählt worden, so hat das Gericht auf Antrag der gesetzlichen Vertreter, des Aufsichtsrats oder eines Gesellschafters den Abschlußprüfer zu bestellen. [2] Gleiches gilt, wenn ein gewählter Abschlußprüfer die Annahme des Prüfungsauftrags abgelehnt hat, weggefallen ist oder am rechtzeitigen Abschluß der Prüfung verhindert ist und ein anderer Abschlußprüfer nicht gewählt worden ist. [3] Die gesetzlichen Vertreter sind verpflichtet, den Antrag zu stellen. [4] Gegen die Entscheidung des Gerichts findet die sofortige Beschwerde statt; die Bestellung des Abschlußprüfers ist unanfechtbar.

(5) [1] Der vom Gericht bestellte Abschlußprüfer hat Anspruch auf Ersatz angemessener barer Auslagen und auf Vergütung für seine Tätigkeit. [2] Die Auslagen und die Vergütung setzt das Gericht fest. [3] Gegen die Entscheidung ist die sofortige Beschwerde zulässig. [4] Die weitere Beschwerde ist ausgeschlossen. [5] Aus der rechtskräftigen Entscheidung findet die Zwangsvollstreckung nach der Zivilprozeßordnung statt.

(6) [1] Ein von dem Abschlußprüfer angenommener Prüfungsauftrag kann von dem Abschlußprüfer nur aus wichtigem Grund gekündigt werden. [2] Als wichtiger Grund ist es nicht anzusehen, wenn Meinungsverschiedenheiten über den Inhalt des Bestätigungsvermerks, seine Einschränkung oder Versagung bestehen. [3] Die Kündigung ist schriftlich zu begründen. [4] Der Abschlußprüfer hat über das Ergebnis seiner bisherigen Prüfung zu berichten; § 321 ist entsprechend anzuwenden.

(7) [1] Kündigt der Abschlußprüfer den Prüfungsauftrag nach Absatz 6, so haben die gesetzlichen Vertreter die Kündigung dem Aufsichtsrat, der nächsten

---

[1]) Beachte hierzu Übergangsvorschrift in Art. 58 Abs. 3 EGHGB; Nr. 2.

Hauptversammlung oder bei Gesellschaften mit beschränkter Haftung den Gesellschaftern mitzuteilen. ²Den Bericht des bisherigen Abschlußprüfers haben die gesetzlichen Vertreter unverzüglich dem Aufsichtsrat vorzulegen. ³Jedes Aufsichtsratsmitglied hat das Recht, von dem Bericht Kenntnis zu nehmen. ⁴Der Bericht ist auch jedem Aufsichtsratsmitglied oder, soweit der Aufsichtsrat dies beschlossen hat, den Mitgliedern eines Ausschusses auszuhändigen. ⁵Ist der Prüfungsauftrag vom Aufsichtsrat erteilt worden, obliegen die Pflichten der gesetzlichen Vertreter dem Aufsichtsrat einschließlich der Unterrichtung der gesetzlichen Vertreter.

§ 319[1]**) Auswahl der Abschlussprüfer und Ausschlussgründe.**

(1) ¹Abschlussprüfer können Wirtschaftsprüfer und Wirtschaftsprüfungsgesellschaften sein. ²Abschlussprüfer von Jahresabschlüssen und Lageberichten mittelgroßer Gesellschaften mit beschränkter Haftung (§ 267 Abs. 2) oder von mittelgroßen Personenhandelsgesellschaften im Sinne des § 264a Abs. 1 können auch vereidigte Buchprüfer und Buchprüfungsgesellschaften sein. ³Die Abschlussprüfer nach den Sätzen 1 und 2 müssen über eine wirksame Bescheinigung über die Teilnahme an der Qualitätskontrolle nach § 57a der Wirtschaftsprüferordnung verfügen, es sei denn, die Wirtschaftsprüferkammer hat eine Ausnahmegenehmigung erteilt.

(2) Ein Wirtschaftsprüfer oder vereidigter Buchprüfer ist als Abschlussprüfer ausgeschlossen, wenn Gründe, insbesondere Beziehungen geschäftlicher, finanzieller oder persönlicher Art, vorliegen, nach denen die Besorgnis der Befangenheit besteht.

(3) ¹Ein Wirtschaftsprüfer oder vereidigter Buchprüfer ist insbesondere von der Abschlussprüfung ausgeschlossen, wenn er oder eine Person, mit der er seinen Beruf gemeinsam ausübt,
1. Anteile oder andere nicht nur unwesentliche finanzielle Interessen an der zu prüfenden Kapitalgesellschaft oder eine Beteiligung an einem Unternehmen besitzt, das mit der zu prüfenden Kapitalgesellschaft verbunden ist oder von dieser mehr als zwanzig vom Hundert der Anteile besitzt;
2. gesetzlicher Vertreter, Mitglied des Aufsichtsrats oder Arbeitnehmer der zu prüfenden Kapitalgesellschaft oder eines Unternehmens ist, das mit der zu prüfenden Kapitalgesellschaft verbunden ist oder von dieser mehr als zwanzig vom Hundert der Anteile besitzt;
3. über die Prüfungstätigkeit hinaus bei der zu prüfenden oder für die zu prüfende Kapitalgesellschaft in dem zu prüfenden Geschäftsjahr oder bis zur Erteilung des Bestätigungsvermerks
    a) bei der Führung der Bücher oder der Aufstellung des zu prüfenden Jahresabschlusses mitgewirkt hat,
    b) bei der Durchführung der internen Revision in verantwortlicher Position mitgewirkt hat,
    c) Unternehmensleitungs- oder Finanzdienstleistungen erbracht hat oder
    d) eigenständige versicherungsmathematische oder Bewertungsleistungen erbracht hat, die sich auf den zu prüfenden Jahresabschluss nicht nur unwesentlich auswirken,
sofern diese Tätigkeiten nicht von untergeordneter Bedeutung sind; dies gilt auch, wenn eine dieser Tätigkeiten von einem Unternehmen für die zu

---

[1]) Beachte hierzu Übergangsvorschrift in Art. 58 Abs. 4 EGHGB; Nr. **2**.

prüfende Kapitalgesellschaft ausgeübt wird, bei dem der Wirtschaftsprüfer oder vereidigte Buchprüfer gesetzlicher Vertreter, Arbeitnehmer, Mitglied des Aufsichtsrats oder Gesellschafter, der mehr als zwanzig vom Hundert der den Gesellschaftern zustehenden Stimmrechte besitzt, ist;
4. bei der Prüfung eine Person beschäftigt, die nach den Nummern 1 bis 3 nicht Abschlussprüfer sein darf;
5. in den letzten fünf Jahren jeweils mehr als dreißig vom Hundert der Gesamteinnahmen aus seiner beruflichen Tätigkeit von der zu prüfenden Kapitalgesellschaft und von Unternehmen, an denen die zu prüfende Kapitalgesellschaft mehr als zwanzig vom Hundert der Anteile besitzt, bezogen hat und dies auch im laufenden Geschäftsjahr zu erwarten ist; zur Vermeidung von Härtefällen kann die Wirtschaftsprüferkammer befristete Ausnahmegenehmigungen erteilen.

²Dies gilt auch, wenn der Ehegatte oder der Lebenspartner einen Ausschlussgrund nach Satz 1 Nr. 1, 2 oder 3 erfüllt.

(4) ¹Wirtschaftsprüfungsgesellschaften und Buchprüfungsgesellschaften sind von der Abschlussprüfung ausgeschlossen, wenn sie selbst, einer ihrer gesetzlichen Vertreter, ein Gesellschafter, der mehr als zwanzig vom Hundert der den Gesellschaftern zustehenden Stimmrechte besitzt, ein verbundenes Unternehmen, ein bei der Prüfung in verantwortlicher Position beschäftigter Gesellschafter oder eine andere von ihr beschäftigte Person, die das Ergebnis der Prüfung beeinflussen kann, nach Absatz 2 oder Absatz 3 ausgeschlossen sind. ²Satz 1 gilt auch, wenn ein Mitglied des Aufsichtsrats nach Absatz 3 Satz 1 Nr. 2 ausgeschlossen ist oder wenn mehrere Gesellschafter, die zusammen mehr als zwanzig vom Hundert der den Gesellschaftern zustehenden Stimmrechte besitzen, jeweils einzeln oder zusammen nach Absatz 2 oder Absatz 3 ausgeschlossen sind.

(5) Absatz 1 Satz 3 sowie die Absätze 2 bis 4 sind auf den Abschlussprüfer des Konzernabschlusses entsprechend anzuwenden.

§ 319a[1]) **Besondere Ausschlussgründe bei Unternehmen von öffentlichem Interesse.** (1) ¹Ein Wirtschaftsprüfer ist über die in § 319 Abs. 2 und 3 genannten Gründe hinaus auch dann von der Abschlussprüfung eines Unternehmens, das einen organisierten Markt im Sinne des § 2 Abs. 5 des Wertpapierhandelsgesetzes in Anspruch nimmt, ausgeschlossen, wenn er
1. in den letzten fünf Jahren jeweils mehr als fünfzehn vom Hundert der Gesamteinnahmen aus seiner beruflichen Tätigkeit von der zu prüfenden Kapitalgesellschaft oder von Unternehmen, an denen die zu prüfende Kapitalgesellschaft mehr als zwanzig vom Hundert der Anteile besitzt, bezogen hat und dies auch im laufenden Geschäftsjahr zu erwarten ist,
2. in dem zu prüfenden Geschäftsjahr über die Prüfungstätigkeit hinaus Rechts- oder Steuerberatungsleistungen erbracht hat, die über das Aufzeigen von Gestaltungsalternativen hinausgehen und die sich auf die Darstellung der Vermögens-, Finanz- und Ertragslage in dem zu prüfenden Jahresabschluss unmittelbar und nicht nur unwesentlich auswirken,
3. über die Prüfungstätigkeit hinaus in dem zu prüfenden Geschäftsjahr an der Entwicklung, Einrichtung und Einführung von Rechnungslegungsinfor-

---

[1]) Beachte hierzu Übergangsvorschrift in Art. 58 Abs. 4 EGHGB; Nr. **2**.

mationssystemen mitgewirkt hat, sofern diese Tätigkeit nicht von untergeordneter Bedeutung ist, oder
4. einen Bestätigungsvermerk nach § 322 über die Prüfung des Jahresabschlusses des Unternehmens bereits in sieben oder mehr Fällen gezeichnet hat; dies gilt nicht, wenn seit seiner letzten Beteiligung an der Prüfung des Jahresabschlusses drei oder mehr Jahre vergangen sind.
²§ 319 Abs. 3 Satz 1 Nr. 3 letzter Teilsatz, Satz 2 und Abs. 4 gilt für die in Satz 1 genannten Ausschlussgründe entsprechend. ³Satz 1 Nr. 1 bis 3 gilt auch, wenn Personen, mit denen der Wirtschaftsprüfer seinen Beruf gemeinsam ausübt, die dort genannten Ausschlussgründe erfüllen. ⁴Satz 1 Nr. 4 findet auf eine Wirtschaftsprüfungsgesellschaft mit der Maßgabe Anwendung, dass sie nicht Abschlussprüfer sein darf, wenn sie bei der Abschlussprüfung des Unternehmens einen Wirtschaftsprüfer beschäftigt, der nach Satz 1 Nr. 4 nicht Abschlussprüfer sein darf.

(2) Absatz 1 ist auf den Abschlussprüfer des Konzernabschlusses entsprechend anzuwenden.

§ 320 Vorlagepflicht. Auskunftsrecht. (1) ¹Die gesetzlichen Vertreter der Kapitalgesellschaft haben dem Abschlußprüfer den Jahresabschluß und den Lagebericht unverzüglich nach der Aufstellung vorzulegen. ²Sie haben ihm zu gestatten, die Bücher und Schriften der Kapitalgesellschaft sowie die Vermögensgegenstände und Schulden, namentlich die Kasse und die Bestände an Wertpapieren und Waren, zu prüfen.

(2) ¹Der Abschlußprüfer kann von den gesetzlichen Vertretern alle Aufklärungen und Nachweise verlangen, die für eine sorgfältige Prüfung notwendig sind. ²Soweit es die Vorbereitung der Abschlußprüfung erfordert, hat der Abschlußprüfer die Rechte nach Absatz 1 Satz 2 und nach Satz 1 auch schon vor Aufstellung des Jahresabschlusses. ³Soweit es für eine sorgfältige Prüfung notwendig ist, hat der Abschlußprüfer die Rechte nach den Sätzen 1 und 2 auch gegenüber Mutter- und Tochterunternehmen.

(3) ¹Die gesetzlichen Vertreter einer Kapitalgesellschaft, die einen Konzernabschluß aufzustellen hat, haben dem Abschlußprüfer des Konzernabschlusses den Konzernabschluß, den Konzernlagebericht, die Jahresabschlüsse, Lageberichte und, wenn eine Prüfung stattgefunden hat, die Prüfungsberichte des Mutterunternehmens und der Tochterunternehmen vorzulegen. ²Der Abschlußprüfer hat die Rechte nach Absatz 1 Satz 2 und nach Absatz 2 bei dem Mutterunternehmen und den Tochterunternehmen, die Rechte nach Absatz 2 auch gegenüber den Abschlußprüfern des Mutterunternehmens und der Tochterunternehmen.

§ 321[1]) **Prüfungsbericht.** (1) ¹Der Abschlußprüfer hat über Art und Umfang sowie über das Ergebnis der Prüfung schriftlich und mit der gebotenen Klarheit zu berichten. ²In dem Bericht ist vorweg zu der Beurteilung der Lage des Unternehmens oder Konzerns durch die gesetzlichen Vertreter Stellung zu nehmen, wobei insbesondere auf die Beurteilung des Fortbestandes und der künftigen Entwicklung des Unternehmens unter Berücksichtigung des Lageberichts und bei der Prüfung des Konzernabschlusses von Mutterunternehmen auch des Konzerns unter Berücksichtigung des Konzernlagebe-

---

[1]) Beachte hierzu die Übergangsvorschriften in Art. 54 und Art. 58 Abs. 3 EGHGB; Nr. **2**.

richts einzugehen ist, soweit die geprüften Unterlagen und der Lagebericht oder der Konzernlagebericht eine solche Beurteilung erlauben. ³Außerdem hat der Abschlussprüfer über bei Durchführung der Prüfung festgestellte Unrichtigkeiten oder Verstöße gegen gesetzliche Vorschriften sowie Tatsachen zu berichten, die den Bestand des geprüften Unternehmens oder des Konzerns gefährden oder seine Entwicklung wesentlich beeinträchtigen können oder die schwerwiegende Verstöße der gesetzlichen Vertreter oder von Arbeitnehmern gegen Gesetz, Gesellschaftsvertrag oder die Satzung erkennen lassen.

(2) ¹Im Hauptteil des Prüfungsberichts ist festzustellen, ob die Buchführung und die weiteren geprüften Unterlagen, der Jahresabschluss, der Lagebericht, der Konzernabschluss und der Konzernlagebericht den gesetzlichen Vorschriften und den ergänzenden Bestimmungen des Gesellschaftsvertrags oder der Satzung entsprechen. ²In diesem Rahmen ist auch über Beanstandungen zu berichten, die nicht zur Einschränkung oder Versagung des Bestätigungsvermerks geführt haben, soweit dies für die Überwachung der Geschäftsführung und des geprüften Unternehmens von Bedeutung ist. ³Es ist auch darauf einzugehen, ob der Abschluss insgesamt unter Beachtung der Grundsätze ordnungsmäßiger Buchführung oder sonstiger maßgeblicher Rechnungslegungsgrundsätze ein den tatsächlichen Verhältnissen entsprechendes Bild der Vermögens-, Finanz- und Ertragslage der Kapitalgesellschaft oder des Konzerns vermittelt. ⁴Dazu ist auch auf wesentliche Bewertungsgrundlagen sowie darauf einzugehen welchen Einfluss Änderungen in den Bewertungsgrundlagen einschließlich der Ausübung von Bilanzierungs- und Bewertungswahlrechten und der Ausnutzung von Ermessensspielräumen sowie sachverhaltsgestaltende Maßnahmen auf die Darstellung der Vermögens-, Finanz- und Ertragslage haben. ⁵Hierzu sind die Posten des Jahres- und des Konzernabschlusses aufzugliedern und ausreichend zu erläutern, soweit diese Angaben nicht im Anhang enthalten sind. ⁶Es ist darzustellen, ob die gesetzlichen Vertreter die verlangten Aufklärungen und Nachweise erbracht haben.

(3) ¹In einem besonderen Abschnitt des Prüfungsberichts sind Gegenstand, Art und Umfang der Prüfung zu erläutern. ²Dabei ist auch auf die angewandten Rechnungslegungs- und Prüfungsgrundsätze einzugehen.

(4) ¹Ist im Rahmen der Prüfung eine Beurteilung nach § 317 Abs. 4 abgegeben worden, so ist deren Ergebnis in einem besonderen Teil des Prüfungsberichts darzustellen. ²Es ist darauf einzugehen, ob Maßnahmen erforderlich sind, um das interne Überwachungssystem zu verbessern.

(5) ¹Der Abschlußprüfer hat den Bericht zu unterzeichnen und den gesetzlichen Vertretern vorzulegen. ²Hat der Aufsichtsrat den Auftrag erteilt, so ist der Bericht ihm vorzulegen; dem Vorstand ist vor Zuleitung Gelegenheit zur Stellungnahme zu geben.

§ 321 a[1]) Offenlegung des Prüfungsberichts in besonderen Fällen.

(1) ¹Wird über das Vermögen der Gesellschaft ein Insolvenzverfahren eröffnet oder wird der Antrag auf Eröffnung des Insolvenzverfahrens mangels Masse abgewiesen, so hat ein Gläubiger oder Gesellschafter die Wahl, selbst oder durch einen von ihm zu bestimmenden Wirtschaftsprüfer oder im Fall des § 319 Abs. 1 Satz 2 durch einen vereidigten Buchprüfer Einsicht in die Prüfungsberichte des Abschlussprüfers über die aufgrund gesetzlicher Vor-

---

[1]) Beachte hierzu Übergangsvorschrift in Art. 58 Abs. 3 EGHGB; Nr. 2.

schriften durchzuführende Prüfung des Jahresabschlusses der letzten drei Geschäftsjahre zu nehmen, soweit sich diese auf die nach § 321 geforderte Berichterstattung beziehen. ²Der Anspruch richtet sich gegen denjenigen, der die Prüfungsberichte in seinem Besitz hat.

(2) ¹Bei einer Aktiengesellschaft oder einer Kommanditgesellschaft auf Aktien stehen den Gesellschaftern die Rechte nach Absatz 1 Satz 1 nur zu, wenn ihre Anteile bei Geltendmachung des Anspruchs zusammen den einhundertsten Teil des Grundkapitals oder einen Börsenwert von 100 000 Euro erreichen. ²Dem Abschlussprüfer ist die Erläuterung des Prüfungsberichts gegenüber den in Absatz 1 Satz 1 aufgeführten Personen gestattet.

(3) ¹Der Insolvenzverwalter oder ein gesetzlicher Vertreter des Schuldners kann einer Offenlegung von Geheimnissen, namentlich Betriebs- oder Geschäftsgeheimnissen, widersprechen, wenn die Offenlegung geeignet ist, der Gesellschaft einen erheblichen Nachteil zuzufügen. ² § 323 Abs. 1 und 3 bleibt im Übrigen unberührt. ³Unbeschadet des Satzes 1 sind die Berechtigten nach Absatz 1 Satz 1 zur Verschwiegenheit über den Inhalt der von ihnen eingesehenen Unterlagen nach Absatz 1 Satz 1 verpflichtet.

(4) Die Absätze 1 bis 3 gelten entsprechend, wenn der Schuldner zur Aufstellung eines Konzernabschlusses und Konzernlageberichts verpflichtet ist.

§ 322[1]) **Bestätigungsvermerk.** (1) ¹Der Abschlussprüfer hat das Ergebnis der Prüfung in einem Bestätigungsvermerk zum Jahresabschluss oder zum Konzernabschluss zusammenzufassen. ²Der Bestätigungsvermerk hat Gegenstand, Art und Umfang der Prüfung zu beschreiben und dabei die angewandten Rechnungslegungs- und Prüfungsgrundsätze anzugeben; er hat ferner eine Beurteilung des Prüfungsergebnisses zu enthalten.

(2) ¹Die Beurteilung des Prüfungsergebnisses muss zweifelsfrei ergeben, ob
1. ein uneingeschränkter Bestätigungsvermerk erteilt,
2. ein eingeschränkter Bestätigungsvermerk erteilt,
3. der Bestätigungsvermerk auf Grund von Einwendungen versagt oder
4. der Bestätigungsvermerk deshalb versagt wird, weil der Abschlussprüfer nicht in der Lage ist, ein Prüfungsurteil abzugeben.

²Die Beurteilung des Prüfungsergebnisses soll allgemein verständlich und problemorientiert unter Berücksichtigung des Umstandes erfolgen, dass die gesetzlichen Vertreter den Abschluss zu verantworten haben. ³Auf Risiken, die den Fortbestand des Unternehmens oder eines Konzernunternehmens gefährden, ist gesondert einzugehen. ⁴Auf Risiken, die den Fortbestand eines Tochterunternehmens gefährden, braucht im Bestätigungsvermerk zum Konzernabschluss des Mutterunternehmens nicht eingegangen zu werden, wenn das Tochterunternehmen für die Vermittlung eines den tatsächlichen Verhältnissen entsprechenden Bildes der Vermögens-, Finanz- und Ertragslage des Konzerns nur von untergeordneter Bedeutung ist.

(3) ¹In einem uneingeschränkten Bestätigungsvermerk (Absatz 2 Satz 1 Nr. 1) hat der Abschlussprüfer zu erklären, dass die von ihm nach § 317 durchgeführte Prüfung zu keinen Einwendungen geführt hat und dass der von den gesetzlichen Vertretern der Gesellschaft aufgestellte Jahres- oder Konzernabschluss auf Grund der bei der Prüfung gewonnenen Erkenntnisse des Ab-

---

[1]) Beachte hierzu Übergangsvorschrift in Art. 58 Abs. 3 EGHGB; Nr. **2**.

2. Abschnitt. Vorschriften für Kapitalgesellschaften § 323 HGB 1

schlussprüfers nach seiner Beurteilung den gesetzlichen Vorschriften entspricht und unter Beachtung der Grundsätze ordnungsmäßiger Buchführung oder sonstiger maßgeblicher Rechnungslegungsgrundsätze ein den tatsächlichen Verhältnissen entsprechendes Bild der Vermögens-, Finanz- und Ertragslage des Unternehmens oder des Konzerns vermittelt. ²Der Abschlussprüfer kann zusätzlich einen Hinweis auf Umstände aufnehmen, auf die er in besonderer Weise aufmerksam macht, ohne den Bestätigungsvermerk einzuschränken.

(4) ¹Sind Einwendungen zu erheben, so hat der Abschlussprüfer seine Erklärung nach Absatz 3 Satz 1 einzuschränken (Absatz 2 Satz 1 Nr. 2) oder zu versagen (Absatz 2 Satz 1 Nr. 3). ²Die Versagung ist in den Vermerk, der nicht mehr als Bestätigungsvermerk zu bezeichnen ist, aufzunehmen. ³Die Einschränkung oder Versagung ist zu begründen. ⁴Ein eingeschränkter Bestätigungsvermerk darf nur erteilt werden, wenn der geprüfte Abschluss unter Beachtung der vom Abschlussprüfer vorgenommenen, in ihrer Tragweite erkennbaren Einschränkung ein den tatsächlichen Verhältnissen im Wesentlichen entsprechendes Bild der Vermögens-, Finanz- und Ertragslage vermittelt.

(5) ¹Der Bestätigungsvermerk ist auch dann zu versagen, wenn der Abschlussprüfer nach Ausschöpfung aller angemessenen Möglichkeiten zur Klärung des Sachverhalts nicht in der Lage ist, ein Prüfungsurteil abzugeben (Absatz 2 Satz 1 Nr. 4). ²Absatz 4 Satz 2 und 3 gilt entsprechend.

(6) ¹Die Beurteilung des Prüfungsergebnisses hat sich auch darauf zu erstrecken, ob der Lagebericht oder der Konzernlagebericht nach dem Urteil des Abschlussprüfers mit dem Jahresabschluss und gegebenenfalls mit dem Einzelabschluss nach § 325 Abs. 2a oder mit dem Konzernabschluss in Einklang steht und insgesamt ein zutreffendes Bild von der Lage des Unternehmens oder des Konzerns vermittelt. ²Dabei ist auch darauf einzugehen, ob die Chancen und Risiken der zukünftigen Entwicklung zutreffend dargestellt sind.

(7) ¹Der Abschlussprüfer hat den Bestätigungsvermerk oder den Vermerk über seine Versagung unter Angabe von Ort und Tag zu unterzeichnen. ²Der Bestätigungsvermerk oder der Vermerk über seine Versagung ist auch in den Prüfungsbericht aufzunehmen.

§ 323 Verantwortlichkeit des Abschlußprüfers. (1) ¹Der Abschlußprüfer, seine Gehilfen und die bei der Prüfung mitwirkenden gesetzlichen Vertreter einer Prüfungsgesellschaft sind zur gewissenhaften und unparteiischen Prüfung und zur Verschwiegenheit verpflichtet; § 57b der Wirtschaftsprüferordnung bleibt unberührt. ²Sie dürfen nicht unbefugt Geschäfts- und Betriebsgeheimnisse verwerten, die sie bei ihrer Tätigkeit erfahren haben. ³Wer vorsätzlich oder fahrlässig seine Pflichten verletzt, ist der Kapitalgesellschaft und, wenn ein verbundenes Unternehmen geschädigt worden ist, auch diesem zum Ersatz des daraus entstehenden Schadens verpflichtet. ⁴Mehrere Personen haften als Gesamtschuldner.

(2) ¹Die Ersatzpflicht von Personen, die fahrlässig gehandelt haben, beschränkt sich auf eine Million Euro für eine Prüfung. ²Bei Prüfung einer Aktiengesellschaft, deren Aktien zum Handel im amtlichen Markt zugelassen sind, beschränkt sich die Ersatzpflicht von Personen, die fahrlässig gehandelt haben, abweichend von Satz 1 auf vier Millionen Euro für eine Prüfung. ³Dies gilt auch, wenn an der Prüfung mehrere Personen beteiligt gewesen oder mehrere zum Ersatz verpflichtende Handlungen begangen worden sind, und ohne Rücksicht darauf, ob andere Beteiligte vorsätzlich gehandelt haben.

(3) Die Verpflichtung zur Verschwiegenheit besteht, wenn eine Prüfungsgesellschaft Abschlußprüfer ist, auch gegenüber dem Aufsichtsrat und den Mitgliedern des Aufsichtsrats der Prüfungsgesellschaft.

(4) Die Ersatzpflicht nach diesen Vorschriften kann durch Vertrag weder ausgeschlossen noch beschränkt werden.

(5)[1] *(aufgehoben)*

§ 324 Meinungsverschiedenheiten zwischen Kapitalgesellschaft und Abschlußprüfer. (1) Bei Meinungsverschiedenheiten zwischen dem Abschlußprüfer und der Kapitalgesellschaft über die Auslegung und Anwendung der gesetzlichen Vorschriften sowie von Bestimmungen des Gesellschaftsvertrags oder der Satzung über den Jahresabschluß, Lagebericht, Konzernabschluß oder Konzernlagebericht entscheidet auf Antrag des Abschlußprüfers oder der gesetzlichen Vertreter der Kapitalgesellschaft ausschließlich das Landgericht.

(2) [1] Auf das Verfahren ist das Gesetz über die Angelegenheiten der freiwilligen Gerichtsbarkeit anzuwenden. [2] Das Landgericht entscheidet durch einen mit Gründen versehenen Beschluß. [3] Die Entscheidung wird erst mit der Rechtskraft wirksam. [4] Gegen die Entscheidung findet die sofortige Beschwerde statt, wenn das Landgericht sie in der Entscheidung zugelassen hat. [5] Es soll sie nur zulassen, wenn dadurch die Klärung einer Rechtsfrage von grundsätzlicher Bedeutung zu erwarten ist. [6] Die Beschwerde kann nur durch Einreichung einer von einem Rechtsanwalt unterzeichneten Beschwerdeschrift eingelegt werden. [7] Über sie entscheidet das Oberlandesgericht; § 28 Abs. 2 und 3 des Gesetzes über die Angelegenheiten der freiwilligen Gerichtsbarkeit ist entsprechend anzuwenden. [8] Die weitere Beschwerde ist ausgeschlossen. [9] Die Landesregierung kann durch Rechtsverordnung die Entscheidung über die Beschwerde für die Bezirke mehrerer Oberlandesgerichte einem der Oberlandesgerichte oder dem Obersten Landesgericht übertragen, wenn dies der Sicherung einer einheitlichen Rechtsprechung dient. [10] Die Landesregierung kann die Ermächtigung durch Rechtsverordnung auf die Landesjustizverwaltung übertragen.

(3) [1] Für die Kosten des Verfahrens gilt die Kostenordnung. [2] Für das Verfahren des ersten Rechtszugs wird das Doppelte der vollen Gebühr erhoben. [3] Für den zweiten Rechtszug wird die gleiche Gebühr erhoben; dies gilt auch dann, wenn die Beschwerde Erfolg hat. [4] Wird der Antrag oder die Beschwerde zurückgenommen, bevor es zu einer Entscheidung kommt, so ermäßigt sich die Gebühr auf die Hälfte. [5] Der Geschäftswert ist von Amts wegen festzusetzen. [6] Er bestimmt sich nach § 30 Abs. 2 der Kostenordnung. [7] Der Abschlußprüfer ist zur Leistung eines Kostenvorschusses nicht verpflichtet. [8] Schuldner der Kosten ist die Kapitalgesellschaft. [9] Die Kosten können jedoch ganz oder zum Teil dem Abschlußprüfer auferlegt werden, wenn dies der Billigkeit entspricht.

§ 324 a[2] **Anwendung auf den Einzelabschluss nach § 325 Abs. 2 a.**
(1) [1] Die Bestimmungen dieses Unterabschnitts, die sich auf den Jahresabschluss beziehen, sind auf einen Einzelabschluss nach § 325 Abs. 2 a entspre-

---

[1] Beachte hierzu Übergangsvorschrift in Art. 51 und 55 EGHGB; Nr. **2**.
[2] Beachte hierzu Übergangsvorschrift in Art. 58 Abs. 3 EGHGB; Nr. **2**.

2. Abschnitt. Vorschriften für Kapitalgesellschaften §325 HGB 1

chend anzuwenden. ²An Stelle des § 316 Abs. 1 Satz 2 gilt § 316 Abs. 2 Satz 2 entsprechend.

(2) ¹Als Abschlussprüfer des Einzelabschlusses nach § 325 Abs. 2a gilt der für die Prüfung des Jahresabschlusses bestellte Prüfer als bestellt. ²Der Prüfungsbericht zum Einzelabschluss nach § 325 Abs. 2a kann mit dem Prüfungsbericht zum Jahresabschluss zusammengefasst werden.

Vierter Unterabschnitt. Offenlegung (Einreichung zu einem Register, Bekanntmachung im Bundesanzeiger). Veröffentlichung und Vervielfältigung. Prüfung durch das Registergericht

§ 325[1]**) Offenlegung.** (1) ¹Die gesetzlichen Vertreter von Kapitalgesellschaften haben den Jahresabschluß unverzüglich nach seiner Vorlage an die Gesellschafter, jedoch spätestens vor Ablauf des zwölften Monats des dem Abschlußstichtag nachfolgenden Geschäftsjahrs, mit dem Bestätigungsvermerk oder dem Vermerk über dessen Versagung zum Handelsregister des Sitzes der Kapitalgesellschaft einzureichen; gleichzeitig sind der Lagebericht, der Bericht des Aufsichtsrats und, soweit sich der Vorschlag für die Verwendung des Ergebnisses und der Beschluß über seine Verwendung aus dem eingereichten Jahresabschluß nicht ergeben, der Vorschlag für die Verwendung des Ergebnisses und der Beschluß über seine Verwendung unter Angabe des Jahresüberschusses oder Jahresfehlbetrags sowie die nach § 161 des Aktiengesetzes[2]) vorgeschriebene Erklärung einzureichen; Angaben über die Ergebnisverwendung brauchen von Gesellschaften mit beschränkter Haftung nicht gemacht zu werden, wenn sich anhand dieser Angaben die Gewinnanteile von natürlichen Personen feststellen lassen, die Gesellschafter sind. ²Die gesetzlichen Vertreter haben unverzüglich nach der Einreichung der in Satz 1 bezeichneten Unterlagen im Bundesanzeiger bekanntzumachen, bei welchem Handelsregister und unter welcher Nummer diese Unterlagen eingereicht worden sind. ³Werden zur Wahrung der Frist nach Satz 1 der Jahresabschluß und der Lagebericht ohne die anderen Unterlagen eingereicht, so sind der Bericht und der Vorschlag nach ihrem Vorliegen, die Beschlüsse nach der Beschlußfassung und der Vermerk nach der Erteilung unverzüglich einzureichen; wird der Jahresabschluß bei nachträglicher Prüfung oder Feststellung geändert, so ist auch die Änderung nach Satz 1 einzureichen.

(2) ¹Absatz 1 ist auf große Kapitalgesellschaften (§ 267 Abs. 3) mit der Maßgabe anzuwenden, daß die in Absatz 1 bezeichneten Unterlagen zunächst im Bundesanzeiger bekanntzumachen sind und die Bekanntmachung unter Beifügung der bezeichneten Unterlagen zum Handelsregister des Sitzes der Kapitalgesellschaft einzureichen ist; die Bekanntmachung nach Absatz 1 Satz 2 entfällt. ²Die Aufstellung des Anteilsbesitzes (§ 287) braucht nicht im Bundesanzeiger bekannt gemacht zu werden.

(2a) ¹Bei der Offenlegung nach Absatz 2 kann an die Stelle des Jahresabschlusses ein Einzelabschluss treten, der nach den in § 315a Abs. 1 bezeichneten internationalen Rechnungslegungsstandards aufgestellt worden ist. ²Ein Unternehmen, das von diesem Wahlrecht Gebrauch macht, hat die dort genannten Standards vollständig zu befolgen. ³Auf einen solchen Abschluss fin-

---

[1]) Beachte hierzu die Übergangsvorschriften in Art. 54 und Art. 58 Abs. 3 EGHGB; Nr. **2**.
[2]) Abgedruckt in **dtv 5010 „AktG · GmbHG".**

den § 243 Abs. 2, §§ 244, 245, 257, 285 Satz 1 Nr. 7, 8 Buchstabe b, Nr. 9 bis 11a, 14 bis 17, § 286 Abs. 1 und 3 sowie § 287 Anwendung. [4]Der Lagebericht nach § 289 muss in dem erforderlichen Umfang auch auf den Abschluss nach Satz 1 Bezug nehmen. [5]Die übrigen Vorschriften des Zweiten Unterabschnitts des Ersten Abschnitts und des Ersten Unterabschnitts des Zweiten Abschnitts des Dritten Buchs gelten insoweit nicht. [6]Kann wegen der Anwendung des § 286 Abs. 1 auf den Anhang die in Satz 2 genannte Voraussetzung nicht eingehalten werden, so entfällt das Wahlrecht nach Satz 1.

(2b) Die befreiende Wirkung der Offenlegung des Einzelabschlusses nach Absatz 2a tritt ein, wenn

1. statt des vom Abschlussprüfer zum Jahresabschluss erteilten Bestätigungsvermerks oder des Vermerks über dessen Versagung der entsprechende Vermerk zum Abschluss nach Absatz 2a in die Offenlegung nach Absatz 2 einbezogen wird,
2. der Vorschlag für die Verwendung des Ergebnisses und gegebenenfalls der Beschluss über seine Verwendung unter Angabe des Jahresüberschusses oder Jahresfehlbetrags in die Offenlegung nach Absatz 2 einbezogen werden und
3. der Jahresabschluss mit dem Bestätigungsvermerk oder dem Vermerk über dessen Versagung nach Absatz 1 Satz 1 und 2 offengelegt wird.

(3) [1]Die gesetzlichen Vertreter einer Kapitalgesellschaft, die einen Konzernabschluß aufzustellen hat, haben den Konzernabschluß unverzüglich nach seiner Vorlage an die Gesellschafter, jedoch spätestens vor Ablauf des zwölften Monats des dem Konzernabschlußstichtag nachfolgenden Geschäftsjahrs, mit dem Bestätigungsvermerk oder dem Vermerk über dessen Versagung und den Konzernlagebericht sowie den Bericht des Aufsichtsrats im Bundesanzeiger bekanntzumachen und die Bekanntmachung unter Beifügung der bezeichneten Unterlagen zum Handelsregister des Sitzes der Kapitalgesellschaft einzureichen. [2]Die Aufstellung der Anteilsbesitzes (§ 313 Abs. 4) braucht nicht im Bundesanzeiger bekannt gemacht zu werden. [3]Absatz 1 Satz 3 ist entsprechend anzuwenden.

(3a) [1]Ist die Berichterstattung des Aufsichtsrats über Konzernabschluss und Konzernlagebericht in einem nach Absatz 2 Satz 1 erster Halbsatz in Verbindung mit Absatz 1 Satz 1 zweiter Teilsatz offen gelegten Bericht des Aufsichtsrats enthalten, so kann die Bekanntmachung des Berichts nach Absatz 3 Satz 1 durch einen Hinweis auf die frühere oder gleichzeitige Bekanntmachung nach Absatz 2 Satz 1 erster Halbsatz ersetzt werden. [2]Wird der Konzernabschluss zusammen mit dem Jahresabschluss des Mutterunternehmens oder mit einem von diesem aufgestellten Einzelabschluss nach Absatz 2a bekannt gemacht, so können die Vermerke des Abschlussprüfers nach § 322 zu beiden Abschlüssen zusammengefasst werden; in diesem Fall können auch die jeweiligen Prüfungsberichte zusammengefasst werden.

(4) Bei Anwendung der Absätze 2 und 3 ist für die Wahrung der Fristen nach Absatz 1 Satz 1 und Absatz 3 Satz 1 der Zeitpunkt der Einreichung der Unterlagen beim Bundesanzeiger maßgebend.

(5) Auf Gesetz, Gesellschaftsvertrag oder Satzung beruhende Pflichten der Gesellschaft, den Jahresabschluß, den Einzelabschluss nach Absatz 2a, den Lagebericht, Konzernabschluß oder Konzernlagebericht in anderer Weise be-

kanntzumachen, einzureichen oder Personen zugänglich zu machen, bleiben unberührt.

§ 325 a[1] **Zweigniederlassungen von Kapitalgesellschaften mit Sitz im Ausland.** (1) ¹Bei inländischen Zweigniederlassungen von Kapitalgesellschaften mit Sitz in einem anderen Mitgliedstaat der Europäischen Wirtschaftsgemeinschaft oder Vertragsstaat des Abkommens über den Europäischen Wirtschaftsraum haben die in § 13e Abs. 2 Satz 4 Nr. 3 genannten Personen oder, wenn solche nicht angemeldet sind, die gesetzlichen Vertreter der Gesellschaft die Unterlagen der Rechnungslegung der Hauptniederlassung, die nach dem für die Hauptniederlassung maßgeblichen Recht erstellt, geprüft und offengelegt worden sind, nach den §§ 325, 328, 329 Abs. 1 offenzulegen. ²Die Unterlagen sind zu dem Handelsregister am Sitz der Zweigniederlassung einzureichen; bestehen mehrere inländische Zweigniederlassungen derselben Gesellschaft, brauchen die Unterlagen nur zu demjenigen Handelsregister eingereicht zu werden, zu dem gemäß § 13e Abs. 5 die Satzung oder der Gesellschaftsvertrag eingereicht wurde. ³Die Unterlagen sind in deutscher Sprache einzureichen. ⁴Soweit dies nicht die Amtssprache am Sitz der Hauptniederlassung ist, können die Unterlagen auch in englischer Sprache oder in einer von dem Register der Hauptniederlassung beglaubigten Abschrift eingereicht werden; von der Beglaubigung des Registers ist eine beglaubigte Übersetzung in deutscher Sprache einzureichen. ⁵§ 325 Abs. 2 ist nur anzuwenden, wenn die Merkmale für große Kapitalgesellschaften (§ 267 Abs. 3) von der Zweigniederlassung überschritten werden.

(2) Diese Vorschrift gilt nicht für Zweigniederlassungen, die von Kreditinstituten im Sinne des § 340 oder von Versicherungsunternehmen im Sinne des § 341 errichtet werden.

§ 326 Größenabhängige Erleichterungen für kleine Kapitalgesellschaften bei der Offenlegung. ¹Auf kleine Kapitalgesellschaften (§ 267 Abs. 1) ist § 325 Abs. 1 mit der Maßgabe anzuwenden, daß die gesetzlichen Vertreter nur die Bilanz und den Anhang einzureichen haben. ²Der Anhang braucht die die Gewinn- und Verlustrechnung betreffenden Angaben nicht zu enthalten.

§ 327[2] **Größenabhängige Erleichterungen für mittelgroße Kapitalgesellschaften bei der Offenlegung.** Auf mittelgroße Kapitalgesellschaften (§ 267 Abs. 2) ist § 325 Abs. 1 mit der Maßgabe anzuwenden, daß die gesetzlichen Vertreter

1. die Bilanz nur in der für kleine Kapitalgesellschaften nach § 266 Abs. 1 Satz 3 vorgeschriebenen Form zum Handelsregister einreichen müssen. In der Bilanz oder im Anhang sind jedoch die folgenden Posten des § 266 Abs. 2 und 3 zusätzlich gesondert anzugeben:

Auf der Aktivseite

A I 2 Geschäfts- oder Firmenwert;

A II 1 Grundstücke, grundstücksgleiche Rechte und Bauten einschließlich der Bauten auf fremden Grundstücken;

---

[1] Beachte hierzu Übergangsvorschrift in Art. 51 EGHGB; Nr. **2**.
[2] Beachte hierzu Übergangsvorschrift in Art. 58 Abs. 2 EGHGB; Nr. **2**.

A II 2	technische Anlagen und Maschinen;
A II 3	andere Anlagen, Betriebs- und Geschäftsausstattung;
A II 4	geleistete Anzahlungen und Anlagen im Bau;
A III 1	Anteile an verbundenen Unternehmen;
A III 2	Ausleihungen an verbundene Unternehmen;
A III 3	Beteiligungen;
A III 4	Ausleihungen an Unternehmen, mit denen ein Beteiligungsverhältnis besteht;
B II 2	Forderungen gegen verbundene Unternehmen;
B II 3	Forderungen gegen Unternehmen, mit denen ein Beteiligungsverhältnis besteht;
B III 1	Anteile an verbundenen Unternehmen;
B III 2	eigene Anteile.

Auf der Passivseite

C 1	Anleihen, davon konvertibel;
C 2	Verbindlichkeiten gegenüber Kreditinstituten;
C 6	Verbindlichkeiten gegenüber verbundenen Unternehmen;
C 7	Verbindlichkeiten gegenüber Unternehmen, mit denen ein Beteiligungsverhältnis besteht;

2. den Anhang ohne die Angaben nach § 285 Satz 1 Nr. 2, 5 und 8 Buchstabe a, Nr. 12 zum Handelsregister einreichen dürfen.

§ 328[1]) **Form und Inhalt der Unterlagen bei der Offenlegung, Veröffentlichung und Vervielfältigung.** (1) Bei der vollständigen oder teilweisen Offenlegung des Jahresabschlusses, des Einzelabschlusses nach § 325 Abs. 2a oder des Konzernabschlusses und bei der Veröffentlichung oder Vervielfältigung in anderer Form auf Grund des Gesellschaftsvertrags oder der Satzung sind die folgenden Vorschriften einzuhalten:

1. [1]Abschlüsse sind so wiederzugeben, daß sie den für ihre Aufstellung maßgeblichen Vorschriften entsprechen, soweit nicht Erleichterungen nach §§ 326, 327 in Anspruch genommen werden; sie haben in diesem Rahmen vollständig und richtig zu sein. [2]Ist der Abschluss festgestellt oder gebilligt worden, so ist das Datum der Feststellung oder Billigung anzugeben. [3]Wurde der Abschluss auf Grund gesetzlicher Vorschriften durch einen Abschlußprüfer geprüft, so ist jeweils der vollständige Wortlaut des Bestätigungsvermerks oder des Vermerks über dessen Versagung wiederzugeben; wird der Jahresabschluß wegen der Inanspruchnahme von Erleichterungen nur teilweise offengelegt und bezieht sich der Bestätigungsvermerk auf den vollständigen Jahresabschluß, so ist hierauf hinzuweisen.

2. Werden der Jahresabschluß oder der Konzernabschluß zur Wahrung der gesetzlich vorgeschriebenen Fristen über die Offenlegung vor der Prüfung oder Feststellung, sofern diese gesetzlich vorgeschrieben sind, oder nicht gleichzeitig mit beizufügenden Unterlagen offengelegt, so ist hierauf bei der Offenlegung hinzuweisen.

---

[1]) Beachte hierzu Übergangsvorschrift in Art. 58 Abs. 3 EGHGB; Nr. **2**.

(2) ¹Werden Abschlüsse in Veröffentlichungen und Vervielfältigungen, die nicht durch Gesetz, Gesellschaftsvertrag oder Satzung vorgeschrieben sind, nicht in der nach Absatz 1 vorgeschriebenen Form wiedergegeben, so ist jeweils in einer Überschrift darauf hinzuweisen, daß es sich nicht um eine der gesetzlichen Form entsprechende Veröffentlichung handelt. ²Ein Bestätigungsvermerk darf nicht beigefügt werden. ³Ist jedoch auf Grund gesetzlicher Vorschriften eine Prüfung durch einen Abschlußprüfer erfolgt, so ist anzugeben, zu welcher der in § 322 Abs. 2 Satz 1 genannten zusammenfassenden Beurteilungen des Prüfungsergebnisses der Abschlussprüfer in Bezug auf den in gesetzlicher Form erstellten Abschluss gelangt ist und ob der Bestätigungsvermerk einen Hinweis nach § 322 Abs. 3 Satz 2 enthält. ⁴Ferner ist anzugeben, bei welchem Handelsregister und in welcher Nummer des Bundesanzeigers die Offenlegung erfolgt ist oder daß die Offenlegung noch nicht erfolgt ist.

(3) ¹Absatz 1 Nr. 1 ist auf den Lagebericht, den Konzernlagebericht, den Vorschlag für die Verwendung des Ergebnisses und den Beschluß über seine Verwendung sowie auf die Aufstellung des Anteilsbesitzes entsprechend anzuwenden. ²Werden die in Satz 1 bezeichneten Unterlagen nicht gleichzeitig mit dem Jahresabschluß oder dem Konzernabschluß offengelegt, so ist bei ihrer nachträglichen Offenlegung jeweils anzugeben, auf welchen Abschluß sie sich beziehen und wo dieser offengelegt worden ist; dies gilt auch für die nachträgliche Offenlegung des Bestätigungsvermerks oder des Vermerks über seine Versagung.

§ 329 Prüfungspflicht des Registergerichts. (1) Das Gericht prüft, ob die vollständig oder teilweise zum Handelsregister einzureichenden Unterlagen vollzählig sind und, sofern vorgeschrieben, bekanntgemacht worden sind.

(2) ¹Gibt die Prüfung nach Absatz 1 Anlaß zu der Annahme, daß von der Größe der Kapitalgesellschaft abhängige Erleichterungen nicht hätten in Anspruch genommen werden dürfen, so kann das Gericht zu seiner Unterrichtung von der Kapitalgesellschaft innerhalb einer angemessenen Frist die Mitteilung der Umsatzerlöse (§ 277 Abs. 1) und der durchschnittlichen Zahl der Arbeitnehmer (§ 267 Abs. 5), in den Fällen des § 325a Abs. 1 Satz 5 zusätzlich die Bilanzsumme der Zweigniederlassung und in den Fällen des § 3401 Abs. 2 in Verbindung mit Abs. 4 Satz 1 die Bilanzsumme der Zweigstelle des Kreditinstituts verlangen. ²Unterläßt die Kapitalgesellschaft die fristgemäße Mitteilung, so gelten die Erleichterungen als zu Unrecht in Anspruch genommen.

(3) In den Fällen des § 325a Abs. 1 Satz 4, § 3401 Abs. 2 Satz 4 kann das Gericht im Einzelfall die Vorlage einer Übersetzung in die deutsche Sprache verlangen.

Fünfter Unterabschnitt. Verordnungsermächtigung für Formblätter und andere Vorschriften

§ 330. (1)¹Das Bundesministerium der Justiz wird ermächtigt, im Einvernehmen mit dem Bundesministerium der Finanzen und dem Bundesministerium für Wirtschaft und Arbeit durch Rechtsverordnung, die nicht der Zustimmung des Bundesrates bedarf, für Kapitalgesellschaften Formblätter vorzuschreiben oder andere Vorschriften für die Gliederung des Jahresab-

1 HGB § 330

schlusses oder des Konzernabschlusses oder den Inhalt des Anhangs, des Konzernanhangs, des Lageberichts oder des Konzernlageberichts zu erlassen, wenn der Geschäftszweig eine von den §§ 266, 275 abweichende Gliederung des Jahresabschlusses oder des Konzernabschlusses oder von den Vorschriften des Ersten Abschnitts und des Ersten und Zweiten Unterabschnitts des Zweiten Abschnitts abweichende Regelungen erfordert. ²Die sich aus den abweichenden Vorschriften ergebenden Anforderungen an die in Satz 1 bezeichneten Unterlagen sollen den Anforderungen gleichwertig sein, die sich für große Kapitalgesellschaften (§ 267 Abs. 3) aus den Vorschriften des Ersten Abschnitts und des Ersten und Zweiten Unterabschnitts des Zweiten Abschnitts sowie den für den Geschäftszweig geltenden Vorschriften ergeben. ³Über das geltende Recht hinausgehende Anforderungen dürfen nur gestellt werden, soweit sie auf Rechtsakten des Rates der Europäischen Union beruhen.

(2) ¹Absatz 1 ist auf Kreditinstitute im Sinne des § 1 Abs. 1 des Gesetzes über das Kreditwesen, soweit sie nach dessen § 2 Abs. 1, 4 oder 5 von der Anwendung nicht ausgenommen sind, und auf Finanzdienstleistungsinstitute im Sinne des § 1 Abs. 1a des Gesetzes über das Kreditwesen, soweit sie nach dessen § 2 Abs. 6 oder 10 von der Anwendung nicht ausgenommen sind, nach Maßgabe der Sätze 3 und 4 ungeachtet ihrer Rechtsform anzuwenden. ²Satz 1 ist auch auf Zweigstellen von Unternehmen mit Sitz in einem Staat anzuwenden, der nicht Mitglied der Europäischen Gemeinschaft und auch nicht Vertragsstaat des Abkommens über den Europäischen Wirtschaftsraum ist, sofern die Zweigstelle nach § 53 Abs. 1 des Gesetzes über das Kreditwesen als Kreditinstitut oder als Finanzinstitut gilt. ³Die Rechtsverordnung bedarf nicht der Zustimmung des Bundesrates; sie ist im Einvernehmen mit dem Bundesministerium der Finanzen und im Benehmen mit der Deutschen Bundesbank zu erlassen. ⁴In die Rechtsverordnung nach Satz 1 können auch nähere Bestimmungen über die Aufstellung des Jahresabschlusses und des Konzernabschlusses im Rahmen der vorgeschriebenen Formblätter für die Gliederung des Jahresabschlusses und des Konzernabschlusses sowie des Zwischenabschlusses gemäß § 340a Abs. 3 und des Konzernzwischenabschlusses gemäß § 340i Abs. 4 aufgenommen werden, soweit dies zur Erfüllung der Aufgaben des Bundesaufsichtsamts für das Kreditwesen oder der Deutschen Bundesbank erforderlich ist, insbesondere um einheitliche Unterlagen zur Beurteilung der von den Kreditinstituten und Finanzdienstleistungsinstituten durchgeführten Bankgeschäfte und erbrachten Finanzdienstleistungen zu erhalten.

(3) ¹Absatz 1 ist auf Versicherungsunternehmen nach Maßgabe der Sätze 3 und 4 ungeachtet ihrer Rechtsform anzuwenden. ²Satz 1 ist auch auf Niederlassungen im Geltungsbereich dieses Gesetzes von Versicherungsunternehmen mit Sitz in einem anderen Staat anzuwenden, wenn sie zum Betrieb des Direktversicherungsgeschäfts der Erlaubnis durch die deutsche Versicherungsaufsichtsbehörde bedürfen. ³Die Rechtsverordnung bedarf der Zustimmung des Bundesrates und ist im Einvernehmen mit dem Bundesministerium der Finanzen zu erlassen. ⁴In die Rechtsverordnung nach Satz 1 können auch nähere Bestimmungen über die Aufstellung des Jahresabschlusses und des Konzernabschlusses im Rahmen der vorgeschriebenen Formblätter für die Gliederung des Jahresabschlusses und des Konzernabschlusses sowie Vorschriften über den Ansatz und die Bewertung von versicherungstechnischen Rückstellungen, insbesondere die Näherungsverfahren, aufgenommen werden.

2. Abschnitt. Vorschriften für Kapitalgesellschaften § 331 HGB 1

(4) ¹In der Rechtsverordnung nach Absatz 1 in Verbindung mit Absatz 3 kann bestimmt werden, daß Versicherungsunternehmen, auf die die Richtlinie 91/674/EWG nach deren Artikel 2 in Verbindung mit Artikel 3 der Richtlinie 73/239/EWG oder in Verbindung mit Artikel 2 Nr. 2 oder 3 oder Artikel 3 der Richtlinie 79/267/EWG nicht anzuwenden ist, von den Regelungen des Zweiten Unterabschnitts des Vierten Abschnitts ganz oder teilweise befreit werden, soweit dies erforderlich ist, um eine im Verhältnis zur Größe der Versicherungsunternehmen unangemessene Belastung zu vermeiden; Absatz 1 Satz 2 ist insoweit nicht anzuwenden. ²In der Rechtsverordnung dürfen diesen Versicherungsunternehmen auch für die Gliederung des Jahresabschlusses und des Konzernabschlusses, für die Erstellung von Anhang und Lagebericht und Konzernanhang und Konzernlagebericht sowie für die Offenlegung ihrer Größe angemessene Vereinfachungen gewährt werden.

(5) Die Absätze 3 und 4 sind auf Pensionsfonds (§ 112 Abs. 1 des Versicherungsaufsichtsgesetzes) entsprechend anzuwenden.

Sechster Unterabschnitt. Straf- und Bußgeldvorschriften. Zwangsgelder

§ 331 Unrichtige Darstellung. Mit Freiheitsstrafe bis zu drei Jahren oder mit Geldstrafe wird bestraft, wer

1. als Mitglied des vertretungsberechtigten Organs oder des Aufsichtsrats einer Kapitalgesellschaft die Verhältnisse der Kapitalgesellschaft in der Eröffnungsbilanz, im Jahresabschluß, im Lagebericht oder im Zwischenabschluß nach § 340 f Abs. 3 unrichtig wiedergibt oder verschleiert,

1 a.¹⁾ als Mitglied des vertretungsberechtigten Organs einer Kapitalgesellschaft zum Zwecke der Befreiung nach § 325 Abs. 2a Satz 1, Abs. 2b einen Einzelabschluss nach den in § 315a Abs. 1 genannten internationalen Rechnungslegungsstandards, in dem die Verhältnisse der Kapitalgesellschaft unrichtig wiedergegeben oder verschleiert worden sind, vorsätzlich oder leichtfertig offen legt,

2. als Mitglied des vertretungsberechtigten Organs oder des Aufsichtsrats einer Kapitalgesellschaft die Verhältnisse des Konzerns im Konzernabschluß, im Konzernlagebericht oder im Konzernzwischenabschluß nach § 340i Abs. 4 unrichtig wiedergibt oder verschleiert,

3.¹⁾ als Mitglied des vertretungsberechtigten Organs einer Kapitalgesellschaft zum Zwecke der Befreiung nach § 291 Abs. 1 und 2 oder einer nach § 292 erlassenen Rechtsverordnung einen Konzernabschluß oder Konzernlagebericht, in dem die Verhältnisse des Konzerns unrichtig wiedergegeben oder verschleiert worden sind, vorsätzlich oder leichtfertig offenlegt oder

4. als Mitglied des vertretungsberechtigten Organs einer Kapitalgesellschaft oder als Mitglied des vertretungsberechtigten Organs oder als vertretungsberechtigter Gesellschafter eines ihrer Tochterunternehmen (§ 290 Abs. 1, 2) in Aufklärungen oder Nachweisen, die nach § 320 einem Abschlußprüfer der Kapitalgesellschaft, eines verbundenen Unternehmens oder des Konzerns zu geben sind, unrichtige Angaben macht oder die Verhältnisse der Kapitalgesellschaft, eines Tochterunternehmens oder des Konzerns unrichtig wiedergibt oder verschleiert.

---

¹⁾ Beachte hierzu Übergangsvorschrift in Art. 58 Abs. 6 EGHGB; Nr. 2.

§ 332 Verletzung der Berichtspflicht. (1) Mit Freiheitsstrafe bis zu drei Jahren oder mit Geldstrafe wird bestraft, wer als Abschlußprüfer oder Gehilfe eines Abschlußprüfers über das Ergebnis der Prüfung eines Jahresabschlusses, eines Einzelabschlusses nach § 325 Abs. 2a, eines Lageberichts, eines Konzernabschlusses, eines Konzernlageberichts einer Kapitalgesellschaft oder eines Zwischenabschlusses nach § 340a Abs. 3 oder eines Konzernzwischenabschlusses gemäß § 340i Abs. 4 unrichtig berichtet, im Prüfungsbericht (§ 321) erhebliche Umstände verschweigt oder einen inhaltlich unrichtigen Bestätigungsvermerk (§ 322) erteilt.

(2) Handelt der Täter gegen Entgelt oder in der Absicht, sich oder einen anderen zu bereichern oder einen anderen zu schädigen, so ist die Strafe Freiheitsstrafe bis zu fünf Jahren oder Geldstrafe.

§ 333 Verletzung der Geheimhaltungspflicht. (1) Mit Freiheitsstrafe bis zu einem Jahr oder mit Geldstrafe wird bestraft, wer ein Geheimnis der Kapitalgesellschaft, eines Tochterunternehmens (§ 290 Abs. 1, 2), eines gemeinsam geführten Unternehmens (§ 310) oder eines assoziierten Unternehmens (§ 311), namentlich ein Betriebs- oder Geschäftsgeheimnis, das ihm in seiner Eigenschaft als Abschlußprüfer oder Gehilfe eines Abschlußprüfers bei Prüfung des Jahresabschlusses, eines Einzelabschlusses nach § 325 Abs. 2a oder des Konzernabschlusses bekannt geworden ist, oder wer ein Geschäfts- oder Betriebsgeheimnis oder eine Erkenntnis über das Unternehmen, das ihm als Beschäftigter bei einer Prüfstelle im Sinne von § 342b Abs. 1 bei der Prüftätigkeit bekannt geworden ist, unbefugt offenbart.

(2) ¹Handelt der Täter gegen Entgelt oder in der Absicht, sich oder einen anderen zu bereichern oder einen anderen zu schädigen, so ist die Strafe Freiheitsstrafe bis zu zwei Jahren oder Geldstrafe. ²Ebenso wird bestraft, wer ein Geheimnis der in Absatz 1 bezeichneten Art, namentlich ein Betriebs- oder Geschäftsgeheimnis, das ihm unter den Voraussetzungen des Absatzes 1 bekannt geworden ist, unbefugt verwertet.

(3) Die Tat wird nur auf Antrag der Kapitalgesellschaft verfolgt.

§ 334 Bußgeldvorschriften. (1) Ordnungswidrig handelt, wer als Mitglied des vertretungsberechtigten Organs oder des Aufsichtsrats einer Kapitalgesellschaft

1. bei der Aufstellung oder Feststellung des Jahresabschlusses einer Vorschrift
   a) des § 243 Abs. 1 oder 2, der §§ 244, 245, 246, 247, 248, 249 Abs. 1 Satz 1 oder Abs. 2, des § 250 Abs. 1 Satz 1 oder Abs. 2, des § 251 oder des § 264 Abs. 2 über Form oder Inhalt,
   b) des § 253 Abs. 1 Satz 1 in Verbindung mit § 255 Abs. 1 oder 2 Satz 1, 2 oder 6, des § 253 Abs. 1 Satz 2 oder Abs. 2 Satz 1, 2 oder 3, dieser in Verbindung mit § 279 Abs. 1 Satz 2, des § 253 Abs. 3 Satz 1 oder 2, des § 280 Abs. 1, des § 282 oder des § 283 über die Bewertung,
   c) des § 265 Abs. 2, 3, 4 oder 6, der §§ 266, 268 Abs. 2, 3, 4, 5, 6 oder 7, der §§ 272, 273, 274 Abs. 1, des § 275 oder des § 277 über die Gliederung oder
   d) des § 280 Abs. 3, des § 281 Abs. 1 Satz 2 oder 3 oder Abs. 2 Satz 1, des § 284 oder des § 285 über die in der Bilanz oder im Anhang zu machenden Angaben,

2. Abschnitt. Vorschriften für Kapitalgesellschaften **§ 335 HGB 1**

2. bei der Aufstellung des Konzernabschlusses einer Vorschrift
   a) des § 294 Abs. 1 über den Konsolidierungskreis,
   b) des § 297 Abs. 2 oder 3 oder des § 298 Abs. 1 in Verbindung mit den §§ 244, 245, 246, 247, 248, 249 Abs. 1 Satz 1 oder Abs. 3, dem § 250 Abs. 1 Satz 1 oder Abs. 2 oder dem § 251 über Inhalt oder Form,
   c) des § 300 über die Konsolidierungsgrundsätze oder das Vollständigkeitsgebot,
   d) des § 308 Abs. 1 Satz 1 in Verbindung mit den in Nummer 1 Buchstabe b bezeichneten Vorschriften oder des § 308 Abs. 2 über die Bewertung,
   e) des § 311 Abs. 1 Satz 1 in Verbindung mit § 312 über die Behandlung assoziierter Unternehmen oder
   f) des § 308 Abs. 1 Satz 3, des § 313 oder des § 314 über die im Anhang zu machenden Angaben,
3. bei der Aufstellung des Lageberichts einer Vorschrift des § 289 Abs. 1 über den Inhalt des Lageberichts,
4. bei der Aufstellung des Konzernlageberichts einer Vorschrift des § 315 Abs. 1 über den Inhalt des Konzernlageberichts,
5. bei der Offenlegung, Veröffentlichung oder Vervielfältigung einer Vorschrift des § 328 über Form oder Inhalt oder
6. einer auf Grund des § 330 Abs. 1 Satz 1 erlassenen Rechtsverordnung, soweit sie für einen bestimmten Tatbestand auf diese Bußgeldvorschrift verweist,

zuwiderhandelt.

(2) Ordnungswidrig handelt, wer zu einem Jahresabschluss, zu einem Einzelabschluss nach § 325 Abs. 2a oder zu einem Konzernabschluss, der aufgrund gesetzlicher Vorschriften zu prüfen ist, einen Vermerk nach § 322 Abs. 1 erteilt, obwohl nach § 319 Abs. 2, 3, 5, § 319a Abs. 1 Satz 1, Abs. 2 er oder nach § 319 Abs. 4, auch in Verbindung mit § 319a Abs. 1 Satz 2, oder § 319a Abs. 1 Satz 4 die Wirtschaftsprüfungsgesellschaft oder die Buchprüfungsgesellschaft, für die er tätig wird, nicht Abschlussprüfer sein darf.

(3)[1] Die Ordnungswidrigkeit kann mit einer Geldbuße bis zu fünfzigtausend Euro geahndet werden.

(4) Die Absätze 1 bis 3 sind auf Kreditinstitute im Sinne des § 340 und auf Versicherungsunternehmen im Sinne des § 341 Abs. 1 nicht anzuwenden.

§ 335 Festsetzung von Zwangsgeld. ¹Mitglieder des vertretungsberechtigten Organs einer Kapitalgesellschaft, die

1. § 242 Abs. 1 und 2, § 264 Abs. 1 über die Pflicht zur Aufstellung eines Jahresabschlusses und eines Lageberichts,
2. § 290 Abs. 1 und 2 über die Pflicht zur Aufstellung eines Konzernabschlusses und eines Konzernlageberichts,
3. § 318 Abs. 1 Satz 4 über die Pflicht zur unverzüglichen Erteilung des Prüfungsauftrags,

---

[1] Beachte hierzu Art. 59 EGHGB; Nr. 2.

1 HGB §§ 335a–336   Drittes Buch. Handelsbücher

4. § 318 Abs. 4 Satz 3 über die Pflicht, den Antrag auf gerichtliche Bestellung des Abschlussprüfers zu stellen oder
5. § 320 über die Pflichten gegenüber dem Abschlussprüfer

nicht befolgen, sind hierzu vom Registergericht durch Festsetzung von Zwangsgeld nach § 140a Abs. 1 des Gesetzes über die Angelegenheiten der freiwilligen Gerichtsbarkeit anzuhalten. ²Das Registergericht schreitet jedoch nur auf Antrag ein; § 14 ist insoweit nicht anzuwenden. ³Das einzelne Zwangsgeld darf den Betrag von fünftausend Euro nicht übersteigen.

§ 335a Festsetzung von Ordnungsgeld. ¹Gegen die Mitglieder des vertretungsberechtigten Organs einer Kapitalgesellschaft, die
1. § 325 über die Pflicht zur Offenlegung des Jahresabschlusses, des Lageberichts, des Konzernabschlusses, des Konzernlageberichts und anderer Unterlagen der Rechnungslegung oder
2. § 325a über die Pflicht zur Offenlegung der Rechnungslegungsunterlagen der Hauptniederlassung

nicht befolgen, ist wegen des pflichtwidrigen Unterlassens der rechtzeitigen Offenlegung vom Registergericht ein Ordnungsgeld nach § 140a Abs. 2 des Gesetzes über die Angelegenheiten der freiwilligen Gerichtsbarkeit festzusetzen; im Falle der Nummer 2 treten die in § 13e Abs. 2 Satz 4 Nr. 3 genannten Personen, sobald sie angemeldet sind, an die Stelle der Mitglieder des vertretungsberechtigten Organs der Kapitalgesellschaft. ²Einem Verfahren nach Satz 1 steht nicht entgegen, dass eine in § 335 Satz 1 bezeichnete Pflicht noch nicht erfüllt ist. ³Das Registergericht schreitet jedoch nur auf Antrag ein; § 14 ist insoweit nicht anzuwenden. ⁴Das Ordnungsgeld beträgt mindestens zweitausendfünfhundert und höchstens fünfundzwanzigtausend Euro; § 140a Abs. 2 Satz 4 des Gesetzes über die Angelegenheiten der freiwilligen Gerichtsbarkeit bleibt unberührt.

§ 335b Anwendung der Straf- und Bußgeldvorschriften sowie der Zwangs- und Ordnungsgeldvorschriften auf bestimmte offene Handelsgesellschaften und Kommanditgesellschaften. Die Strafvorschriften der §§ 331 bis 333, die Bußgeldvorschriften des § 334, die Zwangs- und Ordnungsgeldvorschriften der §§ 335, 335a gelten auch für offene Handelsgesellschaften und Kommanditgesellschaften im Sinne des § 264a Abs. 1.

Dritter Abschnitt. Ergänzende Vorschriften für eingetragene Genossenschaften

§ 336[1]) **Pflicht zur Aufstellung von Jahresabschluß und Lagebericht.**
(1) ¹Der Vorstand einer Genossenschaft hat den Jahresabschluß (§ 242) um einen Anhang zu erweitern, der mit der Bilanz und der Gewinn- und Verlustrechnung eine Einheit bildet, sowie einen Lagebericht aufzustellen. ²Der Jahresabschluß und der Lagebericht sind in den ersten fünf Monaten des Geschäftsjahrs für das vergangene Geschäftsjahr aufzustellen.

(2) ¹Auf den Jahresabschluß und den Lagebericht sind, soweit in den folgenden Vorschriften nichts anderes bestimmt ist, § 264 Abs. 1 Satz 3 Halbsatz 1, Abs. 2, §§ 265 bis 289 über den Jahresabschluß und den Lagebericht entsprechend anzuwenden; § 277 Abs. 3 Satz 1, §§ 279, 280, 281 Abs. 2 Satz 1,

---

[1]) Beachte hierzu Übergangsvorschrift in Art. 58 Abs. 2 EGHGB; Nr. 2.

3. Abschnitt. Vorschriften für Genossenschaften §§ 337, 338 HGB 1

§ 285 Satz 1 Nr. 5, 6 und 17 brauchen jedoch nicht angewendet zu werden. ²Sonstige Vorschriften, die durch den Geschäftszweig bedingt sind, bleiben unberührt.

(3) § 330 Abs. 1 über dem Erlaß von Rechtsverordnungen ist entsprechend anzuwenden.

§ 337 Vorschriften zur Bilanz. (1) ¹An Stelle des gezeichneten Kapitals ist der Betrag der Geschäftsguthaben der Genossen auszuweisen. ²Dabei ist der Betrag der Geschäftsguthaben der mit Ablauf des Geschäftsjahrs ausgeschiedenen Genossen gesondert anzugeben. ³Werden rückständige fällige Einzahlungen auf Geschäftsanteile in der Bilanz als Geschäftsguthaben ausgewiesen, so ist der entsprechende Betrag auf der Aktivseite unter der Bezeichnung „Rückständige fällige Einzahlungen auf Geschäftsanteile" einzustellen. ⁴Werden rückständige fällige Einzahlungen nicht als Geschäftsguthaben ausgewiesen, so ist der Betrag bei dem Posten „Geschäftsguthaben" zu vermerken. ⁵In beiden Fällen ist der Betrag mit dem Nennwert anzusetzen.

(2) An Stelle der Gewinnrücklagen sind die Ergebnisrücklagen auszuweisen und wie folgt aufzugliedern:
1. Gesetzliche Rücklage;
2. andere Ergebnisrücklagen; die Ergebnisrücklage nach § 73 Abs. 3 des Gesetzes betreffend die Erwerbs- und Wirtschaftsgenossenschaften und die Beträge, die aus dieser Ergebnisrücklage an ausgeschiedene Genossen auszuzahlen sind, müssen vermerkt werden.

(3) Bei den Ergebnisrücklagen sind in der Bilanz oder im Anhang gesondert aufzuführen:
1. Die Beträge, welche die Generalversammlung aus dem Bilanzgewinn des Vorjahrs eingestellt hat;
2. die Beträge, die aus dem Jahresüberschuß des Geschäftsjahrs eingestellt werden;
3. die Beträge, die für das Geschäftsjahr entnommen werden.

§ 338[1] Vorschriften zum Anhang. (1) ¹Im Anhang sind auch Angaben zu machen über die Zahl der im Laufe des Geschäftsjahrs eingetretenen oder ausgeschiedenen sowie die Zahl der am Schluß des Geschäftsjahrs der Genossenschaft angehörenden Genossen. ²Ferner sind der Gesamtbetrag, um welchen in diesem Jahr die Geschäftsguthaben sowie die Haftsummen der Genossen sich vermehrt oder vermindert haben, und der Betrag der Haftsummen anzugeben, für welche am Jahresschluß alle Genossen zusammen aufzukommen haben.

(2) Im Anhang sind ferner anzugeben:
1. Name und Anschrift des zuständigen Prüfungsverbandes, dem die Genossenschaft angehört;
2. alle Mitglieder des Vorstands und des Aufsichtsrats, auch wenn sie im Geschäftsjahr oder später ausgeschieden sind, mit dem Familiennamen und mindestens einem ausgeschriebenen Vornamen; ein etwaiger Vorsitzender des Aufsichtsrats ist als solcher zu bezeichnen.

(3) ¹An Stelle der in § 285 Satz 1 Nr. 9 vorgeschriebenen Angaben über die an Mitglieder von Organen geleisteten Bezüge, Vorschüsse und Kredite

---

[1] Beachte hierzu Übergangsvorschrift in Art. 58 Abs. 2 EGHGB; Nr. 2.

sind lediglich die Forderungen anzugeben, die der Genossenschaft gegen Mitglieder des Vorstands oder Aufsichtsrats zustehen. ²Die Beträge dieser Forderungen können für jedes Organ in einer Summe zusammengefaßt werden.

§ 339[1] **Offenlegung.** (1) ¹Der Vorstand hat unverzüglich nach der Generalversammlung über den Jahresabschluß, jedoch spätestens vor Ablauf des zwölften Monats des dem Abschlussstichtag nachfolgenden Geschäftsjahrs, den festgestellten Jahresabschluß, den Lagebericht und den Bericht des Aufsichtsrats zum Genossenschaftsregister des Sitzes der Genossenschaft einzureichen. ²Ist die Erteilung eines Bestätigungsvermerks nach § 58 Abs. 2 des Gesetzes betreffend die Erwerbs- und Wirtschaftsgenossenschaften vorgeschrieben, so ist dieser mit dem Jahresabschluß einzureichen; hat der Prüfungsverband die Bestätigung des Jahresabschlusses versagt, so muß dies auf dem eingereichten Jahresabschluß vermerkt und der Vermerk vom Prüfungsverband unterschrieben sein. ³Ist die Prüfung des Jahresabschlusses im Zeitpunkt der Einreichung der Unterlagen nach Satz 1 nicht abgeschlossen, so ist der Bestätigungsvermerk oder der Vermerk über seine Versagung unverzüglich nach Abschluß der Prüfung einzureichen. ⁴Wird der Jahresabschluß oder der Lagebericht nach der Einreichung geändert, so ist auch die geänderte Fassung einzureichen.

(2) ¹Der Vorstand einer Genossenschaft, die die Größenmerkmale des § 267 Abs. 3 erfüllt, hat ferner unverzüglich nach der Generalversammlung über den Jahresabschluß, jedoch spätestens vor Ablauf des zwölften Monats des dem Abschlussstichtag nachfolgenden Geschäftsjahrs, den festgestellten Jahresabschluß mit dem Bestätigungsvermerk in den für die Bekanntmachungen der Genossenschaft bestimmten Blättern bekanntzumachen und die Bekanntmachung zum Genossenschaftsregister des Sitzes der Genossenschaft einzureichen. ²Ist die Prüfung des Jahresabschlusses im Zeitpunkt der Generalversammlung nicht abgeschlossen, so hat die Bekanntmachung nach Satz 1 unverzüglich nach dem Abschluß der Prüfung, jedoch spätestens vor Ablauf des zwölften Monats des dem Abschlussstichtag nachfolgenden Geschäftsjahrs, zu erfolgen.

(3) Die Vorschriften des § 325 Abs. 2a über den Einzelabschluss nach internationalen Rechnungslegungsstandards sowie der §§ 326 bis 329 über die größenabhängigen Erleichterungen bei der Offenlegung, über Form und Inhalt der Unterlagen bei der Offenlegung, Veröffentlichung und Vervielfältigung sowie über die Prüfungspflicht des Registergerichts sind entsprechend anzuwenden.

Vierter Abschnitt. Ergänzende Vorschriften für Unternehmen bestimmter Geschäftszweige

Erster Unterabschnitt. Ergänzende Vorschriften für Kreditinstitute und Finanzdienstleistungsinstitute

Erster Titel. Anwendungsbereich

§ 340. (1) ¹Dieser Unterabschnitt ist auf Kreditinstitute im Sinne des § 1 Abs. 1 des Gesetzes über das Kreditwesen[2] anzuwenden, soweit sie nach des-

---

[1] Beachte hierzu Übergangsvorschrift in Art. 58 Abs. 3 EGHGB; Nr. **2**.
[2] Abgedruckt in **dtv 5021 „BankR".**

4. Abschnitt. Bestimmte Geschäftszweige § 340a HGB 1

sen § 2 Abs. 1, 4 oder 5 von der Anwendung nicht ausgenommen sind, sowie auf Zweigstellen von Unternehmen mit Sitz in einem Staat, der nicht Mitglied der Europäischen Gemeinschaft und auch nicht Vertragsstaat des Abkommens über den Europäischen Wirtschaftsraum ist, sofern die Zweigstelle nach § 53 Abs. 1 des Gesetzes über das Kreditwesen als Kreditinstitut gilt. ²§ 3401 Abs. 2 bis 4 ist außerdem auf Zweigstellen im Sinne des § 53b Abs. 1 Satz 1 und Abs. 7 des Gesetzes über das Kreditwesen, auch in Verbindung mit einer Rechtsverordnung nach § 53c Nr. 1 dieses Gesetzes, anzuwenden, sofern diese Zweigstellen Bankgeschäfte im Sinne des § 1 Abs. 1 Satz 2 Nr. 1 bis 5 und 7 bis 12 dieses Gesetzes betreiben. ³Zusätzliche Anforderungen auf Grund von Vorschriften, die wegen der Rechtsform oder für Zweigstellen bestehen, bleiben unberührt.

(2) Dieser Unterabschnitt ist auf Unternehmen der in § 2 Abs. 1 Nr. 4 und 5 des Gesetzes über das Kreditwesen bezeichneten Art insoweit ergänzend anzuwenden, als sie Bankgeschäfte betreiben, die nicht zu den ihnen eigentümlichen Geschäften gehören.

(3) Dieser Unterabschnitt ist auf Wohnungsunternehmen mit Spareinrichtung nicht anzuwenden.

(4) ¹Dieser Unterabschnitt ist auch auf Finanzdienstleistungsinstitute im Sinne des § 1 Abs. 1a des Gesetzes über das Kreditwesen anzuwenden, soweit sie nicht nach dessen § 2 Abs. 6 oder 10 von der Anwendung ausgenommen sind, sowie auf Zweigstellen von Unternehmen mit Sitz in einem anderen Staat, der nicht Mitglied der Europäischen Gemeinschaft und auch nicht Vertragsstaat des Abkommens über den Europäischen Wirtschaftsraum ist, sofern die Zweigstelle nach § 53 Abs. 1 des Gesetzes über das Kreditwesen als Finanzdienstleistungsinstitut gilt. ²§ 340c Abs. 1 ist nicht anzuwenden auf Finanzdienstleistungsinstitute und Kreditinstitute, soweit letztere Skontoführer im Sinne des § 25 Satz 1 des Börsengesetzes und nicht Einlagenkreditinstitute im Sinne des § 1 Abs. 3d Satz 1 des Gesetzes über das Kreditwesen sind. ³§ 3401 ist nur auf Finanzdienstleistungsinstitute anzuwenden, die Kapitalgesellschaften sind. ⁴Zusätzliche Anforderungen auf Grund von Vorschriften, die wegen der Rechtsform oder für Zweigstellen bestehen, bleiben unberührt.

Zweiter Titel. Jahresabschluß, Lagebericht, Zwischenabschluß

§ 340a Anzuwendende Vorschriften. (1)[1] Kreditinstitute, auch wenn sie nicht in der Rechtsform einer Kapitalgesellschaft betrieben werden, haben auf ihren Jahresabschluß die für große Kapitalgesellschaften geltenden Vorschriften des Ersten Unterabschnitts des Zweiten Abschnitts anzuwenden, soweit in den Vorschriften dieses Unterabschnitts nichts anderes bestimmt ist; Kreditinstitute haben außerdem einen Lagebericht nach dem für große Kapitalgesellschaften geltenden Bestimmungen des § 289 aufzustellen.

(2)[2] ¹§ 265 Abs. 6 und 7, §§ 267, 268 Abs. 4 Satz 1, Abs. 5 Satz 1 und 2, §§ 276, 277 Abs. 1, 2, 3 Satz 1, § 279 Abs. 1 Satz 2, § 284 Abs. 2 Nr. 4, § 285 Satz 1 Nr. 8 und 12, § 288 sind nicht anzuwenden. ²An Stelle von § 247 Abs. 1, §§ 251, 266, 268 Abs. 2 und 7, §§ 275, 285 Satz 1 Nr. 1, 2, 4

---
[1] Beachte hierzu Übergangsvorschrift in Art. 58 Abs. 3 EGHGB; Nr. **2**.
[2] Beachte hierzu Übergangsvorschrift in Art. 58 EGHGB; Nr. **2**.

1 HGB § 340b Drittes Buch. Handelsbücher

und 9 Buchstabe c sind die durch Rechtsverordnung erlassenen Formblätter und anderen Vorschriften anzuwenden. ³§ 246 Abs. 2 ist nicht anzuwenden, soweit abweichende Vorschriften bestehen. ⁴§ 264 Abs. 3 und § 264b sind mit der Maßgabe anzuwenden, daß das Kreditinstitut unter den genannten Voraussetzungen die Vorschriften des Vierten Unterabschnitts des Zweiten Abschnitts nicht anzuwenden braucht.

(3) Sofern Kreditinstitute Zwischenabschlüsse zur Ermittlung von Zwischenergebnissen im Sinne des § 10 Abs. 3 des Gesetzes über das Kreditwesen aufstellen, gelten die Bestimmungen über den Jahresabschluß und § 340k über die Prüfung entsprechend.

(4) Zusätzlich haben Kreditinstitute im Anhang zum Jahresabschluß anzugeben:
1. alle Mandate in gesetzlich zu bildenden Aufsichtsgremien von großen Kapitalgesellschaften (§ 267 Abs. 3), die von gesetzlichen Vertretern oder anderen Mitarbeitern wahrgenommen werden;
2. alle Beteiligungen an großen Kapitalgesellschaften, die fünf vom Hundert der Stimmrechte überschreiten.

§ 340b Pensionsgeschäfte. (1) Pensionsgeschäfte sind Verträge, durch die ein Kreditinstitut oder der Kunde eines Kreditinstituts (Pensionsgeber) ihm gehörende Vermögensgegenstände einem anderen Kreditinstitut oder einem seiner Kunden (Pensionsnehmer) gegen Zahlung eines Betrags überträgt und in dem gleichzeitig vereinbart wird, daß die Vermögensgegenstände später gegen Entrichtung des empfangenen oder eines im voraus vereinbarten anderen Betrags an den Pensionsgeber zurückübertragen werden müssen oder können.

(2) Übernimmt der Pensionsnehmer die Verpflichtung, die Vermögensgegenstände zu einem bestimmten oder vom Pensionsgeber zu bestimmenden Zeitpunkt zurückzuübertragen, so handelt es sich um ein echtes Pensionsgeschäft.

(3) Ist der Pensionsnehmer lediglich berechtigt, die Vermögensgegenstände zu einem vorher bestimmten oder von ihm noch zu bestimmenden Zeitpunkt zurückzuübertragen, so handelt es sich um ein unechtes Pensionsgeschäft.

(4) ¹Im Falle von echten Pensionsgeschäften sind die übertragenen Vermögensgegenstände in der Bilanz des Pensionsgebers weiterhin auszuweisen. ²Der Pensionsgeber hat in Höhe des für die Übertragung erhaltenen Betrags eine Verbindlichkeit gegenüber dem Pensionsnehmer auszuweisen. ³Ist für die Rückübertragung ein höherer oder ein niedrigerer Betrag vereinbart, so ist der Unterschiedsbetrag über die Laufzeit des Pensionsgeschäfts zu verteilen. ⁴Außerdem hat der Pensionsgeber den Buchwert der in Pension gegebenen Vermögensgegenstände im Anhang anzugeben. ⁵Der Pensionsnehmer darf die ihm in Pension gegebenen Vermögensgegenstände nicht in seiner Bilanz ausweisen; er hat in Höhe des für die Übertragung gezahlten Betrags eine Forderung an den Pensionsgeber in seiner Bilanz auszuweisen. ⁶Ist für die Rückübertragung ein höherer oder ein niedrigerer Betrag vereinbart, so ist der Unterschiedsbetrag über die Laufzeit des Pensionsgeschäfts zu verteilen.

(5) ¹Im Falle von unechten Pensionsgeschäften sind die Vermögensgegenstände nicht in der Bilanz des Pensionsgebers, sondern in der Bilanz des Pen-

sionsnehmers auszuweisen. ²Der Pensionsgeber hat unter der Bilanz den für den Fall der Rückübertragung vereinbarten Betrag anzugeben.

(6) Devisentermingeschäfte, Finanztermingeschäfte und ähnliche Geschäfte sowie die Ausgabe eigener Schuldverschreibungen auf abgekürzte Zeit gelten nicht als Pensionsgeschäfte im Sinne dieser Vorschrift.

§ 340c Vorschriften zur Gewinn- und Verlustrechnung und zum Anhang. (1) ¹Als Ertrag oder Aufwand aus Finanzgeschäften ist der Unterschiedsbetrag der Erträge und Aufwendungen aus Geschäften mit Wertpapieren des Handelsbestands, Finanzinstrumenten, Devisen und Edelmetallen sowie der Erträge aus Zuschreibungen und der Aufwendungen aus Abschreibungen bei diesen Vermögensgegenständen auszuweisen. ²In die Verrechnung sind außerdem die Aufwendungen für die Bildung von Rückstellungen für drohende Verluste aus den in Satz 1 bezeichneten Geschäften und die Erträge aus der Auflösung dieser Rückstellungen einzubeziehen.

(2) ¹Die Aufwendungen aus Abschreibungen auf Beteiligungen, Anteile an verbundenen Unternehmen und wie Anlagevermögen behandelte Wertpapiere dürfen mit den Erträgen aus Zuschreibungen zu solchen Vermögensgegenständen verrechnet und in einem Aufwand- oder Ertragsposten ausgewiesen werden. ²In die Verrechnung nach Satz 1 dürfen auch die Aufwendungen und Erträge aus Geschäften mit solchen Vermögensgegenständen einbezogen werden.

(3) Kreditinstitute, die dem haftenden Eigenkapital nicht realisierte Reserven nach § 10 Abs. 2b Satz 1 Nr. 6 oder 7 des Gesetzes über das Kreditwesen zurechnen, haben den Betrag, mit dem diese Reserven dem haftenden Eigenkapital zugerechnet werden, im Anhang zur Bilanz und zur Gewinn- und Verlustrechnung anzugeben.

§ 340d Fristengliederung. ¹Die Forderungen und Verbindlichkeiten sind im Anhang nach der Fristigkeit zu gliedern. ²Für die Gliederung nach der Fristigkeit ist die Restlaufzeit am Bilanzstichtag maßgebend.

Dritter Titel. Bewertungsvorschriften

§ 340e Bewertung von Vermögensgegenständen. (1)¹Kreditinstitute haben Beteiligungen einschließlich der Anteile an verbundenen Unternehmen, Konzessionen, gewerbliche Schutzrechte und ähnliche Rechte und Werte sowie Lizenzen an solchen Rechten und Werten, Grundstücke, grundstücksgleiche Rechte und Bauten einschließlich der Bauten auf fremden Grundstücken, technische Anlagen und Maschinen, andere Anlagen, Betriebs- und Geschäftsausstattung sowie Anlagen im Bau nach den für das Anlagevermögen geltenden Vorschriften zu bewerten, es sei denn, daß sie nicht dazu bestimmt sind, dauernd dem Geschäftsbetrieb zu dienen; in diesem Falle sind sie nach Satz 2 zu bewerten. ²Andere Vermögensgegenstände, insbesondere Forderungen und Wertpapiere, sind nach den für das Umlaufvermögen geltenden Vorschriften zu bewerten, es sei denn, daß sie dazu bestimmt werden, dauernd dem Geschäftsbetrieb zu dienen; in diesem Falle sind sie nach Satz 1 zu bewerten. ³§ 253 Abs. 2 Satz 3 darf auf die in Satz 1 bezeichneten Vermögensgegenstände mit Ausnahme der Beteiligungen und der Anteile an verbundenen Unternehmen nur angewendet werden, wenn es sich um eine voraussichtlich dauernde Wertminderung handelt.

(2)[1] Abweichend von § 253 Abs. 1 Satz 1 dürfen Hypothekendarlehen und andere Forderungen mit ihrem Nennbetrag angesetzt werden, soweit der Unterschiedsbetrag zwischen dem Nennbetrag und dem Auszahlungsbetrag oder den Anschaffungskosten Zinscharakter hat. [2] Ist der Nennbetrag höher als der Auszahlungsbetrag oder die Anschaffungskosten, so ist der Unterschiedsbetrag in den Rechnungsabgrenzungsposten auf der Passivseite aufzunehmen; er ist planmäßig aufzulösen und in seiner jeweiligen Höhe in der Bilanz oder im Anhang gesondert anzugeben. [3] Ist der Nennbetrag niedriger als der Auszahlungsbetrag oder die Anschaffungskosten, so darf der Unterschiedsbetrag in den Rechnungsabgrenzungsposten auf der Aktivseite aufgenommen werden; er ist planmäßig aufzulösen und in seiner jeweiligen Höhe in der Bilanz oder im Anhang gesondert anzugeben.

§ 340f Vorsorge für allgemeine Bankrisiken. (1) [1] Kreditinstitute dürfen Forderungen an Kreditinstitute und Kunden, Schuldverschreibungen und andere festverzinsliche Wertpapiere sowie Aktien und andere nicht festverzinsliche Wertpapiere, die weder wie Anlagevermögen behandelt werden noch Teil des Handelsbestands sind, mit einem niedrigeren als dem nach § 253 Abs. 1 Satz 1, Abs. 3 vorgeschriebenen oder zugelassenen Wert ansetzen, soweit dies nach vernünftiger kaufmännischer Beurteilung zur Sicherung gegen die besonderen Risiken des Geschäftszweigs der Kreditinstitute notwendig ist. [2] Der Betrag der auf diese Weise gebildeten Vorsorgereserven darf vier vom Hundert des Gesamtbetrags der im Satz 1 bezeichneten Vermögensgegenstände, der sich bei deren Bewertung nach § 253 Abs. 1 Satz 1, Abs. 3 ergibt, nicht übersteigen.

(2) [1] Ein niedrigerer Wertansatz nach Absatz 1 darf beibehalten werden; § 280 ist auf die in Absatz 1 bezeichneten Vermögensgegenstände nicht anzuwenden. [2] In der Bilanz oder im Anhang brauchen die in § 281 Abs. 1 Satz 2, Abs. 2 verlangten Angaben und Aufgliederungen nicht gemacht zu werden, soweit Satz 1 angewendet wird.

(3) Aufwendungen und Erträge aus der Anwendung von Absatz 1 und aus Geschäften mit in Absatz 1 bezeichneten Wertpapieren und Aufwendungen aus Abschreibungen sowie Erträge aus Zuschreibungen zu diesen Wertpapieren dürfen mit den Aufwendungen aus Abschreibungen auf Forderungen, Zuführungen zu Rückstellungen für Eventualverbindlichkeiten und für Kreditrisiken sowie mit den Erträgen aus Zuschreibungen zu Forderungen oder aus deren Eingang nach teilweiser oder vollständiger Abschreibung und aus Auflösungen von Rückstellungen für Eventualverbindlichkeiten und für Kreditrisiken verrechnet und in der Gewinn- und Verlustrechnung in einem Aufwand- oder Ertragsposten ausgewiesen werden.

(4) Angaben über die Bildung und Auflösung von Vorsorgereserven nach Absatz 1 sowie über vorgenommene Verrechnungen nach Absatz 3 brauchen im Jahresabschluß, Lagebericht, Konzernabschluß und Konzernlagebericht nicht gemacht zu werden.

§ 340g Sonderposten für allgemeine Bankrisiken. (1) Kreditinstitute dürfen auf der Passivseite ihrer Bilanz zur Sicherung gegen allgemeine Bankrisiken einen Sonderposten „Fonds für allgemeine Bankrisiken" bilden, soweit dies nach vernünftiger kaufmännischer Beurteilung wegen der besonderen Risiken des Geschäftszweigs der Kreditinstitute notwendig ist.

(2) Die Zuführungen zum Sonderposten oder die Erträge aus der Auflösung des Sonderpostens sind in der Gewinn- und Verlustrechnung gesondert auszuweisen.

Vierter Titel. Währungsumrechnung

§ 340 h. (1) ¹ Auf ausländische Währung lautende Vermögensgegenstände, die wie Anlagevermögen behandelt werden, sind, soweit sie weder durch Verbindlichkeiten noch durch Termingeschäfte in derselben Währung besonders gedeckt sind, mit ihrem Anschaffungskurs in Euro umzurechnen. ² Andere auf ausländische Währung lautende Vermögensgegenstände und Schulden sowie am Bilanzstichtag nicht abgewickelte Kassageschäfte sind mit dem Kassakurs am Bilanzstichtag in Euro umzurechnen. ³ Nicht abgewickelte Termingeschäfte sind zum Terminkurs am Bilanzstichtag umzurechnen.

(2) ¹ Aufwendungen, die sich aus der Währungsumrechnung ergeben, sind in der Gewinn- und Verlustrechnung zu berücksichtigen. ² Erträge, die sich aus der Währungsumrechnung ergeben, sind in der Gewinn- und Verlustrechnung zu berücksichtigen, soweit die Vermögensgegenstände, Schulden oder Termingeschäfte durch Vermögensgegenstände, Schulden oder andere Termingeschäfte in derselben Währung besonders gedeckt sind. ³ Liegt keine besondere Deckung vor, aber eine Deckung in derselben Währung, so dürfen Erträge nach Satz 2 berücksichtigt werden, soweit sie einen nur vorübergehend wirksamen Aufwand aus den zur Deckung dienenden Geschäften ausgleichen. ⁴ In allen anderen Fällen dürfen Erträge aus der Währungsumrechnung nicht berücksichtigt werden; sie dürfen auch mit Aufwendungen nach Satz 1 nicht verrechnet werden.

Fünfter Titel. Konzernabschluß, Konzernlagebericht, Konzernzwischenabschluß

§ 340 i[1]) **Pflicht zur Aufstellung.** (1) ¹ Kreditinstitute, auch wenn sie nicht in der Rechtsform einer Kapitalgesellschaft betrieben werden, haben unabhängig von ihrer Größe einen Konzernabschluß und einen Konzernlagebericht nach den Vorschriften des Zweiten Unterabschnitts des Zweiten Abschnitts über den Konzernabschluß und Konzernlagebericht aufzustellen, soweit in den Vorschriften dieses Unterabschnitts nichts anderes bestimmt ist. ² Zusätzliche Anforderungen auf Grund von Vorschriften, die wegen der Rechtsform bestehen, bleiben unberührt.

(2) ¹ Auf den Konzernabschluß sind, soweit seine Eigenart keine Abweichung bedingt, die §§ 340a bis 340g über den Jahresabschluß und die für die Rechtsform und den Geschäftszweig der in den Konzernabschluß einbezogenen Unternehmen mit Sitz im Geltungsbereich dieses Gesetzes geltenden Vorschriften entsprechend anzuwenden, soweit sie für große Kapitalgesellschaften gelten. ² Die §§ 293, 298 Abs. 1 und 2, § 314 Abs. 1 Nr. 1, 3, 6 Buchstabe c

---

[1]) Beachte hierzu Übergangsvorschrift in Art. 58 Abs. 3 EGHGB; Nr. **2**.

sind nicht anzuwenden. ³ In den Fällen des § 315a Abs. 1 finden von den in Absatz 1 genannten Vorschriften nur die §§ 290 bis 292, 315a Anwendung; die Sätze 1 und 2 dieses Absatzes sowie § 340j sind nicht anzuwenden. ⁴ Soweit § 315a Abs. 1 auf die Bestimmung des § 314 Abs. 1 Nr. 6 Buchstabe c verweist, tritt an deren Stelle die Vorschrift des § 34 Abs. 2 Nr. 2 in Verbindung mit § 37 der Kreditinstituts-Rechnungslegungsverordnung in der Fassung der Bekanntmachung vom 11. Dezember 1998 (BGBl. I S. 3658), die zuletzt durch Artikel 8 Abs. 11 Nr. 1 des Gesetzes vom 4. Dezember 2004 (BGBl. I S. 3166) geändert worden ist. ⁵ Im Übrigen findet die Kreditinstituts-Rechnungslegungsverordnung in den Fällen des § 315a Abs. 1 keine Anwendung.

(3) Als Kreditinstitute im Sinne dieses Titels gelten auch Mutterunternehmen, deren einziger Zweck darin besteht, Beteiligungen an Tochterunternehmen zu erwerben sowie die Verwaltung und Verwertung dieser Beteiligungen wahrzunehmen, sofern diese Tochterunternehmen ausschließlich oder überwiegend Kreditinstitute sind.

(4) Sofern Kreditinstitute Konzernzwischenabschlüsse zur Ermittlung von Konzernzwischenergebnissen im Sinne des § 10a Abs. 1 Satz 2 in Verbindung mit § 10 Abs. 3 des Kreditwesengesetzes aufstellen, gelten die Bestimmungen über den Konzernabschluß und § 340k über die Prüfung entsprechend.

§ 340j[1] **Einzubeziehende Unternehmen.** Bezieht ein Kreditinstitut ein Tochterunternehmen, das Kreditinstitut ist, nach § 296 Abs. 1 Nr. 3 in seinen Konzernabschluß nicht ein und ist der vorübergehende Besitz von Aktien oder Anteilen dieses Unternehmens auf eine finanzielle Stützungsaktion zur Sanierung oder Rettung des genannten Unternehmens zurückzuführen, so hat es den Jahresabschluß dieses Unternehmens seinem Konzernabschluß beizufügen und im Konzernanhang zusätzliche Angaben über die Art und die Bedingungen der finanziellen Stützungsaktion zu machen.

Sechster Titel. Prüfung

§ 340k.[2] (1) ¹ Kreditinstitute haben unabhängig von ihrer Größe ihren Jahresabschluß und Lagebericht sowie ihren Konzernabschluß und Konzernlagebericht unbeschadet der Vorschriften der §§ 28 und 29 des Gesetzes über das Kreditwesen nach den Vorschriften des Dritten Unterabschnitts des Zweiten Abschnitts über die Prüfung prüfen zu lassen; § 319 Abs. 1 Satz 2 ist nicht anzuwenden. ² Die Prüfung ist spätestens vor Ablauf des fünften Monats des dem Abschlußstichtag nachfolgenden Geschäftsjahrs vorzunehmen. ³ Der Jahresabschluß ist nach der Prüfung unverzüglich festzustellen.

(2) ¹ Ist das Kreditinstitut eine Genossenschaft oder ein rechtsfähiger wirtschaftlicher Verein, so ist die Prüfung abweichend von § 319 Abs. 1 Satz 1 von dem Prüfungsverband durchzuführen, dem das Kreditinstitut als Mitglied angehört, sofern mehr als die Hälfte der geschäftsführenden Mitglieder des Vorstands dieses Prüfungsverbands Wirtschaftsprüfer sind. ² Hat der Prüfungsverband nur zwei Vorstandsmitglieder, so muß einer von ihnen Wirtschaftsprüfer sein. ³ § 319 Abs. 2 und 3 sowie § 319a Abs. 1 sind auf die gesetzlichen

---

[1] Beachte hierzu Übergangsvorschrift in Art. 58 Abs. 3 EGHGB; Nr. **2**.
[2] Beachte hierzu Übergangsvorschrift in Art. 51 EGHGB; Nr. **2**.

Vertreter des Prüfungsverbandes und auf alle vom Prüfungsverband beschäftigten Personen, die das Ergebnis der Prüfung beeinflussen können, entsprechend anzuwenden; § 319 Abs. 3 Satz 1 Nr. 2 ist auf Mitglieder des Aufsichtsorgans des Prüfungsverbandes nicht anzuwenden, sofern sichergestellt ist, dass der Abschlussprüfer die Prüfung unabhängig von den Weisungen durch das Aufsichtsorgan durchführen kann. [4]Ist das Mutterunternehmen eine Genossenschaft, so ist der Prüfungsverband, dem die Genossenschaft angehört, unter den Voraussetzungen der Sätze 1 bis 3 auch Abschlußprüfer des Konzernabschlusses und des Konzernlageberichts.

(3) [1]Ist das Kreditinstitut eine Sparkasse, so dürfen die nach Absatz 1 vorgeschriebenen Prüfungen abweichend von § 319 Abs. 1 Satz 1 von der Prüfungsstelle eines Sparkassen- und Giroverbands durchgeführt werden. [2]Die Prüfung darf von der Prüfungsstelle jedoch nur durchgeführt werden, wenn der Leiter der Prüfungsstelle die Voraussetzungen des § 319 Abs. 1 Satz 1 und 2 erfüllt; § 319 Abs. 2, 3 und 5 sowie § 319a sind auf alle vom Sparkassen- und Giroverband beschäftigten Personen, die das Ergebnis der Prüfung beeinflussen können, entsprechend anzuwenden. [3]Außerdem muß sichergestellt sein, daß der Abschlußprüfer die Prüfung unabhängig von den Weisungen der Organe des Sparkassen- und Giroverbands durchführen kann. [4]Soweit das Landesrecht nichts anderes vorsieht, findet § 319 Abs. 1 Satz 3 mit der Maßgabe Anwendung, dass die Bescheinigung der Prüfungsstelle erteilt worden sein muss.

(4) Finanzdienstleistungsinstitute, deren Bilanzsumme am Stichtag 150 Millionen Euro nicht übersteigt, dürfen auch von den in § 319 Abs. 1 Satz 2 genannten Personen geprüft werden.

Siebenter Titel. Offenlegung

§ 3401[1)]. (1) [1]Kreditinstitute haben den Jahresabschluß und den Lagebericht sowie den Konzernabschluß und den Konzernlagebericht und die anderen in § 325 bezeichneten Unterlagen nach § 325 Abs. 2 bis 5, §§ 328, 329 Abs. 1 offenzulegen. [2]Kreditinstitute, die nicht Zweigstellen sind, haben die in Satz 1 bezeichneten Unterlagen außerdem in jedem anderen Mitgliedstaat der Europäischen Gemeinschaft und in jedem anderen Vertragsstaat des Abkommens über den Europäischen Wirtschaftsraum offenzulegen, in dem sie eine Zweigstelle errichtet haben. [3]Die Offenlegung (Einreichung zu einem Register, Bekanntmachung in einem Amtsblatt) richtet sich nach dem Recht des jeweiligen Mitgliedstaats oder Vertragsstaats.

(2) [1]Zweigstellen im Geltungsbereich dieses Gesetzes von Unternehmen mit Sitz in einem anderen Staat haben die in Absatz 1 Satz 1 bezeichneten Unterlagen ihrer Hauptniederlassung, die nach deren Recht aufgestellt und geprüft worden sind, nach § 325 Abs. 2 bis 5, §§ 328, 329 Abs. 1 offenzulegen. [2]Zweigstellen im Geltungsbereich dieses Gesetzes von Unternehmen mit Sitz in einem Staat, der nicht Mitglied der Europäischen Gemeinschaft und auch nicht Vertragsstaat des Abkommens über den Europäischen Wirtschaftsraum ist, brauchen auf ihre eigene Geschäftstätigkeit bezogene gesonderte Rechnungslegungsunterlagen nach Absatz 1 Satz 1 nicht offenzulegen, sofern die nach Satz 1 offenzulegenden Unterlagen nach einem an die Richtlinie

---

[1)] Beachte hierzu Übergangsvorschrift in Art. 51 EGHGB; Nr. 2.

1 HGB § 340m Drittes Buch. Handelsbücher

86/635/EWG angepaßten Recht aufgestellt und geprüft worden oder den nach einem dieser Rechte aufgestellten Unterlagen gleichwertig sind. ³Die Unterlagen sind in deutscher Sprache einzureichen. ⁴Soweit dies nicht die Amtssprache am Sitz der Hauptniederlassung ist, können die Unterlagen der Hauptniederlassung auch in englischer Sprache oder in einer von dem Register der Hauptniederlassung beglaubigten Abschrift eingereicht werden; von der Beglaubigung des Registers ist eine beglaubigte Übersetzung in deutscher Sprache einzureichen.

(3) ¹Ist das Kreditinstitut eine Genossenschaft, so tritt an die Stelle des Handelsregisters das Genossenschaftsregister. ²§ 339 ist auf Kreditinstitute, die Genossenschaften sind, nicht anzuwenden.

(4) Kreditinstitute oder Zweigstellen im Sinne des Absatzes 2, deren Bilanzsumme am Bilanzstichtag 200 Millionen Euro nicht übersteigt, dürfen anstelle von § 325 Abs. 2 auf die Offenlegung § 325 Abs. 1 anwenden.

(5)¹⁾ Soweit Absatz 1 Satz 1 auf § 325 Abs. 2a Satz 3 und 5 verweist, gelten die folgenden Maßgaben und ergänzenden Bestimmungen:
1. Die in § 325 Abs. 2a Satz 3 genannten Vorschriften des Ersten Unterabschnitts des Zweiten Abschnitts des Dritten Buchs sind auch auf Kreditinstitute anzuwenden, die nicht in der Rechtsform einer Kapitalgesellschaft betrieben werden.
2. ¹§ 285 Satz 1 Nr. 8 Buchstabe b findet keine Anwendung. ²Jedoch ist im Anhang zum Einzelabschluss nach § 325 Abs. 2a der Personalaufwand des Geschäftsjahrs in der Gliederung nach Formblatt 3 Posten 10 Buchstabe a der Kreditinstituts-Rechnungslegungsverordnung in der Fassung der Bekanntmachung vom 11. Dezember 1998 (BGBl. I S. 3658), die zuletzt durch Artikel 8 Abs. 11 Nr. 1 des Gesetzes vom 4. Dezember 2004 (BGBl. I S. 3166) geändert worden ist, anzugeben, sofern diese Angaben nicht gesondert in der Gewinn- und Verlustrechnung erscheinen.
3. An Stelle des § 285 Satz 1 Nr. 9 Buchstabe c gilt § 34 Abs. 2 Nr. 2 der Kreditinstituts-Rechnungslegungsverordnung in der Fassung der Bekanntmachung vom 11. Dezember 1998 (BGBl. I S. 3658), die zuletzt durch Artikel 8 Abs. 11 Nr. 1 des Gesetzes vom 4. Dezember 2004 (BGBl. I S. 3166) geändert worden ist.
4. Für den Anhang gilt zusätzlich die Vorschrift des § 340a Abs. 4.
5. Im Übrigen finden die Bestimmungen des Zweiten bis Vierten Titels dieses Unterabschnitts sowie der Kreditinstituts-Rechnungslegungsverordnung keine Anwendung.

Achter Titel. Straf- und Bußgeldvorschriften, Zwangsgelder

§ 340m Strafvorschriften. ¹Die Strafvorschriften der §§ 331 bis 333 sind auch auf nicht in der Rechtsform einer Kapitalgesellschaft betriebene Kreditinstitute sowie auf Finanzdienstleistungsinstitute im Sinne des § 340 Abs. 4 Satz 1, anzuwenden. ²§ 331 ist darüber hinaus auch anzuwenden auf die Verletzung von Pflichten durch den Geschäftsleiter (§ 1 Abs. 2 Satz 1 des Gesetzes über das Kreditwesen) eines nicht in der Rechtsform einer Kapitalgesellschaft betriebenen Kreditinstituts oder Finanzdienstleistungsinstituts im Sinne

---

¹⁾ Beachte hierzu Übergangsvorschrift in Art. 58 Abs. 3 EGHGB; Nr. 2.

4. Abschnitt. Bestimmte Geschäftszweige **§ 340n HGB 1**

des § 340 Abs. 4 Satz 1 durch den Inhaber eines in der Rechtsform des Einzelkaufmanns betriebenen Kreditinstituts oder Finanzdienstleistungsinstituts im Sinne des § 340 Abs. 4 Satz 1 oder durch den Geschäftsleiter im Sinne des § 53 Abs. 2 Nr. 1 des Gesetzes über das Kreditwesen.

§ 340 n Bußgeldvorschriften. (1) Ordnungswidrig handelt, wer als Geschäftsleiter im Sinne des § 1 Abs. 2 Satz 1 oder des § 53 Abs. 2 Nr. 1 des Kreditwesengesetzes oder als Inhaber eines in der Rechtsform des Einzelkaufmanns betriebenen Kreditinstituts oder Finanzdienstleistungsinstituts im Sinne des § 340 Abs. 4 Satz 1 oder als Mitglied des Aufsichtsrats

1. bei der Aufstellung oder Feststellung des Jahresabschlusses oder bei der Aufstellung des Zwischenabschlusses gemäß § 340a Abs. 3 einer Vorschrift
    a) des § 243 Abs. 1 oder 2, der §§ 244, 245, 246 Abs. 1 oder 2, dieser in Verbindung mit § 340a Abs. 2 Satz 3, des § 247 Abs. 2 oder 3, der §§ 248, 249 Abs. 1 Satz 1 oder Abs. 3, des § 250 Abs. 1 Satz 1 oder Abs. 2, des § 264 Abs. 2, des § 340b Abs. 4 oder 5 oder des § 340c Abs. 1 über Form oder Inhalt,
    b) des § 253 Abs. 1 Satz 1 in Verbindung mit § 255 Abs. 1 oder 2 Satz 1, 2 oder 6, des § 253 Abs. 1 Satz 2 oder Abs. 2 Satz 1, 2 oder 3, dieser in Verbindung mit § 340e Abs. 1 Satz 3, des § 253 Abs. 3 Satz 1 oder 2, des § 280 Abs. 1 in Verbindung mit § 340f Abs. 2, der §§ 282, 283, des § 340e Abs. 1, des § 340f Abs. 1 Satz 2 oder des § 340g Abs. 2 über die Bewertung,
    c) des § 265 Abs. 2, 3 oder 4, des § 268 Abs. 3 oder 6, der §§ 272, 273, 274 Abs. 1 oder des § 277 Abs. 3 Satz 2 oder Abs. 4 über die Gliederung,
    d) des § 280 Abs. 3, des § 281 Abs. 1 Satz 2, dieser in Verbindung mit § 340f Abs. 2 Satz 2, oder des § 281 Abs. 1 Satz 3 oder Abs. 2 Satz 1, dieser in Verbindung mit § 340f Abs. 2 Satz 2, des § 284 Abs. 1, 2 Nr. 1, 3 oder 5 oder des § 285 Satz 1 Nr. 3, 5 bis 7, 9 Buchstabe a oder Buchstabe b, Nr. 10, 11, 13, 14, 17, 18 oder 19 über die in der Bilanz oder im Anhang zu machenden Angaben oder
2. bei der Aufstellung des Konzernabschlusses oder des Konzernzwischenabschlusses gemäß § 340i Abs. 4 einer Vorschrift
    a) des § 294 Abs. 1 über den Konsolidierungskreis,
    b) des § 297 Abs. 2 oder 3 oder des § 340i Abs. 2 Satz 1 in Verbindung mit einer der in Nummer 1 Buchstabe a bezeichneten Vorschriften über Form oder Inhalt,
    c) des § 300 über die Konsolidierungsgrundsätze oder das Vollständigkeitsgebot,
    d) des § 308 Abs. 1 Satz 1 in Verbindung mit den in Nummer 1 Buchstabe b bezeichneten Vorschriften oder des § 308 Abs. 2 über die Bewertung,
    e) des § 311 Abs. 1 Satz 1 in Verbindung mit § 312 über die Behandlung assoziierter Unternehmen oder
    f) des § 308 Abs. 1 Satz 3, des § 313 oder des § 314 über die im Anhang zu machenden Angaben,
3. bei der Aufstellung des Lageberichts einer Vorschrift des § 289 Abs. 1 über den Inhalt des Lageberichts,

4. bei der Aufstellung des Konzernlageberichts einer Vorschrift des § 315 Abs. 1 über den Inhalt des Konzernlageberichts,
5. bei der Offenlegung, Veröffentlichung oder Vervielfältigung einer Vorschrift des § 328 über Form oder Inhalt oder
6. einer auf Grund des § 330 Abs. 2 in Verbindung mit Abs. 1 Satz 1 erlassenen Rechtsverordnung, soweit sie für einen bestimmten Tatbestand auf diese Bußgeldvorschrift verweist,

zuwiderhandelt.

(2) Ordnungswidrig handelt, wer zu einem Jahresabschluss, zu einem Einzelabschluss nach § 325 Abs. 2a oder zu einem Konzernabschluss, der aufgrund gesetzlicher Vorschriften zu prüfen ist, einen Vermerk nach § 322 Abs. 1 erteilt, obwohl nach § 319 Abs. 2, 3, 5, § 319a Abs. 1 Satz 1, Abs. 2 er, nach § 319 Abs. 4, auch in Verbindung mit § 319a Abs. 1 Satz 2, oder § 319a Abs. 1 Satz 4 die Wirtschaftsprüfungsgesellschaft oder nach § 340k Abs. 2 oder Abs. 3 der Prüfungsverband oder die Prüfungsstelle, für die oder für den er tätig wird, nicht Abschlussprüfer sein darf.

(3)[1]) Die Ordnungswidrigkeit kann mit einer Geldbuße bis zu fünfzigtausend Euro geahndet werden.

§ 340o Festsetzung von Zwangs- und Ordnungsgeld. Personen, die
1. als Geschäftsleiter im Sinne des § 1 Abs. 2 Satz 1 des Gesetzes über das Kreditwesen eines Kreditinstituts oder Finanzdienstleistungsinstituts im Sinne des § 340 Abs. 4 Satz 1, das nicht Kapitalgesellschaft ist, oder als Inhaber eines in der Rechtsform des Einzelkaufmanns betriebenen Kreditinstituts oder Finanzdienstleistungsinstituts im Sinne des § 340 Abs. 4 Satz 1
   a) eine der in § 335 Satz 1 Nr. 1, 3 bis 5 bezeichneten Vorschriften,
   b) § 325 über die Pflicht zur Offenlegung des Jahresabschlusses, des Lageberichts, des Konzernabschlusses, des Konzernlageberichts und anderer Unterlagen der Rechnungslegung oder
   c) § 340i Abs. 1 Satz 1 oder
2. als Geschäftsleiter von Zweigstellen im Sinne des § 53 Abs. 1 des Gesetzes über das Kreditwesen § 340l Abs. 1 oder 2 über die Offenlegung der Rechnungslegungsunterlagen

nicht befolgen, sind hierzu vom Registergericht in den Fällen der Nummer 1 Buchstabe a und c durch Festsetzung von Zwangsgeld nach § 335 und in den Fällen der Nummer 1 Buchstabe b und der Nummer 2 durch Festsetzung von Ordnungsgeld nach § 335a anzuhalten.

Zweiter Unterabschnitt. Ergänzende Vorschriften für Versicherungsunternehmen und Pensionsfonds

Erster Titel. Anwendungsbereich

§ 341[2]. (1) [1]Dieser Unterabschnitt ist, soweit nichts anderes bestimmt ist, auf Unternehmen, die den Betrieb von Versicherungsgeschäften zum Gegenstand haben und nicht Träger der Sozialversicherung sind (Versicherungs-

---
[1]) Beachte hierzu Art. 59 EGHGB; Nr. 2.
[2]) Beachte hierzu die Übergangsvorschriften in Art. 54 EGHGB; Nr. 2.

unternehmen), anzuwenden. ²Dies gilt nicht für solche Versicherungsunternehmen, die auf Grund von Gesetz, Tarifvertrag oder Satzung ausschließlich für ihre Mitglieder oder die durch Gesetz oder Satzung begünstigten Personen Leistungen erbringen oder als nicht rechtsfähige Einrichtungen ihre Aufwendungen im Umlageverfahren decken, es sei denn, sie sind Aktiengesellschaften, Versicherungsvereine auf Gegenseitigkeit oder rechtsfähige kommunale Schadenversicherungsunternehmen.

(2) Versicherungsunternehmen im Sinne des Absatzes 1 sind auch Niederlassungen im Geltungsbereich dieses Gesetzes von Versicherungsunternehmen mit Sitz in einem anderen Staat, wenn sie zum Betrieb des Direktversicherungsgeschäfts der Erlaubnis durch die deutsche Versicherungsaufsichtsbehörde bedürfen.

(3) Zusätzliche Anforderungen auf Grund von Vorschriften, die wegen der Rechtsform oder für Niederlassungen bestehen, bleiben unberührt.

(4) ¹Die Vorschriften des Ersten bis Siebenten Titels dieses Unterabschnitts sind mit Ausnahme von Absatz 1 Satz 2 auf Pensionsfonds (§ 112 Abs. 1 des Versicherungsaufsichtsgesetzes) entsprechend anzuwenden. ² § 341 d ist mit der Maßgabe anzuwenden, dass Kapitalanlagen für Rechnung und Risiko von Arbeitnehmern und Arbeitgebern mit dem Zeitwert unter Berücksichtigung des Grundsatzes der Vorsicht zu bewerten sind; §§ 341 b, 341 c sind insoweit nicht anzuwenden.

Zweiter Titel. Jahresabschluß, Lagebericht

§ 341 a Anzuwendende Vorschriften. (1) Versicherungsunternehmen haben einen Jahresabschluß und einen Lagebericht nach den für große Kapitalgesellschaften geltenden Vorschriften des Ersten Unterabschnitts des Zweiten Abschnitts in den ersten vier Monaten des Geschäftsjahres für das vergangene Geschäftsjahr aufzustellen und dem Abschlußprüfer zur Durchführung der Prüfung vorzulegen; die Frist des § 264 Abs. 1 Satz 2 gilt nicht.

(2)[1]) ¹ § 265 Abs. 6, §§ 267, 268 Abs. 4 Satz 1, Abs. 5 Satz 1 und 2, §§ 276, 277 Abs. 1 und 2, § 279 Abs. 1 Satz 2, § 285 Satz 1 Nr. 8 Buchstabe a und § 288 sind nicht anzuwenden. ²Anstelle von § 247 Abs. 1, §§ 251, 265 Abs. 7, §§ 266, 268 Abs. 2 und 7, §§ 275, 281 Abs. 2 Satz 2, § 285 Satz 1 Nr. 4 und 8 Buchstabe b sowie § 286 Abs. 2 sind die durch Rechtsverordnung erlassenen Formblätter und anderen Vorschriften anzuwenden. ³ § 246 Abs. 2 ist nicht anzuwenden, soweit abweichende Vorschriften bestehen. ⁴ § 264 Abs. 3 und § 264 b sind mit der Maßgabe anzuwenden, daß das Versicherungsunternehmen unter den genannten Voraussetzungen die Vorschriften des Vierten Unterabschnitts des Zweiten Abschnitts nicht anzuwenden braucht. ⁵ § 285 Nr. 3 gilt mit der Maßgabe, daß die Angaben für solche finanzielle Verpflichtungen nicht zu machen sind, die im Rahmen des Versicherungsgeschäfts entstehen.

(3) Auf Krankenversicherungsunternehmen, die das Krankenversicherungsgeschäft ausschließlich oder überwiegend nach Art der Lebensversicherung betreiben, sind die für die Rechnungslegung der Lebensversicherungsunternehmen geltenden Vorschriften entsprechend anzuwenden.

---

[1]) Beachte hierzu Übergangsvorschrift in Art. 58 Abs. 2 EGHGB; Nr. **2**.

(4) Auf Versicherungsunternehmen, die nicht Aktiengesellschaften, Kommanditgesellschaften auf Aktien oder kleinere Vereine sind, sind § 152 Abs. 2 und 3 sowie die §§ 170 bis 176 des Aktiengesetzes[1]) entsprechend anzuwenden; § 160 des Aktiengesetzes ist entsprechend anzuwenden, soweit er sich auf Genußrechte bezieht.

(5) Bei Versicherungsunternehmen, die ausschließlich die Rückversicherung betreiben oder deren Beiträge aus in Rückdeckung übernommenen Versicherungen die übrigen Beiträge übersteigen, verlängert sich die in Absatz 1 erster Halbsatz genannte Frist von vier Monaten auf zehn Monate, sofern das Geschäftsjahr mit dem Kalenderjahr übereinstimmt; die Hauptversammlung oder die Versammlung der obersten Vertretung, die den Jahresabschluß entgegennimmt oder festzustellen hat, muß abweichend von § 175 Abs. 1 Satz 2 des Aktiengesetzes spätestens 14 Monate nach dem Ende des vergangenen Geschäftsjahres stattfinden.

Dritter Titel. Bewertungsvorschriften

§ 341 b Bewertung von Vermögensgegenständen. (1) [1]Versicherungsunternehmen haben immaterielle Vermögensgegenstände, soweit sie entgeltlich erworben wurden, Grundstücke, grundstücksgleiche Rechte und Bauten einschließlich der Bauten auf fremden Grundstücken, technische Anlagen und Maschinen, andere Anlagen, Betriebs- und Geschäftsausstattung, Anlagen im Bau und Vorräte nach den für das Anlagevermögen geltenden Vorschriften zu bewerten. [2]Satz 1 ist vorbehaltlich Absatz 2 und § 341 c auch auf Kapitalanlagen anzuwenden, soweit es sich hierbei um Beteiligungen, Anteile an verbundenen Unternehmen, Ausleihungen an verbundene Unternehmen oder an Unternehmen, mit denen ein Beteiligungsverhältnis besteht, Namensschuldverschreibungen, Hypothekendarlehen und andere Forderungen und Rechte, sonstige Ausleihungen und Depotforderungen aus dem in Rückdeckung übernommenen Versicherungsgeschäft handelt. [3]§ 253 Abs. 2 Satz 3 darf, wenn es sich nicht um eine voraussichtlich dauernde Wertminderung handelt, nur auf die in Satz 2 bezeichneten Vermögensgegenstände angewendet werden.

(2) [1]Auf Kapitalanlagen, soweit es sich hierbei um Aktien einschließlich der eigenen Anteile, Investmentanteile sowie sonstige festverzinsliche und nicht festverzinsliche Wertpapiere handelt, sind die für das Umlaufvermögen geltenden § 253 Abs. 1 Satz 1, Abs. 3, §§ 254, 256, 279 Abs. 1 Satz 1, Abs. 2, § 280 anzuwenden, es sei denn, dass sie dazu bestimmt werden, dauernd dem Geschäftsbetrieb zu dienen; in diesem Fall sind sie nach den für das Anlagevermögen geltenden Vorschriften zu bewerten. [2]Pensions- und Sterbekassen, die nach § 5 Abs. 1 Nr. 3 des Körperschaftsteuergesetzes von der Körperschaftsteuer befreit sind, brauchen § 280 Abs. 1 Satz 1 nicht anzuwenden.

(3) § 256 Satz 2 in Verbindung mit § 240 Abs. 3 über die Bewertung zum Festwert ist auf Grundstücke, Bauten und im Bau befindliche Anlagen nicht anzuwenden.

§ 341 c Namensschuldverschreibungen, Hypothekendarlehen und andere Forderungen. (1) Abweichend von § 253 Abs. 1 Satz 1 dürfen Na-

---

[1]) Abgedruckt in **dtv 5010 „AktG · GmbHG"**.

mensschuldverschreibungen, Hypothekendarlehen und andere Forderungen mit ihrem Nennbetrag angesetzt werden.

(2) ¹Ist der Nennbetrag höher als die Anschaffungskosten, so ist der Unterschiedsbetrag in den Rechnungsabgrenzungsposten auf der Passivseite aufzunehmen, planmäßig aufzulösen und in seiner jeweiligen Höhe in der Bilanz oder im Anhang gesondert anzugeben. ²Ist der Nennbetrag niedriger als die Anschaffungskosten, darf der Unterschiedsbetrag in den Rechnungsabgrenzungsposten auf der Aktivseite aufgenommen werden; er ist planmäßig aufzulösen und in seiner jeweiligen Höhe in der Bilanz oder im Anhang gesondert anzugeben.

§ 341 d Anlagestock der fondsgebundenen Lebensversicherung. Kapitalanlagen für Rechnung und Risiko von Inhabern von Lebensversicherungen, für die ein Anlagestock nach § 54b des Versicherungsaufsichtsgesetzes zu bilden ist, sind mit dem Zeitwert unter Berücksichtigung des Grundsatzes der Vorsicht zu bewerten; die §§ 341 b, 341 c sind nicht anzuwenden.

Vierter Titel. Versicherungstechnische Rückstellungen

§ 341 e Allgemeine Bilanzierungsgrundsätze. (1) ¹Versicherungsunternehmen haben versicherungstechnische Rückstellungen auch insoweit zu bilden, wie dies nach vernünftiger kaufmännischer Beurteilung notwendig ist, um die dauernde Erfüllbarkeit der Verpflichtungen aus den Versicherungsverträgen sicherzustellen. ²Dabei sind die im Interesse der Versicherten erlassenen aufsichtsrechtlichen Vorschriften über die bei der Berechnung der Rückstellungen zu verwendenden Rechnungsgrundlagen einschließlich des dafür anzusetzenden Rechnungszinsfußes und über die Zuweisung bestimmter Kapitalerträge zu den Rückstellungen zu berücksichtigen.

(2) Versicherungstechnische Rückstellungen sind außer in den Fällen der §§ 341 f bis 341 h insbesondere zu bilden

1. für den Teil der Beiträge, der Ertrag für eine bestimmte Zeit nach dem Abschlußstichtag darstellt (Beitragsüberträge);
2. für erfolgsabhängige und erfolgsunabhängige Beitragsrückerstattungen, soweit die ausschließliche Verwendung der Rückstellung zu diesem Zweck durch Gesetz, Satzung, geschäftsplanmäßige Erklärung oder vertragliche Vereinbarung gesichert ist (Rückstellung für Beitragsrückerstattung);
3. für Verluste, mit denen nach dem Abschlußstichtag aus bis zum Ende des Geschäftsjahres geschlossenen Verträgen zu rechnen ist (Rückstellung für drohende Verluste aus dem Versicherungsgeschäft).

(3) Soweit eine Bewertung nach § 252 Abs. 1 Nr. 3 oder § 240 Abs. 4 nicht möglich ist oder der damit verbundene Aufwand unverhältnismäßig wäre, können die Rückstellungen auf Grund von Näherungsverfahren geschätzt werden, wenn anzunehmen ist, daß diese zu annähernd gleichen Ergebnissen wie Einzelberechnungen führen.

§ 341 f Deckungsrückstellung. (1) ¹Deckungsrückstellungen sind für die Verpflichtungen aus dem Lebensversicherungs- und dem nach Art der Lebensversicherung betriebenen Versicherungsgeschäft in Höhe ihres versicherungsmathematisch errechneten Wertes einschließlich bereits zugeteilter Überschußanteile mit Ausnahme der verzinslich angesammelten Überschußanteile und nach Abzug des versicherungsmathematisch ermittelten Barwerts der künftigen Beiträge zu bilden (prospektive Methode). ²Ist eine Ermittlung des Wertes der künftigen Verpflichtungen und der künftigen Beiträge nicht möglich, hat die Berechnung auf Grund der aufgezinsten Einnahmen und Ausgaben der vorangegangenen Geschäftsjahre zu erfolgen (retrospektive Methode).

(2) Bei der Bildung der Deckungsrückstellung sind auch gegenüber den Versicherten eingegangene Zinssatzverpflichtungen zu berücksichtigen, sofern die derzeitigen oder zu erwartenden Erträge der Vermögenswerte des Unternehmens für die Deckung dieser Verpflichtungen nicht ausreichen.

(3) ¹In der Krankenversicherung, die nach Art der Lebensversicherung betrieben wird, ist als Deckungsrückstellung eine Alterungsrückstellung zu bilden; hierunter fallen auch der Rückstellung bereits zugeführte Beträge aus der Rückstellung für Beitragsrückerstattung sowie Zuschreibungen, die dem Aufbau einer Anwartschaft auf Beitragsermäßigung im Alter dienen. ²Bei der Berechnung sind die für die Berechnung der Prämien geltenden aufsichtsrechtlichen Bestimmungen zu berücksichtigen.

§ 341 g Rückstellung für noch nicht abgewickelte Versicherungsfälle. (1) ¹Rückstellungen für noch nicht abgewickelte Versicherungsfälle sind für die Verpflichtungen aus den bis zum Ende des Geschäftsjahres eingetretenen, aber noch nicht abgewickelten Versicherungsfällen zu bilden. ²Hierbei sind die gesamten Schadenregulierungsaufwendungen zu berücksichtigen.

(2) ¹Für bis zum Abschlußstichtag eingetretene, aber bis zur inventurmäßigen Erfassung noch nicht gemeldete Versicherungsfälle ist die Rückstellung pauschal zu bewerten. ²Dabei sind die bisherigen Erfahrungen in bezug auf die Anzahl der nach dem Abschlußstichtag gemeldeten Versicherungsfälle und die Höhe der damit verbundenen Aufwendungen zu berücksichtigen.

(3) ¹Bei Krankenversicherungsunternehmen ist die Rückstellung anhand eines statistischen Näherungsverfahrens zu ermitteln. ²Dabei ist von den in den ersten Monaten des nach dem Abschlußstichtag folgenden Geschäftsjahres erfolgten Zahlungen für die bis zum Abschlußstichtag eingetretenen Versicherungsfälle auszugehen.

(4) Bei Mitversicherungen muß die Rückstellung der Höhe nach anteilig zumindest derjenigen entsprechen, die der führende Versicherer nach den Vorschriften oder der Übung in dem Land bilden muß, von dem aus er tätig wird.

(5) Sind die Versicherungsleistungen auf Grund rechtskräftigen Urteils, Vergleichs oder Anerkenntnisses in Form einer Rente zu erbringen, so müssen die Rückstellungsbeträge nach anerkannten versicherungsmathematischen Methoden berechnet werden.

§ 341 h Schwankungsrückstellung und ähnliche Rückstellungen.
(1) Schwankungsrückstellungen sind zum Ausgleich der Schwankungen im Schadenverlauf künftiger Jahre zu bilden, wenn insbesondere
1. nach den Erfahrungen in dem betreffenden Versicherungszweig mit erheblichen Schwankungen der jährlichen Aufwendungen für Versicherungsfälle zu rechnen ist,

4. Abschnitt. Bestimmte Geschäftszweige **§§ 341i, 341j HGB 1**

2. die Schwankungen nicht jeweils durch Beiträge ausgeglichen werden und
3. die Schwankungen nicht durch Rückversicherungen gedeckt sind.

(2) Für Risiken gleicher Art, bei denen der Ausgleich von Leistung und Gegenleistung wegen des hohen Schadenrisikos im Einzelfall nach versicherungsmathematischen Grundsätzen nicht im Geschäftsjahr, sondern nur in einem am Abschlußstichtag nicht bestimmbaren Zeitraum gefunden werden kann, ist eine Rückstellung zu bilden und in der Bilanz als „ähnliche Rückstellung" unter den Schwankungsrückstellungen auszuweisen.

Fünfter Titel. Konzernabschluß, Konzernlagebericht

§ 341 i Aufstellung, Fristen. (1) [1] Versicherungsunternehmen, auch wenn sie nicht in der Rechtsform einer Kapitalgesellschaft betrieben werden, haben unabhängig von ihrer Größe einen Konzernabschluß und einen Konzernlagebericht aufzustellen. [2] Zusätzliche Anforderungen auf Grund von Vorschriften, die wegen der Rechtsform bestehen, bleiben unberührt.

(2) Als Versicherungsunternehmen im Sinne dieses Titels gelten auch Mutterunternehmen, deren einziger oder hauptsächlicher Zweck darin besteht, Beteiligungen an Tochterunternehmen zu erwerben, diese Beteiligungen zu verwalten und rentabel zu machen, sofern diese Tochterunternehmen ausschließlich oder überwiegend Versicherungsunternehmen sind.

(3) [1] Die gesetzlichen Vertreter eines Mutterunternehmens haben den Konzernabschluß und den Konzernlagebericht abweichend von § 290 Abs. 1 innerhalb von zwei Monaten nach Ablauf der Aufstellungsfrist für den zuletzt aufzustellenden und in den Konzernabschluß einzubeziehenden Abschluß, spätestens jedoch innerhalb von zwölf Monaten nach dem Stichtag des Konzernabschlusses, für das vergangene Konzerngeschäftsjahr aufzustellen und dem Abschlußprüfer des Konzernabschlusses vorzulegen. [2] § 299 Abs. 2 Satz 2 ist mit der Maßgabe anzuwenden, daß der Stichtag des Jahresabschlusses eines Unternehmens nicht länger als sechs Monate vor dem Stichtag des Konzernabschlusses liegen darf.

(4) Der Konzernabschluß und der Konzernlagebericht sind abweichend von § 175 Abs. 1 Satz 1 des Aktiengesetzes spätestens der nächsten nach Ablauf der Aufstellungsfrist für den Konzernabschluß und Konzernlagebericht einzuberufenden Hauptversammlung, die einen Jahresabschluß des Mutterunternehmens entgegennimmt oder festzustellen hat, vorzulegen.

§ 341 j[1)] **Anzuwendende Vorschriften.** (1)[2)] [1] Auf den Konzernabschluß und den Konzernlagebericht sind die Vorschriften des Zweiten Unterabschnitts des Zweiten Abschnitts über den Konzernabschluß und den Konzernlagebericht und, soweit die Eigenart des Konzernabschlusses keine Abweichungen bedingt, die §§ 341a bis 341h über den Jahresabschluß sowie die für die Rechtsform und den Geschäftszweig der in den Konzernabschluß einbezogenen Unternehmen mit Sitz im Geltungsbereich dieses Gesetzes geltenden Vorschriften entsprechend anzuwenden, soweit sie für große Kapitalgesellschaften gelten. [2] Die §§ 293, 298 Abs. 1 und 2 sowie § 314 Abs. 1 Nr. 3

[1)] Beachte hierzu die Übergangsvorschriften in Art. 54 EGHGB; Nr. **2**.
[2)] Beachte hierzu Übergangsvorschrift in Art. 58 Abs. 3 EGHGB; Nr. **2**.

1 HGB §§ 341k, 341l Drittes Buch. Handelsbücher

sind nicht anzuwenden. ³§ 314 Abs. 1 Nr. 2 gilt mit der Maßgabe, daß die Angaben für solche finanzielle Verpflichtungen nicht zu machen sind, die im Rahmen des Versicherungsgeschäfts entstehen. ⁴In den Fällen des § 315a Abs. 1 finden abweichend von Satz 1 nur die §§ 290 bis 292, 315a Anwendung; die Sätze 2 und 3 dieses Absatzes und Absatz 2, § 341i Abs. 3 Satz 2 sowie die Bestimmungen der Versicherungsunternehmens-Rechnungslegungsverordnung vom 8. November 1994 (BGBl. I S. 3378) und der Pensionsfonds-Rechnungslegungsverordnung vom 25. Februar 2003 (BGBl. I S. 246) in ihren jeweils geltenden Fassungen sind nicht anzuwenden.

(2) § 304 Abs. 1 braucht nicht angewendet zu werden, wenn die Lieferungen oder Leistungen zu üblichen Marktbedingungen vorgenommen worden sind und Rechtsansprüche der Versicherungsnehmer begründet haben.

(3) Auf Versicherungsunternehmen, die nicht Aktiengesellschaften, Kommanditgesellschaften auf Aktien oder kleinere Vereine sind, ist § 170 Abs. 1 und 3 des Aktiengesetzes entsprechend anzuwenden.

Sechster Titel. Prüfung

§ 341 k. (1) ¹Versicherungsunternehmen haben unabhängig von ihrer Größe ihren Jahresabschluß und Lagebericht sowie ihren Konzernabschluß und Konzernlagebericht nach den Vorschriften des Dritten Unterabschnitts des Zweiten Abschnitts prüfen zu lassen. ²§ 319 Abs. 1 Satz 2 ist nicht anzuwenden. ³Hat keine Prüfung stattgefunden, so kann der Jahresabschluß nicht festgestellt werden.

(2) ¹§ 318 Abs. 1 Satz 1 ist mit der Maßgabe anzuwenden, daß der Abschlußprüfer des Jahresabschlusses und des Konzernabschlusses vom Aufsichtsrat bestimmt wird. ²§ 318 Abs. 1 Satz 3 und 4 gilt entsprechend.

(3) In den Fällen des § 321 Abs. 1 Satz 3 hat der Abschlußprüfer die Aufsichtsbehörde unverzüglich zu unterrichten.

Siebenter Titel. Offenlegung

§ 341 l. (1) ¹Versicherungsunternehmen haben den Jahresabschluß und den Lagebericht sowie den Konzernabschluß und den Konzernlagebericht und die anderen in § 325 bezeichneten Unterlagen nach § 325 Abs. 2 bis 5, §§ 328, 329 Abs. 1 offenzulegen. ²Von den in § 341a Abs. 5 genannten Versicherungsunternehmen ist § 325 Abs. 2 Satz 1 mit der Maßgabe anzuwenden, daß die Frist für die Einreichung der Unterlagen beim Bundesanzeiger 15 Monate beträgt.

(2) Ist das Versicherungsunternehmen nicht in das Handelsregister eingetragen, so sind die Unterlagen bei dem für den Sitz des Unternehmens zuständigen Registergericht einzureichen.

(3) Die gesetzlichen Vertreter eines Mutterunternehmens haben abweichend von § 325 Abs. 3 unverzüglich nach der Hauptversammlung oder der dieser entsprechenden Versammlung der obersten Vertretung, welcher der Konzernabschluß und der Konzernlagebericht vorzulegen sind, jedoch spätestens vor Ablauf des dieser Versammlung folgenden Monats den Konzernabschluß mit dem Bestätigungsvermerk oder dem Vermerk über dessen Versagung und den Konzernlagebericht mit Ausnahme der Aufstellung des Anteilsbesitzes im Bundesanzeiger bekanntzumachen und die Bekanntmachung unter Beifügung der

4. Abschnitt. Bestimmte Geschäftszweige   §§ 341m, 341n   HGB 1

bezeichneten Unterlagen zum Handelsregister des Sitzes des Mutterunternehmens einzureichen.

(4)[1] Soweit Absatz 1 Satz 1 auf § 325 Abs. 2a Satz 3 und 5 verweist, gelten die folgenden Maßgaben und ergänzenden Bestimmungen:

1. Die in § 325 Abs. 2a Satz 3 genannten Vorschriften des Ersten Unterabschnitts des Zweiten Abschnitts des Dritten Buchs sind auch auf Versicherungsunternehmen anzuwenden, die nicht in der Rechtsform einer Kapitalgesellschaft betrieben werden.
2. An Stelle des § 285 Satz 1 Nr. 8 Buchstabe b gilt die Vorschrift des § 51 Abs. 5 in Verbindung mit Muster 2 der Versicherungsunternehmens-Rechnungslegungsverordnung vom 8. November 1994 (BGBl. I S. 3378), die zuletzt durch Artikel 8 Abs. 11 Nr. 2 des Gesetzes vom 4. Dezember 2004 (BGBl. I S. 3166) geändert worden ist.
3. § 341a Abs. 4 ist anzuwenden, soweit er auf die Bestimmungen der §§ 170, 171 und 175 des Aktiengesetzes über den Einzelabschluss nach § 325 Abs. 2a dieses Gesetzes verweist.
4. Im Übrigen finden die Bestimmungen des Zweiten bis Vierten Titels dieses Unterabschnitts sowie der Versicherungsunternehmens-Rechnungslegungsverordnung keine Anwendung.

Achter Titel. Straf- und Bußgeldvorschriften, Zwangsgelder

§ 341 m Strafvorschriften. [1]Die Strafvorschriften der §§ 331 bis 333 sind auch auf nicht in der Rechtsform einer Kapitalgesellschaft betriebene Versicherungsunternehmen und Pensionsfonds anzuwenden. [2]§ 331 ist darüber hinaus auch anzuwenden auf die Verletzung von Pflichten durch den Hauptbevollmächtigten (§ 106 Abs. 3 des Versicherungsaufsichtsgesetzes).

§ 341 n Bußgeldvorschriften. (1) Ordnungswidrig handelt, wer als Mitglied des vertretungsberechtigten Organs oder des Aufsichtsrats eines Versicherungsunternehmens oder eines Pensionsfonds oder als Hauptbevollmächtigter (§ 106 Abs. 3 des Versicherungsaufsichtsgesetzes)

1. bei der Aufstellung oder Feststellung des Jahresabschlusses einer Vorschrift
    a) des § 243 Abs. 1 oder 2, der §§ 244, 245, 246 Abs. 1 oder 2, dieser in Verbindung mit § 341a Abs. 2 Satz 3, des § 247 Abs. 3, der §§ 248, 249 Abs. 1 Satz 1 oder Abs. 3, des § 250 Abs. 1 Satz 1 oder Abs. 2, des § 264 Abs. 2, des § 341e Abs. 1 oder 2 oder der §§ 341f, 341g oder 341h über Form oder Inhalt,
    b) des § 253 Abs. 1 Satz 1 in Verbindung mit § 255 Abs. 1 oder 2 Satz 1, 2 oder 6, des § 253 Abs. 1 Satz 2 oder Abs. 2 Satz 1, 2 oder 3, dieser in Verbindung mit § 341b Abs. 1 Satz 3, des § 253 Abs. 3 Satz 1 oder 2, des § 280 Abs. 1, der §§ 282, 283, des § 341b Abs. 1 Satz 1 oder des § 341d über die Bewertung,
    c) des § 265 Abs. 2, 3 oder 4, des § 268 Abs. 3 oder 6, der §§ 272, 273, 274 Abs. 1 oder des § 277 Abs. 3 Satz 2 oder Abs. 4 über die Gliederung,
    d) des § 280 Abs. 3, des § 281 Abs. 1 Satz 2 oder 3 oder Abs. 2 Satz 1, des § 284 oder des § 285 Satz 1 Nr. 1, 2 oder 3 in Verbindung mit § 341a

---

[1] Beachte hierzu Übergangsvorschrift in Art. 58 Abs. 3 EGHGB; Nr. 2.

Abs. 2 Satz 4, § 285 Satz 1 Nr. 5 bis 7, 9 bis 14, 17, 18 oder Nr. 19 über die in der Bilanz oder im Anhang zu machenden Angaben oder
2. bei der Aufstellung des Konzernabschlusses einer Vorschrift
   a) des § 294 Abs. 1 über den Konsolidierungskreis,
   b) des § 297 Abs. 2 oder 3 oder des § 341j Abs. 1 Satz 1 in Verbindung mit einer der in Nummer 1 Buchstabe a bezeichneten Vorschriften über Form oder Inhalt,
   c) des § 300 über die Konsolidierungsgrundsätze oder das Vollständigkeitsgebot,
   d) des § 308 Abs. 1 Satz 1 in Verbindung mit den in Nummer 1 Buchstabe b bezeichneten Vorschriften oder des § 308 Abs. 2 über die Bewertung,
   e) des § 311 Abs. 1 Satz 1 in Verbindung mit § 312 über die Behandlung assoziierter Unternehmen oder
   f) des § 308 Abs. 1 Satz 3, des § 313 oder des § 314 in Verbindung mit § 341: Abs. 1 Satz 2 oder 3 über die im Anhang zu machenden Angaben,
3. bei der Aufstellung des Lageberichts einer Vorschrift des § 289 Abs. 1 über den Inhalt des Lageberichts,
4. bei der Aufstellung des Konzernlageberichts einer Vorschrift des § 315 Abs. 1 über den Inhalt des Konzernlageberichts,
5. bei der Offenlegung, Veröffentlichung oder Vervielfältigung einer Vorschrift des § 328 über Form oder Inhalt oder
6. einer auf Grund des § 330 Abs. 3 und 4 in Verbindung mit Abs. 1 Satz 1 erlassenen Rechtsverordnung, soweit sie für einen bestimmten Tatbestand auf diese Bußgeldvorschrift verweist,

zuwiderhandelt.

(2) Ordnungswidrig handelt, wer zu einem Jahresabschluss, zu einem Einzelabschluss nach § 325 Abs. 2a oder zu einem Konzernabschluss, der aufgrund gesetzlicher Vorschriften zu prüfen ist, einen Vermerk nach § 322 Abs. 1 erteilt, obwohl nach § 319 Abs. 2, 3, 5, § 319a Abs. 1 Satz 1, Abs. 2 er oder nach § 319 Abs. 4, auch in Verbindung mit § 319a Abs. 1 Satz 2, oder § 319a Abs. 1 Satz 4 die Wirtschaftsprüfungsgesellschaft, für die er tätig wird, nicht Abschlussprüfer sein darf.

(3)[1]) Die Ordnungswidrigkeit kann mit einer Geldbuße bis zu fünfzigtausend Euro geahndet werden.

(4) [1] Verwaltungsbehörde im Sinne des § 36 Abs. 1 Nr. 1 des Gesetzes über Ordnungswidrigkeiten ist bei Ordnungswidrigkeiten nach den Absätzen 1 und 2 die Bundesanstalt für Finanzdienstleistungsaufsicht für die seiner Aufsicht unterliegenden Versicherungsunternehmen und Pensionsfonds. [2] Unterliegt ein Versicherungsunternehmen und Pensionsfonds der Aufsicht einer Landesbehörde, so ist diese zuständig.

§ 341 o Festsetzung von Zwangs- und Ordnungsgeld. Personen, die
1. als Mitglieder des vertretungsberechtigten Organs eines Versicherungsunternehmens oder eines Pensionsfonds, die nicht Kapitalgesellschaften sind,

---

[1]) Beachte hierzu Art. 59 EGHGB; Nr. 2.

a) eine der in § 335 Satz 1 Nr. 1, 3 bis 5 bezeichneten Vorschriften,
b) § 325 über die Pflicht zur Offenlegung des Jahresabschlusses, des Lageberichts, des Konzernabschlusses, des Konzernlageberichts und anderer Unterlagen der Rechnungslegung oder
c) § 341i Abs. 1 Satz 1 oder
2. als Hauptbevollmächtigter (§ 106 Abs. 3 des Versicherungsaufsichtsgesetzes) § 341l Abs. 1 über die Offenlegung der Rechnungslegungsunterlagen

nicht befolgen, sind hierzu vom Registergericht in den Fällen der Nummer 1 Buchstabe a und c durch Festsetzung von Zwangsgeld nach § 335 und in den Fällen der Nummer 1 Buchstabe b und der Nummer 2 durch Festsetzung von Ordnungsgeld nach § 335a anzuhalten.

§ 341 p Anwendung der Straf- und Bußgeldvorschriften sowie der Zwangs- und Ordnungsgeldvorschriften auf Pensionsfonds. Die Strafvorschriften des § 341m, die Bußgeldvorschriften des § 341n sowie die Zwangs- und Ordnungsgeldvorschriften des § 341o gelten auch für Pensionsfonds im Sinne des § 341 Abs. 4 Satz 1.

Fünfter Abschnitt. Privates Rechnungslegungsgremium; Rechnungslegungsbeirat

§ 342 Privates Rechnungslegungsgremium. (1) ¹Das Bundesministerium der Justiz kann eine privatrechtlich organisierte Einrichtung durch Vertrag anerkennen und ihr folgende Aufgaben übertragen:
1. Entwicklung von Empfehlungen zur Anwendung der Grundsätze über die Konzernrechnungslegung,
2. Beratung des Bundesministeriums der Justiz bei Gesetzgebungsvorhaben zu Rechnungslegungsvorschriften und
3. Vertretung der Bundesrepublik Deutschland in internationalen Standardisierungsgremien.

²Es darf jedoch nur eine solche Einrichtung anerkannt werden, die auf Grund ihrer Satzung gewährleistet, daß die Empfehlungen unabhängig und ausschließlich von Rechnungslegern in einem Verfahren entwickelt und beschlossen werden, das die fachlich interessierte Öffentlichkeit einbezieht. ³Soweit Unternehmen oder Organisationen von Rechnungslegern Mitglied einer solchen Einrichtung sind, dürfen die Mitgliedschaftsrechte nur von Rechnungslegern ausgeübt werden.

(2) Die Beachtung der die Konzernrechnungslegung betreffenden Grundsätze ordnungsmäßiger Buchführung wird vermutet, soweit vom Bundesministerium der Justiz bekanntgemachte Empfehlungen einer nach Absatz 1 Satz 1 anerkannten Einrichtung beachtet worden sind.

§ 342 a Rechnungslegungsbeirat. (1) Beim Bundesministerium der Justiz wird vorbehaltlich Absatz 9 ein Rechnungslegungsbeirat mit den Aufgaben nach § 342 Abs. 1 Satz 1 gebildet.

(2) Der Rechnungslegungsbeirat setzt sich zusammen aus
1. einem Vertreter des Bundesministeriums der Justiz als Vorsitzendem sowie je einem Vertreter des Bundesministeriums der Finanzen und des Bundesministeriums für Wirtschaft und Arbeit,

1 HGB § 342b   Drittes Buch. Handelsbücher

2. vier Vertretern von Unternehmen,
3. vier Vertretern der wirtschaftsprüfenden Berufe,
4. zwei Vertretern der Hochschulen.

(3) [1] Die Mitglieder des Rechnungslegungsbeirats werden durch das Bundesministerium der Justiz berufen. [2] Als Mitglieder sollen nur Rechnungsleger berufen werden.

(4) [1] Die Mitglieder des Rechnungslegungsbeirats sind unabhängig und nicht weisungsgebunden. [2] Ihre Tätigkeit im Beirat ist ehrenamtlich.

(5) Das Bundesministerium der Justiz kann eine Geschäftsordnung für den Beirat erlassen.

(6) Der Beirat kann für bestimmte Sachgebiete Fachausschüsse und Arbeitskreise einsetzen.

(7) [1] Der Beirat, seine Fachausschüsse und Arbeitskreise sind beschlußfähig, wenn mindestens zwei Drittel der Mitglieder anwesend sind. [2] Bei Abstimmungen entscheidet die Stimmenmehrheit, bei Stimmengleichheit die Stimme des Vorsitzenden.

(8) Für die Empfehlungen des Rechnungslegungsbeirats gilt § 342 Abs. 2 entsprechend.

(9) Die Bildung eines Rechnungslegungsbeirats nach Absatz 1 unterbleibt, soweit das Bundesministerium der Justiz eine Einrichtung nach § 342 Abs. 1 anerkennt.

Sechster Abschnitt.[1]) Prüfstelle für Rechnungslegung

§ 342 b[1]) **Prüfstelle für Rechnungslegung.** (1) [1] Das Bundesministerium der Justiz kann im Einvernehmen mit dem Bundesministerium der Finanzen eine privatrechtlich organisierte Einrichtung zur Prüfung von Verstößen gegen Rechnungslegungsvorschriften durch Vertrag anerkennen (Prüfstelle) und ihr die in den folgenden Absätzen festgelegten Aufgaben übertragen. [2] Es darf nur eine solche Einrichtung anerkannt werden, die auf Grund ihrer Satzung, ihrer personellen Zusammensetzung und der von ihr vorgelegten Verfahrensordnung gewährleistet, dass die Prüfung unabhängig, sachverständig, vertraulich und unter Einhaltung eines festgelegten Verfahrensablaufs erfolgt. [3] Änderungen der Satzung und der Verfahrensordnung sind vom Bundesministerium der Justiz im Einvernehmen mit dem Bundesministerium der Finanzen zu genehmigen. [4] Die Prüfstelle kann sich bei der Durchführung ihrer Aufgaben anderer Personen bedienen. [5] Das Bundesministerium der Justiz macht die Anerkennung einer Prüfstelle sowie eine Beendigung der Anerkennung im amtlichen Teil des elektronischen Bundesanzeigers bekannt.

(2) [1] Die Prüfstelle prüft, ob der zuletzt festgestellte Jahresabschluss und der zugehörige Lagebericht, oder der zuletzt gebilligte Konzernabschluss und der zugehörige Konzernlagebericht eines Unternehmens im Sinne des Satzes 2 den gesetzlichen Vorschriften einschließlich der Grundsätze ordnungsmäßiger Buchführung oder den sonstigen durch Gesetz zugelassenen Rechnungslegungsstandards entspricht. [2] Geprüft werden die Abschlüsse und Berichte von Unternehmen, deren Wertpapiere im Sinne des § 2 Abs. 1 Satz 1 des Wert-

---

[1]) Beachte hierzu Übergangsvorschrift in Art. 56 EGHGB; Nr. 2.

6. Abschnitt. Prüfstelle für Rechnungslegung § 342b HGB 1

papierhandelsgesetzes an einer inländischen Börse zum Handel im amtlichen oder geregelten Markt zugelassen sind. [3] Die Prüfstelle prüft,
1. soweit konkrete Anhaltspunkte für einen Verstoß gegen Rechnungslegungsvorschriften vorliegen,
2. auf Verlangen der Bundesanstalt für Finanzdienstleistungsaufsicht oder
3. ohne besonderen Anlass (stichprobenartige Prüfung).
[4] Im Fall des Satzes 3 Nr. 1 unterbleibt die Prüfung, wenn offensichtlich kein öffentliches Interesse an der Prüfung besteht. [5] Die stichprobenartige Prüfung erfolgt nach den von der Prüfstelle im Einvernehmen mit dem Bundesministerium der Justiz und dem Bundesministerium der Finanzen festgelegten Grundsätzen. [6] Das Bundesministerium der Finanzen kann die Ermächtigung zur Erteilung seines Einvernehmens auf die Bundesanstalt für Finanzdienstleistungsaufsicht übertragen.

(3) [1] Eine Prüfung des Jahresabschlusses und des zugehörigen Lageberichts durch die Prüfstelle findet nicht statt, solange eine Klage auf Nichtigkeit gemäß § 256 Abs. 7 des Aktiengesetzes anhängig ist. [2] Wenn nach § 142 Abs. 1 oder Abs. 2 oder § 258 Abs. 1 des Aktiengesetzes ein Sonderprüfer bestellt worden ist, findet eine Prüfung ebenfalls nicht statt, soweit der Gegenstand der Sonderprüfung, der Prüfungsbericht oder eine gerichtliche Entscheidung über die abschließenden Feststellungen der Sonderprüfer nach § 260 des Aktiengesetzes reichen.

(4) [1] Wenn das Unternehmen bei einer Prüfung durch die Prüfstelle mitwirkt, sind die gesetzlichen Vertreter des Unternehmens und der sonstigen Personen, derer sich die gesetzlichen Vertreter bei der Mitwirkung bedienen, verpflichtet, richtige und vollständige Auskünfte zu erteilen und richtige und vollständige Unterlagen vorzulegen. [2] Die Auskunft und die Vorlage von Unterlagen kann verweigert werden, soweit diese der Verpflichteten oder einen seiner in § 52 Abs. 1 der Strafprozessordnung bezeichneten Angehörigen der Gefahr strafgerichtlicher Verfolgung oder eines Verfahrens nach dem Gesetz über Ordnungswidrigkeiten aussetzen würde. [3] Der Verpflichtete ist über sein Recht zur Verweigerung zu belehren.

(5) [1] Die Prüfstelle teilt dem Unternehmen das Ergebnis der Prüfung mit. [2] Ergibt die Prüfung, dass die Rechnungslegung fehlerhaft ist, so hat sie ihre Entscheidung zu begründen und dem Unternehmen unter Bestimmung einer angemessenen Frist Gelegenheit zur Äußerung zu geben, ob es mit dem Ergebnis der Prüfstelle einverstanden ist.

(6) [1] Die Prüfstelle berichtet der Bundesanstalt für Finanzdienstleistungsaufsicht über:
1. die Absicht, eine Prüfung einzuleiten,
2. die Weigerung des betroffenen Unternehmens, an einer Prüfung mitzuwirken,
3. das Ergebnis der Prüfung und gegebenenfalls darüber, ob sich das Unternehmen mit dem Prüfungsergebnis einverstanden erklärt hat.
[2] Ein Rechtsbehelf dagegen ist nicht statthaft.

(7) Die Prüfstelle und ihre Beschäftigten sind zur gewissenhaften und unparteiischen Prüfung verpflichtet; sie haften für durch die Prüfungstätigkeit verursachte Schäden nur bei Vorsatz.

(8) ¹Die Prüfstelle zeigt Tatsachen, die den Verdacht einer Straftat im Zusammenhang mit der Rechnungslegung eines Unternehmens begründen, der für die Verfolgung zuständigen Behörde an. ²Tatsachen, die auf das Vorliegen einer Berufspflichtverletzung durch den Abschlussprüfer schließen lassen, übermittelt sie der Wirtschaftsprüferkammer.

§ 342c Verschwiegenheitspflicht. (1) ¹Die bei der Prüfstelle Beschäftigten sind verpflichtet, über die Geschäfts- und Betriebsgeheimnisse des Unternehmens und die bei ihrer Prüftätigkeit bekannt gewordenen Erkenntnisse über das Unternehmen Verschwiegenheit zu bewahren. ²Dies gilt nicht im Fall von gesetzlich begründeten Mitteilungspflichten. ³Die bei der Prüfstelle Beschäftigten dürfen nicht unbefugt Geschäfts- und Betriebsgeheimnisse verwerten, die sie bei ihrer Tätigkeit erfahren haben. ⁴Wer vorsätzlich oder fahrlässig diese Pflichten verletzt, ist dem geprüften Unternehmen und, wenn ein verbundenes Unternehmen geschädigt worden ist, auch diesem zum Ersatz des daraus entstehenden Schadens verpflichtet. ⁵Mehrere Personen haften als Gesamtschuldner.

(2) ¹Die Ersatzpflicht von Personen, die fahrlässig gehandelt haben, beschränkt sich für eine Prüfung und die damit im Zusammenhang stehenden Pflichtverletzungen auf den in § 323 Abs. 2 Satz 2 genannten Betrag. ²Dies gilt auch, wenn an der Prüfung mehrere Personen beteiligt gewesen oder mehrere zum Ersatz verpflichtende Handlungen begangen worden sind, und ohne Rücksicht darauf, ob andere Beteiligte vorsätzlich gehandelt haben. ³Sind im Fall des Satzes 1 durch eine zum Schadensersatz verpflichtende Handlung mehrere Unternehmen geschädigt worden, beschränkt sich die Ersatzpflicht insgesamt auf das Zweifache der Höchstgrenze des Satzes 1. ⁴Übersteigen in diesem Fall mehrere nach Absatz 1 Satz 4 zu leistende Entschädigungen das Zweifache der Höchstgrenze des Satzes 1, so verringern sich die einzelnen Entschädigungen in dem Verhältnis, in dem ihr Gesamtbetrag zum Zweifachen der Höchstgrenze des Satzes 1 steht.

(3) ¹Die §§ 93 und 97 der Abgabenordnung gelten nicht für die in Absatz 1 Satz 1 bezeichneten Personen, soweit sie zur Durchführung des § 342b tätig werden. ²Sie finden Anwendung, soweit die Finanzbehörden die Kenntnisse für die Durchführung eines Verfahrens wegen einer Steuerstraftat sowie eines damit zusammenhängenden Besteuerungsverfahrens benötigen, an deren Verfolgung ein zwingendes öffentliches Interesse besteht, und nicht Tatsachen betroffen sind, die von einer ausländischen Stelle mitgeteilt worden sind, die mit der Prüfung von Rechnungslegungsverstößen betraut ist.

§ 342d[1] **Finanzierung der Prüfstelle.** ¹Die Prüfstelle hat über die zur Finanzierung der Erfüllung ihrer Aufgaben erforderlichen Mittel einen Wirtschaftsplan für das Folgejahr im Einvernehmen mit der Bundesanstalt für Finanzdienstleistungsaufsicht aufzustellen. ²Der Wirtschaftsplan ist dem Bundesministerium der Justiz und dem Bundesministerium der Finanzen zur Genehmigung vorzulegen. ³Die Bundesanstalt für Finanzdienstleistungsaufsicht schießt der Prüfstelle die dieser nach dem Wirtschaftsplan voraussichtlich entstehenden Kosten aus der gemäß § 17d Abs. 1 Satz 3 des Finanzdienstleistungsaufsichtsgesetzes eingezogenen Umlagevorauszahlung vor, wobei et-

---

[1] Beachte hierzu Übergangsvorschriften in Art. 56 EGHGB; Nr. 2.

waige Fehlbeträge und nicht eingegangene Beträge nach dem Verhältnis von Wirtschaftsplan zu dem betreffenden Teil des Haushaltsplanes der Bundesanstalt für Finanzdienstleistungsaufsicht anteilig zu berücksichtigen sind. [4]Nach Ende des Haushaltsjahres hat die Prüfstelle ihren Jahresabschluss aufzustellen. [5]Die Entlastung erteilt das zuständige Organ der Prüfstelle mit Zustimmung des Bundesministeriums der Justiz und des Bundesministeriums der Finanzen.

§ 342e Bußgeldvorschriften. (1) Ordnungswidrig handelt, wer vorsätzlich oder fahrlässig entgegen § 342b Abs. 4 Satz 1 der Prüfstelle eine Auskunft nicht richtig oder nicht vollständig erteilt oder eine Unterlage nicht richtig oder nicht vollständig vorlegt.

(2) Die Ordnungswidrigkeit kann mit einer Geldbuße bis zu fünfzigtausend Euro geahndet werden.

(3) Verwaltungsbehörde im Sinne des § 36 Abs. 1 Nr. 1 des Gesetzes über Ordnungswidrigkeiten ist bei Ordnungswidrigkeiten nach Absatz 1 die Bundesanstalt für Finanzdienstleistungsaufsicht.

Viertes Buch. Handelsgeschäfte

Erster Abschnitt. Allgemeine Vorschriften

§ 343 [Begriff der Handelsgeschäfte] (1) Handelsgeschäfte sind alle Geschäfte eines Kaufmanns, die zum Betriebe seines Handelsgewerbes gehören.

(2) *(aufgehoben)*

§ 344 [Vermutung für das Handelsgeschäft] (1) Die von einem Kaufmanne vorgenommenen Rechtsgeschäfte gelten im Zweifel als zum Betriebe seines Handelsgewerbes gehörig.

(2) Die von einem Kaufmanne gezeichneten Schuldscheine gelten als im Betriebe seines Handelsgewerbes gezeichnet, sofern nicht aus der Urkunde sich das Gegenteil ergibt.

§ 345 [Einseitige Handelsgeschäfte] Auf ein Rechtsgeschäft, das für einen der beiden Teile ein Handelsgeschäft ist, kommen die Vorschriften über Handelsgeschäfte für beide Teile gleichmäßig zur Anwendung, soweit nicht aus diesen Vorschriften sich ein anderes ergibt.

§ 346 [Handelsbräuche] Unter Kaufleuten ist in Ansehung der Bedeutung und Wirkung von Handlungen und Unterlassungen auf die im Handelsverkehre geltenden Gewohnheiten und Gebräuche Rücksicht zu nehmen.

§ 347 [Sorgfaltspflicht] (1) Wer aus einem Geschäfte, das auf seiner Seite ein Handelsgeschäft ist, einem anderen zur Sorgfalt verpflichtet ist, hat für die Sorgfalt eines ordentlichen Kaufmanns einzustehen.

(2) Unberührt bleiben die Vorschriften des Bürgerlichen Gesetzbuchs, nach welchen der Schuldner in bestimmten Fällen nur grobe Fahrlässigkeit zu vertreten oder nur für diejenige Sorgfalt einzustehen hat, welche er in eigenen Angelegenheiten anzuwenden pflegt.

§ 348 [Vertragsstrafe] Eine Vertragsstrafe, die von einem Kaufmann im Betriebe seines Handelsgewerbes versprochen ist, kann nicht auf Grund der Vorschriften des § 343 des Bürgerlichen Gesetzbuchs herabgesetzt werden.

§ 349 [Keine Einrede der Vorausklage] [1]Dem Bürgen steht, wenn die Bürgschaft für ihn ein Handelsgeschäft ist, die Einrede der Vorausklage nicht zu. [2]Das gleiche gilt unter der bezeichneten Voraussetzung für denjenigen, welcher aus einem Kreditauftrag als Bürge haftet.

§ 350 [Formfreiheit] Auf eine Bürgschaft, ein Schuldversprechen oder ein Schuldanerkenntnis finden, sofern die Bürgschaft auf der Seite des Bürgen, das Versprechen oder das Anerkenntnis auf der Seite des Schuldners ein Handelsgeschäft ist, die Formvorschriften des § 766 Satz 1 und 2, des § 780 und des § 781 Satz 1 und 2 des Bürgerlichen Gesetzbuchs keine Anwendung.

§ 351. *(aufgehoben)*

1. Abschnitt. Allgemeine Vorschriften §§ 352–355 HGB 1

§ 352 [Gesetzlicher Zinssatz] (1) ¹Die Höhe der gesetzlichen Zinsen, mit Ausnahme der Verzugszinsen, ist bei beiderseitigen Handelsgeschäften fünf vom Hundert für das Jahr. ²Das gleiche gilt, wenn für eine Schuld aus einem solchen Handelsgeschäfte Zinsen ohne Bestimmung des Zinsfußes versprochen sind.

(2) Ist in diesem Gesetzbuche die Verpflichtung zur Zahlung von Zinsen ohne Bestimmung der Höhe ausgesprochen, so sind darunter Zinsen zu fünf vom Hundert für das Jahr zu verstehen.

§ 353 [Fälligkeitszinsen] ¹Kaufleute untereinander sind berechtigt, für ihre Forderungen aus beiderseitigen Handelsgeschäften vom Tage der Fälligkeit an Zinsen zu fordern. ²Zinsen von Zinsen können auf Grund dieser Vorschrift nicht gefordert werden.

§ 354 [Provision; Lagergeld; Zinsen] (1) Wer in Ausübung seines Handelsgewerbes einem anderen Geschäfte besorgt oder Dienste leistet, kann dafür auch ohne Verabredung Provision und, wenn es sich um Aufbewahrung handelt, Lagergeld nach den an dem Orte üblichen Sätzen fordern.

(2) Für Darlehen, Vorschüsse, Auslagen und andere Verwendungen kann er vom Tage der Leistung an Zinsen berechnen.

§ 354 a [Unwirksamer Ausschluß von Forderungsabtretungen] ¹Ist die Abtretung einer Geldforderung durch Vereinbarung mit dem Schuldner gemäß § 399 des Bürgerlichen Gesetzbuchs[1]) ausgeschlossen und ist das Rechtsgeschäft, das diese Forderung begründet hat, für beide Teile ein Handelsgeschäft, oder ist der Schuldner eine juristische Person des öffentlichen Rechts oder ein öffentlich-rechtliches Sondervermögen, so ist die Abtretung gleichwohl wirksam. ²Der Schuldner kann jedoch mit befreiender Wirkung an den bisherigen Gläubiger leisten. ³Abweichende Vereinbarungen sind unwirksam.

§ 355 [Laufende Rechnung, Kontokorrent] (1) Steht jemand mit einem Kaufmanne derart in Geschäftsverbindung, daß die aus der Verbindung entspringenden beiderseitigen Ansprüche und Leistungen nebst Zinsen in Rechnung gestellt und in regelmäßigen Zeitabschnitten durch Verrechnung und Feststellung des für den einen oder anderen Teil sich ergebenden Überschusses ausgeglichen werden (laufende Rechnung, Kontokorrent), so kann derjenige, welchem bei dem Rechnungsabschluß ein Überschuß gebührt, von dem Tage des Abschlusses an Zinsen von dem Überschusse verlangen, auch soweit in der Rechnung Zinsen enthalten sind.

(2) Der Rechnungsabschluß geschieht jährlich einmal, sofern nicht ein anderes bestimmt ist.

(3) Die laufende Rechnung kann im Zweifel auch während der Dauer einer Rechnungsperiode jederzeit mit der Wirkung gekündigt werden, daß derjenige, welchem nach der Rechnung ein Überschuß gebührt, dessen Zahlung beanspruchen kann.

---

[1]) Abgedruckt in **dtv 5001 „BGB"**.

1 HGB §§ 356–362 Viertes Buch. Handelsgeschäfte

§ 356 [**Sicherheiten**] (1) Wird eine Forderung, die durch Pfand, Bürgschaft oder in anderer Weise gesichert ist, in die laufende Rechnung aufgenommen, so wird der Gläubiger durch die Anerkennung des Rechnungsabschlusses nicht gehindert, aus der Sicherheit insoweit Befriedigung zu suchen, als sein Guthaben aus der laufenden Rechnung und die Forderung sich decken.

(2) Haftet ein Dritter für eine in die laufende Rechnung aufgenommene Forderung als Gesamtschuldner, so findet auf die Geltendmachung der Forderung gegen ihn die Vorschrift des Absatzes 1 entsprechende Anwendung.

§ 357 [**Pfändung des Saldos**] ¹Hat der Gläubiger eines Beteiligten die Pfändung und Überweisung des Anspruchs auf dasjenige erwirkt, was seinem Schuldner als Überschuß aus der laufenden Rechnung zukommt, so können dem Gläubiger gegenüber Schuldposten, die nach der Pfändung durch neue Geschäfte entstehen, nicht in Rechnung gestellt werden. ²Geschäfte, die auf Grund eines schon vor der Pfändung bestehenden Rechtes oder einer schon vor diesem Zeitpunkte bestehenden Verpflichtung des Drittschuldners vorgenommen werden, gelten nicht als neue Geschäfte im Sinne dieser Vorschrift.

§ 358 [**Zeit der Leistung**] Bei Handelsgeschäften kann die Leistung nur während der gewöhnlichen Geschäftszeit bewirkt und gefordert werden.

§ 359 [**Vereinbarte Zeit der Leistung; „acht Tage"**] (1) Ist als Zeit der Leistung das Frühjahr oder der Herbst oder ein in ähnlicher Weise bestimmter Zeitpunkt vereinbart, so entscheidet im Zweifel der Handelsgebrauch des Ortes der Leistung

(2) Ist eine Frist von acht Tagen vereinbart, so sind hierunter im Zweifel volle acht Tage zu verstehen.

§ 360 [**Gattungsschuld**] Wird eine nur der Gattung nach bestimmte Ware geschuldet, so ist Handelsgut mittlerer Art und Güte zu leisten.

§ 361 [**Maß, Gewicht, Währung, Zeitrechnung und Entfernungen**] Maß, Gewicht, Währung, Zeitrechnung und Entfernungen, die an dem Orte gelten, wo der Vertrag erfüllt werden soll, sind im Zweifel als die vertragsmäßigen zu betrachten.

§ 362 [**Schweigen des Kaufmanns auf Anträge**] (1) ¹Geht einem Kaufmanne, dessen Gewerbebetrieb die Besorgung von Geschäften für andere mit sich bringt, ein Antrag über die Besorgung solcher Geschäfte von jemand zu, mit dem er in Geschäftsverbindung steht, so ist er verpflichtet, unverzüglich zu antworten; sein Schweigen gilt als Annahme des Antrags. ²Das gleiche gilt, wenn einem Kaufmann ein Antrag über die Besorgung von Geschäften von jemand zugeht, dem gegenüber er sich zur Besorgung solcher Geschäfte erboten hat.

(2) Auch wenn der Kaufmann den Antrag ablehnt, hat er die mitgesendeten Waren auf Kosten des Antragstellers, soweit er für diese Kosten gedeckt ist und soweit es ohne Nachteil für ihn geschehen kann, einstweilen vor Schaden zu bewahren

1. Abschnitt. Allgemeine Vorschriften **§§ 363–366 HGB 1**

§ 363 [**Kaufmännische Orderpapiere**] (1) ¹Anweisungen, die auf einen Kaufmann über die Leistung von Geld, Wertpapieren oder anderen vertretbaren Sachen ausgestellt sind, ohne daß darin die Leistung von einer Gegenleistung abhängig gemacht ist, können durch Indossament übertragen werden, wenn sie an Order lauten. ²Dasselbe gilt von Verpflichtungsscheinen, die von einem Kaufmann über Gegenstände der bezeichneten Art an Order ausgestellt sind, ohne daß darin die Leistung von einer Gegenleistung abhängig gemacht ist.

(2) Ferner können Konnossemente der Verfrachter, Ladescheine der Frachtführer, Lagerscheine sowie Transportversicherungspolicen durch Indossament übertragen werden, wenn sie an Order lauten.

§ 364 [**Indossament**] (1) Durch das Indossament gehen alle Rechte aus dem indossierten Papier auf den Indossatar über.

(2) Dem legitimierten Besitzer der Urkunde kann der Schuldner nur solche Einwendungen entgegensetzen, welche die Gültigkeit seiner Erklärung in der Urkunde betreffen oder sich aus dem Inhalte der Urkunde ergeben oder ihm unmittelbar gegen den Besitzer zustehen.

(3) Der Schuldner ist nur gegen Aushändigung der quittierten Urkunde zur Leistung verpflichtet.

§ 365 [**Anwendung des Wechselrechts; Aufgebotsverfahren**] (1) In betreff der Form des Indossaments, in betreff der Legitimation des Besitzers und der Prüfung der Legitimation sowie in betreff der Verpflichtung des Besitzers zur Herausgabe, finden die Vorschriften der *Artikel 11 bis 13, 36, 74 der Wechselordnung*[1]) entsprechende Anwendung.

(2) ¹Ist die Urkunde vernichtet oder abhanden gekommen, so unterliegt sie der Kraftloserklärung im Wege des Aufgebotsverfahrens. ²Ist das Aufgebotsverfahren eingeleitet, so kann der Berechtigte, wenn er bis zur Kraftloserklärung Sicherheit bestellt, Leistung nach Maßgabe der Urkunde von dem Schuldner verlangen.

§ 366 [**Gutgläubiger Erwerb von beweglichen Sachen**] (1) Veräußert oder verpfändet ein Kaufmann im Betriebe seines Handelsgewerbes eine ihm nicht gehörige bewegliche Sache, so finden die Vorschriften des Bürgerlichen Gesetzbuchs zugunsten derjenigen, welche Rechte von einem Nichtberechtigten herleiten, auch dann Anwendung, wenn der gute Glaube des Erwerbers die Befugnis des Veräußerers oder Verpfänders, über die Sache für den Eigentümer zu verfügen, betrifft.

(2) Ist die Sache mit dem Rechte eines Dritten belastet, so finden die Vorschriften des Bürgerlichen Gesetzbuchs zugunsten derjenigen, welche Rechte von einem Nichtberechtigten herleiten, auch dann Anwendung, wenn der gute Glaube die Befugnis des Veräußerers oder Verpfänders, ohne Vorbehalt des Rechtes über die Sache zu verfügen, betrifft.

(3) Das gesetzliche Pfandrecht des Kommissionärs, des Frachtführers, des Spediteurs und des Lagerhalters steht hinsichtlich des Schutzes des guten Glaubens einem gemäß Absatz 1 durch Vertrag erworbenen Pfandrecht gleich,

---

[1]) Jetzt Art. 13, 14 Abs. 2, 16, 40 Abs. 3 Satz 2 Wechselgesetz; Nr. **4**.

das gesetzliche Pfandrecht des Frachtführers, des Spediteurs und des Lagerhalters an Gut das nicht Gegenstand des Vertrages ist, aus dem die durch das Pfandrecht zu sichernde Forderung herrührt, jedoch nur insoweit, als der gute Glaube des Erwerbers das Eigentum des Vertragspartners betrifft.

§ 367 [**Gutgläubiger Erwerb gewisser Wertpapiere**] (1) ¹Wird ein Inhaberpapier, das dem Eigentümer gestohlen worden, verlorengegangen oder sonst abhanden gekommen ist, an einen Kaufmann, der Bankier- oder Geldwechslergeschäfte betreibt, veräußert oder verpfändet, so gilt dessen guter Glaube als ausgeschlossen, wenn zur Zeit der Veräußerung oder Verpfändung der Verlust des Papiers im Bundesanzeiger bekanntgemacht und seit dem Ablauf des Jahres, in dem die Veröffentlichung erfolgt ist, nicht mehr als ein Jahr verstrichen war. ²Inhaberpapieren stehen an Order lautende Anleiheschuldverschreibungen sowie Namensaktien, Zwischenscheine und Reichsbankanteilscheine gleich, falls sie mit einem Blankoindossament versehen sind.

(2) Der gute Glaube des Erwerbers wird durch die Veröffentlichung im Bundesanzeiger nicht ausgeschlossen, wenn der Erwerber die Veröffentlichung infolge besonderer Umstände nicht kannte und seine Unkenntnis nicht auf grober Fahrlässigkeit beruht.

(3) Auf Zins-, Renten- und Gewinnanteilscheine, die nicht später als in dem nächsten auf die Veräußerung oder Verpfändung folgenden Einlösungstermin fällig werden, auf unverzinsliche Inhaberpapiere, die auf Sicht zahlbar sind, und auf Banknoten sind diese Vorschriften nicht anzuwenden.

§ 368 [**Pfandverkauf**] (1) Bei dem Verkauf eines Pfandes tritt, wenn die Verpfändung auf der Seite des Pfandgläubigers und des Verpfänders ein Handelsgeschäft ist, an die Stelle der in § 1234 des Bürgerlichen Gesetzbuchs[1]) bestimmten Frist von einem Monat eine solche von einer Woche.

(2) Diese Vorschrift findet auf das gesetzliche Pfandrecht des Kommissionärs, des Spediteurs, des Lagerhalters und des Frachtführers entsprechende Anwendung, auf das Pfandrecht des Spediteurs und des Frachtführers auch dann, wenn nur auf ihrer Seite der Speditions- oder Frachtvertrag ein Handelsgeschäft ist.

§ 369 [**Kaufmännisches Zurückbehaltungsrecht**] (1) ¹Ein Kaufmann hat wegen der fälligen Forderungen, welche ihm gegen einen anderen Kaufmann aus den zwischen ihnen geschlossenen beiderseitigen Handelsgeschäften zustehen, ein Zurückbehaltungsrecht an den beweglichen Sachen und Wertpapieren des Schuldners, welche mit dessen Willen auf Grund von Handelsgeschäften in seinen Besitz gelangt sind, sofern er sie noch im Besitze hat, insbesondere mittels Konnossements, Ladescheins oder Lagerscheins darüber verfügen kann. ²Das Zurückbehaltungsrecht ist auch dann begründet, wenn

---

[1]) **§ 1234 BGB** lautet:

„(1) ¹Der Pfandgläubiger hat dem Eigentümer den Verkauf vorher anzudrohen und dabei den Geldbetrag zu bezeichnen, wegen dessen der Verkauf stattfinden soll. ²Die Androhung kann erst nach dem Eintritt der Verkaufsberechtigung erfolgen; sie darf unterbleiben, wenn sie untunlich ist.

(2) ¹Der Verkauf darf nicht vor dem Ablauf eines Monats nach der Androhung erfolgen. ²Ist die Androhung untunlich, so wird der Monat von dem Eintritt der Verkaufsberechtigung an berechnet."

1. Abschnitt. Allgemeine Vorschriften §§ 370–372 HGB 1

das Eigentum an dem Gegenstande von dem Schuldner auf den Gläubiger übergegangen oder von einem Dritten für den Schuldner auf den Gläubiger übertragen, aber auf den Schuldner zurückzuübertragen ist.

(2) Einem Dritten gegenüber besteht das Zurückbehaltungsrecht insoweit, als dem Dritten die Einwendungen gegen den Anspruch des Schuldners auf Herausgabe des Gegenstandes entgegengesetzt werden können.

(3) Das Zurückbehaltungsrecht ist ausgeschlossen, wenn die Zurückbehaltung des Gegenstandes der von dem Schuldner vor oder bei der Übergabe erteilten Anweisung oder der von dem Gläubiger übernommenen Verpflichtung, in einer bestimmten Weise mit dem Gegenstande zu verfahren, widerstreitet.

(4) ¹Der Schuldner kann die Ausübung des Zurückbehaltungsrechts durch Sicherheitsleistung abwenden. ²Die Sicherheitsleistung durch Bürgen ist ausgeschlossen.

§ 370. *(aufgehoben)*

§ 371 **[Befriedigungsrecht]** (1) ¹Der Gläubiger ist kraft des Zurückbehaltungsrechts befugt, sich aus dem zurückbehaltenen Gegenstande für seine Forderung zu befriedigen. ²Steht einem Dritten ein Recht an dem Gegenstande zu, gegen welches das Zurückbehaltungsrecht nach § 369 Abs. 2 geltend gemacht werden kann, so hat der Gläubiger in Ansehung der Befriedigung aus dem Gegenstande den Vorrang.

(2) ¹Die Befriedigung erfolgt nach den für das Pfandrecht geltenden Vorschriften des Bürgerlichen Gesetzbuchs. ²An die Stelle der in § 1234 des Bürgerlichen Gesetzbuchs¹⁾ bestimmten Frist von einem Monate tritt eine solche von einer Woche.

(3) ¹Sofern die Befriedigung nicht im Wege der Zwangsvollstreckung stattfindet, ist sie erst zulässig, nachdem der Gläubiger einen vollstreckbaren Titel für sein Recht auf Befriedigung gegen den Eigentümer erlangt oder, wenn der Gegenstand ihm selbst gehört, gegen den Schuldner erlangt hat; in dem letzteren Falle finden die den Eigentümer betreffenden Vorschriften des Bürgerlichen Gesetzbuchs über die Befriedigung auf den Schuldner entsprechende Anwendung. ²In Ermangelung des vollstreckbaren Titels ist der Verkauf des Gegenstandes nicht rechtmäßig.

(4) Die Klage auf Gestattung der Befriedigung kann bei dem Gericht, in dessen Bezirke der Gläubiger seinen allgemeinen Gerichtsstand oder den Gerichtsstand der Niederlassung hat, erhoben werden.

§ 372 **[Eigentumsfiktion und Rechtskraftwirkung bei Befriedigungsrecht]** (1) In Ansehung der Befriedigung aus dem zurückbehaltenen Gegenstande gilt zugunsten des Gläubigers der Schuldner, sofern er bei dem Besitzerwerbe des Gläubigers der Eigentümer des Gegenstandes war, auch weiter als Eigentümer, sofern nicht der Gläubiger weiß, daß der Schuldner nicht mehr Eigentümer ist.

(2) Erwirbt ein Dritter nach dem Besitzerwerbe des Gläubigers von dem Schuldner das Eigentum, so muß er ein rechtskräftiges Urteil, das in einem

---

¹⁾ Abgedruckt als Anmerkung zu § 368 HGB.

zwischen dem Gläubiger und dem Schuldner wegen Gestattung der Befriedigung geführten Rechtsstreit ergangen ist, gegen sich gelten lassen, sofern nicht der Gläubiger bei dem Eintritte der Rechtshängigkeit gewußt hat, daß der Schuldner nicht mehr Eigentümer war.

Zweiter Abschnitt. Handelskauf

§ 373 [**Annahmeverzug des Käufers**] (1) Ist der Käufer mit der Annahme der Ware im Verzuge, so kann der Verkäufer die Ware auf Gefahr und Kosten des Käufers in einem öffentlichen Lagerhaus oder sonst in sicherer Weise hinterlegen.

(2) [1] Er ist ferner befugt, nach vorgängiger Androhung die Ware öffentlich versteigern zu lassen; er kann, wenn die Ware einen Börsen- oder Marktpreis hat, nach vorgängiger Androhung den Verkauf auch aus freier Hand durch einen zu solchen Verkäufen öffentlich ermächtigten Handelsmakler oder durch eine zur öffentlichen Versteigerung befugte Person zum laufenden Preise bewirken. [2] Ist die Ware dem Verderb ausgesetzt und Gefahr im Verzuge, so bedarf es der vorgängigen Androhung nicht; dasselbe gilt, wenn die Androhung aus anderen Gründen untunlich ist.

(3) Der Selbsthilfeverkauf erfolgt für Rechnung des säumigen Käufers.

(4) Der Verkäufer und der Käufer können bei der öffentlichen Versteigerung mitbieten.

(5) [1] Im Falle der öffentlichen Versteigerung hat der Verkäufer den Käufer von der Zeit und dem Orte der Versteigerung vorher zu benachrichtigen; von dem vollzogenen Verkaufe hat er bei jeder Art des Verkaufs dem Käufer unverzüglich Nachricht zu geben. [2] Im Falle der Unterlassung ist er zum Schadensersatze verpflichtet. [3] Die Benachrichtigungen dürfen unterbleiben, wenn sie untunlich sind.

§ 374 [**Vorschriften des BGB über Annahmeverzug**] Durch die Vorschriften des § 373 werden die Befugnisse nicht berührt, welche dem Verkäufer nach dem Bürgerlichen Gesetzbuche zustehen, wenn der Käufer im Verzuge der Annahme ist.

§ 375 [**Bestimmungskauf**] (1) Ist bei dem Kaufe einer beweglichen Sache dem Käufer die nähere Bestimmung über Form, Maß oder ähnliche Verhältnisse vorbehalten, so ist der Käufer verpflichtet, die vorbehaltene Bestimmung zu treffen.

(2) [1] Ist der Käufer mit der Erfüllung dieser Verpflichtung in Verzug, so kann der Verkäufer die Bestimmung statt des Käufers vornehmen oder gemäß den §§ 280, 281 des Bürgerlichen Gesetzbuchs[1]) Schadensersatz statt der Leis-

---

[1]) § 280 BGB lautet:

„(1) [1] Verletzt der Schuldner eine Pflicht aus dem Schuldverhältnis, so kann der Gläubiger Ersatz des hierdurch entstehenden Schadens verlangen. [2] Dies gilt nicht, wenn der Schuldner die Pflichtverletzung nicht zu vertreten hat.

(2) Schadensersatz wegen Verzögerung der Leistung kann der Gläubiger nur unter der zusätzlichen Voraussetzung des § 286 verlangen.

(3) Schadensersatz statt der Leistung kann der Gläubiger nur unter den zusätzlichen Voraussetzungen des § 281, des § 282 oder des § 283 verlangen."

(Fortsetzung der Anm. nächste Seite)

2. Abschnitt. Handelskauf § 376 HGB 1

tung verlangen oder gemäß § 323 des Bürgerlichen Gesetzbuchs[1] vom Vertrag zurücktreten. ²Im ersteren Falle hat der Verkäufer die von ihm getroffene Bestimmung dem Käufer mitzuteilen und ihm zugleich eine angemessene Frist zur Vornahme einer anderweitigen Bestimmung zu setzen. ³Wird eine solche innerhalb der Frist von dem Käufer nicht vorgenommen, so ist die von dem Verkäufer getroffene Bestimmung maßgebend.

§ 376 [Fixhandelskauf] (1) ¹Ist bedungen, daß die Leistung des einen Teiles genau zu einer festbestimmten Zeit oder innerhalb einer festbestimmten Frist bewirkt werden soll, so kann der andere Teil, wenn die Leistung

---

(Fortsetzung der Anm. von S. 150)
§ 281 BGB lautet:
„(1) ¹Soweit der Schuldner die fällige Leistung nicht oder nicht wie geschuldet erbringt, kann der Gläubiger unter den Voraussetzungen des § 280 Abs. 1 Schadensersatz statt der Leistung verlangen, wenn er dem Schuldner erfolglos eine angemessene Frist zur Leistung oder Nacherfüllung bestimmt hat. ²Hat der Schuldner eine Teilleistung bewirkt, so kann der Gläubiger Schadensersatz statt der ganzen Leistung nur verlangen, wenn er an der Teilleistung kein Interesse hat. ³Hat der Schuldner die Leistung nicht wie geschuldet bewirkt, so kann der Gläubiger Schadensersatz statt der ganzen Leistung nicht verlangen, wenn die Pflichtverletzung unerheblich ist.

(2) Die Fristsetzung ist entbehrlich, wenn der Schuldner die Leistung ernsthaft und endgültig verweigert oder wenn besondere Umstände vorliegen, die unter Abwägung der beiderseitigen Interessen die sofortige Geltendmachung des Schadensersatzanspruchs rechtfertigen.

(3) Kommt nach der Art der Pflichtverletzung eine Fristsetzung nicht in Betracht, so tritt an deren Stelle eine Abmahnung.

(4) Der Anspruch auf die Leistung ist ausgeschlossen, sobald der Gläubiger statt der Leistung Schadensersatz verlangt hat.

(5) Verlangt der Gläubiger Schadensersatz statt der ganzen Leistung, so ist der Schuldner zur Rückforderung des Geleisteten nach den §§ 346 bis 348 berechtigt."

---

[1] **§ 323 BGB** lautet:
„(1) Erbringt bei einem gegenseitigen Vertrag der Schuldner eine fällige Leistung nicht oder nicht vertragsgemäß, so kann der Gläubiger, wenn er dem Schuldner erfolglos eine angemessene Frist zur Leistung oder Nacherfüllung bestimmt hat, vom Vertrag zurücktreten.

(2) Die Fristsetzung ist entbehrlich, wenn
1. der Schuldner die Leistung ernsthaft und endgültig verweigert,
2. der Schuldner die Leistung zu einem im Vertrag bestimmten Termin oder innerhalb einer bestimmten Frist nicht bewirkt und der Gläubiger im Vertrag den Fortbestand seines Leistungsinteresses an die Rechtzeitigkeit der Leistung gebunden hat oder
3. besondere Umstände vorliegen, die unter Abwägung der beiderseitigen Interessen den sofortigen Rücktritt rechtfertigen.

(3) Kommt nach der Art der Pflichtverletzung eine Fristsetzung nicht in Betracht, so tritt an deren Stelle eine Abmahnung.

(4) Der Gläubiger kann bereits vor dem Eintritt der Fälligkeit der Leistung zurücktreten, wenn offensichtlich ist, dass die Voraussetzungen des Rücktritts eintreten werden.

(5) ¹Hat der Schuldner eine Teilleistung bewirkt, so kann der Gläubiger vom ganzen Vertrag nur zurücktreten, wenn er an der Teilleistung kein Interesse hat. ²Hat der Schuldner die Leistung nicht vertragsgemäß bewirkt, so kann der Gläubiger vom Vertrag nicht zurücktreten, wenn die Pflichtverletzung unerheblich ist.

(6) Der Rücktritt ist ausgeschlossen, wenn der Gläubiger für den Umstand, der ihn zum Rücktritt berechtigen würde, allein oder weit überwiegend verantwortlich ist oder wenn der vom Schuldner nicht zu vertretende Umstand zu einer Zeit eintritt, zu welcher der Gläubiger im Verzug der Annahme ist."

nicht zu der bestimmten Zeit oder nicht innerhalb der bestimmten Frist erfolgt, von dem Vertrage zurücktreten oder, falls der Schuldner im Verzug ist, statt der Erfüllung Schadensersatz wegen Nichterfüllung verlangen. ²Erfüllung kann er nur beanspruchen, wenn er sofort nach dem Ablaufe der Zeit oder der Frist dem Gegner anzeigt, daß er auf Erfüllung bestehe.

(2) Wird Schadensersatz wegen Nichterfüllung verlangt und hat die Ware einen Börsen- oder Marktpreis, so kann der Unterschied des Kaufpreises und des Börsen- oder Marktpreises zur Zeit und am Orte der geschuldeten Leistung gefordert werden.

(3) ¹Das Ergebnis eines anderweit vorgenommenen Verkaufs oder Kaufes kann, falls die Ware einen Börsen- oder Marktpreis hat, dem Ersatzanspruche nur zugrunde gelegt werden, wenn der Verkauf oder Kauf sofort nach dem Ablaufe der bedungenen Leistungszeit oder Leistungsfrist bewirkt ist. ²Der Verkauf oder Kauf muß, wenn er nicht in öffentlicher Versteigerung geschieht, durch einen zu solchen Verkäufen oder Käufen öffentlich ermächtigten Handelsmakler oder eine zur öffentlichen Versteigerung befugte Person zum laufenden Preise erfolgen.

(4) ¹Auf den Verkauf mittels öffentlicher Versteigerung findet die Vorschrift des § 373 Abs. 4 Anwendung. ²Von dem Verkauf oder Kaufe hat der Gläubiger den Schuldner unverzüglich zu benachrichtigen; im Falle der Unterlassung ist er zum Schadensersatze verpflichtet.

§ 377 [**Untersuchungs- und Rügepflicht**] (1) Ist der Kauf für beide Teile ein Handelsgeschäft, so hat der Käufer die Ware unverzüglich nach der Ablieferung durch den Verkäufer, soweit dies nach ordnungsmäßigem Geschäftsgange tunlich ist, zu untersuchen und, wenn sich ein Mangel zeigt, dem Verkäufer unverzüglich Anzeige zu machen.

(2) Unterläßt der Käufer die Anzeige, so gilt die Ware als genehmigt, es sei denn, daß es sich um einen Mangel handelt, der bei der Untersuchung nicht erkennbar war.

(3) Zeigt sich später ein solcher Mangel, so muß die Anzeige unverzüglich nach der Entdeckung gemacht werden; anderenfalls gilt die Ware auch in Ansehung dieses Mangels als genehmigt.

(4) Zur Erhaltung der Rechte des Käufers genügt die rechtzeitige Absendung der Anzeige.

(5) Hat der Verkäufer den Mangel arglistig verschwiegen, so kann er sich auf diese Vorschriften nicht berufen.

§ 378. *(aufgehoben)*

§ 379 [**Einstweilige Aufbewahrung; Notverkauf**] (1) Ist der Kauf für beide Teile ein Handelsgeschäft, so ist der Käufer, wenn er die ihm von einem anderen Orte übersendete Ware beanstandet, verpflichtet, für ihre einstweilige Aufbewahrung zu sorgen.

(2) Er kann die Ware, wenn sie dem Verderb ausgesetzt und Gefahr im Verzug ist, unter Beobachtung der Vorschriften des § 373 verkaufen lassen.

§ 380 [**Taragewicht**] (1) Ist der Kaufpreis nach dem Gewichte der Ware zu berechnen, so kommt das Gewicht der Verpackung (Taragewicht) in Abzug, wenn nicht aus dem Vertrag oder dem Handelsgebrauche des Ortes, an welchem der Verkäufer zu erfüllen hat, sich ein anderes ergibt.

(2) Ob und in welcher Höhe das Taragewicht nach einem bestimmten Ansatz oder Verhältnisse statt nach genauer Ausmittelung abzuziehen ist, sowie, ob und wieviel als Gutgewicht zugunsten des Käufers zu berechnen ist oder als Vergütung für schadhafte oder unbrauchbare Teile (Refaktie) gefordert werden kann, bestimmt sich nach dem Vertrag oder dem Handelsgebrauche des Ortes, an welchem der Verkäufer zu erfüllen hat.

§ 381 [Kauf von Wertpapieren; Werklieferungsvertrag] (1) Die in diesem Abschnitte für den Kauf von Waren getroffenen Vorschriften gelten auch für den Kauf von Wertpapieren.

(2) Sie finden auch auf einen Vertrag Anwendung, der die Lieferung herzustellender oder zu erzeugender beweglicher Sachen zum Gegenstand hat.

§ 382. *(aufgehoben)*

Dritter Abschnitt. Kommissionsgeschäft

§ 383 [Kommissionär; Kommissionsvertrag] (1) Kommissionär ist, wer es gewerbsmäßig übernimmt, Waren oder Wertpapiere für Rechnung eines anderen (des Kommittenten) in eigenem Namen zu kaufen oder zu verkaufen.

(2) [1]Die Vorschriften dieses Abschnittes finden auch Anwendung, wenn das Unternehmen des Kommissionärs nach Art oder Umfang einen in kaufmännischer Weise eingerichteten Geschäftsbetrieb nicht erfordert und die Firma des Unternehmens nicht nach § 2 in das Handelsregister eingetragen ist. [2]In diesem Fall finden in Ansehung des Kommissionsgeschäfts auch die Vorschriften des Ersten Abschnittes des Vierten Buches mit Ausnahme der §§ 348 bis 350 Anwendung.

§ 384 [Pflichten des Kommissionärs] (1) Der Kommissionär ist verpflichtet, das übernommene Geschäft mit der Sorgfalt eines ordentlichen Kaufmanns auszuführen; er hat hierbei das Interesse des Kommittenten wahrzunehmen und dessen Weisungen zu befolgen.

(2) Er hat dem Kommittenten die erforderlichen Nachrichten zu geben, insbesondere von der Ausführung der Kommission unverzüglich Anzeige zu machen; er ist verpflichtet, dem Kommittenten über das Geschäft Rechenschaft abzulegen und ihm dasjenige herauszugeben, was er aus der Geschäftsbesorgung erlangt hat.

(3) Der Kommissionär haftet dem Kommittenten für die Erfüllung des Geschäfts, wenn er ihm nicht zugleich mit der Anzeige von der Ausführung der Kommission den Dritten namhaft macht, mit dem er das Geschäft abgeschlossen hat.

§ 385 [Weisungen des Kommittenten] (1) Handelt der Kommissionär nicht gemäß den Weisungen des Kommittenten, so ist er diesem zum Ersatze des Schadens verpflichtet; der Kommittent braucht das Geschäft nicht für seine Rechnung gelten zu lassen.

(2) Die Vorschriften des § 665 des Bürgerlichen Gesetzbuchs[1)] bleiben unberührt.

§ 386 [**Preisgrenzen**] (1) Hat der Kommissionär unter dem ihm gesetzten Preise verkauft oder hat er den ihm für den Einkauf gesetzten Preis überschritten, so muß der Kommittent, falls er das Geschäft als nicht für seine Rechnung abgeschlossen zurückweisen will, dies unverzüglich auf die Anzeige von der Ausführung des Geschäfts erklären; anderenfalls gilt die Abweichung von der Preisbestimmung als genehmigt.

(2) [1] Erbietet sich der Kommissionär zugleich mit der Anzeige von der Ausführung des Geschäfts zur Deckung des Preisunterschieds, so ist der Kommittent zur Zurückweisung nicht berechtigt. [2] Der Anspruch des Kommittenten auf den Ersatz eines den Preisunterschied übersteigenden Schadens bleibt unberührt.

§ 387 [**Vorteilhafter Abschluß**] (1) Schließt der Kommissionär zu vorteilhafteren Bedingungen ab, als sie ihm von dem Kommittenten gesetzt worden sind, so kommt dies dem Kommittenten zustatten.

(2) Dies gilt insbesondere, wenn der Preis, für welchen der Kommissionär verkauft, den von dem Kommittenten bestimmten niedrigsten Preis übersteigt oder wenn der Preis, für welchen er einkauft, den von dem Kommittenten bestimmten höchsten Preis nicht erreicht.

§ 388 [**Beschädigtes oder mangelhaftes Kommissionsgut**] (1) Befindet sich das Gut, welches dem Kommissionär zugesendet ist, bei der Ablieferung in einem beschädigten oder mangelhaften Zustande, der äußerlich erkennbar ist, so hat der Kommissionär die Rechte gegen den Frachtführer oder Schiffer zu wahren, für den Beweis des Zustandes zu sorgen und dem Kommittenten unverzüglich Nachricht zu geben; im Falle der Unterlassung ist er zum Schadensersatze verpflichtet.

(2) Ist das Gut dem Verderb ausgesetzt oder treten später Veränderungen an dem Gute ein, die dessen Entwertung befürchten lassen, und ist keine Zeit vorhanden, die Verfügung des Kommittenten einzuholen, oder ist der Kommittent in der Erteilung der Verfügung säumig, so kann der Kommissionär den Verkauf des Gutes nach Maßgabe der Vorschriften des § 373 bewirken.

§ 389 [**Hinterlegung; Selbsthilfeverkauf**] Unterläßt der Kommittent über das Gut zu verfügen, obwohl er dazu nach Lage der Sache verpflichtet ist, so hat der Kommissionär die nach § 373 dem Verkäufer zustehenden Rechte.

§ 390 [**Haftung des Kommissionärs für das Gut**] (1) Der Kommissionär ist für den Verlust und die Beschädigung des in seiner Verwahrung be-

---

[1)] § 665 BGB lautet:
„[1] Der Beauftragte ist berechtigt, von den Weisungen des Auftraggebers abzuweichen, wenn er den Umständen nach annehmen darf, dass der Auftraggeber bei Kenntnis der Sachlage die Abweichung billigen würde. [2] Der Beauftragte hat vor der Abweichung dem Auftraggeber Anzeige zu machen und dessen Entschließung abzuwarten, wenn nicht mit dem Aufschub Gefahr verbunden ist."

findlichen Gutes verantwortlich, es sei denn, daß der Verlust oder die Beschädigung auf Umständen beruht, die durch die Sorgfalt eines ordentlichen Kaufmanns nicht abgewendet werden konnten.

(2) Der Kommissionär ist wegen der Unterlassung der Versicherung des Gutes nur verantwortlich, wenn er von dem Kommittenten angewiesen war, die Versicherung zu bewirken.

§ 391 [Untersuchungs- und Rügepflicht; Aufbewahrung; Notverkauf] ¹Ist eine Einkaufskommission erteilt, die für beide Teile ein Handelsgeschäft ist, so finden in bezug auf die Verpflichtung des Kommittenten, das Gut zu untersuchen und dem Kommissionär von den entdeckten Mängeln Anzeige zu machen, sowie in bezug auf die Sorge für die Aufbewahrung des beanstandeten Gutes und auf den Verkauf bei drohendem Verderbe die für den Käufer geltenden Vorschriften der §§ 377 bis 379 entsprechende Anwendung. ²Der Anspruch des Kommittenten auf Abtretung der Rechte, die dem Kommissionär gegen den Dritten zustehen, von welchem er das Gut für Rechnung des Kommittenten gekauft hat, wird durch eine verspätete Anzeige des Mangels nicht berührt.

§ 392 [Forderungen aus dem Kommissionsgeschäft] (1) Forderungen aus einem Geschäfte, das der Kommissionär abgeschlossen hat, kann der Kommittent dem Schuldner gegen über erst nach der Abtretung geltend machen.

(2) Jedoch gelten solche Forderungen, auch wenn sie nicht abgetreten sind, im Verhältnisse zwischen dem Kommittenten und dem Kommissionär oder dessen Gläubigern als Forderungen des Kommittenten.

§ 393 [Vorschuß; Kredit] (1) Wird von dem Kommissionär ohne Zustimmung des Kommittenten einem Dritten ein Vorschuß geleistet oder Kredit gewährt, so handelt der Kommissionär auf eigene Gefahr.

(2) Insoweit jedoch der Handelsgebrauch am Orte des Geschäfts die Stundung des Kaufpreises mit sich bringt, ist in Ermangelung einer anderen Bestimmung des Kommittenten auch der Kommissionär dazu berechtigt.

(3) ¹Verkauft der Kommissionär unbefugt auf Kredit, so ist er verpflichtet, dem Kommittenten sofort als Schuldner des Kaufpreises die Zahlung zu leisten. ²Wäre beim Verkaufe gegen bar der Preis geringer gewesen, so hat der Kommissionär nur den geringeren Preis und, wenn dieser niedriger ist als der ihm gesetzte Preis, auch den Unterschied nach § 386 zu vergüten.

§ 394 [Delkredere] (1) Der Kommissionär hat für die Erfüllung der Verbindlichkeit des Dritten, mit dem er das Geschäft für Rechnung des Kommittenten abschließt, einzustehen, wenn dies von ihm übernommen oder am Orte seiner Niederlassung Handelsgebrauch ist.

(2) ¹Der Kommissionär, der für den Dritten einzustehen hat, ist dem Kommittenten für die Erfüllung im Zeitpunkte des Verfalls unmittelbar insoweit verhaftet, als die Erfüllung aus dem Vertragsverhältnisse gefordert werden kann. ²Er kann eine besondere Vergütung (Delkredereprovision) beanspruchen.

§ 395 [Wechselindossament] Ein Kommissionär, der den Ankauf eines Wechsels übernimmt, ist verpflichtet, den Wechsel, wenn er ihn indossiert, in üblicher Weise und ohne Vorbehalt zu indossieren.

§ 396 [Provision des Kommissionärs; Ersatz von Aufwendungen] (1) [1] Der Kommissionär kann die Provision fordern, wenn das Geschäft zur Ausführung gekommen ist. [2] Ist das Geschäft nicht zur Ausführung gekommen, so hat er gleichwohl den Anspruch auf die Auslieferungsprovision, sofern eine solche ortsgebräuchlich ist; auch kann er die Provision verlangen, wenn die Ausführung des von ihm abgeschlossenen Geschäfts nur aus einem in der Person des Kommittenten liegenden Grunde unterblieben ist.

(2) Zu dem von dem Kommittenten für Aufwendungen des Kommissionärs nach den §§ 670 und 675 des Bürgerlichen Gesetzbuchs[1]) zu leistenden Ersatze gehört auch die Vergütung für die Benutzung der Lagerräume und der Beförderungsmittel des Kommissionärs.

§ 397 [Gesetzliches Pfandrecht] Der Kommissionär hat an dem Kommissionsgute, sofern er es im Besitze hat, insbesondere mittels Konnossements, Ladescheins oder Lagerscheins darüber verfügen kann, ein Pfandrecht wegen der auf das Gut verwendeten Kosten, der Provision, der auf das Gut gegebenen Vorschüsse und Darlehen, der mit Rücksicht auf das Gut gezeichneten Wechsel oder in anderer Weise eingegangenen Verbindlichkeiten sowie wegen aller Forderungen aus laufender Rechnung in Kommissionsgeschäften.

§ 398 [Befriedigung aus eigenem Kommissionsgut] Der Kommissionär kann sich, auch wenn er Eigentümer des Kommissionsguts ist, für die in § 397 bezeichneten Ansprüche nach Maßgabe der für das Pfandrecht geltenden Vorschriften aus dem Gute befriedigen.

§ 399 [Befriedigung aus Forderungen] Aus den Forderungen, welche durch das für Rechnung des Kommittenten geschlossene Geschäft begründet sind, kann sich der Kommissionär für die in § 397 bezeichneten Ansprüche vor dem Kommittenten und dessen Gläubigern befriedigen.

§ 400 [Selbsteintritt des Kommissionärs] (1) Die Kommission zum Einkaufe oder zum Verkaufe von Waren, die einen Börsen- oder Marktpreis haben, sowie von Wertpapieren, bei denen ein Börsen- oder Marktpreis amtlich

---

[1]) **§ 670 BGB** lautet:
„Macht der Beauftragte zum Zwecke der Ausführung des Auftrags Aufwendungen, die er den Umständen nach für erforderlich halten darf, so ist der Auftraggeber zum Ersatze verpflichtet."

§ 675 BGB lautet:
„(1) Auf einen Dienstvertrag oder einen Werkvertrag, der eine Geschäftsbesorgung zum Gegenstand hat, finden, soweit in diesem Untertitel nichts Abweichendes bestimmt wird, die Vorschriften der §§ 663, 665 bis 670, 672 bis 674 und, wenn dem Verpflichteten das Recht zusteht, ohne Einhaltung einer Kündigungsfrist zu kündigen, auch die Vorschrift des § 671 Abs. 2 entsprechende Anwendung.

(2) Wer einem anderen einen Rat oder eine Empfehlung erteilt, ist, unbeschadet der sich aus einem Vertragsverhältnis, einer unerlaubten Handlung oder einer sonstigen gesetzlichen Bestimmung ergebenden Verantwortlichkeit, zum Ersatz des aus der Befolgung des Rates oder der Empfehlung entstehenden Schadens nicht verpflichtet."

festgestellt wird, kann, wenn der Kommittent nicht ein anderes bestimmt hat, von dem Kommissionär dadurch ausgeführt werden, daß er das Gut, welches er einkaufen soll, selbst als Verkäufer liefert oder das Gut, welches er verkaufen soll, selbst als Käufer übernimmt.

(2) ¹ Im Falle einer solchen Ausführung der Kommission beschränkt sich die Pflicht des Kommissionärs, Rechenschaft über die Abschließung des Kaufs oder Verkaufs abzulegen, auf den Nachweis, daß bei dem berechneten Preise der zur Zeit der Ausführung der Kommission bestehende Börsen- oder Marktpreis eingehalten ist. ² Als Zeit der Ausführung gilt der Zeitpunkt, in welchem der Kommissionär die Anzeige von der Ausführung zur Absendung an den Kommittenten abgegeben hat.

(3) Ist bei einer Kommission, die während der Börsen- oder Marktzeit auszuführen war, die Ausführungsanzeige erst nach dem Schlusse der Börse oder des Marktes zur Absendung abgegeben, so darf der berechnete Preis für den Kommittenten nicht ungünstiger sein als der Preis, der am Schlusse der Börse oder des Marktes bestand.

(4) Bei einer Kommission, die zu einem bestimmten Kurse (ersten Kurs, Mittelkurs, letzter Kurs) ausgeführt werden soll, ist der Kommissionär ohne Rücksicht auf den Zeitpunkt der Absendung der Ausführungsanzeige berechtigt und verpflichtet, diesen Kurs dem Kommittenten in Rechnung zu stellen.

(5) Bei Wertpapieren und Waren, für welche der Börsen- oder Marktpreis amtlich festgestellt wird, kann der Kommissionär im Falle der Ausführung der Kommission durch Selbsteintritt dem Kommittenten keinen ungünstigeren Preis als den amtlich festgestellten in Rechnung stellen.

§ 401 [Deckungsgeschäft] (1) Auch im Falle der Ausführung der Kommission durch Selbsteintritt hat der Kommissionär, wenn er bei Anwendung pflichtmäßiger Sorgfalt die Kommission zu einem günstigeren als dem nach § 400 sich ergebenden Preise ausführen konnte, dem Kommittenten den günstigeren Preis zu berechnen.

(2) Hat der Kommissionär vor der Absendung der Ausführungsanzeige aus Anlaß der erteilten Kommission an der Börse oder am Markte ein Geschäft mit einem Dritten abgeschlossen, so darf er dem Kommittenten keinen ungünstigeren als den hierbei vereinbarten Preis berechnen.

§ 402 [Unabdingbarkeit] Die Vorschriften des § 400 Abs. 2 bis 5 und des § 401 können nicht durch Vertrag zum Nachteile des Kommittenten abgeändert werden.

§ 403 [Provision bei Selbsteintritt] Der Kommissionär, der das Gut selbst als Verkäufer liefert oder als Käufer übernimmt, ist zu der gewöhnlichen Provision berechtigt und kann die bei Kommissionsgeschäften sonst regelmäßig vorkommenden Kosten berechnen.

§ 404 [Gesetzliches Pfandrecht] Die Vorschriften der §§ 397 und 398 finden auch im Falle der Ausführung der Kommission durch Selbsteintritt Anwendung.

§ 405 [Ausführungsanzeige und Selbsteintritt; Widerruf der Kommission] (1) Zeigt der Kommissionär die Ausführung der Kommission an, ohne ausdrücklich zu bemerken, daß er selbst eintreten wolle, so gilt dies als Erklärung, daß die Ausführung durch Abschluß des Geschäfts mit einem Dritten für Rechnung des Kommittenten erfolgt sei.

(2) Eine Vereinbarung zwischen dem Kommittenten und dem Kommissionär, daß die Erklärung darüber, ob die Kommission durch Selbsteintritt oder durch Abschluß mit einem Dritten ausgeführt sei, später als am Tage der Ausführungsanzeige abgegeben werden dürfe, ist nichtig.

(3) Widerruft der Kommittent die Kommission und geht der Widerruf dem Kommissionär zu, bevor die Ausführungsanzeige zur Absendung abgegeben ist, so steht dem Kommissionär das Recht des Selbsteintritts nicht mehr zu.

§ 406 [Ähnliche Geschäfte] (1) ¹Die Vorschriften dieses Abschnitts kommen auch zur Anwendung, wenn ein Kommissionär im Betriebe seines Handelsgewerbes ein Geschäft anderer als der in § 383 bezeichneten Art für Rechnung eines anderen in eigenem Namen zu schließen übernimmt. ²Das gleiche gilt, wenn ein Kaufmann, der nicht Kommissionär ist, im Betriebe seines Handelsgewerbes ein Geschäft in der bezeichneten Weise zu schließen übernimmt.

(2) Als Einkaufs- und Verkaufskommission im Sinne dieses Abschnitts gilt auch eine Kommission, welche die Lieferung einer nicht vertretbaren beweglichen Sache, die aus einem von dem Unternehmer zu beschaffenden Stoffe herzustellen ist, zum Gegenstande hat.

Vierter Abschnitt. Frachtgeschäft

Erster Unterabschnitt. Allgemeine Vorschriften

§ 407 Frachtvertrag. (1) Durch den Frachtvertrag wird der Frachtführer verpflichtet, das Gut zum Bestimmungsort zu befördern und dort an den Empfänger abzuliefern.

(2) Der Absender wird verpflichtet, die vereinbarte Fracht zu zahlen.

(3) ¹Die Vorschriften dieses Unterabschnitts gelten, wenn

1. das Gut zu Lande, auf Binnengewässern oder mit Luftfahrzeugen befördert werden soll und
2. die Beförderung zum Betrieb eines gewerblichen Unternehmens gehört.

²Erfordert das Unternehmen nach Art oder Umfang einen in kaufmännischer Weise eingerichteten Geschäftsbetrieb nicht und ist die Firma des Unternehmens auch nicht nach § 2 in das Handelsregister eingetragen, so sind in Ansehung des Frachtgeschäfts auch insoweit die Vorschriften des Ersten Abschnitts des Vierten Buches ergänzend anzuwenden; dies gilt jedoch nicht für die §§ 348 bis 350.

§ 408 Frachtbrief. (1) ¹Der Frachtführer kann die Ausstellung eines Frachtbriefs mit folgenden Angaben verlangen:
1. Ort und Tag der Ausstellung;
2. Name und Anschrift des Absenders;

4. Abschnitt. Frachtgeschäft **§ 409 HGB 1**

3. Name und Anschrift des Frachtführers;
4. Stelle und Tag der Übernahme des Gutes sowie die für die Ablieferung vorgesehene Stelle;
5. Name und Anschrift des Empfängers und eine etwaige Meldeadresse;
6. die übliche Bezeichnung der Art des Gutes und die Art der Verpackung, bei gefährlichen Gütern ihre nach den Gefahrgutvorschriften vorgesehene, sonst ihre allgemein anerkannte Bezeichnung;
7. Anzahl, Zeichen und Nummern der Frachtstücke;
8. das Rohgewicht oder die anders angegebene Menge des Gutes;
9. die vereinbarte Fracht und die bis zur Ablieferung anfallenden Kosten sowie einen Vermerk über die Frachtzahlung;
10. den Betrag einer bei der Ablieferung des Gutes einzuziehenden Nachnahme;
11. Weisungen für die Zoll- und sonstige amtliche Behandlung des Gutes;
12. eine Vereinbarung über die Beförderung in offenem, nicht mit Planen gedecktem Fahrzeug oder auf Deck.

²In den Frachtbrief können weitere Angaben eingetragen werden, die die Parteien für zweckmäßig halten.

(2) ¹Der Frachtbrief wird in drei Originalausfertigungen ausgestellt, die vom Absender unterzeichnet werden. ²Der Absender kann verlangen, daß auch der Frachtführer den Frachtbrief unterzeichnet. ³Nachbildungen der eigenhändigen Unterschriften durch Druck oder Stempel genügen. ⁴Eine Ausfertigung ist für den Absender bestimmt, eine begleitet das Gut, eine behält der Frachtführer.

§ 409 Beweiskraft des Frachtbriefs. (1) Der von beiden Parteien unterzeichnete Frachtbrief dient bis zum Beweis des Gegenteils als Nachweis für Abschluß und Inhalt des Frachtvertrages sowie für die Übernahme des Gutes durch den Frachtführer.

(2) ¹Der von beiden Parteien unterzeichnete Frachtbrief begründet ferner die Vermutung, daß das Gut und seine Verpackung bei der Übernahme durch den Frachtführer in äußerlich gutem Zustand waren und daß die Anzahl der Frachtstücke und ihre Zeichen und Nummern mit den Angaben im Frachtbrief übereinstimmen. ²Der Frachtbrief begründet diese Vermutung jedoch nicht, wenn der Frachtführer einen begründeten Vorbehalt in den Frachtbrief eingetragen hat; der Vorbehalt kann auch damit begründet werden, daß dem Frachtführer keine angemessenen Mittel zur Verfügung standen, die Richtigkeit der Angaben zu überprüfen.

(3) ¹Ist das Rohgewicht oder die anders angegebene Menge des Gutes oder der Inhalt der Frachtstücke vom Frachtführer überprüft und das Ergebnis der Überprüfung in den von beiden Parteien unterzeichneten Frachtbrief eingetragen worden, so begründet dieser auch die Vermutung, daß Gewicht, Menge oder Inhalt mit den Angaben im Frachtbrief übereinstimmt. ²Der Frachtführer ist verpflichtet, Gewicht, Menge oder Inhalt zu überprüfen, wenn der Absender dies verlangt und dem Frachtführer angemessene Mittel zur Überprüfung zur Verfügung stehen; der Frachtführer hat Anspruch auf Ersatz seiner Aufwendungen für die Überprüfung.

§ 410 Gefährliches Gut. (1) Soll gefährliches Gut befördert werden, so hat der Absender dem Frachtführer rechtzeitig in Textform die genaue Art der Gefahr und, soweit erforderlich, zu ergreifende Vorsichtsmaßnahmen mitzuteilen.

(2) Der Frachtführer kann, sofern ihm nicht bei Übernahme des Gutes die Art der Gefahr bekannt war oder jedenfalls mitgeteilt worden ist,
1. gefährliches Gut ausladen, einlagern, zurückbefördern oder, soweit erforderlich, vernichten oder unschädlich machen, ohne dem Absender deshalb ersatzpflichtig zu werden, und
2. vom Absender wegen dieser Maßnahmen Ersatz der erforderlichen Aufwendungen verlangen.

§ 411 Verpackung. Kennzeichnung. ¹Der Absender hat das Gut, soweit dessen Natur unter Berücksichtigung der vereinbarten Beförderung eine Verpackung erfordert, so zu verpacken, daß es vor Verlust und Beschädigung geschützt ist und daß auch dem Frachtführer keine Schäden entstehen. ²Der Absender hat das Gut ferner, soweit dessen vertragsgemäße Behandlung dies erfordert, zu kennzeichnen.

§ 412 Verladen und Entladen. (1) ¹Soweit sich aus den Umständen oder der Verkehrssitte nicht etwas anderes ergibt, hat der Absender das Gut beförderungssicher zu laden, zu stauen und zu befestigen (verladen) sowie zu entladen. ²Der Frachtführer hat für die betriebssichere Verladung zu sorgen.

(2) Für die Lade- und Entladezeit, die sich mangels abweichender Vereinbarung nach einer den Umständen des Falles angemessenen Frist bemißt, kann keine besondere Vergütung verlangt werden.

(3) Wartet der Frachtführer auf Grund vertraglicher Vereinbarung oder aus Gründen, die nicht seinem Risikobereich zuzurechnen sind, über die Lade- oder Entladezeit hinaus, so hat er Anspruch auf eine angemessene Vergütung (Standgeld).

(4) Das Bundesministerium der Justiz wird ermächtigt, im Einvernehmen mit dem Bundesministerium für Verkehr, Bau- und Wohnungswesen durch Rechtsverordnung, die nicht der Zustimmung des Bundesrates bedarf, für die Binnenschiffahrt unter Berücksichtigung der Art der zur Beförderung bestimmten Fahrzeuge, der Art und Menge der umzuschlagenden Güter, der beim Güterumschlag zur Verfügung stehenden technischen Mittel und der Erfordernisse eines beschleunigten Verkehrsablaufs die Voraussetzungen für den Beginn der Lade- und Entladezeit, deren Dauer sowie die Höhe des Standgeldes zu bestimmen.

§ 413 Begleitpapiere. (1) Der Absender hat dem Frachtführer Urkunden zur Verfügung zu stellen und Auskünfte zu erteilen, die für eine amtliche Behandlung, insbesondere eine Zollabfertigung, vor der Ablieferung des Gutes erforderlich sind.

(2) ¹Der Frachtführer ist für den Schaden verantwortlich, der durch Verlust oder Beschädigung der ihm übergebenen Urkunden oder durch deren unrichtige Verwendung verursacht worden ist, es sei denn, daß der Verlust, die Beschädigung oder die unrichtige Verwendung auf Umständen beruht, die der Frachtführer nicht vermeiden und deren Folgen er nicht abwenden

4. Abschnitt. Frachtgeschäft §§ 414, 415 HGB 1

konnte. ²Seine Haftung ist jedoch auf den Betrag begrenzt, der bei Verlust des Gutes zu zahlen wäre.

§ 414 Verschuldensunabhängige Haftung des Absenders in besonderen Fällen. (1) ¹Der Absender hat, auch wenn ihn kein Verschulden trifft, dem Frachtführer Schäden und Aufwendungen zu ersetzen, die verursacht werden durch
1. ungenügende Verpackung oder Kennzeichnung,
2. Unrichtigkeit oder Unvollständigkeit der in den Frachtbrief aufgenommenen Angaben,
3. Unterlassen der Mitteilung über die Gefährlichkeit des Gutes oder
4. Fehlen, Unvollständigkeit oder Unrichtigkeit der in § 413 Abs. 1 genannten Urkunden oder Auskünfte.

²Für Schäden hat der Absender jedoch nur bis zu einem Betrag von 8,33 Rechnungseinheiten für jedes Kilogramm des Rohgewichts der Sendung Ersatz zu leisten; § 431 Abs. 4 und die §§ 434 bis 436 sind entsprechend anzuwenden.

(2) Hat bei der Verursachung der Schäden oder Aufwendungen ein Verhalten des Frachtführers mitgewirkt, so hängen die Verpflichtung zum Ersatz sowie der Umfang des zu leistenden Ersatzes davon ab, inwieweit dieses Verhalten zu den Schäden und Aufwendungen beigetragen hat.

(3) Ist der Absender ein Verbraucher, so hat er dem Frachtführer Schäden und Aufwendungen nach den Absätzen 1 und 2 nur zu ersetzen, soweit ihn ein Verschulden trifft.

§ 415 Kündigung durch den Absender. (1) Der Absender kann den Frachtvertrag jederzeit kündigen.

(2) ¹Kündigt der Absender, so kann der Frachtführer entweder
1. die vereinbarte Fracht, das etwaige Standgeld sowie zu ersetzende Aufwendungen unter Anrechnung dessen, was er infolge der Aufhebung des Vertrages an Aufwendungen erspart oder anderweitig erwirbt oder zu erwerben böswillig unterläßt, oder
2. ein Drittel der vereinbarten Fracht (Fautfracht)

verlangen. ²Beruht die Kündigung auf Gründen, die dem Risikobereich des Frachtführers zuzurechnen sind, so entfällt der Anspruch auf Fautfracht nach Satz 1 Nr. 2; in diesem Falle entfällt auch der Anspruch nach Satz 1 Nr. 1, soweit die Beförderung für den Absender nicht von Interesse ist.

(3) ¹Wurde vor der Kündigung bereits Gut verladen, so kann der Frachtführer auf Kosten des Absenders Maßnahmen entsprechend § 419 Abs. 3 Satz 2 bis 4 ergreifen oder vom Absender verlangen, daß dieser das Gut unverzüglich entlädt. ²Der Frachtführer braucht das Entladen des Gutes nur zu dulden, soweit dies ohne Nachteile für seinen Betrieb und ohne Schäden für die Absender oder Empfänger anderer Sendungen möglich ist. ³Beruht die Kündigung auf Gründen, die dem Risikobereich des Frachtführers zuzurechnen sind, so ist abweichend von den Sätzen 1 und 2 der Frachtführer verpflichtet, das Gut, das bereits verladen wurde, unverzüglich auf eigene Kosten zu entladen.

161

§ 416 Anspruch auf Teilbeförderung. ¹Wird nur ein Teil der vereinbarten Ladung verladen, so kann der Absender jederzeit verlangen, daß der Frachtführer mit der Beförderung der unvollständigen Ladung beginnt. ²In diesem Fall gebührt dem Frachtführer die volle Fracht, das etwaige Standgeld sowie Ersatz der Aufwendungen, die ihm infolge der Unvollständigkeit der Ladung entstehen; von der vollen Fracht kommt jedoch die Fracht für dasjenige Gut in Abzug, welches der Frachtführer mit demselben Beförderungsmittel anstelle des nicht verladenen Gutes befördert. ³Der Frachtführer ist außerdem berechtigt, soweit ihm durch die Unvollständigkeit der Ladung die Sicherheit für die volle Fracht entgeht, die Bestellung einer anderweitigen Sicherheit zu fordern. ⁴Beruht die Unvollständigkeit der Verladung auf Gründen, die dem Risikobereich des Frachtführers zuzurechnen sind, so steht diesem der Anspruch nach den Sätzen 2 und 3 nur insoweit zu, als tatsächlich Ladung befördert wird.

§ 417 Rechte des Frachtführers bei Nichteinhaltung der Ladezeit.
(1) Verlädt der Absender das Gut nicht innerhalb der Ladezeit oder stellt er, wenn er zur Verladung nicht verpflichtet ist, das Gut nicht innerhalb der Ladezeit zur Verfügung, so kann ihm der Frachtführer eine angemessene Frist setzen, innerhalb derer das Gut verladen oder zur Verfügung gestellt werden soll.

(2) Wird bis zum Ablauf der nach Absatz 1 gesetzten Frist keine Ladung verladen oder zur Verfügung gestellt, so kann der Frachtführer den Vertrag kündigen und die Ansprüche nach § 415 Abs. 2 geltend machen.

(3) Wird bis zum Ablauf der nach Absatz 1 gesetzten Frist nur ein Teil der vereinbarten Ladung verladen oder zur Verfügung gestellt, so kann der Frachtführer mit der Beförderung der unvollständigen Ladung beginnen und die Ansprüche nach § 416 Satz 2 und 3 geltend machen.

(4) Dem Frachtführer stehen die Rechte nicht zu, wenn die Nichteinhaltung der Ladezeit auf Gründen beruht, die seinem Risikobereich zuzurechnen sind.

§ 418 Nachträgliche Weisungen. (1) ¹Der Absender ist berechtigt, über das Gut zu verfügen. ²Er kann insbesondere verlangen, daß der Frachtführer das Gut nicht weiterbefördert oder es an einem anderen Bestimmungsort, an einer anderen Ablieferungsstelle oder an einen anderen Empfänger abliefert. ³Der Frachtführer ist nur insoweit zur Befolgung solcher Weisungen verpflichtet, als deren Ausführung weder Nachteile für den Betrieb seines Unternehmens noch Schäden für die Absender oder Empfänger anderer Sendungen mit sich zu bringen droht. ⁴Er kann vom Absender Ersatz seiner durch die Ausführung der Weisung entstehenden Aufwendungen sowie eine angemessene Vergütung verlangen; der Frachtführer kann die Befolgung der Weisung von einem Vorschuß abhängig machen.

(2) ¹Das Verfügungsrecht des Absenders erlischt nach Ankunft des Gutes an der Ablieferungsstelle. ²Von diesem Zeitpunkt an steht das Verfügungsrecht nach Absatz 1 dem Empfänger zu. ³Macht der Empfänger von diesem Recht Gebrauch, so hat er dem Frachtführer die entstehenden Mehraufwendungen zu ersetzen sowie eine angemessene Vergütung zu zahlen; der Frachtführer kann die Befolgung der Weisung von einem Vorschuß abhängig machen.

4. Abschnitt. Frachtgeschäft § 419 HGB 1

(3) Hat der Empfänger in Ausübung seines Verfügungsrechts die Ablieferung des Gutes an einen Dritten angeordnet, so ist dieser nicht berechtigt, seinerseits einen anderen Empfänger zu bestimmen.

(4) Ist ein Frachtbrief ausgestellt und von beiden Parteien unterzeichnet worden, so kann der Absender sein Verfügungsrecht nur gegen Vorlage der Absenderausfertigung des Frachtbriefs ausüben, sofern dies im Frachtbrief vorgeschrieben ist.

(5) Beabsichtigt der Frachtführer, eine ihm erteilte Weisung nicht zu befolgen, so hat er denjenigen, der die Weisung gegeben hat, unverzüglich zu benachrichtigen.

(6) [1] Ist die Ausübung des Verfügungsrechts von der Vorlage des Frachtbriefs abhängig gemacht worden und führt der Frachtführer eine Weisung aus, ohne sich die Absenderausfertigung des Frachtbriefs vorlegen zu lassen, so haftet er dem Berechtigten für den daraus entstehenden Schaden. [2] Die Vorschriften über die Beschränkung der Haftung finden keine Anwendung.

§ 419 Beförderungs- und Ablieferungshindernisse. (1) [1] Wird vor Ankunft des Gutes an der für die Ablieferung vorgesehenen Stelle erkennbar, daß die Beförderung nicht vertragsgemäß durchgeführt werden kann, oder bestehen nach Ankunft des Gutes an der Ablieferungsstelle Ablieferungshindernisse, so hat der Frachtführer Weisungen des nach § 418 Verfügungsberechtigten einzuholen. [2] Ist der Empfänger verfügungsberechtigt und ist er nicht zu ermitteln oder verweigert er die Annahme des Gutes, so ist Verfügungsberechtigter nach Satz 1 der Absender; ist die Ausübung des Verfügungsrechts von der Vorlage eines Frachtbriefs abhängig gemacht worden, so bedarf es in diesen Fall der Vorlage des Frachtbriefs nicht. [3] Der Frachtführer ist, wenn ihm Weisungen erteilt worden sind und das Hindernis nicht seinem Risikobereich zuzurechnen ist, berechtigt, Ansprüche nach § 418 Abs. 1 Satz 4 geltend zu machen.

(2) Tritt das Beförderungs- oder Ablieferungshindernis ein, nachdem der Empfänger auf Grund seiner Verfügungsbefugnis nach § 418 die Weisung erteilt hat, das Gut an einen Dritten abzuliefern, so nimmt bei der Anwendung des Absatzes 1 der Empfänger die Stelle des Absenders und der Dritte die des Empfängers ein.

(3) [1] Kann der Frachtführer Weisungen, die er nach § 418 Abs. 1 Satz 3 befolgen müßte, innerhalb angemessener Zeit nicht erlangen, so hat er die Maßnahmen zu ergreifen, die im Interesse des Verfügungsberechtigten die besten zu sein scheinen. [2] Er kann etwa das Gut entladen und verwahren, für Rechnung des nach § 418 Abs. 1 bis 4 Verfügungsberechtigten einem Dritten zur Verwahrung anvertrauen oder zurückbefördern; vertraut der Frachtführer das Gut einem Dritten an, so haftet er nur für die sorgfältige Auswahl des Dritten. [3] Der Frachtführer kann das Gut auch gemäß § 373 Abs. 2 bis 4 verkaufen lassen; wenn es sich um verderbliche Ware handelt oder der Zustand des Gutes eine solche Maßnahme rechtfertigt oder wenn die andernfalls entstehenden Kosten in keinem angemessenen Verhältnis zum Wert des Gutes stehen. [4] Unverwertbares Gut darf der Frachtführer vernichten. [5] Nach dem Entladen des Gutes gilt die Beförderung als beendet.

(4) Der Frachtführer hat wegen der nach Absatz 3 ergriffenen Maßnahmen Anspruch auf Ersatz der erforderlichen Aufwendungen und auf angemessene

163

Vergütung, es sei denn, daß das Hindernis seinem Risikobereich zuzurechnen ist.

§ 420 Zahlung. Frachtberechnung. (1) [1] Die Fracht ist bei Ablieferung des Gutes zu zahlen. [2] Der Frachtführer hat über die Fracht hinaus einen Anspruch auf Ersatz von Aufwendungen, soweit diese für das Gut gemacht wurden und er sie den Umständen nach für erforderlich halten durfte.

(2) [1] Wird die Beförderung infolge eines Beförderungs- oder Ablieferungshindernisses vorzeitig beendet, so gebührt dem Frachtführer die anteilige Fracht für den zurückgelegten Teil der Beförderung. [2] Ist das Hindernis dem Risikobereich des Frachtführers zuzurechnen, steht ihm der Anspruch nur insoweit zu, als die Beförderung für den Absender von Interesse ist.

(3) Tritt nach Beginn der Beförderung und vor Ankunft an der Ablieferungsstelle eine Verzögerung ein und beruht die Verzögerung auf Gründen, die dem Risikobereich des Absenders zuzurechnen sind, so gebührt dem Frachtführer neben der Fracht eine angemessene Vergütung.

(4) Ist die Fracht nach Zahl, Gewicht oder anders angegebener Menge des Gutes vereinbart, so wird für die Berechnung der Fracht vermutet, daß Angaben hierzu im Frachtbrief oder Ladeschein zutreffen; dies gilt auch dann, wenn zu diesen Angaben ein Vorbehalt eingetragen ist, der damit begründet ist, daß keine angemessenen Mittel zur Verfügung standen, die Richtigkeit der Angaben zu überprüfen.

§ 421 Rechte des Empfängers. Zahlungspflicht. (1) [1] Nach Ankunft des Gutes an der Ablieferungsstelle ist der Empfänger berechtigt, vom Frachtführer zu verlangen, ihm das Gut gegen Erfüllung der Verpflichtungen aus dem Frachtvertrag abzuliefern. [2] Ist das Gut beschädigt oder verspätet abgeliefert worden oder verlorengegangen, so kann der Empfänger die Ansprüche aus dem Frachtvertrag im eigenen Namen gegen den Frachtführer geltend machen; der Absender bleibt zur Geltendmachung dieser Ansprüche befugt. [3] Dabei macht es keinen Unterschied, ob Empfänger oder Absender im eigenen oder fremden Interesse handeln.

(2) [1] Der Empfänger, der sein Recht nach Absatz 1 Satz 1 geltend macht, hat die noch geschuldete Fracht bis zu dem Betrag zu zahlen, der aus dem Frachtbrief hervorgeht. [2] Ist ein Frachtbrief nicht ausgestellt oder dem Empfänger nicht vorgelegt worden oder ergibt sich aus dem Frachtbrief nicht die Höhe der zu zahlenden Fracht, so hat der Empfänger die mit dem Absender vereinbarte Fracht zu zahlen, soweit diese nicht unangemessen ist.

(3) Der Empfänger, der sein Recht nach Absatz 1 Satz 1 geltend macht, hat ferner ein Standgeld oder eine Vergütung nach § 420 Abs. 3 zu zahlen, ein Standgeld wegen Überschreitung der Ladezeit und eine Vergütung nach § 420 Abs. 3 jedoch nur, wenn ihm der geschuldete Betrag bei Ablieferung des Gutes mitgeteilt worden ist.

(4) Der Absender bleibt zur Zahlung der nach dem Vertrag geschuldeten Beträge verpflichtet.

§ 422 Nachnahme. (1) Haben die Parteien vereinbart, daß das Gut nur gegen Einziehung einer Nachnahme an den Empfänger abgeliefert werden darf, so ist anzunehmen, daß der Betrag in bar oder in Form eines gleichwertigen Zahlungsmittels einzuziehen ist.

(2) Das auf Grund der Einziehung Erlangte gilt im Verhältnis zu den Gläubigern des Frachtführers als auf den Absender übertragen.

(3) Wird das Gut dem Empfänger ohne Einziehung der Nachnahme abgeliefert, so haftet der Frachtführer, auch wenn ihn kein Verschulden trifft, dem Absender für den daraus entstehenden Schaden, jedoch nur bis zur Höhe des Betrages der Nachnahme.

§ 423 Lieferfrist. Der Frachtführer ist verpflichtet, das Gut innerhalb der vereinbarten Frist oder mangels Vereinbarung innerhalb der Frist abzuliefern, die einen sorgfältigen Frachtführer unter Berücksichtigung der Umstände vernünftigerweise zuzubilligen ist (Lieferfrist).

§ 424 Verlustvermutung. (1) Der Anspruchsberechtigte kann das Gut als verloren betrachten, wenn es weder innerhalb der Lieferfrist noch innerhalb eines weiteren Zeitraums abgeliefert wird, der der Lieferfrist entspricht, mindestens aber zwanzig Tage, bei einer grenzüberschreitenden Beförderung dreißig Tage beträgt.

(2) Erhält der Anspruchsberechtigte eine Entschädigung für den Verlust des Gutes, so kann er bei deren Empfang verlangen, daß er unverzüglich benachrichtigt wird, wenn das Gut wiederaufgefunden wird.

(3) [1] Der Anspruchsberechtigte kann innerhalb eines Monats nach Empfang der Benachrichtigung von dem Wiederauffinden des Gutes verlangen, daß ihm das Gut Zug um Zug gegen Erstattung der Entschädigung, gegebenenfalls abzüglich der in der Entschädigung enthaltenen Kosten, abgeliefert wird.
[2] Eine etwaige Pflicht zur Zahlung der Fracht sowie Ansprüche auf Schadenersatz bleiben unberührt.

(4) Wird das Gut nach Zahlung einer Entschädigung wiederaufgefunden und hat der Anspruchsberechtigte eine Benachrichtigung nicht verlangt oder macht er nach Benachrichtigung seinen Anspruch auf Ablieferung nicht geltend, so kann der Frachtführer über das Gut frei verfügen.

§ 425 Haftung für Güter- und Verspätungsschäden. Schadensteilung. (1) Der Frachtführer haftet für den Schaden, der durch Verlust oder Beschädigung des Gutes in der Zeit von der Übernahme zur Beförderung bis zur Ablieferung oder durch Überschreitung der Lieferfrist entsteht.

(2) Hat bei der Entstehung des Schadens ein Verhalten des Absenders oder des Empfängers oder ein besonderer Mangel des Gutes mitgewirkt, so hängen die Verpflichtung zum Ersatz sowie der Umfang des zu leistenden Ersatzes davon ab, inwieweit diese Umstände zu dem Schaden beigetragen haben.

§ 426 Haftungsausschluß. Der Frachtführer ist von der Haftung befreit, soweit der Verlust, die Beschädigung oder die Überschreitung der Lieferfrist auf Umständen beruht, die der Frachtführer auch bei größter Sorgfalt nicht vermeiden und deren Folgen er nicht abwenden konnte.

§ 427 Besondere Haftungsausschlußgründe. (1) Der Frachtführer ist von seiner Haftung befreit, soweit der Verlust, die Beschädigung oder die Über-

schreitung der Lieferfrist auf eine der folgenden Gefahren zurückzuführen ist:
1. vereinbarte oder der Übung entsprechende Verwendung von offenen, nicht mit Planen gedeckten Fahrzeugen oder Verladung auf Deck;
2. ungenügende Verpackung durch den Absender;
3. Behandeln, Verladen oder Entladen des Gutes durch den Absender oder den Empfänger;
4. natürliche Beschaffenheit des Gutes, die besonders leicht zu Schäden, insbesondere durch Bruch, Rost, inneren Verderb, Austrocknen, Auslaufen, normalen Schwund, führt;
5. ungenügende Kennzeichnung der Frachtstücke durch den Absender;
6. Beförderung lebender Tiere.

(2) ¹Ist ein Schaden eingetreten, der nach den Umständen des Falles aus einer der in Absatz 1 bezeichneten Gefahren entstehen konnte, so wird vermutet, daß der Schaden aus dieser Gefahr entstanden ist. ²Diese Vermutung gilt im Falle des Absatzes 1 Nr. 1 nicht bei außergewöhnlich großem Verlust.

(3) Der Frachtführer kann sich auf Abs. 1 Nr. 1 nur berufen, soweit der Verlust, die Beschädigung oder die Überschreitung der Lieferfrist nicht darauf zurückzuführen ist, daß der Frachtführer besondere Weisungen des Absenders im Hinblick auf die Beförderung des Gutes nicht beachtet hat.

(4) Ist der Frachtführer nach dem Frachtvertrag verpflichtet, das Gut gegen die Einwirkung von Hitze, Kälte, Temperaturschwankungen, Luftfeuchtigkeit, Erschütterungen oder ähnlichen Einflüssen besonders zu schützen, so kann er sich auf Absatz 1 Nr. 4 nur berufen, wenn er alle ihm nach den Umständen obliegenden Maßnahmen, insbesondere hinsichtlich der Auswahl, Instandhaltung und Verwendung besonderer Einrichtungen, getroffen und besondere Weisungen beachtet hat.

(5) Der Frachtführer kann sich auf Absatz 1 Nr. 6 nur berufen, wenn er alle ihm nach den Umständen obliegenden Maßnahmen getroffen und besondere Weisungen beachtet hat.

§ 428 Haftung für andere. ¹Der Frachtführer hat Handlungen und Unterlassungen seiner Leute in gleichem Umfange zu vertreten wie eigene Handlungen und Unterlassungen, wenn die Leute in Ausübung ihrer Verrichtungen handeln. ²Gleiches gilt für Handlungen und Unterlassungen anderer Personen, deren er sich bei Ausführung der Beförderung bedient.

§ 429 Wertersatz. (1) Hat der Frachtführer für gänzlichen oder teilweisen Verlust des Gutes Schadenersatz zu leisten, so ist der Wert am Ort und zur Zeit der Übernahme zur Beförderung zu ersetzen.

(2) ¹Bei Beschädigung des Gutes ist der Unterschied zwischen dem Wert des unbeschädigten Gutes am Ort und zur Zeit der Übernahme zur Beförderung und dem Wert zu ersetzen, den das beschädigte Gut am Ort und zur Zeit der Übernahme gehabt hätte. ²Es wird vermutet, daß die zur Schadensminderung und Schadensbehebung aufzuwendenden Kosten dem nach Satz 1 zu ermittelnden Unterschiedsbetrag entsprechen.

(3) ¹Der Wert des Gutes bestimmt sich nach dem Marktpreis, sonst nach dem gemeinen Wert von Gütern gleicher Art und Beschaffenheit. ²Ist das

4. Abschnitt. Frachtgeschäft §§ 430–434 HGB 1

Gut unmittelbar vor Übernahme zur Beförderung verkauft worden, so wird vermutet, daß der in der Rechnung des Verkäufers ausgewiesene Kaufpreis abzüglich darin enthaltener Beförderungskosten der Marktpreis ist.

§ 430 Schadensfeststellungskosten. Bei Verlust oder Beschädigung des Gutes hat der Frachtführer über den nach § 429 zu leistenden Ersatz hinaus die Kosten der Feststellung des Schadens zu tragen.

§ 431 Haftungshöchstbetrag. (1) Die nach den §§ 429 und 430 zu leistende Entschädigung wegen Verlust oder Beschädigung der gesamten Sendung ist auf einen Betrag von 8,33 Rechnungseinheiten für jedes Kilogramm des Rohgewichts der Sendung begrenzt.

(2) Sind nur einzelne Frachtstücke der Sendung verloren oder beschädigt worden, so ist die Haftung des Frachtführers begrenzt auf einen Betrag von 8,33 Rechnungseinheiten für jedes Kilogramm des Rohgewichts
1. der gesamten Sendung, wenn die gesamte Sendung entwertet ist,
2. des entwerteten Teils der Sendung, wenn nur ein Teil der Sendung entwertet ist.

(3) Die Haftung des Frachtführers wegen Überschreitung der Lieferfrist ist auf das dreifache Betrag der Fracht begrenzt.

(4) [1] Die in den Absätzen 1 und 2 genannte Rechnungseinheit ist das Sonderziehungsrecht des Internationalen Währungsfonds. [2] Der Betrag wird in Euro entsprechend dem Wert des Euro gegenüber dem Sonderziehungsrecht am Tag der Übernahme des Gutes zur Beförderung oder an dem von den Parteien vereinbarten Tag umgerechnet. [3] Der Wert des Euro gegenüber dem Sonderziehungsrecht wird nach der Berechnungsmethode ermittelt, die der Internationale Währungsfonds an dem betreffenden Tag für seine Operationen und Transaktionen anwendet.

§ 432 Ersatz sonstiger Kosten. [1] Haftet der Frachtführer wegen Verlust oder Beschädigung, so hat er über den nach den §§ 429 bis 431 zu leistenden Ersatz hinaus die Fracht, öffentliche Abgaben und sonstige Kosten aus Anlaß der Beförderung des Gutes zu erstatten, im Fall der Beschädigung jedoch nur in dem nach § 429 Abs. 2 zu ermittelnden Wertverhältnis. [2] Weiteren Schaden hat er nicht zu ersetzen.

§ 433 Haftungshöchstbetrag bei sonstigen Vermögensschäden. Haftet der Frachtführer wegen der Verletzung einer mit der Ausführung der Beförderung des Gutes zusammenhängenden vertraglichen Pflicht für Schäden, die nicht durch Verlust oder Beschädigung des Gutes oder durch Überschreitung der Lieferfrist entstehen, und handelt es sich um andere Schäden als Sach- oder Personenschäden, so ist auch in diesem Falle die Haftung begrenzt, und zwar auf das Dreifache des Betrages, der bei Verlust des Gutes zu zahlen wäre.

§ 434 Außervertragliche Ansprüche. (1) Die in diesem Unterabschnitt und im Frachtvertrag vorgesehenen Haftungsbefreiungen und Haftungsbegrenzungen gelten auch für einen außervertraglichen Anspruch des Absenders oder des Empfängers gegen den Frachtführer wegen Verlust oder Beschädigung des Gutes oder wegen Überschreitung der Lieferfrist.

(2) ¹Der Frachtführer kann auch gegenüber außervertraglichen Ansprüchen Dritter wegen Verlust oder Beschädigung des Gutes die Einwendungen nach Absatz 1 geltend machen. ²Die Einwendungen können jedoch nicht geltend gemacht werden, wenn

1. der Dritte der Beförderung nicht zugestimmt hat und der Frachtführer die fehlende Befugnis des Absenders, das Gut zu versenden, kannte oder fahrlässig nicht kannte oder
2. das Gut vor Übernahme zur Beförderung dem Dritten oder einer Person, die von diesem ihr Recht zum Besitz ableitet, abhanden gekommen ist.

§ 435 Wegfall der Haftungsbefreiungen und -begrenzungen. Die in diesem Unterabschnitt und im Frachtvertrag vorgesehenen Haftungsbefreiungen und Haftungsbegrenzungen gelten nicht, wenn der Schaden auf eine Handlung oder Unterlassung zurückzuführen ist, die der Frachtführer oder eine in § 428 genannte Person vorsätzlich oder leichtfertig und in dem Bewußtsein, daß ein Schaden mit Wahrscheinlichkeit eintreten werde, begangen hat.

§ 436 Haftung der Leute. ¹Werden Ansprüche aus außervertraglicher Haftung wegen Verlust oder Beschädigung des Gutes oder wegen Überschreitung der Lieferfrist gegen einen der Leute des Frachtführers erhoben, so kann sich auch jener auf die in diesem Unterabschnitt und im Frachtvertrag vorgesehenen Haftungsbefreiungen und -begrenzungen berufen. ²Dies gilt nicht, wenn er vorsätzlich oder leichtfertig und in dem Bewußtsein, daß ein Schaden mit Wahrscheinlichkeit eintreten werde, gehandelt hat.

§ 437 Ausführender Frachtführer. (1) ¹Wird die Beförderung ganz oder teilweise durch einen Dritten ausgeführt (ausführender Frachtführer), so haftet dieser für den Schaden, der durch Verlust oder Beschädigung des Gutes oder durch Überschreitung der Lieferfrist während der durch ihn ausgeführten Beförderung entsteht, in gleicher Weise wie der Frachtführer. ²Vertragliche Vereinbarungen mit dem Absender oder Empfänger, durch die der Frachtführer seine Haftung erweitert, wirken gegen den ausführenden Frachtführer nur, soweit er ihnen schriftlich zugestimmt hat.

(2) Der ausführende Frachtführer kann alle Einwendungen geltend machen, die dem Frachtführer aus dem Frachtvertrag zustehen.

(3) Frachtführer und ausführender Frachtführer haften als Gesamtschuldner.

(4) Werden die Leute des ausführenden Frachtführers in Anspruch genommen, so gilt für diese § 436 entsprechend.

§ 438 Schadensanzeige. (1) ¹Ist ein Verlust oder eine Beschädigung des Gutes äußerlich erkennbar und zeigt der Empfänger oder der Absender dem Frachtführer Verlust oder Beschädigung nicht spätestens bei Ablieferung des Gutes an, so wird vermutet, daß das Gut in vertragsgemäßem Zustand abgeliefert worden ist. ²Die Anzeige muß den Schaden hinreichend deutlich kennzeichnen.

(2) Die Vermutung nach Absatz 1 gilt auch, wenn der Verlust oder die Beschädigung äußerlich nicht erkennbar war und nicht innerhalb von sieben Tagen nach Ablieferung angezeigt worden ist.

(3) Ansprüche wegen Überschreitung der Lieferfrist erlöschen, wenn der Empfänger dem Frachtführer die Überschreitung der Lieferfrist nicht innerhalb von einundzwanzig Tagen nach Ablieferung anzeigt.

(4) ¹Eine Schadensanzeige nach Ablieferung ist in Textform zu erstatten. ²Zur Wahrung der Frist genügt die rechtzeitige Absendung.

(5) Werden Verlust, Beschädigung oder Überschreitung der Lieferfrist bei Ablieferung angezeigt, so genügt die Anzeige gegenüber demjenigen, der das Gut abliefert.

§ 439 Verjährung. (1) ¹Ansprüche aus einer Beförderung, die den Vorschriften dieses Unterabschnitts unterliegt, verjähren in einem Jahr. ²Bei Vorsatz oder bei einem dem Vorsatz nach § 435 gleichstehenden Verschulden beträgt die Verjährungsfrist drei Jahre.

(2) ¹Die Verjährung beginnt mit Ablauf des Tages, an dem das Gut abgeliefert wurde. ²Ist das Gut nicht abgeliefert worden, beginnt die Verjährung mit dem Ablauf des Tages, an dem das Gut hätte abgeliefert werden müssen. ³Abweichend von den Sätzen 1 und 2 beginnt die Verjährung von Rückgriffsansprüchen mit dem Tag des Eintritts der Rechtskraft des Urteils gegen den Rückgriffsgläubiger oder, wenn kein rechtskräftiges Urteil vorliegt, mit dem Tag, an dem der Rückgriffsgläubiger den Anspruch befriedigt hat, es sei denn, der Rückgriffsschuldner wurde nicht innerhalb von drei Monaten, nachdem der Rückgriffsgläubiger Kenntnis von dem Schaden und der Person des Rückgriffsschuldners erlangt hat, über diesen Schaden unterrichtet.

(3) ¹Die Verjährung eines Anspruchs gegen den Frachtführer wird durch eine schriftliche Erklärung des Absenders oder Empfängers, mit der dieser Ersatzansprüche erhebt, bis zu dem Zeitpunkt gehemmt, in dem der Frachtführer die Erfüllung des Anspruchs schriftlich ablehnt. ²Eine weitere Erklärung, die denselben Ersatzanspruch zum Gegenstand hat, hemmt die Verjährung nicht erneut.

(4) Die Verjährung kann nur durch Vereinbarung, die im einzelnen ausgehandelt ist, auch wenn sie für eine Mehrzahl von gleichartigen Verträgen zwischen denselben Vertragsparteien getroffen ist, erleichtert oder erschwert werden.

§ 440 Gerichtsstand. (1) Für Rechtsstreitigkeiten aus einer Beförderung, die den Vorschriften dieses Unterabschnitts unterliegt, ist auch das Gericht zuständig, in dessen Bezirk der Ort der Übernahme des Gutes oder der für die Ablieferung des Gutes vorgesehene Ort liegt.

(2) Eine Klage gegen den ausführenden Frachtführer kann auch in dem Gerichtsstand des Frachtführers, eine Klage gegen den Frachtführer auch in dem Gerichtsstand des ausführenden Frachtführers erhoben werden.

§ 441 Pfandrecht. (1) ¹Der Frachtführer hat wegen aller durch den Frachtvertrag begründeten Forderungen sowie wegen unbestrittener Forderungen aus anderen mit dem Absender abgeschlossenen Fracht-, Speditions- oder Lagerverträgen ein Pfandrecht an dem Gut. ²Das Pfandrecht erstreckt sich auf die Begleitpapiere.

(2) Das Pfandrecht besteht, solange der Frachtführer das Gut in seinem Besitz hat, insbesondere solange er mittels Konnossements, Ladescheins oder Lagerscheins darüber verfügen kann.

(3) Das Pfandrecht besteht auch nach der Ablieferung fort, wenn der Frachtführer es innerhalb von drei Tagen nach der Ablieferung gerichtlich geltend macht und das Gut noch im Besitz des Empfängers ist.

(4) [1]Die in § 1234 Abs. 1 des Bürgerlichen Gesetzbuchs[1]) bezeichnete Androhung des Pfandverkaufs sowie die in den §§ 1237 und 1241 des Bürgerlichen Gesetzbuchs vorgesehenen Benachrichtigungen sind an den Empfänger zu richten. [2]Ist dieser nicht zu ermitteln oder verweigert er die Annahme des Gutes, so haben die Androhung und die Benachrichtigung gegenüber dem Absender zu erfolgen.

§ 442 Nachfolgender Frachtführer. (1) [1]Hat im Falle der Beförderung durch mehrere Frachtführer der letzte bei der Ablieferung die Forderungen der vorhergehenden Frachtführer einzuziehen, so hat er die Rechte der vorhergehender Frachtführer, insbesondere auch das Pfandrecht, auszuüben. [2]Das Pfandrecht jedes vorhergehenden Frachtführers bleibt so lange bestehen wie das Pfandrecht des letzten Frachtführers.

(2) Wird ein vorhergehender Frachtführer von einem nachgehenden befriedigt, so gehen Forderung und Pfandrecht des ersteren auf den letzteren über.

(3) Die Absätze 1 und 2 gelten auch für die Forderungen und Rechte eines Spediteurs, der an der Beförderung mitgewirkt hat.

§ 443 Rang mehrerer Pfandrechte. (1) Bestehen an demselben Gut mehrere nach den §§ 397, 441, 464, 475b und 623 begründete Pfandrechte, so geht unter denjenigen Pfandrechten, die durch die Versendung oder durch die Beförderung des Gutes entstanden sind, das später entstandene dem früher entstandenen vor.

(2) Diese Pfandrechte haben Vorrang vor dem nicht aus der Versendung entstandenen Pfandrecht des Kommissionärs und des Lagerhalters sowie vor dem Pfandrecht des Spediteurs, des Frachtführers und des Verfrachters für Vorschüsse.

§ 444 Ladeschein. (1) [1]Über die Verpflichtung zur Ablieferung des Gutes kann von dem Frachtführer ein Ladeschein ausgestellt werden, der die in § 408 Abs. 1 genannten Angaben enthalten soll. [2]Der Ladeschein ist vom Frachtführer zu unterzeichnen; eine Nachbildung der eigenhändigen Unterschrift durch Druck oder durch Stempel genügt.

(2) [1]Ist der Ladeschein an Order gestellt, so soll er den Namen desjenigen enthalten, an dessen Order das Gut abgeliefert werden soll. [2]Wird der Name nicht angegeben, so ist der Ladeschein als an Order des Absenders gestellt anzusehen.

(3) [1]Der Ladeschein ist für das Rechtsverhältnis zwischen dem Frachtführer und dem Empfänger maßgebend. [2]Er begründet insbesondere die widerlegliche Vermutung, daß die Güter wie im Ladeschein beschrieben übernommen

---

[1]) Abgedruckt in Anm zu § 368 HGB.

4. Abschnitt. Frachtgeschäft **§§ 445–449 HGB 1**

sind; § 409 Abs. 2, 3 Satz 1 gilt entsprechend. [3]Ist der Ladeschein einem gutgläubigen Dritten übertragen worden, so ist die Vermutung nach Satz 2 unwiderleglich.

(4) Für das Rechtsverhältnis zwischen dem Frachtführer und dem Absender bleiben die Bestimmungen des Frachtvertrages maßgebend.

§ 445 Ablieferung gegen Rückgabe des Ladescheins. Der Frachtführer ist zur Ablieferung des Gutes nur gegen Rückgabe des Ladescheins, auf dem die Ablieferung bescheinigt ist, verpflichtet.

§ 446 Legitimation durch Ladeschein. (1) Zum Empfang des Gutes legitimiert ist derjenige, an den das Gut nach dem Ladeschein abgeliefert werden soll oder auf den der Ladeschein, wenn er an Order lautet, durch Indossament übertragen ist.

(2) [1]Dem zum Empfang Legitimierten steht das Verfügungsrecht nach § 418 zu. [2]Der Frachtführer braucht den Weisungen wegen Rückgabe oder Ablieferung des Gutes an einen anderen als den durch den Ladeschein legitimierten Empfänger nur Folge zu leisten, wenn ihm der Ladeschein zurückgegeben wird.

§ 447 Ablieferung und Weisungsbefolgung ohne Ladeschein. [1]Der Frachtführer haftet dem rechtmäßigen Besitzer des Ladescheins für den Schaden, der daraus entsteht, daß er das Gut abliefert oder einer Weisung wegen Rückgabe oder Ablieferung Folge leistet, ohne sich den Ladeschein zurückgeben zu lassen. [2]Die Haftung ist auf den Betrag begrenzt, der bei Verlust des Gutes zu zahlen wäre.

§ 448 Traditionspapier. Die Übergabe des Ladescheins an denjenigen, den der Ladeschein zum Empfang des Gutes legitimiert, hat, wenn das Gut von dem Frachtführer übernommen ist, für den Erwerb von Rechten an dem Gut dieselben Wirkungen wie die Übergabe des Gutes.

§ 449 Abweichende Vereinbarungen. (1) [1]Ist der Absender ein Verbraucher, so kann nicht zu dessen Nachteil von § 413 Abs. 2, den §§ 414, 418 Abs. 6, § 422 Abs. 3, den §§ 425 bis 438 und 447 abgewichen werden, es sei denn, der Frachtvertrag hat die Beförderung von Briefen oder briefähnlichen Sendungen zum Gegenstand. [2]§ 418 Abs. 6 und § 447 können nicht zu Lasten gutgläubiger Dritter abbedungen werden.

(2) [1]In allen anderen als den in Absatz 1 Satz 1 genannten Fällen kann, soweit der Frachtvertrag nicht die Beförderung von Briefen oder briefähnlichen Sendungen zum Gegenstand hat, von den in Absatz 1 Satz 1 genannten Vorschriften nur durch Vereinbarung abgewichen werden, die im einzelnen ausgehandelt ist, auch wenn sie für eine Mehrzahl von gleichartigen Verträgen zwischen denselben Vertragsparteien getroffen ist. [2]Die vom Frachtführer zu leistende Entschädigung wegen Verlust oder Beschädigung des Gutes kann jedoch auch durch vorformulierte Vertragsbedingungen auf einen anderen als den § 431 Abs. 1 und 2 vorgesehenen Betrag begrenzt werden, wenn dieser Betrag

1. zwischen zwei und vierzig Rechnungseinheiten liegt und in drucktechnisch deutlicher Gestaltung besonders hervorgehoben ist oder

2. für den Verwender der vorformulierten Vertragsbedingungen ungünstiger ist als der in § 431 Abs. 1 und 2 vorgesehene Betrag.
³ Gleiches gilt für die vom Absender nach § 414 zu leistende Entschädigung.

(3) Unterliegt der Frachtvertrag ausländischem Recht, so sind die Absätze 1 und 2 gleichwohl anzuwenden, wenn nach dem Vertrag der Ort der Übernahme und der Ort der Ablieferung des Gutes im Inland liegen.

§ 450 Anwendung von Seefrachtrecht. Hat der Frachtvertrag die Beförderung des Gutes ohne Umladung sowohl auf Binnen- als auch auf Seegewässern zum Gegenstand, so ist auf den Vertrag Seefrachtrecht anzuwenden, wenn

1. ein Konnossement ausgestellt ist oder
2. die auf Seegewässern zurückzulegende Strecke die größere ist.

Zweiter Unterabschnitt. Beförderung von Umzugsgut

§ 451 Umzugsvertrag. Hat der Frachtvertrag die Beförderung von Umzugsgut zum Gegenstand, so sind auf den Vertrag die Vorschriften des Ersten Unterabschnitts anzuwenden, soweit die folgenden besonderen Vorschriften oder anzuwendende internationale Übereinkommen nichts anderes bestimmen.

§ 451 a Pflichten des Frachtführers. (1) Die Pflichten des Frachtführers umfassen auch das Ab- und Aufbauen der Möbel sowie das Ver- und Entladen des Umzugsgutes.

(2) Ist der Absender ein Verbraucher, so zählt zu den Pflichten des Frachtführers ferner die Ausführung sonstiger auf den Umzug bezogener Leistungen wie die Verpackung und Kennzeichnung des Umzugsgutes.

§ 451 b Frachtbrief. Gefährliches Gut. Begleitpapiere. Mitteilungs- und Auskunftspflichten. (1) Abweichend von § 408 ist der Absender nicht verpflichtet, einen Frachtbrief auszustellen.

(2) ¹ Zählt zu dem Umzugsgut gefährliches Gut und ist der Absender ein Verbraucher, so ist er abweichend von § 410 lediglich verpflichtet, den Frachtführer über die von dem Gut ausgehende Gefahr allgemein zu unterrichten; die Unterrichtung bedarf keiner Form. ² Der Frachtführer hat den Absender über dessen Pflicht nach Satz 1 zu unterrichten.

(3) ¹ Der Frachtführer hat den Absender, wenn dieser ein Verbraucher ist, über die zu beachtenden Zoll- und sonstigen Verwaltungsvorschriften zu unterrichten. ² Er ist jedoch nicht verpflichtet zu prüfen, ob vom Absender zur Verfügung gestellte Urkunden und erteilte Auskünfte richtig und vollständig sind.

§ 451 c Haftung des Absenders in besonderen Fällen. Abweichend von § 414 Abs. 1 Satz 2 hat der Absender dem Frachtführer für Schäden nur bis zu einem Betrag von 620 Euro je Kubikmeter Laderaum, der zur Erfüllung des Vertrages benötigt wird, Ersatz zu leisten.

4. Abschnitt. Frachtgeschäft §§ 451d–451g HGB 1

§ 451 d Besondere Haftungsausschlußgründe. (1) Abweichend von § 427 ist der Frachtführer von seiner Haftung befreit, soweit der Verlust oder die Beschädigung auf eine der folgenden Gefahren zurückzuführen ist:
1. Beförderung von Edelmetallen, Juwelen, Edelsteinen, Geld, Briefmarken, Münzen, Wertpapieren oder Urkunden;
2. ungenügende Verpackung oder Kennzeichnung durch den Absender;
3. Behandeln, Verladen oder Entladen des Gutes durch den Absender;
4. Beförderung von nicht vom Frachtführer verpacktem Gut in Behältern;
5. Verladen oder Entladen von Gut, dessen Größe oder Gewicht den Raumverhältnissen an der Ladestelle oder Entladestelle nicht entspricht, sofern der Frachtführer den Absender auf die Gefahr einer Beschädigung vorher hingewiesen und der Absender auf der Durchführung der Leistung bestanden hat;
6. Beförderung lebender Tiere oder von Pflanzen;
7. natürliche oder mangelhafte Beschaffenheit des Gutes, der zufolge es besonders leicht Schäden, insbesondere durch Bruch, Funktionsstörungen, Rost, inneren Verderb oder Auslaufen, erleidet.

(2) Ist ein Schaden eingetreten, der nach den Umständen des Falles aus einer der in Absatz 1 bezeichneten Gefahren entstehen konnte, so wird vermutet, daß der Schaden aus dieser Gefahr entstanden ist.

(3) Der Frachtführer kann sich auf Absatz 1 nur berufen, wenn er alle ihm nach den Umständen obliegenden Maßnahmen getroffen und besondere Weisungen beachtet hat.

§ 451 e Haftungshöchstbetrag. Abweichend von § 431 Abs. 1 und 2 ist die Haftung des Frachtführers wegen Verlust oder Beschädigung auf einen Betrag von 620 Euro je Kubikmeter Laderaum, der zur Erfüllung des Vertrages benötigt wird, beschränkt.

§ 451 f Schadensanzeige. Abweichend von § 438 Abs. 1 und 2 erlöschen Ansprüche wegen Verlust oder Beschädigung des Gutes,
1. wenn der Verlust oder die Beschädigung des Gutes äußerlich erkennbar war und dem Frachtführer nicht spätestens am Tag nach der Ablieferung angezeigt worden ist,
2. wenn der Verlust oder die Beschädigung äußerlich nicht erkennbar war und dem Frachtführer nicht innerhalb von vierzehn Tagen nach Ablieferung angezeigt worden ist.

§ 451 g Wegfall der Haftungsbefreiungen und -begrenzungen. [1] Ist der Absender ein Verbraucher, so kann sich der Frachtführer oder eine in § 428 genannte Person
1. auf die in den §§ 451 d und 451 e sowie in dem Ersten Unterabschnitt vorgesehenen Haftungsbefreiungen und Haftungsbegrenzungen nicht berufen, soweit der Frachtführer es unterläßt, den Absender bei Abschluß des Vertrages über die Haftungsbestimmungen zu unterrichten und auf die Möglichkeiten hinzuweisen, eine weitergehende Haftung zu vereinbaren oder das Gut zu versichern,

2. auf § 451f in Verbindung mit § 438 nicht berufen, soweit der Frachtführer es unterläßt, den Empfänger spätestens bei der Ablieferung des Gutes über die Form und Frist der Schadensanzeige sowie die Rechtsfolgen bei Unterlassen der Schadensanzeige zu unterrichten.

²Die Unterrichtung nach Satz 1 Nr. 1 muß in drucktechnisch deutlicher Gestaltung besonders hervorgehoben sein.

§ 451 h Abweichende Vereinbarungen. (1) Ist der Absender ein Verbraucher, so kann von den die Haftung des Frachtführers und des Absenders regelnden Vorschriften dieses Unterabschnitts sowie den danach auf den Umzugsvertrag anzuwendenden Vorschriften des Ersten Unterabschnitts nicht zum Nachteil des Absenders abgewichen werden.

(2) ¹In allen anderen als den in Absatz 1 genannten Fällen kann von den darin genannten Vorschriften nur durch Vereinbarung abgewichen werden, die im einzelnen ausgehandelt ist, auch wenn sie für eine Mehrzahl von gleichartigen Verträgen zwischen denselben Vertragsparteien getroffen ist. ²Die vom Frachtführer zu leistende Entschädigung wegen Verlust oder Beschädigung des Gutes kann jedoch auch durch vorformulierte Vertragsbedingungen auf einen anderen als den in § 451e vorgesehenen Betrag begrenzt werden. ³Gleiches gilt für die vom Absender nach § 414 in Verbindung mit § 451c zu leistende Entschädigung. ⁴Die in den vorformulierten Vertragsbedingungen enthaltene Bestimmung ist jedoch unwirksam, wenn sie nicht in drucktechnisch deutlicher Gestaltung besonders hervorgehoben ist.

(3) Unterliegt der Umzugsvertrag ausländischem Recht, so sind die Absätze 1 und 2 gleichwohl anzuwenden, wenn nach dem Vertrag der Ort der Übernahme und der Ort der Ablieferung des Gutes im Inland liegen.

Dritter Unterabschnitt. Beförderung mit verschiedenartigen Beförderungsmitteln

§ 452 Frachtvertrag über eine Beförderung mit verschiedenartigen Beförderungsmitteln. ¹Wird die Beförderung des Gutes auf Grund eines einheitlichen Frachtvertrags mit verschiedenartigen Beförderungsmitteln durchgeführt und wären, wenn über jeden Teil der Beförderung mit jeweils einem Beförderungsmittel (Teilstrecke) zwischen den Vertragsparteien ein gesonderter Vertrag abgeschlossen worden wäre, mindestens zwei dieser Verträge verschiedenen Rechtsvorschriften unterworfen, so sind auf den Vertrag die Vorschriften des Ersten Unterabschnitts anzuwenden, soweit die folgenden besonderen Vorschriften oder anzuwendende internationale Übereinkommen nichts anderes bestimmen. ²Dies gilt auch dann, wenn ein Teil der Beförderung zur See durchgeführt wird.

§ 452a Bekannter Schadensort. ¹Steht fest, daß der Verlust, die Beschädigung oder das Ereignis, das zu einer Überschreitung der Lieferfrist geführt hat, auf einer bestimmten Teilstrecke eingetreten ist, so bestimmt sich die Haftung des Frachtführers abweichend von den Vorschriften des Ersten Unterabschnitts nach den Rechtsvorschriften, die auf einen Vertrag über eine Beförderung auf dieser Teilstrecke anzuwenden wären. ²Der Beweis dafür, daß der Verlust, die Beschädigung oder das zu einer Überschreitung der Lieferfrist führende Ereignis auf einer bestimmten Teilstrecke eingetreten ist, obliegt demjenigen, der dies behauptet.

§ 452 b Schadensanzeige. Verjährung. (1) ¹§ 438 ist unabhängig davon anzuwenden, ob der Schadensort unbekannt ist, bekannt ist oder später bekannt wird. ²Die für die Schadensanzeige vorgeschriebene Form und Frist ist auch gewahrt, wenn die Vorschriften eingehalten werden, die auf einen Vertrag über eine Beförderung auf der letzten Teilstrecke anzuwenden wären.

(2) ¹Für den Beginn der Verjährung des Anspruchs wegen Verlust, Beschädigung oder Überschreitung der Lieferfrist ist, wenn auf den Ablieferungszeitpunkt abzustellen ist, der Zeitpunkt der Ablieferung an den Empfänger maßgebend. ²Der Anspruch verjährt auch bei bekanntem Schadensort frühestens nach Maßgabe des § 439.

§ 452 c Umzugsvertrag über eine Beförderung mit verschiedenartigen Beförderungsmitteln. ¹Hat der Frachtvertrag die Beförderung von Umzugsgut mit verschiedenartigen Beförderungsmitteln zum Gegenstand, so sind auf den Vertrag die Vorschriften des Zweiten Unterabschnitts anzuwenden. ²§ 452a ist nur anzuwenden, soweit für die Teilstrecke, auf der der Schaden eingetreten ist, Bestimmungen eines für die Bundesrepublik Deutschland verbindlichen internationalen Übereinkommens gelten.

§ 452 d Abweichende Vereinbarungen. (1) ¹Von der Regelung des § 452b Abs. 2 Satz 1 kann nur durch Vereinbarung abgewichen werden, die im einzelnen ausgehandelt ist, auch wenn diese für eine Mehrzahl von gleichartigen Verträgen zwischen denselben Vertragsparteien getroffen ist. ²Von den übrigen Regelungen dieses Unterabschnitts kann nur insoweit durch vertragliche Vereinbarung abgewichen werden, als die darin in Bezug genommenen Vorschriften abweichende Vereinbarungen zulassen.

(2) Abweichend von Absatz 1 kann jedoch auch durch vorformulierte Vertragsbedingungen vereinbart werden, daß sich die Haftung bei bekanntem Schadensort (§ 452a)

1. unabhängig davon, auf welcher Teilstrecke der Schaden eintreten wird, oder
2. für den Fall des Schadenseintritts auf einer in der Vereinbarung genannten Teilstrecke

nach den Vorschriften des Ersten Unterabschnitts bestimmt.

(3) ¹Vereinbarungen, die die Anwendung der für eine Teilstrecke zwingend geltenden Bestimmungen eines für die Bundesrepublik Deutschland verbindlichen internationalen Übereinkommens ausschließen, sind unwirksam.

Fünfter Abschnitt. Speditionsgeschäft

§ 453 Speditionsvertrag. (1) Durch den Speditionsvertrag wird der Spediteur verpflichtet, die Versendung des Gutes zu besorgen.

(2) Der Versender wird verpflichtet, die vereinbarte Vergütung zu zahlen.

(3) ¹Die Vorschriften dieses Abschnitts gelten nur, wenn die Besorgung der Versendung zum Betrieb eines gewerblichen Unternehmens gehört. ²Erfor-

dert das Unternehmen nach Art oder Umfang einen in kaufmännischer Weise eingerichteten Geschäftsbetrieb nicht und ist die Firma des Unternehmens auch nicht nach § 2 in das Handelsregister eingetragen, so sind in Ansehung des Speditionsgeschäfts auch insoweit die Vorschriften des Ersten Abschnitts des Vierten Buches ergänzend anzuwenden; dies gilt jedoch nicht für die §§ 348 bis 350.

§ 454 Besorgung der Versendung. (1) Die Pflicht, die Versendung zu besorgen, umfaßt die Organisation der Beförderung, insbesondere

1. die Bestimmung des Beförderungsmittels und des Beförderungsweges,
2. die Auswahl ausführender Unternehmer, den Abschluß der für die Versendung erforderlichen Fracht-, Lager- und Speditionsverträge sowie die Erteilung von Informationen und Weisungen an die ausführenden Unternehmer und
3. die Sicherung von Schadenersatzansprüchen des Versenders.

(2) ¹Zu den Pflichten des Spediteurs zählt ferner die Ausführung sonstiger vereinbarter auf die Beförderung bezogener Leistungen wie die Versicherung und Verpackung des Gutes, seine Kennzeichnung und die Zollbehandlung. ²Der Spediteur schuldet jedoch nur den Abschluß der zur Erbringung dieser Leistungen erforderlichen Verträge, wenn sich dies aus der Vereinbarung ergibt.

(3) Der Spediteur schließt die erforderlichen Verträge im eigenen Namen oder, sofern er hierzu bevollmächtigt ist, im Namen des Versenders ab.

(4) Der Spediteur hat bei Erfüllung seiner Pflichten das Interesse des Versenders wahrzunehmen und dessen Weisungen zu befolgen.

§ 455 Behandlung des Gutes. Begleitpapiere. Mitteilungs- und Auskunftspflichten. (1) ¹Der Versender ist verpflichtet, das Gut, soweit erforderlich, zu verpacken und zu kennzeichnen und Urkunden zur Verfügung zu stellen sowie alle Auskünfte zu erteilen, deren der Spediteur zur Erfüllung seiner Pflichten bedarf. ²Soll gefährliches Gut versendet werden, so hat der Versender dem Spediteur rechtzeitig in Textform die genaue Art der Gefahr und, soweit erforderlich, zu ergreifende Vorsichtsmaßnahmen mitzuteilen.

(2) ¹Der Versender hat, auch wenn ihn kein Verschulden trifft, dem Spediteur Schäden und Aufwendungen zu ersetzen, die verursacht werden durch

1. ungenügende Verpackung oder Kennzeichnung,
2. Unterlassen der Mitteilung über die Gefährlichkeit des Gutes oder
3. Fehlen, Unvollständigkeit oder Unrichtigkeit der Urkunden oder Auskünfte, die für eine amtliche Behandlung des Gutes erforderlich sind.

²§ 414 Abs. 1 Satz 2 und Abs. 2 ist entsprechend anzuwenden.

(3) Ist der Versender ein Verbraucher, so hat er dem Spediteur Schäden und Aufwendungen nach Absatz 2 nur zu ersetzen, soweit ihn ein Verschulden trifft.

§ 456 Fälligkeit der Vergütung. Die Vergütung ist zu zahlen, wenn das Gut dem Frachtführer oder Verfrachter übergeben worden ist.

5. Abschnitt. Speditionsgeschäft §§ 457–462 HGB 1

§ 457 Forderungen des Versenders. ¹Der Versender kann Forderungen aus einem Vertrag, den der Spediteur für Rechnung des Versenders im eigenen Namen abgeschlossen hat, erst nach der Abtretung geltend machen. ²Solche Forderungen sowie das in Erfüllung solcher Forderungen Erlangte gelten jedoch im Verhältnis zu den Gläubigern des Spediteurs als auf den Versender übertragen.

§ 458 Selbsteintritt. ¹Der Spediteur ist befugt, die Beförderung des Gutes durch Selbsteintritt auszuführen. ²Macht er von dieser Befugnis Gebrauch, so hat er hinsichtlich der Beförderung die Rechte und Pflichten eines Frachtführers oder Verfrachters. ³In diesem Fall kann er neben der Vergütung für seine Tätigkeit als Spediteur die gewöhnliche Fracht verlangen.

§ 459 Spedition zu festen Kosten. ¹Soweit als Vergütung ein bestimmter Betrag vereinbart ist, der Kosten für die Beförderung einschließt, hat der Spediteur hinsichtlich der Beförderung die Rechte und Pflichten eines Frachtführers oder Verfrachters. ²In diesem Fall hat er Anspruch auf Ersatz seiner Aufwendungen nur, soweit dies üblich ist.

§ 460 Sammelladung. (1) Der Spediteur ist befugt, die Versendung des Gutes zusammen mit Gut eines anderen Versenders auf Grund eines für seine Rechnung über eine Sammelladung geschlossenen Frachtvertrages zu bewirken.

(2) ¹Macht der Spediteur von dieser Befugnis Gebrauch, so hat er hinsichtlich der Beförderung in Sammelladung die Rechte und Pflichten eines Frachtführers oder Verfrachters. ²In diesem Fall kann der Spediteur eine den Umständen nach angemessene Vergütung verlangen, höchstens aber die für die Beförderung des einzelnen Gutes gewöhnliche Fracht.

§ 461 Haftung des Spediteurs. (1) ¹Der Spediteur haftet für den Schaden, der durch Verlust oder Beschädigung des in seiner Obhut befindlichen Gutes entsteht. ²Die §§ 426, 427, 429, 430, 431 Abs. 1, 2 und 4, die §§ 432, 434 bis 436 sind entsprechend anzuwenden.

(2) ¹Für Schaden, der nicht durch Verlust oder Beschädigung des in der Obhut des Spediteurs befindlichen Gutes entstanden ist, haftet der Spediteur, wenn er eine ihm nach § 454 obliegende Pflicht verletzt. ²Von dieser Haftung ist er befreit, wenn der Schaden durch die Sorgfalt eines ordentlichen Kaufmanns nicht abgewendet werden konnte.

(3) Hat bei der Entstehung des Schadens ein Verhalten des Versenders oder ein besonderer Mangel des Gutes mitgewirkt, so hängen die Verpflichtung zum Ersatz sowie der Umfang des zu leistenden Ersatzes davon ab, inwieweit diese Umstände zu dem Schaden beigetragen haben.

§ 462 Haftung für andere. ¹Der Spediteur hat Handlungen und Unterlassungen seiner Leute in gleichem Umfang zu vertreten wie eigene Handlungen und Unterlassungen, wenn die Leute in Ausübung ihrer Verrichtungen handeln. ²Gleiches gilt für Handlungen und Unterlassungen anderer Personen, deren er sich bei Erfüllung seiner Pflicht, die Versendung zu besorgen, bedient.

§ 463 Verjährung. Auf die Verjährung der Ansprüche aus einer Leistung, die den Vorschriften dieses Abschnitts unterliegt, ist § 439 entsprechend anzuwenden.

§ 464 Pfandrecht. ¹Der Spediteur hat wegen aller durch den Speditionsvertrag begründeten Forderungen sowie wegen unbestrittener Forderungen aus anderen mit dem Versender abgeschlossenen Speditions-, Fracht- und Lagerverträgen ein Pfandrecht an dem Gut. ²§ 441 Abs. 1 Satz 2 bis Abs. 4 ist entsprechend anzuwenden.

§ 465 Nachfolgender Spediteur. (1) Wirkt an einer Beförderung neben dem Frachtführer auch ein Spediteur mit und hat dieser die Ablieferung zu bewirken, so ist auf den Spediteur § 442 Abs. 1 entsprechend anzuwenden.

(2) Wird ein vorhergehender Frachtführer oder Spediteur von einem nachfolgenden Spediteur befriedigt, so gehen Forderung und Pfandrecht des ersteren auf den letzteren über.

§ 466 Abweichende Vereinbarungen. (1) Ist der Versender ein Verbraucher, so kann nicht zu dessen Nachteil von § 461 Abs. 1, den §§ 462 und 463 abgewichen werden, es sei denn, der Speditionsvertrag hat die Versendung von Briefen oder briefähnlichen Sendungen zum Gegenstand.

(2) ¹In allen anderen als den in Absatz 1 genannten Fällen kann, soweit der Speditionsvertrag nicht die Versendung von Briefen oder briefähnlichen Sendungen zum Gegenstand hat, von den in Absatz 1 genannten Vorschriften nur durch Vereinbarung abgewichen werden, die im einzelnen ausgehandelt ist, auch wenn sie für eine Mehrzahl von gleichartigen Verträgen zwischen denselben Vertragsparteien getroffen ist. ²Die vom Spediteur zu leistende Entschädigung wegen Verlust oder Beschädigung des Gutes kann jedoch auch durch vorformulierte Vertragsbedingungen auf einen anderen als den in § 431 Abs. 1 und 2 vorgesehenen Betrag begrenzt werden, wenn dieser Betrag

1. zwischen zwei und vierzig Rechnungseinheiten liegt und in drucktechnisch deutlicher Gestaltung besonders hervorgehoben ist oder

2. für den Verwender der vorformulierten Vertragsbedingungen ungünstiger ist als der in § 431 Abs. 1 und 2 vorgesehene Betrag.

(3) Von § 458 Satz 2, § 459 Satz 1, § 460 Abs. 2 Satz 1 kann nur insoweit durch vertragliche Vereinbarung abgewichen werden, als die darin in Bezug genommenen Vorschriften abweichende Vereinbarungen zulassen.

(4) Unterliegt der Speditionsvertrag ausländischem Recht, so sind die Absätze 1 bis 3 gleichwohl anzuwenden, wenn nach dem Vertrag der Ort der Übernahme und der Ort der Ablieferung des Gutes im Inland liegen.

Sechster Abschnitt. Lagergeschäft

§ 467 Lagervertrag. (1) Durch den Lagervertrag wird der Lagerhalter verpflichtet, das Gut zu lagern und aufzubewahren.

(2) Der Einlagerer wird verpflichtet, die vereinbarte Vergütung zu zahlen.

(3) ¹Die Vorschriften dieses Abschnitts gelten nur, wenn die Lagerung und Aufbewahrung zum Betrieb eines gewerblichen Unternehmens gehört. ²Er-

fordert das Unternehmen nach Art oder Umfang einen in kaufmännischer Weise eingerichteten Geschäftsbetrieb nicht und ist die Firma des Unternehmens auch nicht nach § 2 in das Handelsregister eingetragen, so sind in Ansehung des Lagergeschäfts auch insoweit die Vorschriften des Ersten Abschnitts des Vierten Buches ergänzend anzuwenden; dies gilt jedoch nicht für die §§ 348 bis 350.

§ 468 Behandlung des Gutes. Begleitpapiere. Mitteilungs- und Auskunftspflichten. (1) [1] Der Einlagerer ist verpflichtet, dem Lagerhalter, wenn gefährliches Gut eingelagert werden soll, rechtzeitig in Textform die genaue Art der Gefahr und, soweit erforderlich, zu ergreifende Vorsichtsmaßnahmen mitzuteilen. [2] Er hat ferner das Gut, soweit erforderlich, zu verpacken und zu kennzeichnen und Urkunden zur Verfügung zu stellen sowie alle Auskünfte zu erteilen, die der Lagerhalter zur Erfüllung seiner Pflichten benötigt.

(2) [1] Ist der Einlagerer ein Verbraucher, so ist abweichend von Absatz 1

1. der Lagerhalter verpflichtet, das Gut, soweit erforderlich, zu verpacken und zu kennzeichnen,
2. der Einlagerer lediglich verpflichtet, den Lagerhalter über die von dem Gut ausgehende Gefahr allgemein zu unterrichten; die Unterrichtung bedarf keiner Form.

[2] Der Lagerhalter hat in diesem Falle den Einlagerer über dessen Pflicht nach Satz 1 Nr. 2 sowie über die von ihm zu beachtenden Verwaltungsvorschriften über eine amtliche Behandlung des Gutes zu unterrichten.

(3) [1] Der Einlagerer hat, auch wenn ihn kein Verschulden trifft, dem Lagerhalter Schäden und Aufwendungen zu ersetzen, die verursacht werden durch

1. ungenügende Verpackung oder Kennzeichnung,
2. Unterlassen der Mitteilung über die Gefährlichkeit des Gutes oder
3. Fehlen, Unvollständigkeit oder Unrichtigkeit der in § 413 Abs. 1 genannten Urkunden oder Auskünfte.

[2] § 414 Abs. 1 Satz 2 und Abs. 2 ist entsprechend anzuwenden.

(4) Ist der Einlagerer ein Verbraucher, so hat er dem Lagerhalter Schäden und Aufwendungen nach Absatz 3 nur zu ersetzen, soweit ihn ein Verschulden trifft.

§ 469 Sammellagerung. (1) Der Lagerhalter ist nur berechtigt, vertretbare Sachen mit anderen Sachen gleicher Art und Güte zu vermischen, wenn die beteiligten Einlagerer ausdrücklich einverstanden sind.

(2) Ist der Lagerhalter berechtigt, Gut zu vermischen, so steht vom Zeitpunkt der Einlagerung ab den Eigentümern der eingelagerten Sachen Miteigentum nach Bruchteilen zu.

(3) Der Lagerhalter kann jedem Einlagerer den ihm gebührenden Anteil ausliefern, ohne daß er hierzu der Genehmigung der übrigen Beteiligten bedarf.

§ 470 Empfang des Gutes. Befindet sich Gut, das dem Lagerhalter zugesandt ist, beim Empfang in einem beschädigten oder mangelhaften Zustand, der äußerlich erkennbar ist, so hat der Lagerhalter Schadenersatzansprüche des Einlagerers zu sichern und dem Einlagerer unverzüglich Nachricht zu geben.

§ 471 Erhaltung des Gutes. (1) ¹Der Lagerhalter hat dem Einlagerer die Besichtigung des Gutes, die Entnahme von Proben und die zur Erhaltung des Gutes notwendigen Handlungen während der Geschäftsstunden zu gestatten. ²Er ist jedoch berechtigt und im Falle der Sammellagerung auch verpflichtet, die zur Erhaltung des Gutes erforderlichen Arbeiten selbst vorzunehmen.

(2) ¹Sind nach dem Empfang Veränderungen an dem Gut entstanden oder zu befürchten, die den Verlust oder die Beschädigung des Gutes oder Schäden des Lagerhalters erwarten lassen, so hat der Lagerhalter dies dem Einlagerer oder, wenn ein Lagerschein ausgestellt ist, dem letzten ihm bekannt gewordenen legitimierten Besitzer des Scheins unverzüglich anzuzeigen und dessen Weisungen einzuholen. ²Kann der Lagerhalter innerhalb angemessener Zeit Weisungen nicht erlangen, so hat er die angemessen erscheinenden Maßnahmen zu ergreifen. ³Er kann insbesondere das Gut gemäß § 373 verkaufen lassen; macht er von dieser Befugnis Gebrauch, so hat der Lagerhalter, wenn ein Lagerschein ausgestellt ist, die in § 373 Abs. 3 vorgesehene Androhung des Verkaufs sowie die in Absatz 5 derselben Vorschrift vorgesehenen Benachrichtigungen an den letzten ihm bekannt gewordenen legitimierten Besitzer des Lagerscheins zu richten.

§ 472 Versicherung. Einlagerung bei einem Dritten. (1) ¹Der Lagerhalter ist verpflichtet, das Gut auf Verlangen des Einlagerers zu versichern. ²Ist der Einlagerer ein Verbraucher, so hat ihn der Lagerhalter auf die Möglichkeit hinzuweisen, das Gut zu versichern.

(2) Der Lagerhalter ist nur berechtigt, das Gut bei einem Dritten einzulagern, wenn der Einlagerer ihm dies ausdrücklich gestattet hat.

§ 473 Dauer der Lagerung. (1) ¹Der Einlagerer kann das Gut jederzeit herausverlangen. ²Ist der Lagervertrag auf unbestimmte Zeit geschlossen, so kann er den Vertrag jedoch nur unter Einhaltung einer Kündigungsfrist von einem Monat kündigen, es sei denn, es liegt ein wichtiger Grund vor, der zur Kündigung des Vertrags ohne Einhaltung der Kündigungsfrist berechtigt.

(2) ¹Der Lagerhalter kann die Rücknahme des Gutes nach Ablauf der vereinbarten Lagerzeit oder bei Einlagerung auf unbestimmte Zeit nach Kündigung des Vertrags unter Einhaltung einer Kündigungsfrist von einem Monat verlangen ²Liegt ein wichtiger Grund vor, so kann der Lagerhalter auch vor Ablauf der Lagerzeit und ohne Einhaltung einer Kündigungsfrist die Rücknahme des Gutes verlangen.

(3) Ist ein Lagerschein ausgestellt, so sind die Kündigung und das Rücknahmeverlangen an den letzten dem Lagerhalter bekannt gewordenen legitimierten Besitzer des Lagerscheins zu richten.

§ 474 Aufwendungsersatz. Der Lagerhalter hat Anspruch auf Ersatz seiner für das Gut gemachten Aufwendungen, soweit er sie den Umständen nach für erforderlich halten durfte.

§ 475 Haftung für Verlust oder Beschädigung. ¹Der Lagerhalter haftet für den Schaden, der durch Verlust oder Beschädigung des Gutes in der Zeit von der Übernahme zur Lagerung bis zur Auslieferung entsteht, es sei denn, daß der Schaden durch die Sorgfalt eines ordentlichen Kaufmanns nicht abgewendet werden konnte. ²Dies gilt auch dann, wenn der Lagerhalter gemäß § 472 Abs. 2 das Gut bei einem Dritten einlagert.

§ 475 a Verjährung. ¹Auf die Verjährung von Ansprüchen aus einer Lagerung, die den Vorschriften dieses Abschnitts unterliegt, findet § 439 entsprechende Anwendung. ²Im Falle des gänzlichen Verlusts beginnt die Verjährung mit Ablauf des Tages, an dem der Lagerhalter dem Einlagerer oder, wenn ein Lagerschein ausgestellt ist, dem letzten ihm bekannt gewordenen legitimierten Besitzer des Lagerscheins den Verlust anzeigt.

§ 475 b Pfandrecht. (1) ¹Der Lagerhalter hat wegen aller durch den Lagervertrag begründeten Forderungen sowie wegen unbestrittener Forderungen aus anderen mit dem Einlagerer abgeschlossenen Lager-, Fracht- und Speditionsverträgen ein Pfandrecht an dem Gut. ²Das Pfandrecht erstreckt sich auch auf die Forderung aus einer Versicherung sowie auf die Begleitpapiere.

(2) Ist ein Orderlagerschein durch Indossament übertragen worden, so besteht das Pfandrecht dem legitimierten Besitzer des Lagerscheins gegenüber nur wegen der Vergütungen und Aufwendungen, die aus dem Lagerschein ersichtlich sind oder ihm bei Erwerb des Lagerscheins bekannt oder infolge grober Fahrlässigkeit unbekannt waren.

(3) Das Pfandrecht besteht, solange der Lagerhalter das Gut in seinem Besitz hat, insbesondere solange er mittels Konnossement, Ladeschein oder Lagerschein darüber verfügen kann.

§ 475 c Lagerschein. (1) Über die Verpflichtung zur Auslieferung des Gutes kann von dem Lagerhalter, nachdem er das Gut erhalten hat, ein Lagerschein ausgestellt werden, der die folgenden Angaben enthalten soll:
1. Ort und Tag der Ausstellung des Lagerscheins;
2. Name und Anschrift des Einlagerers;
3. Name und Anschrift des Lagerhalters;
4. Ort und Tag der Einlagerung;
5. die übliche Bezeichnung der Art des Gutes und die Art der Verpackung, bei gefährlichen Gütern ihre nach den Gefahrgutvorschriften vorgesehene, sonst ihre allgemein anerkannte Bezeichnung;
6. Anzahl, Zeichen und Nummern der Packstücke;
7. Rohgewicht oder die anders angegebene Menge des Gutes;
8. im Falle der Sammellagerung einen Vermerk hierüber.

(2) In den Lagerschein können weitere Angaben eingetragen werden, die der Lagerhalter für zweckmäßig hält.

(3) ¹Der Lagerschein ist vom Lagerhalter zu unterzeichnen. ²Eine Nachbildung der eigenhändigen Unterschrift durch Druck oder Stempel genügt.

§ 475 d Wirkung des Lagerscheins. (1) Der Lagerschein ist für das Rechtsverhältnis zwischen dem Lagerhalter und dem legitimierten Besitzer des Lagerscheins maßgebend.

(2) ¹Der Lagerschein begründet insbesondere die widerlegliche Vermutung, daß das Gut und seine Verpackung in bezug auf den äußerlichen Zu-

stand sowie auf Anzahl, Zeichen und Nummern der Packstücke wie im Lagerschein beschrieben übernommen worden sind. ²Ist das Rohgewicht oder die anders angegebene Menge des Gutes oder der Inhalt vom Lagerhalter überprüft und das Ergebnis der Überprüfung in den Lagerschein eingetragen worden, so begründet dieser auch die widerlegliche Vermutung, daß Gewicht, Menge oder Inhalt mit den Angaben im Lagerschein übereinstimmt. ³Ist der Lagerschein einem gutgläubigen Dritten übertragen worden, so ist die Vermutung nach den Sätzen 1 und 2 unwiderleglich.

(3) Für das Rechtsverhältnis zwischen dem Lagerhalter und dem Einlagerer bleiben die Bestimmungen des Lagervertrages maßgebend.

§ 475e Auslieferung gegen Rückgabe des Lagerscheins. (1) Ist ein Lagerschein ausgestellt, so ist der Lagerhalter zur Auslieferung des Gutes nur gegen Rückgabe des Lagerscheins, auf dem die Auslieferung bescheinigt ist, verpflichtet.

(2) ¹Die Auslieferung eines Teils des Gutes erfolgt gegen Abschreibung auf dem Lagerschein. ²Der Abschreibungsvermerk ist vom Lagerhalter zu unterschreiben.

(3) Der Lagerhalter haftet dem rechtmäßigen Besitzer des Lagerscheins für den Schaden, der daraus entsteht, daß er das Gut ausgeliefert hat, ohne sich den Lagerschein zurückgeben zu lassen oder ohne einen Abschreibungsvermerk einzutragen.

§ 475f Legitimation durch Lagerschein. ¹Zum Empfang des Gutes legitimiert ist derjenige, an den das Gut nach dem Lagerschein ausgeliefert werden soll oder auf den der Lagerschein, wenn er an Order lautet, durch Indossament übertragen ist. ²Der Lagerhalter ist nicht verpflichtet, die Echtheit der Indossamente zu prüfen.

§ 475g Traditionsfunktion des Orderlagerscheins. Ist von dem Lagerhalter ein Lagerschein ausgestellt, der durch Indossament übertragen werden kann, so hat, wenn das Gut vom Lagerhalter übernommen ist, die Übergabe des Lagerscheins an denjenigen, den der Lagerschein zum Empfang des Gutes legitimiert, für den Erwerb von Rechten an dem Gut dieselben Wirkungen wie die Übergabe des Gutes.

§ 475h Abweichende Vereinbarungen. Ist der Einlagerer ein Verbraucher, so kann nicht zu dessen Nachteil von den §§ 475a und 475e Abs. 3 abgewichen werden.

Fünftes Buch. Seehandel[1)]

§§ 476–905. *(vom Abdruck wurde abgesehen)*

[1)] Abgedruckt in **Beck'sche Textausgaben „HGB"**.

2. Einführungsgesetz zum Handelsgesetzbuch

Vom 10. Mai 1897 (RGBl. S. 437)

BGBl. III/FNA 4101-1

zuletzt geändert durch Art. 2 Gesetz zur Einführung internationaler Rechnungslegungsstandards und zur Sicherung der Qualität der Abschlussprüfung (Bilanzrechtsreformgesetz – BilReG)[1] vom 4. 12. 2004 (BGBl. I S. 3166), Art. 2 Gesetz zur Kontrolle von Unternehmensabschlüssen (Bilanzkontrollgesetz – BilKoG) vom 15. 12. 2004 (BGBl. I S. 3408) und Art. 2 Gesetz über die Offenlegung der Vorstandsvergütungen (Vorstandsvergütungs-Offenlegungsgesetz – VorstOG) vom 3. 8. 2005 (BGBl. I S. 2267)

Erster Abschnitt. Einführung des Handelsgesetzbuchs

Art. 1 [Inkrafttreten] (1) Das Handelsgesetzbuch tritt gleichzeitig mit dem Bürgerlichen Gesetzbuch in Kraft.

(2) Der sechste Abschnitt des ersten Buches des Handelsgesetzbuchs tritt mit Ausnahme des § 65 am 1. Januar 1898 in Kraft.

(3) *(gegenstandslos)*

Art. 2 [Verhältnis zum BGB und zu Bundesgesetzen] (1) In Handelssachen kommen die Vorschriften des Bürgerlichen Gesetzbuchs nur insoweit zur Anwendung, als nicht im Handelsgesetzbuch oder in diesem Gesetz ein anderes bestimmt ist.

(2) Im übrigen werden die Vorschriften der *Reichsgesetze* durch das Handelsgesetzbuch nicht berührt.

Art. 3. *(Änderungsvorschrift)*

Art. 4 [Handelsgewerbe und eheliches Güterrecht] (1) ¹Die nach dem bürgerlichen Rechte mit einer Eintragung in das Güterrechtsregister verbundenen Wirkungen treten, sofern ein Ehegatte Kaufmann ist und seine Handelsniederlassung sich nicht in dem Bezirke eines für den gewöhnlichen Aufenthalt auch nur eines der Ehegatten zuständigen Registergerichts befindet, in Ansehung der auf den Betrieb des Handelsgewerbes sich beziehenden Rechtsverhältnisse nur ein, wenn die Eintragung auch in das Güterrechtsregister des für den Ort der Handelsniederlassung zuständigen Gerichts erfolgt ist. ²Bei mehreren Niederlassungen genügt die Eintragung in das Register des Ortes der Hauptniederlassung.

(2) Wird die Niederlassung verlegt, so finden die Vorschriften des § 1559 des Bürgerlichen Gesetzbuchs[2] entsprechende Anwendung.

---

[1] Amtl. Anm. abgedruckt auf S. 1.
[2] **§ 1559 BGB** lautet:
„¹Verlegt ein Ehegatte nach der Eintragung seinen gewöhnlichen Aufenthalt in einen anderen Bezirk, so muss die Eintragung im Register dieses Bezirks wiederholt werden. ²Die frühere Eintragung gilt als von neuem erfolgt, wenn ein Ehegatte den gewöhnlichen Aufenthalt in den früheren Bezirk zurückverlegt."

Art. 5 [Bergwerksgesellschaften] Auf Bergwerksgesellschaften, die nach den Vorschriften der Landesgesetze nicht die Rechte einer juristischen Person besitzen, findet § 1 des Handelsgesetzbuchs keine Anwendung.

Art. 6–8.[1] *(betreffen Seehandelsrecht; vom Abdruck wurde abgesehen)*

Art. 9–14. *(Aufhebungs- und Änderungsvorschriften bzw. gegenstandslos)*

Art. 15 [Verhältnis zu den Landesgesetzen] (1) Die privatrechtlichen Vorschriften der Landesgesetze bleiben insoweit unberührt, als es in diesem Gesetze bestimmt oder als im Handelsgesetzbuch auf die Landesgesetze verwiesen ist.

(2) Soweit die Landesgesetze unberührt bleiben, können auch neue landesgesetzliche Vorschriften erlassen werden.

Art. 16, 17. *(gegenstandslos)*

Art. 18 [Landesrecht über Bierlieferungsvertrag] Unberührt bleiben die landesgesetzlichen Vorschriften über den Vertrag zwischen dem Brauer und dem Wirte über die Lieferung von Bier, soweit sie das aus dem Vertrage sich ergebende Schuldverhältnis für den Fall regeln, daß nicht besondere Vereinbarungen getroffen werden.

Art. 19–21. *(gegenstandslos)*

Art. 22 [Weiterführung von eingetragenen Firmen] (1) Die zur Zeit des Inkrafttretens des Handelsgesetzbuchs im Handelsregister eingetragenen Firmen können weitergeführt werden, soweit sie nach den bisherigen Vorschriften geführt werden durften.

(2) *(gegenstandslos)*

Zweiter Abschnitt.
Übergangsvorschriften zum Bilanzrichtlinien-Gesetz

Art. 23. *(gegenstandslos)*

Art. 24 [Bewertungsvorschriften] (1) [1] Waren Vermögensgegenstände des Anlagevermögens im Jahresabschluß für das am 31. Dezember 1986 endende oder laufende Geschäftsjahr mit einem niedrigeren Wert angesetzt, als er nach § 240 Abs. 3 und 4, §§ 252, 253 Abs. 1, 2 und 4, §§ 254, 255, 279 und 280 Abs. 1 und 2 des Handelsgesetzbuchs zulässig ist, so darf der niedrigere Wertansatz beibehalten werden. [2] § 253 Abs. 2 des Handelsgesetzbuchs ist in diesem Falle mit der Maßgabe anzuwenden, daß der niedrigere Wertansatz um planmäßige Abschreibungen entsprechend der voraussichtlichen Restnutzungsdauer zu vermindern ist.

(2) Waren Vermögensgegenstände des Umlaufvermögens im Jahresabschluß für das am 31. Dezember 1986 endende oder laufende Geschäftsjahr mit

---

[1] Abgedruckt in **Beck'sche Textausgaben „HGB"**.

einem niedrigeren Wert angesetzt als er nach §§ 252, 253 Abs. 1, 3 und 4, §§ 254, 255 Abs. 1 und 2, §§ 256, 279 Abs. 1 Satz 1, Abs. 2, § 280 Abs. 1 und 2 des Handelsgesetzbuchs zulässig ist, so darf der niedrigere Wertansatz insoweit beibehalten werden, als
1. er aus den Gründen des § 253 Abs. 3, §§ 254, 279 Abs. 2, § 280 Abs. 2 des Handelsgesetzbuchs angesetzt worden ist oder
2. es sich um einen niedrigeren Wertansatz im Sinne des § 253 Abs. 4 des Handelsgesetzbuchs handelt.

(3) bis (6) *(gegenstandslos)*

Art. 25 [Abschlußprüfer und Konzernabschlußprüfer bei gemeinnützigen Wohnungsunternehmen, AktG, KGaA und GmbH] (1) [1] Auf die Prüfung des Jahresabschlusses

1. von Aktiengesellschaften, Gesellschaften mit beschränkter Haftung und Gesellschaften, bei denen kein persönlich haftender Gesellschafter eine natürliche Person ist, wenn die Mehrheit der Anteile und die Mehrheit der Stimmrechte an diesen Gesellschaften Genossenschaften oder zur Prüfung von Genossenschaften zugelassenen Prüfungsverbänden zusteht, oder
2. von Unternehmen, die am 31. Dezember 1989 als gemeinnützige Wohnungsunternehmen oder als Organe der staatlichen Wohnungspolitik anerkannt waren und die nicht eingetragene Genossenschaften sind,

ist § 319 Abs. 1 des Handelsgesetzbuchs mit der Maßgabe anzuwenden, daß diese Gesellschaften oder Unternehmen sich auch von dem Prüfungsverband prüfen lassen dürfen, dem sie als Mitglied angehören, sofern mehr als die Hälfte der geschäftsführenden Mitglieder des Vorstands dieses Prüfungsverbands Wirtschaftsprüfer sind. [2] Hat der Prüfungsverband nur zwei Vorstandsmitglieder, so muß einer von ihnen Wirtschaftsprüfer sein. [3] § 319 Abs. 2 und 3 sowie § 319a Abs. 1 des Handelsgesetzbuchs sind auf die gesetzlichen Vertreter des Prüfungsverbandes und auf alle vom Prüfungsverband beschäftigten Personen, die das Ergebnis der Prüfung beeinflussen können, entsprechend anzuwenden; § 319 Abs. 3 Satz 1 Nr. 2 ist auf Mitglieder des Aufsichtsorgans des Prüfungsverbandes nicht anzuwenden, wenn sichergestellt ist, dass der Abschlussprüfer die Prüfung unabhängig von den Weisungen durch das Aufsichtsorgan durchführen kann.

(2) [1] Bei der Prüfung des Jahresabschlusses der in Absatz 1 bezeichneten Gesellschaften oder Unternehmen durch einen Prüfungsverband darf der gesetzlich vorgeschriebene Bestätigungsvermerk nur von Wirtschaftsprüfern unterzeichnet werden. [2] Die im Prüfungsverband tätigen Wirtschaftsprüfer haben ihre Prüfungstätigkeit unabhängig, gewissenhaft, verschwiegen und eigenverantwortlich auszuüben. [3] Sie haben sich insbesondere bei der Erstattung von Prüfungsberichten unparteiisch zu verhalten. [4] Weisungen dürfen ihnen hinsichtlich ihrer Prüfungstätigkeit von Personen, die nicht Wirtschaftsprüfer sind, nicht erteilt werden. [5] Die Zahl der im Verband tätigen Wirtschaftsprüfer muß so bemessen sein, daß die den Bestätigungsvermerk unterschreibenden Wirtschaftsprüfer die Prüfung verantwortlich durchführen können.

(3) Ist ein am 31. Dezember 1989 als gemeinnütziges Wohnungsunternehmen oder als Organ der staatlichen Wohnungspolitik anerkanntes Unternehmen als Aktiengesellschaft, Kommanditgesellschaft auf Aktien oder als Gesellschaft mit beschränkter Haftung zur Aufstellung eines Konzernabschlusses und

eines Konzernlageberichts nach dem Zweiten Unterabschnitt des Zweiten Abschnitts des Dritten Buchs des Handelsgesetzbuchs verpflichtet, so ist der Prüfungsverband, dem das Unternehmen angehört, auch Abschlußprüfer des Konzernabschlusses.

Art. 26 [Abschlußprüfer nach § 319 HGB] (1) ¹Abschlußprüfer nach § 319 Abs. 1 Satz 1 des Handelsgesetzbuchs kann auch eine nach § 131 f Abs. 2 der Wirtschaftsprüferordnung bestellte Person sein. ²Abschlußprüfer nach § 319 Abs. 1 Satz 2 des Handelsgesetzbuchs kann auch eine nach § 131 b Abs. 2 der Wirtschaftsprüferordnung bestellte Person sein. ³Für die Durchführung der Prüfung von Jahresabschlüssen und Lageberichten haben diese Personen die Rechte und Pflichten von Abschlußprüfern.

(2) Für die Anwendung des § 319 Abs. 2 und 3 des Handelsgesetzbuchs in der Fassung des Bilanzrichtlinien-Gesetzes bleibt eine Mitgliedschaft im Aufsichtsrat des zu prüfenden Unternehmens außer Betracht, wenn sie spätestens mit der Beendigung der ersten Versammlung der Aktionäre oder Gesellschafter der zu prüfenden Gesellschaft, die nach Inkrafttreten des Bilanzrichtlinien-Gesetzes stattfindet, endet.

Art. 27 [Kapitalkonsolidierung] (1) ¹Hat ein Mutterunternehmen ein Tochterunternehmen schon vor der erstmaligen Anwendung des § 301 des Handelsgesetzbuchs in seinen Konzernabschluß auf Grund gesetzlicher Verpflichtung oder freiwillig nach einer den Grundsätzen ordnungsmäßiger Buchführung entsprechenden Methode einbezogen, so braucht es diese Vorschrift auf dieses Tochterunternehmen nicht anzuwenden. ²Auf einen noch vorhandenen Unterschiedsbetrag aus der früheren Kapitalkonsolidierung ist § 309 des Handelsgesetzbuchs anzuwenden, soweit das Mutterunternehmen den Unterschiedsbetrag nicht in entsprechender Anwendung des § 301 Abs. 1 Satz 3 des Handelsgesetzbuchs den in den Konzernabschluß übernommenen Vermögensgegenständen und Schulden des Tochterunternehmens zuschreibt oder mit diesen verrechnet.

(2) Ist ein Mutterunternehmen verpflichtet, § 301 des Handelsgesetzbuchs auf ein schon bisher in seinen Konzernabschluß einbezogenes Tochterunternehmen anzuwenden oder wendet es diese Vorschrift freiwillig an, so kann als Zeitpunkt für die Verrechnung auch der Zeitpunkt der erstmaligen Anwendung dieser Vorschrift gewählt werden.

(3) Die Absätze 1 und 2 sind entsprechend auf die Behandlung von Beteiligungen an assoziierten Unternehmen nach §§ 311, 312 des Handelsgesetzbuchs anzuwenden.

(4) Ergibt sich bei der erstmaligen Anwendung der §§ 303, 304, 306 oder 308 des Handelsgesetzbuchs eine Erhöhung oder Verminderung des Ergebnisses, so kann der Unterschiedsbetrag in die Gewinnrücklagen eingestellt oder mit diesen offen verrechnet werden; dieser Betrag ist nicht Bestandteil des Jahresergebnisses.

Art. 28[1) [Pensionsrückstellungen] (1) ¹Für eine laufende Pension oder eine Anwartschaft auf eine Pension auf Grund einer unmittelbaren Zusage

---

[1)] Beachte dazu Übergangsvorschriften in Art. 48 Abs. 6 EGHGB.

braucht eine Rückstellung nach § 249 Abs. 1 Satz 1 des Handelsgesetzbuchs nicht gebildet zu werden, wenn der Pensionsberechtigte seinen Rechtsanspruch vor dem 1. Januar 1987 erworben hat oder sich ein vor diesem Zeitpunkt erworbener Rechtsanspruch nach dem 31. Dezember 1986 erhöht. ²Für eine mittelbare Verpflichtung aus einer Zusage für eine laufende Pension oder eine Anwartschaft auf eine Pension sowie für eine ähnliche unmittelbare oder mittelbare Verpflichtung braucht eine Rückstellung in keinem Fall gebildet zu werden.

(2) Bei Anwendung des Absatzes 1 müssen Kapitalgesellschaften die in der Bilanz nicht ausgewiesenen Rückstellungen für laufende Pensionen, Anwartschaften auf Pensionen und ähnliche Verpflichtungen jeweils im Anhang und im Konzernanhang in einem Betrag angeben.

Dritter Abschnitt. Übergangsvorschrift zum Gesetz zur Durchführung der EG-Richtlinie zur Koordinierung des Rechts der Handelsvertreter vom 23. Oktober 1989 (BGBl. I S. 1910)

Art. 29 [Handelsvertreterverträge] Auf Handelsvertretervertragsverhältnisse, die vor dem 1. Januar 1990 begründet sind und an diesem Tag noch bestehen, sind die §§ 86, 86a, 87, 87a, 89, 89b, 90a und 92c des Handelsgesetzbuchs in der am 31. Dezember 1989 geltenden Fassung bis zum Ablauf des Jahres 1993 weiterhin anzuwenden.

Art. 29a [Übergangsvorschrift für Wettbewerbsabreden] § 90a Abs. 2 und 3 des Handelsgesetzbuchs in der ab dem 1. Juli 1998 geltenden Fassung ist auch auf Ansprüche aus vor dem 1. Juli 1998 begründeten Handelsvertretervertragsverhältnissen anzuwenden, über die noch nicht rechtskräftig entschieden worden ist.

Vierter Abschnitt. Übergangsvorschriften zum Bankbilanzrichtlinie-Gesetz

Art. 30 [Vorschriften der Art. 1 bis 10] (1) Die vom Inkrafttreten der Artikel 1 bis 10 des Bankbilanzrichtlinie-Gesetzes vom 30. November 1990 (BGBl. I S. 2570) an geltende Fassung der Vorschriften über den Jahresabschluß, den Lagebericht und deren Prüfung sowie über die Pflicht zur Offenlegung dieser und der dazu gehörenden Unterlagen ist erstmals auf das nach dem 31. Dezember 1990 beginnende Geschäftsjahr anzuwenden.

(2) ¹Die vom Inkrafttreten der Artikel 1 bis 10 des Bankbilanzrichtlinie-Gesetzes an geltende Fassung der Vorschriften über den Konzernabschluß, den Konzernlagebericht und deren Prüfung sowie über die Pflicht zur Offenlegung dieser und der dazu gehörenden Unterlagen ist erstmals auf das nach dem 31. Dezember 1992 beginnende Geschäftsjahr anzuwenden; dies gilt für Kreditinstitute auch für die erstmalige Anwendung der in Artikel 23 Abs. 2 Satz 1 bezeichneten Vorschriften. ²Die neuen Vorschriften einschließlich derjenigen über den Jahresabschluß können auf den Konzernabschluß eines

früheren Geschäftsjahrs angewendet werden, jedoch nur insgesamt; Artikel 23 Abs. 2 Satz 3 ist entsprechend anzuwenden.

(3) Auf Geschäftsjahre, die vor dem 1. Januar 1993 beginnen, sind die Vorschriften über den Jahresabschluß, den Lagebericht und deren Prüfung sowie über die Pflicht zur Offenlegung dieser und der dazu gehörenden Unterlagen in der am 1. Januar 1986 geltenden Fassung und die Vorschriften der Verordnung über Formblätter für die Gliederung des Jahresabschlusses von Kreditinstituten in der Fassung der Bekanntmachung vom 14. September 1987 (BGBl. I S. 2169) anzuwenden.

(4) [1] Auf Geschäftsjahre, die vor dem 1. Januar 1993 beginnen, sind die Vorschriften über den Konzernabschluß, den Konzernlagebericht und deren Prüfung sowie über die Pflicht zur Offenlegung dieser und der dazu gehörenden Unterlagen in der am 31. Dezember 1985 geltenden Fassung anzuwenden, sofern die neuen Vorschriften nicht freiwillig angewendet werden. [2] Werden nach Artikel 23 Abs. 2 die Vorschriften in der am 1. Januar 1986 geltenden Fassung freiwillig angewendet, so gilt Satz 1 mit der Maßgabe, daß diese Vorschriften anzuwenden sind. [3] Sind auf den Konzernabschluß Vorschriften über den Jahresabschluß anzuwenden, ist Absatz 3 entsprechend anzuwenden.

Art. 31 [Vermögensgegenstände im Jahresabschluß] (1) [1] Waren wie Anlagevermögen behandelte Vermögensgegenstände im Jahresabschluß für das am 31. Dezember 1992 endende oder laufende Geschäftsjahr mit einem niedrigeren Wert angesetzt, als er nach § 240 Abs. 3 und 4, §§ 252, 253 Abs. 1 und 2, §§ 254, 255, 279, 280 Abs. 1 und 2 sowie § 340e des Handelsgesetzbuchs zulässig ist, so darf der niedrigere Wertansatz beibehalten werden. [2] § 253 Abs. 2 des Handelsgesetzbuchs ist in diesem Falle mit der Maßgabe anzuwenden, daß der niedrigere Wertansatz um planmäßige Abschreibungen entsprechend der voraussichtlichen Restnutzungsdauer zu vermindern ist.

(2) [1] Waren nicht wie Anlagevermögen behandelte Vermögensgegenstände im Jahresabschluß für das am 31. Dezember 1992 endende oder laufende Geschäftsjahr mit einem niedrigeren Wert angesetzt, als er nach §§ 252, 253 Abs. 1 und 3, §§ 254, 255 Abs. 1 und 2, §§ 256, 279 Abs. 1 Satz 1, Abs. 2, § 280 Abs. 1 und 2 sowie § 340f Abs. 1 Satz 1 des Handelsgesetzbuchs zulässig ist, so darf der niedrigere Wertansatz insoweit beibehalten werden, als

1. er aus den Gründen des § 253 Abs. 3, §§ 254, 279 Abs. 2, § 280 Abs. 2 des Handelsgesetzbuchs angesetzt worden ist oder
2. es sich um einen niedrigeren Wertansatz im Sinne des § 340f Abs. 1 Satz 1 des Handelsgesetzbuchs handelt.

[2] Nach § 26a Abs. 1 des Gesetzes über das Kreditwesen gebildete Vorsorgen können fortgeführt werden.

(3) [1] Soweit ein niedrigerer Wertansatz nach den Absätzen 1 und 2 nicht beibehalten werden darf oder nicht beibehalten wird, kann bei der Aufstellung des Jahresabschlusses für das nach dem 31. Dezember 1992 beginnende Geschäftsjahr der Unterschiedsbetrag zwischen dem im letzten vorausgehenden Jahresabschluß angesetzten Wert und dem nach den Vorschriften des Dritten Buchs des Handelsgesetzbuchs anzusetzenden Wert in Gewinnrücklagen eingestellt oder für die Nachholung von Rückstellungen oder die Bildung des Sonderpostens für Bankrisiken verwendet werden; dieser Betrag ist nicht

Bestandteil des Ergebnisses. ²Satz 1 ist entsprechend auf Beträge anzuwenden, die sich ergeben, wenn Rückstellungen oder Sonderposten mit Rücklageanteil wegen Unvereinbarkeit mit § 247 Abs. 3, §§ 249, 253 Abs. 1 Satz 2, § 273 des Handelsgesetzbuchs aufgelöst werden.

(4) Waren Schulden oder der Sonderposten für allgemeine Bankrisiken im Jahresabschluß für das am 31. Dezember 1992 endende oder laufende Geschäftsjahr mit einem niedrigeren Wert angesetzt, als er nach §§ 249, 253 Abs. 1 Satz 2 oder § 340g des Handelsgesetzbuchs vorgeschrieben oder zulässig ist, so kann bei der Aufstellung des Jahresabschlusses für das nach dem 31. Dezember 1992 beginnende Geschäftsjahr der für die Nachholung erforderliche Betrag den Rücklagen entnommen werden, soweit diese nicht durch Gesetz, Gesellschaftsvertrag oder Satzung für andere Zwecke gebunden sind; dieser Betrag ist nicht Bestandteil des Ergebnisses oder des Bilanzgewinns.

(5) ¹Ändern sich bei der erstmaligen Anwendung der durch die Artikel 1 bis 10 des Bankbilanzrichtlinie-Gesetzes geänderten Vorschriften die bisherige Form der Darstellung oder die bisher angewandten Bewertungsmethoden, so sind § 252 Abs. 1 Nr. 6, § 265 Abs. 1, § 284 Abs. 2 Nr. 3 des Handelsgesetzbuchs bei der erstmaligen Aufstellung eines Jahresabschlusses oder Konzernabschlusses nach den geänderten Vorschriften auf diese Änderungen nicht anzuwenden. ²Außerdem brauchen die Vorjahreszahlen bei der erstmaligen Anwendung nicht angegeben zu werden.

(6) ¹Sind bei der erstmaligen Anwendung des § 340a in Verbindung mit § 268 Abs. 2 des Handelsgesetzbuchs über die Darstellung der Entwicklung der wie Anlagevermögen behandelten Vermögensgegenstände die Anschaffungs- oder Herstellungskosten eines Vermögensgegenstands nicht ohne unverhältnismäßige Kosten oder Verzögerungen feststellbar, so dürfen die Buchwerte dieser Vermögensgegenstände aus dem Jahresabschluß des vorhergehenden Geschäftsjahrs als ursprüngliche Anschaffungs- oder Herstellungskosten übernommen und fortgeführt werden. ²Satz 1 darf entsprechend auf die Darstellung des Postens „Aufwendungen für die Ingangsetzung und Erweiterung des Geschäftsbetriebs" angewendet werden. ³Die Anwendung der Sätze 1 und 2 ist im Anhang anzugeben.

Fünfter Abschnitt. Übergangsvorschriften zum Versicherungsbilanzrichtlinie-Gesetz

Art. 32. (1) ¹Die vom Inkrafttreten der Artikel 1 bis 5 des Versicherungsbilanzrichtlinie-Gesetzes vom 24. Juni 1994 an geltende Fassung der Vorschriften über den Jahresabschluß, den Lagebericht, den Konzernabschluß, den Konzernlagebericht und deren Prüfung sowie über die Pflicht zur Offenlegung dieser und der dazugehörenden Unterlagen ist erstmals auf das nach dem 31. Dezember 1994 beginnende Geschäftsjahr anzuwenden. ²In der nach Artikel 1 des Versicherungsbilanzrichtlinie-Gesetzes (§ 330 Abs. 1 in Verbindung mit Abs. 3 und 4 des Handelsgesetzbuchs) zu erlassenden Verordnung kann bestimmt werden, daß der Zeitwert der Grundstücke und Bauten im Anhang erstmals für das nach dem 31. Dezember 1998 beginnende Geschäftsjahr und der Zeitwert für die in § 341b Abs. 1 Satz 2, Abs. 2 des Handelsgesetzbuchs genannten Vermögensgegenstände erstmals für das nach dem 31. Dezember 1996 beginnende Geschäftsjahr anzugeben ist.

(2) Auf Geschäftsjahre, die vor dem 1. Januar 1995 beginnen, sind die Vorschriften über den Jahresabschluß, den Lagebericht, den Konzernabschluß, den Konzernlagebericht und deren Prüfung sowie über die Pflicht zur Offenlegung dieser und der dazugehörenden Unterlagen in der am 1. Januar 1986 geltenden Fassung und die Vorschriften der Verordnung über die Rechnungslegung von Versicherungsunternehmen vom 11. Juli 1973 (BGBl. I S. 1209), zuletzt geändert durch Verordnung vom 23. Dezember 1986 (BGBl. 1987 I S. 2) anzuwenden.

(3) Niederlassungen im Geltungsbereich dieses Gesetzes von Versicherungsunternehmen mit Sitz in einem anderen Mitgliedstaat der Europäischen Gemeinschaft brauchen die Vorschriften über den Jahresabschluß, den Lagebericht und deren Prüfung sowie über die Pflicht zur Offenlegung dieser und der dazugehörenden Unterlagen in der bis zum Inkrafttreten der Artikel 1 bis 5 des Versicherungsbilanzrichtlinie-Gesetzes vom 24. Juni 1994 geltenden Fassung bereits auf Geschäftsjahre, die nach dem 31. Dezember 1993 enden, nicht mehr anzuwenden, wenn sie die Vorschriften über die Pflicht zur Offenlegung des Jahresabschlusses, des Lageberichts, des Konzernabschlusses, des Konzernlageberichts sowie der dazu gehörenden Unterlagen in der vom Inkrafttreten der Artikel 1 bis 5 des Versicherungsbilanzrichtlinie-Gesetzes vom 24. Juni 1994 an geltenden Fassung anwenden.

(4) [1]§ 341b Abs. 2 des Handelsgesetzbuchs in der vom 4. April 2002 an geltenden Fassung ist erstmals auf den Jahres- und Konzernabschluss für das am 30. September 2001 oder später endende Geschäftsjahr anzuwenden. [2]§ 341b Abs. 2 des Handelsgesetzbuchs in der am 3. April 2002 geltenden Fassung ist letztmals auf den Jahres- und Konzernabschluss für das vor dem 30. September 2001 endende Geschäftsjahr anzuwenden.

Art. 33. (1) [1]Waren wie Anlagevermögen behandelte Vermögensgegenstände im Abschluß für das am 31. Dezember 1994 endende oder laufende Geschäftsjahr mit einem niedrigeren Wert angesetzt, als er nach § 240 Abs. 3 und 4, §§ 252, 253 Abs. 1 und 2, §§ 254, 255, 279, 280 Abs. 1 und 2 sowie §§ 341b bis 341d des Handelsgesetzbuchs zulässig ist, so darf der niedrigere Wertansatz beibehalten werden. [2]§ 253 Abs. 2 des Handelsgesetzbuchs ist in diesem Fall mit der Maßgabe anzuwenden, daß der niedrigere Wertansatz um planmäßige Abschreibungen entsprechend der voraussichtlichen Restnutzungsdauer zu vermindern ist.

(2) Waren nicht wie Anlagevermögen behandelte Vermögensgegenstände im Jahresabschluß für das am 31. Dezember 1994 endende oder laufende Geschäftsjahr mit einem niedrigeren Wert angesetzt, als er nach §§ 252, 253 Abs. 1, 3 und 4, §§ 254, 255 Abs. 1 und 2, §§ 256, 279 Abs. 1 Satz 1, Abs. 2, § 280 Abs. 1 und 2 zulässig sowie §§ 341b bis 341d des Handelsgesetzbuchs zulässig ist, so darf der niedrigere Wertansatz insoweit beibehalten werden, als er aus den Gründen des § 253 Abs. 3, §§ 254, 279 Abs. 2, § 280 Abs. 2 des Handelsgesetzbuchs angesetzt worden ist.

(3) [1]Soweit ein niedrigerer Wertansatz nach den Absätzen 1 und 2 nicht beibehalten werden darf oder nicht beibehalten wird, kann bei der Aufstellung des Jahresabschlusses für das nach dem 31. Dezember 1994 beginnende Geschäftsjahr der Unterschiedsbetrag zwischen dem im letzten vorausgehenden Jahresabschluß angesetzten Wert und dem nach den Vorschriften des Dritten Buches des Handelsgesetzbuchs anzusetzenden Wert in Gewinnrück-

lagen eingestellt oder für die Nachholung von Rückstellungen verwendet werden; dieser Betrag ist nicht Bestandteil des Ergebnisses. ²Satz 1 ist entsprechend auf Beträge anzuwenden, die sich ergeben, wenn Rückstellungen oder Sonderposten mit Rücklageanteil wegen Unvereinbarkeit mit § 247 Abs. 3, §§ 249, 253 Abs. 1 Satz 2, § 273 des Handelsgesetzbuchs aufgelöst werden. ³Vereinbarungen über die Beteiligung der Versicherungsnehmer am Überschuß bleiben unberührt.

(4) Waren, Schulden, insbesondere versicherungstechnische Rückstellungen, im Jahresabschluß für das am 31. Dezember 1994 endende oder laufende Geschäftsjahr mit einem niedrigeren Wert angesetzt, als er nach §§ 249, 253 Abs. 1 Satz 2 oder §§ 341e bis 341h des Handelsgesetzbuchs vorgeschrieben oder zulässig ist, so kann bei der Aufstellung des Jahresabschlusses für das nach dem 31. Dezember 1994 beginnende Geschäftsjahr der für die Nachholung erforderliche Betrag den Rücklagen entnommen werden, soweit diese nicht durch Gesetz, Gesellschaftsvertrag oder Satzung für andere Zwecke gebunden sind; dieser Betrag ist nicht Bestandteil des Ergebnisses oder des Bilanzgewinns.

(5) ¹Ändern sich bei der erstmaligen Anwendung der durch die Artikel 1 bis 5 des Versicherungsbilanzrichtlinie-Gesetzes geänderten Vorschriften die bisherige Form der Darstellung oder die bisher angewandten Bewertungsmethoden, so sind § 252 Abs. 1 Nr. 6, § 265 Abs. 1, § 284 Abs. 2 Nr. 3 des Handelsgesetzbuchs bei der erstmaligen Aufstellung eines Jahresabschlusses oder Konzernabschlusses nach den geänderten Vorschriften auf diese Änderungen nicht anzuwenden. ²Außerdem brauchen die Vorjahreszahlen bei der erstmaligen Anwendung nicht angegeben zu werden.

Sechster Abschnitt. Übergangsvorschriften zum Gesetz zur Durchführung der Elften gesellschaftsrechtlichen Richtlinie vom 22. Juli 1993

Art. 34. (1) ¹Bei inländischen Zweigniederlassungen von Aktiengesellschaften, Kommanditgesellschaften auf Aktien und Gesellschaften mit beschränkter Haftung mit Sitz im Ausland, die vor dem 1. November 1993 in das Handelsregister eingetragen worden sind, haben die gesetzlichen Vertreter der Gesellschaft die in § 13e Abs. 2 Satz 4 des Handelsgesetzbuchs vorgeschriebenen Angaben bis zum 1. Mai 1994 zur Eintragung in das Handelsregister anzumelden. ²Die gesetzlichen Vertreter haben innerhalb dieses Zeitraums auch die Anschrift und den Gegenstand der Zweigniederlassung anzumelden, sofern nicht bereits die Anmeldung der Errichtung der Zweigniederlassung diese Angaben enthalten hat.

(2) Hat eine Aktiengesellschaft, Kommanditgesellschaft auf Aktien oder Gesellschaft mit beschränkter Haftung mit Sitz im Ausland am 1. November 1993 mehrere inländische Zweigniederlassungen oder errichtet sie neben einer oder mehreren bereits bestehenden inländischen Zweigniederlassungen weitere inländische Zweigniederlassungen, so ist § 13e Abs. 5 des Handelsgesetzbuchs sinngemäß anzuwenden.

(3) Die §§ 289, 325a und § 335 des Handelsgesetzbuchs in der ab 1. November 1993 geltenden Fassung sind erstmals auf das nach dem 31. Dezember 1992 beginnende Geschäftsjahr anzuwenden.

Siebenter Abschnitt. Übergangsvorschriften zum Nachhaftungsbegrenzungsgesetz

Art. 35. ¹§ 160 des Handelsgesetzbuches in der ab dem 26. März 1994 geltenden Fassung ist auf vor diesem Datum entstandene Verbindlichkeiten anzuwenden, wenn

1. das Ausscheiden des Gesellschafters oder sein Wechsel in die Rechtsstellung eines Kommanditisten nach dem 26. März 1994 in das Handelsregister eingetragen wird und
2. die Verbindlichkeiten nicht später als vier Jahre nach der Eintragung fällig werden.

²Auf später fällig werdende Verbindlichkeiten im Sinne des Satzes 1 ist das bisher geltende Recht mit der Maßgabe anwendbar, daß die Verjährungsfrist ein Jahr beträgt.

Art. 36. (1) ¹Abweichend von Artikel 35 gilt § 160 Abs. 3 Satz 2 des Handelsgesetzbuches auch für Verbindlichkeiten im Sinne des Artikels 35 Satz 2, wenn diese aus fortbestehenden Arbeitsverhältnissen entstanden sind. ²Dies gilt auch dann, wenn der Wechsel in der Rechtsstellung des Gesellschafters bereits vor dem 26. März 1994 stattgefunden hat, mit der Maßgabe, daß dieser Wechsel mit dem 26. März 1994 als in das Handelsregister eingetragen gilt.

(2) ¹Die Enthaftung nach Absatz 1 gilt nicht für Ansprüche auf Arbeitsentgelt, für die der Arbeitnehmer bei Zahlungsunfähigkeit der Gesellschaft keinen Anspruch auf Insolvenzgeld hat. ²Insoweit bleibt es bei dem bisher anwendbaren Recht.

Art. 37. (1) ¹Die §§ 26 und 28 Abs. 3 des Handelsgesetzbuches in der ab dem 26. März 1994 geltenden Fassung sind auf vor diesem Datum entstandene Verbindlichkeiten anzuwenden, wenn

1. nach dem 26. März 1994 der neue Inhaber oder die Gesellschaft eingetragen wird oder die Kundmachung der Übernahme stattfindet und
2. die Verbindlichkeiten nicht später als vier Jahre nach der Eintragung oder der Kundmachung fällig werden.

²Auf später fällig werdende Verbindlichkeiten im Sinne des Satzes 1 ist das bisher geltende Recht mit der Maßgabe anwendbar, daß die Verjährungsfrist ein Jahr beträgt.

(2) ¹Abweichend von Absatz 1 gilt § 28 Abs. 3 des Handelsgesetzbuches auch für Verbindlichkeiten im Sinne des Absatzes 1 Satz 2, wenn diese aus fortbestehenden Arbeitsverhältnissen entstanden sind. ²Dies gilt auch dann, wenn die Gesellschaft bereits vor dem 26. März 1994 ins Handelsregister eingetragen wurde, mit der Maßgabe, daß der 26. März 1994 als Tag der Eintragung gilt.

(3) ¹Die Enthaftung nach Absatz 2 gilt nicht für Ansprüche auf Arbeitsentgelt, für die der Arbeitnehmer bei Zahlungsunfähigkeit der Gesellschaft keinen Anspruch auf Insolvenzgeld hat. ²Insoweit bleibt es bei dem bisher anwendbaren Recht.

Achter Abschnitt. Übergangsvorschriften zum Handelsrechtsreformgesetz

Art. 38. (1) Die vor dem 1. Juli 1998 im Handelsregister eingetragenen Firmen dürfen bis zum 31. März 2003 weitergeführt werden, soweit sie nach den bisherigen Vorschriften geführt werden durften.

(2) Hat die Änderung der Firma eines Einzelkaufmanns oder einer Personenhandelsgesellschaft ausschließlich die Aufnahme der nach § 19 Abs. 1 des Handelsgesetzbuchs in der ab dem 1. Juli 1998 geltenden Fassung vorgeschriebenen Bezeichnung zum Gegenstand, bedarf diese Änderung nicht der Anmeldung zur Eintragung in das Handelsregister.

(3) [1] Ein Unternehmen, das auf Grund des § 36 des Handelsgesetzbuchs in der vor dem 1. Juli 1998 geltenden Fassung nicht in das Handelsregister eingetragen zu werden brauchte, ist bis zum 31. März 2000 zur Eintragung in das Handelsregister anzumelden. [2] Für die erste Eintragung eines solchen Unternehmens und seiner Zweigniederlassungen werden Gebühren nicht erhoben.

Art. 39. Vordrucke von Geschäftsbriefen und Bestellscheinen, die der Vorschrift des § 33 Abs. 4 des Handelsgesetzbuchs nicht entsprechen, dürfen noch bis zum 30. Juni 2002 aufgebraucht werden, es sei denn, die Angaben nach § 37a Abs. 1 des Handelsgesetzbuchs sind vorher zu ändern.

Art. 40. [1] Die Pflicht zur Einreichung der Geschäftsanschrift bei dem Gericht nach § 24 Abs. 2, 3 der Handelsregisterverfügung in der ab dem 1. Januar 1999 geltenden Fassung gilt auch für diejenigen, die zu diesem Zeitpunkt bereits in das Handels-, Genossenschafts- oder Partnerschaftsregister eingetragen sind. [2] In diesen Fällen ist die aktuelle Geschäftsanschrift mit der ersten das eingetragene Unternehmen betreffenden Anmeldung zum Register ab dem 1. Januar 1999, spätestens aber bis zum 31. März 2000 bei dem Gericht einzureichen, soweit sie dem Gericht nicht bereits nach § 24 der Handelsregisterverfügung in der vor dem 1. Januar 1999 geltenden Fassung mitgeteilt worden ist.

Art. 41. [1] Die §§ 131 bis 142 und 177 des Handelsgesetzbuchs in der vor dem 1. Juli 1998 geltenden Fassung sind mangels anderweitiger vertraglicher Vereinbarung weiter anzuwenden, wenn ein Gesellschafter bis zum 31. Dezember 2001 die Anwendung dieser Vorschriften gegenüber der Gesellschaft schriftlich verlangt, bevor innerhalb dieser Frist ein zur Auflösung der Gesellschaft oder zum Ausscheiden eines Gesellschafters führender Grund eintritt. [2] Das Verlangen kann durch einen Gesellschafterbeschluß zurückgewiesen werden.

Neunter Abschnitt. Übergangsvorschriften zur Einführung des Euro

Art. 42. (1) [1] Die §§ 244, 284 Abs. 2 Nr. 2, § 292a Abs. 1 Satz 1 § 313 Abs. 1 Nr. 2 und § 340h Abs. 1 Satz 1 und 2 des Handelsgesetzbuchs in der

2 EGHGB Art. 43   9. Abschnitt. Übergangsvorschriften

ab 1. Januar 1999 geltenden Fassung sind erstmals auf das nach dem 31. Dezember 1998 endende Geschäftsjahr anzuwenden. ²Der Jahres- und Konzernabschluß darf auch in Deutscher Mark aufgestellt werden, letztmals für das im Jahre 2001 endende Geschäftsjahr. ³Sofern der Jahresabschluß und der Konzernabschluß nach Satz 2 in Deutscher Mark aufgestellt werden, sind auch die nach § 284 Abs. 2 Nr. 2, § 292a Abs. 1 Satz 1, § 313 Abs. 1 Nr. 2 sowie § 340h Abs. 1 Satz 1 und 2 vorgeschriebenen Angaben weiterhin in Deutscher Mark zu machen. ⁴§ 328 Abs. 4 des Handelsgesetzbuchs ist letztmals auf das spätestens am 31. Dezember 1998 endende Geschäftsjahr anzuwenden.

(2) ¹Werden der Jahresabschluß und der Konzernabschluß in Euro aufgestellt, ist § 265 Abs. 2 des Handelsgesetzbuchs mit der Maßgabe anzuwenden, daß zu jedem Posten der entsprechende Betrag des vorhergehenden Geschäftsjahres in Euro anzugeben ist. ²Die Umrechnung hat insoweit auch für ein Geschäftsjahr, das vor dem 1. Januar 1999 endet, zu dem vom Rat der Europäischen Union gemäß Artikel 1091 Abs. 4 Satz 1 des EG-Vertrages unwiderruflich festgelegten Umrechnungskurs zu erfolgen. ³Satz 2 gilt entsprechend für die Darstellung der Entwicklung der einzelnen Posten des Anlagevermögens und des Postens „Aufwendungen für die Ingangsetzung und Erweiterung des Geschäftsbetriebs" in der Bilanz oder im Anhang nach § 268 Abs. 2 des Handelsgesetzbuchs.

(3) ¹Stellen Unternehmen vor Umstellung ihres gezeichneten Kapitals auf Euro den Jahres- und Konzernabschluß in Euro auf, darf das gezeichnete Kapital in der Vorspalte der Bilanz weiterhin in Deutscher Mark ausgewiesen werden, sofern der sich in Euro ergebende Betrag in der Hauptspalte ausgewiesen wird. ²Stellen Unternehmen den Jahres- und Konzernabschluß nach Umstellung ihres gezeichneten Kapitals auf Euro in Deutscher Mark auf, darf das gezeichnete Kapital in der Vorspalte in Euro ausgewiesen werden, sofern der sich in Deutscher Mark ergebende Betrag in der Hauptspalte ausgewiesen wird. ³Statt des Ausweises in der Vorspalte darf das gezeichnete Kapital auch im Anhang angegeben werden.

Art. 43. (1) ¹Ausleihungen, Forderungen und Verbindlichkeiten, die auf Währungseinheiten der an der Wirtschafts- und Währungsunion teilnehmenden anderer Mitgliedstaaten oder auf die ECU im Sinne des Artikels 2 der Verordnung (EG) Nr. 1103/97 des Rates vom 17. Juni 1997 (ABl. EG Nr. L 162 S. 1) lauten, sind zum nächsten, auf den 31. Dezember 1998 folgenden Stichtag im Jahresabschluß und im Konzernabschluß mit dem vom Rat der Europäischen Union gemäß Artikel 1091 Abs. 4 Satz 1 des EG-Vertrages unwiderruflich festgelegten Umrechnungskurs umzurechnen und anzusetzen. ²Erträge, die sich aus der Umrechnung und dem entsprechenden Bilanzansatz ergeben, dürfen auf der Passivseite in einem gesonderten Posten unter der Bezeichnung „Sonderposten aus der Währungsumstellung auf den Euro" nach dem Eigenkapital eingestellt werden. ³Der Posten ist insoweit aufzulösen, als die Ausleihungen, Forderungen und Verbindlichkeiten, für die er gebildet worden ist, aus dem Vermögen des Unternehmens ausscheiden, spätestens jedoch am Schluß des fünften nach dem 31. Dezember 1998 endenden Geschäftsjahres.

(2) ¹In den Sonderposten gemäß Absatz 1 Satz 2 dürfen auch Erträge eingestellt werden, die sich aus der Aktivierung von Vermögensgegenständen

aufgrund der unwiderruflichen Festlegung der Wechselkurse ergeben. ²Absatz 1 Satz 3 gilt entsprechend.

Art. 44. (1) ¹Die Aufwendungen für die Währungsumstellung auf den Euro dürfen als Bilanzierungshilfe aktiviert werden, soweit es sich um selbstgeschaffene immaterielle Vermögensgegenstände des Anlagevermögens handelt. ²Der Posten ist in der Bilanz unter der Bezeichnung „Aufwendungen für die Währungsumstellung auf den Euro" vor dem Anlagevermögen auszuweisen. ³Die als Bilanzierungshilfe ausgewiesenen Beträge sind in jedem folgenden Geschäftsjahr zu mindestens einem Viertel durch Abschreibung zu tilgen. ⁴Im Jahresabschluß von Kapitalgesellschaften ist der Posten im Anhang zu erläutern. ⁵Werden solche Aufwendungen in der Bilanz von Kapitalgesellschaften ausgewiesen, so dürfen Gewinne nur ausgeschüttet werden, wenn die nach der Ausschüttung verbleibenden jederzeit auflösbaren Gewinnrücklagen zuzüglich eines Gewinnvortrags und abzüglich eines Verlustvortrags dem angesetzten Betrag mindestens entsprechen.

(2) Absatz 1 ist erstmals auf das nach dem 31. Dezember 1997 endende Geschäftsjahr anzuwenden.

Art. 45. (1) ¹Anmeldungen zur Eintragung in das Handelsregister, die nur die Ersetzung von auf Deutsche Mark lautenden Beträgen durch den zu dem vom Rat der Europäischen Union gemäß Artikel 109l Abs. 4 Satz 1 des EG-Vertrages unwiderruflich festgelegten Umrechnungskurs ermittelten Betrag in Euro zum Gegenstand haben, bedürfen nicht der in § 12 des Handelsgesetzbuchs vorgeschriebenen Form. ²Entsprechende Eintragungen werden abweichend von § 10 des Handelsgesetzbuchs nicht bekannt gemacht.

(2) Für die Anmeldung der Erhöhung des Grund- oder Stammkapitals aus Gesellschaftsmitteln oder der Herabsetzung des Kapitals auf den nächsthöheren oder nächstniedrigeren Betrag, mit dem die Nennbeträge der Aktien auf volle Euro oder die Nennbeträge der Geschäftsanteile auf einen durch zehn teilbaren Betrag in Euro gestellt werden können, zum Handelsregister ist die Hälfte des sich aus § 41a Abs. 1 Nr. 3 oder Nr. 4 der Kostenordnung ergebenden Wertes als Geschäftswert zugrunde zu legen.

Zehnter Abschnitt. Übergangsvorschriften zum Gesetz zur Kontrolle und Transparenz im Unternehmensbereich

Art. 46. (1) ¹Die §§ 285, 289, 297, 315, 317, 321, 322, 340a und 341k des Handelsgesetzbuchs in der Fassung des Gesetzes zur Kontrolle und Transparenz im Unternehmensbereich sind spätestens auf das nach dem 31. Dezember 1998 beginnende Geschäftsjahr anzuwenden. ²§ 323 des Handelsgesetzbuchs in der Fassung des in Satz 1 genannten Gesetzes ist erstmals auf die Prüfung des Abschlusses für das nach dem 31. Dezember 1998 beginnende Geschäftsjahr anzuwenden.

(2) § 319 des Handelsgesetzbuchs in der Fassung des in Absatz 1 Satz 1 genannten Gesetzes ist erstmals auf das nach dem 31. Dezember 2001 beginnende Geschäftsjahr anzuwenden.

(3) Sind die neuen Vorschriften nach Absatz 1 und 2 auf ein früheres Geschäftsjahr nicht anzuwenden und werden die neuen Vorschriften nach Absatz 1 Satz 1 nicht freiwillig angewendet, so ist für das Geschäftsjahr die am 30. April 1998 geltende Fassung der geänderten Vorschriften anzuwenden.

Elfter Abschnitt. Übergangsvorschrift zum Gesetz zur Verlängerung der steuerlichen und handelsrechtlichen Aufbewahrungsfristen

Art. 47. § 257 Abs. 4 des Handelsgesetzbuchs in der Fassung des Artikels 4 des Gesetzes vom 19. Dezember 1998 (BGBl. I S. 3816) gilt erstmals für Unterlagen, deren Aufbewahrungsfrist nach § 257 Abs. 4 des Handelsgesetzbuchs in der bis zum 23. Dezember 1998 geltenden Fassung noch nicht abgelaufen ist.

Zwölfter Abschnitt. Übergangsvorschriften zum Kapitalgesellschaften- und Co-Richtlinie-Gesetz

Art. 48. (1) ¹Die Bestimmungen des Zweiten Abschnitts des Dritten Buchs des Handelsgesetzbuchs in der vom 9. März 2000 an geltenden Fassung sind von offenen Handelsgesellschaften und Kommanditgesellschaften im Sinne des § 264a des Handelsgesetzbuchs erstmals auf Jahresabschlüsse und Lageberichte sowie auf Konzernabschlüsse und Konzernlageberichte für das nach dem 31. Dezember 1999 beginnende Geschäftsjahr anzuwenden; sie können auf ein früheres Geschäftsjahr angewendet werden, jedoch nur insgesamt. ²§ 264 Abs. 4, §§ 267, 292a Abs. 1, § 313 Abs. 2 Nr. 4 Satz 2, § 314 Abs. 1 Nr. 6 Buchstabe a Satz 1, § 325 Abs. 1 Satz 1, Abs. 3 Satz 1, § 326 Satz 1, §§ 335a, 335b, 339 Abs. 1 Satz 1, Abs. 2, §§ 340o und 341o des Handelsgesetzbuchs in der vom 9. März 2000 an geltenden Fassung sind vorbehaltlich des Satzes 1 erstmals auf Jahres- und Konzernabschlüsse für das nach dem 31. Dezember 1998 beginnende Geschäftsjahr anzuwenden. ³§ 335 des Handelsgesetzbuchs in der bis zum 8. März 2000 geltenden Fassung ist letztmals zur Durchsetzung der in Satz 1 dieser Vorschrift bezeichneten Pflichten anzuwenden, soweit sie ein Geschäftsjahr betreffen, das vor dem 1. Januar 1999 begonnen hat.

(2) ¹Waren Vermögensgegenstände des Anlagevermögens im Jahresabschluss für das am 31. Dezember 1999 endende oder laufende Geschäftsjahr mit einem niedrigeren Wert angesetzt, als er nach § 240 Abs. 3 und 4, §§ 252, 253 Abs. 1 und 2, §§ 254, 255, 279 und 280 Abs. 1 und 2 des Handelsgesetzbuchs zulässig ist, so darf der niedrigere Wertansatz beibehalten werden. ²§ 253 Abs. 2 des Handelsgesetzbuchs ist in diesen Fällen mit der Maßgabe anzuwenden, dass der niedrigere Wertansatz um planmäßige Abschreibungen entsprechend der voraussichtlichen Restnutzungsdauer zu vermindern ist.

(3) ¹Waren Vermögensgegenstände des Umlaufvermögens im Jahresabschluss für das am 31. Dezember 1999 endende oder laufende Geschäftsjahr

Kapitalgesellschaften- und Co-Richtlinie-Gesetz **Art. 49 EGHGB 2**

mit einem niedrigeren Wert angesetzt, als er nach §§ 252, 253 Abs. 1, 3 und 4, §§ 254, 255 Abs. 1 und 2, §§ 256, 279 Abs. 1 Satz 1, Abs. 2, § 280 Abs. 1 und 2 des Handelsgesetzbuchs zulässig ist, so darf der niedrigere Wertansatz insoweit beibehalten werden, als er aus den Gründen des § 253 Abs. 3, §§ 254, 279 Abs. 2, § 280 Abs. 2 des Handelsgesetzbuchs angesetzt worden ist.

(4) ¹Ändern sich bei der erstmaligen Anwendung der durch die Artikel 1 und 5 des Kapitalgesellschaften- und Co-Richtlinie-Gesetzes geänderten Vorschriften auf eine Personenhandelsgesellschaft im Sinne des § 264a des Handelsgesetzbuchs die bisherige Form der Darstellung oder die bisher angewandten Bewertungsmethoden, so sind § 252 Abs. 1 Nr. 6, § 265 Abs. 1, § 284 Abs. 2 Nr. 3 des Handelsgesetzbuchs bei der erstmaligen Aufstellung eines Jahresabschlusses nach den geänderten Vorschriften nicht anzuwenden. ²Außerdem brauchen die Vorjahreszahlen bei der erstmaligen Anwendung nicht angegeben zu werden.

(5) ¹Sind bei der erstmaligen Anwendung des § 268 Abs. 2 des Handelsgesetzbuchs über die Darstellung der Entwicklung des Anlagevermögens die Anschaffungs- oder Herstellungskosten eines Vermögensgegenstandes des Anlagevermögens nicht ohne unverhältnismäßige Kosten oder Verzögerungen feststellbar, so dürfen die Buchwerte dieser Vermögensgegenstände aus dem Jahresabschluss des vorhergehenden Geschäftsjahrs als ursprüngliche Anschaffungs- oder Herstellungskosten übernommen und fortgeführt werden. ²Satz 1 darf entsprechend auf die Darstellung des Postens „Aufwendungen für die Ingangsetzung und Erweiterung des Geschäftsbetriebs" angewendet werden. ³Die Anwendung der Sätze 1 und 2 ist im Anhang anzugeben. ⁴Die Sätze 1 und 2 sind nicht anzuwenden, soweit aus Gründen des Steuerrechts die Anschaffungs- oder Herstellungskosten ermittelt werden müssen.

(6) Personenhandelsgesellschaften im Sinne des § 264a des Handelsgesetzbuchs haben bei Anwendung des Artikels 28 Abs. 1 die in Artikel 28 Abs. 2 vorgeschriebenen Angaben erstmals für das nach dem 31. Dezember 1999 beginnende Geschäftsjahr zu machen.

Dreizehnter Abschnitt. Übergangsvorschrift zur Anpassung der Abgrenzungsmerkmale für größenabhängige Befreiungen bei der Aufstellung des Konzernabschlusses nach den §§ 290 bis 293 des Handelsgesetzbuchs

Art. 49. § 293 Abs. 1 des Handelsgesetzbuchs ist für Geschäftsjahre, die nach dem 31. Dezember 1998 beginnen und die spätestens am 31. Dezember 1999 enden, mit folgenden Maßgaben anzuwenden:
1. In Nummer 1 treten
   a) in Buchstabe a an die Stelle des Geldbetrages „32 270 000 Deutsche Mark" der Geldbetrag von „80 670 000 Deutsche Mark",
   b) in Buchstabe b an die Stelle des Geldbetrages „64 540 000 Deutsche Mark" der Geldbetrag von „161 330 000 Deutsche Mark" und
   c) in Buchstabe c an die Stelle der Arbeitnehmerzahl „250" die Arbeitnehmerzahl „500".

2. In Nummer 2 treten
   a) in Buchstabe a an die Stelle des Geldbetrages „26 890 000 Deutsche Mark" der Geldbetrag von „67 230 000 Deutsche Mark",
   b) in Buchstabe b an die Stelle des Geldbetrages „53 780 000 Deutsche Mark" der Geldbetrag von „134 460 000 Deutsche Mark" und
   c) in Buchstabe c an die Stelle der Arbeitnehmerzahl „250" die Arbeitnehmerzahl „500".

Vierzehnter Abschnitt.
Übergangsvorschrift zum Gesetz zur Änderung von Vorschriften über die Tätigkeit der Wirtschaftsprüfer

Art. 50. § 319 Abs. 2 Satz 2 Nr. 2 und Abs. 3 Nr. 7 des Handelsgesetzbuchs in der am 1 Januar 2001 geltenden Fassung sind für die Prüfung einer Aktiengesellschaft, die Aktien mit amtlicher Notierung ausgegeben hat, erstmals auf die Prüfung des Abschlusses für das nach dem 31. Dezember 2002 beginnende Geschäftsjahr anzuwenden.

Fünfzehnter Abschnitt. Übergangsvorschriften zum Euro-Bilanzgesetz

Art. 51. (1) [1] § 323 Abs. 2 und § 340k Abs. 4 des Handelsgesetzbuchs in der vom 1. Januar 2002 an geltenden Fassung sind erstmals auf die Prüfung des Abschlusses für ein nach dem 31. Dezember 2001 endendes Geschäftsjahr anzuwenden. [2] § 323 Abs. 2 und § 340k Abs. 4 des Handelsgesetzbuchs in der bis zum 31. Dezember 2001 geltenden Fassung sind letztmals auf die Prüfung des Abschlusses für ein spätestens am 31. Dezember 2001 endendes Geschäftsjahr anzuwenden.

(2) [1] § 325a Abs. 1 Satz 3 bis 5, § 340l Abs. 2 Satz 3 und 4, Abs. 4 des Handelsgesetzbuchs in der am 15. Dezember 2001 geltenden Fassung sind erstmals auf die Offenlegung des Jahres- und Konzernabschlusses, des Lageberichts und Konzernlageberichts sowie der dazugehörenden Unterlagen für das am 31. Dezember 2000 oder später endende Geschäftsjahr anzuwenden. [2] § 325a Abs. 1 Satz 3 und 4, § 340l Abs. 2 Satz 3 und 4, Abs. 4 des Handelsgesetzbuchs in der am 14. Dezember 2001 geltenden Fassung sind letztmals auf die Offenlegung des Jahres- und Konzernabschlusses, des Lageberichts und Konzernlageberichts sowie der dazugehörenden Unterlagen für das vor dem 31. Dezember 2000 endende Geschäftsjahr anzuwenden. [3] Sofern die Offenlegung des Jahres- und Konzernabschlusses, des Lageberichts und Konzernlageberichts sowie der dazugehörenden Unterlagen eines Geschäftsjahres, das vor dem 31. Dezember 2000 endet, bisher nicht erfolgt ist und das Unternehmen diesen Umstand nicht zu vertreten hat, können auf die Offenlegung die Vorschriften des Satzes 1 angewendet werden.

Sechzehnter Abschnitt. Übergangsvorschrift zum Gesetz über elektronische Register und Justizkosten für Telekommunikation

Art. 52. ¹Bei nach § 33 des Handelsgesetzbuchs eingetragenen juristischen Personen, Offenen Handelsgesellschaften und Kommanditgesellschaften muss die Anmeldung und Eintragung einer dem gesetzlichen Regelfall entsprechenden Vertretungsmacht der persönlich haftenden Gesellschafter, des Vorstandes und der Liquidatoren erst erfolgen, wenn eine vom gesetzlichen Regelfall abweichende Bestimmung des Gesellschaftsvertrages oder der Satzung über die Vertretungsmacht angemeldet und eingetragen wird oder wenn erstmals die Liquidatoren zur Eintragung angemeldet und eingetragen werden. ²Das Registergericht kann die Eintragung einer dem gesetzlichen Regelfall entsprechenden Vertretungsmacht auch von Amts wegen vornehmen.

Siebzehnter Abschnitt. Übergangsvorschriften zum Altfahrzeug-Gesetz

Art. 53. (1) Für Verpflichtungen zur Rücknahme und Verwertung von Altfahrzeugen nach den §§ 3 bis 5 der Altfahrzeug-Verordnung in der Fassung der Bekanntmachung vom 21. Juni 2002 (BGBl. I S. 2214) sind Rückstellungen hinsichtlich der bis zum jeweiligen Abschlussstichtag in Verkehr gebrachten Fahrzeuge erstmals im Jahresabschluss für das nach dem 26. April 2002 endende Geschäftsjahr zu bilden.

(2) ¹Soweit sich die in Absatz 1 genannten Verpflichtungen auf Fahrzeuge beziehen, die vor dem 1. Juli 2002 in Verkehr gebracht wurden, darf als Bilanzierungshilfe jeweils der Unterschiedsbetrag zwischen den hierfür nach Absatz 1 anzusetzenden Rückstellungen und dem Rückstellungsbetrag aktiviert werden, der sich bei Ansammlung dieser Rückstellungen in gleichmäßig bemessenen Jahresraten ergäbe. ²Dabei ist ein Ansammlungszeitraum zugrunde zu legen, der mit dem in Absatz 1 bezeichneten Geschäftsjahr beginnt und mit dem letzten vor dem 1. Januar 2007 endenden Geschäftsjahr endet. ³Der Posten ist in der Bilanz unter der Bezeichnung „Ausgleichsbetrag nach dem Altfahrzeug-Gesetz" vor dem Anlagevermögen auszuweisen. ⁴Artikel 44 Abs. 1 Satz 4 und 5 gilt entsprechend.

Achtzehnter Abschnitt. Übergangsvorschriften zum Transparenz- und Publizitätsgesetz

Art. 54. (1) ¹Die vom Inkrafttreten des Artikels 2 des Transparenz- und Publizitätsgesetzes an geltende Fassung des § 285 Nr. 9, § 286 Abs. 3, § 291 Abs. 3, § 297 Abs. 1 Satz 2, § 298 Abs. 1, § 299 Abs. 1, § 301 Abs. 1, der §§ 304, 308, 313 Abs. 3, des § 314 Abs. 1 Nr. 6 sowie des § 341j Abs. 2 des Handelsgesetzbuchs ist erstmals auf das nach dem 31. Dezember 2002 beginnende Geschäftsjahr anzuwenden. ²Die Vorschriften können auf ein früheres Geschäftsjahr angewendet werden. ³Die vom Inkrafttreten des Artikels 2 des

Transparenz- und Publizitätsgesetzes an geltende Fassung des § 285 Nr. 16, § 314 Abs. 1 Nr. 8, Abs. 2, § 316 Abs. 2 Satz 2, § 317 Abs. 4, § 321 Abs. 1 Satz 3, Abs. 2, § 325 Abs. 1 Satz 1, Abs. 3 Satz 1 und 2 sowie des § 341 Abs. 4 Satz 2 des Handelsgesetzbuchs ist erstmals auf das nach dem 31. Dezember 2001 beginnende Geschäftsjahr anzuwenden.

(2) Ergibt sich bei der erstmaligen Anwendung der in Absatz 1 genannten Bestimmungen eine Erhöhung oder Verminderung des Ergebnisses, so ist der Unterschiedsbetrag in die Gewinnrücklagen einzustellen oder offen mit diesen zu verrechnen; dieser Betrag ist nicht Bestandteil des Jahresergebnisses.

Neunzehnter Abschnitt. Übergangsvorschrift zum Wirtschaftsprüfungsexamens-Reformgesetz

Art. 55. (1) Die regelmäßige Verjährungsfrist nach § 195 des Bürgerlichen Gesetzbuchs findet auf die am 1. Januar 2004 bestehenden und noch nicht verjährten Ansprüche nach § 323 des Handelsgesetzbuchs Anwendung.

(2) ¹Die regelmäßige Verjährungsfrist nach § 195 des Bürgerlichen Gesetzbuchs wird vom 1. Januar 2004 an berechnet. ²Läuft jedoch die Verjährungsfrist nach dem bis zum 31. Dezember 2003 geltenden § 323 Abs. 5 des Handelsgesetzbuchs früher als die Verjährungsfrist nach § 195 des Bürgerlichen Gesetzbuchs ab, so ist die Verjährung mit Ablauf der in § 323 Abs. 5 des Handelsgesetzbuchs in der bis zum 31. Dezember 2003 geltenden Fassung bestimmten Verjährungsfrist vollendet.

Zwanzigster Abschnitt. Übergangsvorschriften zum Bilanzkontrollgesetz

Art. 56. (1) ¹Die Bestimmungen des Sechsten Abschnitts des Dritten Buchs des Handelsgesetzbuchs in der Fassung des Bilanzkontrollgesetzes vom 15. Dezember 2004 finden erstmals auf Abschlüsse des Geschäftsjahres Anwendung, das am 31. Dezember 2004 oder später endet. ²Prüfungen durch eine anerkannte Prüfstelle im Sinne von § 342b Abs. 1 des Handelsgesetzbuchs finden frühestens ab dem 1. Juli 2005 statt.

(2) In dem ersten nach Anerkennung einer Prüfstelle gemäß § 342d des Handelsgesetzbuchs aufzustellenden Wirtschaftsplan sind auch die Kosten zu berücksichtigen, die zur Errichtung der Prüfstelle erforderlich waren, auch wenn sie bereits vor Anerkennung der Prüfstelle entstanden sind.

Einundzwanzigster Abschnitt. Übergangsvorschriften zur Verordnung (EG) Nr. 1606/2002 sowie zum Bilanzrechtsreformgesetz

Art. 57. ¹Auf Gesellschaften, von denen
1. lediglich Schuldtitel zum Handel in einem geregelten Markt eines Mitgliedstaats der Europäischen Union oder eines anderen Vertragsstaats des Abkommens über den Europäischen Wirtschaftsraum im Sinne des Artikels 1

z. VO (EG) Nr. 1606/2002 sowie z. Bilanzrechtsref.G **Art. 58 EGHGB 2**

Nr. 13 der Richtlinie 93/22/EWG des Rates vom 10. Mai 1993 über Wertpapierdienstleistungen (ABl. EU Nr. L 141 S. 27), die zuletzt durch Richtlinie 2002/87/EG des Europäischen Parlaments und des Rates vom 16. Dezember 2002 (ABl. EU 2003 Nr. L 35 S. 1) geändert worden ist, zugelassen sind, oder

2. Wertpapiere zum öffentlichen Handel in einem Drittstaat zugelassen sind und die zu diesem Zweck seit dem Geschäftsjahr, das vor dem 11. September 2002 begann, international anerkannte Rechnungslegungsstandards anwenden,

findet Artikel 4 der Verordnung (EG) Nr. 1606/2002 des Europäischen Parlaments und des Rates vom 19. Juli 2002 betreffend die Anwendung internationaler Rechnungslegungsstandards (ABl. EG Nr. L 243 S. 1) in der jeweils geltenden Fassung erst von dem Geschäftsjahr an Anwendung, das nach dem 31. Dezember 2006 beginnt. ²Drittstaat im Sinne des Satzes 1 Nr. 2 ist ein Staat, der weder Mitgliedstaat der Europäischen Union noch Vertragsstaat des Abkommens über den Europäischen Wirtschaftsraum ist.

Art. 58. (1) § 267 Abs. 1 und 2, § 293 Abs. 1 des Handelsgesetzbuchs in der Fassung des Bilanzrechtsreformgesetzes vom 4. Dezember 2004 (BGBl. I S. 3166) sind erstmals auf Jahres- und Konzernabschlüsse für das nach dem 31. Dezember 2003 beginnende Geschäftsjahr anzuwenden.

(2) ¹§ 285 Satz 1 Nr. 18, 19, Satz 2 bis 6, §§ 286 bis 288, 289 Abs. 2 Nr. 2, § 314 Abs. 1 Nr. 10, 11, § 315 Abs. 2 Nr. 2, §§ 327, 336, 338, 340a Abs. 2, § 341a Abs. 2 des Handelsgesetzbuchs in der Fassung des Bilanzrechtsreformgesetzes sind erstmals auf Jahres- und Konzernabschlüsse für das nach dem 31. Dezember 2003 beginnende Geschäftsjahr anzuwenden. ²Im Lagebericht und im Konzernlagebericht ist für Geschäftsjahre, die nach dem 31. Dezember 2003 beginnen und die spätestens am 31. Dezember 2004 enden, auch auf die voraussichtliche Entwicklung der Kapitalgesellschaft und des Konzerns einzugehen.

(3) ¹Die §§ 257, 285 Satz 1 Nr. 17, § 289 Abs. 1, 3, § 291 Abs. 3, § 294 Abs. 3 Satz 1, § 297 Abs. 1, § 298 Abs. 3, § 313 Abs. 2 Nr. 1, § 314 Abs. 1 Nr. 9, § 315 Abs. 1, § 315a Abs. 1 und 3, § 317 Abs. 2, §§ 321, 321a, 322, 324a, 325, 328, 339, 340a Abs. 1, §§ 340i, 340j, 340l Abs. 5, § 341j Abs. 1, § 341l Abs. 4 des Handelsgesetzbuchs in der Fassung des Bilanzrechtsreformgesetzes finden erstmals auf das nach dem 31. Dezember 2004 beginnende Geschäftsjahr Anwendung. ²§ 315a Abs. 2 des Handelsgesetzbuchs in der Fassung des Bilanzrechtsreformgesetzes findet erstmals auf das nach dem 31. Dezember 2006 beginnende Geschäftsjahr Anwendung. ³§ 318 Abs. 3 des Handelsgesetzbuchs in der Fassung des Bilanzrechtsreformgesetzes ist erstmals anzuwenden auf Ersetzungsverfahren, die nach dem 31. Dezember 2004 beantragt werden. ⁴Die bis zum 9. Dezember 2004 geltenden Fassungen der §§ 257, 289 Abs. 1, § 291 Abs. 3, §§ 292a, 294 Abs. 3 Satz 1, §§ 295, 297 Abs. 1, § 298 Abs. 3, § 313 Abs. 2 Nr. 1, § 315 Abs. 1, § 317 Abs. 2, §§ 321, 322, 325, 328, 339, 340a Abs. 1, §§ 340i, 340j, 341j Abs. 1 des Handelsgesetzbuchs sind letztmals auf das vor dem 1. Januar 2005 beginnende Geschäftsjahr anzuwenden. ⁵§ 292a des Handelsgesetzbuchs gilt entsprechend für nach dem 31. Dezember 2002 und vor dem 1. Januar 2005 beginnende Geschäftsjahre auch für Mutterunternehmen, die keinen organisierten Markt im Sinne des § 2 Abs. 5 des Wertpapierhandelsgesetzes in Anspruch nehmen.

2 EGHGB Art. 59 22. Abschn. Übergangsvorschr. z. Vorst.-OffenlegungsG

(4) ¹Die §§ 319 und 319a des Handelsgesetzbuchs in der Fassung des Bilanzrechtsreformgesetzes finden vorbehaltlich der Sätze 3, 4 und 6 erstmals auf alle gesetzlich vorgeschriebenen Abschlussprüfungen für das nach dem 31. Dezember 2004 beginnende Geschäftsjahr Anwendung. ²Die bis zum 9. Dezember 2004 geltende Fassung des § 319 des Handelsgesetzbuchs ist letztmals auf alle gesetzlich vorgeschriebenen Abschlussprüfungen für das vor dem 1. Januar 2005 beginnende Geschäftsjahr anzuwenden. ³§ 319 Abs. 1 Satz 3 des Handelsgesetzbuchs in der Fassung des Bilanzrechtsreformgesetzes ist auf alle gesetzlich vorgeschriebenen Abschlussprüfungen mit Ausnahme der Prüfung einer Aktiengesellschaft, die Aktien mit amtlicher Notierung ausgegeben hat, erstmals für das nach dem 31. Dezember 2005 beginnende Geschäftsjahr anzuwenden. ⁴§ 319a Abs. 1 Satz 1 Nr. 1, 4 und Satz 4 des Handelsgesetzbuchs in der Fassung des Bilanzrechtsreformgesetzes ist erstmals auf Abschlussprüfungen für das nach dem 31. Dezember 2006 beginnende Geschäftsjahr anzuwenden. ⁵Auf Abschlussprüfungen für vor dem 1. Januar 2007 beginnende Geschäftsjahre findet § 319 Abs. 3 Nr. 6 des Handelsgesetzbuchs in der bis zum 9. Dezember 2004 geltenden Fassung Anwendung. ⁶§ 319 Abs. 3 Satz 1 Nr. 3 und § 319a Abs. 1 Satz 1 Nr. 2 des Handelsgesetzbuchs in der Fassung des Bilanzrechtsreformgesetzes sind auf Abschlussprüfungen für vor dem 1. Januar 2006 beginnende Geschäftsjahre nicht anzuwenden, wenn der Auftrag zur Erbringung der dort genannten Leistungen vor dem 29. Oktober 2004 erteilt worden ist und die Tätigkeit nach der bis zum 9. Dezember 2004 geltenden Fassung des Handelsgesetzbuchs zulässig war.

(5) ¹Erfüllt ein Mutterunternehmen (§ 290 des Handelsgesetzbuchs) die Voraussetzungen des Artikels 57 Satz 1 Nr. 1 dieses Gesetzes, so ist die bis zum 9. Dezember 2004 geltende Fassung des § 297 Abs. 1 des Handelsgesetzbuchs abweichend von Absatz 3 Satz 4 letztmals auf das vor dem 1. Januar 2007 beginnende Geschäftsjahr anzuwenden; dies gilt nicht, wenn ein Konzernabschluss nach § 315a Abs. 3 des Handelsgesetzbuchs aufgestellt wird. ²In den Fällen des Artikels 57 Satz 1 dürfen die in dieser Vorschrift bezeichneten Rechnungslegungsstandards nach Maßgabe des § 292a des Handelsgesetzbuchs in der bis zum 9. Dezember 2004 geltenden Fassung noch auf Geschäftsjahre angewendet werden, die vor dem 1. Januar 2007 beginnen.

(6) Soweit § 292a des Handelsgesetzbuchs in der bis zum 9. Dezember 2004 geltenden Fassung nach Absatz 3 Satz 4 oder 5 oder nach Absatz 5 Satz 2 weiterhin Anwendung findet, ist auch § 331 Nr. 3 des Handelsgesetzbuchs in der bis zum 9. Dezember 2004 geltenden Fassung weiter anzuwenden.

Zweiundzwanzigster Abschnitt. Übergangsvorschriften zum Vorstandsvergütungs-Offenlegungsgesetz

Art. 59. § 285 Satz 1 Nr. 9 Buchstabe a, § 286 Abs. 4, 5, § 289 Abs. 2 Nr. 5, § 314 Abs. 1 Nr. 6 Buchstabe a, Abs. 2 Satz 2, § 315 Abs. 2 Nr. 4, § 334 Abs. 3, § 340n Abs. 3 und § 341n Abs. 3 in der Fassung des Vorstandsvergütungs-Offenlegungsgesetzes sind erstmals auf Jahres- und Konzernabschlüsse für das nach dem 31. Dezember 2005 beginnende Geschäftsjahr anzuwenden.

3. Gesetz über den Wertpapierhandel (Wertpapierhandelsgesetz – WpHG)

in der Fassung der Bekanntmachung vom 9. September 1998 (BGBl. I S. 2708)[1]

BGBl. III/FNA 4110-4

Zuletzt geändert durch Art. 1 Gesetz zur Verbesserung des Anlegerschutzes (Anlegerschutzverbesserungsgesetz – AnSVG)[2] vom 28. 10. 2004 (BGBl. I S. 2630), Art. 3 Gesetz zur Kontrolle von Unternehmensabschlüssen (Bilanzkontrollgesetz – BilKoG) vom 15. 12. 2004 (BGBl. I S. 3408) und Art. 10a Gesetz zur Neuordnung des Pfandbriefrechts vom 22. 5. 2005 (BGBl. I S. 1373)

Inhaltsübersicht

Abschnitt 1. Anwendungsbereich, Begriffsbestimmungen §§

Anwendungsbereich	1
Begriffsbestimmungen	2
Ausnahmen	2a

Abschnitt 2. Bundesanstalt für Finanzdienstleistungsaufsicht

(weggefallen)	3
Aufgaben und Befugnisse	4
Wertpapierrat	5
Zusammenarbeit mit anderen Behörden im Inland	6
Zusammenarbeit mit zuständigen Stellen im Ausland	7
Verschwiegenheitspflicht	8
Meldepflichten	9
Anzeige von Verdachtsfällen	10
(weggefallen)	11

Abschnitt 3. Insiderüberwachung

Insiderpapiere	12
Insiderinformation	13
Verbot von Insidergeschäften	14

---

[1] Neubekanntmachung des WpHG v. 26. 7. 1994 (BGBl. I S. 1749) in der ab 1. 8. 1998 geltenden Fassung.

[2] **Amtl. Anm.:** Dieses Gesetz dient in Artikel 1 der Umsetzung
- der Richtlinie 2003/6/EG des Europäischen Parlaments und des Rates vom 28. Januar 2003 über Insider-Geschäfte und Marktmanipulation (Marktmissbrauch) (ABl. EU Nr. L 96 S. 16),
- der Richtlinie 2003/124/EG der Kommission zur Durchführung der Richtlinie 2003/6/EG des Europäischen Parlaments und des Rates vom 22. Dezember 2003 betreffend die Begriffsbestimmung und die Veröffentlichung von Insider-Informationen und die Begriffsbestimmung der Marktmanipulation (ABl. EU Nr. L 339 S. 70),
- der Richtlinie 2003/125/EG der Kommission vom 22. Dezember 2003 zur Durchführung der Richtlinie 2003/6/EG des Europäischen Parlaments und des Rates in Bezug auf die sachgerechte Darbietung von Anlageempfehlungen und die Offenlegung von Interessenkonflikten (ABl. EU Nr. L 339 S. 73) und
- der Richtlinie 2004/72/EG der Kommission vom 29. April 2004 zur Durchführung der Richtlinie 2003/6/EG des Europäischen Parlaments und des Rates – Zulässige Marktpraktiken, Definition von Insider-Informationen in Bezug auf Warenderivate, Erstellung von Insider-Verzeichnissen, Meldung von Eigengeschäften und Meldung verdächtiger Transaktionen (ABl. EU L 162 S. 70).

3 WpHG

Inhaltsübersicht

	§§
Veröffentlichung und Mitteilung von Insiderinformationen	15
Veröffentlichung und Mitteilung von Geschäften	15a
Führung von Insiderverzeichnissen	15b
Aufzeichnungspflichten	16
Überwachung der Geschäfte der bei der Bundesanstalt Beschäftigten	16a
Aufbewahrung von Verbindungsdaten	16b
(weggefallen)	17
(weggefallen)	18
(weggefallen)	19
(weggefallen)	20

Abschnitt 4. Überwachung des Verbots der Kurs- und Marktpreismanipulation

Verbot der Marktmanipulation	20a
(weggefallen)	20b

Abschnitt 5. Mitteilungs- und Veröffentlichungspflichten bei Veränderungen des Stimmrechtsanteils an börsennotierten Gesellschaften

Mitteilungspflichten des Meldepflichtigen	21
Zurechnung von Stimmrechten	22
Nichtberücksichtigung von Stimmrechten	23
Mitteilung durch Konzernunternehmen	24
Veröffentlichungspflichten der börsennotierten Gesellschaft	25
Veröffentlichungspflichten von Gesellschaften mit Sitz im Ausland	26
Nachweis mitgeteilter Beteiligungen	27
Rechtsverlust	28
Richtlinien der Bundesanstalt	29
(weggefallen)	30

Abschnitt 6. Verhaltensregeln für Wertpapierdienstleistungsunternehmen und hinsichtlich Finanzanalysen; Verjährung von Ersatzansprüchen

Allgemeine Verhaltensregeln	31
Besondere Verhaltensregeln	32
Organisationspflichten	33
Aufzeichnungs- und Aufbewahrungspflichten	34
Getrennte Vermögensverwahrung	34a
Analyse von Finanzinstrumenten	34b
Anzeigepflicht	34c
Überwachung der Meldepflichtigen und Verhaltensregeln	35
Prüfung der Meldepflichtigen und Verhaltensregeln	36
Unternehmen mit Sitz in einem anderen Mitgliedstaat der Europäischen Union oder in einem anderen Vertragsstaat des Abkommens über den Europäischen Wirtschaftsraum	36a
Werbung der Wertpapierdienstleistungsunternehmen	36b
Zusammenarbeit mit zuständigen Stellen im Ausland	36c
Ausnahmen	37
Verjährung von Ersatzansprüchen	37a

Abschnitt 7. Haftung für falsche und unterlassene
Kapitalmarktinformationen §§

Schadenersatz wegen unterlassener unverzüglicher Veröffentlichung
von Insiderinformationen .... 37 b
Schadenersatz wegen Veröffentlichung unwahrer Insiderinformationen .. 37 c

Abschnitt 8. Finanztermingeschäfte

Information bei Finanztermingeschäften .... 37 d
Ausschluss des Einwands nach § 762 des Bürgerlichen Gesetzbuchs .... 37 e
Überwachung der Informationspflichten .... 37 f
Verbotene Finanztermingeschäfte .... 37 g

Abschnitt 9. Schiedsvereinbarungen

Schiedsvereinbarungen .... 37 h

Abschnitt 10. Ausländische organisierte Märkte

Erlaubnis .... 37 i
Versagung der Erlaubnis .... 37 j
Aufhebung der Erlaubnis .... 37 k
Untersagung .... 37 l
Anzeige .... 37 m

Abschnitt 11. Überwachung von Unternehmensabschlüssen

Prüfung von Unternehmensabschlüssen und -berichten .... 37 n
Anordnung einer Prüfung der Rechnungslegung und Ermittlungsbefugnisse der Bundesanstalt .... 37 o
Befugnisse der Bundesanstalt im Fall der Anerkennung einer Prüfstelle .. 37 p
Ergebnis der Prüfung von Bundesanstalt oder Prüfstelle .... 37 q
Mitteilungen an andere Stellen .... 37 r
Internationale Zusammenarbeit .... 37 s
Widerspruchsverfahren .... 37 t
Beschwerde .... 37 u

Abschnitt 12. Straf- und Bußgeldvorschriften

Strafvorschriften 38
Bußgeldvorschriften 39
Zuständige Verwaltungsbehörde 40
Beteiligung der Bundesanstalt und Mitteilungen in Strafsachen .... 40 a
Bekanntmachung von Maßnahmen .... 40 b

Abschnitt 13. Übergangsbestimmungen

Erstmalige Mitteilungs- und Veröffentlichungspflichten 41
Übergangsregelung für die Kostenerstattungspflicht nach § 11 42
Übergangsregelung für die Verjährung von Ersatzansprüchen nach
§ 37 a 43
Übergangsregelung für ausländische organisierte Märkte 44
Anwendungsbestimmung zum Abschnitt 11 45

Abschnitt 1. Anwendungsbereich, Begriffsbestimmungen

§ 1 Anwendungsbereich. (1) Dieses Gesetz ist anzuwenden auf die Erbringung von Wertpapierdienstleistungen und Wertpapiernebendienstleistungen, den börslichen und außerbörslichen Handel mit Finanzinstrumenten, den Abschluss von Finanztermingeschäften, auf Finanzanalysen sowie auf Veränderungen der Stimmrechtsanteile von Aktionären an börsennotierten Gesellschaften.

(2) Die Vorschriften des dritten und vierten Abschnitts sowie die §§ 34b und 34c sind auch anzuwenden auf Handlungen und Unterlassungen, die im Ausland vorgenommen werden, sofern sie Finanzinstrumente betreffen, die an einer inländischen Börse gehandelt werden.

(3) Die Vorschriften des dritten und vierten Abschnitts sowie die §§ 34b und 34c sind nicht anzuwenden auf Geschäfte, die aus geld- oder währungspolitischen Gründen oder im Rahmen der öffentlichen Schuldenverwaltung von der Europäischen Zentralbank, dem Bund, einem seiner Sondervermögen, einem Land, der Deutschen Bundesbank, einem ausländischen Staat oder dessen Zentralbank oder einer anderen mit diesen Geschäften beauftragten Organisation oder mit für deren Rechnung handelnden Personen getätigt werden.

§ 2 Begriffsbestimmungen. (1) [1] Wertpapiere im Sinne dieses Gesetzes sind, auch wenn für sie keine Urkunden ausgestellt sind,
1. Aktien, Zertifikate, die Aktien vertreten, Schuldverschreibungen, Genussscheine, Optionsscheine und
2. andere Wertpapiere, die mit Aktien oder Schuldverschreibungen vergleichbar sind,

wenn sie an einem Markt gehandelt werden können. [2] Wertpapiere sind auch Anteile an Investmentvermögen, die von einer Kapitalanlagegesellschaft oder einer ausländischen Investmentgesellschaft ausgegeben werden.

(1a) Geldmarktinstrumente im Sinne dieses Gesetzes sind Forderungen, die nicht unter Absatz 1 fallen und üblicherweise auf dem Geldmarkt gehandelt werden.

(2) Derivate im Sinne dieses Gesetzes sind als Festgeschäfte oder Optionsgeschäfte ausgestaltete Termingeschäfte, deren Preis unmittelbar oder mittelbar abhängt von
1. dem Börsen- oder Marktpreis von Wertpapieren,
2. dem Börsen- oder Marktpreis von Geldmarktinstrumenten,
3. Zinssätzen oder anderen Erträgen,
4. dem Börsen- oder Marktpreis von Waren oder Edelmetallen oder
5. dem Preis von Devisen.

(2a) Finanztermingeschäfte im Sinne dieses Gesetzes sind Derivate im Sinne des Absatzes 2 und Optionsscheine.

(2b) [1] Finanzinstrumente im Sinne dieses Gesetzes sind Wertpapiere im Sinne des Absatzes 1, Geldmarktinstrumente im Sinne des Absatzes 1a, Derivate im Sinne des Absatzes 2 und Rechte auf Zeichnung von Wertpapieren.

Begriffsbestimmungen § 2a WpHG 3

² Als Finanzinstrumente gelten auch sonstige Instrumente, die zum Handel an einem organisierten Markt im Sinne des Absatzes 5 im Inland oder in einem anderen Mitgliedstaat der Europäischen Union zugelassen sind oder für die eine solche Zulassung beantragt worden ist.

(3) Wertpapierdienstleistungen im Sinne dieses Gesetzes sind
1. die Anschaffung und die Veräußerung von Finanzinstrumenten im eigenen Namen für fremde Rechnung,
2. die Anschaffung und die Veräußerung von Finanzinstrumenten im Wege des Eigenhandels für andere,
3. die Anschaffung und die Veräußerung von Finanzinstrumenten im fremden Namen für fremde Rechnung,
4. die Vermittlung oder der Nachweis von Geschäften über die Anschaffung und die Veräußerung von Finanzinstrumenten,
5. die Übernahme von Finanzinstrumenten für eigenes Risiko zur Platzierung oder die Übernahme gleichwertiger Garantien,
6. die Verwaltung einzelner in Finanzinstrumenten angelegter Vermögen für andere mit Entscheidungsspielraum.

(3a) Wertpapiernebendienstleistungen im Sinne dieses Gesetzes sind
1. die Verwahrung und die Verwaltung von Wertpapieren für andere, sofern nicht das Depotgesetz anzuwenden ist,
2. die Gewährung von Krediten oder Darlehen an andere für die Durchführung von Wertpapierdienstleistungen durch das Unternehmen, das den Kredit oder das Darlehen gewährt hat,
3. die Beratung bei der Anlage in Finanzinstrumenten,
4. die in Absatz 3 Nr. 1 bis 4 genannten Tätigkeiten, soweit sie Devisengeschäfte zum Gegenstand haben und im Zusammenhang mit Wertpapierdienstleistungen stehen.

(4) Wertpapierdienstleistungsunternehmen im Sinne dieses Gesetzes sind Kreditinstitute, Finanzdienstleistungsinstitute und nach § 53 Abs. 1 Satz 1 des Kreditwesengesetzes tätige Unternehmen, die Wertpapierdienstleistungen allein oder zusammen mit Wertpapiernebendienstleistungen gewerbsmäßig oder in einem Umfang erbringen, der einen in kaufmännischer Weise eingerichteten Geschäftsbetrieb erfordert.

(5) Organisierter Markt im Sinne dieses Gesetzes ist ein Markt, der von staatlich anerkannten Stellen geregelt und überwacht wird, regelmäßig stattfindet und für das Publikum unmittelbar oder mittelbar zugänglich ist.

§ 2a Ausnahmen. (1) Als Wertpapierdienstleitungsunternehmen gelten nicht
1. Unternehmen, die Wertpapierdienstleistungen ausschließlich für ihr Mutterunternehmen oder ihre Tochter- oder Schwesterunternehmen im Sinne des § 1 Abs. 6 und 7 des Kreditwesengesetzes erbringen,
2. Unternehmen, deren Wertpapierdienstleistung ausschließlich in der Verwaltung eines Systems von Arbeitnehmerbeteiligungen an den eigenen oder an mit ihnen verbundenen Unternehmen besteht,
3. Unternehmen, die ausschließlich Wertpapierdienstleistungen sowohl nach Nummer 1 als auch nach Nummer 2 erbringen,

4. private und öffentlich-rechtliche Versicherungsunternehmen,
5. die öffentliche Schuldenverwaltung des Bundes, eines seiner Sondervermögen, eines Landes, eines anderen Mitgliedstaats der Europäischen Union oder eines anderen Vertragsstaats des Abkommens über den Europäischen Wirtschaftsraum, die Deutsche Bundesbank sowie die Zentralbanken der anderen Mitgliedstaaten oder Vertragsstaaten,
6. Angehörige freier Berufe, die Wertpapierdienstleistungen nur gelegentlich im Rahmen ihrer Berufstätigkeit erbringen und einer Berufskammer in der Form der Körperschaft des öffentlichen Rechts angehören, deren Berufsrecht die Erbringung von Wertpapierdienstleistungen nicht ausschließt,
7. Unternehmen, die als einzige Wertpapierdienstleistung Aufträge zum Erwerb oder zur Veräußerung von Anteilen an Investmentvermögen, die von einer Kapitalanlagegesellschaft ausgegeben werden, oder von ausländischen Investmentanteilen, die nach dem Investmentgesetz öffentlich vertrieben werden dürfen, weiterleiten an
   a) ein Kreditinstitut oder Finanzdienstleistungsinstitut,
   b) ein nach § 53b Abs. 1 Satz 1 oder Abs. 7 des Kreditwesengesetzes tätiges Unternehmen,
   c) ein Unternehmen, das auf Grund einer Rechtsverordnung gemäß § 53c des Kreditwesengesetzes gleichgestellt oder freigestellt ist, oder
   d) eine ausländische Investmentgesellschaft,
   sofern sie nicht befugt sind, sich bei der Erbringung dieser Wertpapierdienstleistungen Eigentum oder Besitz an Geldern oder Anteilen von Kunden zu verschaffen; Anteile an Sondervermögen mit zusätzlichen Risiken nach § 112 des Investmentgesetzes gelten nicht als Anteile an Investmentvermögen im Sinne dieser Vorschrift,
8. Unternehmen, die Wertpapierdienstleistungen ausschließlich an einem organisierten Markt, an dem ausschließlich Derivate gehandelt werden, für andere Mitglieder dieses Marktes erbringen und deren Verbindlichkeiten durch ein System zur Sicherung der Erfüllung der Geschäfte an diesem Markt abgedeckt sind,
9. Unternehmen, deren Haupttätigkeit darin besteht, Geschäfte über Rohwaren mit gleichartigen Unternehmen, mit den Erzeugern oder den gewerblichen Verwendern der Rohwaren zu tätigen, und die Wertpapierdienstleistungen nur für diese Gegenparteien und nur insoweit erbringen, als es für ihre Haupttätigkeit erforderlich ist.

(2) [1] Übt ein Unternehmen Wertpapierdienstleistungen im Sinne des § 2 Abs. 3 Nr. 3 und 4 ausschließlich für Rechnung und unter der Haftung eines Kreditinstituts oder Finanzdienstleistungsinstituts oder eines nach § 53b Abs. 1 Satz 1 oder Abs. 7 des Kreditwesengesetzes tätigen Unternehmens oder unter der gesamtschuldnerischen Haftung solcher Institute oder Unternehmen aus, ohne andere Wertpapierdienstleistungen zu erbringen, gilt es nicht als Wertpapierdienstleistungsunternehmen. [2] Seine Tätigkeit wird den Instituten oder Unternehmen zugerechnet, für deren Rechnung und unter deren Haftung es seine Tätigkeit erbringt.

Abschnitt 2. Bundesanstalt für Finanzdienstleistungsaufsicht

§ 3. *(aufgehoben)*

§ 4 Aufgaben und Befugnisse. (1) [1]Die Bundesanstalt für Finanzdienstleistungsaufsicht (Bundesanstalt) übt die Aufsicht nach den Vorschriften dieses Gesetzes aus. [2]Sie hat im Rahmen der ihr zugewiesenen Aufgaben Missständen entgegenzuwirken, welche die ordnungsgemäße Durchführung des Handels mit Finanzinstrumenten oder von Wertpapierdienstleistungen oder Wertpapiernebendienstleistungen beeinträchtigen oder erhebliche Nachteile für den Finanzmarkt bewirken können. [3]Sie kann Anordnungen treffen, die geeignet und erforderlich sind, diese Missstände zu beseitigen oder zu verhindern.

(2) [1]Die Bundesanstalt überwacht die Einhaltung der Verbote und Gebote dieses Gesetzes und kann Anordnungen treffen, die zu ihrer Durchsetzung geeignet und erforderlich sind. [2]Sie kann den Handel mit einzelnen oder mehreren Finanzinstrumenten vorübergehend untersagen oder die Aussetzung des Handels in einzelnen oder mehreren Finanzinstrumenten an Märkten, an denen Finanzinstrumente gehandelt werden, anordnen, soweit dies zur Durchsetzung der Verbote nach § 14 oder § 20a oder zur Beseitigung oder Verhinderung von Missständen nach Absatz 1 geboten ist.

(3) [1]Die Bundesanstalt kann von jedermann Auskünfte, die Vorlage von Unterlagen und die Überlassung von Kopien verlangen sowie Personen laden und vernehmen, soweit dies auf Grund von Anhaltspunkten für die Überwachung der Einhaltung eines Verbots oder Gebots dieses Gesetzes erforderlich ist. [2]Sie kann insbesondere die Angabe von Bestandsveränderungen in Finanzinstrumenten sowie Auskünfte über die Identität weiterer Personen, insbesondere der Auftraggeber und der aus Geschäften berechtigten oder verpflichteten Personen, verlangen. [3]Gesetzliche Auskunfts- oder Aussageverweigerungsrechte sowie gesetzliche Verschwiegenheitspflichten bleiben unberührt.

(4) [1]Während der üblichen Arbeitszeit ist Bediensteten der Bundesanstalt und den von ihr beauftragten Personen, soweit dies zur Wahrnehmung ihrer Aufgaben erforderlich ist, das Betreten der Grundstücke und Geschäftsräume der nach Absatz 3 auskunftspflichtigen Personen zu gestatten. [2]Das Betreten außerhalb dieser Zeit oder wenn die Geschäftsräume sich in einer Wohnung befinden, ist ohne Einverständnis nur zulässig und insoweit zu dulden, wie dies zur Verhütung von dringenden Gefahren für die öffentliche Sicherheit und Ordnung erforderlich ist und bei der auskunftspflichtigen Person Anhaltspunkte für einen Verstoß gegen ein Verbot oder Gebot dieses Gesetzes vorliegen. [3]Das Grundrecht des Artikels 13 des Grundgesetzes wird insoweit eingeschränkt.

(5) [1]Die Bundesanstalt hat Tatsachen, die den Verdacht einer Straftat nach § 38 begründen, der zuständigen Staatsanwaltschaft unverzüglich anzuzeigen. [2]Sie kann die personenbezogenen Daten der Betroffenen, gegen die sich der Verdacht richtet oder die als Zeugen in Betracht kommen, der Staatsanwaltschaft übermitteln, soweit dies für Zwecke der Strafverfolgung erforderlich ist. [3]Die Staatsanwaltschaft entscheidet über die Vornahme der erforderlichen

3 WpHG § 5 Abschnitt 2. Bundesanstalt

Ermittlungsmaßnahmen, insbesondere über Durchsuchungen, nach den Vorschriften der Strafprozessordnung. ⁴Die Befugnisse der Bundesanstalt nach den Absätzen 2 bis 4 bleiben hiervon unberührt, soweit dies für die Vornahme von Verwaltungsmaßnahmen oder zur Erfüllung von Ersuchen ausländischer Stellen nach § 7 Abs. 2 oder § 7 Abs. 7 erforderlich ist und soweit eine Gefährdung des Untersuchungszwecks von Ermittlungen der Strafverfolgungsbehörden oder der für Strafsachen zuständigen Gerichte nicht zu besorgen ist.

(6) Die Bundesanstalt kann eine nach den Vorschriften dieses Gesetzes gebotene Veröffentlichung oder Mitteilung auf Kosten des Pflichtigen vornehmen, wenn die Veröffentlichungs- oder Mitteilungspflicht nicht, nicht richtig, nicht vollständig oder nicht in der vorgeschriebenen Weise erfüllt wird.

(7) Widerspruch und Anfechtungsklage gegen Maßnahmen nach den Absätzen 1 bis 4 und 6 haben keine aufschiebende Wirkung.

(8) Adressaten von Maßnahmen nach den Absätzen 2 bis 4, die von der Bundesanstalt wegen eines möglichen Verstoßes gegen ein Verbot nach § 14 oder nach § 20a vorgenommen werden, dürfen andere Personen als staatliche Stellen und solche, die auf Grund ihres Berufs einer gesetzlichen Verschwiegenheitspflicht unterliegen, von diesen Maßnahmen oder von einem daraufhin eingeleiteten Ermittlungsverfahren nicht in Kenntnis setzen.

(9) ¹Der zur Erteilung einer Auskunft Verpflichtete kann die Auskunft auf solche Fragen verweigern, deren Beantwortung ihn selbst oder einen in § 383 Abs. 1 Nr. 1 bis 3 der Zivilprozessordnung bezeichneten Angehörigen der Gefahr strafgerichtlicher Verfolgung oder eines Verfahrens nach dem Gesetz über Ordnungswidrigkeiten aussetzen würde. ²Der Verpflichtete ist über sein Recht zur Verweigerung der Auskunft zu belehren und darauf hinzuweisen, dass es ihm nach dem Gesetz freistehe, jederzeit, auch schon vor seiner Vernehmung, einen von ihm zu wählenden Verteidiger zu befragen.

(10) Die Bundesanstalt darf ihr mitgeteilte personenbezogene Daten nur zur Erfüllung ihrer aufsichtlichen Aufgaben und für Zwecke der internationalen Zusammenarbeit nach Maßgabe des § 7 speichern, verändern und nutzen.

§ 5 Wertpapierrat. (1) ¹Bei der Bundesanstalt wird ein Wertpapierrat gebildet. ²Er besteht aus Vertretern der Länder. ³Die Mitgliedschaft ist nicht personengebunden. ⁴Jedes Land entsendet einen Vertreter. ⁵An den Sitzungen können Vertreter der Bundesministerien der Finanzen, der Justiz und für Wirtschaft und Arbeit sowie der Deutschen Bundesbank teilnehmen. ⁶Der Wertpapierrat kann Sachverständige insbesondere aus dem Bereich der Börsen, der Marktteilnehmer, der Wirtschaft und der Wissenschaft anhören. ⁷Der Wertpapierrat gibt sich eine Geschäftsordnung.

(2) ¹Der Wertpapierrat wirkt bei der Aufsicht mit. ²Er berät die Bundesanstalt, insbesondere

1. bei dem Erlass von Rechtsverordnungen und der Aufstellung von Richtlinien für die Aufsichtstätigkeit der Bundesanstalt,
2. hinsichtlich der Auswirkungen von Aufsichtsfragen auf die Börsen- und Marktstrukturen sowie den Wettbewerb im Handel mit Finanzinstrumenten,
3. bei der Abgrenzung von Zuständigkeiten zwischen der Bundesanstalt und den Börsenaufsichtsbehörden sowie bei Fragen der Zusammenarbeit.

³Der Wertpapierrat kann bei der Bundesanstalt Vorschläge zur allgemeinen Weiterentwicklung der Aufsichtspraxis einbringen. ⁴Die Bundesanstalt berichtet dem Wertpapierrat mindestens einmal jährlich über die Aufsichtstätigkeit, die Weiterentwicklung der Aufsichtspraxis sowie über die internationale Zusammenarbeit.

(3) ¹Der Wertpapierrat wird mindestens einmal jährlich vom Präsidenten der Bundesanstalt einberufen. ²Er ist ferner auf Verlangen von einem Drittel seiner Mitglieder einzuberufen. ³Jedes Mitglied hat das Recht, Beratungsvorschläge einzubringen.

§ 6 Zusammenarbeit mit anderen Behörden im Inland. (1) ¹Die Börsenaufsichtsbehörden werden im Wege der Organleihe für die Bundesanstalt bei der Durchführung von eilbedürftigen Maßnahmen im Rahmen der Überwachung der Verbote von Insidergeschäften nach § 14 und des Verbots der Marktmanipulation nach § 20a an den ihrer Aufsicht unterliegenden Börsen tätig. ²Das Nähere regelt ein Verwaltungsabkommen zwischen dem Bund und den börsenaufsichtsführenden Ländern.

(2) Die Bundesanstalt, die Deutsche Bundesbank im Rahmen ihrer Tätigkeit nach Maßgabe des Kreditwesengesetzes sowie das Bundeskartellamt und die Börsenaufsichtsbehörden haben einander Beobachtungen und Feststellungen einschließlich personenbezogener Daten mitzuteilen, die für die Erfüllung ihrer Aufgaben erforderlich sind.

(3) ¹Die Bundesanstalt darf zur Erfüllung ihrer Aufgaben die nach § 2 Abs. 10, § 2b, § 24 Abs. 1 Nr. 1 bis 3, 6, 8 und 11 und Abs. 3, § 25a Abs. 2, § 32 Abs. 1 Satz 1 und 2 Nr. 2 und 6 Buchstabe a und b des Kreditwesengesetzes bei der Deutschen Bundesbank gespeicherten Daten im automatisierten Verfahren abrufen. ²Die Deutsche Bundesbank hat für Zwecke der Datenschutzkontrolle den Zeitpunkt, die Angaben, welche die Feststellung der aufgerufenen Datensätze ermöglichen, sowie die für den Abruf verantwortliche Person zu protokollieren. ³Die protokollierten Daten dürfen nur für Zwecke der Datenschutzkontrolle, der Datensicherung oder zur Sicherstellung eines ordnungsmäßigen Betriebs der Datenverarbeitungsanlage verwendet werden. ⁴Die Protokolldaten sind am Ende des auf die Speicherung folgenden Kalenderjahres zu löschen.

(4) ¹Öffentliche Stellen haben bei der Veröffentlichung von Statistiken, die zu einer erheblichen Einwirkung auf die Finanzmärkte geeignet sind, sachgerecht und transparent vorzugehen. ²Insbesondere muss dabei gewährleistet sein, dass hierbei keine Informationsvorsprünge Dritter erzeugt werden können.

§ 7 Zusammenarbeit mit zuständigen Stellen im Ausland. (1) ¹Der Bundesanstalt obliegt die Zusammenarbeit mit den für die Überwachung von Finanzinstrumenten und von Märkten, an denen Finanzinstrumente gehandelt werden, zuständigen Stellen der anderen Mitgliedstaaten der Europäischen Union und der anderen Vertragsstaaten des Abkommens über den Europäischen Wirtschaftsraum. ²Die Bundesanstalt macht im Rahmen ihrer Zusammenarbeit zum Zweck der Überwachung der Einhaltung der Verbote und Gebote dieses Gesetzes und entsprechender Verbote oder Gebote dieser Staaten von allen ihr nach dem Gesetz zustehenden Befugnissen Gebrauch, soweit dies geeignet und erforderlich ist, den Ersuchen der in Satz 1 genannten Stellen nachzukommen. ³Die Vorschriften des Börsengesetzes und des Verkaufsprospektgesetzes über die Zusammenarbeit der Zulassungsstelle der Börse mit entsprechenden Stellen anderer Staaten bleiben hiervon unberührt.

(2) ¹Auf Ersuchen der in Absatz 1 Satz 1 genannten zuständigen Stellen führt die Bundesanstalt Untersuchungen durch und übermittelt unverzüglich alle Informationen, soweit dies für die Überwachung von organisierten Märkten oder anderen Märkten für Finanzinstrumente, von Kreditinstituten, Finanzdienstleistungsinstituten, Investmentgesellschaften, Finanzunternehmen oder Versicherungsunternehmen oder damit zusammenhängender Verwaltungs- oder Gerichtsverfahren erforderlich ist. ²Bei der Übermittlung von Informationen hat die Bundesanstalt den Empfänger darauf hinzuweisen, dass er unbeschadet seiner Verpflichtungen im Rahmen von Strafverfahren die übermittelten Informationen einschließlich personenbezogener Daten nur zur Erfüllung von Überwachungsaufgaben nach Satz 1 und für damit zusammenhängende Verwaltungs- und Gerichtsverfahren verwenden darf. ³Die Bundesanstalt kann Bediensteten ausländischer Stellen nach Absatz 1 Satz 1 auf Ersuchen die Teilnahme an den von der Bundesanstalt durchgeführten Untersuchungen gestatten.

(3) ¹Die Bundesanstalt kann eine Untersuchung, die Übermittlung von Informationen oder die Teilnahme von Bediensteten zuständiger ausländischer Stellen im Sinne von Absatz 1 Satz 1 verweigern, wenn

1. hierdurch die Souveränität, die Sicherheit oder die öffentliche Ordnung der Bundesrepublik Deutschland beeinträchtigt werden könnte oder
2. auf Grund desselben Sachverhalts gegen die betreffenden Personen bereits ein gerichtliches Verfahren eingeleitet worden oder eine unanfechtbare Entscheidung ergangen ist.

²Kommt die Bundesanstalt einem Ersuchen nicht nach oder macht sie von ihrem Recht nach Satz 1 Gebrauch, so teilt sie dies der ersuchenden Stelle unverzüglich mit und legt die Gründe dar; im Falle einer Verweigerung nach Satz 1 Nr. 2 sind genaue Informationen über das gerichtliche Verfahren oder die unanfechtbare Entscheidung zu übermitteln.

(4) ¹Die Bundesanstalt ersucht die in Absatz 1 genannten zuständigen Stellen um die Durchführung von Untersuchungen und die Übermittlung von Informationen, die für die Erfüllung ihrer Aufgaben nach den Vorschriften dieses Gesetzes geeignet und erforderlich sind. ²Sie kann die ausländischen Stellen ersuchen, Bediensteten der Bundesanstalt die Teilnahme an Untersuchungen der ausländischen Stelle zu gestatten. ³Werden der Bundesanstalt von einer Stelle eines anderen Staates Informationen mitgeteilt, so darf sie diese unbeschadet ihrer Verpflichtungen in strafrechtlichen Angelegenheiten, die Verstöße gegen Verbote nach den Vorschriften dieses Gesetzes zum Gegenstand haben, nur zur Erfüllung von Überwachungsaufgaben nach Absatz 2 Satz 1 und für damit zusammenhängende Verwaltungs- und Gerichtsverfahren offenbaren oder verwerten. ⁴Die Bundesanstalt darf diese Informationen unter Beachtung der Zweckbestimmung den Börsenaufsichtsbehörden und den Handelsüberwachungsstellen der Börsen mitteilen. ⁵Eine anderweitige Verwendung der Informationen ist nur mit Zustimmung der übermittelnden Stelle zulässig. ⁶Wird einem Ersuchen der Bundesanstalt nicht innerhalb angemessener Frist Folge geleistet oder wird es ohne hinreichende Gründe abgelehnt, kann die Bundesanstalt den Ausschuss der europäischen Wertpapierregulierungsbehörden hiervon in Kenntnis setzen.

(5) ¹Hat die Bundesanstalt hinreichende Anhaltspunkte für einen Verstoß gegen Verbote oder Gebote nach den Vorschriften dieses Gesetzes oder nach entsprechenden ausländischen Vorschriften der in Absatz 1 Satz 1 genannten Staaten, so teilt sie diese den nach Absatz 1 Satz 1 zuständigen Stellen des Staates mit, auf dessen Gebiet die vorschriftswidrige Handlung stattfindet oder stattgefunden hat und auf dessen Gebiet die betroffenen Finanzinstrumente an einem organisierten Markt gehandelt werden. ²Erhält die Bundesanstalt eine entsprechende Mitteilung von zuständigen ausländischen Stellen, so unterrichtet sie diese über Ergebnisse daraufhin eingeleiteter Untersuchungen.

(6) Die Regelungen über die internationale Rechtshilfe in Strafsachen bleiben unberührt.

(7) ¹Die Bundesanstalt kann mit den zuständigen Stellen anderer als der in Absatz 1 genannten Staaten entsprechend den Absätzen 1 bis 6 zusammenarbeiten. ²Informationen, die von diesen Stellen übermittelt werden, dürfen dabei nur zur Erfüllung von Überwachungsaufgaben nach Absatz 2 Satz 1 und für damit zusammenhängende Verwaltungs- und Gerichtsverfahren, gegebenenfalls unter Beachtung einer Zweckbestimmung der ausländischen Stelle, verwendet werden. ³Für die Übermittlung personenbezogener Daten gilt § 4b des Bundesdatenschutzgesetzes.

(8) ¹Das Bundesministerium der Finanzen kann durch Rechtsverordnung, die nicht der Zustimmung des Bundesrates bedarf, zu den in den Absätzen 2 und 4 genannten Zwecken nähere Bestimmungen über die Übermittlung von Informationen an ausländische Stellen, die Durchführung von Untersuchungen und Ersuchen ausländischer Stellen sowie Ersuchen der Bundesanstalt an ausländische Stellen erlassen. ²Das Bundesministerium der Finanzen kann die Ermächtigung durch Rechtsverordnung auf die Bundesanstalt für Finanzdienstleistungsaufsicht übertragen.

§ 8 Verschwiegenheitspflicht. (1) ¹Die bei der Bundesanstalt Beschäftigten und die nach § 4 Abs. 3 des Finanzdienstleistungsaufsichtsgesetzes beauftragten Personen dürfen die ihnen bei ihrer Tätigkeit bekannt gewordenen Tatsachen, deren Geheimhaltung im Interesse eines nach diesem Gesetz Verpflichteten oder eines Dritten liegt, insbesondere Geschäfts- und Betriebsgeheimnisse sowie personenbezogene Daten, nicht unbefugt offenbaren oder verwerten, auch wenn sie nicht mehr im Dienst sind oder ihre Tätigkeit beendet ist. ²Dies gilt auch für andere Personen, die durch dienstliche Berichterstattung Kenntnis von den in Satz 1 bezeichneten Tatsachen erhalten. ³Ein unbefugtes Offenbaren oder Verwerten im Sinne des Satzes 1 liegt insbesondere nicht vor, wenn Tatsachen weitergegeben werden an

1. Strafverfolgungsbehörden oder für Straf- und Bußgeldsachen zuständige Gerichte,
2. kraft Gesetzes oder im öffentlichen Auftrag mit der Überwachung von Börsen oder anderen Märkten, an denen Finanzinstrumente gehandelt werden, des Handels mit Finanzinstrumenten oder Devisen, von Kreditinstituten, Finanzdienstleistungsinstituten, Investmentgesellschaften, Finanzunternehmen oder Versicherungsunternehmen betraute Stellen sowie von diesen beauftragte Personen,

soweit diese Stellen die Informationen zur Erfüllung ihrer Aufgaben benötigen. ⁴Für die bei diesen Stellen beschäftigten Personen gilt die Verschwiegenheitspflicht nach Satz 1 entsprechend. ⁵An eine Stelle eines anderen Staates dürfen die Tatsachen nur weitergegeben werden, wenn diese Stelle und die von ihr beauftragten Personen einer dem Satz 1 entsprechenden Verschwiegenheitspflicht unterliegen.

(2) ¹Die Vorschriften der §§ 93, 97 und 105 Abs. 1, § 111 Abs. 5 in Verbindung mit § 105 Abs. 1 sowie § 116 Abs. 1 der Abgabenordnung gelten nicht für die in Absatz 1 Satz 1 oder 2 genannten Personen, soweit sie zur Durchführung dieses Gesetzes tätig werden. ²Sie finden Anwendung, soweit die Finanzbehörden die Kenntnisse für die Durchführung eines Verfahrens wegen einer Steuerstraftat sowie eines damit zusammenhängenden Besteuerungsverfahrens benötigen, an deren Verfolgung ein zwingendes öffentliches Interesse besteht, und nicht Tatsachen betroffen sind, die den in Absatz 1 Satz 1 oder 2 bezeichneten Personen durch eine Stelle eines anderen Staates im Sinne des Absatzes 1 Satz 3 Nr. 2 oder durch von dieser Stelle beauftragte Personen mitgeteilt worden sind.

§ 9 Meldepflichten. (1) ¹Kreditinstitute, Finanzdienstleistungsinstitute mit der Erlaubnis zum Betreiben des Eigenhandels, nach § 53 Abs. 1 Satz 1 des Kreditwesengesetzes tätige Unternehmen mit Sitz in einem Staat, der nicht Mitgliedstaat der Europäischen Union und auch nicht Vertragsstaat des Abkommens über den Europäischen Wirtschaftsraum ist, sowie Unternehmen, die ihren Sitz im Inland haben und an einer inländischen Börse zur Teilnahme am Handel zugelassen sind, sind verpflichtet, der Bundesanstalt jedes Geschäft in Wertpapieren oder Derivaten, die zum Handel an einem organisierten Markt in einem Mitgliedstaat der Europäischen Union oder in einem anderen Vertragsstaat des Abkommens über den Europäischen Wirtschaftsraum zugelassen oder in den geregelten Markt oder Freiverkehr einer inländischen Börse einbezogen sind, spätestens an dem auf den Tag des Geschäftsabschlusses folgenden Werktag, der kein Samstag ist, gemäß Absatz 2 mitzuteilen, wenn sie das Geschäft im Zusammenhang mit einer Wertpapierdienstleistung oder als Eigengeschäft abschließen. ²Die Verpflichtung nach Satz 1 gilt auch für den Erwerb und die Veräußerung von Rechten auf Zeichnung von Wertpapieren, sofern diese Wertpapiere an einem organisierten Markt gehandelt werden sollen, sowie für Geschäfte in Aktien und Optionsscheinen, bei denen ein Antrag auf Zulassung zum Handel an einem organisierten Markt oder auf Einbeziehung in den geregelten Markt oder in den Freiverkehr gestellt oder öffentlich angekündigt ist. ³Die Verpflichtung nach den Sätzen 1 und 2 gilt auch für inländische Stellen, die ein System zur Sicherung der Erfüllung von Geschäften an einem organisierten Markt betreiben, hinsichtlich der von ihnen abgeschlossenen Geschäfte. ⁴Die Verpflichtung nach den Sätzen 1 und 2 gilt auch für Unternehmen, die ihren Sitz im Ausland haben und an einer inländischen Börse zur Teilnahme am Handel zugelassen sind, hinsichtlich der von ihnen an einer inländischen Börse oder im Freiverkehr im Zusammenhang mit einer Wertpapierdienstleistung oder als Eigengeschäft geschlossenen Geschäfte.

(1a) ¹Von der Verpflichtung nach Absatz 1 ausgenommen sind Bausparkassen im Sinne des § 1 Abs. 1 des Gesetzes über Bausparkassen und Unternehmen im Sinne des § 2 Abs. 1, 4 und 5 des Kreditwesengesetzes, sofern sie nicht an einer inländischen Börse zur Teilnahme am Handel zugelassen sind, sowie Wohnungsgenossenschaften mit Spareinrichtung. ²Die Verpflichtung nach Absatz 1 findet auch keine Anwendung auf Geschäfte in Anteilen an Investmentvermögen, die von einer Kapitalanlagegesellschaft oder einer ausländischen Investmentgesellschaft ausgegeben werden, bei denen eine Rücknahmeverpflichtung der Gesellschaft besteht, sowie auf Geschäfte in Derivaten im Sinne des § 2 Abs. 2 Nr. 2 und 4.

(2) ¹Die Mitteilung hat auf automatisiert verarbeitbaren Datenträgern oder im Wege der Datenfernübertragung zu erfolgen. ²Sie muss für jedes Geschäft die folgenden Angaben enthalten:

1. Bezeichnung des Wertpapiers oder Derivats und Wertpapierkennnummer,
2. Datum und Uhrzeit des Abschlusses oder der maßgeblichen Kursfeststellung,
3. Kurs, Stückzahl, Nennbetrag der Wertpapiere oder Derivate,
4. die an dem Geschäft beteiligten Institute und Unternehmen im Sinne des Absatzes 1,
5. die Börse oder das elektronische Handelssystem der Börse, sofern es sich um ein Börsengeschäft handelt,
6. Kennzeichen zur Identifikation des Geschäfts,
7. Kennzeichen zur Identifikation des Depotinhabers oder des Depots, sofern der Depotinhaber nicht selbst nach Absatz 1 zur Meldung verpflichtet ist,
8. Kennzeichen für Auftraggeber, sofern dieser nicht mit dem Depotinhaber identisch ist.

²Geschäfte für eigene Rechnung sind gesondert zu kennzeichnen.

(3) Das Bundesministerium der Finanzen kann durch Rechtsverordnung, die nicht der Zustimmung des Bundesrates bedarf,

1. nähere Bestimmungen über Inhalt, Art, Umfang und Form der Mitteilung und über die zulässigen Datenträger und Übertragungswege erlassen,
2. zusätzliche Angaben vorschreiben, soweit diese zur Erfüllung der Aufsichtsaufgaben der Bundesanstalt erforderlich sind,
3. zulassen, dass die Mitteilungen der Verpflichteten auf deren Kosten durch die Börse oder einen geeigneten Dritten erfolgen, und die Einzelheiten hierzu festlegen,
4. für Geschäfte, die Schuldverschreibungen oder bestimmte Arten von Derivaten zum Gegenstand haben, zulassen, dass Angaben nach Absatz 2 nicht oder in einer zusammengefassten Form mitgeteilt werden,
5. die in Absatz 1 genannten Institute und Unternehmen von der Mitteilungspflicht nach Absatz 1 für Geschäfte befreien, die an einem organisierten Markt in einem anderen Mitgliedstaat der Europäischen Union oder in einem anderen Vertragsstaat des Abkommens über den Europäischen Wirtschaftsraum abgeschlossen werden, wenn in diesem Staat eine Mitteilungspflicht mit gleichwertigen Anforderungen besteht,
6. bei Sparkassen und Kreditgenossenschaften, die sich zur Ausführung des Geschäfts einer Girozentrale oder einer genossenschaftlichen Zentralbank oder des Zentralkreditinstituts bedienen, zulassen, dass die in Absatz 1 vorgeschriebenen Mitteilungen durch die Girozentrale oder die genossenschaftliche Zentralbank oder das Zentralkreditinstitut erfolgen, wenn und

soweit der mit den Mitteilungspflichten verfolgte Zweck dadurch nicht beeinträchtigt wird.

(4) Das Bundesministerium der Finanzen kann die Ermächtigung nach Absatz 3 durch Rechtsverordnung auf die Bundesanstalt für Finanzdienstleistungsaufsicht übertragen.

§ 10 Anzeige von Verdachtsfällen. (1) [1] Wertpapierdienstleistungsunternehmen, andere Kreditinstitute und Betreiber von außerbörslichen Märkten, an denen Finanzinstrumente gehandelt werden, haben bei der Feststellung von Tatsachen, die den Verdacht begründen, dass mit einem Geschäft über Finanzinstrumente gegen ein Verbot oder Gebot nach § 14 oder § 20a verstoßen wird, diese unverzüglich der Bundesanstalt mitzuteilen. [2] Sie dürfen andere Personen als staatliche Stellen und solche, die auf Grund ihres Berufs einer gesetzlichen Verschwiegenheitspflicht unterliegen, von der Anzeige oder von einer daraufhin eingeleiteten Untersuchung nicht in Kenntnis setzen.

(2) [1] Die Bundesanstalt hat Anzeigen nach Absatz 1 unverzüglich an die zuständigen Aufsichtsbehörden derjenigen organisierten Märkte innerhalb der Europäischen Union oder des Europäischen Wirtschaftsraums weiterzuleiten, an denen die Finanzinstrumente nach Absatz 1 gehandelt werden. [2] Der Inhalt einer Anzeige nach Absatz 1 darf von der Bundesanstalt nur zur Erfüllung ihrer Aufgaben verwendet werden. [3] Im Übrigen darf er nur zum Zweck der Verfolgung von Straftaten nach § 38 sowie für Strafverfahren wegen einer Straftat, die im Höchstmaß mit einer Freiheitsstrafe von mehr als drei Jahren bedroht ist, verwendet werden. [4] Die Bundesanstalt darf die Identität einer anzeigenden Person nach Absatz 1 anderen als staatlichen Stellen nicht zugänglich machen. [5] Das Recht der Bundesanstalt nach § 40b bleibt unberührt.

(3) Wer eine Anzeige nach Absatz 1 erstattet, darf wegen dieser Anzeige nicht verantwortlich gemacht werden, es sei denn, die Anzeige ist vorsätzlich oder grob fahrlässig unwahr erstattet worden.

(4) [1] Das Bundesministerium der Finanzen kann durch Rechtsverordnung, die nicht der Zustimmung des Bundesrates bedarf, nähere Bestimmungen erlassen über die Form und den Inhalt einer Anzeige nach Absatz 1. [2] Das Bundesministerium der Finanzen kann die Ermächtigung durch Rechtsverordnung auf die Bundesanstalt für Finanzdienstleistungsaufsicht übertragen.

§ 11. *(aufgehoben)*

Abschnitt 3. Insiderüberwachung

§ 12 Insiderpapiere. [1] Insiderpapiere sind Finanzinstrumente,
1. die an einer inländischen Börse zum Handel zugelassen oder in den geregelten Markt oder in den Freiverkehr einbezogen sind,
2. die in einem anderen Mitgliedstaat der Europäischen Union oder einem anderen Vertragsstaat des Abkommens über den Europäischen Wirtschaftsraum zum Handel an einem organisierten Markt zugelassen sind oder
3. deren Preis unmittelbar oder mittelbar von Finanzinstrumenten nach Nummer 1 oder Nummer 2 abhängt.

² Der Zulassung zum Handel an einem organisierten Markt oder der Einbeziehung in den geregelten Markt oder in den Freiverkehr steht gleich, wenn der Antrag auf Zulassung oder Einbeziehung gestellt oder öffentlich angekündigt ist.

§ 13 Insiderinformation. (1) ¹ Eine Insiderinformation ist eine konkrete Information über nicht öffentlich bekannte Umstände, die sich auf einen oder mehrere Emittenten von Insiderpapieren oder auf die Insiderpapiere selbst beziehen und die geeignet sind, im Falle ihres öffentlichen Bekanntwerdens den Börsen- oder Marktpreis der Insiderpapiere erheblich zu beeinflussen. ² Eine solche Eignung ist gegeben, wenn ein verständiger Anleger die Information bei seiner Anlageentscheidung berücksichtigen würde. ³ Als Umstände im Sinne des Satzes 1 gelten auch solche, bei denen mit hinreichender Wahrscheinlichkeit davon ausgegangen werden kann, dass sie in Zukunft eintreten werden. ⁴ Eine Insiderinformation ist insbesondere auch eine Information über nicht öffentlich bekannte Umstände im Sinne des Satzes 1, die sich

1. auf Aufträge von anderen Personen über den Kauf oder Verkauf von Finanzinstrumenten bezieht oder
2. auf Derivate nach § 2 Abs. 2 Nr. 4 bezieht und bei der Marktteilnehmer erwarten würden, dass sie diese Information in Übereinstimmung mit der zulässigen Praxis an den betreffenden Märkten erhalten würden.

(2) Eine Bewertung, die ausschließlich auf Grund öffentlich bekannter Umstände erstellt wird, ist keine Insiderinformation, selbst wenn sie den Kurs von Insiderpapieren erheblich beeinflussen kann.

§ 14 Verbot von Insidergeschäften. (1) Es ist verboten,
1. unter Verwendung einer Insiderinformation Insiderpapiere für eigene oder fremde Rechnung oder für einen anderen zu erwerben oder zu veräußern,
2. einem anderen eine Insiderinformation unbefugt mitzuteilen oder zugänglich zu machen,
3. einem anderen auf der Grundlage einer Insiderinformation den Erwerb oder die Veräußerung von Insiderpapieren zu empfehlen oder einen anderen auf sonstige Weise dazu zu verleiten.

(2) ¹ Der Handel mit eigenen Aktien im Rahmen von Rückkaufprogrammen und Maßnahmen zur Stabilisierung des Preises von Finanzinstrumenten stellen in keinem Fall einen Verstoß gegen das Verbot des Absatzes 1 dar, soweit diese nach Maßgabe der Vorschriften der Verordnung (EG) Nr. 2273/2003 der Kommission vom 22. Dezember 2003 zur Durchführung der Richtlinie 2003/6/EG des Europäischen Parlaments und des Rates – Ausnahmeregelungen für Rückkaufprogramme und Kursstabilisierungsmaßnahmen (ABl. EU Nr. L 336 S. 33) erfolgen. ² Für Finanzinstrumente, die in den Freiverkehr oder in den geregelten Markt einbezogen sind, gelten die Vorschriften der Verordnung (EG) Nr. 2273/2003 entsprechend.

§ 15 Veröffentlichung und Mitteilung von Insiderinformationen.
(1) ¹ Der Emittent von Finanzinstrumenten, die zum Handel an einem inländischen organisierten Markt zugelassen sind oder für die er eine solche Zulassung beantragt hat, muss Insiderinformationen, die ihn unmittelbar betreffen, unverzüglich veröffentlichen. ² Eine Insiderinformation betrifft den

Emittenten insbesondere dann unmittelbar, wenn sie sich auf Umstände bezieht, die in seinem Tätigkeitsbereich eingetreten sind. ³Wer als Emittent oder als eine Person, die in dessen Auftrag oder auf dessen Rechnung handelt, im Rahmen seiner Befugnis einem anderen Insiderinformationen mitteilt oder zugänglich macht, hat diese zeitgleich zu veröffentlichen, es sei denn, der andere ist rechtlich zur Vertraulichkeit verpflichtet. ⁴Erfolgt die Mitteilung oder Zugänglichmachung der Insiderinformation nach Satz 3 unwissentlich, so ist die Veröffentlichung unverzüglich nachzuholen. ⁵In einer Veröffentlichung genutzte Kennzahlen müssen im Geschäftsverkehr üblich sein und einen Vergleich mit den zuletzt genutzten Kennzahlen ermöglichen.

(2) ¹Sonstige Angaben, die die Voraussetzungen des Absatzes 1 offensichtlich nicht erfüllen, dürfen, auch in Verbindung mit veröffentlichungspflichtigen Informationen im Sinne des Absatzes 1, nicht veröffentlicht werden. ²Unwahre Informationen, die nach Absatz 1 veröffentlicht wurden, sind unverzüglich in einer Veröffentlichung nach Absatz 1 zu berichtigen, auch wenn die Voraussetzungen des Absatzes 1 nicht vorliegen.

(3) ¹Der Emittent ist von der Pflicht zur Veröffentlichung nach Absatz 1 Satz 1 solange befreit, wie es der Schutz seiner berechtigten Interessen erfordert, keine Irreführung der Öffentlichkeit zu befürchten ist und der Emittent die Vertraulichkeit der Insiderinformation gewährleisten kann. ²Die Veröffentlichung ist unverzüglich nachzuholen. ³Absatz 4 gilt entsprechend. ⁴Der Emittent hat die Gründe für die Befreiung zusammen mit der Mitteilung nach Absatz 4 Satz 1 der Bundesanstalt unter Angabe des Zeitpunktes der Entscheidung über den Aufschub der Veröffentlichung mitzuteilen.

(4) ¹Der Emittent hat die nach Absatz 1 oder Absatz 2 Satz 2 zu veröffentlichende Information vor der Veröffentlichung

1. der Geschäftsführung der organisierten Märkte, an denen die Finanzinstrumente zum Handel zugelassen sind,
2. der Geschäftsführung der organisierten Märkte, an denen Derivate gehandelt werden, die sich auf die Finanzinstrumente beziehen, und
3. der Bundesanstalt

mitzuteilen. ²Absatz 1 Satz 5 sowie die Absätze 2 und 3 gelten entsprechend. ³Die Geschäftsführung darf die ihr nach Satz 1 mitgeteilte Information vor der Veröffentlichung nur zum Zweck der Entscheidung verwenden, ob die Ermittlung des Börsenpreises auszusetzen oder einzustellen ist. ⁴Die Bundesanstalt kann gestatten, dass Emittenten mit Sitz im Ausland die Mitteilung nach Satz 1 gleichzeitig mit der Veröffentlichung vornehmen, wenn dadurch die Entscheidung der Geschäftsführung über die Aussetzung oder Einstellung der Ermittlung des Börsenpreises nicht beeinträchtigt wird.

(5) ¹Eine Veröffentlichung von Insiderinformationen in anderer Weise als nach Absatz 1 in Verbindung mit einer Rechtsverordnung nach Absatz 7 Nr. 1 darf nicht vor der Veröffentlichung nach Absatz 1 Satz 1, 3 oder 4 oder Absatz 2 Satz 2 vorgenommen werden. ²Der Emittent hat die Veröffentlichungen nach Satz 1 unverzüglich der Geschäftsführung der in Absatz 4 Satz 1 Nr. 1 und 2 erfassten organisierten Märkte und der Bundesanstalt zu übersenden, soweit nicht die Bundesanstalt nach Absatz 4 Satz 4 gestattet hat, die Mitteilung nach Absatz 4 Satz 1 gleichzeitig mit der Veröffentlichung vorzunehmen.

(6) ¹Verstößt der Emittent gegen die Verpflichtungen nach den Absätzen 1 bis 4, so ist er einem anderen nur unter den Voraussetzungen der §§ 37b und 37c zum Ersatz des daraus entstehenden Schadens verpflichtet. ²Schadenersatzansprüche, die auf anderen Rechtsgrundlagen beruhen, bleiben unberührt.

(7) ¹Das Bundesministerium der Finanzen kann durch Rechtsverordnung, die nicht der Zustimmung des Bundesrates bedarf, nähere Bestimmungen erlassen über
1. den Mindestinhalt, die Art, den Umfang und die Form der Veröffentlichung nach Absatz 1 Satz 1, 3 und 4 sowie Absatz 2 Satz 2,
2. den Mindestinhalt, die Art, den Umfang und die Form einer Mitteilung nach Absatz 3 Satz 4 und Absatz 4 und
3. berechtigte Interessen des Emittenten und die Gewährleistung der Vertraulichkeit nach Absatz 3.

²Das Bundesministerium der Finanzen kann die Ermächtigung durch Rechtsverordnung auf die Bundesanstalt für Finanzdienstleistungsaufsicht übertragen.

§ 15a Veröffentlichung und Mitteilung von Geschäften.

(1) ¹Personen, die bei einem Emittenten von Aktien Führungsaufgaben wahrnehmen, haben eigene Geschäfte mit Aktien des Emittenten oder sich darauf beziehenden Finanzinstrumenten, insbesondere Derivaten, dem Emittenten und der Bundesanstalt innerhalb von fünf Werktagen mitzuteilen. ²Die Verpflichtung nach Satz 1 obliegt auch Personen, die mit einer solchen Person in einer engen Beziehung stehen. ³Die Verpflichtung nach Satz 1 gilt nur bei Emittenten solcher Aktien, die
1. an einer inländischen Börse zum Handel zugelassen sind oder
2. in einem anderen Mitgliedstaat der Europäischen Union oder einem anderen Vertragsstaat des Abkommens über den Europäischen Wirtschaftsraum zum Handel an einem organisierten Markt zugelassen sind.

⁴Der Zulassung zum Handel an einem organisierten Markt steht es gleich, wenn der Antrag auf Zulassung gestellt oder öffentlich angekündigt ist. ⁵Die Pflicht nach Satz 1 besteht nicht, solange die Gesamtsumme der Geschäfte einer Person mit Führungsaufgaben und der mit dieser Person in einer engen Beziehung stehenden Personen insgesamt einen Betrag von 5000 Euro bis zum Ende des Kalenderjahres nicht erreicht.

(2) Personen mit Führungsaufgaben im Sinne des Absatzes 1 Satz 1 sind persönlich haftende Gesellschafter oder Mitglieder eines Leitungs-, Verwaltungs- oder Aufsichtsorgans des Emittenten sowie sonstige Personen, die regelmäßig Zugang zu Insiderinformationen haben und zu wesentlichen unternehmerischen Entscheidungen ermächtigt sind.

(3) ¹Personen im Sinne des Absatzes 1 Satz 2, die mit den in Absatz 2 genannten Personen in einer engen Beziehung stehen, sind deren Ehepartner, eingetragene Lebenspartner, unterhaltsberechtigte Kinder und andere Verwandte, die mit den in Absatz 2 genannten Personen zum Zeitpunkt des Abschlusses des meldepflichtigen Geschäfts seit mindestens einem Jahr im selben Haushalt leben. ²Juristische Personen, bei denen Personen im Sinne des Absatzes 2 oder des Satzes 1 Führungsaufgaben wahrnehmen, gelten ebenfalls als Personen im Sinne des Absatzes 1 Satz 2. ³Unter Satz 2 fallen auch juristische Personen, Gesellschaften und Einrichtungen, die direkt oder indirekt von einer Person im Sinne des Absatzes 2 oder des Satzes 1 kontrolliert werden,

die zugunsten einer solchen Person gegründet wurden oder deren wirtschaftliche Interessen weitgehend denen einer solchen Person entsprechen.

(4) ¹Der Emittent hat eine Mitteilung nach Absatz 1 unverzüglich zu veröffentlichen. ²Er hat die Veröffentlichung der Bundesanstalt unverzüglich zu übersenden.

(5) ¹Das Bundesministerium der Finanzen kann durch Rechtsverordnung, die nicht der Zustimmung des Bundesrates bedarf, nähere Bestimmungen erlassen über den Mindestinhalt, die Art, den Umfang und die Form der Mitteilung nach Absatz 1 sowie der Veröffentlichung nach Absatz 4. ²Das Bundesministerium der Finanzen kann die Ermächtigung durch Rechtsverordnung auf die Bundesanstalt für Finanzdienstleistungsaufsicht übertragen.

§ 15 b Führung von Insiderverzeichnissen. (1) ¹Emittenten nach § 15 Abs. 1 Satz 1 und in ihrem Auftrag oder für ihre Rechnung handelnde Personen haben Verzeichnisse über solche Personen zu führen, die für sie tätig sind und bestimmungsgemäß Zugang zu Insiderinformationen haben. ²Die nach Satz 1 Verpflichteten müssen diese Verzeichnisse unverzüglich aktualisieren und der Bundesanstalt auf Verlangen übermitteln. ³Die in den Verzeichnissen geführten Personen sind durch den Emittenten über die rechtlichen Pflichten, die sich aus dem Zugang zu Insiderinformationen ergeben, sowie über die Rechtsfolgen von Verstößen aufzuklären. ⁴Als im Auftrag oder für Rechnung des Emittenten handelnde Personen gelten nicht die in § 323 Abs. 1 Satz 1 des Handelsgesetzbuchs genannten Personen.

(2) ¹Das Bundesministerium der Finanzen kann durch Rechtsverordnung, die nicht der Zustimmung des Bundesrates bedarf, nähere Bestimmungen erlassen über

1. Umfang und Form der Verzeichnisse,
2. die in den Verzeichnissen enthaltenen Daten,
3. die Aktualisierung und die Datenpflege bezüglich der Verzeichnisse,
4. den Zeitraum, über den die Verzeichnisse aufbewahrt werden müssen und
5. Fristen für die Vernichtung der Verzeichnisse.

²Das Bundesministerium der Finanzen kann die Ermächtigung durch Rechtsverordnung auf die Bundesanstalt für Finanzdienstleistungsaufsicht übertragen.

§ 16 Aufzeichnungspflichten. ¹Wertpapierdienstleistungsunternehmen sowie Unternehmen mit Sitz im Inland, die an einer inländischen Börse zur Teilnahme am Handel zugelassen sind, haben vor Durchführung von Aufträgen, die Insiderpapiere im Sinne des § 12 zum Gegenstand haben, bei natürlichen Personen den Namen, das Geburtsdatum und die Anschrift, bei Unternehmen die Firma und die Anschrift der Auftraggeber und der berechtigten oder verpflichteten Personen oder Unternehmen festzustellen und diese Angaben aufzuzeichnen. ²Die Aufzeichnungen nach Satz 1 sind mindestens sechs Jahre aufzubewahren. ³Für die Aufbewahrung gilt § 257 Abs. 3 und 5 des Handelsgesetzbuchs entsprechend.

§ 16 a Überwachung der Geschäfte der bei der Bundesanstalt Beschäftigten. (1) Die Bundesanstalt muss über angemessene interne Kontrollverfahren verfügen, die geeignet sind, Verstößen der bei der Bundesanstalt Beschäftigten gegen die Verbote nach § 14 entgegenzuwirken.

Insiderüberwachung §§ 16b–20a WpHG 3

(2) ¹Der Dienstvorgesetzte oder die von ihm beauftragte Person kann von den bei der Bundesanstalt Beschäftigten die Erteilung von Auskünften und die Vorlage von Unterlagen über Geschäfte in Insiderpapieren verlangen, die sie für eigene oder fremde Rechnung oder für einen anderen abgeschlossen haben. ²§ 4 Abs. 9 ist anzuwenden. ³Beschäftigte, die bei ihren Dienstgeschäften bestimmungsgemäß Kenntnis von Insiderinformationen haben oder haben können, sind verpflichtet, Geschäfte in Insiderpapieren, die sie für eigene oder fremde Rechnung oder für einen anderen abgeschlossen haben, unverzüglich dem Dienstvorgesetzten oder der von ihm beauftragten Person schriftlich anzuzeigen. ⁴Der Dienstvorgesetzte oder die von ihm beauftragte Person bestimmt die in Satz 3 genannten Beschäftigten.

§ 16b Aufbewahrung von Verbindungsdaten. (1) ¹Die Bundesanstalt kann von einem Wertpapierdienstleistungsunternehmen sowie von einem Unternehmen mit Sitz im Inland, die an einer inländischen Börse zur Teilnahme am Handel zugelassen sind, und von einem Emittenten von Insiderpapieren sowie mit diesem verbundenen Unternehmen, die ihren Sitz im Inland haben oder deren Wertpapiere an einer inländischen Börse zum Handel zugelassen oder in den geregelten Markt oder Freiverkehr einbezogen sind, für einen bestimmten Personenkreis schriftlich die Aufbewahrung von bereits existierenden Verbindungsdaten über den Fernmeldeverkehr verlangen, sofern bezüglich dieser Personen des konkreten Unternehmens Anhaltspunkte für einen Verstoß gegen § 14 oder § 20a bestehen. ²Das Grundrecht des Artikels 10 des Grundgesetzes wird insoweit eingeschränkt. ³Die Betroffenen sind gemäß § 101 der Strafprozessordnung zu benachrichtigen. ⁴Die Bundesanstalt kann auf der Grundlage von Satz 1 nicht die Aufbewahrung von erst zukünftig zu erhebenden Verbindungsdaten verlangen.

(2) ¹Die Frist zur Aufbewahrung der bereits existierenden Daten beträgt vom Tage des Zugangs der Aufforderung an höchstens sechs Monate. ²Ist die Aufbewahrung der Verbindungsdaten über den Fernmeldeverkehr zur Prüfung des Verdachts eines Verstoßes gegen ein Verbot nach § 14 oder § 20a nicht mehr erforderlich, hat die Bundesanstalt den Aufbewahrungspflichtigen hiervon unverzüglich in Kenntnis zu setzen und die dazu vorhandenen Unterlagen unverzüglich zu vernichten. ³Die Pflicht zur unverzüglichen Vernichtung der vorhandenen Daten gilt auch für den Aufbewahrungspflichtigen.

§§ 17–20. *(aufgehoben)*

Abschnitt 4. Überwachung des Verbots der Kurs- und Marktpreismanipulation

§ 20a Verbot der Marktmanipulation. (1) ¹Es ist verboten,
1. unrichtige oder irreführende Angaben über Umstände zu machen, die für die Bewertung eines Finanzinstruments erheblich sind, oder solche Umstände entgegen bestehenden Rechtsvorschriften zu verschweigen, wenn die Angaben oder das Verschweigen geeignet sind, auf den inländischen Börsen- oder Marktpreis eines Finanzinstruments oder auf den Preis eines Finanzinstruments an einem organisierten Markt in einem anderen Mitgliedstaat der Europäischen Union oder in einem anderen Vertragsstaat des Abkommens über den Europäischen Wirtschaftsraum einzuwirken,

2. Geschäfte vorzunehmen oder Kauf- oder Verkaufaufträge zu erteilen, die geeignet sind, falsche oder irreführende Signale für das Angebot, die Nachfrage oder den Börsen- oder Marktpreis von Finanzinstrumenten zu geben oder ein künstliches Preisniveau herbeizuführen oder
3. sonstige Täuschungshandlungen vorzunehmen, die geeignet sind, auf den inländischen Börsen- oder Marktpreis eines Finanzinstruments oder auf den Preis eines Finanzinstruments an einem organisierten Markt in einem anderen Mitgliedstaat der Europäischen Union oder in einem anderen Vertragsstaat des Abkommens über den Europäischen Wirtschaftsraum einzuwirken.

[2] Satz 1 gilt für Finanzinstrumente, die
1. an einer inländischen Börse zum Handel zugelassen oder in den geregelten Markt oder in den Freiverkehr einbezogen sind oder
2. in einem anderen Mitgliedstaat der Europäischen Union oder einem anderen Vertragsstaat des Abkommens über den Europäischen Wirtschaftsraum zum Handel an einem organisierten Markt zugelassen sind.

[3] Der Zulassung zum Handel an einem organisierten Markt oder der Einbeziehung in den geregelten Markt oder in den Freiverkehr steht es gleich, wenn der Antrag auf Zulassung oder Einbeziehung gestellt oder öffentlich angekündigt ist.

(2) [1] Das Verbot des Absatzes 1 Satz 1 Nr. 2 gilt nicht, wenn die Handlung mit der zulässigen Marktpraxis auf dem betreffenden organisierten Markt oder in dem betreffenden Freiverkehr vereinbar ist und der Handelnde hierfür legitime Gründe hat. [2] Als zulässige Marktpraxis gelten nur solche Gepflogenheiten, die auf dem jeweiligen Markt nach vernünftigem Ermessen erwartet werden können und von der Bundesanstalt als zulässige Marktpraxis im Sinne dieser Vorschrift anerkannt werden. [3] Eine Marktpraxis ist nicht bereits deshalb unzulässig, weil sie zuvor nicht ausdrücklich anerkannt wurde.

(3) [1] Der Handel mit eigenen Aktien im Rahmen von Rückkaufprogrammen sowie Maßnahmen zur Stabilisierung des Preises von Finanzinstrumenten stellen in keinem Fall einen Verstoß gegen das Verbot des Absatzes 1 Satz 1 dar, soweit diese nach Maßgabe der Verordnung (EG) Nr. 2273/2003 der Kommission vom 22. Dezember 2003 zur Durchführung der Richtlinie 2003/6/EG des Europäischen Parlaments und des Rates – Ausnahmeregelungen für Rückkaufprogramme und Kursstabilisierungsmaßnahmen (ABl. EU Nr. L 336 S. 33) erfolgen. [2] Für Finanzinstrumente, die in den Freiverkehr oder in den geregelten Markt einbezogen sind, gelten die Vorschriften der Verordnung (EG) Nr. 2273/2003 entsprechend.

(4) Die Absätze 1 bis 3 gelten entsprechend für Waren und ausländische Zahlungsmittel im Sinne des § 63 Abs. 2 des Börsengesetzes, die an einem organisierten Markt gehandelt werden.

(5) [1] Das Bundesministerium der Finanzen kann durch Rechtsverordnung, die der Zustimmung des Bundesrates bedarf, nähere Bestimmungen erlassen über
1. Umstände, die für die Bewertung von Finanzinstrumenten erheblich sind,
2. falsche oder irreführende Signale für das Angebot, die Nachfrage oder den Börsen- oder Marktpreis von Finanzinstrumenten oder das Vorliegen eines künstlichen Preisniveaus,

Veränderungen des Stimmrechtsanteils §§ 20b–22 WpHG 3

3. das Vorliegen einer sonstigen Täuschungshandlung,
4. Handlungen und Unterlassungen, die in keinem Fall einen Verstoß gegen das Verbot des Absatzes 1 Satz 1 darstellen, und
5. Handlungen, die als zulässige Marktpraxis gelten, und das Verfahren zur Anerkennung einer zulässigen Marktpraxis.

²Das Bundesministerium der Finanzen kann die Ermächtigung durch Rechtsverordnung auf die Bundesanstalt für Finanzdienstleistungsaufsicht übertragen. ³Diese erlässt die Vorschriften im Einvernehmen mit den Börsenaufsichtsbehörden der Länder.

(6) Bei Journalisten, die in Ausübung ihres Berufes handeln, ist das Vorliegen der Voraussetzungen nach Absatz 1 Satz 1 Nr. 1 unter Berücksichtigung ihrer berufsständischen Regeln zu beurteilen, es sei denn, dass diese Personen aus den unrichtigen oder irreführenden Angaben direkt oder indirekt einen Nutzen ziehen oder Gewinne schöpfen.

§ 20 b. *(aufgehoben)*

Abschnitt 5. Mitteilungs- und Veröffentlichungspflichten bei Veränderungen des Stimmrechtsanteils an börsennotierten Gesellschaften

§ 21 Mitteilungspflichten des Meldepflichtigen. (1) ¹Wer durch Erwerb, Veräußerung oder auf sonstige Weise 5 Prozent, 10 Prozent, 25 Prozent, 50 Prozent oder 75 Prozent der Stimmrechte an einer börsennotierten Gesellschaft erreicht, überschreitet oder unterschreitet (Meldepflichtiger), hat der Gesellschaft sowie der Bundesanstalt unverzüglich, spätestens innerhalb von sieben Kalendertagen, das Erreichen, Überschreiten oder Unterschreiten der genannten Schwellen sowie die Höhe seines Stimmrechtsanteils unter Angabe seiner Anschrift und des Tages des Erreichens, Überschreitens oder Unterschreitens unter Beachtung von § 22 Abs. 1 und 2 schriftlich mitzuteilen. ²Die Frist beginnt mit dem Zeitpunkt, zu dem der Meldepflichtige Kenntnis davon hat oder nach den Umständen haben mußte, daß sein Stimmrechtsanteil die genannten Schwellen erreicht, überschreitet oder unterschreitet.

(1a) Wem im Zeitpunkt der erstmaligen Zulassung der Aktien einer Gesellschaft mit Sitz im Inland zum Handel an einem organisierten Markt in einem Mitgliedstaat der Europäischen Union oder in einem anderen Vertragsstaat des Abkommens über den Europäischen Wirtschaftsraum 5 Prozent oder mehr der Stimmrechte an der Gesellschaft zustehen, hat der Gesellschaft sowie der Bundesanstalt eine Mitteilung entsprechend Absatz 1 Satz 1 zu machen.

(2) Börsennotierte Gesellschaften im Sinne dieses Abschnitts sind Gesellschaften mit Sitz im Inland, deren Aktien zum Handel an einem organisierten Markt in einem Mitgliedstaat der Europäischen Union oder in einem anderen Vertragsstaat des Abkommens über den Europäischen Wirtschaftsraum zugelassen sind.

§ 22 Zurechnung von Stimmrechten. (1) ¹Für die Mitteilungspflichten nach § 21 Abs. 1 und 1a stehen den Stimmrechten des Meldepflichtigen Stimmrechte aus Aktien der börsennotierten Gesellschaft gleich,

3 WpHG § 23 Abschnitt 5.

1. die einem Tochterunternehmen des Meldepflichtigen gehören,
2. die einem Dritten gehören und von ihm für Rechnung des Meldepflichtigen gehalten werden,
3. die der Meldepflichtige einem Dritten als Sicherheit übertragen hat, es sei denn, der Dritte ist zur Ausübung der Stimmrechte aus diesen Aktien befugt und bekundet die Absicht, die Stimmrechte unabhängig von den Weisungen des Meldepflichtigen auszuüben,
4. an denen zugunsten des Meldepflichtigen ein Nießbrauch bestellt ist,
5. die der Meldepflichtige durch eine Willenserklärung erwerben kann,
6. die dem Meldepflichtigen anvertraut sind, sofern er die Stimmrechte aus diesen Aktien nach eigenem Ermessen ausüben kann, wenn keine besonderen Weisungen des Aktionärs vorliegen.

²Für die Zurechnung nach Satz 1 Nr. 2 bis 6 stehen dem Meldepflichtigen Tochterunternehmen des Meldepflichtigen gleich. ³Stimmrechte des Tochterunternehmens werden dem Meldepflichtigen in voller Höhe zugerechnet.

(2) ¹Dem Meldepflichtigen werden auch Stimmrechte eines Dritten aus Aktien der börsennotierten Gesellschaft in voller Höhe zugerechnet, mit dem der Meldepflichtige oder sein Tochterunternehmen sein Verhalten in Bezug auf die börsennotierte Gesellschaft auf Grund einer Vereinbarung oder in sonstiger Weise abstimmt; ausgenommen sind Vereinbarungen über die Ausübung von Stimmrechten in Einzelfällen. ²Für die Berechnung des Stimmrechtsanteils des Dritten gilt Absatz 1 entsprechend.

(3) Tochterunternehmen sind Unternehmen, die als Tochterunternehmen im Sinne des § 290 des Handelsgesetzbuchs gelten oder auf die ein beherrschender Einfluss ausgeübt werden kann, ohne dass es auf die Rechtsform oder den Sitz ankommt.

(4) Die zuzurechnenden Stimmrechte sind in den Mitteilungen nach § 21 Abs. 1 und 1a für jede der Nummern in Absatz 1 und für Absatz 2 Satz 1 getrennt anzugeben.

§ 23 Nichtberücksichtigung von Stimmrechten. (1) Die Bundesanstalt läßt auf schriftlichen Antrag zu, daß Stimmrechte aus Aktien der börsennotierten Gesellschaft bei der Berechnung des Stimmrechtsanteils unberücksichtigt bleiben, wenn der Antragsteller
1. ein zur Teilnahme am Handel an einer Börse in einem Mitgliedstaat der Europäischen Union oder in einem anderen Vertragsstaat des Abkommens über den Europäischen Wirtschaftsraum zugelassenes Unternehmen ist, das Wertpapierdienstleistungen erbringt,
2. die betreffenden Aktien im Handelsbestand hält oder zu halten beabsichtigt und
3. darlegt, daß mit dem Erwerb der Aktien nicht beabsichtigt ist, auf die Geschäftsführung der Gesellschaft Einfluß zu nehmen.

(2) Die Bundesanstalt läßt auf schriftlichen Antrag eines Unternehmens mit Sitz in einem Mitgliedstaat der Europäischen Union oder in einem anderen Vertragsstaat des Abkommens über den Europäischen Wirtschaftsraum, das nicht die Voraussetzungen des Absatzes 1 Nr. 1 erfüllt, zu, daß Stimmrechte aus Aktien der börsennotierten Gesellschaft für die Meldeschwelle von 5 Prozent unberücksichtigt bleiben, wenn der Antragsteller

Veränderungen des Stimmrechtsanteils §§ 24, 25 WpHG 3

1. die betreffenden Aktien hält oder zu halten beabsichtigt, um bestehende oder erwartete Unterschiede zwischen dem Erwerbspreis und dem Veräußerungspreis kurzfristig zu nutzen und
2. darlegt, daß mit dem Erwerb der Aktien nicht beabsichtigt ist, auf die Geschäftsführung der Gesellschaft Einfluß zu nehmen.

(3) ¹Bei der Prüfung des Jahresabschlusses eines Unternehmens, dem gemäß Absatz 1 oder 2 eine Befreiung erteilt worden ist, hat der Abschlußprüfer in einem gesonderten Vermerk festzustellen, ob das Unternehmen die Vorschriften des Absatzes 1 Nr. 2 und Nr. 3 oder des Absatzes 2 Nr. 1 und Nr. 2 beachtet hat, und diesen Vermerk zusammen mit dem Prüfungsbericht den gesetzlichen Vertretern des Unternehmens vorzulegen. ²Das Unternehmen ist verpflichtet, den Vermerk des Abschlußprüfers unverzüglich der Bundesanstalt vorzulegen. ³Die Bundesanstalt kann die Befreiung nach Absatz 1 oder 2 außer nach den Vorschriften des Verwaltungsverfahrensgesetzes widerrufen, wenn die Verpflichtungen nach Satz 1 oder 2 nicht erfüllt worden sind. ⁴Wird die Befreiung zurückgenommen oder widerrufen, so kann das Unternehmen einen erneuten Antrag auf Befreiung frühestens drei Jahre nach dem Wirksamwerden der Rücknahme oder des Widerrufs stellen.

(4) Stimmrechte aus Aktien, die aufgrund einer Befreiung nach Absatz 1 oder 2 unberücksichtigt bleiben, können nicht ausgeübt werden, wenn im Falle ihrer Berücksichtigung eine Mitteilungspflicht nach § 21 Abs. 1 oder 1a bestünde.

§ 24 Mitteilung durch Konzernunternehmen. Gehört der Meldepflichtige zu einem Konzern, für den nach den §§ 290, 340i des Handelsgesetzbuchs ein Konzernabschluß aufgestellt werden muß, so können die Mitteilungspflichten nach § 21 Abs. 1 und 1a durch das Mutterunternehmen oder, wenn das Mutterunternehmen selbst ein Tochterunternehmen ist, durch dessen Mutterunternehmen erfüllt werden.

§ 25 Veröffentlichungspflichten der börsennotierten Gesellschaft.
(1) ¹Die börsennotierte Gesellschaft hat Mitteilungen nach § 21 Abs. 1 und 1a unverzüglich, spätestens neun Kalendertage nach Zugang der Mitteilung, in deutscher Sprache in einem überregionalen Börsenpflichtblatt gemäß Satz 2 zu veröffentlichen. ²In der Veröffentlichung ist der Meldepflichtige mit Name oder Firma und Staat, in dem sich der Wohnort befindet, oder Sitz anzugeben. ³Für Gesellschaften, die eigene Aktien erwerben oder veräußern, gelten die Sätze 1 und 2 entsprechend mit der Maßgabe, daß abweichend von Satz 1 eine Erklärung zu veröffentlichen ist, deren Inhalt sich nach § 21 bestimmt, und die Veröffentlichung spätestens neun Kalendertage nach Erreichen, Überschreiten oder Unterschreiten der in § 21 Abs. 1 Satz 1 genannten Schwellen zu erfolgen hat.

(2) ¹Sind die Aktien der börsennotierten Gesellschaft zum Handel an einem organisierten Markt in einem anderen Mitgliedstaat der Europäischen Union oder in einem anderen Vertragsstaat des Abkommens über den Europäischen Wirtschaftsraum zugelassen, so hat die Gesellschaft die Veröffentlichung nach Absatz 1 Satz 1 und 2 unverzüglich, spätestens neun Kalendertage nach Zugang der Mitteilung, auch in einem Börsenpflichtblatt dieses Staates oder, sofern das Recht dieses Staates eine andere Form der Unterrichtung des Publi-

225

kums vorschreibt, in dieser anderen Form gemäß Satz 2 vorzunehmen. ²Die Veröffentlichung muß in einer Sprache abgefaßt werden, die in diesem Staat für solche Veröffentlichungen zugelassen ist.

(3) ¹Die börsennotierte Gesellschaft hat der Bundesanstalt unverzüglich einen Beleg über die Veröffentlichung nach den Absätzen 1 und 2 zu übersenden. ²Die Bundesanstalt unterrichtet die in Absatz 2 genannten Börsen über die Veröffentlichung.

(4) Die Bundesanstalt befreit auf schriftlichen Antrag die börsennotierte Gesellschaft von den Veröffentlichungspflichten nach den Absätzen 1 und 2, wenn sie nach Abwägung der Umstände der Auffassung ist, daß die Veröffentlichung dem öffentlichen Interesse zuwiderlaufen oder der Gesellschaft erheblichen Schaden zufügen würde, sofern im letzteren Fall die Nichtveröffentlichung nicht zu einem Irrtum des Publikums über die für die Beurteilung der betreffenden Wertpapiere wesentlichen Tatsachen und Umstände führen kann.

§ 26 Veröffentlichungspflichten von Gesellschaften mit Sitz im Ausland. (1) ¹Erreicht, übersteigt oder unterschreitet der Stimmrechtsanteil des Aktionärs einer Gesellschaft mit Sitz im Ausland, deren Aktien im Inland zum Handel an einem organisierten Markt zugelassen sind, die in § 21 Abs. 1 Satz 1 genannten Schwellen, so ist die Gesellschaft, sofern nicht die Voraussetzungen des Absatzes 3 vorliegen, verpflichtet, diese Tatsachen sowie die Höhe des Stimmrechtsanteils des Aktionärs unverzüglich, spätestens innerhalb von neun Kalendertagen, in einem überregionalen Börsenpflichtblatt zu veröffentlichen. ²Die Frist beginnt mit dem Zeitpunkt, zu dem die Gesellschaft Kenntnis hat, daß der Stimmrechtsanteil des Aktionärs die in § 21 Abs. 1 Satz 1 genannten Schwellen erreicht, überschreitet oder unterschreitet.

(2) Auf die Veröffentlichungen nach Absatz 1 ist § 25 Abs. 1 Satz 2, Abs. 3 und 4 entsprechend anzuwenden.

(3) Gesellschaften mit Sitz in einem anderen Mitgliedstaat der Europäischen Union oder in einem anderen Vertragsstaat des Abkommens über den Europäischen Wirtschaftsraum, deren Aktien sowohl im Sitzstaat als auch im Inland zum Handel an einem organisierten Markt zugelassen sind, müssen Veröffentlichungen, die das Recht des Sitzstaates auf Grund des Artikels 10 der Richtlinie 88/627/EWG des Rates vom 12. Dezember 1988 über die bei Erwerb und Veräußerung einer bedeutenden Beteiligung an einer börsennotierten Gesellschaft zu veröffentlichenden Informationen (ABl. EG Nr. L 348 S. 62) vorschreibt, im Inland in einem überregionalen Börsenpflichtblatt in deutscher Sprache vornehmen.

§ 27 Nachweis mitgeteilter Beteiligungen. Wer eine Mitteilung nach § 21 Abs. 1 oder 1a abgegeben hat, muß auf Verlangen der Bundesanstalt oder der börsennotierten Gesellschaft das Bestehen der mitgeteilten Beteiligung nachweisen.

§ 28 Rechtsverlust. ¹Rechte aus Aktien, die einem Meldepflichtigen gehören oder aus denen ihm Stimmrechte gemäß § 22 Abs. 1 Satz 1 Nr. 1 oder 2 zugerechnet werden, bestehen nicht für die Zeit, für welche die Mitteilungspflichten nach § 21 Abs. 1 oder 1a nicht erfüllt werden. ²Dies gilt nicht für

für Wertpapierdienstleistungsunternehmen §§ 29–32 WpHG 3

Ansprüche nach § 58 Abs. 4 des Aktiengesetzes und § 271 des Aktiengesetzes, wenn die Mitteilung nicht vorsätzlich unterlassen wurde und nachgeholt worden ist.

§ 29 Richtlinien der Bundesanstalt. [1] Die Bundesanstalt kann Richtlinien aufstellen, nach denen sie für den Regelfall beurteilt, ob die Voraussetzungen für einen mitteilungspflichtigen Vorgang oder eine Befreiung von den Mitteilungspflichten nach § 21 Abs. 1 gegeben sind. [2] Die Richtlinien sind im elektronischen Bundesanzeiger zu veröffentlichen.

§ 30. *(aufgehoben)*

Abschnitt 6. Verhaltensregeln für Wertpapierdienstleistungsunternehmen und hinsichtlich Finanzanalysen, Verjährung von Ersatzansprüchen

§ 31 Allgemeine Verhaltensregeln. (1) Ein Wertpapierdienstleistungsunternehmen ist verpflichtet,

1. Wertpapierdienstleistungen und Wertpapiernebendienstleistungen mit der erforderlichen Sachkenntnis, Sorgfalt und Gewissenhaftigkeit im Interesse seiner Kunden zu erbringen,
2. sich um die Vermeidung von Interessenkonflikten zu bemühen und dafür zu sorgen, daß bei unvermeidbaren Interessenkonflikten der Kundenauftrag unter der gebotenen Wahrung des Kundeninteresses ausgeführt wird.

(2) [1] Es ist ferner verpflichtet,

1. von seinen Kunden Angaben über ihre Erfahrungen oder Kenntnisse in Geschäften, die Gegenstand von Wertpapierdienstleistungen oder Wertpapiernebendienstleistungen sein sollen, über ihre mit den Geschäften verfolgten Ziele und über ihre finanziellen Verhältnisse zu verlangen,
2. seinen Kunden alle zweckdienlichen Informationen mitzuteilen,

soweit dies zur Wahrung der Interessen der Kunden und im Hinblick auf Art und Umfang der beabsichtigten Geschäfte erforderlich ist. [2] Die Kunden sind nicht verpflichtet, dem Verlangen nach Angaben gemäß Satz 1 Nr. 1 zu entsprechen.

(3) Die Absätze 1 und 2 gelten auch für Unternehmen mit Sitz im Ausland, die Wertpapierdienstleistungen oder Wertpapiernebendienstleistungen gegenüber Kunden erbringen, die ihren gewöhnlichen Aufenthalt oder ihre Geschäftsleitung im Inland haben, sofern nicht die Wertpapierdienstleistung oder Wertpapiernebendienstleistung einschließlich der damit im Zusammenhang stehenden Nebenleistungen ausschließlich im Ausland erbracht wird.

§ 32 Besondere Verhaltensregeln. (1) Einem Wertpapierdienstleistungsnehmen oder einem mit ihm verbundenen Unternehmen ist es verboten,

1. Kunden des Wertpapierdienstleistungsunternehmens den Ankauf oder Verkauf von Finanzinstrumenten zu empfehlen, wenn und soweit die Empfehlung nicht mit den Interessen der Kunden übereinstimmt;

2. Kunden des Wertpapierdienstleistungsunternehmens den Ankauf oder Verkauf von Finanzinstrumenten zu dem Zweck zu empfehlen, für Eigengeschäfte des Wertpapierdienstleistungsunternehmens oder eines mit ihm verbundenen Unternehmens Preise in eine bestimmte Richtung zu lenken;
3. Eigengeschäfte auf Grund der Kenntnis von einem Auftrag eines Kunden des Wertpapierdienstleistungsunternehmens zum Ankauf oder Verkauf von Finanzinstrumenten abzuschließen, die Nachteile für den Auftraggeber zur Folge haben können.

(2) Den Geschäftsinhabern eines in der Rechtsform des Einzelkaufmanns betriebenen Wertpapierdienstleistungsunternehmens, bei anderen Wertpapierdienstleistungsunternehmen den Personen, die nach Gesetz oder Gesellschaftsvertrag mit der Führung der Geschäfte des Unternehmens betraut und zu seiner Vertretung ermächtigt sind, sowie den Angestellten eines Wertpapierdienstleistungsunternehmens, die mit der Durchführung von Geschäften in Finanzinstrumenten, der Finanzanalyse oder der Anlageberatung betraut sind, ist es verboten,

1. Kunden des Wertpapierdienstleistungsunternehmens den Ankauf oder Verkauf von Finanzinstrumenten unter den Voraussetzungen des Absatzes 1 Nr. 1 oder zu dem Zweck zu empfehlen, für den Abschluss von Geschäften für sich oder Dritte Preise von Finanzinstrumenten in eine bestimmte Richtung zu lenken;
2. auf Grund der Kenntnis von einem Auftrag eines Kunden des Wertpapierdienstleistungsunternehmens zum Ankauf oder Verkauf von Finanzinstrumenten Geschäfte für sich oder einen Dritten abzuschließen, die Nachteile für den Auftraggeber zur Folge haben können.

(3) Die Absätze 1 und 2 gelten unter den in § 31 Abs. 3 bestimmten Voraussetzungen auch für Unternehmen mit Sitz im Ausland.

§ 33 Organisationspflichten. (1) Ein Wertpapierdienstleistungsunternehmen
1. ist verpflichtet, die für eine ordnungsmäßige Durchführung der Wertpapierdienstleistung und Wertpapiernebendienstleistung notwendigen Mittel und Verfahren vorzuhalten und wirksam einzusetzen;
2. muß so organisiert sein, daß bei der Erbringung der Wertpapierdienstleistung und Wertpapiernebendienstleistung Interessenkonflikte zwischen dem Wertpapierdienstleistungsunternehmen und seinen Kunden oder Interessenkonflikte zwischen verschiedenen Kunden des Wertpapierdienstleistungsunternehmens möglichst gering sind;
3. muß über angemessene interne Kontrollverfahren verfügen, die geeignet sind, Verstößen gegen Verpflichtungen nach diesem Gesetz entgegenzuwirken.

(2) ¹Bereiche, die für die Durchführung der Wertpapierdienstleistungen oder Wertpapiernebendienstleistungen wesentlich sind, dürfen auf ein anderes Unternehmen nur ausgelagert werden, wenn dadurch weder die Ordnungsmäßigkeit dieser Dienstleistungen noch die Wahrnehmung der Pflichten nach Absatz 1, noch die entsprechenden Prüfungsrechte und Kontrollmöglichkeiten der Bundesanstalt beeinträchtigt werden. ²Das Wertpapierdienstleistungs-

unternehmen hat sich insbesondere die erforderlichen Weisungsbefugnisse vertraglich zu sichern und die ausgelagerten Bereiche in seine internen Kontrollverfahren einzubeziehen.

§ 34 Aufzeichnungs- und Aufbewahrungspflichten. (1) Ein Wertpapierdienstleistungsunternehmen hat bei der Erbringung von Wertpapierdienstleistungen aufzuzeichnen

1. den Auftrag und hierzu erteilte Anweisungen des Kunden sowie die Ausführung des Auftrags,
2. den Namen des Angestellten, der den Auftrag des Kunden angenommen hat, sowie die Uhrzeit der Erteilung und Ausführung des Auftrags,
3. die dem Kunden für den Auftrag in Rechnung gestellten Provisionen und Spesen,
4. die Anweisungen des Kunden sowie die Erteilung des Auftrags an Dritte, soweit es sich um die Verwaltung von Vermögen im Sinne des § 2 Abs. 3 Nr. 6 handelt,
5. die Erteilung eines Auftrags für eigene Rechnung an ein anderes Wertpapierdienstleistungsunternehmen, sofern das Geschäft nicht der Meldepflicht nach § 9 unterliegt; Aufträge für eigene Rechnung sind besonders zu kennzeichnen.

(2) [1] Das Bundesministerium der Finanzen kann nach Anhörung der Deutschen Bundesbank durch Rechtsverordnung, die nicht der Zustimmung des Bundesrates bedarf, die Wertpapierdienstleistungsunternehmen zu weiteren Aufzeichnungen verpflichten, soweit diese zur Überwachung der Verpflichtungen der Wertpapierdienstleistungsunternehmen durch die Bundesanstalt erforderlich sind. [2] Das Bundesministerium der Finanzen kann die Ermächtigung durch Rechtsverordnung auf die Bundesanstalt übertragen.

(3) [1] Die Aufzeichnungen nach den Absätzen 1 und 2 sind mindestens sechs Jahre ab dem Zeitpunkt ihrer Erstellung aufzubewahren. [2] Für die Aufbewahrung gilt § 257 Abs. 3 und 5 des Handelsgesetzbuchs entsprechend.

§ 34a Getrennte Vermögensverwahrung. (1) [1] Ein Wertpapierdienstleistungsunternehmen, das kein Einlagenkreditinstitut im Sinne des § 1 Abs. 3d Satz 1 des Gesetzes über das Kreditwesen ist, hat Kundengelder, die es im Zusammenhang mit einer Wertpapierdienstleistung oder einer Wertpapiernebendienstleistung entgegennimmt und im eigenen Namen und auf Rechnung der Kunden verwendet, unverzüglich getrennt von den Geldern des Unternehmens und von anderen Kundengeldern auf Treuhandkonten bei einem Kreditinstitut, das im Inland zum Betreiben des Einlagengeschäftes befugt ist, oder einem geeigneten Kreditinstitut mit Sitz im Ausland, das zum Betreiben des Einlagengeschäftes befugt ist, zu verwahren. [2] Das Wertpapierdienstleistungsunternehmen hat dem Kreditinstitut vor der Verwahrung offenzulegen, daß die Gelder für fremde Rechnung eingelegt werden. [3] Es hat den Kunden unverzüglich darüber zu unterrichten, auf welchem Konto die Kundengelder verwahrt werden und ob das Kreditinstitut, bei dem die Kundengelder verwahrt werden, einer Einrichtung zur Sicherung der Ansprüche von Einlegern und Anlegern zugehört und in welchem Umfang die Kundengelder durch diese Einrichtung gesichert sind.

(2) ¹Ein Wertpapierdienstleistungsunternehmen ohne eine Erlaubnis zum Betreiben des Depotgeschäftes im Sinne des § 1 Abs. 1 Satz 2 Nr. 5 des Gesetzes über das Kreditwesen hat Wertpapiere, die es im Zusammenhang mit einer Wertpapierdienstleistung oder einer Wertpapiernebendienstleistung entgegennimmt, unverzüglich einem Kreditinstitut, das im Inland zum Betreiben des Depotgeschäftes befugt ist, oder einem Kreditinstitut mit Sitz im Ausland, das zum Betreiben des Depotgeschäftes befugt ist und bei welchem den Kunden eine Rechtsstellung eingeräumt wird, die derjenigen nach dem Depotgesetz gleichwertig ist, zur Verwahrung weiterzuleiten. ²Absatz 1 Satz 3 gilt entsprechend.

(3) ¹Das Bundesministerium der Finanzen kann durch Rechtsverordnung, die nicht der Zustimmung des Bundesrates bedarf, zum Schutz der einem Wertpapierdienstleistungsunternehmen anvertrauten Gelder oder Wertpapiere der Kunden nähere Bestimmungen über den Umfang der Verpflichtungen nach den Absätzen 1 und 2 erlassen. ²Das Bundesministerium der Finanzen kann die Ermächtigung durch Rechtsverordnung auf die Bundesanstalt übertragen.

§ 34b Analyse von Finanzinstrumenten. (1) ¹Personen, die im Rahmen ihrer Berufs- oder Geschäftstätigkeit eine Information über Finanzinstrumente oder deren Emittenten erstellen, die direkt oder indirekt eine Empfehlung für eine bestimmte Anlageentscheidung enthält und einem unbestimmten Personenkreis zugänglich gemacht werden soll (Finanzanalyse), sind zu der erforderlichen Sachkenntnis, Sorgfalt und Gewissenhaftigkeit verpflichtet. ²Die Finanzanalyse darf nur weitergegeben oder öffentlich verbreitet werden, wenn sie sachgerecht erstellt und dargeboten wird und

1. die Identität der Person, die für die Weitergabe oder die Verbreitung der Finanzanalyse verantwortlich ist, und
2. Umstände oder Beziehungen, die bei den Erstellern, den für die Erstellung verantwortlichen juristischen Personen oder mit diesen verbundenen Unternehmen Interessenkonflikte begründen können,

zusammen mit der Finanzanalyse offen gelegt werden.

(2) Eine Zusammenfassung einer von einem Dritten erstellten Finanzanalyse darf nur weitergegeben werden, wenn der Inhalt der Finanzanalyse klar und nicht irreführend wiedergegeben wird und in der Zusammenfassung auf das Ausgangsdokument sowie auf den Ort verwiesen wird, an dem die mit dem Ausgangsdokument verbundene Offenlegung nach Absatz 1 Satz 2 unmittelbar und leicht zugänglich ist, sofern diese Angaben öffentlich verbreitet wurden.

(3) ¹Finanzinstrumente im Sinne des Absatzes 1 sind nur solche, die

1. an einem inländischen organisierten Markt zum Handel zugelassen oder in den geregelten Markt oder in den Freiverkehr einbezogen sind oder
2. in einem anderen Mitgliedstaat der Europäischen Union oder einem anderen Vertragsstaat des Abkommens über den Europäischen Wirtschaftsraum zum Handel an einem organisierten Markt zugelassen sind.

²Der Zulassung zum Handel an einem organisierten Markt oder der Einbeziehung in den geregelten Markt oder in den Freiverkehr steht es gleich, wenn der Antrag auf Zulassung oder Einbeziehung gestellt oder öffentlich angekündigt ist.

(4) Die Bestimmungen der Absätze 1, 2 und 5 gelten nicht für Journalisten, sofern diese einer mit den Regelungen der Absätze 1, 2 und 5 sowie des § 34c vergleichbaren Selbstregulierung einschließlich wirksamer Kontrollmechanismen unterliegen.

(5) [1]Unternehmen, die Finanzanalysen nach Absatz 1 Satz 1 erstellen oder weitergeben, müssen so organisiert sein, dass Interessenkonflikte im Sinne des Absatzes 1 Satz 2 möglichst gering sind. [2]Sie müssen insbesondere über angemessene Kontrollverfahren verfügen, die geeignet sind, Verstößen gegen Verpflichtungen nach Absatz 1 entgegenzuwirken.

(6) [1]Wertpapierdienstleistungsunternehmen, die anderen eine Information über Finanzinstrumente oder deren Emittenten zugänglich machen, die direkt oder indirekt eine Empfehlung für eine bestimmte Anlageentscheidung enthält, haben diese Information mit der erforderlichen Sachkenntnis, Sorgfalt und Gewissenhaftigkeit darzubieten und Umstände oder Beziehungen, die bei den Erstellern, den für die Erstellung verantwortlichen juristischen Personen oder mit diesen verbundenen Unternehmen Interessenkonflikte begründen können, offen zu legen. [2]Die Organisationspflichten des Absatzes 5 gelten entsprechend.

(7) [1]Die Befugnisse der Bundesanstalt nach § 35 gelten hinsichtlich der Einhaltung der in den Absätzen 1, 2 und 5 genannten Pflichten entsprechend. [2]§ 36 gilt entsprechend, wenn die Finanzanalyse von einem Wertpapierdienstleistungsunternehmen erstellt, anderen zugänglich gemacht oder öffentlich verbreitet wird.

(8) [1]Das Bundesministerium der Finanzen kann durch Rechtsverordnung, die nicht der Zustimmung des Bundesrates bedarf, nähere Bestimmungen über die sachgerechte Erstellung und Darbietung von Finanzanalysen, über Umstände oder Beziehungen, die Interessenkonflikte begründen können, über deren Offenlegung sowie über die angemessene Organisation nach Absatz 5 erlassen. [2]Das Bundesministerium der Finanzen kann die Ermächtigung durch Rechtsverordnung auf die Bundesanstalt für Finanzdienstleistungsaufsicht übertragen.

§ 34c Anzeigepflicht. [1]Andere Personen als Wertpapierdienstleistungsunternehmen, Kapitalanlagegesellschaften oder Investmentaktiengesellschaften, die in Ausübung ihres Berufes oder im Rahmen ihrer Geschäftstätigkeit für die Erstellung von Finanzanalysen oder deren Weitergabe verantwortlich sind, haben dies gemäß Satz 3 der Bundesanstalt unverzüglich anzuzeigen. [2]Die Einstellung der in Satz 1 genannten Tätigkeiten ist ebenfalls anzuzeigen. [3]Die Anzeige muss Name oder Firma und Anschrift des Anzeigepflichtigen enthalten. [4]Der Anzeigepflichtige hat weiterhin anzuzeigen, ob bei mit ihm verbundenen Unternehmen Tatsachen vorliegen, die Interessenkonflikte begründen können. [5]Veränderungen der angezeigten Daten und Sachverhalte sind innerhalb von vier Wochen der Bundesanstalt anzuzeigen. [6]Die Ausnahmevorschrift des § 34b Abs. 4 gilt entsprechend.

§ 35 Überwachung der Meldepflichten und Verhaltensregeln. (1) Die Bundesanstalt kann zur Überwachung der Einhaltung der in diesem Abschnitt geregelten Pflichten bei den Wertpapierdienstleistungsunternehmen, den mit diesen verbundenen Unternehmen, den im einleitenden Satzteil des § 32 Abs. 2 genannten Personen und sonstigen zur Durchführung eingeschalteten dritten Personen oder Unternehmen auch ohne besonderen Anlass Prüfungen vornehmen.

(2) Die Bundesanstalt kann zur Überwachung der Einhaltung der in diesem Abschnitt geregelten Pflichten Auskünfte und die Vorlage von Unterlagen auch von Unternehmen mit Sitz im Ausland verlangen, die Wertpapierdienstleistungen gegenüber Kunden erbringen, die ihren gewöhnlichen Aufenthalt oder ihre Geschäftsleitung im Inland haben, sofern nicht die Wertpapierdienstleistung einschließlich der damit im Zusammenhang stehenden Wertpapiernebendienstleistungen ausschließlich im Ausland erbracht wird.

(3) Widerspruch und Anfechtungsklage gegen Maßnahmen nach den Absätzen 1 und 2 haben keine aufschiebende Wirkung.

(4) ¹Die Bundesanstalt kann Richtlinien aufstellen, nach denen sie für den Regelfall beurteilt, ob die Anforderungen nach den §§ 31 bis 33 erfüllt sind. ²Die Deutsche Bundesbank sowie die Spitzenverbände der betroffenen Wirtschaftskreise sind vor dem Erlass der Richtlinien anzuhören. ³Die Richtlinien sind im elektronischen Bundesanzeiger zu veröffentlichen.

§ 36 Prüfung der Meldepflichten und Verhaltensregeln. (1) ¹Unbeschadet des § 35 ist die Einhaltung der Meldepflichten nach § 9 und der in diesem Abschnitt geregelten Pflichten einmal jährlich durch einen geeigneten Prüfer zu prüfen. ²Die Bundesanstalt kann auf Antrag von der jährlichen Prüfung absehen, soweit eine jährliche Prüfung im Hinblick auf Art und Umfang der Geschäftstätigkeit des Wertpapierdienstleistungsunternehmens nicht erforderlich erscheint. ³Das Wertpapierdienstleistungsunternehmen hat den Prüfer jeweils spätestens zum Ablauf des Geschäftsjahres zu bestellen, auf das sich die Prüfung erstreckt. ⁴Bei Kreditinstituten, die einem genossenschaftlichen Prüfungsverband angehören oder durch die Prüfungsstelle eines Sparkassen- und Giroverbandes geprüft werden, wird die Prüfung durch den zuständigen Prüfungsverband oder die zuständige Prüfungsstelle, soweit hinsichtlich letzterer das Landesrecht dies vorsieht, vorgenommen. ⁵Geeignete Prüfer sind darüber hinaus Wirtschaftsprüfer, vereidigte Buchprüfer sowie Wirtschaftsprüfungs- und Buchprüfungsgesellschaften, die hinsichtlich des Prüfungsgegenstandes über ausreichende Kenntnisse verfügen. ⁶Der Prüfer hat unverzüglich nach Beendigung der Prüfung der Bundesanstalt und der Deutschen Bundesbank einen Prüfungsbericht einzureichen. ⁷Soweit Prüfungen nach Satz 4 von genossenschaftlichen Prüfungsverbänden oder Prüfungsstellen von Sparkassen- und Giroverbänden durchgeführt werden, haben die Prüfungsverbände oder Prüfungsstellen den Prüfungsbericht nur auf Anforderung der Bundesanstalt oder der Deutschen Bundesbank einzureichen.

(2) ¹Das Wertpapierdienstleistungsunternehmen hat vor Erteilung des Prüfungsauftrags der Bundesanstalt den Prüfer anzuzeigen. ²Die Bundesanstalt kann innerhalb eines Monats nach Zugang der Anzeige die Bestellung eines anderen Prüfers verlangen, wenn dies zur Erreichung des Prüfungszweckes geboten ist; Widerspruch und Anfechtungsklage hiergegen haben keine aufschiebende Wirkung. ³Die Sätze 1 und 2 gelten nicht für Kreditinstitute, die einem genossenschaftlichen Prüfungsverband angehören oder durch die Prüfungsstelle eines Sparkassen- und Giroverbandes geprüft werden.

(3) ¹Die Bundesanstalt kann gegenüber dem Wertpapierdienstleistungsunternehmen Bestimmungen über den Inhalt der Prüfung treffen, die vom Prüfer zu berücksichtigen sind. ²Sie kann insbesondere Schwerpunkte für die

Prüfungen festlegen. ³Bei schwerwiegenden Verstößen gegen die Meldepflichten nach § 9 oder die in diesem Abschnitt geregelten Pflichten hat der Prüfer die Bundesanstalt unverzüglich zu unterrichten. ⁴Die Bundesanstalt kann an den Prüfungen teilnehmen. ⁵Hierfür ist der Bundesanstalt der Beginn der Prüfung rechtzeitig mitzuteilen.

(4) ¹Die Bundesanstalt kann in Einzelfällen die Prüfung nach Absatz 1 anstelle des Prüfers selbst oder durch Beauftragte durchführen. ²Das Wertpapierdienstleistungsunternehmen ist hierüber rechtzeitig zu informieren.

(5) ¹Das Bundesministerium der Finanzen kann durch Rechtsverordnung[1]), die nicht der Zustimmung des Bundesrates bedarf, nähere Bestimmungen über Art, Umfang und Zeitpunkt der Prüfung nach Absatz 1 erlassen, soweit dies zur Erfüllung der Aufgaben der Bundesanstalt erforderlich ist, insbesondere um Missständen im Handel mit Finanzinstrumenten entgegenzuwirken, um die Einhaltung der Meldepflichten nach § 9 und der in diesem Abschnitt geregelten Pflichten hinzuwirken und um zu diesem Zweck einheitliche Unterlagen zu unterhalten. ²Das Bundesministerium der Finanzen kann die Ermächtigung durch Rechtsverordnung auf die Bundesanstalt für Finanzdienstleistungsaufsicht übertragen.

§ 36a Unternehmen mit Sitz in einem anderen Mitgliedstaat der Europäischen Union oder in einem anderen Vertragsstaat des Abkommens über den Europäischen Wirtschaftsraum.

(1) Ein Unternehmen mit Sitz in einem anderen Mitgliedstaat der Europäischen Union oder in einem anderen Vertragsstaat des Abkommens über den Europäischen Wirtschaftsraum, das Wertpapierdienstleistungen allein oder zusammen mit Wertpapiernebendienstleistungen erbringt und das beabsichtigt, im Inland eine Zweigniederlassung zu errichten oder Wertpapierdienstleistungen und Wertpapiernebendienstleistungen gegenüber Kunden zu erbringen, die ihren gewöhnlichen Aufenthaltsort oder ihre Geschäftsleitung im Inland haben, ist von der Bundesanstalt innerhalb der in § 53b Abs. 2 Satz 1 des Gesetzes über das Kreditwesen bestimmten Frist auf die Meldepflichten nach § 9 und die in diesem Abschnitt geregelten Pflichten hinzuweisen.

(2) ¹Stellt die Bundesanstalt fest, daß ein Unternehmen im Sinne des Absatzes 1, das im Inland eine Zweigniederlassung hat oder Wertpapierdienstleistungen oder Wertpapiernebendienstleistungen gegenüber den in Absatz 1 genannten Kunden erbringt, die Meldepflichten nach § 9 oder die in diesem Abschnitt geregelten Pflichten nicht beachtet, fordert es das Unternehmen auf, seine Verpflichtungen innerhalb einer von der Bundesanstalt zu bestimmenden Frist zu erfüllen. ²Kommt das Unternehmen der Aufforderung nicht nach, unterrichtet die Bundesanstalt die zuständigen Behörden des Herkunftsstaats.

§ 36b Werbung der Wertpapierdienstleistungsunternehmen.

(1) Um Mißständen bei der Werbung für Wertpapierdienstleistungen und Wertpapiernebendienstleistungen zu begegnen, kann die Bundesanstalt den Wertpapierdienstleistungsunternehmen bestimmte Arten der Werbung untersagen.

(2) Vor allgemeinen Maßnahmen nach Absatz 1 sind die Spitzenverbände der betroffenen Wirtschaftskreise und des Verbraucherschutzes anzuhören.

---

[1]) Wertpapierdienstleistungs-Prüfungsverordnung (WpDPV) vom 16. 12. 2004 (BGBl. I S. 3515).

§ 36 c Zusammenarbeit mit zuständigen Stellen im Ausland. ¹Die Bundesanstalt arbeitet zur Überwachung der Einhaltung der in diesem Abschnitt geregelten Pflichten mit den zuständigen Stellen im Ausland nach Maßgabe des § 7 zusammen. ²Abweichend von § 7 können die Behörden des Herkunftsstaates dabei nach vorheriger Unterrichtung der Bundesanstalt selbst oder durch ihre Beauftragten die für die wertpapieraufsichtsrechtliche Überwachung der Zweigniederlassung erforderlichen Unterlagen bei der Zweigniederlassung prüfen.

§ 37 Ausnahmen. (1) ¹Die §§ 31, 32 und 34 gelten nicht für Geschäfte, die an einer Börse zwischen zwei Wertpapierdienstleistungsunternehmen abgeschlossen werden und zu Börsenpreisen führen. ²Wertpapierdienstleistungsunternehmen, die an einer Börse ein Geschäft als Kommissionär abschließen, unterliegen insoweit den Pflichten nach § 34.

(2) § 33 gilt nicht für ein Wertpapierdienstleistungsunternehmen, das ausschließlich Geschäfte betreibt, die in Absatz 1 Satz 1 genannt sind.

(3) § 33 Abs. 1 Nr. 2 und 3 und Abs. 2 sowie die §§ 34, 34a und 34b Abs. 5 gelten nicht für Zweigniederlassungen von Unternehmen im Sinne des § 53b Abs. 1 Satz 1 des Kreditwesengesetzes.

(4) ¹Das Bundesministerium der Finanzen kann durch Rechtsverordnung, die nicht der Zustimmung des Bundesrates bedarf, weitere Ausnahmen von den in diesem Abschnitt geregelten Pflichten für Unternehmen mit Sitz in einem anderen Mitgliedstaat der Europäischen Union oder in einem anderen Vertragsstaat des Abkommens über den Europäischen Wirtschaftsraum festlegen. ²Das Bundesministerium der Finanzen kann die Ermächtigung durch Rechtsverordnung auf die Bundesanstalt für Finanzdienstleistungsaufsicht übertragen.

§ 37a Verjährung von Ersatzansprüchen. Der Anspruch des Kunden gegen ein Wertpapierdienstleistungsunternehmen auf Schadensersatz wegen Verletzung der Pflicht zur Information und wegen fehlerhafter Beratung im Zusammenhang mit einer Wertpapierdienstleistung oder Wertpapiernebendienstleistung verjährt in drei Jahren von dem Zeitpunkt an, in dem der Anspruch entstanden ist.

Abschnitt 7. Haftung für falsche und unterlassene Kapitalmarktinformationen

§ 37b Schadensersatz wegen unterlassener unverzüglicher Veröffentlichung von Insiderinformationen. (1) Unterlässt es der Emittent von Finanzinstrumenten, die zum Handel an einer inländischen Börse zugelassen sind, unverzüglich eine Insiderinformation zu veröffentlichen, die ihn unmittelbar betrifft, ist er einem Dritten zum Ersatz des durch die Unterlassung entstandenen Schadens verpflichtet, wenn der Dritte
1. die Finanzinstrumente nach der Unterlassung erwirbt und er bei Bekanntwerden der Insiderinformation noch Inhaber der Finanzinstrumente ist oder
2. die Finanzinstrumente vor dem Entstehen der Insiderinformation erwirbt und nach der Unterlassung veräußert.

(2) Nach Absatz 1 kann nicht in Anspruch genommen werden, wer nachweist, dass die Unterlassung nicht auf Vorsatz oder grober Fahrlässigkeit beruht.

(3) Der Anspruch nach Absatz 1 besteht nicht, wenn der Dritte die Insiderinformation im Falle des Absatzes 1 Nr. 1 bei dem Erwerb oder im Falle des Absatzes 1 Nr. 2 beider Veräußerung kannte.

(4) Der Anspruch nach Absatz 1 verjährt in einem Jahr von dem Zeitpunkt an, zu dem der Dritte von der Unterlassung Kenntnis erlangt, spätestens jedoch in drei Jahren seit der Unterlassung.

(5) Weitergehende Ansprüche, die nach Vorschriften des bürgerlichen Rechts auf Grund von Verträgen oder vorsätzlichen unerlaubten Handlungen erhoben werden können, bleiben unberührt.

(6) Eine Vereinbarung, durch die Ansprüche des Emittenten gegen Vorstandsmitglieder wegen der Inanspruchnahme des Emittenten nach Absatz 1 im Voraus ermäßigt oder erlassen werden, ist unwirksam.

§ 37 c Schadensersatz wegen Veröffentlichung unwahrer Insiderinformationen. (1) Veröffentlicht der Emittent von Finanzinstrumenten, die zum Handel an einer inländischen Börse zugelassen sind, in einer Mitteilung nach § 15 eine Insiderinformation, die ihn unmittelbar betrifft, ist er einem Dritten zum Ersatz des Schadens verpflichtet, der dadurch entsteht, dass der Dritte auf die Richtigkeit der Insiderinformation vertraut, wenn der Dritte

1. die Finanzinstrumente nach der Veröffentlichung erwirbt und er bei dem Bekanntwerden der Unrichtigkeit der Insiderinformation noch Inhaber der Finanzinstrumente ist oder
2. die Finanzinstrumente vor der Veröffentlichung erwirbt und vor dem Bekanntwerden der Unrichtigkeit der Insiderinformation veräußert.

(2) Nach Absatz 1 kann nicht in Anspruch genommen werden, wer nachweist, dass er die Unrichtigkeit der Insiderinformation nicht gekannt hat und die Unkenntnis nicht auf grober Fahrlässigkeit beruht.

(3) Der Anspruch nach Absatz 1 besteht nicht, wenn der Dritte die Unrichtigkeit der Insiderinformation im Falle des Absatzes 1 Nr. 1 bei dem Erwerb oder im Falle des Absatzes 1 Nr. 2 bei der Veräußerung kannte.

(4) Der Anspruch nach Absatz 1 verjährt in einem Jahr von dem Zeitpunkt an, zu dem der Dritte von der Unrichtigkeit der Insiderinformation Kenntnis erlangt, spätestens jedoch in drei Jahren seit der Veröffentlichung.

(5) Weitergehende Ansprüche, die nach Vorschriften des bürgerlichen Rechts auf Grund von Verträgen oder vorsätzlichen unerlaubten Handlungen erhoben werden können, bleiben unberührt.

(6) Eine Vereinbarung, durch die Ansprüche des Emittenten gegen Vorstandsmitglieder wegen der Inanspruchnahme des Emittenten nach Absatz 1 im Voraus ermäßigt oder erlassen werden, ist unwirksam.

Abschnitt 8. Finanztermingeschäfte

§ 37 d Information bei Finanztermingeschäften. (1) [1] Ein Unternehmen, das gewerbsmäßig oder in einem Umfang, der einen in kaufmännischer

Weise eingerichteten Geschäftsbetrieb erfordert, Finanztermingeschäfte abschließt oder solche Geschäfte anschafft, veräußert, vermittelt oder nachweist, ist verpflichtet, vor dem Vertragsabschluss einen Verbraucher schriftlich darüber zu informieren, dass

1. die aus Finanztermingeschäften erworbenen befristeten Rechte verfallen oder eine Wertminderung erleiden können;
2. das Verlustrisiko nicht bestimmbar sein und auch über etwaige geleistete Sicherheiten hinausgehen kann;
3. Geschäfte, mit denen die Risiken aus eingegangenen Finanztermingeschäften ausgeschlossen oder eingeschränkt werden sollen, möglicherweise nicht oder nur zu einem verlustbringenden Preis getätigt werden können;
4. sich das Verlustrisiko erhöht, wenn zur Erfüllung von Verpflichtungen aus Finanztermingeschäften Kredit in Anspruch genommen wird oder die Verpflichtung aus Finanztermingeschäften oder die hieraus zu beanspruchende Gegenleistung auf ausländische Währung oder eine Rechnungseinheit lautet.

²Die Unterrichtungsschrift darf nur Informationen über die Finanztermingeschäfte und ihre Risiken enthalten und ist von dem Verbraucher zu unterschreiben. ³Die Unterrichtung ist jeweils vor dem Ablauf von zwei Jahren zu wiederholen.

(2) Die Informationspflicht besteht nicht für die Zuteilung von Bezugsrechten auf Grund einer gesetzlichen Verpflichtung.

(3) ¹Wird der Verbraucher bei Erteilung von Aufträgen für Finanztermingeschäfte oder bei deren Abschluss vertreten, so gelten die Absätze 1 und 2 Satz 1 mit der Maßgabe, dass an Stelle des Verbrauchers der Vertreter tritt. ²Eine Informationspflicht gegenüber dem Vertreter besteht nicht, wenn das Unternehmen den Verbraucher nach Absatz 1 informiert hat.

(4) ¹Hat das Unternehmen gegen die Informationspflicht nach Absatz 1 oder 3 Satz 1 verstoßen, ist es dem Verbraucher zum Ersatz des daraus entstehenden Schadens verpflichtet. ²Ist streitig, ob das Unternehmen seine Verpflichtung nach Absatz 1 oder 3 erfüllt hat oder ob es den Verstoß zu vertreten hat, trifft das Unternehmen die Beweislast. ³Der Anspruch des Verbrauchers auf Schadenersatz verjährt in drei Jahren von dem Zeitpunkt an, in dem der Anspruch entstanden ist.

(5) Die Verpflichtung nach § 31 Abs. 2 Satz 1 Nr. 2 bleibt unberührt.

(6) ¹Die Absätze 1 bis 5 gelten auch für Unternehmen mit Sitz im Ausland, die Finanztermingeschäfte abschließen oder solche Geschäfte anschaffen, veräußern, vermitteln oder nachweisen, sofern der Verbraucher seinen gewöhnlichen Aufenthalt oder seine Geschäftsleitung im Inland hat. ²Dies gilt nicht, sofern die Leistung einschließlich der damit im Zusammenhang stehenden Nebenleistungen ausschließlich im Ausland erbracht wird.

§ 37e Ausschluss des Einwands nach § 762 des Bürgerlichen Gesetzbuchs. Gegen Ansprüche aus Finanztermingeschäften, bei denen mindestens ein Vertragsteil ein Unternehmen ist, das gewerbsmäßig oder in einem Umfang, der einen in kaufmännischer Weise eingerichteten Geschäftsbetrieb erfordert, Finanztermingeschäfte abschließt oder deren Abschluss vermittelt oder die Anschaffung, Veräußerung oder Vermittlung von Finanzthermingeschäften betreibt, kann der Einwand des § 762 des Bürgerlichen Gesetzbuchs nicht erhoben werden.

§ 37f Überwachung der Informationspflichten. ¹Die Bundesanstalt hat bei Wertpapierdienstleistungsunternehmen die Einhaltung der Informationspflichten nach § 37d zu überwachen. ²§ 35 Abs. 1 ist entsprechend anzuwenden. ³Die Prüfung nach § 36 Abs. 1 hat sich auch auf die Einhaltung der Informationspflichten nach § 37d zu erstrecken.

§ 37g Verbotene Finanztermingeschäfte. (1) Das Bundesministerium der Finanzen kann durch Rechtsverordnung Finanztermingeschäfte verbieten oder beschränken, soweit dies zum Schutz der Anleger erforderlich ist.

(2) ¹Ein Finanztermingeschäft, das einer Rechtsverordnung nach Absatz 1 widerspricht (verbotenes Finanztermingeschäft), ist nichtig. ²Satz 1 gilt entsprechend für

1. die Bestellung einer Sicherheit für ein verbotenes Finanztermingeschäft,
2. eine Vereinbarung, durch die der eine Teil zum Zwecke der Erfüllung einer Schuld aus einem verbotenen Finanztermingeschäft dem anderen Teil gegenüber eine Verbindlichkeit eingeht, insbesondere für ein Schuldanerkenntnis,
3. die Erteilung und Übernahme von Aufträgen zum Zwecke des Abschlusses von verbotenen Finanztermingeschäften,
4. Vereinigungen zum Zwecke des Abschlusses von verbotenen Finanztermingeschäften.

Abschnitt 9. Schiedsvereinbarungen

§ 37h Schiedsvereinbarungen. Schiedsvereinbarungen über künftige Rechtsstreitigkeiten aus Wertpapierdienstleistungen, Wertpapiernebendienstleistungen oder Finanztermingeschäften sind nur verbindlich, wenn beide Vertragsteile Kaufleute oder juristische Personen des öffentlichen Rechts sind.

Abschnitt 10. Ausländische organisierte Märkte

§ 37i Erlaubnis. (1) ¹Ausländische organisierte Märkte oder ihre Betreiber bedürfen der schriftlichen Erlaubnis der Bundesanstalt, wenn sie Handelsteilnehmern mit Sitz im Inland über ein elektronisches Handelssystem einen unmittelbaren Marktzugang gewähren. ²Der Erlaubnisantrag muss enthalten:

1. Name und Anschrift der Geschäftsleitung des organisierten Marktes oder des Betreibers,
2. Angaben, die für die Beurteilung der Zuverlässigkeit der Geschäftsleitung erforderlich sind,
3. einen Geschäftsplan, aus dem die Art des geplanten Marktzugangs für die Handelsteilnehmer, der organisatorische Aufbau und die internen Kontrollverfahren des organisierten Marktes hervorgehen,

4. Name und Anschrift eines Zustellungsbevollmächtigten im Inland,
5. die Angabe der für die Überwachung des organisierten Marktes und seiner Handelsteilnehmer zuständigen Stellen des Herkunftsstaates und deren Überwachungs- und Eingriffskompetenzen,
6. die Angabe der Art der Finanzinstrumente, die von den Handelsteilnehmern über den unmittelbaren Marktzugang gehandelt werden sollen, sowie
7. Namen und Anschrift der Handelsteilnehmer mit Sitz im Inland, denen der unmittelbare Marktzugang gewährt werden soll.

³Das Nähere über die nach Satz 2 erforderlichen Angaben und vorzulegenden Unterlagen bestimmt das Bundesministerium der Finanzen durch Rechtsverordnung, die nicht der Zustimmung des Bundesrates bedarf. ⁴Das Bundesministerium der Finanzen kann die Ermächtigung durch Rechtsverordnung auf die Bundesanstalt für Finanzdienstleistungsaufsicht übertragen.

(2) ¹Die Bundesanstalt kann die Erlaubnis unter Auflagen erteilen, die sich im Rahmen des mit diesem Gesetz verfolgten Zweckes halten müssen. ²Vor Erteilung der Erlaubnis gibt die Bundesanstalt den Börsenaufsichtsbehörden der Länder Gelegenheit, innerhalb von vier Wochen zum Antrag Stellung zu nehmen.

(3) Die Bundesanstalt hat die Erlaubnis im elektronischen Bundesanzeiger bekannt zu machen.

(4) Absatz 1 gilt nicht für ausländische organisierte Märkte in einem anderen Mitgliedstaat der Europäischen Union oder einem anderen Vertragsstaat des Abkommens über den Europäischen Wirtschaftsraum, an denen Finanzinstrumente im Sinne des § 2 Abs. 2a gehandelt werden.

§ 37j Versagung der Erlaubnis. Die Erlaubnis ist zu versagen, wenn
1. Tatsachen vorliegen, aus denen sich ergibt, dass die Geschäftsleitung nicht zuverlässig ist,
2. Handelsteilnehmern mit Sitz im Inland der unmittelbare Marktzugang gewährt werden soll, die nicht die Voraussetzungen des § 16 Abs. 2 des Börsengesetzes erfüllen,
3. die Überwachung des organisierten Marktes oder der Anlegerschutz im Herkunftsstaat nicht dem deutschen Recht gleichwertig ist oder
4. der Informationsaustausch mit den für die Überwachung des organisierten Marktes zuständigen Stellen des Herkunftsstaates nicht gewährleistet erscheint.

§ 37k Aufhebung der Erlaubnis. (1) Die Bundesanstalt kann die Erlaubnis außer nach den Vorschriften des Verwaltungsverfahrensgesetzes aufheben, wenn
1. ihr Tatsachen bekannt werden, welche die Versagung der Erlaubnis nach § 37j rechtfertigen würden, oder
2. der organisierte Markt oder sein Betreiber nachhaltig gegen Bestimmungen dieses Gesetzes oder die zur Durchführung dieses Gesetzes erlassenen Verordnungen oder Anordnungen verstoßen hat.

(2) Die Bundesanstalt hat die Aufhebung der Erlaubnis im elektronischen Bundesanzeiger bekannt zu machen.

von Unternehmensabschlüssen §§ 37 l–37 o WpHG 3

§ 37 l Untersagung. Die Bundesanstalt kann Handelsteilnehmern mit Sitz im Inland, die Wertpapierdienstleistungen im Inland erbringen, untersagen, Aufträge für Kunden über ein elektronisches Handelssystem eines ausländischen organisierten Marktes auszuführen, wenn diese Märkte oder ihre Betreiber Handelsteilnehmern im Inland einen unmittelbaren Marktzugang über dieses elektronische Handelssystem ohne Erlaubnis gewähren.

§ 37 m Anzeige. [1] Ausländische organisierte Märkte in einem anderen Mitgliedstaat der Europäischen Union oder einem anderen Vertragsstaat des Abkommens über den Europäischen Wirtschaftsraum, an denen Finanzinstrumente im Sinne des § 2 Abs. 2 a gehandelt werden oder ihre Betreiber, haben der Bundesanstalt anzuzeigen, wenn sie Handelsteilnehmern mit Sitz im Inland über ein elektronisches Handelssystem einen unmittelbaren Marktzugang gewähren. [2] Die Anzeige muss enthalten:
1. Name und Anschrift der Geschäftsleitung des organisierten Marktes oder des Betreibers,
2. einen Geschäftsplan, aus dem die Art des geplanten Marktzugangs für die Handelsteilnehmer, der organisatorische Aufbau und die internen Kontrollverfahren des organisierten Marktes hervorgehen,
3. die Angabe der Art der Finanzinstrumente, die von den Handelsteilnehmern über den unmittelbaren Marktzugang gehandelt werden sollen, sowie
4. Namen und die Anschrift der Handelsteilnehmer mit Sitz im Inland, denen der unmittelbare Marktzugang gewährt werden soll.

[3] Das Nähere über die nach Satz 2 erforderlichen Angaben und vorzulegenden Unterlagen bestimmt das Bundesministerium der Finanzen durch Rechtsverordnung, die nicht der Zustimmung des Bundesrates bedarf. [4] Das Bundesministerium der Finanzen kann die Ermächtigung durch Rechtsverordnung auf die Bundesanstalt für Finanzdienstleistungsaufsicht übertragen.

Abschnitt 11.[1)] Überwachung von Unternehmensabschlüssen

§ 37 n Prüfung von Unternehmensabschlüssen und -berichten. Die Bundesanstalt hat die Aufgabe, nach den Vorschriften dieses Abschnitts und vorbehaltlich § 342 b Abs. 2 Satz 3 Nr. 1 und 3 des Handelsgesetzbuchs zu prüfen, ob der Jahresabschluss und der zugehörige Lagebericht oder der Konzernabschluss und der zugehörige Konzernlagebericht von Unternehmen, deren Wertpapiere im Sinne des § 2 Abs. 1 Satz 1 an einer inländischen Börse zum Handel im amtlichen oder geregelten Markt zugelassen sind, den gesetzlichen Vorschriften einschließlich der Grundsätze ordnungsmäßiger Buchführung oder den sonstigen durch Gesetz zugelassenen Rechnungslegungsstandards entspricht.

§ 37 o Anordnung einer Prüfung der Rechnungslegung und Ermittlungsbefugnisse der Bundesanstalt. (1) [1] Die Bundesanstalt ordnet eine Prüfung der Rechnungslegung an, soweit konkrete Anhaltspunkte für einen Verstoß gegen Rechnungslegungsvorschriften vorliegen; die Anordnung

---

[1)] Beachte hierzu § 45 WpHG.

unterbleibt, wenn ein öffentliches Interesse an der Klärung offensichtlich nicht besteht. ²Die Bundesanstalt kann eine Prüfung der Rechnungslegung auch ohne besonderen Anlass anordnen (stichprobenartige Prüfung). ³Der Umfang der einzelnen Prüfung soll in der Prüfungsanordnung festgelegt werden. ⁴Geprüft wird nur der zuletzt festgestellte Jahresabschluss und der zugehörige Lagebericht oder der zuletzt gebilligte Konzernabschluss und der zugehörige Konzernlagebericht; unbeschadet dessen darf die Bundesanstalt im Fall von § 37p Abs. 1 Satz 2 den Abschluss prüfen, der Gegenstand der Prüfung durch die Prüfstelle im Sinne von § 342b Abs. 1 des Handelsgesetzbuchs (Prüfstelle) gewesen ist. ⁵Ordnet die Bundesanstalt eine Prüfung der Rechnungslegung an, nachdem sie von der Prüfstelle einen Bericht gemäß § 37p Abs. 1 Satz 2 Nr. 1 erhalten hat, so kann sie ihre Anordnung und den Grund nach § 37p Abs. 1 Satz 2 Nr. 1 im elektronischen Bundesanzeiger bekannt machen.

(2) ¹Eine Prüfung des Jahresabschlusses und des zugehörigen Lageberichts durch die Bundesanstalt findet nicht statt, solange eine Klage auf Nichtigkeit gemäß § 256 Abs. 7 des Aktiengesetzes anhängig ist. ²Wenn nach § 142 Abs. 1 oder Abs. 2 oder § 258 Abs. 1 des Aktiengesetzes ein Sonderprüfer bestellt worden ist, findet eine Prüfung ebenfalls nicht statt, soweit der Gegenstand der Sonderprüfung, der Prüfungsbericht oder eine gerichtliche Entscheidung über die abschließenden Feststellungen der Sonderprüfer nach § 260 des Aktiengesetzes reichen.

(3) Bei der Durchführung der Prüfung kann sich die Bundesanstalt der Prüfstelle sowie anderer Einrichtungen und Personen bedienen.

(4) ¹Das Unternehmen im Sinne des § 37n, die Mitglieder seiner Organe, seine Beschäftigten sowie seine Abschlussprüfer haben der Bundesanstalt und den Personen, derer sich die Bundesanstalt bei der Durchführung ihrer Aufgaben bedient, auf Verlangen Auskünfte zu erteilen und Unterlagen vorzulegen, soweit dies zur Prüfung erforderlich ist; die Auskunftspflicht der Abschlussprüfer beschränkt sich auf Tatsachen, die ihnen im Rahmen der Abschlussprüfung bekannt geworden sind. ²Satz 1 gilt auch für die nach den Vorschriften des Handelsgesetzbuchs in den Konzernabschluss einzubeziehenden Tochterunternehmen. ³Für das Recht zur Auskunftsverweigerung und die Belehrungspflicht gilt § 4 Abs. 9 entsprechend.

(5) ¹Die zur Auskunft und Vorlage von Unterlagen nach Absatz 4 Verpflichteten haben den Bediensteten der Bundesanstalt oder den von ihr beauftragten Personen, soweit dies zur Wahrnehmung ihrer Aufgaben erforderlich ist, während der üblichen Arbeitszeit das Betreten ihrer Grundstücke und Geschäftsräume zu gestatten. ²§ 4 Abs. 4 Satz 2 gilt entsprechend. ³Das Grundrecht der Unverletzlichkeit der Wohnung (Artikel 13 des Grundgesetzes) wird insoweit eingeschränkt.

§ 37p Befugnisse der Bundesanstalt im Fall der Anerkennung einer Prüfstelle. (1) ¹Ist nach § 342b Abs. 1 des Handelsgesetzbuchs eine Prüfstelle anerkannt, so finden stichprobenartige Prüfungen nur auf Veranlassung der Prüfstelle statt. ²Im Übrigen stehen der Bundesanstalt die Befugnisse nach § 37o erst zu, wenn

1. ihr die Prüfstelle berichtet, dass ein Unternehmen seine Mitwirkung bei einer Prüfung verweigert oder mit dem Ergebnis der Prüfung nicht einverstanden ist, oder

2. erhebliche Zweifel an der Richtigkeit des Prüfungsergebnisses der Prüfstelle oder an der ordnungsgemäßen Durchführung der Prüfung durch die Prüfstelle bestehen.

³Auf Verlangen der Bundesanstalt hat die Prüfstelle das Ergebnis und die Durchführung der Prüfung zu erläutern und einen Prüfbericht vorzulegen. ⁴Unbeschadet von Satz 2 kann die Bundesanstalt die Prüfung jederzeit an sich ziehen, wenn sie auch eine Prüfung nach § 44 Abs. 1 Satz 2 des Kreditwesengesetzes oder § 83 Abs. 1 Nr. 2 des Versicherungsaufsichtsgesetzes durchführt oder durchgeführt hat und die Prüfungen denselben Gegenstand betreffen.

(2) Die Bundesanstalt kann von der Prüfstelle unter den Voraussetzungen des § 37 o Abs. 1 Satz 1 die Einleitung einer Prüfung verlangen.

(3) Die Bundesanstalt setzt die Prüfstelle von Mitteilungen nach § 142 Abs. 7, § 256 Abs. 7 Satz 2 und § 261a des Aktiengesetzes in Kenntnis, wenn die Prüfstelle die Prüfung eines von der Mitteilung betroffenen Unternehmens beabsichtigt oder eingeleitet hat.

§ 37q Ergebnis der Prüfung von Bundesanstalt oder Prüfstelle.

(1) Ergibt die Prüfung durch die Bundesanstalt, dass die Rechnungslegung fehlerhaft ist, so stellt die Bundesanstalt den Fehler fest.

(2) ¹Die Bundesanstalt ordnet an, dass das Unternehmen den von der Bundesanstalt oder den von der Prüfstelle im Einvernehmen mit dem Unternehmen festgestellten Fehler samt den wesentlichen Teilen der Begründung der Feststellung bekannt zu machen hat. ²Die Bundesanstalt sieht von einer Anordnung nach Satz 1 ab, wenn kein öffentliches Interesse an der Veröffentlichung besteht. ³Auf Antrag des Unternehmens kann die Bundesanstalt von einer Anordnung nach Satz 1 absehen, wenn die Veröffentlichung geeignet ist, den berechtigten Interessen des Unternehmens zu schaden. ⁴Die Bekanntmachung hat unverzüglich im elektronischen Bundesanzeiger sowie entweder in einem überregionalen Börsenpflichtblatt oder über ein elektronisch betriebenes Informationsverbreitungssystem, das bei Kreditinstituten, nach § 53 Abs. 1 Satz 1 des Kreditwesengesetzes tätigen Unternehmen, anderen Unternehmen, die ihren Sitz im Inland haben und die an einer inländischen Börse zur Teilnahme am Handel zugelassen sind, und Versicherungsunternehmen weit verbreitet ist, zu erfolgen.

(3) Ergibt die Prüfung durch die Bundesanstalt keine Beanstandungen, so teilt die Bundesanstalt dies dem Unternehmen mit.

§ 37r Mitteilungen an andere Stellen.

(1) ¹Die Bundesanstalt hat Tatsachen, die den Verdacht einer Straftat im Zusammenhang mit der Rechnungslegung eines Unternehmens begründen, der für die Verfolgung zuständigen Behörde anzuzeigen. ²Sie darf diesen Behörden personenbezogene Daten der Betroffenen, gegen die sich der Verdacht richtet oder die als Zeugen in Betracht kommen, übermitteln.

(2) ¹Tatsachen, die auf das Vorliegen einer Berufspflichtverletzung durch den Abschlussprüfer schließen lassen, übermittelt die Bundesanstalt der Wirtschaftsprüferkammer. ²Tatsachen, die auf das Vorliegen eines Verstoßes des Unternehmens gegen börsenrechtliche Vorschriften schließen lassen, übermittelt sie der zuständigen Börsenaufsichtsbehörde. ³Absatz 1 Satz 2 gilt entsprechend.

§ 37 s Internationale Zusammenarbeit. (1) ¹Der Bundesanstalt obliegt die Zusammenarbeit mit den Stellen im Ausland, die zuständig sind für die Untersuchung möglicher Verstöße gegen Rechnungslegungsvorschriften durch Unternehmen, deren Wertpapiere zum Handel an einem organisierten Markt zugelassen sind. ²Sie kann diesen Stellen zur Erfüllung dieser Aufgabe Informationen nach Maßgabe des § 7 Abs. 2 Satz 1 und 2 und Abs. 7 übermitteln. ³§ 37 o Abs. 4 und 5 findet mit der Maßgabe entsprechende Anwendung, dass die dort geregelten Befugnisse sich auf alle Unternehmen, die von der Zusammenarbeit nach Satz 1 umfasst sind, sowie auf alle Unternehmen, die in den Konzernabschluss eines solchen Unternehmens einbezogen sind, erstrecken.

(2) ¹Die Bundesanstalt kann mit den zuständigen Stellen von Mitgliedstaaten der Europäischen Union oder von Vertragsstaaten des Abkommens über den Europäischen Wirtschaftsraum zusammenarbeiten, um eine einheitliche Durchsetzung internationaler Rechnungslegungsvorschriften grenzüberschreitend gewährleisten zu können. ²Dazu kann sie diesen Stellen auch den Wortlaut von Entscheidungen zur Verfügung stellen, die sie oder die Prüfstelle in Einzelfällen getroffen haben. ³Der Wortlaut der Entscheidungen darf nur in anonymisierter Form zur Verfügung gestellt werden.

(3) Die internationale Zusammenarbeit durch die Bundesanstalt nach den Absätzen 1 und 2 erfolgt im Benehmen mit der Prüfstelle.

§ 37 t Widerspruchsverfahren. (1) ¹Vor Einlegung der Beschwerde sind Rechtmäßigkeit und Zweckmäßigkeit der Verfügungen, welche die Bundesanstalt nach den Vorschriften dieses Abschnitts erlässt, in einem Widerspruchsverfahren nachzuprüfen. ²Einer solchen Nachprüfung bedarf es nicht, wenn der Abhilfebescheid oder der Widerspruchsbescheid erstmalig eine Beschwer enthält. ³Für das Widerspruchsverfahren gelten die §§ 68 bis 73 und 80 Abs. 1 der Verwaltungsgerichtsordnung entsprechend, soweit in diesem Abschnitt nichts abweichendes geregelt ist.

(2) ¹Der Widerspruch gegen Maßnahmen der Bundesanstalt nach § 37 o Abs. 1 Satz 1, 2 und 5 sowie Abs. 4 und 5, § 37 p Abs. 1 Satz 3 und 4 sowie Abs. 2 und § 37 q Abs. 1 sowie Abs. 2 Satz 1 hat keine aufschiebende Wirkung.

§ 37 u Beschwerde. (1) ¹Gegen Verfügungen der Bundesanstalt nach diesem Abschnitt ist die Beschwerde statthaft. ²Die Beschwerde hat keine aufschiebende Wirkung.

(2) Die §§ 43 und 48 Abs. 2 bis 4, § 50 Abs. 3 bis 5 sowie die §§ 51 bis 58 des Wertpapiererwerbs- und Übernahmegesetzes gelten entsprechend.

Abschnitt 12. Straf- und Bußgeldvorschriften

§ 38 Strafvorschriften. (1) Mit Freiheitsstrafe bis zu fünf Jahren oder mit Geldstrafe wird bestraft, wer
1. entgegen § 14 Abs. 1 Nr. 1 ein Insiderpapier erwirbt oder veräußert oder
2. a) als Mitglied des Geschäftsführungs- oder Aufsichtsorgans oder als persönlich haftender Gesellschafter des Emittenten oder eines mit dem Emittenten verbundenen Unternehmens,

b) auf Grund seiner Beteiligung am Kapital des Emittenten oder eines mit dem Emittenten verbundenen Unternehmens,
c) auf Grund seines Berufs oder seiner Tätigkeit oder seiner Aufgabe bestimmungsgemäß oder
d) auf Grund der Vorbereitung oder Begehung einer Straftat

über eine Insiderinformation verfügt und unter Verwendung dieser Insiderinformation eine in § 39 Abs. 2 Nr. 3 oder 4 bezeichnete vorsätzliche Handlung begeht.

(2) Ebenso wird bestraft, wer eine in § 39 Abs. 1 Nr. 1 oder 2 oder Abs. 2 Nr. 11 bezeichnete vorsätzliche Handlung begeht und dadurch auf den inländischen Börsen- oder Marktpreis eines Finanzinstruments oder auf den Preis eines Finanzinstruments an einem organisierten Markt in einem anderen Mitgliedstaat der Europäischen Union oder in einem anderen Vertragsstaat des Abkommens über den Europäischen Wirtschaftsraum einwirkt.

(3) In den Fällen des Absatzes 1 ist der Versuch strafbar.

(4) Handelt der Täter in den Fällen des Absatzes 1 Nr. 1 leichtfertig, so ist die Strafe Freiheitsstrafe bis zu einem Jahr oder Geldstrafe.

(5) Einer in Absatz 1 Nr. 1 oder 2 in Verbindung mit § 39 Abs. 2 Nr. 3 oder 4 oder in Absatz 2 in Verbindung mit § 39 Abs. 1 Nr. 1 oder 2 oder Abs. 2 Nr. 11 genannten Verbotsvorschrift steht ein entsprechendes ausländisches Verbot gleich.

§ 39 Bußgeldvorschriften. (1) Ordnungswidrig handelt, wer
1. entgegen § 20a Abs. 1 Satz 1 Nr. 2, auch in Verbindung mit Abs. 4, jeweils in Verbindung mit einer Rechtsverordnung nach Absatz 5 Satz 1 Nr. 2 oder 5 ein Geschäft vornimmt oder einen Kauf- oder Verkaufauftrag erteilt,
2. entgegen § 20a Abs. 1 Satz 1 Nr. 3, auch in Verbindung mit Abs. 4, oder einer Rechtsverordnung nach Absatz 5 Satz 1 Nr. 3, eine Täuschungshandlung vornimmt,
3. entgegen § 32 Abs. 1 oder 2 eine Empfehlung ausspricht oder ein Geschäft abschließt,
4. entgegen § 34b Abs. 1 Satz 2 in Verbindung mit einer Rechtsverordnung nach Absatz 8 Satz 1 eine Finanzanalyse weitergibt oder öffentlich verbreitet,
5. entgegen § 34b Abs. 2 in Verbindung mit einer Rechtsverordnung nach Absatz 8 Satz 1 eine Zusammenfassung einer Finanzanalyse weitergibt oder
6. entgegen § 34b Abs. 6 Satz 1 in Verbindung mit einer Rechtsverordnung nach Absatz 8 Satz 1 eine Information darbietet.

(2) Ordnungswidrig handelt, wer vorsätzlich oder

1. entgegen § 4 Abs. 8 oder § 10 Abs. 1 Satz 2 eine Person in Kenntnis setzt,
2. entgegen
   a) § 9 Abs. 1 Satz 1, auch in Verbindung mit Satz 2, jeweils auch in Verbindung mit Satz 3 oder 4, jeweils auch in Verbindung mit einer Rechtsverordnung nach Absatz 3 Nr. 1 oder 2,
   b) § 10 Abs. 1 Satz 1, auch in Verbindung mit einer Rechtsverordnung nach Absatz 4 Satz 1,

c) § 15 Abs. 3 Satz 4 oder Abs. 4 Satz 1, jeweils auch in Verbindung mit einer Rechtsverordnung nach Absatz 7 Satz 1 Nr. 2,
d) § 15a Abs. 1 Satz 1, auch in Verbindung mit Satz 2, jeweils auch in Verbindung mit einer Rechtsverordnung nach Absatz 5 Satz 1, oder
e) § 21 Abs. 1 Satz 1 oder Abs. 1a
eine Mitteilung nicht, nicht richtig, nicht vollständig, nicht in der vorgeschriebenen Weise oder nicht rechtzeitig macht,

3. entgegen § 14 Abs. 1 Nr. 2 eine Insiderinformation mitteilt oder zugänglich macht,
4. entgegen § 14 Abs. 1 Nr. 3 den Erwerb oder die Veräußerung eines Insiderpapiers empfiehlt oder auf sonstige Weise dazu verleitet,
5. entgegen
   a) § 15 Abs. 1 Satz 1, 3 oder 4, jeweils in Verbindung mit einer Rechtsverordnung nach Absatz 7 Satz 1 Nr. 1,
   b) § 15a Abs. 4 Satz 1 in Verbindung mit einer Rechtsverordnung nach Absatz 5 Satz 1 oder
   c) § 25 Abs. 1 Satz 1, auch in Verbindung mit Satz 3, § 25 Abs. 2 Satz 1 oder § 26 Abs. 1 Satz 1
   eine Veröffentlichung nicht, nicht richtig, nicht vollständig, nicht in der vorgeschriebenen Weise oder nicht rechtzeitig vornimmt oder nicht oder nicht rechtzeitig nachholt,
6. entgegen § 15 Abs. 5 Satz 1 eine Veröffentlichung vornimmt,
7. entgegen § 15 Abs. 5 Satz 2, § 15a Abs. 4 Satz 2 oder § 25 Abs. 3 Satz 1, auch in Verbindung mit § 26 Abs. 2, eine Veröffentlichung oder einen Beleg nicht oder nicht rechtzeitig übersendet,
8. entgegen § 15b Abs. 1 Satz 1 in Verbindung mit einer Rechtsverordnung nach Absatz 2 Satz 1 Nr. 1 oder 2 ein Verzeichnis nicht, nicht richtig oder nicht vollständig führt,
9. entgegen § 15b Abs. 1 Satz 2 das Verzeichnis nicht oder nicht rechtzeitig übermittelt,
10. entgegen § 16 Satz 1 oder § 34 Abs. 1, auch in Verbindung mit einer Rechtsverordnung nach § 34 Abs. 2 Satz 1, eine Aufzeichnung nicht, nicht richtig, nicht vollständig oder nicht rechtzeitig fertigt,
11. entgegen § 20a Abs. 1 Satz 1 Nr. 1, auch in Verbindung mit Abs. 4, oder einer Rechtsverordnung nach Absatz 5 Satz 1 Nr. 1, eine Angabe macht oder einen Umstand verschweigt,
12. entgegen § 34 Abs. 3 Satz 1 eine Aufzeichnung nicht oder nicht mindestens sechs Jahre aufbewahrt,
13. einer Vorschrift des § 34a Abs. 1 Satz 1, 2 oder 3, auch in Verbindung mit Abs. 2 Satz 2, oder des § 34a Abs. 2 Satz 1, jeweils auch in Verbindung mit einer Rechtsverordnung nach § 34a Abs. 3 Satz 1, über die getrennte Vermögensverwahrung zuwiderhandelt,
14. entgegen § 34c Satz 1, 2 oder 4 oder § 36 Abs. 2 Satz 1 eine Anzeige nicht, nicht richtig, nicht vollständig oder nicht rechtzeitig erstattet oder
15. entgegen § 36 Abs. 1 Satz 3 einen Prüfer nicht oder nicht rechtzeitig bestellt.

und Bußgeldvorschriften §§ 40, 40a WpHG 3

(3) Ordnungswidrig handelt, wer vorsätzlich oder fahrlässig
1. einer vollziehbaren Anordnung nach
   a) § 4 Abs. 3 Satz 1,
   b) § 36b Abs. 1,
   c) § 37o Abs. 4 Satz 1 oder § 37q Abs. 2 Satz 1
   zuwiderhandelt oder
2. entgegen § 4 Abs. 4 Satz 1 oder 2 oder § 37o Abs. 5 Satz 1 ein Betreten nicht gestattet oder nicht duldet.

(4) Die Ordnungswidrigkeit kann in den Fällen des Absatzes 1 Nr. 1 und 2 und des Absatzes 2 Nr. 5 Buchstabe a, Nr. 6 und 11 mit einer Geldbuße bis zu einer Million Euro, in den Fällen des Absatzes 1 Nr. 3 und 4 und des Absatzes 2 Nr. 2 Buchstabe c und e, Nr. 3 und 4 mit einer Geldbuße bis zu zweihunderttausend Euro, in den Fällen des Absatzes 2 Nr. 2 Buchstabe d, Nr. 5 Buchstabe b und Nr. 13 und des Absatzes 3 Nr. 1 Buchstabe b mit einer Geldbuße bis zu hunderttausend Euro, in den übrigen Fällen mit einer Geldbuße bis zu fünfzigtausend Euro geahndet werden.

§ 40 Zuständige Verwaltungsbehörde. Verwaltungsbehörde im Sinne des § 36 Abs. 1 Nr. 1 des Gesetzes über Ordnungswidrigkeiten ist die Bundesanstalt.

§ 40a Beteiligung der Bundesanstalt und Mitteilungen in Strafsachen. (1) ¹Die Staatsanwaltschaft informiert die Bundesanstalt über die Einleitung eines Ermittlungsverfahrens, welches Straftaten nach § 38 betrifft. ²Werden im Ermittlungsverfahren Sachverständige benötigt, können fachkundige Angehörige der Bundesanstalt herangezogen werden. ³Der Bundesanstalt sind die Anklageschrift und der Antrag auf Erlass eines Strafbefehls mitzuteilen. ⁴Erwägt die Staatsanwaltschaft, das Verfahren einzustellen, so hat sie die Bundesanstalt zu hören.

(2) Das Gericht teilt der Bundesanstalt in einem Verfahren, welches Straftaten nach § 38 betrifft, den Termin zur Hauptverhandlung mit.

(3) Der Bundesanstalt ist auf Antrag Akteneinsicht zu gewähren, sofern nicht schutzwürdige Interessen des Betroffenen entgegenstehen oder der Untersuchungserfolg der Ermittlungen gefährdet wird.

(4) ¹In Strafverfahren gegen Inhaber oder Geschäftsleiter von Wertpapierdienstleistungsunternehmen oder deren gesetzliche Vertreter oder persönlich haftende Gesellschafter wegen Straftaten zum Nachteil von Kunden bei oder im Zusammenhang mit dem Betrieb des Wertpapierdienstleistungsunternehmens, ferner in Strafverfahren, die Straftaten nach § 38 zum Gegenstand haben, sind im Falle der Erhebung der öffentlichen Klage der Bundesanstalt
1. die Anklageschrift oder eine an ihre Stelle tretende Antragsschrift,
2. der Antrag auf Erlass eines Strafbefehls und
3. die das Verfahren abschließende Entscheidung mit Begründung

zu übermitteln; ist gegen die Entscheidung ein Rechtsmittel eingelegt worden, ist die Entscheidung unter Hinweis auf das eingelegte Rechtsmittel zu übermitteln. ²In Verfahren wegen fahrlässig begangener Straftaten werden die in den Nummern 1 und 2 bestimmten Übermittlungen nur vorgenommen, wenn aus der Sicht der übermittelnden Stelle unverzüglich Entscheidungen oder andere Maßnahmen der Bundesanstalt geboten sind.

(5) ¹Werden sonst in einem Strafverfahren Tatsachen bekannt, die auf Missstände in dem Geschäftsbetrieb eines Wertpapierdienstleistungsunternehmens hindeuten, und ist deren Kenntnis aus der Sicht der übermittelnden Stelle für Maßnahmen der Bundesanstalt nach diesem Gesetz erforderlich, soll das Gericht, die Strafverfolgungs- oder die Strafvollstreckungsbehörde diese Tatsachen ebenfalls mitteilen, soweit nicht für die übermittelnde Stelle erkennbar ist, dass schutzwürdige Interessen des Betroffenen überwiegen. ²Dabei ist zu berücksichtigen, wie gesichert die zu übermittelnden Erkenntnisse sind.

§ 40b Bekanntmachung von Maßnahmen. Die Bundesanstalt kann unanfechtbare Maßnahmen, die sie wegen Verstößen gegen Verbote oder Gebote dieses Gesetzes getroffen hat, auf ihrer Website öffentlich bekannt machen, soweit dies zur Beseitigung oder Verhinderung von Missständen nach § 4 Abs. 1 Satz 2 geeignet und erforderlich ist, es sei denn, diese Veröffentlichung würde die Finanzmärkte erheblich gefährden oder zu einem unverhältnismäßigen Schaden bei den Beteiligten führen.

Abschnitt 13. Übergangsbestimmungen

§ 41 Übergangsregelung für Mitteilungs- und Veröffentlichungspflichten. (1) Ein Unternehmen im Sinne des § 9 Abs. 1 Satz 1, das am 1. August 1997 besteht und nicht bereits vor diesem Zeitpunkt der Meldepflicht nach § 9 Abs. 1 unterlag, muß Mitteilungen nach dieser Bestimmung erstmals am 1. Februar 1998 abgeben.

(2) ¹Wem am 1. April 2002 unter Berücksichtigung des § 22 Abs. 1 und 2 fünf Prozent oder mehr der Stimmrechte einer börsennotierten Gesellschaft zustehen, hat der Gesellschaft und der Bundesanstalt unverzüglich, spätestens innerhalb von sieben Kalendertagen, die Höhe seines Stimmrechtsanteils unter Angabe seiner Anschrift schriftlich mitzuteilen; in der Mitteilung sind die zuzurechnenden Stimmrechte für jeden Zurechnungstatbestand getrennt anzugeben. ²Eine Verpflichtung nach Satz 1 besteht nicht, sofern nach dem 1. Januar 2002 und vor dem 1. April 2002 bereits eine Mitteilung gemäß § 21 Abs. 1 oder 1a abgegeben worden ist.

(3) Die Gesellschaft hat Mitteilungen nach Absatz 2 innerhalb von einem Monat nach Zugang nach Maßgabe des § 25 Abs. 1 Satz 1 und 2, Abs. 2 zu veröffentlichen und der Bundesanstalt unverzüglich einen Beleg über die Veröffentlichung zu übersenden.

(4) Auf die Pflichten nach den Absätzen 2 und 3 sind die §§ 23, 24, 25 Abs. 3 Satz 2, Abs. 4, §§ 27 bis 30 entsprechend anzuwenden.

(5) Ordnungswidrig handelt, wer vorsätzlich oder leichtfertig

1. entgegen Absatz 2 eine Mitteilung nicht, nicht richtig, nicht vollständig, nicht in der vorgeschriebenen Form oder nicht rechtzeitig macht oder
2. entgegen Absatz 3 in Verbindung mit § 25 Abs. 1 Satz 1, 2 oder Abs. 2 eine Veröffentlichung nicht, nicht richtig, nicht vollständig, nicht in der vorgeschriebenen Form oder nicht rechtzeitig vornimmt oder einen Beleg nicht oder nicht rechtzeitig übersendet.

Übergangsbestimmungen §§ 42–45 WpHG 3

(6) Die Ordnungswidrigkeit kann in den Fällen des Absatzes 5 Nr. 1 mit einer Geldbuße bis zu zweihundertfünfzigtausend Euro und in den Fällen des Absatzes 5 Nr. 2 mit einer Geldbuße bis zu fünfzigtausend Euro geahndet werden.

§ 42 Übergangsregelung für die Kostenerstattungspflicht nach § 11.
(1) Die nach § 11 Abs. 1 Satz 1 in der Fassung des Gesetzes vom 26. Juli 1994 (BGBl. I S. 1749) zur Erstattung der Kosten der Bundesanstalt Verpflichteten können für die Zeit bis Ende 1996 den Nachweis über den Umfang der Geschäfte in Wertpapieren und Derivaten auch anhand der im Jahre 1996 und für 1997 anhand der Zahl der im Jahre 1997 gemäß § 9 mitgeteilten Geschäfte führen.

(2) § 11 ist für den Zeitraum bis zum 30. April 2002 in der bis zum Tag vor dem Inkrafttreten des Gesetzes über die integrierte Finanzdienstleistungsaufsicht vom 22. April 2002 (BGBl. I S. 1310) geltenden Fassung auf die angefallenen Kosten des Bundesaufsichtsamtes für den Wertpapierhandel anzuwenden.

§ 43 Übergangsregelung für die Verjährung von Ersatzansprüchen nach § 37a.
§ 37a ist nicht anzuwenden auf Ansprüche gegen Wertpapierdienstleistungsunternehmen auf Schadensersatz wegen Verletzung der Pflicht zur Information und wegen fehlerhafter Beratung im Zusammenhang mit einer Wertpapierdienstleistung oder Wertpapiernebendienstleistung, die vor dem 1. April 1998 entstanden sind.

§ 44 Übergangsregelung für ausländische organisierte Märkte.
(1) Organisierte Märkte, die einer Erlaubnis nach § 37i bedürfen und am 1. Juli 2002 Handelsteilnehmern mit Sitz im Inland über ein elektronisches Handelssystem einen unmittelbaren Marktzugang gewährt haben, haben dies der Bundesanstalt bis zum 31. Dezember 2002 anzuzeigen und einen Antrag auf Erlaubnis bis zum 30. Juni 2003 zu stellen.

(2) Organisierte Märkte, die eine Anzeige nach § 37m abgeben müssen und die am 1. Juli 2002 Handelsteilnehmern mit Sitz im Inland über ein elektronisches Handelssystem einen unmittelbaren Marktzugang gewährt haben, haben dies und die Absicht, den Marktzugang aufrechtzuerhalten, der Bundesanstalt bis zum 31. Dezember 2002 anzuzeigen.

§ 45 Anwendungsbestimmung zum Abschnitt 11.
[1]Die Bestimmungen des Abschnitts 11 in der vom 21. Dezember 2004 an geltenden Fassung finden erstmals auf Abschlüsse des Geschäftsjahres Anwendung, das am 31. Dezember 2004 oder später endet. [2]Die Bundesanstalt nimmt die ihr in Abschnitt 11 zugewiesenen Aufgaben ab dem 1. Juli 2005 wahr.

4. Wechselgesetz

Vom 21. Juni 1933 (RGBl. I S. 399)

BGBl. III/FNA 4133-1

zuletzt geändert durch Art. 52 Einführungsgesetz zur Insolvenzordnung (EGInsO) vom 5. 10. 1994 (BGBl. I S. 2911), Art. 5 Abs. 19 Gesetz zur Modernisierung des Schuldrechts vom 26. 11. 2002 (BGBl. I S. 3138), Art. 1 Zweite Verordnung zur Ersetzung von Zinssätzen vom 13. 5. 2002 (BGBl. I S. 1582) und Art. 25 Abs. 8 Gesetz zur Änderung des Rechts der Vertretung durch Rechtsanwälte vor den Oberlandesgerichten (OLG-Vertretungsänderungsgesetz – OLGVertrÄndG) vom 23. 7. 2002 (BGBl. I S. 2850)

Inhaltsübersicht

Erster Teil. Gezogener Wechsel (Art. 1–74)   Art.

Erster Abschnitt. Ausstellung und Form des gezogenen Wechsels	1–10
Zweiter Abschnitt. Indossament	11–20
Dritter Abschnitt. Annahme	21–29
Vierter Abschnitt. Wechselbürgschaft	30–32
Fünfter Abschnitt. Verfall	33–37
Sechster Abschnitt. Zahlung	38–42
Siebenter Abschnitt. Rückgriff mangels Annahme und mangels Zahlung	43–54
Achter Abschnitt. Ehreneintritt	55–63
1. Allgemeine Vorschriften	55
2. Ehrenannahme	56–58
3. Ehrenzahlung	59–63
Neunter Abschnitt. Ausfertigung mehrerer Stücke eines Wechsels; Wechselabschriften	64–68
1. Ausfertigungen	64–66
2. Abschriften	67, 68
Zehnter Abschnitt. Änderungen	69
Elfter Abschnitt. Verjährung	70, 71
Zwölfter Abschnitt. Allgemeine Vorschriften	72–74

Zweiter Teil. Eigener Wechsel (Art. 75–78)

Dritter Teil. Ergänzende Vorschriften (Art. 79–90)

Erster Abschnitt. Protest	79–87
Zweiter Abschnitt. Bereicherung	89
Dritter Abschnitt. Abhanden gekommene Wechsel und Protesturkunden	90

Vierter Teil. Geltungsbereich der Gesetze (Art. 91–98)

Erster Teil. Gezogener Wechsel

Erster Abschnitt. Ausstellung und Form des gezogenen Wechsels

Art. 1 [Bestandteile] Der gezogene Wechsel enthält:
1. die Bezeichnung als Wechsel im Texte der Urkunde, und zwar in der Sprache, in der sie ausgestellt ist;

1. Abschnitt. Ausstellung und Form **Art. 2–7 WG 4**

2. die unbedingte Anweisung, eine bestimmte Geldsumme zu zahlen;
3. den Namen dessen, der zahlen soll (Bezogener);
4. die Angabe der Verfallzeit;
5. die Angabe des Zahlungsortes;
6. den Namen dessen, an den oder an dessen Order gezahlt werden soll;
7. die Angabe des Tages und des Ortes der Ausstellung;
8. die Unterschrift des Ausstellers.

Art. 2 [Fehlen von Bestandteilen] (1) Eine Urkunde, der einer der in vorstehendem Artikel bezeichneten Bestandteile fehlt, gilt nicht als gezogener Wechsel, vorbehaltlich der in den folgenden Absätzen bezeichneten Fälle.

(2) Ein Wechsel ohne Angabe der Verfallzeit gilt als Sichtwechsel.

(3) Mangels einer besonderen Angabe gilt der bei dem Namen des Bezogenen angegebene Ort als Zahlungsort und zugleich als Wohnort des Bezogenen.

(4) Ein Wechsel ohne Angabe des Ausstellungsortes gilt als ausgestellt an dem Orte, der bei dem Namen des Ausstellers angegeben ist.

Art. 3 [Eigene Order; trassiert-eigener Wechsel; gezogener Wechsel]
(1) Der Wechsel kann an die eigene Order des Ausstellers lauten.

(2) Er kann auf den Aussteller selbst gezogen werden.

(3) Er kann für Rechnung eines Dritten gezogen werden.

Art. 4 [Zahlungsort] Der Wechsel kann bei einem Dritten, am Wohnort des Bezogenen oder an einem anderen Orte, zahlbar gestellt werden.

Art. 5 [Zinsen] (1) [1]In einem Wechsel, der auf Sicht oder auf eine bestimmte Zeit nach Sicht lautet, kann der Aussteller bestimmen, daß die Wechselsumme zu verzinsen ist. [2]Bei jedem anderen Wechsel gilt der Zinsvermerk als nicht geschrieben.

(2) Der Zinsfuß ist im Wechsel anzugeben; fehlt diese Angabe, so gilt der Zinsvermerk als nicht geschrieben.

(3) Die Zinsen laufen vom Tage der Ausstellung des Wechsels, sofern nicht ein anderer Tag bestimmt ist.

Art. 6 [Wechselsumme] (1) Ist die Wechselsumme in Buchstaben und in Ziffern angegeben, so gilt bei Abweichungen die in Buchstaben angegebene Summe.

(2) Ist die Wechselsumme mehrmals in Buchstaben oder mehrmals in Ziffern angegeben, so gilt bei Abweichungen die geringste Summe.

Art. 7 [Ungültige Unterschriften] Trägt ein Wechsel Unterschriften von Personen, die eine Wechselverbindlichkeit nicht eingehen können, gefälschte Unterschriften, Unterschriften erdichteter Personen oder Unterschriften, die aus irgendeinem anderen Grunde für die Personen, die unterschrieben haben oder mit deren Namen unterschrieben worden ist, keine Verbindlichkeit begründen, so hat dies auf die Gültigkeit der übrigen Unterschriften keinen Einfluß.

Art. 8 [Vertreter ohne Vertretungsmacht] ¹Wer auf einen Wechsel seine Unterschrift als Vertreter eines anderen setzt, ohne hierzu ermächtigt zu sein, haftet selbst wechselmäßig und hat, wenn er den Wechsel einlöst, dieselben Rechte, die der angeblich Vertretene haben würde. ²Das gleiche gilt von einem Vertreter, der seine Vertretungsbefugnis überschritten hat.

Art. 9 [Haftung des Ausstellers] (1) Der Aussteller haftet für die Annahme und die Zahlung des Wechsels.

(2) Er kann die Haftung für die Annahme ausschließen; jeder Vermerk, durch den er die Haftung für die Zahlung ausschließt, gilt als nicht geschrieben.

Art. 10 [Blankowechsel] Wenn ein Wechsel, der bei der Begebung unvollständig war, den getroffenen Vereinbarungen zuwider ausgefüllt worden ist, so kann die Nichteinhaltung dieser Vereinbarungen dem Inhaber nicht entgegengesetzt werden, es sei denn, daß er den Wechsel in bösem Glauben erworben hat oder ihm beim Erwerb eine grobe Fahrlässigkeit zur Last fällt.

Zweiter Abschnitt. Indossament

Art. 11 [Übertragung des Wechsels] (1) Jeder Wechsel kann durch Indossament übertragen werden, auch wenn er nicht ausdrücklich an Order lautet.

(2) Hat der Aussteller in den Wechsel die Worte „nicht an Order" oder einen gleichbedeutenden Vermerk aufgenommen, so kann der Wechsel nur in der Form und mit den Wirkungen einer gewöhnlichen Abtretung übertragen werden.

(3) ¹Das Indossament kann auch auf den Bezogenen, gleichviel ob er den Wechsel angenommen hat oder nicht, auf den Aussteller oder auf jeden anderen Wechselverpflichteten lauten. ²Diese Personen können den Wechsel weiter indossieren.

Art. 12 [Indossament bedingungsfeindlich; Teilindossament; Indossament an den Inhaber] (1) ¹Das Indossament muß unbedingt sein. ²Bedingungen, von denen es abhängig gemacht wird, gelten als nicht geschrieben.

(2) Ein Teilindossament ist nichtig.

(3) Ein Indossament an den Inhaber gilt als Blankoindossament.

Art. 13 [Form; Blankoindossament] (1) ¹Das Indossament muß auf den Wechsel oder auf ein mit dem Wechsel verbundenes Blatt (Anhang) gesetzt werden. ²Es muß von dem Indossanten unterschrieben werden.

(2) ¹Das Indossament braucht den Indossatar nicht zu bezeichnen und kann selbst in der bloßen Unterschrift des Indossanten bestehen (Blankoindossament). ²In diesem letzteren Falle muß das Indossament, um gültig zu sein, auf die Rückseite des Wechsels oder auf den Anhang gesetzt werden.

Art. 14 [Transportfunktion] (1) Das Indossament überträgt alle Rechte aus dem Wechsel.

2. Abschnitt. Indossament Art. 15–19 WG 4

(2) Ist es ein Blankoindossament, so kann der Inhaber
1. das Indossament mit seinem Namen oder mit dem Namen eines anderen ausfüllen;
2. den Wechsel durch ein Blankoindossament oder an eine bestimmte Person weiter indossieren;
3. den Wechsel weiterbegeben, ohne das Blankoindossament auszufüllen und ohne ihn zu indossieren.

Art. 15 [Garantiefunktion] (1) Der Indossant haftet mangels eines entgegenstehenden Vermerks für die Annahme und die Zahlung.

(2) Er kann untersagen, daß der Wechsel weiter indossiert wird; in diesem Falle haftet er denen nicht, an die der Wechsel weiter indossiert wird.

Art. 16 [Wechselvermutung] (1) [1] Wer den Wechsel in Händen hat, gilt als rechtmäßiger Inhaber, sofern er sein Recht durch eine ununterbrochene Reihe von Indossamenten nachweist, und zwar auch dann, wenn das letzte ein Blankoindossament ist. [2] Ausgestrichene Indossamente gelten hierbei als nicht geschrieben. [3] Folgt auf ein Blankoindossament ein weiteres Indossament, so wird angenommen, daß der Aussteller dieses Indossaments den Wechsel durch das Blankoindossament erworben hat.

(2) Ist der Wechsel einem früheren Inhaber irgendwie abhanden gekommen, so ist der neue Inhaber, der sein Recht nach den Vorschriften des vorstehenden Absatzes nachweist, zur Herausgabe des Wechsels nur verpflichtet, wenn er ihn in bösem Glauben erworben hat oder ihm beim Erwerb eine grobe Fahrlässigkeit zur Last fällt.

Art. 17 [Einwendungen des Wechselschuldners] Wer aus dem Wechsel in Anspruch genommen wird, kann dem Inhaber keine Einwendungen entgegensetzen, die sich auf seine unmittelbaren Beziehungen zu dem Aussteller oder zu einem früheren Inhaber gründen, es sei denn, daß der Inhaber bei dem Erwerb des Wechsels bewußt zum Nachteil des Schuldners gehandelt hat.

Art. 18 [Vollmachtsindossament] (1) Enthält das Indossament den Vermerk „Wert zur Einziehung", „zum Inkasso", „in Prokura" oder einen anderen nur eine Bevollmächtigung ausdrückenden Vermerk, so kann der Inhaber alle Rechte aus dem Wechsel geltend machen; aber er kann ihn nur durch ein weiteres Vollmachtsindossament übertragen.

(2) Die Wechselverpflichteten können in diesem Falle dem Inhaber nur solche Einwendungen entgegensetzen, die ihnen gegen den Indossanten zustehen.

(3) Die in dem Vollmachtsindossament enthaltene Vollmacht erlischt weder mit dem Tode noch mit dem Eintritt der Handlungsunfähigkeit des Vollmachtgebers.

Art. 19 [Pfandindossament] (1) Enthält das Indossament den Vermerk „Wert zur Sicherheit", „Wert zum Pfande" oder einen anderen eine Verpfändung ausdrückenden Vermerk, so kann der Inhaber alle Rechte aus dem

Wechsel geltend machen; ein von ihm ausgestelltes Indossament hat aber nur die Wirkung eines Vollmachtsindossaments.

(2) Die Wechselverpflichteten können dem Inhaber keine Einwendungen entgegensetzen, die sich auf ihre unmittelbaren Beziehungen zu dem Indossanten gründen, es sei denn, daß der Inhaber bei dem Erwerb des Wechsels bewußt zum Nachteil des Schuldners gehandelt hat.

Art. 20 [Indossament nach Verfall] (1) [1] Ein Indossament nach Verfall hat dieselben Wirkungen wie ein Indossament vor Verfall. [2] Ist jedoch der Wechsel erst nach Erhebung des Protestes mangels Zahlung oder nach Ablauf der hierfür bestimmten Frist indossiert worden, so hat das Indossament nur die Wirkungen einer gewöhnlichen Abtretung.

(2) Bis zum Beweis des Gegenteils wird vermutet, daß ein nicht datiertes Indossament vor Ablauf der für die Erhebung des Protestes bestimmten Frist auf den Wechsel gesetzt worden ist.

Dritter Abschnitt. Annahme

Art. 21 [Vorlegung zur Annahme] Der Wechsel kann von dem Inhaber oder von jedem, der den Wechsel auch nur in Händen hat, bis zum Verfall dem Bezogenen an seinem Wohnort zur Annahme vorgelegt werden.

Art. 22 [Vorlegungsgebot und Vorlegungsverbot] (1) Der Aussteller kann in jedem Wechsel mit oder ohne Bestimmung einer Frist vorschreiben, daß der Wechsel zur Annahme vorgelegt werden muß.

(2) Er kann im Wechsel die Vorlegung zur Annahme untersagen, wenn es sich nicht um einen Wechsel handelt, der bei einem Dritten oder an einem von dem Wohnort des Bezogenen verschiedenen Ort zahlbar ist oder der auf eine bestimmte Zeit nach Sicht lautet.

(3) Er kann auch vorschreiben, daß der Wechsel nicht vor einem bestimmten Tag zur Annahme vorgelegt werden darf.

(4) Jeder Indossant kann, wenn nicht der Aussteller die Vorlegung zur Annahme untersagt hat, mit oder ohne Bestimmung einer Frist vorschreiben, daß der Wechsel zur Annahme vorgelegt werden muß.

Art. 23 [Vorlegungsfrist] (1) Wechsel, die auf eine bestimmte Zeit nach Sicht lauten, müssen binnen einem Jahr nach dem Tag der Ausstellung zur Annahme vorgelegt werden.

(2) Der Aussteller kann eine kürzere oder eine längere Frist bestimmen.

(3) Die Indossanten können die Vorlegungsfristen abkürzen.

Art. 24 [Nochmalige Vorlegung] (1) [1] Der Bezogene kann verlangen, daß ihm der Wechsel am Tag nach der ersten Vorlegung nochmals vorgelegt wird. [2] Die Beteiligten können sich darauf, daß diesem Verlangen nicht entsprochen worden ist, nur berufen, wenn das Verlangen im Protest vermerkt ist.

(2) Der Inhaber ist nicht verpflichtet, den zur Annahme vorgelegten Wechsel in der Hand des Bezogenen zu lassen.

Art. 25 [**Annahmeerklärung**] (1) ¹Die Annahmeerklärung wird auf den Wechsel gesetzt. ²Sie wird durch das Wort „angenommen" oder ein gleichbedeutendes Wort ausgedrückt; sie ist vom Bezogenen zu unterschreiben. ³Die bloße Unterschrift des Bezogenen auf der Vorderseite des Wechsels gilt als Annahme.

(2) ¹Lautet der Wechsel auf eine bestimmte Zeit nach Sicht oder ist er infolge eines besonderen Vermerks innerhalb einer bestimmten Frist zur Annahme vorzulegen, so muß die Annahmeerklärung den Tag bezeichnen, an dem sie erfolgt ist, sofern nicht der Inhaber die Angabe des Tages der Vorlegung verlangt. ²Ist kein Tag angegeben, so muß der Inhaber, um seine Rückgriffsrechte gegen die Indossanten und den Aussteller zu wahren, diese Unterlassung rechtzeitig durch einen Protest feststellen lassen.

Art. 26 [**Eingeschränkte Annahme**] (1) Die Annahme muß unbedingt sein; der Bezogene kann sie aber auf einen Teil der Wechselsumme beschränken.

(2) ¹Wenn die Annahmeerklärung irgendeine andere Abweichung von den Bestimmungen des Wechsels enthält, so gilt die Annahme als verweigert. ²Der Annehmende haftet jedoch nach dem Inhalt seiner Annahmeerklärung.

Art. 27 [**Domizilwechsel; Zahlstellenwechsel**] (1) ¹Hat der Aussteller im Wechsel einen von dem Wohnort des Bezogenen verschiedenen Zahlungsort angegeben, ohne einen Dritten zu bezeichnen, bei dem die Zahlung geleistet werden soll, so kann der Bezogene bei der Annahmeerklärung einen Dritten bezeichnen. ²Mangels einer solchen Bezeichnung wird angenommen, daß sich der Annehmer verpflichtet hat, selbst am Zahlungsort zu zahlen.

(2) Ist der Wechsel beim Bezogenen selbst zahlbar, so kann dieser in der Annahmeerklärung eine am Zahlungsort befindliche Stelle bezeichnen, wo die Zahlung geleistet werden soll.

Art. 28 [**Wirkung der Annahme**] (1) Der Bezogene wird durch die Annahme verpflichtet, den Wechsel bei Verfall zu bezahlen.

(2) Mangels Zahlung hat der Inhaber, auch wenn er der Aussteller ist, gegen den Annehmer einen unmittelbaren Anspruch aus dem Wechsel auf alles, was auf Grund der Artikel 48 und 49 gefordert werden kann.

Art. 29 [**Widerruf der Annahme**] (1) ¹Hat der Bezogene die auf den Wechsel gesetzte Annahmeerklärung vor der Rückgabe des Wechsels gestrichen, so gilt die Annahme als verweigert. ²Bis zum Beweis des Gegenteils wird vermutet, daß die Streichung vor der Rückgabe des Wechsels erfolgt ist.

(2) Hat der Bezogene jedoch dem Inhaber oder einer Person, deren Unterschrift sich auf dem Wechsel befindet, die Annahme schriftlich mitgeteilt, so haftet er diesen nach dem Inhalt seiner Annahmeerklärung.

Vierter Abschnitt. Wechselbürgschaft

Art. 30 [**Zulässigkeit**] (1) Die Zahlung der Wechselsumme kann ganz oder teilweise durch Wechselbürgschaft gesichert werden.

(2) Diese Sicherheit kann von einem Dritten oder auch von einer Person geleistet werden, deren Unterschrift sich schon auf dem Wechsel befindet.

Art. 31 [Form] (1) Die Bürgschaftserklärung wird auf den Wechsel oder auf einen Anhang gesetzt.

(2) Sie wird durch die Worte „als Bürge" oder einen gleichbedeutenden Vermerk ausgedrückt; sie ist von dem Wechselbürgen zu unterschreiben.

(3) Die bloße Unterschrift auf der Vorderseite des Wechsels gilt als Bürgschaftserklärung, soweit es sich nicht um die Unterschrift des Bezogenen oder des Ausstellers handelt.

(4) In der Erklärung ist anzugeben, für wen die Bürgschaft geleistet wird; mangels einer solchen Angabe gilt sie für den Aussteller.

Art. 32 [Haftung des Wechselbürgen] (1) Der Wechselbürge haftet in der gleichen Weise wie derjenige, für den er sich verbürgt hat.

(2) Seine Verpflichtungserklärung ist auch gültig, wenn die Verbindlichkeit, für die er sich verbürgt hat, aus einem anderen Grund als wegen eines Formfehlers nichtig ist.

(3) Der Wechselbürge, der den Wechsel bezahlt, erwirbt die Rechte aus dem Wechsel gegen denjenigen, für den er sich verbürgt hat, und gegen alle, die diesem wechselmäßig haften.

Fünfter Abschnitt. Verfall

Art. 33 [Verfallzeiten] (1) Ein Wechsel kann gezogen werden

auf Sicht;

auf eine bestimmte Zeit nach Sicht;

auf eine bestimmte Zeit nach der Ausstellung;

auf einen bestimmten Tag.

(2) Wechsel mit anderen oder mit mehreren aufeinanderfolgenden Verfallzeiten sind nichtig.

Art. 34 [Sichtwechsel] (1) [1]Der Sichtwechsel ist bei der Vorlegung fällig. [2]Er muß binnen einem Jahr nach der Ausstellung zur Zahlung vorgelegt werden. [3]Der Aussteller kann eine kürzere oder eine längere Frist bestimmen. [4]Die Indossanten können die Vorlegungsfristen abkürzen.

(2) [1]Der Aussteller kann vorschreiben, daß der Sichtwechsel nicht vor einem bestimmten Tag zur Zahlung vorgelegt werden darf. [2]In diesem Falle beginnt die Vorlegungsfrist mit diesem Tag.

Art. 35 [Nachsichtwechsel] (1) Der Verfall eines Wechsels, der auf eine bestimmte Zeit nach Sicht lautet, richtet sich nach dem in der Annahmeerklärung angegebenen Tag oder nach dem Tag des Protestes.

(2) Ist in der Annahmeerklärung ein Tag nicht angegeben und ein Protest nicht erhoben worden, so gilt dem Annehmer gegenüber der Wechsel als am letzten Tag der für die Vorlegung zur Annahme vorgesehenen Frist angenommen.

Art. 36 [Auslegungsregeln] (1) ¹Ein Wechsel, der auf einen oder mehrere Monate nach der Ausstellung oder nach Sicht lautet, verfällt an dem entsprechenden Tag des Zahlungsmonats. ²Fehlt dieser Tag, so ist der Wechsel am letzten Tag des Monats fällig.

(2) Lautet der Wechsel auf einen oder mehrere Monate und einen halben Monat nach der Ausstellung oder nach Sicht, so werden die ganzen Monate zuerst gezählt.

(3) Ist als Verfallzeit der Anfang, die Mitte oder das Ende eines Monats angegeben, so ist darunter der erste, der fünfzehnte oder der letzte Tag des Monats zu verstehen.

(4) Die Ausdrücke „acht Tage" oder „fünfzehn Tage" bedeuten nicht eine oder zwei Wochen, sondern volle acht oder fünfzehn Tage.

(5) Der Ausdruck „halber Monat" bedeutet fünfzehn Tage.

Art. 37 [Kalenderverschiedenheit] (1) Ist ein Wechsel an einem bestimmten Tag an einem Ort zahlbar, dessen Kalender von dem des Ausstellungsorts abweicht, so ist für den Verfalltag der Kalender des Zahlungsorts maßgebend.

(2) Ist ein zwischen zwei Orten mit verschiedenem Kalender gezogener Wechsel eine bestimmte Zeit nach der Ausstellung zahlbar, so wird der Tag der Ausstellung in den nach dem Kalender des Zahlungsorts entsprechenden Tag umgerechnet und hiernach der Verfalltag ermittelt.

(3) Auf die Berechnung der Fristen für die Vorlegung von Wechseln findet die Vorschrift des vorstehenden Absatzes entsprechende Anwendung.

(4) Die Vorschriften dieses Artikels finden keine Anwendung, wenn sich aus einem Vermerk im Wechsel oder sonst aus dessen Inhalt ergibt, daß etwas anderes beabsichtigt war.

Sechster Abschnitt. Zahlung

Art. 38 [Vorlegung zur Zahlung] (1) Der Inhaber eines Wechsels, der an einem bestimmten Tag oder bestimmte Zeit nach der Ausstellung oder nach Sicht zahlbar ist, hat den Wechsel am Zahlungstag oder an einem der beiden folgenden Werktage zur Zahlung vorzulegen.

(2) Die Einlieferung in eine Abrechnungsstelle[1]) steht der Vorlegung zur Zahlung gleich.

(3) Der *Reichsminister der Justiz* bestimmt, welche Einrichtungen als Abrechnungsstellen[1]) anzusehen sind und unter welchen Voraussetzungen die Einlieferung erfolgen kann.

Art. 39 [Aushändigung des quittierten Wechsels; Teilzahlung] (1) Der Bezogene kann vom Inhaber gegen Zahlung die Aushändigung des quittierten Wechsels verlangen.

(2) Der Inhaber darf eine Teilzahlung nicht zurückweisen.

---

[1]) Zu Art. 38 Abs. 2 und 3 vgl. die Verordnung über Abrechnungsstellen im Wechsel- und Scheckverkehr vom 10. 11. 1953 (BGBl. I S. 1521, ber. S. 1542).

(3) Im Falle der Teilzahlung kann der Bezogene verlangen, daß sie auf dem Wechsel vermerkt und ihm eine Quittung erteilt wird.

Art. 40 [Zahlung vor und bei Verfall] (1) Der Inhaber des Wechsels ist nicht verpflichtet, die Zahlung vor Verfall anzunehmen.

(2) Der Bezogene, der vor Verfall zahlt, handelt auf eigene Gefahr.

(3) [1] Wer bei Verfall zahlt, wird von seiner Verbindlichkeit befreit, wenn ihm nicht Arglist oder grobe Fahrlässigkeit zur Last fällt. [2] Er ist verpflichtet, die Ordnungsmäßigkeit der Reihe der Indossamente, aber nicht die Unterschriften der Indossanten zu prüfen.

Art. 41 [Fremde Währung] (1) [1] Lautet der Wechsel auf eine Währung, die am Zahlungsort nicht gilt, so kann die Wechselsumme in der Landeswährung nach dem Wert gezahlt werden, den sie am Verfalltag besitzt. [2] Wenn der Schuldner die Zahlung verzögert, so kann der Inhaber wählen, ob die Wechselsumme nach dem Kurs des Verfalltages oder nach dem Kurs des Zahlungstages in die Landeswährung umgerechnet werden soll.

(2) [1] Der Wert der fremden Währung bestimmt sich nach den Handelsgebräuchen des Zahlungsortes. [2] Der Aussteller kann jedoch im Wechsel für die zu zahlende Summe einen Umrechnungskurs bestimmen.

(3) Die Vorschriften der beiden ersten Absätze finden keine Anwendung, wenn der Aussteller die Zahlung in einer bestimmten Währung vorgeschrieben hat (Effektivvermerk).

(4) Lautet der Wechsel auf eine Geldsorte, die im Lande der Ausstellung dieselbe Bezeichnung, aber einen anderen Wert hat als in dem der Zahlung, so wird vermutet, daß die Geldsorte des Zahlungsortes gemeint ist.

Art. 42 [Hinterlegung] Wird der Wechsel nicht innerhalb der in Artikel 38 bestimmten Frist zur Zahlung vorgelegt, so kann der Schuldner die Wechselsumme bei der zuständigen Behörde auf Gefahr und Kosten des Inhabers hinterlegen.

Siebenter Abschnitt. Rückgriff mangels Annahme und mangels Zahlung

Art. 43 [Rückgriff mangels Zahlung] (1) Der Inhaber kann gegen die Indossanten, den Aussteller und die anderen Wechselverpflichteten bei Verfall des Wechsels Rückgriff nehmen, wenn der Wechsel nicht bezahlt worden ist.

(2) Das gleiche Recht steht dem Inhaber schon vor Verfall zu,

1. wenn die Annahme ganz oder teilweise verweigert worden ist;
2. wenn über das Vermögen des Bezogenen, gleichviel ob er den Wechsel angenommen hat oder nicht, das Insolvenzverfahren eröffnet worden ist oder wenn der Bezogene auch nur seine Zahlungen eingestellt hat oder wenn eine Zwangsvollstreckung in sein Vermögen fruchtlos verlaufen ist;
3. wenn über das Vermögen des Ausstellers eines Wechsels, dessen Vorlegung zur Annahme untersagt ist, das Insolvenzverfahren eröffnet worden ist.

7. Abschnitt. Rückgriff mangels Annahme   **Art. 44, 45   WG 4**

Art. 44 [Protest] (1) Die Verweigerung der Annahme oder der Zahlung muß durch eine öffentliche Urkunde (Protest mangels Annahme oder mangels Zahlung) festgestellt werden.[1]

(2) [1]Der Protest mangels Annahme muß innerhalb der Frist erhoben werden, die für die Vorlegung zur Annahme gilt. [2]Ist im Fall des Artikels 24 Abs. 1 der Wechsel am letzten Tage der Frist zum ersten Mal vorgelegt worden, so kann der Protest noch am folgenden Tag erhoben werden.

(3) [1]Der Protest mangels Zahlung muß bei einem Wechsel, der an einem bestimmten Tag oder bestimmte Zeit nach der Ausstellung oder nach Sicht zahlbar ist, an einem der beiden auf den Zahlungstag folgenden Werktage erhoben werden. [2]Bei einem Sichtwechsel muß der Protest mangels Zahlung in den gleichen Fristen erhoben werden, wie sie im vorhergehenden Absatz für den Protest mangels Annahme vorgesehen sind.

(4) Ist Protest mangels Annahme erhoben worden, so bedarf es weder der Vorlegung zur Zahlung noch des Protestes mangels Zahlung.

(5) Hat der Bezogene, gleichviel ob er den Wechsel angenommen hat oder nicht, seine Zahlungen eingestellt, oder ist eine Zwangsvollstreckung in sein Vermögen fruchtlos verlaufen, so kann der Inhaber nur Rückgriff nehmen, nachdem der Wechsel dem Bezogenen zur Zahlung vorgelegt und Protest erhoben worden ist.

(6) [1]Ist über das Vermögen des Bezogenen, gleichviel ob er den Wechsel angenommen hat oder nicht, oder über das Vermögen des Ausstellers eines Wechsels, dessen Vorlegung zur Annahme untersagt ist, das Insolvenzverfahren eröffnet worden, so genügt es zur Ausübung des Rückgriffsrechts, daß der gerichtliche Beschluß über die Eröffnung des Insolvenzverfahrens vorgelegt wird. [2]Die Vorlegung der Bekanntmachung des gerichtlichen Beschlusses im Bundesanzeiger oder in dem zur Veröffentlichung amtlicher Bekanntmachungen des Gerichts bestimmten Blatt ist der Vorlegung des gerichtlichen Beschlusses gleichzuachten.

Art. 45 [Benachrichtigungen] (1) [1]Der Inhaber muß seinen unmittelbaren Vormann und den Aussteller von dem Unterbleiben der Annahme oder der Zahlung innerhalb der vier Werktage benachrichtigen, die auf den Tag der Protesterhebung oder, im Fall des Vermerks „ohne Kosten", auf den Tag der Vorlegung folgen. [2]Jeder Indossant muß innerhalb zweier Werktage nach Empfang der Nachricht seinem unmittelbaren Vormann von der Nachricht, die er erhalten hat, Kenntnis geben und ihm die Namen und Adressen derjenigen mitteilen, die vorher Nachricht gegeben haben, und so weiter in der Reihenfolge, bis zum Aussteller. [3]Die Fristen laufen vom Empfang der vorhergehenden Nachricht.

(2) Wird nach Maßgabe des vorhergehenden Absatzes einer Person, deren Unterschrift sich auf dem Wechsel befindet, Nachricht gegeben, so muß die gleiche Nachricht in derselben Frist ihrem Wechselbürgen gegeben werden.

(3) Hat ein Indossant seine Adresse nicht oder in unleserlicher Form angegeben, so genügt es, daß sein unmittelbarer Vormann benachrichtigt wird.

---

[1] Vgl. Art. 79 ff. WG.

(4) Die Nachricht kann in jeder Form gegeben werden, auch durch die bloße Rücksendung des Wechsels.

(5) [1] Der zur Benachrichtigung Verpflichtete hat zu beweisen, daß er in der vorgeschriebenen Frist benachrichtigt hat. [2] Die Frist gilt als eingehalten, wenn ein Schreiben, das die Benachrichtigung enthält, innerhalb der Frist zur Post gegeben worden ist.

(6) Wer die rechtzeitige Benachrichtigung versäumt, verliert nicht den Rückgriff; er haftet für den etwa durch seine Nachlässigkeit entstandenen Schaden, jedoch nur bis zur Höhe der Wechselsumme.

Art. 46 [Erlaß des Protestes] (1) Der Aussteller sowie jeder Indossant oder Wechselbürge kann durch den Vermerk „ohne Kosten", „ohne Protest" oder einen gleichbedeutenden auf den Wechsel gesetzten und unterzeichneten Vermerk den Inhaber von der Verpflichtung befreien, zum Zwecke der Ausübung des Rückgriffs Protest mangels Annahme oder mangels Zahlung erheben zu lassen.

(2) [1] Der Vermerk befreit den Inhaber nicht von der Verpflichtung, den Wechsel rechtzeitig vorzulegen und die erforderlichen Nachrichten zu geben. [2] Der Beweis, daß die Frist nicht eingehalten worden ist, liegt demjenigen ob, der sich dem Inhaber gegenüber darauf beruft.

(3) [1] Ist der Vermerk vom Aussteller beigefügt, so wirkt er gegenüber allen Wechselverpflichteten; ist er von einem Indossanten oder einem Wechselbürgen beigefügt, so wirkt er nur diesen gegenüber. [2] Läßt der Inhaber ungeachtet des vom Aussteller beigefügten Vermerks Protest erheben, so fallen ihm die Kosten zur Last. [3] Ist der Vermerk von einem Indossanten oder einem Wechselbürgen beigefügt, so sind alle Wechselverpflichteten zum Ersatz der Kosten eines dennoch erhobenen Protestes verpflichtet.

Art. 47 [Haftung der Wechselschuldner] (1) Alle, die einen Wechsel ausgestellt, angenommen, indossiert oder mit einer Bürgschaftserklärung versehen haben, haften dem Inhaber als Gesamtschuldner.

(2) Der Inhaber kann jeden einzeln oder mehrere oder alle zusammen in Anspruch nehmen, ohne an die Reihenfolge gebunden zu sein, in der sie sich verpflichtet haben.

(3) Das gleiche Recht steht jedem Wechselverpflichteten zu, der den Wechsel eingelöst hat.

(4) Durch die Geltendmachung des Anspruchs gegen einen Wechselverpflichteten verliert der Inhaber nicht seine Rechte gegen die anderen Wechselverpflichteten, auch nicht gegen die Nachmänner desjenigen, der zuerst in Anspruch genommen worden ist.

Art. 48 [Rückgriff des Protestanten] (1) Der Inhaber kann im Wege des Rückgriffs verlangen:
1. die Wechselsumme, soweit der Wechsel nicht angenommen oder nicht eingelöst worden ist, mit den etwa bedungenen Zinsen;
2. Zinsen zu sechs vom Hundert seit dem Verfalltag. Bei einem Wechsel, der im Inland sowohl ausgestellt als auch zahlbar ist, beträgt der Zinssatz zwei

vom Hundert über dem jeweiligen Basiszinssatz nach § 247 des Bürgerlichen Gesetzbuchs,[1] mindestens aber sechs vom Hundert;
3. die Kosten des Protestes und der Nachrichten sowie die anderen Auslagen;
4. eine Vergütung, die mangels besonderer Vereinbarung ein Drittel vom Hundert der Hauptsumme des Wechsels beträgt und diesen Satz keinesfalls überschreiten darf.

(2) [1] Wird der Rückgriff vor Verfall genommen, so werden von der Wechselsumme Zinsen abgezogen. [2] Diese Zinsen werden auf Grund des öffentlich bekanntgemachten Diskontsatzes (Satz der Zentralnotenbank) berechnet, der am Tag des Rückgriffs am Wohnort des Inhabers gilt.

Art. 49 [Rückgriff des Einlösers] Wer den Wechsel eingelöst hat, kann von seinen Vormännern verlangen:
1. den vollen Betrag, den er gezahlt hat;
2. die Zinsen dieses Betrags zu sechs vom Hundert seit dem Tag der Einlösung. Bei einem Wechsel, der im Inland sowohl ausgestellt als auch zahlbar ist, beträgt der Zinssatz zwei vom Hundert über dem jeweiligen Basiszinssatz nach § 247 des Bürgerlichen Gesetzbuchs, mindestens aber sechs vom Hundert;
3. seine Auslagen;
4. eine Vergütung, die nach den Vorschriften des Artikels 48 Abs. 1 Nr. 4 berechnet wird.

Art. 50 [Aushändigung der Wechselpapiere] (1) Jeder Wechselverpflichtete, gegen den Rückgriff genommen wird oder genommen werden kann, ist berechtigt, zu verlangen, daß ihm gegen Entrichtung der Rückgriffssumme der Wechsel mit dem Protest und eine quittierte Rechnung ausgehändigt werden.

(2) Jeder Indossant, der den Wechsel eingelöst hat, kann sein Indossament und die Indossamente seiner Nachmänner ausstreichen.

Art. 51 [Rückgriff nach Teilannahme] [1] Bei dem Rückgriff nach einer Teilannahme kann derjenige, der den nicht angenommenen Teil der Wech-

---

[1] § 247 BGB lautet:
„**§ 247. Basiszinssatz.** (1) [1] Der Basiszinssatz beträgt 3,62 Prozent. [2] Er verändert sich zum 1. Januar und 1. Juli eines jeden Jahres um die Prozentpunkte, um welche die Bezugsgröße seit der letzten Veränderung des Basiszinssatzes gestiegen oder gefallen ist. [3] Bezugsgröße ist der Zinssatz für die jüngste Hauptrefinanzierungsoperation der Europäischen Zentralbank vor dem ersten Kalendertag des betreffenden Halbjahres.

(2) Die Deutsche Bundesbank gibt den geltenden Basiszinssatz unverzüglich nach den in Absatz 1 Satz 2 genannten Zeitpunkten im Bundesanzeiger bekannt."

Der Basiszinssatz beträgt seit
1. 1. 2002 2,57% (Bek. v. 28. 12. 2001, BAnz. 2002 Nr. 3 S. 98);
1. 7. 2002 2,47% (Bek. v. 25. 6. 2002, BAnz. Nr. 118 S. 14537);
1. 1. 2003 1,97% (Bek. v. 30. 12. 2002, BAnz. 2003 Nr. 2 S. 76);
1. 7. 2003 1,22% (Bek. v. 24. 6. 2003, BAnz. Nr. 117 S. 13744);
1. 1. 2004 1,14% (Bek. v. 30. 12. 2003, BAnz. 2004 Nr. 2 S. 69);
1. 7. 2004 1,13% (Bek. v. 3. 7. 2004, BAnz. Nr. 122 S. 14246);
1. 1. 2005 1,21% (Bek. v. 30. 12. 2004, BAnz. 2005 Nr. 1 S. 6);
1. 7. 2005 1,17% (Bek. v. 28. 6. 2005, BAnz. Nr. 122 S. 10042).

selsumme entrichtet, verlangen, daß dies auf dem Wechsel vermerkt und ihm darüber Quittung erteilt wird. ²Der Inhaber muß ihm ferner eine beglaubigte Abschrift des Wechsels und den Protest aushändigen, um den weiteren Rückgriff zu ermöglichen.

Art. 52 [Rückwechsel] (1) Wer zum Rückgriff berechtigt ist, kann mangels eines entgegenstehenden Vermerkes den Rückgriff dadurch nehmen, daß er auf einen seiner Vormänner einen neuen Wechsel (Rückwechsel) zieht, der auf Sicht lautet und am Wohnort dieses Vormannes zahlbar ist.

(2) Der Rückwechsel umfaßt, außer den in den Artikeln 48 und 49 angegebenen Beträgen, die Mäklergebühr und die Stempelsteuer für den Rückwechsel.

(3) ¹Wird der Rückwechsel vom Inhaber gezogen, so richtet sich die Höhe der Wechselsumme nach dem Kurse, den ein vom Zahlungsort des ursprünglichen Wechsels auf den Wohnort des Vormannes gezogener Sichtwechsel hat. ²Wird der Rückwechsel von einem Indossanten gezogen, so richtet sich die Höhe der Wechselsumme nach dem Kurse, den ein vom Wohnort des Ausstellers des Rückwechsels auf den Wohnort des Vormannes gezogener Sichtwechsel hat.

Art. 53 [Rechtsverlust bei Fristversäumung] (1) Mit der Versäumung der Fristen

für die Vorlegung eines Wechsels, der auf Sicht oder auf eine bestimmte Zeit nach Sicht lautet,
für die Erhebung des Protestes mangels Annahme oder mangels Zahlung,
für die Vorlegung zur Zahlung im Falle des Vermerkes „ohne Kosten"

verliert der Inhaber seine Rechte gegen die Indossanten, den Aussteller und alle anderen Wechselverpflichteten, mit Ausnahme des Annehmers.

(2) Versäumt der Inhaber die vom Aussteller für die Vorlegung zur Annahme vorgeschriebene Frist, so verliert er das Recht, mangels Annahme und mangels Zahlung Rückgriff zu nehmen, sofern nicht der Wortlaut des Vermerkes ergibt, daß der Aussteller nur die Haftung für die Annahme hat ausschließen wollen.

(3) Ist die Frist für die Vorlegung in einem Indossament enthalten, so kann sich nur der Indossant darauf berufen.

Art. 54 [Fristversäumung wegen höherer Gewalt] (1) Steht der rechtzeitigen Vorlegung des Wechsels oder der rechtzeitigen Erhebung des Protestes ein unüberwindliches Hindernis entgegen (gesetzliche Vorschrift eines Staates oder ein anderer Fall höherer Gewalt), so werden die für diese Handlungen bestimmten Fristen verlängert.

(2) Der Inhaber ist verpflichtet, seinen unmittelbaren Vormann von dem Falle der höheren Gewalt unverzüglich zu benachrichtigen und die Benachrichtigung unter Beifügung des Tages und Ortes sowie seiner Unterschrift auf dem Wechsel oder einem Anhang zu vermerken; im übrigen finden die Vorschriften des Artikels 45 Anwendung.

(3) Fällt die höhere Gewalt weg, so muß der Inhaber den Wechsel unverzüglich zur Annahme oder zur Zahlung vorlegen und gegebenenfalls Protest erheben lassen.

(4) Dauert die höhere Gewalt länger als dreißig Tage nach Verfall, so kann Rückgriff genommen werden, ohne daß es der Vorlegung oder der Protesterhebung bedarf.

(5) ¹Bei Wechseln, die auf Sicht oder auf eine bestimmte Zeit nach Sicht lauten, läuft die dreißigtägige Frist von dem Tage, an dem der Inhaber seinen Vormann von dem Fall der höheren Gewalt benachrichtigt hat; diese Nachricht kann schon vor Ablauf der Vorlegungsfrist gegeben werden. ²Bei Wechseln, die auf bestimmte Zeit nach Sicht lauten, verlängert sich die dreißigtägige Frist um die im Wechsel angegebene Nachsichtfrist.

(6) Tatsachen, die rein persönlich den Inhaber oder denjenigen betreffen, den er mit der Vorlegung des Wechsels oder mit der Protesterhebung beauftragt hat, gelten nicht als Fälle höherer Gewalt.

Achter Abschnitt. Ehreneintritt

1. Allgemeine Vorschriften

Art. 55 [Notadresse; Ehrenannahme oder -zahlung] (1) Der Aussteller sowie jeder Indossant oder Wechselbürge kann eine Person angeben, die im Notfall annehmen oder zahlen soll.

(2) Der Wechsel kann unter den nachstehend bezeichneten Voraussetzungen zu Ehren eines jeden Wechselverpflichteten, gegen den Rückgriff genommen werden kann, angenommen oder bezahlt werden.

(3) Jeder Dritte, auch der Bezogene, sowie jeder aus dem Wechsel bereits Verpflichtete, mit Ausnahme des Annehmers, kann einen Wechsel zu Ehren annehmen oder bezahlen.

(4) ¹Wer zu Ehren annimmt oder zahlt, ist verpflichtet, den Wechselverpflichteten, für den er eintritt, innerhalb zweier Werktage hiervon zu benachrichtigen. ²Hält er die Frist nicht ein, so haftet er für den etwa durch seine Nachlässigkeit entstandenen Schaden, jedoch nur bis zur Höhe der Wechselsumme.

2. Ehrenannahme

Art. 56 [Zulässigkeit; Rückgriff] (1) Die Ehrenannahme ist in allen Fällen zulässig, in denen der Inhaber vor Verfall Rückgriff nehmen kann, es sei denn, daß es sich um einen Wechsel handelt, dessen Vorlegung zur Annahme untersagt ist.

(2) Ist auf dem Wechsel eine Person angegeben, die im Notfall am Zahlungsort annehmen oder zahlen soll, so kann der Inhaber vor Verfall gegen denjenigen, der die Notadresse beigefügt hat, und gegen seine Nachmänner nur Rückgriff nehmen, wenn er den Wechsel der in der Notadresse bezeichneten Person vorgelegt hat und im Falle der Verweigerung der Ehrenannahme die Verweigerung durch einen Protest hat feststellen lassen.

(3) ¹In den anderen Fällen des Ehreneintritts kann der Inhaber die Ehrenannahme zurückweisen. ²Läßt er sie aber zu, so verliert er den Rückgriff vor Verfall gegen denjenigen, zu dessen Ehren die Annahme erklärt worden ist, und gegen dessen Nachmänner.

Art. 57 [Form] [1] Die Ehrenannahme wird auf dem Wechsel vermerkt; sie ist von demjenigen, der zu Ehren annimmt, zu unterschreiben. [2] In der Annahmeerklärung ist anzugeben, für wen die Ehrenannahme stattfindet; mangels einer solchen Angabe gilt sie für den Aussteller.

Art. 58 [Haftung des Ehrenannehmers] (1) Wer zu Ehren annimmt, haftet dem Inhaber und den Nachmännern desjenigen, für den er eingetreten ist, in der gleichen Weise wie dieser selbst.

(2) Trotz der Ehrenannahme können der Wechselverpflichtete, zu dessen Ehren der Wechsel angenommen worden ist, und seine Vormänner vom Inhaber gegen Erstattung des in Artikel 48 angegebenen Betrags die Aushändigung des Wechsels und gegebenenfalls des erhobenen Protestes sowie einer quittierten Rechnung verlangen.

3. Ehrenzahlung

Art. 59 [Zulässigkeit] (1) Die Ehrenzahlung ist in allen Fällen zulässig, in denen der Inhaber bei Verfall oder vor Verfall Rückgriff nehmen kann.

(2) Die Ehrenzahlung muß den vollen Betrag umfassen, den der Wechselverpflichtete, für den sie stattfindet, zahlen müßte.

(3) Sie muß spätestens am Tage nach Ablauf der Frist für die Erhebung des Protestes mangels Zahlung stattfinden.

Art. 60 [Protest mangels Ehrenzahlung] (1) Ist der Wechsel von Personen zu Ehren angenommen, die ihren Wohnsitz am Zahlungsort haben, oder sind am Zahlungsort wohnende Personen angegeben, die im Notfall zahlen sollen, so muß der Inhaber spätestens am Tage nach Ablauf der Frist für die Erhebung des Protestes mangels Zahlung den Wechsel allen diesen Personen vorlegen und gegebenenfalls Protest wegen unterbliebener Ehrenzahlung erheben lassen.

(2) Wird der Protest nicht rechtzeitig erhoben, so werden derjenige, der die Notadresse angegeben hat oder zu dessen Ehren der Wechsel angenommen worden ist, und die Nachmänner frei.

Art. 61 [Zurückweisung der Ehrenzahlung] Weist der Inhaber die Ehrenzahlung zurück, so verliert er den Rückgriff gegen diejenigen, die frei geworden wären.

Art. 62 [Quittung und Herausgabe der Papiere] (1) [1] Über die Ehrenzahlung ist auf dem Wechsel eine Quittung auszustellen, die denjenigen bezeichnet, für den gezahlt wird. [2] Fehlt die Bezeichnung, so gilt die Zahlung für den Aussteller.

(2) Der Wechsel und der etwa erhobene Protest sind dem Ehrenzahler auszuhändigen.

Art. 63 [Rechte des Ehrenzahlers] (1) [1] Der Ehrenzahler erwirbt die Rechte aus dem Wechsel gegen den Wechselverpflichteten, für den er gezahlt hat, und gegen die Personen, die diesem aus dem Wechsel haften. [2] Er kann jedoch den Wechsel nicht weiter indossieren.

(2) Die Nachmänner des Wechselverpflichteten, für den gezahlt worden ist, werden frei.

(3) ¹Sind mehrere Ehrenzahlungen angeboten, so gebührt derjenigen der Vorzug, durch welche die meisten Wechselverpflichteten frei werden. ²Wer entgegen dieser Vorschrift in Kenntnis der Sachlage zu Ehren zahlt, verliert den Rückgriff gegen diejenigen, die sonst frei geworden wären.

Neunter Abschnitt. Ausfertigung mehrerer Stücke eines Wechsels; Wechselabschriften

1. Ausfertigungen

Art. 64 [Ausstellung und Form] (1) Der Wechsel kann in mehreren gleichen Ausfertigungen ausgestellt werden.

(2) Diese Ausfertigungen müssen im Texte der Urkunde mit fortlaufenden Nummern versehen sein; andernfalls gilt jede Ausfertigung als besonderer Wechsel.

(3) ¹Jeder Inhaber eines Wechsels kann auf seine Kosten die Übergabe mehrerer Ausfertigungen verlangen, sofern nicht aus dem Wechsel zu ersehen ist, daß er in einer einzigen Ausfertigung ausgestellt worden ist. ²Zu diesem Zwecke hat sich der Inhaber an seinen unmittelbaren Vormann zu wenden, der wieder an seinen Vormann zurückgehen muß, und so weiter in der Reihenfolge bis zum Aussteller. ³Die Indossanten sind verpflichtet, ihre Indossamente auf den neuen Ausfertigungen zu wiederholen.

Art. 65 [Zahlung; Haftung] (1) ¹Wird eine Ausfertigung bezahlt, so erlöschen die Rechte aus allen Ausfertigungen, auch wenn diese nicht den Vermerk tragen, daß durch die Zahlung auf eine Ausfertigung die anderen ihre Gültigkeit verlieren. ²Jedoch bleibt der Bezogene aus jeder angenommenen Ausfertigung, die ihm nicht zurückgegeben worden ist, verpflichtet.

(2) Hat ein Indossant die Ausfertigungen an verschiedene Personen übertragen, so haften er und seine Nachmänner aus allen Ausfertigungen, die ihre Unterschrift tragen und nicht herausgegeben worden sind.

Art. 66 [Verwahrungsvermerk; Protest] (1) ¹Wer eine Ausfertigung zur Annahme versendet, hat auf den anderen Ausfertigungen den Namen dessen anzugeben, bei dem sich die versendete Ausfertigung befindet. ²Dieser ist verpflichtet, sie dem rechtmäßigen Inhaber einer anderen Ausfertigung auszuhändigen.

(2) Wird die Aushändigung verweigert, so kann der Inhaber nur Rückgriff nehmen, nachdem er durch einen Protest hat feststellen lassen:

1. daß ihm die zur Annahme versendete Ausfertigung auf sein Verlangen nicht ausgehändigt worden ist;
2. daß die Annahme oder die Zahlung auch nicht auf eine andere Ausfertigung zu erlangen war.

2. Abschriften

Art. 67 [Zulässigkeit; Form und Inhalt] (1) Jeder Inhaber eines Wechsels ist befugt, Abschriften davon herzustellen.

(2) ¹Die Abschrift muß die Urschrift mit den Indossamenten und allen anderen darauf befindlichen Vermerken genau wiedergeben. ²Es muß angegeben sein, wie weit die Abschrift reicht.

(3) Die Abschrift kann auf dieselbe Weise und mit denselben Wirkungen indossiert und mit einer Bürgschaftserklärung versehen werden wie die Urschrift.

Art. 68 [Vermerke; Protest] (1) ¹In der Abschrift ist der Verwahrer der Urschrift zu bezeichnen. ²Dieser ist verpflichtet, die Urschrift dem rechtmäßigen Inhaber der Abschrift auszuhändigen.

(2) Wird die Aushändigung verweigert, so kann der Inhaber gegen die Indossanten der Abschrift und gegen diejenigen, die eine Bürgschaftserklärung auf die Abschrift gesetzt haben, nur Rückgriff nehmen, nachdem er durch einen Protest hat feststellen lassen, daß ihm die Urschrift auf sein Verlangen nicht ausgehändigt worden ist.

(3) Enthält die Urschrift nach dem letzten, vor Anfertigung der Abschrift daraufgesetzten Indossament den Vermerk „von hier ab gelten Indossamente nur noch auf der Abschrift" oder einen gleichbedeutenden Vermerk, so ist ein später auf die Urschrift gesetztes Indossament nichtig.

Zehnter Abschnitt. Änderungen

Art. 69. Wird der Text eines Wechsels geändert, so haften diejenigen, die nach der Änderung ihre Unterschrift auf den Wechsel gesetzt haben, entsprechend dem geänderten Texte; wer früher unterschrieben hat, haftet nach dem ursprünglichen Texte.

Elfter Abschnitt. Verjährung

Art. 70 [Verjährungsfrist] (1) Die wechselmäßigen Ansprüche gegen den Annehmer verjähren in drei Jahren vom Verfalltage.

(2) Die Ansprüche des Inhabers gegen die Indossanten und gegen den Aussteller verjähren in einem Jahre vom Tage des rechtzeitig erhobenen Protestes oder im Falle des Vermerkes „ohne Kosten" vom Verfalltage.

(3) Die Ansprüche eines Indossanten gegen andere Indossanten und gegen den Aussteller verjähren in sechs Monaten von dem Tage, an dem der Wechsel vom Indossanten eingelöst oder ihm gegenüber gerichtlich geltend gemacht worden ist.

Art. 71 [Unterbrechung] Der Neubeginn der Verjährung und ihre Hemmung nach § 204 des Bürgerlichen Gesetzbuchs[1]) wirken nur gegen den

---

[1]) § 204 BGB lautet:
„(1) Die Verjährung wird gehemmt durch

1. die Erhebung der Klage auf Leistung oder auf Feststellung des Anspruchs, auf Erteilung der Vollstreckungsklausel oder auf Erlass des Vollstreckungsurteils,
2. die Zustellung des Antrags im vereinfachten Verfahren über den Unterhalt Minderjähriger,
3. die Zustellung des Mahnbescheids im Mahnverfahren,

(Fortsetzung der Anm. nächste Seite)

Wechselverpflichteten, in Ansehung dessen die Tatsache eingetreten ist, welche den Neubeginn oder die Hemmung bewirkt.

Zwölfter Abschnitt. Allgemeine Vorschriften

Art. 72 [Feiertage; Samstage] (1) ¹Verfällt der Wechsel an einem gesetzlichen Feiertage oder einem Sonnabend, so kann die Zahlung erst am nächsten Werktage verlangt werden. ²Auch alle anderen auf den Wechsel bezüglichen Handlungen, insbesondere die Vorlegung zur Annahme und die Protesterhebung, können nur an einem Werktage, jedoch nicht an einem Sonnabend, stattfinden.

(2) ¹Fällt der letzte Tag einer Frist, innerhalb deren eine dieser Handlungen vorgenommen werden muß, auf einen gesetzlichen Feiertag oder einen Sonnabend, so wird die Frist bis zum nächsten Werktage verlängert. ²Feiertage, die in den Lauf einer Frist fallen, werden bei der Berechnung der Frist mitgezählt.

(Fortsetzung der Anm. von S. 264)
 4. die Veranlassung der Bekanntgabe des Güteantrags, der bei einer durch die Landesjustizverwaltung eingerichteten oder anerkannten Gütestelle oder, wenn die Parteien den Einigungsversuch einvernehmlich unternehmen, bei einer sonstigen Gütestelle, die Streitbeilegungen betreibt, eingereicht ist; wird die Bekanntgabe demnächst nach der Einreichung des Antrags veranlasst, so tritt die Hemmung der Verjährung bereits mit der Einreichung ein,
 5. die Geltendmachung der Aufrechnung des Anspruchs im Prozess,
 6. die Zustellung der Streitverkündung,
 7. die Zustellung des Antrags auf Durchführung eines selbständigen Beweisverfahrens,
 8. den Beginn eines vereinbarten Begutachtungsverfahrens oder die Beauftragung des Gutachters in dem Verfahren nach § 641a,
 9. die Zustellung des Antrags auf Erlass eines Arrests, einer einstweiligen Verfügung oder einer einstweiligen Anordnung, oder, wenn der Antrag nicht zugestellt wird, dessen Einreichung, wenn der Arrestbefehl, die einstweilige Verfügung oder die einstweilige Anordnung innerhalb eines Monats seit Verkündung oder Zustellung an den Gläubiger dem Schuldner zugestellt wird,
10. die Anmeldung des Anspruchs im Insolvenzverfahren oder im Schifffahrtsrechtlichen Verteilungsverfahren,
11. den Beginn des schiedsrichterlichen Verfahrens,
12. die Einreichung des Antrags bei einer Behörde, wenn die Zulässigkeit der Klage von der Vorentscheidung dieser Behörde abhängt und innerhalb von drei Monaten nach Erledigung des Gesuchs die Klage erhoben wird; dies gilt entsprechend für bei einem Gericht oder bei einer in Nummer 4 bezeichneten Gütestelle zu stellende Anträge, deren Zulässigkeit von der Vorentscheidung einer Behörde abhängt,
13. die Einreichung des Antrags bei dem höheren Gericht, wenn dieses das zuständige Gericht zu bestimmen hat und innerhalb von drei Monaten nach Erledigung des Gesuchs die Klage erhoben oder der Antrag, für den die Gerichtsstandsbestimmung zu erfolgen hat, gestellt wird, und
14. die Veranlassung der Bekanntgabe des erstmaligen Antrag auf Gewährung von Prozesskostenhilfe; wird die Bekanntgabe demnächst nach der Einreichung des Antrags veranlasst, so tritt die Hemmung der Verjährung bereits mit der Einreichung ein.

(2) ¹Die Hemmung nach Absatz 1 endet sechs Monate nach der rechtskräftigen Entscheidung oder anderweitigen Beendigung des eingeleiteten Verfahrens. ²Gerät das Verfahren dadurch in Stillstand, dass die Parteien es nicht betreiben, so tritt an die Stelle der Beendigung des Verfahrens die letzte Verfahrenshandlung der Parteien, des Gerichts oder der sonst mit dem Verfahren befassten Stelle. ³Die Hemmung beginnt erneut, wenn eine der Parteien das Verfahren weiter betreibt.

(3) Auf die Frist nach Absatz 1 Nr. 9, 12 und 13 finden die §§ 206, 210 und 211 entsprechende Anwendung."

Art. 73 [Berechnung der Fristen] Bei der Berechnung der gesetzlichen oder im Wechsel bestimmten Fristen wird der Tag, von dem sie zu laufen beginnen, nicht mitgezählt.

Art. 74 [Keine Respekttage] Weder gesetzliche noch richterliche Respekttage werden anerkannt.

Zweiter Teil. Eigener Wechsel

Art. 75 [Bestandteile] Der eigene Wechsel enthält:
1. die Bezeichnung als Wechsel im Texte der Urkunde, und zwar in der Sprache, in der sie ausgestellt ist;
2. das unbedingte Versprechen, eine bestimmte Geldsumme zu zahlen;
3. die Angabe der Verfallzeit;
4. die Angabe des Zahlungsortes;
5. den Namen dessen, an den oder an dessen Order gezahlt werden soll;
6. die Angabe des Tages und des Ortes der Ausstellung;
7. die Unterschrift des Ausstellers.

Art. 76 [Fehlen von Bestandteilen] (1) Eine Urkunde, der einer der im vorstehenden Artikel bezeichneten Bestandteile fehlt, gilt nicht als eigener Wechsel, vorbehaltlich der in den folgenden Absätzen bezeichneten Fälle.

(2) Ein eigener Wechsel ohne Angabe der Verfallzeit gilt als Sichtwechsel.

(3) Mangels einer besonderen Angabe gilt der Ausstellungsort als Zahlungsort und zugleich als Wohnort des Ausstellers.

(4) Ein eigener Wechsel ohne Angabe des Ausstellungsortes gilt als ausgestellt an dem Orte, der bei dem Namen des Ausstellers angegeben ist.

Art. 77 [Anzuwendende Vorschriften] (1) Für den eigenen Wechsel gelten, soweit sie nicht mit seinem Wesen in Widerspruch stehen, die für den gezogenen Wechsel gegebenen Vorschriften über

das Indossament (Artikel 11 bis 20),
den Verfall (Artikel 33 bis 37),
die Zahlung (Artikel 38 bis 42),
den Rückgriff mangels Zahlung (Artikel 43 bis 50, 52 bis 54),
die Ehrenzahlung (Artikel 55, 59 bis 63),
die Abschriften (Artikel 67 und 68),
die Änderungen (Artikel 69),
die Verjährung (Artikel 70 und 71),
die Feiertage, die Fristenberechnung und das Verbot der Respekttage (Artikel 72 bis 74).

(2) Ferner gelten für den eigenen Wechsel die Vorschriften über gezogene Wechsel, die bei einem Dritten oder an einem von dem Wohnort des Bezogenen verschiedenen Ort zahlbar sind (Artikel 4 und 27), über den Zinsvermerk (Artikel 5), über die Abweichungen bei der Angabe der Wechselsumme (Artikel 6), über die Folgen einer ungültigen Unterschrift (Artikel 7) oder die

Unterschrift einer Person, die ohne Vertretungsbefugnis handelt oder ihre Vertretungsbefugnis überschreitet (Artikel 8), und über den Blankowechsel (Artikel 10).

(3) Ebenso finden auf den eigenen Wechsel die Vorschriften über die Wechselbürgschaft Anwendung (Artikel 30 bis 32); im Falle des Artikels 31 Abs. 4 gilt die Wechselbürgschaft, wenn die Erklärung nicht angibt, für wen sie geleistet wird, für den Aussteller des eigenen Wechsels.

Art. 78 [Haftung des Ausstellers; Nachsichtwechsel] (1) Der Aussteller eines eigenen Wechsels haftet in der gleichen Weise wie der Annehmer eines gezogenen Wechsels.

(2) ¹Eigene Wechsel, die auf eine bestimmte Zeit nach Sicht lauten, müssen dem Aussteller innerhalb der in Artikel 23 bezeichneten Fristen zur Sicht vorgelegt werden. ²Die Sicht ist von dem Aussteller auf dem Wechsel unter Angabe des Tages und Beifügung der Unterschrift zu bestätigen. ³Die Nachsichtfrist läuft vom Tage des Sichtvermerkes. ⁴Weigert sich der Aussteller, die Sicht unter Angabe des Tages zu bestätigen, so ist dies durch einen Protest festzustellen (Artikel 25); die Nachsichtfrist läuft dann vom Tage des Protestes.

Dritter Teil. Ergänzende Vorschriften

Erster Abschnitt. Protest

Art. 79 [Protestpersonen] (1) Jeder Protest muß durch einen Notar oder Gerichtsbeamten aufgenommen werden.

(2) *(aufgehoben)*

Art. 80 [Inhalt des Protestes] (1) In dem Protest ist aufzunehmen:

1. der Name dessen, für den protestiert wird, sowie der Name dessen, gegen den protestiert wird;
2. die Angabe, daß derjenige, gegen den protestiert wird, ohne Erfolg zur Vornahme der wechselrechtlichen Leistung aufgefordert worden oder nicht anzutreffen gewesen ist oder daß seine Geschäftsräume oder seine Wohnung sich nicht haben ermitteln lassen;
3. die Angabe des Ortes und des Tages, an dem die Aufforderung geschehen oder ohne Erfolg versucht worden ist.

(2) Verlangt der Bezogene, dem ein Wechsel zur Annahme vorgelegt wird, die nochmalige Vorlegung am nächsten Tage, so ist dies im Protest zu vermerken.

(3) Der Protest ist von dem Protestbeamten zu unterschreiben und mit dem Amtssiegel oder dem Amtsstempel zu versehen.

Art. 81 [Form des Protestes] (1) Der Protest ist auf den Wechsel oder auf ein mit dem Wechsel zu verbindendes Blatt zu setzen.

(2) Er soll unmittelbar hinter den letzten auf der Rückseite des Wechsels befindlichen Vermerk, in Ermangelung eines solchen unmittelbar an einen Rand der Rückseite gesetzt werden.

(3) ¹Wird der Protest auf ein Blatt gesetzt, das mit dem Wechsel verbunden wird, so soll die Verbindungsstelle mit dem Amtssiegel oder dem Amtsstempel versehen werden. ²Ist dies geschehen, so braucht der Unterschrift des Protestbeamten ein Siegel oder Stempel nicht beigefügt zu werden.

(4) ¹Wird der Protest unter Vorlegung mehrerer Ausfertigungen desselben Wechsels oder unter Vorlegung der Urschrift und einer Abschrift erhoben, so genügt die Beurkundung auf einer der Ausfertigungen oder der Urschrift. ²Auf den anderen Ausfertigungen oder auf der Abschrift ist zu vermerken, auf welche Ausfertigung der Protest gesetzt worden ist oder daß er sich auf der Urschrift befindet. ³Auf den Vermerk finden die Vorschriften des Absatzes 2 und des Absatzes 3 Satz 1 entsprechende Anwendung. ⁴Der Protestbeamte hat den Vermerk zu unterschreiben.

Art. 82 [Protest des Inhabers einer Abschrift und bei Teilannahme]

(1) Der Protest, den der Inhaber einer Abschrift nach Artikel 68 Abs. 2 gegen den Verwahrer der Urschrift erheben läßt, ist auf die Abschrift oder auf ein damit zu verbindendes Blatt zu setzen.

(2) ¹Wird Protest erhoben, weil die Annahme auf einen Teil der Wechselsumme beschränkt worden ist, so ist eine Abschrift des Wechsels anzufertigen und der Protest auf diese Abschrift oder auf ein damit zu verbindendes Blatt zu setzen. ²Die Abschrift hat auch die auf dem Wechsel befindlichen Indossamente und anderen Vermerke zu enthalten.

(3) Die Vorschriften des Artikels 81 Abs. 2 und Abs. 3 finden entsprechende Anwendung.

Art. 83 [Mehrfache Aufforderung]
Muß eine wechselrechtliche Leistung von mehreren Personen oder von derselben Person mehrfach verlangt werden, so ist über die mehrfache Aufforderung nur eine Protesturkunde erforderlich.

Art. 84 [Zahlung an Protestbeamte]
¹Der Wechsel kann an den Protestbeamten bezahlt werden. ²Die Befugnis des Protestbeamten zur Annahme der Zahlung kann nicht ausgeschlossen werden.

Art. 85 [Berichtigung; Abschriften; Vermerke]
(1) ¹Schreibfehler, Auslassungen und sonstige Mängel der Protesturkunde können bis zur Aushändigung der Urkunde an denjenigen, für den der Protest erhoben worden ist, von dem Protestbeamten berichtigt werden. ²Die Berichtigung ist als solche unter Beifügung der Unterschrift kenntlich zu machen.

(2) ¹Von dem Protest ist eine beglaubigte Abschrift zurückzubehalten. ²Über den Inhalt des Wechsels oder der Wechselabschrift ist ein Vermerk aufzunehmen. ³Der Vermerk hat zu enthalten:

1. den Betrag des Wechsels;
2. die Verfallzeit;
3. den Ort und den Tag der Ausstellung;
4. den Namen des Ausstellers, den Namen dessen, an den oder an dessen Order gezahlt werden soll, und den Namen des Bezogenen;
5. falls eine vom Bezogenen oder bei eigenen Wechseln vom Aussteller verschiedene Person angegeben ist, bei der die Zahlung geleistet werden soll,

den Namen dieser Person sowie die Namen der etwaigen Notadressen und derjenigen, die den Wechsel zu Ehren angenommen haben.

(3) Die Abschriften und Vermerke sind geordnet aufzubewahren.

Art. 86 [Protestzeit] Proteste sollen in der Zeit von neun Uhr vormittags bis sechs Uhr abends erhoben werden, außerhalb dieser Zeit nur dann, wenn derjenige, gegen den protestiert wird, ausdrücklich einwilligt.

Art. 87 [Proteststelle] (1) [1] Die Vorlegung zur Annahme oder Zahlung, die Protesterhebung, die Abforderung einer Ausfertigung sowie alle sonstigen bei einer bestimmten Person vorzunehmenden Handlungen müssen in deren Geschäftsräumen oder, wenn sich solche nicht ermitteln lassen, in deren Wohnung vorgenommen werden. [2] An einer anderen Stelle, insbesondere an der Börse, kann dies nur mit beiderseitigem Einverständnis geschehen.

(2) Ist in dem Protest vermerkt, daß sich die Geschäftsräume oder die Wohnung nicht haben ermitteln lassen, so ist der Protest nicht deshalb unwirksam, weil die Ermittlung möglich war.

(3) [1] Die Verantwortlichkeit des Protestbeamten, der es unterläßt, geeignete Ermittlungen anzustellen, wird durch die Vorschrift des zweiten Absatzes nicht berührt. [2] Ist eine Nachfrage bei der Polizeibehörde des Ortes ohne Erfolg geblieben, so ist der Protestbeamte zu weiteren Nachforschungen nicht verpflichtet.

Art. 88. *(aufgehoben)*

Zweiter Abschnitt. Bereicherung

Art. 89. (1) [1] Ist die wechselmäßige Verbindlichkeit des Ausstellers oder des Annehmers durch Verjährung oder dadurch erloschen, daß eine zur Erhaltung des Wechselrechts notwendige Handlung versäumt worden ist, so bleiben sie dem Inhaber des Wechsels so weit verpflichtet, als sie sich mit dessen Schaden bereichern würden. [2] Der Anspruch auf Herausgabe der Bereicherung verjährt in drei Jahren nach dem Erlöschen der wechselmäßigen Verbindlichkeit.

(2) Gegen die Indossanten, deren wechselmäßige Verbindlichkeit erloschen ist, findet ein solcher Anspruch nicht statt.

Dritter Abschnitt. Abhanden gekommene Wechsel und Protesturkunden

Art. 90. (1) [1] Ein abhanden gekommener oder vernichteter Wechsel kann im Wege des Aufgebotsverfahrens für kraftlos erklärt werden. [2] Nach Einleitung des Verfahrens kann der Berechtigte von dem Annehmer des gezogenen oder dem Aussteller des eigenen Wechsels bei der Fälligkeit Zahlung fordern, wenn er bis zur Kraftloserklärung Sicherheit leistet.

(2) [1] Eine abhanden gekommene oder vernichtete Protesturkunde kann durch ein Zeugnis über die Protesterhebung ersetzt werden, das von der die beglaubigte Abschrift der Urkunde verwahrenden Stelle zu erteilen ist. [2] In dem Zeugnis muß der Inhalt des Protestes und des gemäß Artikel 85 Abs. 2 aufgenommenen Vermerks angegeben sein.

Vierter Teil. Geltungsbereich der Gesetze

Art. 91 [Wechselfähigkeit] (1) ¹Die Fähigkeit einer Person, eine Wechselverbindlichkeit einzugehen, bestimmt sich nach dem Recht des Landes, dem sie angehört. ²Erklärt dieses Recht das Recht eines anderen Landes für maßgebend, so ist das letztere Recht anzuwenden.

(2) ¹Wer nach dem in vorstehendem Absatz bezeichneten Recht nicht wechselfähig ist, wird gleichwohl gültig verpflichtet, wenn die Unterschrift in dem Gebiet eines Landes abgegeben worden ist, nach dessen Recht er wechselfähig wäre. ²Diese Vorschrift findet keine Anwendung, wenn die Verbindlichkeit von einem Inländer im Ausland übernommen worden ist.

Art. 92 [Form der Wechselerklärung] (1) Die Form einer Wechselerklärung bestimmt sich nach dem Recht des Landes, in dessen Gebiet die Erklärung unterschrieben worden ist.

(2) Wenn jedoch eine Wechselerklärung, die nach den Vorschriften des vorstehenden Absatzes ungültig ist, dem Recht des Landes entspricht, in dessen Gebiet eine spätere Wechselerklärung unterschrieben worden ist, so wird durch Mängel in der Form der ersten Wechselerklärung die Gültigkeit der späteren Wechselerklärung nicht berührt.

(3) Eine Wechselerklärung, die ein Inländer im Ausland abgegeben hat, ist im Inland gegenüber anderen Inländern gültig, wenn die Erklärung den Formerfordernissen des inländischen Rechts genügt.

Art. 93 [Wirkung der Wechselerklärungen] (1) Die Wirkungen der Verpflichtungserklärungen des Annehmers eines gezogenen Wechsels und des Ausstellers eines eigenen Wechsels bestimmen sich nach dem Recht des Zahlungsortes.

(2) Die Wirkungen der übrigen Wechselerklärungen bestimmen sich nach dem Recht des Landes, in dessen Gebiet die Erklärungen unterschrieben worden sind.

Art. 94 [Fristen für Rückgriff] Die Fristen für die Ausübung der Rückgriffsrechte werden für alle Wechselverpflichteten durch das Recht des Ortes bestimmt, an dem der Wechsel ausgestellt worden ist.

Art. 95 [Forderung aus dem Grundgeschäft] Das Recht des Ausstellungsortes bestimmt, ob der Inhaber eines gezogenen Wechsels die seiner Ausstellung zugrunde liegende Forderung erwirbt.

Art. 96 [Teilannahme und Teilzahlung] (1) Das Recht des Zahlungsortes bestimmt, ob die Annahme eines gezogenen Wechsels auf einen Teil der Summe beschränkt werden kann und ob der Inhaber verpflichtet oder nicht verpflichtet ist, eine Teilzahlung anzunehmen.

(2) Dasselbe gilt für die Zahlung bei einem eigenen Wechsel.

Art. 97 [Form des Protestes] Die Form des Protestes und die Fristen für die Protesterhebung sowie die Form der übrigen Handlungen, die zur Ausübung oder Erhaltung der Wechselrechte erforderlich sind, bestimmen sich

Vierter Teil. Geltungsbereich der Gesetze

nach dem Recht des Landes, in dessen Gebiet der Protest zu erheben oder die Handlung vorzunehmen ist.

Art. 98 [Verlust oder Diebstahl des Wechsels] Das Recht des Zahlungsortes bestimmt die Maßnahmen, die bei Verlust oder Diebstahl eines Wechsels zu ergreifen sind.

5. Einführungsgesetz zum Wechselgesetz

Vom 21. Juni 1933 (RGBl. I S. 409)

BGBl. III/FNA 4133-2

geändert durch Art. 5 Nr. 2 Gesetz vom 17. 7. 1985 (BGBl. I S. 1507)

Art. 1[1] **[Inkrafttreten]** (1) Der Reichsminister der Justiz bestimmt den Zeitpunkt mit dem das Wechselgesetz in Kraft tritt.[2]

(2) *(gegenstandslos)*

(3) Die Vorschriften der Wechselordnung treten mit dem Inkrafttreten der entsprechenden Teile des Wechselgesetzes außer Kraft.

(4)–(6) *(Aufhebungsvorschriften bzw. gegenstandslos)*

Art. 2. *(aufgehoben)*

Art. 3 [Verweisungen] (1) Soweit in Reichsgesetzen oder Landesgesetzen auf Vorschriften der Wechselordnung verwiesen ist, treten an deren Stelle die entsprechenden Vorschriften des Wechselgesetzes.

(2) Der *Reichsminister der Justiz* wird ermächtigt, nähere Vorschriften zu erlassen.

Art. 4.[1] *(gegenstandslos)*

Art. 5.[1] **[Verhinderung im Ausland]** [1]... [2]Wird die rechtzeitige Vornahme einer Handlung, die im Ausland zur Ausübung oder Erhaltung der Rechte aus einem Wechsel vorzunehmen ist, durch eine dort erlassene Vorschrift verhindert, so kann der *Reichsminister der Justiz* bestimmen, daß die Rechte ungeachtet der Versäumung bestehen bleiben, sofern die Handlung unverzüglich nach Wegfall des Hindernisses nachgeholt wird. [3]In gleicher Weise kann bestimmt werden, daß bei einer solchen Verhinderung nach einer bestimmten Frist Rückgriff genommen werden kann, ohne daß es der Vornahme der Handlung bedarf.

Art. 6. *(gegenstandslos)*

---

[1] Art. 1 Abs. 2 und 6 sowie Art. 4 gegenstandslos, Art. 1 Abs. 4 und 5 sowie Art. 5 Satz 1 enthalten Aufhebungsvorschriften.

[2] Gemäß Verordnung vom 28. 11. 1933 (RGBl. I S. 1019) ist das Wechselgesetz am 1. 4. 1934 in Kraft getreten.

6. Scheckgesetz

Vom 14. August 1933 (RGBl. I S. 597)

BGBl. III/FNA 4132-1

zuletzt geändert durch Art. 5 Abs. 18 Gesetz zur Modernisierung des Schuldrechts vom 26. 11. 2001 (BGBl. I S. 3138), Art. 1 Zweite Verordnung zur Ersetzung von Zinssätzen vom 13. 5. 2002 (BGBl. I S. 1582) und Art. 25 Abs. 7 Gesetz zur Änderung des Rechts der Vertretung durch Rechtsanwälte vor den Oberlandesgerichten (OLG-Vertretungsänderungsgesetz – OLGVertrÄndG) vom 23. 7. 2002 (BGBl. I S. 2850)

Inhaltsübersicht

	Art.
Erster Abschnitt. Ausstellung und Form des Schecks	1–13
Zweiter Abschnitt. Übertragung	14–24
Dritter Abschnitt. Scheckbürgschaft	25–27
Vierter Abschnitt. Vorlegung und Zahlung	28–36
Fünfter Abschnitt. Gekreuzter Scheck und Verrechnungsscheck	37–39
Sechster Abschnitt. Rückgriff mangels Zahlung	40–48
Siebenter Abschnitt. Ausfertigung mehrerer Stücke eines Schecks	49, 50
Achter Abschnitt. Änderungen	51
Neunter Abschnitt. Verjährung	52, 53
Zehnter Abschnitt. Allgemeine Vorschriften	54–57
Elfter Abschnitt. Ergänzende Vorschriften	58, 59
Zwölfter Abschnitt. Geltungsbereich der Gesetze	60–66

Erster Abschnitt. Ausstellung und Form des Schecks

Art. 1 [Bestandteile] Der Scheck enthält:

1. die Bezeichnung als Scheck im Texte der Urkunde, und zwar in der Sprache, in der sie ausgestellt ist;
2. die unbedingte Anweisung, eine bestimmte Geldsumme zu zahlen;
3. den Namen dessen, der zahlen soll (Bezogener);
4. die Angabe des Zahlungsortes;
5. die Angabe des Tages und des Ortes der Ausstellung;
6. die Unterschrift des Ausstellers.

Art. 2 [Fehlen von Bestandteilen] (1) Eine Urkunde, in der einer der im vorstehenden Artikel bezeichneten Bestandteile fehlt, gilt nicht als Scheck, vorbehaltlich der in den folgenden Absätzen bezeichneten Fälle.

(2) ¹Mangels einer besonderen Angabe gilt der bei dem Namen des Bezogenen angegebene Ort als Zahlungsort. ²Sind mehrere Orte bei dem Namen des Bezogenen angegeben, so ist der Scheck an dem an erster Stelle angegebenen Orte zahlbar.

(3) Fehlt eine solche und jede andere Angabe, so ist der Scheck an dem Orte zahlbar, an dem der Bezogene seine Hauptniederlassung hat.

(4) Ein Scheck ohne Angabe des Ausstellungsortes gilt als ausgestellt an dem Orte, der bei dem Namen des Ausstellers angegeben ist.

Art. 3 [Bezogener] ¹Der Scheck darf nur auf einen Bankier gezogen werden, bei dem der Aussteller ein Guthaben hat, und gemäß einer ausdrücklichen oder stillschweigenden Vereinbarung, wonach der Aussteller das Recht hat, über dieses Guthaben mittels Schecks zu verfügen. ²Die Gültigkeit der Urkunde als Scheck wird jedoch durch die Nichtbeachtung dieser Vorschriften nicht berührt.

Art. 4 [Keine Annahme] ¹Der Scheck kann nicht angenommen werden. ²Ein auf den Scheck gesetzter Annahmevermerk gilt als nicht geschrieben.

Art. 5 [Zahlungsempfänger] (1) Der Scheck kann zahlbar gestellt werden:
an eine bestimmte Person, mit oder ohne den ausdrücklichen Vermerk „an Order";
an eine bestimmte Person, mit dem Vermerk „nicht an Order" oder mit einem gleichbedeutenden Vermerk;
an den Inhaber.

(2) Ist im Scheck eine bestimmte Person mit dem Zusatz „oder Überbringer" oder mit einem gleichbedeutenden Vermerk als Zahlungsempfänger bezeichnet, so gilt der Scheck als auf den Inhaber gestellt.

(3) Ein Scheck ohne Angabe des Nehmers gilt als zahlbar an den Inhaber.

Art. 6 [Besondere Scheckarten] (1) Der Scheck kann an die eigene Order des Ausstellers lauten.

(2) Der Scheck kann für Rechnung eines Dritten gezogen werden.

(3) Der Scheck kann nicht auf den Aussteller selbst gezogen werden, es sei denn, daß es sich um einen Scheck handelt, der von einer Niederlassung auf eine andere Niederlassung des Ausstellers gezogen wird.

Art. 7 [Zinsvermerk] Ein in den Scheck aufgenommener Zinsvermerk gilt als nicht geschrieben.

Art. 8 [Zahlungsort] Der Scheck kann bei einem Dritten, am Wohnort des Bezogenen oder an einem anderen Orte, zahlbar gestellt werden, sofern der Dritte Bankier ist.

Art. 9 [Schecksumme] (1) Ist die Schecksumme in Buchstaben und in Ziffern angegeben, so gilt bei Abweichungen die in Buchstaben angegebene Summe.

(2) Ist die Schecksumme mehrmals in Buchstaben oder mehrmals in Ziffern angegeben, so gilt bei Abweichungen die geringste Summe.

Art. 10 [Ungültige Unterschriften] Trägt ein Scheck Unterschriften von Personen, die eine Scheckverbindlichkeit nicht eingehen können, gefälschte Unterschriften, Unterschriften erdichteter Personen oder Unterschriften, die aus irgendeinem anderen Grunde für die Personen, die unterschrieben haben oder mit deren Namen unterschrieben worden ist, keine Verbindlichkeit begründen, so hat dies auf die Gültigkeit der übrigen Unterschriften keinen Einfluß.

Art. 11 [Vertreter ohne Vertretungsmacht] ¹Wer auf einen Scheck seine Unterschrift als Vertreter eines anderen setzt, ohne hierzu ermächtigt zu sein, haftet selbst scheckmäßig und hat, wenn er den Scheck einlöst, dieselben Rechte, die der angeblich Vertretene haben würde. ²Das gleiche gilt von einem Vertreter, der seine Vertretungsbefugnis überschritten hat.

Art. 12 [Haftung des Ausstellers] ¹Der Aussteller haftet für die Zahlung des Schecks. ²Jeder Vermerk, durch den er diese Haftung ausschließt, gilt als nicht geschrieben.

Art. 13 [Blankoscheck] Wenn ein Scheck, der bei der Begebung unvollständig war, den getroffenen Vereinbarungen zuwider ausgefüllt worden ist, so kann die Nichteinhaltung dieser Vereinbarungen dem Inhaber nicht entgegengesetzt werden, es sei denn, daß er den Scheck in bösem Glauben erworben hat oder ihm beim Erwerb eine grobe Fahrlässigkeit zur Last fällt.

Zweiter Abschnitt. Übertragung

Art. 14 [Zulässigkeit des Indossaments] (1) Der auf eine bestimmte Person zahlbar gestellte Scheck mit oder ohne den ausdrücklichen Vermerk „an Order" kann durch Indossament übertragen werden.

(2) Der auf eine bestimmte Person zahlbar gestellte Scheck mit dem Vermerk „nicht an Order" oder mit einem gleichbedeutenden Vermerk kann nur in der Form und mit den Wirkungen einer gewöhnlichen Abtretung übertragen werden.

(3) ¹Das Indossament kann auch auf den Aussteller oder jeden anderen Scheckverpflichteten lauten. ²Diese Personen können den Scheck weiter indossieren.

Art. 15 [Indossament bedingungsfeindlich; Teilindossament; Indossament an den Inhaber oder Bezogenen] (1) ¹Das Indossament muß unbedingt sein. ²Bedingungen, von denen es abhängig gemacht wird, gelten als nicht geschrieben.

(2) Ein Teilindossament ist nichtig.

(3) Ebenso ist ein Indossament des Bezogenen nichtig.

(4) Ein Indossament an den Inhaber gilt als Blankoindossament.

(5) Das Indossament an den Bezogenen gilt nur als Quittung, es sei denn, daß der Bezogene mehrere Niederlassungen hat und das Indossament auf eine andere Niederlassung lautet als diejenige, auf die der Scheck gezogen worden ist.

Art. 16 [Form; Blankoindossament] (1) ¹Das Indossament muß auf den Scheck oder ein mit dem Scheck verbundenes Blatt (Anhang) gesetzt werden. ²Es muß von dem Indossanten unterschrieben werden.

(2) ¹Das Indossament braucht den Indossatar nicht zu bezeichnen und kann selbst in der bloßen Unterschrift des Indossanten bestehen (Blankoindossament). ²In diesem letzteren Falle muß das Indossament, um gültig zu sein, auf die Rückseite des Schecks oder auf den Anhang gesetzt werden.

Art. 17 [**Transportfunktion**] (1) Das Indossament überträgt alle Rechte aus dem Scheck.

(2) Ist es ein Blankoindossament, so kann der Inhaber
1. das Indossament mit seinem Namen oder mit dem Namen eines anderen ausfüllen;
2. den Scheck durch ein Blankoindossament oder an eine bestimmte Person weiter indossieren;
3. den Scheck weiterbegeben, ohne das Blankoindossament auszufüllen und ohne ihn zu indossieren.

Art. 18 [**Garantiefunktion**] (1) Der Indossant haftet mangels eines entgegenstehenden Vermerks für die Zahlung.

(2) Er kann untersagen, daß der Scheck weiter indossiert wird; in diesem Falle haftet er denen nicht, an die der Scheck weiter indossiert wird.

Art. 19 [**Scheckvermutung**] ¹Wer einen durch Indossament übertragbaren Scheck in Händen hat, gilt als rechtmäßiger Inhaber, sofern er sein Recht durch eine ununterbrochene Reihe von Indossamenten nachweist, und zwar auch dann, wenn das letzte ein Blankoindossament ist. ²Ausgestrichene Indossamente gelten hierbei als nicht geschrieben. ³Folgt auf ein Blankoindossament ein weiteres Indossament, so wird angenommen, daß der Aussteller dieses Indossaments den Scheck durch das Blankoindossament erworben hat.

Art. 20 [**Indossament auf Inhaberscheck**] Ein Indossament auf einem Inhaberscheck macht den Indossanten nach den Vorschriften über den Rückgriff haftbar, ohne aber die Urkunde in einen Orderscheck umzuwandeln.

Art. 21 [**Gutgläubiger Erwerb**] Ist der Scheck einem früheren Inhaber irgendwie abhanden gekommen, so ist der Inhaber, in dessen Hände der Scheck gelangt ist – sei es, daß es sich um einen Inhaberscheck handelt, sei es, daß es sich um einen durch Indossament übertragbaren Scheck handelt und der Inhaber sein Recht gemäß Artikel 19 nachweist –, zur Herausgabe des Schecks nur verpflichtet, wenn er ihn in bösem Glauben erworben hat oder ihm beim Erwerb eine grobe Fahrlässigkeit zur Last fällt.

Art. 22 [**Einwendungen des Scheckverpflichteten**] Wer aus dem Scheck in Anspruch genommen wird, kann dem Inhaber keine Einwendungen entgegensetzen, die sich auf seine unmittelbaren Beziehungen zu dem Aussteller oder zu einem früheren Inhaber gründen, es sei denn, daß der Inhaber beim Erwerb des Schecks bewußt zum Nachteil des Schuldners gehandelt hat.

Art. 23 [**Vollmachtsindossament**] (1) Enthält das Indossament den Vermerk „Wert zur Einziehung", „zum Inkasso", „in Prokura" oder einen anderen nur eine Bevollmächtigung ausdrückenden Vermerk, so kann der Inhaber alle Rechte aus dem Scheck geltend machen; aber er kann ihn nur durch ein weiteres Vollmachtsindossament übertragen.

(2) Die Scheckverpflichteten können in diesem Falle dem Inhaber nur solche Einwendungen entgegensetzen, die ihnen gegen den Indossanten zustehen.

(3) Die in dem Vollmachtsindossament enthaltene Vollmacht erlischt weder mit dem Tode noch mit dem Eintritt der Handlungsunfähigkeit des Vollmachtgebers.

Art. 24 [Indossament nach Protest oder Fristablauf] (1) Ein Indossament, das nach Erhebung des Protestes oder nach Vornahme einer gleichbedeutenden Feststellung oder nach Ablauf der Vorlegungsfrist auf den Scheck gesetzt wird, hat nur die Wirkungen einer gewöhnlichen Abtretung.

(2) Bis zum Beweis des Gegenteils wird vermutet, daß ein nicht datiertes Indossament vor Erhebung des Protestes oder vor der Vornahme einer gleichbedeutenden Feststellung oder vor Ablauf der Vorlegungsfrist auf den Scheck gesetzt worden ist.

Dritter Abschnitt. Scheckbürgschaft

Art. 25 [Zulässigkeit] (1) Die Zahlung der Schecksumme kann ganz oder teilweise durch Scheckbürgschaft gesichert werden.

(2) Diese Sicherheit kann von einem Dritten, mit Ausnahme des Bezogenen, oder auch von einer Person geleistet werden, deren Unterschrift sich schon auf dem Scheck befindet.

Art. 26 [Form] (1) Die Bürgschaftserklärung wird auf den Scheck oder auf einen Anhang gesetzt.

(2) Sie wird durch die Worte „als Bürge" oder einen gleichbedeutenden Vermerk ausgedrückt; sie ist von dem Scheckbürgen zu unterschreiben.

(3) Die bloße Unterschrift auf der Vorderseite des Schecks gilt als Bürgschaftserklärung, soweit es sich nicht um die Unterschrift des Ausstellers handelt.

(4) In der Erklärung ist anzugeben, für wen die Bürgschaft geleistet wird; mangels einer solchen Angabe gilt sie für den Aussteller.

Art. 27 [Haftung des Scheckbürgen] (1) Der Scheckbürge haftet in der gleichen Weise wie derjenige, für den er sich verbürgt hat.

(2) Seine Verpflichtungserklärung ist auch gültig, wenn die Verbindlichkeit, für die er sich verbürgt hat, aus einem anderen Grunde als wegen eines Formfehlers nichtig ist.

(3) Der Scheckbürge, der den Scheck bezahlt, erwirbt die Rechte aus dem Scheck gegen denjenigen, für den er sich verbürgt hat, und gegen alle, die diesem scheckmäßig haften.

Vierter Abschnitt. Vorlegung und Zahlung

Art. 28 [Fälligkeit] (1) ¹Der Scheck ist bei Sicht zahlbar. ²Jede gegenteilige Angabe gilt als nicht geschrieben.

(2) Ein Scheck, der vor Eintritt des auf ihm angegebenen Ausstellungstages zur Zahlung vorgelegt wird, ist am Tage der Vorlegung zahlbar.

Art. 29 [Vorlegungsfristen] (1) Ein Scheck, der in dem Lande der Ausstellung zahlbar ist, muß binnen acht Tagen zur Zahlung vorgelegt werden.

(2) Ein Scheck, der in einem anderen Lande als dem der Ausstellung zahlbar ist, muß binnen zwanzig Tagen vorgelegt werden, wenn Ausstellungsort und Zahlungsort sich in demselben Erdteil befinden, und binnen siebzig Tagen, wenn Ausstellungsort und Zahlungsort sich in verschiedenen Erdteilen befinden.

(3) Hierbei gelten die in einem Lande Europas ausgestellten und in einem an das Mittelmeer grenzenden Lande zahlbaren Schecks ebenso wie die in einem an das Mittelmeer grenzenden Lande ausgestellten und in einem Lande Europas zahlbaren Schecks als Schecks, die in demselben Erdteile ausgestellt und zahlbar sind.

(4) Die vorstehend erwähnten Fristen beginnen an dem Tage zu laufen, der in dem Scheck als Ausstellungstag angegeben ist.

Art. 30 [Kalenderverschiedenheit] Ist ein Scheck auf einen Ort gezogen, dessen Kalender von dem des Ausstellungsortes abweicht, so wird der Tag der Ausstellung in den nach dem Kalender des Zahlungsortes entsprechenden Tag umgerechnet.

Art. 31 [Abrechnungsstelle] (1) Die Einlieferung in eine Abrechnungsstelle[1]) steht der Vorlegung zur Zahlung gleich.

(2) Der *Reichsminister der Justiz* bestimmt, welche Einrichtungen als Abrechnungsstellen anzusehen sind und unter welchen Voraussetzungen die Einlieferung erfolgen kann.

Art. 32 [Widerruf des Schecks] (1) Ein Widerruf des Schecks ist erst nach Ablauf der Vorlegungsfrist wirksam.

(2) Wenn der Scheck nicht widerrufen ist, kann der Bezogene auch nach Ablauf der Vorlegungsfrist Zahlung leisten.

Art. 33 [Tod des Ausstellers] Auf die Wirksamkeit des Schecks ist es ohne Einfluß, wenn der Aussteller nach der Begebung des Schecks stirbt oder handlungsunfähig wird.

Art. 34 [Aushändigung des quittierten Schecks; Teilzahlung] (1) Der Bezogene kann vom Inhaber gegen Zahlung die Aushändigung des quittierten Schecks verlangen.

(2) Der Inhaber darf eine Teilzahlung nicht zurückweisen.

---

[1]) Verordnung über Abrechnungsstellen im Wechsel- und Scheckverkehr vom 10. 11. 1953 (BGBl. I S. 1521, ber. S. 1542).

(3) Im Falle der Teilzahlung kann der Bezogene verlangen, daß sie auf dem Scheck vermerkt und ihm eine Quittung erteilt wird.

Art. 35 [Prüfungspflicht des Bezogenen] Der Bezogene, der einen durch Indossament übertragbaren Scheck einlöst, ist verpflichtet, die Ordnungsmäßigkeit der Reihe der Indossamente, aber nicht die Unterschriften der Indossanten zu prüfen.

Art. 36 [Fremde Währung] (1) ¹Lautet der Scheck auf eine Währung, die am Zahlungsorte nicht gilt, so kann die Schecksumme in der Landeswährung nach dem Werte gezahlt werden, den sie am Tage der Vorlegung besitzt. ²Wenn die Zahlung bei Vorlegung nicht erfolgt ist, so kann der Inhaber wählen, ob die Schecksumme nach dem Kurs des Vorlegungstages oder nach dem Kurs des Zahlungstages in die Landeswährung umgerechnet werden soll.

(2) ¹Der Wert der fremden Währung bestimmt sich nach den Handelsgebräuchen des Zahlungsortes. ²Der Aussteller kann jedoch im Scheck für die zu zahlende Summe einen Umrechnungskurs bestimmen.

(3) Die Vorschriften der beiden ersten Absätze finden keine Anwendung, wenn der Aussteller die Zahlung in einer bestimmten Währung vorgeschrieben hat (Effektivvermerk).

(4) Lautet der Scheck auf eine Geldsorte, die im Lande der Ausstellung dieselbe Bezeichnung, aber einen anderen Wert hat als in dem der Zahlung, so wird vermutet, daß die Geldsorte des Zahlungsortes gemeint ist.

Fünfter Abschnitt. Gekreuzter Scheck und Verrechnungsscheck

Art. 37[1]) **[Gekreuzter Scheck]** (1) *Der Aussteller sowie jeder Inhaber können den Scheck mit den in Artikel 38 vorgesehenen Wirkungen kreuzen.*

(2) ¹*Die Kreuzung erfolgt durch zwei gleichlaufende Striche auf der Vorderseite des Schecks.* ²*Die Kreuzung kann allgemein oder besonders sein.*

(3) *Die Kreuzung ist allgemein, wenn zwischen den beiden Strichen keine Angabe oder die Bezeichnung ,,Bankier" oder ein gleichbedeutender Vermerk steht; sie ist eine besondere, wenn der Name eines Bankiers zwischen die beiden Striche gesetzt ist.*

(4) *Die allgemeine Kreuzung kann in eine besondere, nicht aber die besondere Kreuzung in eine allgemeine umgewandelt werden.*

(5) *Die Streichung der Kreuzung oder des Namens des bezeichneten Bankiers gilt als nicht erfolgt.*

Art. 38[1]) **[Wirkung der Kreuzung]** (1) *Ein allgemein gekreuzter Scheck darf vom Bezogenen nur an einen Bankier oder an einen Kunden des Bezogenen bezahlt werden.*

(2) ¹*Ein besonders gekreuzter Scheck darf vom Bezogenen nur an den bezeichneten Bankier oder, wenn dieser selbst der Bezogene ist, an dessen Kunden bezahlt werden.*

---

[1]) **Art. 37 und 38 noch nicht in Kraft getreten;** vgl. Art. 1 Abs. 1 Satz 2 Einführungsgesetz zum Scheckgesetz vom 14. 8. 1933 (RGBl. I S. 605) – Nr. **7** – in Verbindung mit Verordnung vom 28. 11. 1933 (RGBl. I S. 1019).

²*Immerhin kann der bezeichnete Bankier einen anderen Bankier mit der Einziehung des Schecks betrauen.*

(3) ¹*Ein Bankier darf einen gekreuzten Scheck nur von einem seiner Kunden oder von einem anderen Bankier erwerben.* ²*Auch darf er ihn nicht für Rechnung anderer als der vorgenannten Personen einziehen.*

(4) *Befinden sich auf einem Scheck mehrere besondere Kreuzungen, so darf der Scheck vom Bezogenen nur dann bezahlt werden, wenn nicht mehr als zwei Kreuzungen vorliegen und die eine zum Zwecke der Einziehung durch Einlieferung in eine Abrechnungsstelle erfolgt ist.*

(5) *Der Bezogene oder der Bankier, der den vorstehenden Vorschriften zuwiderhandelt, haftet für den entstandenen Schaden, jedoch nur bis zur Höhe der Schecksumme.*

Art. 39 [Verrechnungsscheck] (1) Der Aussteller sowie jeder Inhaber eines Schecks kann durch den quer über die Vorderseite gesetzten Vermerk „nur zur Verrechnung" oder durch einen gleichbedeutenden Vermerk untersagen, daß der Scheck bar bezahlt wird.

(2) ¹Der Bezogene darf in diesem Falle den Scheck nur im Wege der Gutschrift einlösen (Verrechnung, Überweisung, Ausgleichung). ²Die Gutschrift gilt als Zahlung.

(3) Die Streichung des Vermerks „nur zur Verrechnung" gilt als nicht erfolgt.

(4) Der Bezogene, der den vorstehenden Vorschriften zuwiderhandelt, haftet für den entstandenen Schaden, jedoch nur bis zur Höhe der Schecksumme.

Sechster Abschnitt. Rückgriff mangels Zahlung

Art. 40 [Voraussetzungen] Der Inhaber kann gegen die Indossanten, den Aussteller und die anderen Scheckverpflichteten Rückgriff nehmen, wenn der rechtzeitig vorgelegte Scheck nicht eingelöst und die Verweigerung der Zahlung festgestellt worden ist:
1. durch eine öffentliche Urkunde (Protest) oder
2. durch eine schriftliche, datierte Erklärung des Bezogenen auf dem Scheck, die den Tag der Vorlegung angibt, oder
3. durch eine datierte Erklärung einer Abrechnungsstelle, daß der Scheck rechtzeitig eingeliefert und nicht bezahlt worden ist.

Art. 41 [Zeit des Protestes] (1) Der Protest oder die gleichbedeutende Feststellung muß vor Ablauf der Vorlegungsfrist vorgenommen werden.

(2) Ist die Vorlegung am letzten Tage der Frist erfolgt, so kann der Protest oder die gleichbedeutende Feststellung auch noch an dem folgenden Werktage vorgenommen werden.

Art. 42 [Benachrichtigungen] (1) ¹Der Inhaber muß seinen unmittelbaren Vormann und den Aussteller von dem Unterbleiben der Zahlung innerhalb der vier Werktage benachrichtigen, die auf den Tag der Protesterhebung oder der Vornahme der gleichbedeutenden Feststellung oder, im Falle des

Vermerks „ohne Kosten", auf den Tag der Vorlegung folgen. ²Jeder Indossant muß innerhalb zweier Werktage nach Empfang der Nachricht seinem unmittelbaren Vormanne von der Nachricht, die er erhalten hat, Kenntnis geben und ihm die Namen und Adressen derjenigen mitteilen, die vorher Nachricht gegeben haben, und so weiter in der Reihenfolge bis zum Aussteller. ³Die Fristen laufen vom Empfang der vorhergehenden Nachricht.

(2) Wird nach Maßgabe des vorhergehenden Absatzes einer Person, deren Unterschrift sich auf dem Scheck befindet, Nachricht gegeben, so muß die gleiche Nachricht in derselben Frist ihrem Scheckbürgen gegeben werden.

(3) Hat ein Indossant seine Adresse nicht oder in unleserlicher Form angegeben, so genügt es, daß sein unmittelbarer Vormann benachrichtigt wird.

(4) Die Nachricht kann in jeder Form gegeben werden, auch durch die bloße Rücksendung des Schecks.

(5) ¹Der zur Benachrichtigung Verpflichtete hat zu beweisen, daß er in der vorgeschriebenen Frist benachrichtigt hat. ²Die Frist gilt als eingehalten, wenn ein Schreiben, das die Benachrichtigung enthält, innerhalb der Frist zur Post gegeben worden ist.

(6) Wer die rechtzeitige Benachrichtigung versäumt, verliert nicht den Rückgriff; er haftet für den etwa durch seine Nachlässigkeit entstandenen Schaden, jedoch nur bis zur Höhe der Schecksumme.

Art. 43 [Erlaß des Protestes] (1) Der Aussteller sowie jeder Indossant oder Scheckbürge kann durch den Vermerk „ohne Kosten", „ohne Protest" oder einen gleichbedeutenden auf den Scheck gesetzten und unterzeichneten Vermerk den Inhaber von der Verpflichtung befreien, zum Zwecke der Ausübung des Rückgriffs Protest erheben oder eine gleichbedeutende Feststellung vornehmen zu lassen.

(2) ¹Der Vermerk befreit den Inhaber nicht von der Verpflichtung, den Scheck rechtzeitig vorzulegen und die erforderlichen Nachrichten zu geben. ²Der Beweis, daß die Frist nicht eingehalten worden ist, liegt demjenigen ob, der sich dem Inhaber gegenüber darauf beruft.

(3) ¹Ist der Vermerk vom Aussteller beigefügt, so wirkt er gegenüber allen Scheckverpflichteten; ist er von einem Indossanten oder einem Scheckbürgen beigefügt, so wirkt er nur diesen gegenüber. ²Läßt der Inhaber ungeachtet des vom Aussteller beigefügten Vermerks Protest erheben oder eine gleichbedeutende Feststellung vornehmen, so fallen ihm die Kosten zur Last. ³Ist der Vermerk von einem Indossanten oder einem Scheckbürgen beigefügt, so sind alle Scheckverpflichteten zum Ersatz der Kosten eines dennoch erhobenen Protestes oder einer gleichbedeutenden Feststellung verpflichtet.

Art. 44 [Haftung der Scheckverpflichteten] (1) Alle Scheckverpflichteten haften dem Inhaber als Gesamtschuldner.

(2) Der Inhaber kann jeden einzeln oder mehrere oder alle zusammen in Anspruch nehmen, ohne an die Reihenfolge gebunden zu sein, in der sie sich verpflichtet haben.

(3) Das gleiche Recht steht jedem Scheckverpflichteten zu, der den Scheck eingelöst hat.

(4) Durch die Geltendmachung des Anspruchs gegen einen Scheckverpflichteten verliert der Inhaber nicht seine Rechte gegen die anderen Scheckverpflichteten, auch nicht gegen die Nachmänner desjenigen, der zuerst in Anspruch genommen worden ist.

Art. 45 Rückgriff des Protestanten] Der Inhaber kann im Wege des Rückgriffs verlangen:
1. die Schecksumme, soweit der Scheck nicht eingelöst worden ist;
2. Zinsen zu sechs vom Hundert seit dem Tage der Vorlegung. Bei einem Scheck, der im Inland sowohl ausgestellt als auch zahlbar ist, beträgt der Zinssatz zwei vom Hundert über dem jeweiligen Basiszinssatz nach § 247 des Bürgerlichen Gesetzbuchs[1], mindestens aber sechs vom Hundert;
3. die Kosten des Protestes oder der gleichbedeutenden Feststellung und der Nachrichten sowie die anderen Auslagen;
4. eine Vergütung, die mangels besonderer Vereinbarung ein Drittel vom Hundert der Hauptsumme des Schecks beträgt und diesen Satz keinesfalls überschreiten darf.

Art. 46 Rückgriff des Einlösers] Wer den Scheck eingelöst hat, kann von seinen Vormännern verlangen:
1. den vollen Betrag, den er gezahlt hat;
2. die Zinsen dieses Betrages zu sechs vom Hundert seit dem Tage der Einlösung. Bei einem Scheck, der im Inland sowohl ausgestellt als auch zahlbar ist, beträgt der Zinssatz zwei vom Hundert über dem jeweiligen Basiszinssatz nach § 247 des Bürgerlichen Gesetzbuchs, mindestens aber sechs vom Hundert;
3. seine Auslagen;
4. eine Vergütung, die nach den Vorschriften des Artikels 45 Nr. 4 berechnet wird.

Art. 47 Aushändigung der Scheckpapiere] (1) Jeder Scheckverpflichtete, gegen den Rückgriff genommen wird oder genommen werden kann, ist berechtigt zu verlangen, daß ihm gegen Entrichtung der Rückgriffssumme der Scheck mit dem Protest oder der gleichbedeutenden Feststellung und eine quittierte Rechnung ausgehändigt werden.

(2) Jeder Indossant, der den Scheck eingelöst hat, kann sein Indossament und die Indossamente seiner Nachmänner ausstreichen.

Art. 48 Fristversäumung wegen höherer Gewalt] (1) Steht der rechtzeitigen Vorlegung des Schecks oder der rechtzeitigen Erhebung des Protestes oder der Vornahme einer gleichbedeutenden Feststellung ein unüberwindliches Hindernis entgegen (gesetzliche Vorschrift eines Staates oder ein anderer Fall höherer Gewalt), so werden die für diese Handlungen bestimmten Fristen verlängert

(2) Der Inhaber ist verpflichtet, seinen unmittelbaren Vormann von dem Fall der höheren Gewalt unverzüglich zu benachrichtigen und die Benachrichtigung unter Beifügung des Tages und Ortes sowie seiner Unterschrift auf

---

[1] Beachte Anm. zu Art. 48 WG; Nr. **4**.

dem Scheck oder einem Anhang zu vermerken; im übrigen finden die Vorschriften des Artikels 42 Anwendung.

(3) Fällt die höhere Gewalt weg, so muß der Inhaber den Scheck unverzüglich zur Zahlung vorlegen und gegebenenfalls Protest erheben oder eine gleichbedeutende Feststellung vornehmen lassen.

(4) Dauert die höhere Gewalt länger als fünfzehn Tage seit dem Tage, an dem der Inhaber, selbst vor Ablauf der Vorlegungsfrist, seinen Vormann von dem Falle der höheren Gewalt benachrichtigt hat, so kann Rückgriff genommen werden, ohne daß es der Vorlegung oder der Protesterhebung oder einer gleichbedeutenden Feststellung bedarf.

(5) Tatsachen, die rein persönlich den Inhaber oder denjenigen betreffen, den er mit der Vorlegung des Schecks oder mit der Erhebung des Protestes oder mit der Herbeiführung einer gleichbedeutenden Feststellung beauftragt hat, gelten nicht als Fälle höherer Gewalt.

Siebenter Abschnitt. Ausfertigung mehrerer Stücke eines Schecks

Art. 49 [Zulässigkeit] ¹Schecks, die nicht auf den Inhaber gestellt sind und in einem anderen Lande als dem der Ausstellung oder in einem überseeischen Gebiet des Landes der Ausstellung zahlbar sind, und umgekehrt, oder in dem überseeischen Gebiet eines Landes ausgestellt und zahlbar sind oder in dem überseeischen Gebiet eines Landes ausgestellt und in einem anderen überseeischen Gebiet desselben Landes zahlbar sind, können in mehreren gleichen Ausfertigungen ausgestellt werden. ²Diese Ausfertigungen müssen im Text der Urkunde mit fortlaufenden Nummern versehen sein; andernfalls gilt jede Ausfertigung als besonderer Scheck.

Art. 50 [Zahlung; Haftung] (1) Wird eine Ausfertigung bezahlt, so erlöschen die Rechte aus allen Ausfertigungen, auch wenn diese nicht den Vermerk tragen, daß durch die Zahlung auf eine Ausfertigung die anderen ihre Gültigkeit verlieren.

(2) Hat ein Indossant die Ausfertigungen an verschiedene Personen übertragen, so haften er und seine Nachmänner aus allen Ausfertigungen, die ihre Unterschrift tragen und nicht herausgegeben worden sind.

Achter Abschnitt. Änderungen

Art. 51. Wird der Text eines Schecks geändert, so haften diejenigen, die ihre Unterschrift nach der Änderung auf den Scheck gesetzt haben, entsprechend dem geänderten Text; wer früher unterschrieben hat, haftet nach dem ursprünglichen Text.

Neunter Abschnitt. Verjährung

Art. 52 [Verjährungsfrist] (1) Die Rückgriffsansprüche des Inhabers gegen die Indossanten, den Aussteller und die anderen Scheckverpflichteten verjähren in sechs Monaten vom Ablauf der Vorlegungsfrist.

(2) Die Rückgriffsansprüche eines Verpflichteten gegen einen anderen Scheckverpflichteten verjähren in sechs Monaten von dem Tage, an dem der Scheck von dem Verpflichteten eingelöst oder ihm gegenüber gerichtlich geltend gemacht worden ist.

Art. 53 [Unterbrechung] Der Neubeginn der Verjährung und ihre Hemmung nach § 204 des Bürgerlichen Gesetzbuchs[1]) wirken nur gegen den Scheckverpflichteten, in Ansehung dessen die Tatsache eingetreten ist, welche den Neubeginn oder die Hemmung bewirkt.

Zehnter Abschnitt. Allgemeine Vorschriften

Art. 54 [Begriff des Bankiers] Als Bankiers im Sinne dieses Gesetzes sind anzusehen:
1. diejenigen Anstalten des öffentlichen Rechtes, diejenigen unter staatlicher Aufsicht stehenden Anstalten sowie diejenigen in das Genossenschaftsregister eingetragenen Genossenschaften, die sich nach den für ihren Geschäftsbetrieb maßgebenden Bestimmungen mit der Annahme von Geld und der Leistung von Zahlungen für fremde Rechnung befassen, ferner die unter amtlicher Aufsicht stehenden Sparkassen, wenn sie die nach Landesrecht für sie geltenden Aufsichtsbestimmungen erfüllen;
2. die in das Handelsregister eingetragenen Firmen, die gewerbsmäßig Bankiergeschäfte betreiben.

Art. 55 [Feiertage; Samstage] (1) Die Vorlegung und der Protest eines Schecks können nur an einem Werktage, jedoch nicht an einem Sonnabend, stattfinden.

(2) [1] Fällt der letzte Tag einer Frist, innerhalb derer eine auf den Scheck bezügliche Handlung, insbesondere die Vorlegung, der Protest oder eine gleichbedeutende Feststellung vorgenommen werden muß, auf einen gesetzlichen Feiertag oder einen Sonnabend, so wird die Frist bis zum nächsten Werktage verlängert. [2] Feiertage, die in den Lauf einer Frist fallen, werden bei der Berechnung der Frist mitgezählt.

(3) Im übrigen finden auf die Vorlegung des Schecks und den Protest die Vorschriften der Artikel 79 bis 87 des Wechselgesetzes[2]) entsprechende Anwendung.

Art. 56 [Berechnung der Fristen] Bei der Berechnung der in diesem Gesetz vorgesehenen Fristen wird der Tag, an dem sie zu laufen beginnen, nicht mitgezählt.

Art. 57 [Keine Respekttage] Weder gesetzliche noch richterliche Respekttage werden anerkannt.

---

[1]) Beachte hierzu Anm. zu Art. 71 WG; Nr. **4**.
[2]) Nr. **4**.

Elfter Abschnitt. Ergänzende Vorschriften

Art. 58 [Bereicherung] (1) Der Aussteller, dessen Rückgriffsverbindlichkeit durch Unterlassung rechtzeitiger Vorlegung oder Verjährung erloschen ist, bleibt dem Inhaber des Schecks so weit verpflichtet, als er sich mit dessen Schaden bereichern würde.

(2) Der Anspruch verjährt in einem Jahre seit der Ausstellung des Schecks.

Art. 59 [Abhanden gekommene Schecks und Protesturkunden]
(1) [1] Ein abhanden gekommener oder vernichteter Scheck kann im Wege des Aufgebotsverfahrens für kraftlos erklärt werden. [2] Die Aufgebotsfrist muß mindestens zwei Monate betragen. [3] Nach Einleitung des Aufgebotsverfahrens kann der Berechtigte, falls der Scheck rechtzeitig zur Zahlung vorgelegt, von dem Bezogenen aber nicht eingelöst worden war, von dem Aussteller Zahlung fordern, wenn er bis zur Kraftloserklärung Sicherheit leistet.

(2) [1] Eine abhanden gekommene oder vernichtete Protesturkunde kann durch ein Zeugnis über die Protesterhebung ersetzt werden, das von der die beglaubigte Abschrift der Urkunde verwahrenden Stelle zu erteilen ist. [2] In dem Zeugnis muß der Inhalt des Protestes und des gemäß Artikel 55 Abs. 3 in Verbindung mit Artikel 85 Abs. 2 des Wechselgesetzes[1]) aufgenommenen Vermerks angegeben sein.

Zwölfter Abschnitt. Geltungsbereich der Gesetze

Art. 60 [Scheckfähigkeit] (1) [1] Die Fähigkeit einer Person, eine Scheckverbindlichkeit einzugehen, bestimmt sich nach dem Recht des Landes, dem sie angehört. [2] Erklärt dieses Recht das Recht eines anderen Landes für maßgebend, so ist das letztere Recht anzuwenden.

(2) [1] Wer nach dem in vorstehendem Absatz bezeichneten Recht eine Scheckverbindlichkeit nicht eingehen kann, wird gleichwohl gültig verpflichtet, wenn die Unterschrift in dem Gebiet eines Landes abgegeben worden ist, nach dessen Recht er scheckfähig wäre. [2] Diese Vorschrift findet keine Anwendung, wenn die Verbindlichkeit von einem Inländer im Ausland übernommen worden ist.

Art. 61 [Bezogene] (1) Das Recht des Landes, in dem der Scheck zahlbar ist, bestimmt die Personen, auf die ein Scheck gezogen werden kann.

(2) Ist nach diesem Recht der Scheck im Hinblick auf die Person des Bezogenen nichtig, so sind gleichwohl die Verpflichtungen aus Unterschriften gültig, die in Ländern auf den Scheck gesetzt worden sind, deren Recht die Nichtigkeit aus einem solchen Grunde nicht vorsieht.

Art. 62 [Form der Scheckerklärung] (1) [1] Die Form einer Scheckerklärung bestimmt sich nach dem Recht des Landes, in dessen Gebiete die Er-

---

[1]) Nr. 4.

klärung unterschrieben worden ist. ²Es genügt jedoch die Beobachtung der Form, die das Recht des Zahlungsortes vorschreibt.

(2) Wenn eine Scheckerklärung, die nach den Vorschriften des vorstehenden Absatzes ungültig ist, dem Recht des Landes entspricht, in dessen Gebiet eine spätere Scheckerklärung unterschrieben worden ist, so wird durch Mängel in der Form der ersten Scheckerklärung die Gültigkeit der spätere Scheckerklärung nicht berührt.

(3) Eine Scheckerklärung, die ein Inländer im Ausland abgegeben hat, ist im Inland gegenüber anderen Inländern gültig, wenn die Erklärung den Formerfordernissen des inländischen Rechts genügt.

Art. 63 [Wirkung der Scheckerklärungen] Die Wirkungen der Scheckerklärungen bestimmen sich nach dem Recht des Landes, in dessen Gebiete die Erklärungen unterschrieben worden sind.

Art. 64 [Fristen für Rückgriff] Die Fristen für die Ausübung der Rückgriffsrechte werden für alle Scheckverpflichteten durch das Recht des Ortes bestimmt, an dem der Scheck ausgestellt worden ist.

Art. 65 [Einlösung des Schecks u. ä.] Das Recht des Landes, in dessen Gebiete der Scheck zahlbar ist, bestimmt:

1. ob der Scheck notwendigerweise bei Sicht zahlbar ist oder ob er auf eine bestimmte Zeit nach Sicht gezogen werden kann und welches die Wirkungen sind, wenn auf dem Scheck ein späterer als der wirkliche Ausstellungstag angegeben worden ist;
2. die Vorlegungsfrist;
3. ob ein Scheck angenommen, zertifiziert, bestätigt oder mit einem Visum versehen werden kann und welches die Wirkungen dieser Vermerke sind;
4. ob der Inhaber eine Teilzahlung verlangen kann und ob er eine solche annehmen muß;
5. ob ein Scheck gekreuzt oder mit dem Vermerk „nur zur Verrechnung" oder mit einem gleichbedeutenden Vermerk versehen werden kann und welches die Wirkungen der Kreuzung oder des Verrechnungsvermerks oder eines gleichbedeutenden Vermerks sind;
6. ob der Inhaber besondere Rechte auf die Deckung hat und welches der Inhalt dieser Rechte ist;
7. ob der Aussteller den Scheck widerrufen oder gegen die Einlösung des Schecks Widerspruch erheben kann;
8. die Maßnahmen, die im Falle des Verlustes oder des Diebstahls des Schecks zu ergreifen sind;
9. ob ein Protest oder eine gleichbedeutende Feststellung zur Erhaltung des Rückgriffs gegen die Indossanten, den Aussteller und die anderen Scheckverpflichteten notwendig ist.

Art. 66 [Form des Protestes] Die Form des Protestes und die Fristen für die Protesterhebung sowie die Form der übrigen Handlungen, die zur Ausübung oder Erhaltung der Scheckrechte erforderlich sind, bestimmen sich nach dem Recht des Landes, in dessen Gebiete der Protest zu erheben oder die Handlung vorzunehmen ist.

7. Einführungsgesetz zum Scheckgesetz

Vom 14. August 1933 (RGBl. I S. 605)

BGBl. III/FNA 4132-2

zuletzt geändert durch Art. 5 Gesetz zur Änderung des Gesetzes über die Verwahrung und Anschaffung von Wertpapieren sowie anderer wertpapierrechtlicher Vorschriften vom 17. 7. 1985 (BGBl. I S. 1507)

Art. 1 [Inkrafttreten] (1) ¹Der Reichsminister der Justiz bestimmt den Zeitpunkt, mit dem das Scheckgesetz in Kraft tritt. ²Jedoch treten die Artikel 37, 38 über den gekreuzten Scheck erst in einem späteren Zeitpunkt in Kraft, der von dem *Reichsminister der Justiz* bestimmt wird.[1)]

(2)–(5) *(gegenstandslos bzw. Aufhebungsvorschriften)*

Art. 2. *(aufgehoben)*

Art. 3. [Gekreuzte Schecks] Bis zum Inkrafttreten der Artikel 37, 38 des Scheckgesetzes werden die im Ausland ausgestellten gekreuzten Schecks im Inland als Verrechnungsschecks behandelt.

Art. 4. *(gegenstandslos)*

Art. 5 [Verweisungen] (1) Soweit in Reichsgesetzen oder Landesgesetzen auf Vorschriften des Scheckgesetzes verwiesen ist, treten an deren Stelle die entsprechenden Vorschriften des neuen Scheckgesetzes.

(2) Der *Reichsminister der Justiz* wird ermächtigt, nähere Vorschriften zu erlassen.

Art. 6, 7. *(aufgehoben bzw. gegenstandslos)*

Art. 8 [Verhinderung im Ausland] ¹... ²Wird die rechtzeitige Vornahme einer Handlung, die im Ausland zur Ausübung oder Erhaltung der Rechte aus einem Scheck vorzunehmen ist, durch eine dort erlassene Vorschrift verhindert, so kann der *Reichsminister der Justiz* bestimmen, daß die Rechte ungeachtet der Versäumung bestehen bleiben, sofern die Handlung unverzüglich nach Wegfall des Hindernisses nachgeholt wird. ³In gleicher Weise kann bestimmt werden, daß bei einer solchen Verhinderung nach einer bestimmten Frist Rückgriff genommen werden kann, ohne daß es der Vornahme der Handlung bedarf.

Art. 9–11. *(gegenstandslos)*

[1)] Nach der Verordnung vom 28. 11. 1933 (RGBl. I S. 1019) ist das Scheckgesetz mit Ausnahme der Art. 37, 38 über den gekreuzten Scheck am 1. 4. 1934 in Kraft getreten.

8. Gesetz über die Rechnungslegung von bestimmten Unternehmen und Konzernen (Publizitätsgesetz – PublG)

Vom 15. August 1969 (BGBl. I S. 1189, ber. 1970 I S. 1113)

BGBl. III/FNA 4120-7

zuletzt geändert durch Art. 3 Gesetz zur Einführung internationaler Rechnungslegungsstandards und zur Sicherung der Qualität der Abschlussprüfung (Bilanzrechtsreformgesetz – BilReG)[1]) vom 4. 12. 2004 (BGBl. I S. 3166)

Erster Abschnitt. Rechnungslegung von Unternehmen

§ 1 Zur Rechnungslegung verpflichtete Unternehmen. (1) Ein Unternehmen hat nach diesem Abschnitt Rechnung zu legen, wenn für den Tag des Ablaufs eines Geschäftsjahrs (Abschlußstichtag) und für die zwei darauf folgenden Abschlußstichtage jeweils mindestens zwei der drei nachstehenden Merkmale zutreffen:

1. Die Bilanzsumme einer auf den Abschlußstichtag aufgestellten Jahresbilanz übersteigt 65 Millionen Euro.
2. Die Umsatzerlöse des Unternehmens in den zwölf Monaten vor dem Abschlußstichtag übersteigen 130 Millionen Euro.
3. Das Unternehmen hat in den zwölf Monaten vor dem Abschlußstichtag durchschnittlich mehr als fünftausend Arbeitnehmer beschäftigt.

(2) [1]Bilanzsumme nach Absatz 1 Nr. 1 ist die Bilanzsumme einer gemäß § 5 Abs. 2 aufgestellten Jahresbilanz; bei Unternehmen, die in ihrer Jahresbilanz Beträge für von ihnen geschuldete Verbrauchsteuern oder Monopolabgaben unter Rückstellungen oder Verbindlichkeiten angesetzt haben, ist die Bilanzsumme um diese Beträge zu kürzen. [2]Trifft für den Abschlußstichtag das Merkmal nach Absatz 1 Nr. 2 oder das Merkmal nach Absatz 1 Nr. 3 zu, hat das Unternehmen zur Feststellung, ob auch das Merkmal nach Absatz 1 Nr. 1 zutrifft, eine Jahresbilanz nach § 5 Abs. 2 aufzustellen. [3]Für die Ermittlung der Umsatzerlöse nach Absatz 1 Nr. 2 gilt § 277 Abs. 1 des Handelsgesetzbuchs[2]) mit der Maßgabe, daß auch die in den Umsatzerlösen enthaltenen Verbrauchsteuern oder Monopolabgaben abzusetzen sind. [4]Umsatzerlöse in fremder Währung sind nach dem amtlichen Kurs in Euro umzurechnen. [5]Durchschnittliche Zahl der Arbeitnehmer nach Absatz 1 Nr. 3 ist der zwölfte Teil der Summe aus den Zahlen der am Ende eines jeden Monats beschäftigten Arbeitnehmer einschließlich der zu ihrer Berufsausbildung Beschäftigten sowie der im Ausland beschäftigten Arbeitnehmer.

(3), (4) *(aufgehoben)*

(5) Mehrere Handelsgeschäfte eines Einzelkaufmanns sind, auch wenn sie nicht unter der gleichen Firma betrieben werden, nur ein Unternehmen im Sinne dieses Gesetzes.

---

[1]) Amtl. Anm. abgedruckt auf S. 1.
[2]) Nr. 1.

Rechnungslegung von Unternehmen   §§ 2, 3   **PublG 8**

§ 2 Beginn und Dauer der Pflicht zur Rechnungslegung. (1) ¹Das Unternehmen hat erstmals für den dritten der aufeinander folgenden Abschlußstichtage, für die mindestens zwei der drei Merkmale des § 1 Abs. 1 oder das Merkmal des § 1 Abs. 4 zutreffen, Rechnung zu legen. ²Es hat jedoch bereits für den ersten Abschlußstichtag Rechnung zu legen, für den mindestens zwei der drei Merkmale des § 1 Abs. 1 zutreffen, wenn auf das Unternehmen während des Geschäftsjahrs das Vermögen eines anderen Unternehmens durch Umwandlung oder in anderer Weise als Ganzes übergegangen ist und auf das andere Unternehmen an den beiden letzten Abschlußstichtagen mindestens zwei der drei Merkmale des § 1 Abs. 1 zutrafen; dies gilt auch, wenn das andere Unternehmen nicht nach diesem Abschnitt Rechnung zu legen brauchte. ³Ein Unternehmen braucht nicht mehr nach diesem Abschnitt Rechnung zu legen, wenn für drei aufeinander folgende Abschlußstichtage mindestens zwei der drei Merkmale des § 1 Abs. 1 nicht mehr zutreffen.

(2) ¹Die gesetzlichen Vertreter eines Unternehmens, auf das erstmals für einen Abschlußstichtag mindestens zwei der drei Merkmale des § 1 Abs. 1 zutreffen, haben, wenn das Unternehmen oder die Firma in das Handelsregister eingetragen ist, unverzüglich zum Handelsregister die Erklärung einzureichen, daß für diesen Abschlußstichtag zwei der drei Merkmale des § 1 Abs. 1 zutreffen. ²Eine entsprechende Erklärung haben die gesetzlichen Vertreter auch für jeden der beiden folgenden Abschlußstichtage unverzüglich zum Handelsregister einzureichen, wenn die Merkmale auch für diesen Abschlußstichtag zutreffen.

(3) ¹Das Gericht hat zur Prüfung der Frage, ob ein Unternehmen nach diesem Abschnitt Rechnung zu legen hat, Prüfer zu bestellen, wenn Anlaß für die Annahme besteht, daß das Unternehmen zur Rechnungslegung nach diesem Abschnitt verpflichtet ist. ²Hat das Unternehmen einen Aufsichtsrat, ist vor der Bestellung außer den gesetzlichen Vertretern auch dieser zu hören. ³Gegen die Entscheidung ist die sofortige Beschwerde zulässig. ⁴Für die Auswahl der Prüfer, den Ersatz angemessener barer Auslagen und die Vergütung der Prüfer, die Verantwortlichkeit und die Rechte der Prüfer und die Kosten gelten § 142 Abs. 6, §§ 143, 145 Abs. 1 bis 3, § 146 des Aktiengesetzes[1]) und § 323 des Handelsgesetzbuchs[2]) sinngemäß; die Kosten trägt jedoch die Staatskasse, wenn eine Verpflichtung zur Rechnungslegung nach diesem Abschnitt nicht besteht. ⁵Die Prüfer haben über das Ergebnis der Prüfung schriftlich zu berichten und den Bericht zu unterzeichnen. ⁶Sie haben ihn unverzüglich dem Gericht und den gesetzlichen Vertretern einzureichen; kommt der Bericht zu dem Ergebnis, daß das Unternehmen zur Rechnungslegung nach diesem Abschnitt verpflichtet ist und ist das Unternehmen oder die Firma in das Handelsregister eingetragen, ist der Bericht auch zum Handelsregister des Sitzes (der Hauptniederlassung) des Unternehmens einzureichen. ⁷Auf Verlangen haben die gesetzlichen Vertreter jedem Gesellschafter eine Abschrift des Berichts zu erteilen.

§ 3 Geltungsbereich. (1) Dieser Abschnitt ist nur anzuwenden auf Unternehmen in der Rechtsform

---

[1]) Abgedruckt in **dtv 5010 „AktG · GmbHG".**
[2]) Nr. 1.

1. einer Personenhandelsgesellschaft, für die kein Abschluss nach § 264a oder § 264b des Handelsgesetzbuchs[1)] aufgestellt wird, oder des Einzelkaufmanns,
2. *(aufgehoben)*
3. des Vereins, dessen Zweck auf einen wirtschaftlichen Geschäftsbetrieb gerichtet ist,
4. der rechtsfähigen Stiftung des bürgerlichen Rechts, wenn sie ein Gewerbe betreibt.
5. einer Körperschaft, Stiftung oder Anstalt des öffentlichen Rechts, die Kaufmann nach § 1 des Handelsgesetzbuchs sind oder als Kaufmann im Handelsregister eingetragen sind.

(2) ¹Dieser Abschnitt gilt nicht für
1. Unternehmen in der Rechtsform der Genossenschaft,
1 a. Unternehmen ohne eigene Rechtspersönlichkeit einer Gemeinde, eines Gemeindeverbandes oder eines Zweckverbandes,
2. Verwertungsgesellschaften nach dem Gesetz über die Wahrnehmung von Urheberrechten und verwandten Schutzrechten vom 9. September 1965 (BGBl. I S. 1294), zuletzt geändert durch Artikel 2 des Gesetzes vom 24. Juni 1985 (BGBl. I S. 1137).

²Dieser Abschnitt ist ferner auf Kreditinstitute im Sinne des § 340 des Handelsgesetzbuchs und auf die in § 2 Abs. 1 Nr. 1, 2 und 4 des Gesetzes über das Kreditwesen genannten Personen sowie auf Versicherungsunternehmen im Sinne des § 341 des Handelsgesetzbuchs nicht anzuwenden.

(3) Dieser Abschnitt gilt nicht für Unternehmen in Abwicklung.

§ 4 Gesetzliche Vertreter, Aufsichtsrat, Feststellung, Gericht. (1) ¹Im Sinne dieses Gesetzes sind gesetzliche Vertreter eines Unternehmens
1. bei einer juristischen Person die Mitglieder des vertretungsberechtigten Organs,
2. bei einer Personenhandelsgesellschaft der oder die vertretungsberechtigten Gesellschafter.

²Die Vorschriften für die gesetzlichen Vertreter des Unternehmens gelten, wenn es sich um das Unternehmen eines Einzelkaufmanns handelt, sinngemäß für den Einzelkaufmann oder seinen gesetzlichen Vertreter.

(2) Die Vorschriften dieses Gesetzes für den Aufsichtsrat gelten sinngemäß für ein entsprechendes Überwachungsorgan.

(3) Als Feststellung des Jahresabschlusses ist die Billigung des Jahresabschlusses durch die zuständige Stelle, und wenn es sich um das Unternehmen eines Einzelkaufmanns handelt, die Billigung des Jahresabschlusses durch den Inhaber anzusehen.

(4) Gericht im Sinne dieses Gesetzes ist das Gericht des Sitzes (der Hauptniederlassung) des Unternehmens.

§ 5 Aufstellung von Jahresabschluß und Lagebericht. (1) ¹Die gesetzlichen Vertreter des Unternehmens haben den Jahresabschluß (§ 242 des Han-

---

[1)] Nr. 1.

delsgesetzbuchs) in den ersten drei Monaten des Geschäftsjahrs für das vergangene Geschäftsjahr aufzustellen. ²Für den Inhalt des Jahresabschlusses, seine Gliederung und für die einzelnen Posten des Jahresabschlusses gelten §§ 265, 266, 268 bis 275, 277, 278, 281, 282 des Handelsgesetzbuchs[1]) sinngemäß. ³Sonstige Vorschriften, die durch die Rechtsform oder den Geschäftszweig bedingt sind, bleiben unberührt.

(2) ¹Die gesetzlichen Vertreter eines Unternehmens, das nicht in der Rechtsform einer Personenhandelsgesellschaft oder des Einzelkaufmanns geführt wird, haben den Jahresabschluß um einen Anhang zu erweitern, der mit der Bilanz und der Gewinn- und Verlustrechnung eine Einheit bildet, sowie einen Lagebericht aufzustellen. ²Für den Anhang gelten die §§ 284, 285 Satz 1 Nr. 1 bis 5, 7 bis 13, 17 bis 19, §§ 286, 287 des Handelsgesetzbuchs[1]) und für den Lagebericht § 289 des Handelsgesetzbuchs sinngemäß.

(3) § 330 des Handelsgesetzbuchs[1]) über den Erlaß von Rechtsverordnungen gilt auch für Unternehmen, auf die dieser Abschnitt nach § 3 Abs. 1 anzuwenden ist.

(4) Handelt es sich um das Unternehmen einer Personenhandelsgesellschaft oder eines Einzelkaufmanns, so dürfen das sonstige Vermögen des Einzelkaufmanns oder der Gesellschafter (Privatvermögen) nicht in die Bilanz und die auf das Privatvermögen entfallenden Aufwendungen und Erträge nicht in die Gewinn- und Verlustrechnung aufgenommen werden.

(5) ¹Personenhandelsgesellschaften und Einzelkaufleute können die Gewinn- und Verlustrechnung nach den für ihr Unternehmen geltenden Bestimmungen aufstellen. ²Bei Anwendung einer Gliederung nach § 275 des Handelsgesetzbuchs[1]) dürfen die Steuern, die Personenhandelsgesellschaften und Einzelkaufleute als Steuerschuldner zu entrichten haben, unter den sonstigen Aufwendungen ausgewiesen werden. ³Soll die Gewinn- und Verlustrechnung nicht nach § 9 offengelegt werden, sind außerdem in einer Anlage zur Bilanz folgende Angaben zu machen:
1. Die Umsatzerlöse im Sinne des § 277 Abs. 1 des Handelsgesetzbuchs,[1])
2. die Erträge aus Beteiligungen,
3. die Löhne, Gehälter, sozialen Abgaben sowie Aufwendungen für Altersversorgung und Unterstützung,
4. die Bewertungs- und Abschreibungsmethoden einschließlich wesentlicher Änderungen,
5. die Zahl der Beschäftigten.

(6) Unternehmen im Sinne des § 3 Abs. 1 sind von den Anforderungen dieses Gesetzes befreit, wenn sie in den Konzernabschluss eines Mutterunternehmens im Sinne des § 11 dieses Gesetzes oder des § 290 des Handelsgesetzbuchs[1]) einbezogen sind und im Übrigen die entsprechend geltenden Voraussetzungen des § 264 Abs. 3 des Handelsgesetzbuchs erfüllen.

§ 6 Prüfung durch die Abschlußprüfer. (1) ¹Der Jahresabschluß und der Lagebericht sind durch einen Abschlußprüfer zu prüfen. ²Soweit in den Absätzen 2 bis 4 nichts anderes bestimmt ist, gelten § 316 Abs. 3, § 317 Abs. 1 und 2, § 318 Abs. 1, 3 bis 7, § 319 Abs. 1 bis 4, § 319a Abs. 1, § 320 Abs. 1,

---

[1]) Nr. 1.

2, §§ 321 bis 324 des Handelsgesetzbuchs[1]) über die Prüfung des Jahresabschlusses sinngemäß.

(2) Handelt es sich um das Unternehmen einer Personenhandelsgesellschaft oder eines Einzelkaufmanns, so hat sich die Prüfung auch darauf zu erstrecken, ob § 5 Abs. 4 beachtet worden ist.

(3) ¹Der Abschlußprüfer wird bei Personenhandelsgesellschaften, soweit nicht das Gesetz, die Satzung oder der Gesellschaftsvertrag etwas anderes vorsehen, von den Gesellschaftern gewählt. ²Handelt es sich um das Unternehmen eines Einzelkaufmanns, so bestellt dieser den Abschlußprüfer. ³Bei anderen Unternehmen wird der Abschlußprüfer, sofern über seine Bestellung nichts anderes bestimmt ist, vom Aufsichtsrat gewählt; hat das Unternehmen keinen Aufsichtsrat, so bestellen die gesetzlichen Vertreter den Abschlußprüfer.

§ 7[2]) **Prüfung durch den Aufsichtsrat.** ¹Hat das Unternehmen einen Aufsichtsrat, so haben die gesetzlichen Vertreter unverzüglich nach Eingang des Prüfungsberichts der Abschlußprüfer den Jahresabschluß, den Lagebericht und den Prüfungsbericht der Abschlußprüfer dem Aufsichtsrat vorzulegen. ²Der Aufsichtsrat hat den Jahresabschluß und den Lagebericht zu prüfen; er hat über das Ergebnis seiner Prüfung schriftlich zu berichten. ³ § 170 Abs. 3, § 171 Abs. 1 Satz 2, Abs. 2 Satz 2 bis 4, Abs. 3 des Aktiengesetzes[3]) gelten sinngemäß. ⁴Die Sätze 1 bis 3 gelten auch für einen Einzelabschluss nach § 9 Abs. 1 Satz 1 dieses Gesetzes in Verbindung mit § 325 Abs. 2a des Handelsgesetzbuchs; für einen solchen Abschluss gilt ferner § 171 Abs. 4 Satz 1 des Aktiengesetzes sinngemäß.

§ 8 Feststellung des Jahresabschlusses. (1) ¹Bedarf es zur Feststellung des Jahresabschlusses der Entscheidung oder Mitwirkung einer anderen Stelle als der gesetzlichen Vertreter und des Aufsichtsrats, so haben die gesetzlichen Vertreter den Jahresabschluß, wenn das Unternehmen einen Aufsichtsrat hat, unverzüglich nach Eingang seines Prüfungsberichts (§ 7), wenn das Unternehmen keinen Aufsichtsrat hat, unverzüglich nach Eingang des Prüfungsberichts der Abschlußprüfer der zuständigen Stelle vorzulegen. ²Bedarf es zur Feststellung des Jahresabschlusses einer Versammlung der Gesellschafter, so ist die Versammlung unverzüglich nach dem Eingang des Prüfungsberichts des Aufsichtsrats oder der Abschlußprüfer einzuberufen; berufen die für die Einberufung zuständigen Stellen die Versammlung nicht unverzüglich ein, so haben die gesetzlichen Vertreter sie einzuberufen.

(2) Auf den Jahresabschluß sind bei der Feststellung die für seine Aufstellung geltenden Vorschriften anzuwenden.

(3) ¹Wird der Jahresabschluss nach Vorlage des Prüfungsberichts geändert, so hat der Abschlussprüfer diese Unterlagen erneut zu prüfen, soweit es die Änderung erfordert. ²Über das Ergebnis der Prüfung ist zu berichten; der Bestätigungsvermerk ist entsprechend zu ergänzen. ³Eine vor der erneuten Prüfung getroffene Entscheidung über die Feststellung des Jahresabschlusses wird erst wirksam, wenn auf Grund der erneuten Prüfung ein hinsichtlich der Änderung uneingeschränkter Bestätigungsvermerk erteilt worden ist. ⁴Sie

---

[1]) Nr. **1**.
[2]) Beachte hierzu § 22.
[3]) Abgedruckt in **dtv 5010 „AktG · GmbHG"**.

wird nichtig, wenn nicht binnen zwei Wochen seit der Entscheidung ein hinsichtlich der Änderung uneingeschränkter Bestätigungsvermerk erteilt wird.

(4) Der festgestellte Jahresabschluß ist der Jahresabschluß im Sinne der für die Rechtsform des Unternehmens geltenden Vorschriften.

§ 9[1)] Offenlegung des Jahresabschlusses und des Lageberichts. Prüfung durch das Registergericht.
(1) [1]Die gesetzlichen Vertreter des Unternehmens haben den Jahresabschluß und die sonst in § 325 Abs. 1 des Handelsgesetzbuchs bezeichneten Unterlagen, soweit sie aufzustellen sind, in sinngemäßer Anwendung des § 325 Abs. 1, 2, 2a, 2b, 4, 5, § 328 des Handelsgesetzbuchs[2)] offenzulegen. [2]§ 329 Abs. 1 des Handelsgesetzbuchs über die Prüfungspflicht des Registergerichts gilt sinngemäß. [3]Ist das Unternehmen in das Handelsregister eingetragen, so erfolgt die Einreichung zum Handelsregister des Sitzes des Unternehmens. [4]Ist das Unternehmen nicht in das Handelsregister eingetragen, so sind die Unterlagen bei dem für,den Sitz des Unternehmens zuständigen Registergericht einzureichen; die Vorschriften über die zum Handelsregister eingereichten Schriftstücke gelten für sie sinngemäß.

(2) Personenhandelsgesellschaften und Einzelkaufleute brauchen die Gewinn- und Verlustrechnung und den Beschluß über die Verwendung des Ergebnisses nicht offenzulegen, wenn sie in einer Anlage zur Bilanz die nach § 5 Abs. 5 Satz 3 erforderlichen Angaben aufnehmen.

(3) In der Bilanz von Personenhandelsgesellschaften dürfen bei der Offenlegung die Kapitalanteile der Gesellschafter, die Rücklagen, ein Gewinnvortrag und ein Gewinn unter Abzug der nicht durch Vermögenseinlagen gedeckten Verlustanteile von Gesellschaftern, eines Verlustvortrags und eines Verlustes in einem Posten „Eigenkapital" ausgewiesen werden.

§ 10 Nichtigkeit des Jahresabschlusses.
[1]Der Jahresabschluß ist nichtig, wenn er

1. nicht nach § 6 Abs. 1 Satz 1 und 2 dieses Gesetzes in Verbindung mit § 316 Abs. 3 des Handelsgesetzbuchs geprüft worden ist oder
2. von Personen geprüft worden ist, die nicht zum Abschlußprüfer bestellt sind oder nach § 6 Abs. 1 Satz 2 dieses Gesetzes in Verbindung mit § 319 Abs. 1 des Handelsgesetzbuchs[2)] nicht Abschlußprüfer sind.

[2]Die Nichtigkeit nach Nummer 2 kann nicht mehr geltend gemacht werden, wenn seit der Bekanntmachung des Jahresabschlusses im Bundesanzeiger sechs Monate verstrichen sind. [3]§ 256 Abs. 6 Satz 2 des Aktiengesetzes gilt sinngemäß.

Zweiter Abschnitt. Rechnungslegung von Konzernen

§ 11[1)] Zur Rechnungslegung verpflichtete Mutterunternehmen.
(1) Stehen in einem Konzern die Unternehmen unter der einheitlichen Leitung eines Unternehmens mit Sitz (Hauptniederlassung) im Inland, so hat dieses Unternehmen (Mutterunternehmen) nach den folgenden Vorschriften

---

[1)] Beachte hierzu § 22.
[2)] Nr. 1.

Rechnung zu legen, wenn für drei aufeinanderfolgende Konzernabschlußstichtage jeweils mindestens zwei der drei folgenden Merkmale zutreffen:
1. Die Bilanzsumme einer auf den Konzernabschlußstichtag aufgestellten Konzernbilanz übersteigt 65 Millionen Euro.
2. Die Umsatzerlöse einer auf den Konzernabschlußstichtag aufgestellten Konzern-Gewinn- und Verlustrechnung in den zwölf Monaten vor dem Abschlußstichtag übersteigen 130 Millionen Euro.
3. Die Konzernunternehmen mit Sitz im Inland haben in den zwölf Monaten vor dem Konzernabschlußstichtag insgesamt durchschnittlich mehr als fünftausend Arbeitnehmer beschäftigt.

(2) [1]Bilanzsumme nach Absatz 1 Nr. 1 ist die Bilanzsumme einer nach § 13 Abs. 2 aufgestellten Konzernbilanz; § 1 Abs. 2 Satz 2 bis 5 gilt sinngemäß. [2]Braucht das Mutterunternehmen einen Jahresabschluß nicht aufzustellen, so ist der Abschlußstichtag des größten Unternehmens mit Sitz im Inland maßgebend.

(3) [1]Stehen in einem Konzern die Unternehmen unter der einheitlichen Leitung eines Unternehmens mit Sitz (Hauptniederlassung) im Ausland und beherrscht dieses Unternehmen über ein oder mehrere zum Konzern gehörende Unternehmen mit Sitz (Hauptniederlassung) im Inland andere Unternehmen, so haben die Unternehmen mit Sitz im Inland, die der Konzernleitung am nächsten stehen (Mutterunternehmen), für ihren Konzernbereich (Teilkonzern) nach diesem Abschnitt Rechnung zu legen, wenn für drei aufeinanderfolgende Abschlußstichtage des Mutterunternehmens mindestens zwei der drei Merkmale des Absatzes 1 für den Teilkonzern zutreffen. [2]Absatz 2 gilt sinngemäß.

(4) *(aufgehoben)*

(5) [1]Dieser Abschnitt ist nicht anzuwenden, wenn das Mutterunternehmen eine Aktiengesellschaft, eine Kommanditgesellschaft auf Aktien, eine Gesellschaft mit beschränkter Haftung, ein Kreditinstitut im Sinne des § 340 des Handelsgesetzbuchs oder eine in § 2 Abs. 1 Nr. 1, 2 und 4 des Gesetzes über das Kreditwesen genannte Person oder ein Versicherungsunternehmen im Sinne des § 341 des Handelsgesetzbuchs ist oder als Personenhandelsgesellschaft nach § 3 Abs. 1 Satz 1 Nr. 1 den ersten Abschnitt nicht anzuwenden hat. [2]Weiterhin sind Personenhandelsgesellschaften und Einzelkaufleute zur Aufstellung eines Konzernabschlusses nach diesem Abschnitt nicht verpflichtet, wenn sich ihr Gewerbebetrieb auf die Vermögensverwaltung beschränkt und sie nicht die Aufgaben der Konzernleitung wahrnehmen.

(6) [1]Folgende Bestimmungen des Handelsgesetzbuchs[1)] gelten sinngemäß:
1. § 291 über befreiende Konzernabschlüsse und Konzernlageberichte;
2. § 315a über den Konzernabschluss nach internationalen Rechnungslegungsstandards, Absatz 2 der Vorschrift jedoch nur, wenn das Mutterunternehmen seiner Rechtsform nach in den Anwendungsbereich der Verordnung (EG) Nr. 1606/2002 des Europäischen Parlaments und des Rates vom 19. Juli 2002 betreffend die Anwendung internationaler Rechnungslegungsstandards (ABl. EG Nr. L 243 S. 1) in ihrer jeweils geltenden Fassung fällt.

[1)] Nr. 1.

²Sind die Voraussetzungen des § 315a des Handelsgesetzbuchs erfüllt, so gilt § 13 Abs. 2 Satz 1 und 2, Abs. 3 Satz 1 und 2 in Verbindung mit § 5 Abs. 5 dieses Gesetzes nicht.

§ 12 Beginn und Dauer der Pflicht zur Konzernrechnungslegung.

(1) Für den Beginn und die Dauer der Pflicht, nach diesem Abschnitt Rechnung zu legen, gilt § 2 Abs. 1 Satz 1 und 3 sinngemäß.

(2) ¹Die gesetzlichen Vertreter eines Mutterunternehmens, für dessen Abschlußstichtag erstmals mindestens zwei der drei Merkmale des § 11 Abs. 1 zutreffen, haben, wenn das Unternehmen oder die Firma des Mutterunternehmens in das Handelsregister eingetragen ist, unverzüglich zum Handelsregister die Erklärung einzureichen, daß für diesen Abschlußstichtag zwei der drei Merkmale des § 11 Abs. 1 zutreffen; § 11 Abs. 2 Satz 2 gilt sinngemäß. ²Eine entsprechende Erklärung haben die gesetzlichen Vertreter des Mutterunternehmens auch für jeden der beiden folgenden Abschlußstichtage unverzüglich zum Handelsregister einzureichen, wenn die Merkmale auch für diesen Abschlußstichtag zutreffen.

(3) ¹Das Gericht hat zur Prüfung der Frage, ob ein Mutterunternehmen nach diesem Abschnitt Rechnung zu legen hat, Prüfer zu bestellen, wenn Anlaß für die Annahme besteht, daß das Mutterunternehmen zur Rechnungslegung nach diesem Abschnitt verpflichtet ist. ²Hat das Mutterunternehmen einen Aufsichtsrat, so ist vor der Bestellung außer den gesetzlichen Vertretern des Mutterunternehmens auch dieser zu hören. ³§ 2 Abs. 3 Satz 3 bis 8 gilt sinngemäß.

§ 13 Aufstellung von Konzernabschluß und Konzernlagebericht.

(1) Die gesetzlichen Vertreter des Mutterunternehmens haben in den ersten fünf Monaten des Konzerngeschäftsjahrs für das vergangene Konzerngeschäftsjahr einen Konzernabschluß sowie einen Konzernlagebericht oder einen Teilkonzernabschluß oder einen Teilkonzernlagebericht aufzustellen.

(2) ¹Für den Konzernabschluß oder Teilkonzernabschluß gelten die §§ 294 bis 314 des Handelsgesetzbuchs[1]) sinngemäß; soweit eine abweichende Gliederung zulässig ist, kann diese auch für den Konzernabschluß oder den Teilkonzernabschluß verwendet werden. ²Sonstige Vorschriften, die durch die Rechtsform oder den Geschäftszweig bedingt sind, bleiben unberührt. ³Für den Konzernlagebericht oder den Teilkonzernlagebericht gilt § 315 des Handelsgesetzbuchs[1]) sinngemäß.

(3) ¹Auf den Konzernabschluß oder den Teilkonzernabschluß brauchen § 279 Abs. 1, §§ 280, 314 Abs. 1 Nr. 6 des Handelsgesetzbuchs[1]) nicht angewendet zu werden. ²Ist das Mutterunternehmen eine Personenhandelsgesellschaft oder ein Einzelkaufmann, so gilt § 5 Abs. 4, 5 für den Konzernabschluß sinngemäß; dieser braucht Kapitalflussrechnung und Eigenkapitalspiegel nicht zu umfassen[2]). ³Bei Anwendung des Satzes 1 oder des § 5 Abs. 5 haben der Konzernabschluß oder der Teilkonzernabschluß befreiende Wirkung nach § 291 des Handelsgesetzbuchs[1]) oder einer nach Absatz 4 in Verbindung mit § 292 des Handelsgesetzbuchs[1]) erlassenen Rechtsverordnung nur, wenn das

---

[1]) Nr. 1.
[2]) Beachte hierzu § 22.

befreite Tochterunternehmen, das gleichzeitig Mutterunternehmen ist, diese Erleichterungen für seinen Konzernabschluß oder Teilkonzernabschluß hätte in Anspruch nehmen können.

(4) Die §§ 292, 330 des Handelsgesetzbuchs[1]) über den Erlaß von Rechtsverordnungen gelten auch für Konzernabschlüsse, Teilkonzernabschlüsse, Konzernlageberichte und Teilkonzernlageberichte nach diesem Abschnitt.

§ 14 Prüfung des Konzernabschlusses. (1) [1]Der Konzernabschluß oder Teilkonzernabschluß ist unter Einbeziehung des Konzernlageberichts oder des Teilkonzernlageberichts durch einen Abschlußprüfer zu prüfen. [2]§ 316 Abs. 3, §§ 317 bis 324 des Handelsgesetzbuchs[1]) über die Prüfung sowie § 6 Abs. 2, 3 dieses Gesetzes gelten sinngemäß.

(2) [1]Ist das Mutterunternehmen eine Genossenschaft, so ist der Prüfungsverband, dem die Genossenschaft angehört, auch Abschlußprüfer des Konzernabschlusses. [2]Der von einem Prüfungsverband geprüfte Konzernabschluß oder Teilkonzernabschluß hat befreiende Wirkung nach § 291 des Handelsgesetzbuchs[1]) oder einer nach § 13 Abs. 4 dieses Gesetzes in Verbindung mit § 292 des Handelsgesetzbuchs[1]) erlassenen Rechtsverordnung nur, wenn das befreite Tochterunternehmen, das gleichzeitig Mutterunternehmen ist, seinen Konzernabschluß oder Teilkonzernabschluß von dieser Person hätte prüfen lassen können.

(3) [1]Hat das Mutterunternehmen einen Aufsichtsrat, so haben die gesetzlichen Vertreter den Konzernabschluß oder den Teilkonzernabschluß, den Konzernlagebericht oder den Teilkonzernlagebericht und den Prüfungsbericht des Abschlußprüfers des Konzernabschlusses unverzüglich nach Eingang des Prüfungsberichts dem Aufsichtsrat zur Kenntnisnahme vorzulegen. [2]Jedes Aufsichtsratsmitglied hat das Recht, von den Vorlagen Kenntnis zu nehmen. [3]Die Vorlagen sind auch jedem Aufsichtsratsmitglied auf Verlangen auszuhändigen, soweit der Aufsichtsrat nichts anderes beschlossen hat.

§ 15 Offenlegung des Konzernabschlusses. (1) [1]Die gesetzlichen Vertreter des Mutterunternehmens haben den Konzernabschluß oder Teilkonzernabschluß mit dem Bestätigungsvermerk oder dem Vermerk über dessen Versagung und den Konzernlagebericht oder Teilkonzernlagebericht in sinngemäßer Anwendung des § 325 Abs. 3 bis 5 des Handelsgesetzbuchs[1]) offenzulegen. [2]Ist das Mutterunternehmen eine Genossenschaft, so tritt an die Stelle des Handelsregisters das Genossenschaftsregister. [3]Ist das Mutterunternehmen nicht in das Handelsregister oder das Genossenschaftsregister eingetragen, gilt § 9 Abs. 1 Satz 4 sinngemäß.

(2) Für die Offenlegung, Veröffentlichung und Vervielfältigung des Konzernabschlusses, Teilkonzernabschlusses, Konzernlageberichts und des Teilkonzernlageberichts gilt § 328, für die Prüfungspflicht des Registergerichts § 329 des Handelsgesetzbuchs[1]) sinngemäß.

§ 16. *(aufgehoben)*

---

[1]) Nr. 1.

Dritter Abschnitt. Straf-, Bußgeld- und Schlußvorschriften

§ 17 Unrichtige Darstellung. Mit Freiheitsstrafe bis zu drei Jahren oder mit Geldstrafe wird bestraft, wer als gesetzlicher Vertreter (§ 4 Abs. 1 Satz 1) eines Unternehmens oder eines Mutterunternehmens, beim Einzelkaufmann als Inhaber oder dessen gesetzlicher Vertreter,

1. die Verhältnisse des Unternehmens im Jahresabschluß oder Lagebericht unrichtig wiedergibt oder verschleiert,

1a. zum Zwecke der Befreiung nach § 9 Abs. 1 Satz 1 in Verbindung mit § 325 Abs. 2a Satz 1, Abs. 2b des Handelsgesetzbuchs einen Einzelabschluss nach den in § 315a Abs. 1 des Handelsgesetzbuchs genannten internationalen Rechnungslegungsstandards, in dem die Verhältnisse des Unternehmens unrichtig wiedergegeben oder verschleiert worden sind, vorsätzlich oder leichtfertig offen legt,

2. die Verhältnisse des Konzerns oder Teilkonzerns im Konzernabschluß, Konzernlagebericht, Teilkonzernabschluß oder Teilkonzernlagebericht unrichtig wiedergibt oder verschleiert,

3. zum Zwecke der Befreiung nach § 11 Abs. 6 Satz 1 Nr. 1 in Verbindung mit § 291 des Handelsgesetzbuchs[1] oder auf Grund einer nach § 13 Abs. 4 in Verbindung mit § 292 des Handelsgesetzbuchs erlassenen Rechtsverordnung einen Konzernabschluß, Konzernlagebericht, Teilkonzernabschluß oder Teilkonzernlagebericht, in dem die Verhältnisse des Konzerns oder Teilkonzerns unrichtig wiedergegeben oder verschleiert worden sind, vorsätzlich oder leichtfertig offenlegt oder

4. in Aufklärungen oder Nachweisen, die nach § 2 Abs. 3 Satz 4 in Verbindung mit § 145 Abs. 2 und 3 des Aktiengesetzes[2], § 6 Abs. 1 Satz 2 in Verbindung mit § 320 Abs. 1, 2 des Handelsgesetzbuchs, § 12 Abs. 3 Satz 3 in Verbindung mit § 2 Abs. 3 Satz 4 und § 145 Abs. 2 und 3 des Aktiengesetzes oder § 14 Abs. 1 Satz 2 in Verbindung mit § 320 Abs. 3 des Handelsgesetzbuchs[1] einem Abschlußprüfer des Unternehmens, eines verbundenen Unternehmens, des Konzerns oder des Teilkonzerns zu geben sind, unrichtige Angaben macht oder über die Verhältnisse des Unternehmens, eines Tochterunternehmens, des Konzerns oder des Teilkonzerns unrichtig wiedergibt oder verschleiert.

§ 18 Verletzung der Berichtspflicht. (1) Mit Freiheitsstrafe bis zu drei Jahren oder mit Geldstrafe wird bestraft, wer als Prüfer nach diesem Gesetz oder als Gehilfe eines solchen Prüfers über das Ergebnis der Prüfung falsch berichtet oder erhebliche Umstände im Bericht verschweigt.

(2) Handelt der Täter gegen Entgelt oder in der Absicht, sich oder einen anderen zu bereichern oder einen anderen zu schädigen, so ist die Strafe Freiheitsstrafe bis zu fünf Jahren oder Geldstrafe.

§ 19 Verletzung der Geheimhaltungspflicht. (1) Mit Freiheitsstrafe bis zu einem Jahr oder mit Geldstrafe wird bestraft, wer ein Geheimnis des Un-

---

[1] Nr. 1.
[2] Abgedruckt in **dtv 5010** „**AktG · GmbHG**".

8 PublG § 20   3. Abschnitt

ternehmens (Konzernleitung, Teilkonzernleitung), namentlich ein Betriebs- oder Geschäftsgeheimnis, das ihm in seiner Eigenschaft als Prüfer nach diesem Gesetz oder als Gehilfe eines solchen Prüfers bekanntgeworden ist, unbefugt offenbart.

(2) ¹Handelt der Täter gegen Entgelt oder in der Absicht, sich oder einen anderen zu bereichern oder einen anderen zu schädigen, so ist die Strafe Freiheitsstrafe bis zu zwei Jahren oder Geldstrafe. ²Ebenso wird bestraft, wer ein Geheimnis der in Absatz 1 bezeichneten Art, namentlich ein Betriebs- oder Geschäftsgeheimnis, das ihm unter den Voraussetzungen des Absatzes 1 bekanntgeworden ist, unbefugt verwertet.

(3) Die Tat wird nur auf Antrag des Unternehmens (Konzernleitung, Teilkonzernleitung) verfolgt.

§ 20 Bußgeldvorschriften. (1) Ordnungswidrig handelt, wer als gesetzlicher Vertreter (§ 4 Abs. 1 Satz 1) eines Unternehmens oder eines Mutterunternehmens, beim Einzelkaufmann als Inhaber oder dessen gesetzlicher Vertreter,
1. bei der Aufstellung oder Feststellung des Jahresabschlusses einer Vorschrift
    a) des § 243 Abs. 1 oder 2, der §§ 244, 245, 246, 247, 248, 249 Abs. 1 Satz 1 oder Abs. 3, des § 250 Abs. 1 Satz 1 oder Abs. 2 oder des § 251 des Handelsgesetzbuchs[1]) über Form oder Inhalt,
    b) des § 253 Abs. 1 Satz 1 in Verbindung mit § 255 Abs. 1 oder 2 Satz 1, 2 oder 6 oder des § 253 Abs. 2 oder Abs. 3 Satz 1 oder 2 des Handelsgesetzbuchs[1]) über die Bewertung,
    c) des § 5 Abs. 1 Satz 2 in Verbindung mit einer Vorschrift des § 282 des Handelsgesetzbuchs[1]) über die Bewertung,
    d) des § 5 Abs. 1 Satz 2 in Verbindung mit einer Vorschrift des § 265 Abs. 2, 3, 4 oder 6, der §§ 266, 268 Abs. 2, 3, 4, 5, 6 oder 7, der §§ 272, 273, 274 Abs. 1, des § 275 oder des § 277 des Handelsgesetzbuchs[1]) über die Gliederung oder
    e) des § 5 Abs. 1 Satz 2 oder Abs. 2 Satz 2 in Verbindung mit einer Vorschrift des § 281 Abs. 1 Satz 2 oder 3 oder Abs. 2 Satz 1, des § 284 oder des § 285 des Handelsgesetzbuchs[1]) über die in der Bilanz oder im Anhang zu machenden Angaben,
2. bei der Aufstellung des Konzernabschlusses oder Teilkonzernabschlusses einer Vorschrift des § 13 Abs. 2 Satz 1 in Verbindung mit einer Vorschrift
    a) des § 294 Abs. 1 des Handelsgesetzbuchs[1]) über den Konsolidierungskreis,
    b) des § 297 Abs. 2 oder 3 oder des § 298 Abs. 1 in Verbindung mit den §§ 244, 245, 246, 247, 248, 249 Abs. 1 Satz 1 oder Abs. 3, dem § 250 Abs. 1 Satz 1 oder Abs. 2 oder dem § 251 des Handelsgesetzbuchs[1]) über Inhalt oder Form des Konzernabschlusses,
    c) des § 300 des Handelsgesetzbuchs[1]) über die Konsolidierungsgrundsätze oder das Vollständigkeitsgebot,
    d) des § 308 Abs. 1 Satz 1 in Verbindung mit den in Nummer 1 Buchstabe b bezeichneten Vorschriften des Handelsgesetzbuchs[1]) oder des § 308 Abs. 2 des Handelsgesetzbuchs über die Bewertung,

---

[1]) Nr. 1.

Straf-, Bußgeld- und Schlußvorschriften **§ 21 PublG 8**

e) des § 311 Abs. 1 Satz 1 in Verbindung mit § 312 des Handelsgesetzbuchs[1] über die Behandlung assoziierter Unternehmen oder
f) des § 308 Abs. 1 Satz 3, des § 313 oder des § 314 des Handelsgesetzbuchs[1] über die im Anhang zu machenden Angaben,
3. bei der Aufstellung des Lageberichts der Vorschrift des § 5 Abs. 2 Satz 2 in Verbindung mit § 289 Abs. 1 des Handelsgesetzbuchs[1] über den Inhalt des Lageberichts,
4. bei der Aufstellung des Konzernlageberichts oder des Teilkonzernlageberichts der Vorschrift des § 13 Abs. 2 Satz 3 in Verbindung mit § 315 Abs. 1 des Handelsgesetzbuchs[1] über den Inhalt des Konzernlageberichts,
5. bei der Offenlegung, Veröffentlichung oder Vervielfältigung einer Vorschrift des § 9 Abs. 1 oder des § 15 Abs. 2, jeweils in Verbindung mit § 328 des Handelsgesetzbuchs[1] über Form oder Inhalt, oder
6. einer auf Grund des § 5 Abs. 3 oder des § 13 Abs. 4, jeweils in Verbindung mit § 330 Satz 1 des Handelsgesetzbuchs,[1] erlassenen Rechtsverordnung, soweit sie für einen bestimmten Tatbestand auf diese Bußgeldvorschrift verweist,

zuwiderhandelt.

(2) Ordnungswidrig handelt auch, wer entgegen § 2 Abs. 2 oder § 12 Abs. 2 die dort vorgeschriebene Erklärung dem Registergericht oder der Aufsichtsbehörde nicht oder nicht rechtzeitig einreicht.

(3) Die Ordnungswidrigkeit kann mit einer Geldbuße bis zu fünfundzwanzigtausend Euro geahndet werden.

§ 21[2] **Zwangsgelder.** [1]Gesetzliche Vertreter (§ 4 Abs. 1 Satz 1) eines Unternehmens oder eines Mutterunternehmens, beim Einzelkaufmann der Inhaber oder dessen gesetzlicher Vertreter, die
1. § 2 Abs. 3 Satz 4, § 12 Abs. 3 Satz 3 in Verbindung mit § 145 Abs. 1 bis 3 des Aktiengesetzes über die Pflichten gegenüber Prüfern,
2. § 5 Abs. 1 und 2, § 13 Abs. 1 über die Pflicht zur Aufstellung des Jahresabschlusses, des Lageberichts, des Konzernabschlusses, des Konzernlageberichts, des Teilkonzernabschlusses oder des Teilkonzernlageberichts,
3. § 6 Abs. 1 Satz 2, § 14 Abs. 1 Satz 2 jeweils in Verbindung mit § 318 Abs. 1 Satz 4 des Handelsgesetzbuchs[1] über die Pflicht zur unverzüglichen Erteilung des Prüfungsauftrags,
4. § 6 Abs. 1 Satz 2, § 14 Abs. 1 Satz 2 jeweils in Verbindung mit § 318 Abs. 4 Satz 3 des Handelsgesetzbuchs[1] über die Pflicht, den Antrag auf gerichtliche Bestellung des Abschlußprüfers zu stellen,
5. § 6 Abs. 1 Satz 2, § 14 Abs. 1 Satz 2 jeweils in Verbindung mit § 320 des Handelsgesetzbuchs[1] über die Pflichten gegenüber dem Abschlußprüfer,
6. § 7 Satz 1 oder Satz 4 in Verbindung mit Satz 1, § 14 Abs. 3 Satz 1 über die Vorlagen an den Aufsichtsrat,
7. § 7 Satz 3 oder Satz 4 in Verbindung mit Satz 3, jeweils in Verbindung mit § 170 Abs. 3 des Aktiengesetzes, § 14 Abs. 3 Satz 2 und 3 dieses Gesetzes

---

[1] Nr. 1.
[2] Beachte hierzu § 22.

über das Recht der Aufsichtsratsmitglieder auf Kenntnisnahme und Aushändigung der Vorlagen oder
8. § 9 Abs 1, § 15 Abs. 1 hinsichtlich der Pflicht zur Bekanntmachung des Jahresabschlusses, des Lageberichts, des Konzernabschlusses, des Konzernlageberichts, des Teilkonzernabschlusses oder des Teilkonzernlageberichts im Bundesanzeiger

nicht befolgen, sind hierzu vom Registergericht durch Festsetzung von Zwangsgeld anzuhalten; § 14 des Handelsgesetzbuchs bleibt unberührt. ²Das einzelne Zwangsgeld darf den Betrag von fünftausend Euro, in den Fällen des Satzes 1 Nr. 8 fünfundzwanzigtausend Euro nicht überschreiten.

§ 22 Erstmalige Anwendung geänderter Vorschriften. ¹Die §§ 7, 9, 11, 13 Abs. 3 Satz 2 und § 21 in der Fassung des Bilanzrechtsreformgesetzes vom 4. Dezember 2004 (BGBl. I S. 3166) finden erstmals auf das nach dem 31. Dezember 2004 beginnende Geschäftsjahr Anwendung. ² § 315a Abs. 2 des Handelsgesetzbuchs in Verbindung mit § 11 Abs. 6 Satz 1 Nr. 2 dieses Gesetzes ist erstmals auf das nach dem 31. Dezember 2006 beginnende Geschäftsjahr anzuwenden. ³Die bis zum 9. Dezember 2004 geltenden Fassungen des § 11 Abs. 6 Nr. 2 dieses Gesetzes und des § 292a des Handelsgesetzbuchs sind letztmals auf das vor dem 1. Januar 2005 beginnende Geschäftsjahr anzuwenden; Artikel 58 Abs. 5 Satz 2 des Einführungsgesetzes zum Handelsgesetzbuch[1)] gilt entsprechend. ⁴Soweit § 5 Abs. 1 Satz 2, Abs. 2, § 6 Abs. 1, § 9 Abs. 1 Satz 1, § 10 Satz 1 Nr. 2, § 13 Abs. 2, § 14 Abs. 1 und § 15 dieses Gesetzes auf Bestimmungen des Handelsgesetzbuchs verweisen, die in Artikel 58 Abs. 2 bis 4 des Einführungsgesetzes zum Handelsgesetzbuch aufgeführt sind, gelten die in der letztgenannten Vorschrift getroffenen Übergangsregelungen entsprechend. ⁵Soweit § 13 Abs. 2 Satz 1 dieses Gesetzes auf § 297 Abs. 1 des Handelsgesetzbuchs verweist, ist Artikel 58 Abs. 5 Satz 1 des Einführungsgesetzes zum Handelsgesetzbuch entsprechend anzuwenden; dies gilt nicht, wenn das Mutterunternehmen eine Personengesellschaft oder ein Einzelkaufmann ist.

§ 23 Inkrafttreten. Dieses Gesetz tritt am Tage nach seiner Verkündung in Kraft.

[1)] Nr. 2.

Sachverzeichnis

Die fetten Zahlen bezeichnen die Ordnungsnummern, welche die Gesetze in dieser Ausgabe erhalten haben, die mageren Zahlen bezeichnen deren Artikel oder Paragraphen. Die Buchstaben ä, ö und ü sind wie a, o und u in das Alphabet eingeordnet.

Abrechnungsstellen im Wechsel- und Scheckverkehr **4** 38; **6** 31 mit Anm.
Abschlußprüfer 1 318 bis 323; **2** 26; Ausschlußgründe **1** 319; besondere Ausschlußgründe **1** 319a; Meinungsverschiedenheit bei Abschlußprüfung **1** 324; Prüfungsbericht **1** 321
Abschreibungen 1 279, 281; des Geschäfts- oder Firmenwerts **1** 309; steuerl. **1** 254; überhöhte **1** 280
Abtretung einer Geldforderung bei Handelsgeschäften **1** 354a
Aktien, Wertpapiere **3** 2
Aktiengesellschaft, Handelsbücher, ergänzende Vorschr. **1** 264 bis 335; Prüfung **2** 25; Übergangsvorschr. **2** 34
Aktivlegitimation der OHG **1** 124
Altfahrzeuge, Übergangsvorschriften **2** 53
Analyse von Finanzinstrumenten **3** 34b f.
Angaben, Pflichtangaben im Anhang von Bilanz sowie Gewinn- und Verlustrechnung **1** 285
Angestellter eines Geschäftsbetriebs **1** 59 ff.
Anhang der Bilanz sowie Gewinn- und Verlustrechnung **1** 281, 284 bis 288
Anlagevermögen, Wertansatz **1** 253
Annahmeverweigerung 1 373
Anschaffungskosten, Bewertung in Bilanz **1** 255
Anteil, -e, Aufstellung des A.-besitzes **1** 287; anderer Gesellschafter, Ausgleichsposten in Bilanz **1** 307; an Unternehmen **1** 271; Verrechnung von A. an Tochterunternehmen **1** 302
Anweisung, kaufm. **1** 363, 364
Arbeitsbedingungen für Handelsvertreter 1 92a
Arglist bei Bezahlung von Wechseln **4** 40
Arretierungsklausel auf Wechsel **4** 68
Assoziierte Unternehmen, Konzernabschluß **1** 311; Wertansatz von Beteiligungen **1** 312
Aufbewahrung kaufm. Unterlagen **1** 257
Aufbewahrungsfristen, steuerl. und handelsrechtl., Übergangsvorschr. **1** 47
Aufgebot eines Wertpapiers **1** 365
Aufsicht über Wertpapierhandel **3** 3 ff.
Aufwendungen des Gesellschafters der OHG **1** 110; des Handelsvertreters **1** 87 d

Ausgleich, Anspruch des Handelsvertreters auf **1** 89b
Ausland, Sitz einer Hauptniederlassung **1** 13d; Wettbewerbsverbot des Handlungsgehilfen **1** 75b
Ausländer, Wechselfähigkeit **4** 91
Ausländische Märkte 3 37i ff.; Übergangsregelung **3** 44
Ausländische Währung, Umrechnungsgrundlagen im Bilanzanhang **1** 284

Banken, Bilanzrichtlinien **2** 30, 31
Bankier als Bezogener eines Schecks **6** 3; iSd ScheckG **6** 54
Bausparkassenvertreter 1 92
Bausparverträgemakler 1 104
Bedingungen bei Annahme des Wechsels **4** 26; bei Scheckindossament **6** 15
Befangenheit, Besorgnis der B. des Prüfers **1** 318
Beförderungsmittel, Frachtvertrag mit verschiedenen **1** 452 bis 452d
Befriedigungsrecht des Gläubigers **1** 371, 372
Bergwerksgesellschaften 2 5
Beteiligungen an einer assoziierten Unternehmen, Wertansatz **1** 312; an Unternehmen **1** 271
Beteiligungsbesitz, Angaben im Konzernanhang **1** 313
Betriebsgeheimnis 1 90
Bewertungsvereinfachungsverfahren 1 256
Bewertungsvorschriften 1 279 bis 283; **2** 24
Bezirksvertreter, Provision **1** 87
Bierlieferungsvertrag 2 18; landesrechtl. Vorschriften **2** 18
Bilanz, Angabe der Haftungsverhältnisse **1** 251; Anhang **1** 284 bis 288; Bewertungsgrundsätze **1** 252 bis 256, 279 bis 283; Inhalt **1** 247; der OHG **1** 120; Rückstellungen **1** 249; Steuerabgrenzung **1** 274; verkürzte **1** 266; Vorschriften zu Posten der **1** 268 ff.
Bilanzierungsverbote 1 248
Bilanzkontrollgesetz, Übergangsvorschriften **2** 56
Bilanzrechtsreformgesetz, Übergangsvorschriften **2** 57 f.

301

Sachverzeichnis

fette Ziffern = Gesetzesnummern

Bilanzvermerke 1 268
Bildträger, kaufm. Unterlagen, Aufbewahrung **1** 257, Vorlegung **1** 261
Blankoindossament auf Scheck **6** 15; auf Wechsel **4** 12 bis 14
Blankowechsel 4 10
Böser Glaube bei Erwerb eines Schecks **6** 21; bei Erwerb eines Wechsels **4** 16
Bruttogewicht 1 380
Buchführung 1 238, 239
Buchführungspflicht der Kaufleute **1** 238, 239
Buchungsbelege, Aufbewahrung **1** 238
Bund, Kostenerstattung für Bundesaufsichtsamt für Wertpapierhandel **3** 11
Bundesanstalt für Finanzdienstleistungsaufsicht 3 3 ff.; Aufgaben und Befugnisse **3** 4; Richtlinien **3** 29; Überwachung der Geschäfte der Beschäftigten **3** 16 a; Überwachung der Verhaltensregeln für Wertpapierdienstleistungsunternehmen **3** 35 ff.; Verschwiegenheitspflicht **3** 8; Wertpapierrat **3** 5; Zusammenarbeit mit Aufsichtsbehörden im Inland **3** 6; Zusammenarbeit mit zuständigen Stellen im Ausland **3** 7; als zuständige Verwaltungsbehörde **3** 40
Bundesanzeiger als Bekanntmachungsblatt **1** 10, 367
Bundesministerium der Finanzen im Wertpapierrat **3** 5
Bundesministerium der Justiz im Wertpapierrat **3** 5
Bundesministerium für Wirtschaft im Wertpapierrat **3** 5
Bürge, Bürgschaft 1 356; handelsrechtl. **1** 349, 350; Scheckbürge **6** 25 bis 27; Wechselbürge **4** 30 bis 32, 47
Bürgerliches Gesetzbuch, Anwendung in Handelssachen **1** 74 a
Bußgeldvorschriften 1 334; Handel mit Wertpapieren **3** 39

Courtage 1 99

Darlehen einer OHG **1** 129 a; Rückgewähr einer KG **1** 172 a; verzinsl. **1** 354
Dateien, automatisierte D. als Handelsregister **1** 8 a, 9 a
Datenträger, Handelsbücher auf **1** 238 ff.; kaufm. Unterlagen, Aufbewahrung **1** 257, Vorlegung **1** 261
Delkredereprovision des Handelsvertreters **1** 86 b
Derivate, Begriff **3** 2; Handel **3** 1
Deutsche Bundesbank im Wertpapierrat **3** 5
Domizilwechsel 4 22, 27
Duplikat des Wechsels **4** 64 bis 66

Eheliches Güterrecht, Handelsgewerbe **2** 4
Ehrenannahme eines Wechsels **4** 56 bis 58
Ehreneintritt beim Wechsel **4** 55 bis 63
Ehrenwort, Versicherungen auf **1** 74 a
Ehrenzahlung eines Wechsels **4** 55, 59 bis 63
Eigenkapital 1 272; Wertansatz **1** 282
Eigenverwaltung, Anordnung und Eintragung ins Handelsregister **1** 32
Einreden gegen den Anspruch aus einem Scheck **6** 22; gegen Orderpapiere **1** 364; der Vorausklagen **1** 349; gegen Wechselanspruch **4** 17
Einsicht in Geschäftsbücher **1** 157
Einwendungen des Gesellschafters der OHG **1** 129; des Scheckverpflichteten **6** 22; des Wechselverpflichteten **4** 17
Entgeltlichkeit der Geschäftsbesorgung **1** 354
Entschädigung für Wettbewerbsverbot **1** 74, 74 b, 74 c, 75, 75 b, Unabdingbarkeit **1** 75 d
Entscheidung des Prozeßgerichts über Handelsregistereintragungen **1** 16
Erbe, Fortsetzung der OHG **1** 139; Haftung, handelsrechtl. **1** 27
Erbrechtliche Rechtsgeschäfte, Firmenübergang **1** 22, 27
Erfüllungsgegenstand 1 360
Erlöschen der Prokura **1** 52, 53
Ermächtigung der Bundesregierung zum Erlaß von Rechtsverordnungen **1** 292
Eröffnungsbilanz 1 242 bis 256
Ersatz von Aufwendungen des Gesellschafters einer OHG **1** 110, des Handelsvertreters **1** 87 d
EU/EWR-Konzernabschlüsse, Wirkung **1** 291
Euro, Übergangsvorschr. zur Einführung **2** 42 bis 45
Euro-Bilanzgesetz, Übergangsvorschr. **2** 51
EWG-Richtlinien über befreiende Abschlüsse **1** 291, 292

Fahrlässigkeit bei Erwerb eines Schecks **6** 21, eines Wechsels **4** 16; bei Zahlung von Wechseln **4** 40
Finanzanalyse 3 34 b f.
Finanzdienstleistungsinstitute 1 340 bis 340 o
Finanztermingeschäfte 3 37 d ff.; Begriff **3** 2
Firma 1 3, 9, 12; Anmeldepflicht **1** 25, 29, 31 bis 37; Anmeldung der Änderung und des Erlöschens **1** 31, zum Handelsregister **1** 29; bei Ausscheiden bzw. Eintritt eines

magere Ziffern = Paragraphen **Sachverzeichnis**

Gesellschafters **1** 24; notwendige Bezeichnungen **1** 19; bei Erwerb des Handelsgeschäfts **1** 22; der juristischen Person **1** 33 bis 35; des Kaufmanns **1** 17, 18; der KG **1** 19; Namensänderung des Inhabers bzw. des Gesellschafters **1** 21; der OHG **1** 19; Übertragbarkeit **1** 22; Unterscheidbarkeit **1** 30; Veräußerungsverbot **1** 23; Wahlfreiheit **1** 22; Wahrheit **1** 18
Firmenänderung 1 21, 31 bis 34
Firmenanmeldung 1 32; freiwillige **1** 3; notwendige **1** 14, 16, 29, 31, 33
Firmenerwerb 1 22
Firmenrecht, Ausschließlichkeit **1** 30; Schuldübernahme **1** 25
Firmenverletzung 1 37
Firmenwert, Tilgung durch Abschreibung **1** 309
Fixgeschäft, handelsrechtl. **1** 376
Form der Bilanz **1** 265
Formblätter für Jahresabschlüsse u. a., Ermächtigung **1** 330
Formkaufmann 1 6
Frachtbrief 1 408; Beweiskraft **1** 409
Frachtführer, ausführender **1** 437; Ladescheine der **1** 363; nachfolgender **1** 442
Frachtgeschäft 1 407 bis 452 d; ausführender Frachtführer **1** 437; außervertragl. Ansprüche **1** 434, 436; Beförderungs- und Ablieferungshindernisse **1** 419; Begleitpapiere **1** 413; gefährliches Gut **1** 410; Gerichtsstand **1** 440; Haftung des Absenders **1** 414, für Güter- und Verspätungsschaden **1** 425; Haftung für andere **1** 428; Haftungsausschluß **1** 426, 427; Haftungshöchstbetrag **1** 431, 433; Kündigung des Frachtvertrags **1** 415; Ladeschein **1** 444 bis 447; Lieferfrist **1** 423; Nachnahme **1** 422; Nichteinhaltung der Ladezeit **1** 417; Pfandrecht **1** 441, 443; Rechte des Empfängers **1** 421; Schadensanzeige **1** 438; Schadensfeststellungskosten **1** 430; Standgeldzahlung **1** 421; Teilbeförderung **1** 416; Traditionspapier **1** 448; abweichende Vereinbarungen **1** 449; Verjährung **1** 439; Verladen und Entladen **1** 412; Verlustvermutung **1** 424; Verpackung und Kennzeichnung **1** 411; Wegfall der Haftungsbefreiung und -begrenzungen **1** 435; nachträgl. Weisungen **1** 418; Wertersatz **1** 429; Zahlung, Frachtberechnung **1** 420; Zahlungspflicht **1** 421
Frachtvertrag 1 407; mit verschiedenen Beförderungsmitteln **1** 452 bis 452 d; Kündigung **1** 415; Schadensanzeige **1** 452 b; Schadensort **1** 452 a; abweichende Vereinbarungen **1** 425 d; Verjährung **1** 452 b
Fristberechnung nach ScheckG **6** 55 ff.

Fristen für Aufbewahrung der Handelsbücher und -briefe **1** 257; Berechnung im WechselG **4** 73; für Verbindlichkeiten nach Firmenübertragung **1** 26; bei Wechseln **4** 23, 34
Fristlose Kündigung des Handelsvertreters **1** 89 a
Fristversäumung bei Wechsel **4** 53, 54
Fürsorgepflicht gegenüber Handlungsgehilfen **1** 62

Gattungsware 1 360
Gefährliches Gut 1 410
Gehalt, Zahlung an Handlungsgehilfen **1** 64
Gemeinde im Firmenrecht **1** 30
Gemeinnützige Wohnungsunternehmen 2 25
Genossenschaft, Anhang **1** 338; Bilanz **1** 336 bis 339; Jahresabschluß und Lagebericht **1** 336; Offenlegung **1** 339
Genußscheine, Wertpapiere **3** 2
Gerichtsstand beim Frachtgeschäft **1** 440
Gesamtkostenverfahren, Aufstellung der Gewinn- und Verlustrechnung **1** 275
Gesamtschuldner 1 356; alle Scheckverpflichteten als **6** 44; bei Wechsel **4** 47
Geschäftsbetrieb, kaufmännischer **1** 2
Geschäftsbriefe, Angaben bei GmbH **1** 125 a; notwendige Angaben **1** 37 a
Geschäftsführende Gesellschafter der OHG **1** 114 bis 117
Geschäftsführung bei der OHG **1** 114 bis 118
Geschäftsgeheimnisse 1 90
Geschäftsinhaber, Fürsorgepflicht **1** 62
Geschäftsjahr, Dauer **1** 240
Geschäftsnachfolger 1 25
Geschäftsübergang mit Firma **1** 22
Geschäftswert, Tilgung durch Abschreibung **1** 309; bei Verfahren über Abschlußprüfung **1** 324
Geschäftszeit 1 358
Gesellschaft mit beschränkter Haftung, Angaben auf Geschäftsbriefen **1** 125 a; Handelsbücher, ergänzende Vorschr. **1** 264 bis 266; Prüfung **2** 25; Übergangsvorschr. **2** 34
Gesellschaftsvertrag der OHG **1** 109
Gesetz über elektronische Register und Justizkosten für Telekommunikation, Übergangsvorschr. **2** 52
Gesetzlicher Vertreter der Kapitalgesellschaften, Vorlagebericht beim Abschlußprüfer **1** 320
Gewalt, höhere bei Scheckvorlegung **6** 48
Gewerbegehilfe 1 83
Gewerbeordnung 1 7

303

Sachverzeichnis

fette Ziffern = Gesetzesnummern

Gewicht, vertragsmäßiges **1** 361
Gewinn- und Verlustrechnung 1 275 bis 278, 284 bis 288, 305; jährl. G. des Kaufmanns **1** 242
Gewinnrücklage 1 272
Guter Glaube bei Erwerb eines Schecks **6** 21, eines Wechsels **4** 16; bei Handelsgeschäften **1** 366, 367; bei Veräußerungen und Verpfändungen eines Kaufmanns **1** 366, 367
Gutgewicht 1 380

Haftung von Abschlußprüfern von Kapitalgesellschaften **1** 323; des Absenders beim Frachtgeschäft **1** 414; des Akzeptanten eines Wechsels **4** 28; des Ausstellers eines Wechsels **4** 9, 78; des Ehrenakzeptanten **4** 58; für Einlösung des Schecks **6** 12; des Empfängers beim Frachtgeschäft **1** 425; des Erben für Nachlaßverbindlichkeiten **1** 27; des Erwerbers eines Handelsgeschäfts **1** 25; für falsche und unterlassene Kapitalmarktinformationen **3** 37 b f.; des Frachtführers **1** 425 bis 429, 431; des Geschäftsnachfolgers **1** 25; von Gesellschaftern der OHG **1** 128 ff.; aus Handelsgeschäften **1** 347; des Handelsmaklers **1** 98; Höchstbetrag beim Frachtgeschäft **1** 431, 433; des Indossanten **4** 15; der Kommanditisten **1** 176; beim Lagergeschäft **1** 475; NachhaftungsbegrenzungsG **2** 35 bis 37; eines neueintretenden Gesellschafters **1** 28; des Scheckausstellers **6** 12; des Scheckbürgen **6** 27; des Scheckverpflichteten **6** 44; des Spediteurs **1** 461, 462; des Verbrauchers beim Frachtgeschäft **1** 414; des Vertreters ohne Vertretungsmacht **6** 11; der Wechselverpflichteter **4** 47; zeitliche Begrenzung bei OHG **1** 150
Haftung für andere beim Frachtgeschäft **1** 428
Haftungsausschluß beim Frachtgeschäft **1** 426
Haftungsverhältnisse, Angabe in Bilanz **1** 268
Handel mit Derivaten **3** 1; mit Wertpapieren **3** 1
Handelsbriefe des Kaufmanns, Aufbewahrung **1** 233, 257
Handelsbücher 1 238 bis 339; Aufbewahrung **1** 257; Vorlegung bei Gericht **1** 258 bis 261
Handelsfirma 1 17 bis 37; Begriff **1** 17
Handelsgeschäfte 1 343 bis 460; allg. Vorschriften **1** 343 bis 372; Anwendung des Wechselrechts **1** 365; einseitige **1** 345; Gewohnheiten und Gebräuche **1** 346; Haftung aus **1** 347; Leistungszeit **1** 358, 359; Stillschweigen als Annahme **1** 362; Vermutung der Betriebszugehörigkeit von Geschäften **1** 344; Zinsen **1** 352, 353
Handelsgesellschaften 1 6, 105 bis 177 a; KG **1** 161 bis 177; Kontrolle und Transparenz, Übergangsvorschr. **2** 46; Übergangsvorschr. **2** 34
Handelsgesetzbuch 1; Einführungsgesetz **2;** Verhältnis zu BGB **2** 2
Handelsgewerbe, Begriff **1** 1; und ehel. Güterrecht **2** 4
Handelskauf 1 373 bis 382; Annahmeverzug des Käufers **1** 373, 374; Anzeige von Mängeln **1** 377; Aufbewahrung der Ware **1** 379; Berechnung des Kaufpreises **1** 380; Bestimmung des Käufers bezüglich der Ware **1** 375; Taragewicht **1** 380; Untersuchung der Ware **1** 377
Handelsmakler 1 93 bis 104; Aufbewahrung von Proben **1** 96; Inkassovollmacht **1** 97; Krämermakler **1** 104; Maklerlohn **1** 99; Schlußnote **1** 94, 95; Tagebuch **1** 100 ff.
HandelsrechtsreformG, Übergangsvorschr. **2** 38 bis 41
Handelsregister 1 8 bis 16; Abschriften und Auszüge **1** 9; Anmeldung, Form **1** 12; Aufbewahrung der Unterlagen auf Bild- und Datenträgern **1** 8 a, 9; Bekanntmachung **1** 10; Einsicht **1** 9; Eintragungen **1** 2 bis 5, 9, 12, 13, 28 bis 35, 53, 106, 143, 144, 148, 157, 174; Führung **1** 8; negative Publizität **1** 15; Zeugnis des Registergerichts über Eintragungen **1** 9
Handelsstand 1 1 bis 104
Handelsvertreter 1 84 ff.; Ausgleichsanspruch **1** 89 b; außerhalb der EG **1** 92 c; im Nebenberuf **1** 92 b; Pflichten des Unternehmers gegenüber **1** 86 a; Verträge **2** 29; Vollmachten **1** 55
Handlungsbevollmächtigter 1 54 bis 58; Zeichnung des **1** 57
Handlungsgehilfe 1 59 bis 75 h; Konkurrenzverbot **1** 60; Vertragsstrafe **1** 75 c; Wettbewerbsverbot **1** 74, 75
Handlungsvollmacht 1 54 bis 58
Hauptniederlassung 1 13; im Ausland **1** 13 d; Verlegung **1** 13 c, 13 h
Hauptversammlung, Bestellung von Prüfern **1** 318
Herstellungskosten, Bewertung in Bilanz **1** 255
Herstellungsvertrag 1 381
Hinterlegung bei Käuferverzug **1** 373, 374; der Wechselsumme **4** 42
Höhere Gewalt bei Scheckvorlegung **6** 48

magere Ziffern = Paragraphen

Sachverzeichnis

Immobilienmakler 1 93
Indossable Papiere 1 363 ff.
Indossament 1 363 ff.; 4 11 bis 20, 77; 6 14 bis 24; Bedingungen 4 12
Inhaberpapiere, Erwerb abhanden gekommener 1 367
Inhaberwechsel 4 12
Inkassoindossament beim Scheck 6 23; beim Wechsel 4 18
Inkassovollmacht des Handelsmaklers 1 97
Inland, Firmenrecht bei Sitzverlegung 1 13 c, 13 h
Insidergeschäfte, Verbot 3 14
Insiderinformationen, Begriff 3 13; Schadenersatz wegen unterlassener Veröffentlichung 3 37 b; Schadenersatz wegen Veröffentlichung unwahrer I. 3 37 c; Veröffentlichung und Mitteilung 3 15
Insiderpapiere, Begriff 3 12
Insiderüberwachung 3 12 ff.
Insiderverzeichnisse 15 b
Insolvenzverfahren, Eintragung ins Handelsregister 1 32; Eröffnung, berechtigt zum Wechselregreß 4 43, 44; über Vermögen des Gesellschafters 1 131
Internationale Rechnungslegungsstandards, Konzernabschluß nach 1 315 a
Internationales Privatrecht für Wechsel 4 91 bis 98
Intervention bei Wechseln 4 55 bis 63
Inventar, Erstellung 1 240
Inventurvereinfachungsverfahren 1 241
Istkaufmann 1 1

Jahresabschluß, Ansatzvorschriften 1 246 bis 251; Bewertungsgrundsätze 1 252; formelle Erfordernisse 1 244; Gliederung 1 265; der Kapitalgesellschaft 1 264 bis 288; Offenlegung 1 325, 328; 8 9; der Personenhandelsgesellschaften 10 264 b; Pflicht zur Aufstellung 1 264; Prüfung durch Abschlußprüfer 8 6, durch Aufsichtsrat 8 7, durch Registergericht 8 9; Stichtag 1 299; Wahl des Abschlußprüfers 1 318
Juristische Personen, Eintragung ins Handelsregister 1 33 bis 35

Kannkaufmann 1 2, 3
Kapital, Ansatz zum Nennbetrag 1 283; eingefordertes 1 272; gezeichnetes 1 271
Kapitalgesellschaft, Bekanntmachung des Jahresabschlusses 1 325 bis 329; Bewertungsvorschriften 1 279 bis 283; Bilanzerleichterung für kleine 1 274 a, 276, 288; Erleichterung für Anhangsangaben nach Größenklassen 1 276, 288, bei Gewinn-

und Verlustrechnung 1 276; größenabhängige Erleichterung bei Offenlegung 1 326, 327; Größenklassen 1 267; Handelsbücher, ergänzende Vorschr. 1 264 bis 335; Jahresabschluß, Lagebericht 1 264 bis 288; kleine 1 264, 266; Konzernlagebericht 1 315; Lagebericht 1 289; Meinungsverschiedenheiten zwischen K. und Prüfer 1 324; Offenlegung 1 325; Prüfung 1 316 bis 324; Strafvorschriften 1 331 bis 333
Kapitalgesellschaften-und-Co-Richtlinie-Gesetz, Übergangsvorschr. 2 48
Kapitalkonsolidierung 1 301, 302; 2 27
Kapitalrücklage 1 270, 272
Karenz, bezahlte 1 74
Kauf, Handelskauf 1 373 bis 382; nach Probe 1 96
Käufer, Verzug 1 373 ff.
Kauffrau, Firma 1 19
Kaufleute 1 1 bis 7
Kaufmann 1 1; Aufbewahrung von Unterlagen 1 257 bis 261; Firma 1 17 ff.; Führung von Handelsbüchern 1 238 bis 263; Geschäftsbriefe 1 37 a; im Insolvenzverfahren, Eintragung ins Handelsregister 1 32; Inventarerstellung 1 240
Kaufmännische Anweisungen 1 363; Betriebsart 1 2; Verpflichtungsscheine 1 363
Kommanditgesellschaft 1 161 bis 177; Angaben auf Geschäftsbriefen 1 177 a; Anmeldung 1 162; Ausscheiden eines Kommanditisten 1 162; Einlagen 1 167, 171, 172, 175; Eintritt eines Kommanditisten 1 162; Eröffnung des Insolvenzverf. 1 177 a; Firma 1 19; Geschäftsführung 1 164; Gewinn und Verlust 1 167 bis 169; Haftung vor Eintragung 1 176, der Kommanditisten 1 161, 171, 173, der Komplementäre 1 161; Herabsetzung der Einlage 1 174; Jahresabschluß, Lagebericht 10 264 a ff.; Kontrollrecht des Kommanditisten 1 166; Rechtsverhältnisse der Gesellschafter untereinander 1 163 bis 169; Tod eines Kommanditisten 1 177; Vertretung 1 170; Zahlungsunfähigkeit 1 177 a
Kommanditgesellschaft auf Aktien, Handelsbücher, ergänzende Vorschr. 1 264 bis 335; Übergangsvorschr. 2 34
Kommanditist 1 161
Kommissionär 1 384, 385
Kommissionsgeschäft 1 383 bis 406, 406; Delkredereprovision 1 394; Einkaufskommission 1 391; Forderungsabtretung 1 392; Haftung des Kommissionärs 1 390, 394; Kreditgewährung 1 393, 394; limitiertes 1 386, 387; Pfandrecht des Kommissionärs 1 366, 397; Pflichten des Kom-

Sachverzeichnis

fette Ziffern = Gesetzesnummern

missionärs **1** 387, 401, 402; Provision **1** 394, 396; Rechte des Kommissionärs **1** 389, 393, 396, 399, 403; Schadensersatz **1** 385, 388; Selbsteintrittsrecht **1** 400 ff.; Sorgfaltspflicht **1** 390, 401; Stundung des Kaufpreises **1** 393; Verkauf unter festgesetztem Preis **1** 386; Versicherung **1** 390; nicht vertretbarer Sachen **1** 406; Vorschußgewährung **1** 393; Wechselankauf durch Kommissionär **1** 395; Widerruf **1** 405
Konnossement 1 363, 397
Konsolidierungskreis, Einbeziehung **1** 294 bis 296
Kontokorrent 1 355, 356
Konzernabschluß 1 290 bis 314; Abschlußprüfer **1** 319; anteilmäßige Konsolidierung **1** 310; assoziierte Unternehmen **1** 311, 312; Aufstellung **8** 13; befreiender **1** 271, 291, 292; Befreiung **1** 293; Behandlung vor Zwischenergebnissen **1** 304; Bewertungsvorschriften **1** 308, 309; Form und Inhalt **1** 297 ff.; nach internationalen Rechnungslegungsstandards **1** 315 a; Offenlegung **1** 325, 328; **8** 15; Prüfung **2** 25; **8** 14; Stichtag **1** 299; Verzicht auf Einbeziehung **1** 296; Vollständigkeitsgebot **1** 300
Konzernanhang 1 296
Konzernbilanz, Erläuterung **1** 313 ff.
Konzerne, Aufwands- und Ertragskonsolidierung **1** 305; Mitteilungspflichten beim Stimmrechtserwerb **3** 24; Rechnungslegung **8** 12
Konzernlagebericht 1 315; befreiender **1** 291 ff.
Kosten, Verf. über Abschlußprüfung **1** 324
Kreditauftrag, handelsrechtl. **1** 349
Kreditinstitute 1 340 bis 340 o; Meldepflichten beim Wertpapierhandel **3** 9; Übergangsvorschr. **2** 30, 31; als Wertpapierdienstleistungsunternehmen **3** 2
Kündigung des Handelsvertreters **1** 89, 91; der OHG durch Gesellschafter **1** 132, durch Privatgläubiger **1** 135; des Prüfungsauftrags **1** 318

Laden, Angestellte **1** 56
Ladeschein 1 363, 397; beim Frachtgeschäft **1** 444 bis 447
Lagebericht 1 286; der Kapitalgesellschaft **1** 264, 265, 289; der Personenhandelsgesellschaften **10** 264 b; Prüfung durch Abschlußprüfer **8** 6, durch Aufsichtsrat **8** 7, durch Registergericht **8** 9
Lagergeld 1 354
Lagergeschäft 1 467 bis 475 h; Aufwendungsersatz **1** 474; Begleitpapiere **1** 468; Dauer **1** 473; Haftung **1** 475; Lagerschein **1** 475 c; Orderlagerschein **1** 475 g; Pfandrecht **1** 475 b; Sammellagerung **1** 469; abweichende Vereinbarungen **1** 475 h; Verjährung **1** 475 a; Versicherung **1** 472
Lagerschein 1 397, 475 c bis 475 f; indossabler **1** 363
Lagervertrag 1 467
Land- und Forstwirtschaft, Handelsstand **1** 3
Lebenszeit, Gesellschaft auf **1** 134
Leistungsgegenstand 1 360
Lieferfrist beim Frachtgeschäft **1** 423
Liquidationsgesellschaft 1 156
Liquidatoren, Anmeldepflicht **1** 34, 35; der OHG **1** 146 ff.
Löschung einer Firma **1** 31

Makler, Handelsmakler **1** 93 bis 104
Maklergebühr beim Rückwechsel **4** 52
Mangel der Vertretungsmacht **1** 75 h
Mängelanzeige 1 377
Mängelrüge beim Handelskauf **1** 377; gegenüber Handelsvertreter **1** 91
Manipulationsverbot 3 20 a
Maße, vertragsmäßige **1** 361
Mehrwertsteuer und Provision des Handelsvertreters **1** 87 b
Meldepflichten beim Wertpapierhandel **3** 9
Minderkaufmann 1 351
Mißbrauch einer Firma **1** 37
Mitteilung, Stimmrechtserwerb **3** 21 ff.
Mitteilungspflicht von Geschäften **3** 15 a; von Insiderinformationen **3** 15
Mutterunternehmen 1 271; Konzernabschluß **1** 290 bis 314

NachhaftungsbegrenzungsG, Übergangsvorschr. **2** 35 ff.
Nachindossament eines Schecks **6** 24
Nachlaß, Handelsgeschäft im **1** 27
Nachsichtwechsel 4 35, 44, 53, 78
Nebenberuf, Handelsvertreter **1** 92 b
Negative Publizität des Handelsregisters **1** 15
Nettogewicht 1 380
Nichtvertretbare Sachen 1 381
Nießbrauch am Handelsgeschäft, Firma **1** 22
Notadresse auf einem Wechsel **4** 55
Notar, Wechselprotest **4** 79

Offene Handelsgesellschaft 1 105 bis 160, 120; Anmeldungspflicht **1** 106, 143, 157; Auflösungsgründe **1** 131; Ausschließung eines Gesellschafters **1** 140; Beschlußfassung **1** 119; Bilanz **1** 154; Errichtung **1** 105 bis 108; Firma **1** 19, 107; Form der Anmeldung **1** 107; Fortsetzung

magere Ziffern = Paragraphen **Sachverzeichnis**

1 139, trotz Insolvenzverf. **1** 144; Geschäftsbeginn vor Eintragung **1** 123; Geschäftsführung **1** 114 bis 118; Gesellschaftsvertrag **1** 109; Gewinnanteil der Gesellschafter **1** 120 ff.; Insolvenzverfahren eines Gesellschafters **1** 131; Jahresabschluß, Lagebericht **10** 264 a ff.; Kapitalanteil der Gesellschafter **1** 120 ff.; Kündigung **1** 131, 132, durch Privatgläubiger **1** 135; Liquidation **1** 145 bis 158; Pflichten der Gesellschafter **1** 111 bis 114; Prokura **1** 116; Rechte der Gesellschafter **1** 114 bis 122; Rechts- und Parteifähigkeit **1** 124; Rechtsverhältnis der Gesellschafter untereinander **1** 109 bis 122, der Gesellschafter zu Dritten **1** 123 bis 130; Rückgewähr von Darlehen **1** 129 a; Tod eines Gesellschafters **1** 131; Überschuldung **1** 130 a; Verteilung des Gesellschaftsvermögens **1** 155; Vertretung **1** 125 ff.; Wettbewerbsverbot **1** 112, 113; Zahlungsunfähigkeit **1** 130 a; Zeichnung der Gesellschafter **1** 108; Zwangsvollstr. **1** 124, gegen Gesellschafter **1** 129

Offenlegung, Jahresabschluß **1** 328, Inhalt **1** 325; des Prüfungsberichts des Abschlußprüfers **1** 321; Veröffentlichung im Bundesanzeiger **1** 325

Öffentliche Versteigerung beim Handelskauf **1** 373, 376

Öffentliches Recht 1 7

Öffentlichkeit des Handelsregisters **1** 9, 10

Optionsscheine, Wertpapiere **3** 2

Orderlagerschein 1 475 g

Orderpapiere, kaufm. **1** 363

Ordnungsgeld gegen Mitglieder eines vertretungsberechtigten Organs einer Kapitalgesellschaft **10** 335 a; wegen unbefugter Firmenführung **1** 37

Ordnungswidrigkeiten des Handelsmaklers **1** 103; bei Jahres- oder Konzernabschluß **1** 334

Ort der Erfüllung **1** 361; im Firmenrecht **1** 30

Ortsgebrauch 1 59, 94

Pacht eines Handelsgeschäfts **1** 22

Parteifähigkeit der OHG **1** 124

Passivenübergang 1 25

Passivlegitimation der OHG **1** 124

Pensionsfonds 1 341 bis 341 p

Pensionsrückstellungen 1 249; **2** 28

Personenhandelsgesellschaften, Jahresabschluß, Lagebericht **10** 264 a ff.

Persönlich haftender Gesellschafter, KG **1** 161

Pfandindossament 4 19

Pfandrecht beim Frachtgeschäft **1** 441, 443; gesetzl. **1** 397; gutgläubiger Erwerb **1** 366; des Kommissionärs **1** 404; beim Lagergeschäft **1** 475 b; beim Speditionsgeschäft **1** 464

Pfändung eines Anspruchs **1** 357; eines Gesellschaftsanteils **1** 135

Pfandverkauf 1 368

Pflichtwidrigkeit der Gesellschafter **1** 133

Präsentation des Wechsels zur Annahme **4** 24

Primawechsel 4 64

Probe von Waren **1** 96

Prokura 1 48 bis 53

Prokuraindossament beim Scheck **6** 23; beim Wechsel **4** 18

Prokurist, Zeichnung des **1** 51

Protest bei Wechsel **4** 44, 46

Protesturkunde, abhanden gekommene **4** 90; vernichtete **4** 90

Provision, Abrechnung **1** 87 c; bei Handelsgeschäften **1** 65, 87, 354, 396; als Nebenforderung bei Scheckansprüchen **6** 45, 46; bei Wechselregreß **4** 48, 49

Prozeßgericht und Handelsregister **1** 16

Prüfer, Abschlußprüfer der Kapitalgesellschaften **1** 318, 319

Prüfstelle für Rechnungslegung **1** 342 b bis 342 e

Prüfungsbericht des Abschlußprüfers **1** 321, Offenlegung **1** 321 a

Publizität des Handelsregisters **1** 15

Publizitätsgesetz 8

Quittung, Scheckindossament als **6** 15

Rechnung, laufende **1** 355 ff.

Rechnungsabschluß 1 355

Rechnungslegung, Beginn und Dauer **8** 2; Geltungsbereich **8** 3; von Konzernen **8** 11, 12; Prüfstelle **1** 342 b bis 342 e; Prüfung **3** 37 n ff.; verpflichtete Unternehmen **8** 1

Rechnungslegungsbeirat 1 342 a

Rechnungslegungsgesetz 8

Rechnungslegungsgremium, privates **1** 342

Rechtsfähigkeit der OHG **1** 124

Rechtsmittel gegen Entscheidung über Abberufung des Abschlußprüfers **1** 318

Registergericht 1 8 bis 13 h, 16; Prüfungspflicht **1** 329

Regreß gegen Indossanten **4** 15; gegen Scheckverpflichtete **6** 40 bis 48

Richtlinien der Bundesanstalt für Finanzdienstleistungsaufsicht **3** 29

Rückgriff beim Scheck mangels Zahlung **6** 40 bis 48; beim Wechsel mangels Annahme **4** 43 bis 54, mangels Zahlung **4** 43 bis 54

307

Sachverzeichnis

fette Ziffern = Gesetzesnummern

Rückstellungen, Erläuterung im Anhang **1** 285
Rückwechsel 4 52
Ruhen des Stimmrechts **3** 28

Schadenersatz wegen unterlassener Veröffentlichung von Insiderinformationen **3** 37 b; wegen Veröffentlichung unwahrer Insiderinformationen **3** 37 c
Schadensanzeige beim Frachtgeschäft **1** 438
Schadensersatz wegen Firmenverletzung **1** 37; beim Frachtgeschäft **1** 425; beim Speditionsgeschäft **1** 455; Wertersatz beim Frachtgeschäft **1** 429
Scheck, abhanden gekommener **6** 21, 59; abweichende Schecksumme **6** 9; Änderung des **6** 51; keine Annahme **6** 4; Aushändigung des quittierten **6** 34, 47; ausländisches Recht **6** 60 bis 66; Bereicherungshaftung **6** 58; Bezogener **6** 3, 35; Blankoindossament **6** 16, 17; Blankoscheck **6** 13; Einwendungen des Scheckverpflichteten **6** 22; falscher **6** 10; fehlende Bestandteile **6** 2; in fremder Währung **6** 36; Garantiefunktion **6** 18; gutgläubiger Erwerb **6** 21; Guthabenklausel **6** 3; Haftung des Scheckausstellers **6** 12, des Scheckverpflichteten **6** 44; Indossierung **6** 14 bis 24; Inhaberscheck **6** 5, 20; Inhalt **6** 1; Kraftloserklärung **6** 59; Kreuzung **6** 37, 38; **7** 3; an eigene Order **6** 6; Orderscheck **6** 14; Protest **6** 40, 41, 59; für Rechnung eines Dritten **6** 6; Recht auf Teilzahlung **6** 34; Regreßrechte **6** 40 bis 48; Rektascheck **6** 14; Tod des Ausstellers **6** 33; Transportfunktion **6** 17; Übertragung **6** 14 bis 24; ungültige Unterschrift **6** 10; Verjährung **6** 52, 53; Verrechnungsscheck **6** 39; Vorlegung **6** 28 bis 31; Widerruf **6** 32; Zahlungsempfänger **6** 5; Zahlungsort **6** 8; Zahlungszeit **6** 28 bis 31; Zinsvermerk **6** 7
Scheckbürgschaft 6 25 bis 27
Scheckduplikat 6 49, 50
Scheckgesetz 6; Einführungsgesetz zum **7**
Scheckprotest, Erlaß **6** 43
Scheckregreßverfahren, Benachrichtigung **6** 42
Schecksumme 6 45, 46
Scheckvermutung 6 19
Schiedsvereinbarungen 3 37 h
Schiffahrtsvertreter 1 92 c
Schlußnote der Handelsmakler **1** 94, 95
Schuldanerkenntnis, handelsrechtl. **1** 350
Schuldenkonsolidierung 1 303
Schuldschein, kaufm. **1** 344
Schuldverschreibungen, Wertpapiere **3** 2

Schuldversprechen, handelsrechtl. **1** 350
Schweigen als Annahme 1 362
Seefrachtrecht 1 450
Sekundawechsel 4 64
Selbsthilfekauf 1 373
Selbsthilfeverkauf 1 379, 388, 389
Sicherheitsleistung, Forderung in laufende Rechnung **1** 356
Sichtwechsel 4 2, 5, 34, 44, 52 bis 54, 76
Sofortige Beschwerde bei Abberufung des Abschlußprüfers **1** 318
Solawechsel 4 64
Sonderposten mit Rücklageanteil **1** 273
Sorgfalt eines ordentl. Kaufmanns **1** 347
Spediteur, Pfandrecht **1** 366
Speditionsgeschäft 1 453 bis 466; Begleitpapiere **1** 455; Haftung **1** 461, 462; nachfolgender Spediteur **1** 465; Pfandrecht **1** 464; Sammelladung **1** 460; Schadensersatz **1** 455; Selbsteintritt **1** 458; abweichende Vereinbarungen **1** 466; Vergütung **1** 456, 459; Verjährung **1** 463; Versendung **1** 454
Speditionsvertrag 1 453
Spezifikationskauf 1 375
Steuerabgrenzung 1 274, 306
Steueraufwand, Posten in Bilanz **1** 274
Steuern in Gewinn- und Verlustrechnung **1** 278; steuerl. Vorschriften **1** 281
Stille Gesellschaft 1 230 bis 236; Auflösung **1** 234, 235; Auseinandersetzung **1** 235; Einsicht in Geschäftsbücher **1** 233; Gewinnanteil **1** 231; Gewinnauszahlung **1** 232; Insolvenzverf. **1** 236; Kündigung **1** 234; Tod des stillen Gesellschafters **1** 234
Stillschweigen als Annahme **1** 362; als Genehmigung der Ware **1** 377
Stimmrechte, Erwerb durch Konzernmitglied **3** 24; Mitteilungspflichten **3** 21 ff.; Nachweis **3** 27; Nichtberücksichtigung **3** 23; Ruhen **3** 28; Veröffentlichung **3** 25, 26; Zurechnung **3** 22
Stimmrechtsanteile bei börsennotierten Gesellschaften **3** 1
Strafvorschriften, Handel mit Wertpapieren **3** 38; bei unterlassenem Antrag auf Eröffnung des Insolvenzverfahrens **1** 130 b

Tagebuch des Maklers **1** 100 ff.
Teilindossament, Nichtigkeit **4** 12; **6** 15
Tochterunternehmen 1 271, 296; Konzernabschluß **1** 290 bis 314
Traditionspapier beim Frachtgeschäft **1** 448
Transparenz- und Publizitätsgesetz, Übergangsvorschriften **2** 54
Transportfunktion des Wechsels **4** 14
Transportversicherungspolicen 1 363

magere Ziffern = Paragraphen

Sachverzeichnis

Übernahme eines Handelsgeschäfts 1 22
Überwachung von Unternehmensabschlüssen 3 37 n ff.
Umlaufvermögen, Wertansatz 1 253
Umsatzkostenverfahren, Aufstellung der Gewinn- und Verlustrechnung 1 275
Umsatzsteuer und Provision des Handelsvertreters 1 87 b
Umzug, Frist für Schadensanzeige 1 451 f; Haftung 1 451 c, 451 d; Haftungsausschlußgründe 1 451 d; Haftungshöchstbetrag 1 451 e; abweichende Vereinbarungen 1 451 h; Wegfall der Haftungsbefreiungen und -begrenzungen 1 451 g
Umzugsgut, Beförderung von 1 451 bis 451 h
Umzugsvertrag 1 451, 452 c; Umfang 1 451
Unterlassung von Anlagen im Bilanzanhang 1 286
Unterlassungsklage gegen Firmenverletzung 1 37
Unternehmen, assoziiertes 1 311, 312; gewerbl. 1 2; Übergangsvorschr. 2 46; verbundene 1 271; Wertpapierdienstleistungsunternehmen 3 2
Unternehmensabschlüsse, Überwachung 3 37 n ff.
Unternehmer, Pflichten gegenüber Handelsvertreter 1 86 a
Unterschrift, Zeichnung von 1 12, 35
Urkundsbeamter, Wechselprotest 4 79

Veräußerung durch Nichtberechtigte 1 368
Verbot der Marktmanipulation 3 20 a
Verbraucher iSd HGB 1 414
Vereidigter Buchprüfer, Abschlußprüfer 1 319
Vereine, Kaufmannseigenschaft 1 33; Kaufmannseigenschaft 1 6
Vereinfachte Inventarerstellung 1 241
Verfahren bei Meinungsverschiedenheiten über Abschlußprüfung 1 324
Verfall des Wechsels 4 33 bis 37; Zahlung vor V. des Wechsels 4 1, 2, 40, 75
Verfrachter, Konnossemente der 1 363
Vergütung des Handlungsgehilfen 1 64
Verjährung der Ansprüche gegen früheren Geschäftsinhaber 1 26, gegen Gesellschafter einer OHG 1 159, 160, der OHG gegen Gesellschafter 1 113, aus Pflichtverletzung des Abschlußprüfers 1 323, des Prinzipals gegen Handlungsgehilfen 1 61; beim Frachtgeschäft 1 439; beim Frachtvertrag 1 452 b; beim Lagergeschäft 1 475 a; bei Scheckansprüchen 6 52, 53; beim Speditionsgeschäft 1 463; Wechselverjährung 4 70, 71, 89

Verkauf beanstandeter Ware 1 379
Verlegung einer Handelsniederlassung 1 31
Vermittlungsagent 1 91 a
Vermittlungsgehilfe 1 75 g
Veröffentlichung des Jahresabschlusses 1 328; eines Stimmrechtserwerbs 3 25
Veröffentlichungspflicht von Geschäften 3 15 a; von Insiderinformationen 3 15
Verpflichtungsscheine, kaufm. 1 363
Verrechnungsscheck 6 39; 7 3
Verschwiegenheitspflicht der beim Bundesaufsichtsamt für Wertpapierhandel Beschäftigten 3 8
Versicherung, Übergangsvorschr. 2 32
Versicherungsmakler 1 104
Versicherungsunternehmen 1 341 bis 341 o
Versicherungsvertreter 1 92
Verträge des Handelsvertreters 1 85
Vertragsstrafe 1 75 c, 348
Vertreter ohne Vertretungsmacht, Scheck 6 11, Wechsel 4 8
Vertretungsmacht, Mangel der V. bei Handelsvertretern 1 91 a, bei Handlungsgehilfen 1 75 h
Vervielfältigung des Jahresabschlusses 1 328
Verzicht des Geschäftsinhabers auf Wettbewerbsverbot 1 75 a
Verzug des Käufers 1 373 ff.
Vollkonsolidierung 1 300 bis 307
Vollmachtsindossament beim Scheck 6 23; beim Wechsel 4 18
Vorausklage, Einrede der 1 349
Vorschuß für Handelsvertreter 1 87 a; Zinsen 1 354

Währung, vertragsmäßige 1 361
Warenlager, Angestellte in offenem 1 56
Wechsel 4 1; abhanden gekommene 4 16, 90; Abschriften 4 67, 68, 82, 85; Änderungen 4 69; Ankauf durch Kommissionär 1 395; Annahme 4 21 bis 29, 82; Arten 4 3; ausländische Gesetzgebung 4 91 bis 98; Bereicherung 4 89; Blankowechsel 4 10; Domizilwechsel 4 27; Ehrenannahme 4 56 bis 58; Ehrenzahlung 4 55, 59 bis 63; eigener 4 75 bis 78; Einwendungen 4 17; Fälligkeit 4 34 bis 37; falscher 4 7; in fremder Währung 4 41; Fristberechnung 4 72; Garantie 4 15; gezogener 4 1 bis 74; Haftung des Akzeptanten 4 28, des Ausstellers 4 9, 78; Indossament 4 11 bis 20; Intervention 4 55 bis 63; Quittung 4 39, 58, 63; Recht auf Teilzahlung 4 39; Rechtsverlust 4 53, 54; Übertragung 4 11, 14; Unterzeichnung durch Vertreter 4 8; Verfall 4 33 bis 37; Versäumung der

309

Sachverzeichnis

fette Ziffern = Gesetzesnummern

Vorlegungsfristen **4** 89; Vervielfältigung **4** 64 bis 66; Vorlegung **4** 21 bis 24, 87; Zahlstellenwechsel **4** 27; Zahlung **4** 38 bis 42, 84; Zahlungsort **4** 4, 75, 76; Zahlungstag **4** 34 bis 37; Zinsen **4** 5, 49
Wechselbürgschaft 4 30 bis 32, 47
Wechselduplikate 4 64 bis 66
Wechselfähigkeit 4 91
Wechselgesetz 4; Einführungsgesetz **5**
Wechselindossament, Streichung **4** 50
Wechselklagen, Neubeginn und Hemmung der Verjährung durch **4** 71
Wechselkopien 4 67, 68
Wechselprotest 4 44; mangels Annahme **4** 46; Berichtigung **4** 85; Erlaß **4** 46; Form **4** 80, 81; Ort und Zeit **4** 86, 87; Verf. **4** 79 bis 87; Vermerke **4** 85; mangels Zahlung **4** 46; Zahlung an Protestbeamten **4** 84
Wechselprotestbeamter, Verantwortung **4** 87
Wechselregreß 4 43 bis 54, 68
Wechselregreßverfahren, Benachrichtigung **4** 45
Wechselsumme 4 6
Wechselverjährung 4 70, 71
Wechselvermutung 4 16
Wertaufholungsgebot 1 280
Wertpapierdienstleistungen, Begriff **3** 2
Wertpapierdienstleistungsunternehmen, Anzeige von Verdachtsfällen **3** 10; Aufzeichnungs- und Aufbewahrungspflichten **3** 34; Aufzeichnungspflicht **3** 16; Ausnahmen **3** 2a; Begriff **3** 2; Organisationspflichten **3** 33; Überwachung **3** 35 ff.; allgemeine Verhaltensregeln **3** 31; besondere Verhaltensregeln **3** 32
Wertpapiere, Aktien **3** 2; Begriff **3** 2; Bundesaufsicht **3** 3 ff.; Genußscheine **3** 2; Handel **3** 1; Insiderpapiere **3** 12; Kauf **1** 381; Optionsscheine **3** 2; Schuldverschreibungen **3** 2; Straf- und Bußgeldvorschriften **3** 38, 39; Übergangsregelung für Mitteilungs- und Veröffentlichungspflichten **3** 41; Zertifikate **3** 2
Wertpapierhandelsgesetz 3

Wertpapierrat, Bundesaufsichtsamt für Kreditwesen **3** 5; beim Bundesaufsichtsamt für Wertpapierhandel **3** 5; Bundesminister **3** 5; Deutsche Bundesbank **3** 5; Mitwirkungsbefugnisse **3** 5; Sitzungen **3** 5; Zusammensetzung **3** 5
Wettbewerbsabrede 2 29a
Wettbewerbsverbot 1 60, 61, 74, 75, 90a, 165; geheimes **1** 75 f; Nichtigkeit **1** 74a; Unwirksamkeit **1** 75; des Volontärs **1** 82a; Zahlung der Entschädigung **1** 75
Widerruf der Prokura **1** 52
Wirtschaftsprüfer als Abschlußprüfer von Kapitalgesellschaften **1** 319; Übergangsvorschr. **2** 50
Wirtschaftsprüfungsgesellschaften als Abschlußprüfer **1** 319

Zahlstellenwechsel 4 27
Zahlungseinstellung berechtigt zum Wechselregreß **4** 43, 44
Zeitrechnung, vertragsmäßige **1** 361
Zertifikate, Wertpapiere **3** 2
Zeugnis über Eintragungen im Handelsregister **1** 9
Zinsen für Fremdkapital im Anhang der Bilanz **1** 284; handelsrechtl. **1** 352, 353; der Schecksumme **6** 45, 46; Wechselzinsen **4** 5, 48
Zinseszinsen bei Handelsgeschäften **1** 353, 355
Zinsfuß, gesetzl. Z. nach HGB **1** 352
Zurückbehaltungsrecht des Handelsvertreters **1** 88a; kaufm. **1** 369 bis 372
Zwangsgeld zur Erzwingung einer Anmeldung **1** 14; gegen Mitglieder eines vertretungsberechtigten Organs einer Kapitalgesellschaft **1** 335; bei unkorrekten Geschäftsbriefen **1** 37a; wegen Unterlassung vom Anmeldungen zum Handelsregister **1** 14
Zwangsvollstreckung aus Entscheidungen über Vergütung **1** 318; gegen Gesellschafter der OHG **1** 129
Zweigniederlassung 1 13; im Firmenrecht **1** 30; Gericht der **1** 13a, 13b, 13e ff.

Buchanzeigen

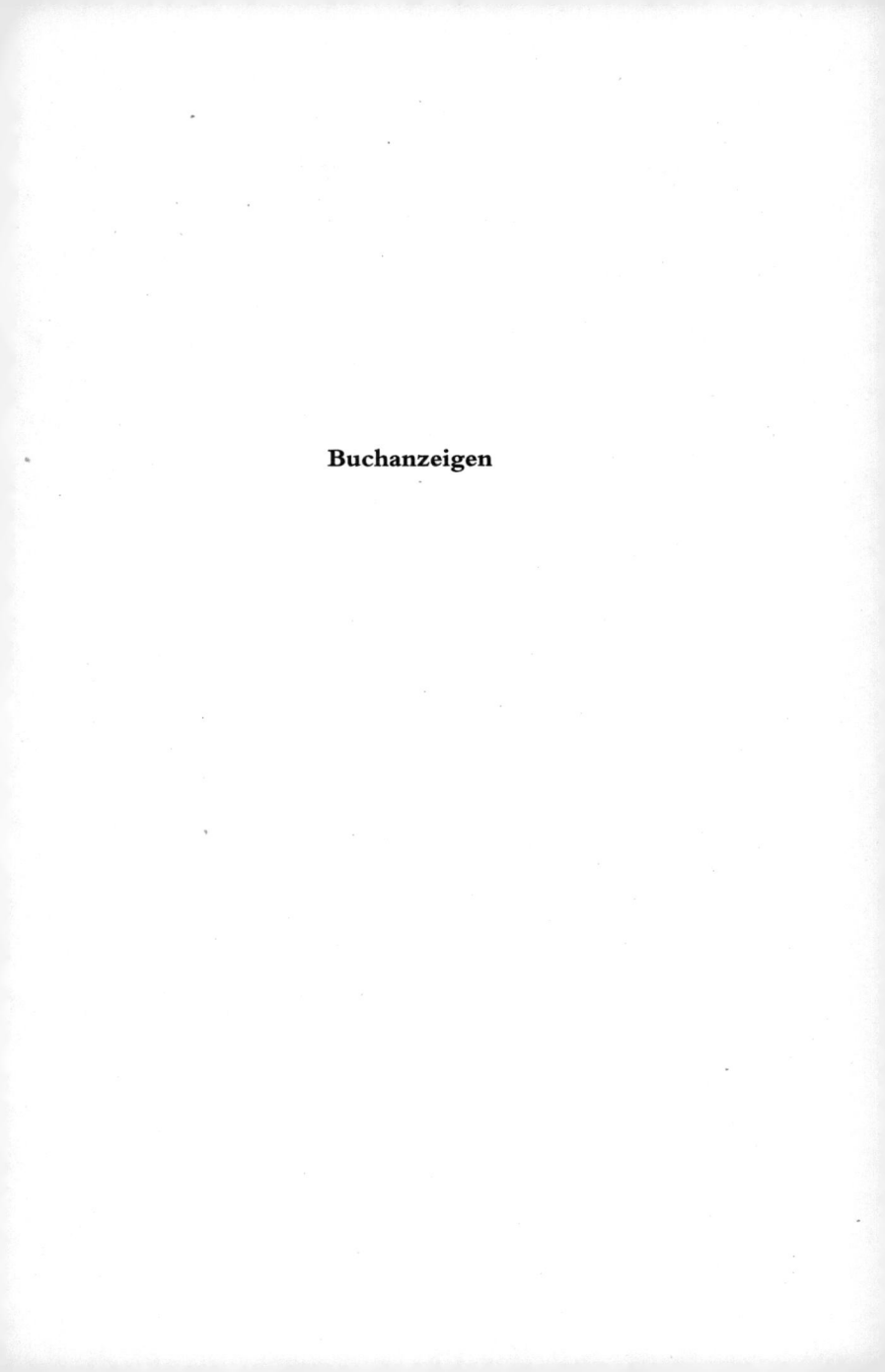

Betriebs- und Volkswirtschaft, Wirtschaftsrecht

FRAGEN UND ANTWORTEN FÜR DAS MANAGEMENT

Rechtliche Grundlagen

HGB · Handelsgesetzbuch

ohne SeehandelsR, mit Einführungs G, PublizitätsG, Wechsel- und ScheckG, WertpapierhandelsG. Mit den Änderungen durch Bilanzrechtsreform und Bilanzkontrollgesetz.
Stand: 1.9.2005.

Textausgabe. 43.A. 2005.
325 S. € 3,50. dtv 5002

Neu im November 2005

HandelsR · Handelsrecht

u.a. mit Handelsgesetzbuch, Bürgerlichem Gesetzbuch (Auszug), UN-Kaufrecht, Allg. Geschäftsbedingungen der Banken, Allg. Deutsche Spediteurbedingungen sowie verfahrensrechtliche Vorschriften.

Textausgabe. 3.A. 2003.
741 S. € 13,–. dtv 5599

GesR · Gesellschaftsrecht

mit AktienG, GmbH-Gesetz, GenossenschaftsG, Handelsgesetzbuch (Auszug), PartnerschaftsgesellschaftsG, EWIV-VO mit EWIV-AusführungsG, Wertpapiererwerbs- und ÜbernahmeG, Deutscher Corporate Governance Kodex u.a. sowie den wichtigsten Vorschriften aus den Bereichen Rechnungslegung, Umwandlungs-, Mitbestimmungs- und Verfahrensrecht.

Textausgabe.
7.A. 2005. 711 S.
€ 10,50. dtv 5585

Neu im Mai 2005

GenR · Genossenschaftsrecht

u.a. mit GenossenschaftsG, GenossenschaftsregisterVO, UmwandlungsG (Auszug), KreditwesenG, Landwirtschaftsanpassungs G.

Textausgabe.
3.A. 2003. 448 S.
€ 12,50. dtv 5584

AktG, GmbHG · Aktiengesetz, GmbH-Gesetz

mit UmwandlungsG, Wertpapiererwerbs- und ÜbernahmeG, Mitbestimmungsgesetzen.
Stand: 1.2.2005.

Textausgabe.
38.A. 2005. 471 S.
€ 5,50. dtv 5010

Neu im April 2005

Ek
Aktiengesellschaften

Gründung, Leitung, Börsengang.
Ratgeber für alle, die eine AG gründen, sich an einer bestehenden AG beteiligen, als Vorstand eine AG leiten oder ein Aufsichtsratsmandat übernehmen möchten.

1.A. 2002. 271 S.
€ 10,50. dtv 5684

WettbR · Wettbewerbsrecht und Kartellrecht

Gesetz gegen den unlauteren Wettbewerb (UWG-Neufassung vom 3. Juli 2004), PreisangabenVO, MarkenG, MarkenVO (Neufassung vom 11. Mai 2004), GemeinschaftsmarkenVO, Gesetz gegen Wettbewerbsbeschränkungen (GWB-Neufassung vom 16.6.2005) sowie die wichtigsten wettbewerbsrechtlichen internationalen Übereinkommen und Vorschriften der Europäischen Gemeinschaft.
Stand: 1.7.2005.

Textausgabe.
26.A. 2005. 499 S.
€ 9,–. dtv 5009

Neu im September 2005

PatR · Patent- und Musterrecht

Deutsches und europäisches Patentrecht, Arbeitnehmererfindungsrecht, Gebrauchsmusterrecht, Geschmacksmusterrecht und Internationale Verträge.

Textausgabe.
7.A. 2004. 680 S.
€ 11,–. dtv 5563

UrhR · Urheber- und Verlagsrecht

UrheberrechtsG, VerlagsG, Recht der urheberrechtlichen Verwertungsgesellschaften, Internationales Urheberrecht, EG-Recht.
Stand: 15.9.2003.

Textausgabe.
10.A. 2003. 570 S.
€ 11,–. dtv 5538

Schulze
Meine Rechte als Urheber

Urheber- und Verlagsrecht. Geschützte Werkarten und Leistungen, Urheberrechtsschutz, Geschmacksmusterschutz, Leistungsschutz, Verwertungsrechte, Urheberpersönlichkeitsrechte, Nutzungsverträge, Verlagsvertrag, Durchsetzung der Rechte, Geltungsbereich.
Die Neuauflage berücksichtigt insbesondere die Änderungen des Urhebervertragsrechts des Jahres 2002 und das Urheberrechtsänderungsgesetz vom 10.9.2003.

5.A. 2004. 375 S.
€ 11,50. dtv 5291

Wilmer
Ideen schützen lassen

Patente, Marken, Design, Werbung, Copyright, Domains.
Der Ratgeber zeigt Erfindern, Gestaltern und Urhebern sowie den Umsetzern und Verwertern, ob und wie sie ihre Rechte an Werken und Ideen schützen und im Konfliktfall durchsetzen können.

2.A. 2005. Rd. 700 S.
Ca. € 15,–. dtv 5642

In Vorbereitung für Sommer 2005

_ Betriebs- und Volkswirtschaft, Wirtschaftsrecht: Fragen und Antworten für das Management _

GewO · Gewerbeordnung

mit sämtlichen DurchführungsVOen, HandwerksO, GaststättenG, LadenschlussG, Arbeitsschutz G, Bundes-Immissionsschutz G, Arbeitszeit G, Schwarzarbeits G u.a.

Textausgabe.
35.A. 2005. 528 S.
€ 7,50. dtv 5004

Neu im März 2005

InsO · Insolvenzordnung

Insolvenzordnung, Einführungsgesetz zur InsO (Auszug), Europäische InsolvenzverfahrensVO, Insolvenzrechtliche VergütungsVO, BekanntmachungsVO, VerbraucherinsolvenzVO, VordruckVO, Anfechtungsgesetz.

Textausgabe.
9.A. 2004. 208 S.
€ 8,-. dtv 5583

Haarmeyer
Guter Rat bei Insolvenz

Problemlösungen für Schuldner und Gläubiger. Was Schuldner und Gläubiger tun können, wie man Krisen frühzeitig erkennt und abwendet, wie man im Insolvenzverfahren Risiken vermeidet und seine Rechte wahrt.

2.A. 2004. 327 S.
€ 12,50. dtv 50626 §

Gruber
Mein Recht als Gastwirt und Hotelier

Gastwirtschaften, Hotels und Pensionen eröffnen und betreiben.
Konzession und Sperrzeit, Verträge mit Gästen, Verpächtern und Lieferanten, Haftung und Pflichten, Arbeitsverhältnisse.

2.A. 2000. 191 S.
€ 9,97. dtv 5635 §

Stötter
Das Recht der Handelsvertreter

Vertrag, Provision, Wettbewerbsverbot.

5.A. 2000. 360 S.
€ 10,99. dtv 5210 §

Zeichenerklärung: § Rechtsberater € Wirtschaftsberater

_ Betriebs- und Volkswirtschaft, Wirtschaftsrecht: Fragen und Antworten für das Management _

Starthilfen für Unternehmer

Füser
Ratgeber Existenzgründung
1000 Ideen und Checklisten zum Erfolg.
Eine Fülle von Anregungen für unternehmerisch denkende Praktiker.

2.A. 2004. 490 S.
€ 13,–. dtv 50828 €

Schaub/Koch
Ich mache mich selbständig
Hürden nehmen – Chancen nutzen.
Ein umfassender Überblick über die öffentlich-rechtlichen und privatrechtlichen Rahmenbedingungen für den Schritt in die Selbständigkeit.

6.A. 2005. Rd. 600 S.
Ca. € 16,–. dtv 5236 §

In Vorbereitung für Sommer 2005

Bonnemeier
Praxisratgeber Existenzgründung
Erfolgreich starten und auf Kurs bleiben.
Konkrete Handlungsempfehlungen für alle Phasen der Existenzgründung und die erste Zeit danach.

1.A. 2005. 735 S.
€ 17,50. dtv 50874 €

Hammer
Existenzgründung in der EU
Ein Wegweiser für den Schritt in die Selbständigkeit in 15 Staaten.

1.A. 1999. 323 S.
€ 15,29. dtv 5899 €

Grimm
Existenzgründung in den USA
Standort, Rechtsform, Finanzierung, Personal.

1.A. 1999. 360 S.
€ 15,29. dtv 50826 €

Hammer
Soll ich mich selbständig machen?
Chancen und Risiken bei der Neugründung, Geschäftsübernahme oder Beteiligung, Standortwahl, Finanzierung, Recht, Marketing und Controlling.

4.A. 2005. 252 S.
€ 9,50. dtv 5853 €

Neu im März 2005

Wikner/Schwarz/Schneider
Existenzgründung für junge Leute
Von innovativen Gründungsideen zum Unternehmenskonzept.

1.A. 2000. 278 S.
€ 10,17. dtv 50839 €

Geigenberger
Risikokapital für Unternehmensgründer
Der Weg zum Venture Capital.

1.A. 1999. 246 S.
€ 12,73. dtv 50832 €

Ridinger/Uckel
Öffentliche Finanzierungshilfen
Wege durch den Förderdschungel.
Der Ratgeber gibt konkrete Tipps von der Informationsbeschaffung bis zur Antragstellung.

1.A. 2001. 201 S.
€ 10,–. dtv 50847 €

_ Betriebs- und Volkswirtschaft, Wirtschaftsrecht: Fragen und Antworten für das Management _

Waldner/Wölfel
So gründe und führe ich eine GmbH

Vorteile nutzen – Risiken vermeiden
Haftungsbeschränkung, Gründungsvoraussetzungen, Vertragsgestaltung, Geschäftsführer, Gesellschafterversammlung, Liquidation, Steuer- und Kostenrecht.

8.A. 2005. 243 S.
€ 9,50. dtv 5278

Neu im Juli 2005

Dieterle/Winckler
Gründungsplanung und -finanzierung

Voraussetzungen für den Gründungserfolg.
Der Unternehmensgründer, Planung und Organisation, Markt, Personal/Recht, Finanzierung, Rechnungswesen.

3.A. 2000. 508 S.
€ 14,–. dtv 5813

Arnold
Das Franchise-Seminar

Selbständig mit Partner.
Eine Orientierung für Unternehmensgründer.

2.A. 1998. 258 S.
€ 9,15. dtv 5831

Ottersbach
Der Businessplan

Praxisbeispiele für Unternehmensgründer und Unternehmer.
Funktion, Inhalt und Darstellungsform eines Businessplans werden anhand zahlreicher Beispiele erläutert.

1.A. 2005. Rd. 180 S.
Ca. € 10,–. dtv 50875

In Vorbereitung für Herbst 2005

Sattler
Unternehmerisch denken lernen

Das Denken in Strategie, Liquidität, Erfolg und Risiko. Wie sichern Unternehmen unmittelbar ihre Existenz? Woran erkennt man erfolgreiche Unternehmen? Was muss man wissen, um langfristig Erfolg zu haben?

2.A. 2003. 217 S.
€ 10,–. dtv 50819

Böttges-Papendorf/Weiler
So führe ich mein Unternehmen sicher

Erfolgreiches Management im Mittelstand.
Konkrete Tipps, wie gerade kleine und mittlere Unternehmen moderne Management-Techniken nutzen, Stärken und Schwächen ihres Betriebes analysieren und erfolgversprechende Maßnahmen planen und umsetzen können. →

1.A. 2005. 198 S.
€ 9,50. dtv 50891

Neu im Juni 2005

Jossé
Balanced Scorecard

Ziele und Strategien messbar umsetzen.
Das Konzept, das unternehmerische Vision nicht nur in Strategien transferiert, sondern auch konkrete Ziele und Maßnahmen schlüssig abzuleiten hilft.

1.A. 2005. 329 S.
€ 12,50. dtv 50870

Betriebs- und Volkswirtschaft, Wirtschaftsrecht: Fragen und Antworten für das Management

Kaufmann/Biendara
Erfolgreich selbständig bleiben

Die ersten Jahre nach dem Unternehmensstart. Planung des Aufbaus eines Unternehmens für die nächsten drei Jahre. Ermittlung und Abstimmung der wesentlichen Faktoren für die Entwicklung des Unternehmens im Rahmen einer strategischen Gesamtplanung. Wichtige Einzelfragen der Unternehmensführung.

1.A. 2001. 327 S.
€ 11,–. dtv 5889

Waldner/Wölfel
GbR · OHG · KG

Gründen - Betreiben - Beenden.
Gesellschaft des bürgerlichen Rechts, Offene Handelsgesellschaft, Kommanditgesellschaft, GmbH & Co. KG. Vertragsgestaltung, Geschäftsführung und Vertretung, Haftung, Liquidation, Steuer- und Kostenrecht.

6.A. 2004. 237 S.
€ 9,–. dtv 5294

Bombita/Maier/Steindl
Steuerwissen für Existenzgründer

Praktische Tipps zu Steuern, Recht und Sozialversicherung.
Die Autoren zeigen Gefahren und Tücken des komplizierten Steuerrechts auf und helfen mit verständlichen Anregungen, Beispielen und Checklisten, häufige Fehler in der Startphase zu vermeiden.

3.A. 2004. 303 S.
€ 13,–. dtv 50831

Buchhaltung, Rechnungswesen, Controlling

Herrling/Mathes
Der Buchführungs-Ratgeber

Grundlagen und Beispiele. Schritt für Schritt vom Controlling über Beschaffungs-, Umsatzsteuer-, Wechsel- und Personalkostenbuchungen bis hin zu den notwendigen Jahresabschlussarbeiten. Mit Übungsaufgaben und Lösungen.

4.A. 2001. 406 S.
€ 12,50. dtv 5836

Schöne
Bilanzierung in Fallbeispielen

Grundlagen, Fälle und Lösungen zur Handels- und Steuerbilanz.
Der Band ist ein Übungsbuch zur Bilanzierung nach Handels- und Steuerrecht sowie eine Einführung in das Arbeiten mit Gesetzestexten.

1.A.1998. 182 S.
€ 7,62. dtv 50818

_ Betriebs- und Volkswirtschaft, Wirtschaftsrecht: Fragen und Antworten für das Management _

Schultz
Basiswissen Rechnungswesen
Buchführung, Bilanzierung, Kostenrechnung, Controlling. Grundlagen der Unternehmensführung.
Dieser Überblick über das gesamte betriebliche Rechnungswesen zeigt mit Beispielen und Übersichten die Verzahnung von Buchführung, Bilanzierung, Kostenrechnung und Controlling.
3.A. 2003. 279 S.
€ 10,–. dtv 50815

Tanski
Internationale Rechnungslegungsstandards
IFRS/IAS Schritt für Schritt. Viele Beispiele und grafische Übersichten machen das Verständnis der IAS (International Accounting Standards) leicht und zeigen die markanten Unterschiede zur HGB-Bilanzierung.
2.A. 2005. 393 S.
€ 14,–. dtv 50852
Neu im August 2005

Scheffler
Bilanzen richtig lesen
Rechnungslegung nach HGB und IAS/IFRS. Bilanz, Bewertung, Gewinn- und Verlustrechnung, Bilanzanalyse, Bilanzpolitik.
6.A. 2004. 404 S.
€ 11,–. dtv 5827

Scheffler
Lexikon der Rechnungslegung
Begriffe zu Buchführung, Finanzen, Jahres- und Konzernabschluss.
Dieses Lexikon ist Nachschlagewerk und Ratgeber für alle Fragen zur Darstellung und Beurteilung der Vermögens-, Finanz- und Ertragslage von Unternehmen und Konzernen.
1.A. 1999. 411 S.
€ 12,73. dtv 50814

Thomas
Praxis der Betriebsorganisation
U.a. zur Leitungsspanne, Stellenbeschreibung, Linie, Stab- und Matrixorganisation.
2.A. 1996. 247 S.
€ 8,64. dtv 5839

Jossé
Basiswissen Kostenrechnung
Kostenarten, Kostenstellen, Kostenträger, Kostenmanagement.
Die bewährten Systeme der Kostenrechnung.
4.A. 2005. 266 S.
€ 9,50. dtv 50811
Neu im November 2005

Betriebs- und Volkswirtschaft, Wirtschaftsrecht: Fragen und Antworten für das Management

Buchhaltung, Rechnungswesen, Controlling

Schneck/Morgenthaler/Yesilhark
Rating

Wie Sie sich effizient auf Basel II vorbereiten. Wie läuft ein Rating ab, wie lauten die Fragen an das Unternehmen, welche Kriterien sind maßgeblich, und wie kann man sich als Unternehmen darauf vorbereiten? Mit Beispielen, Fällen und Anwendungsberichten.

1.A. 2004. 232 S.
€ 10,–. dtv 50871 €

Füser/Gleißner
Rating-Lexikon

800 Stichwörter mit Fakten und Checklisten zu Basel II.

1.A. 2005. 567 S.
€ 17,50. dtv 50882 €

Neu im Juni 2005 →

Horváth & Partners
Das Controllingkonzept

Der Weg zu einem wirkungsvollen Controllingsystem.
Wie setzt man Controlling in die Praxis um? Arbeitsschritte und Fallbeispiele.

5.A. 2003. 324 S.
€ 10,–. dtv 5812 €

Witt/Witt
Controlling für Mittel- und Kleinbetriebe

Bausteine und Handwerkszeug für Ihren Controllingleitstand.

2.A. 1996. 488 S.
€ 12,73. dtv 5858 €

Witt
Controlling-Lexikon

Von ABC-Analyse bis Zwischenbericht.
Das Controlling-Lexikon zeigt, wie schlankes, modernes und effizientes Controlling aussieht.

1.A. 2002. 907 S.
€ 24,–. dtv 50851 €

Zeichenerklärung: § Rechtsberater € Wirtschaftsberater

_ Betriebs- und Volkswirtschaft, Wirtschaftsrecht: Fragen und Antworten für das Management _

Management und Marketing

Rittershofer
Wirtschafts-Lexikon

Über 4000 Stichwörter für Studium und Praxis.

3.A. 2005. 1214 S.
€ 20,–. dtv 50844

Neu im Oktober 2005

Schneck
Lexikon der Betriebswirtschaft

3500 grundlegende und aktuelle Begriffe für Studium und Beruf.

6.A. 2005. 1200 S.
€ 19,50. dtv 5810

Neu im April 2005

Schultz
Basiswissen Betriebswirtschaft

Management, Finanzen, Produktion, Marketing. Das Buch bietet einen Überblick über die gesamte Betriebswirtschaft und ist gleichermaßen Nachschlagewerk wie Handbuch für Studium und Praxis.

1.A. 2003. 328 S.
€ 9,50. dtv 50863

Pepels
Marketing-Lexikon

Über 3000 grundlegende und aktuelle Begriffe für Studium und Beruf.

2.A. 2002. 969 S.
€ 22,–. dtv 5884

Pepels
Praxiswissen Marketing

Märkte, Informationen und das Instrumentarium des Marketing.

1.A. 1996. 349 S.
€ 10,17. dtv 5893

Schäfer
Management & Marketing Dictionary

Englisch-Deutsch/ Deutsch-Englisch. Die vollständig überarbeitete Neuauflage enthält in nun einem Band mehr als 26 000 Stichwörter.

3.A. 2004. 768 S.
€ 19,50. dtv 50887

Dichtl
Strategische Optionen im Marketing

Durch Kompetenz und Kundennähe zu Konkurrenzvorteilen.

3.A. 1994. 303 S.
€ 8,64. dtv 5821